U0143285

五代十國文獻叢書

杜文玉　主編

五代十國史料輯存 四

杜文玉　編

鳳凰出版社

3. 官吏類

（1）後梁

梁廣王全昱,太祖長兄,貞明中卒,封長子衡王友諒爲嗣廣王。

　　（宋）王欽若等編纂:《册府元龜》卷二八四《宗室部》

　　梁廣王全昱,太祖兄。乾化元年,還洛陽,命内臣拜餞都外,親王出宿至於偃師,仍詔其子衡王友諒侍從以歸。

　　（宋）王欽若等編纂:《册府元龜》卷二七七《宗室部》

　　五代梁廣王全昱。太子[祖]宴居宮中,與諸王飲博。全昱酒酣,取骰子擊盆而迸之,呼太祖曰:"朱三,爾碭山一百姓,遭逢天子用汝,爲四鎮節度使,於汝何負,而滅他唐家三百年社稷,吾將見汝赤其族矣,安用博爲!"

　　　　　　　　（唐）白居易、（宋）孔傳:《白孔六帖》卷三三

　　梁博王友文,爲東京留守,嗜酒,頗怠於爲政。

　　（宋）王欽若等編纂:《册府元龜》卷二九八《宗室部》

　　梁太祖幸西京,制加建昌宮使、金紫光禄大夫、檢校司徒、守開封尹、博士友文爲特進,檢校太保,使開封尹,依前建昌宮使、充東都留守。

　　（宋）王欽若等編纂:《册府元龜》卷二六九《宗室部》

梁嗣廣王友諒,繼歷藩郡,多行不法。

　　（宋）王欽若等編纂:《册府元龜》卷二九九《宗室部》

王昭祚,尚太祖女普安公主。

　　（宋）王欽若等編纂:《册府元龜》卷三〇〇《外戚部》

梁張文蔚，爲宰輔。居家孝且弟，雖位至清顯，與仲季相雜在太夫人膝下，一不異布素。弟濟美早得心恙，文蔚撫視殆三十年，士君子稱之。

（宋）王欽若等編纂：《册府元龜》卷三一〇《宰輔部》

梁張文蔚，爲相沉邃重厚，有大臣之風。

（宋）王欽若等編纂：《册府元龜》卷三一〇《宰輔部》

張文蔚，爲中書舍人，丁母憂退居東畿，哀毁過人。

（宋）王欽若等編纂：《册府元龜》卷七五六《總録部》

梁張文慰爲中書侍郎平章事，居家孝悌，其弟濟美早得心恙，文慰撫視殆三十年，士君子稱之。

（宋）王欽若等編纂：《册府元龜》卷八五二《總録部》

梁相國薛貽矩，名家子，擢進士第，在唐至御史大夫。先是，南班官忌與北司交通，天復中，翦戮閹官，貽矩嘗與韓全誨等作寫真贊，悉紀於内侍省屋壁間，坐是謫官。它日贊唐帝命禪於梁，仕至宰相。

（五代）孫光憲：《北夢瑣言》卷一六

薛貽矩，爲門下侍郎平章事。乾化元年五月丁亥，太祖召貽矩及諸相對於崇勛殿，帝曰：“軍旅之間，朕自制斷，朝廷庶務，實賴卿等協心翊佐。待兵罷後，事無大小，一委中書，當無暇食也。”各賜内厩馬、銀具鞍轡、衣一襲、白金共千兩，司空貽矩賜差厚。二年，帝發自東京，宰臣薛貽矩抱恙在假，不克扈從。宣問旁午，仍命且駐東京，以俟良愈。及薨，帝震悼頗久，命洛苑使曹守珤往吊祭之。又命輟六日七日八日朝參，丞相文武並詣西上閤門進名奉慰。

（宋）王欽若等編纂：《册府元龜》卷三一九《宰輔部》

　　敬翔,字子振,同州馮翊人,唐平陽王暉之後也。翔好讀書,尤長刀筆,應用敏捷。乾符中,舉進士不第。及黃巢陷長安,乃東出關。時太祖初鎮大梁,有觀察使支使王發者,翔里人也,翔往依焉。發以故人遇之,然無由薦達。翔久之計窘,乃與人爲箋刺,往往有警句傳於軍中。太祖比不知書,章檄喜淺近語,聞翔所作,愛之,謂發曰:“知公鄉人有才,可與俱來。”及見,應對稱旨,即補右職,每令從軍。翔不喜武職,求補文吏,即署館驛巡官,俾專掌檄奏。龍紀元年六月,以朝散大夫、前太子中允,爲中大夫檢校水部郎中,守揚州大都督府左司馬,賜紫金魚袋。翔始以書檄從軍,每進規畫,自經始蔡寇,至於殄滅,梁祖嘉其侍從裨贊之績,特表其事,遂有此授。

　　　　(宋)王欽若等編纂:《册府元龜》卷七二九《幕府部》

　　梁敬翔,好讀兵書,善禮學,尤長刀筆,應用敏捷。舉進士未第,遇黃巢陷長安,乃東出關。時太祖始鎮汴,有觀察支使王發負才術,獨當委用。發與翔鄉里親也,相遇甚喜,乃協力佐太祖。商榷利病,頗稱太祖意,由是自進士奏爲光禄寺主簿,署館驛巡官,居中以司記奏之職。太祖連破巢、蔡,實預勛府,尋奏授太子中允,賜朱紱。討曹濮,伐兗、鄆,凡用師未嘗不密侍左右。太祖之攻蔡也,有弩矢犯左腋,血染中單,自翔外,軍中無知者,其待遇如此。及太祖受唐禪,改樞密院爲崇政院,遂用翔知院事,實掌大政。翔初歸太祖,見語及時務,遂異禮焉。因委奏記,巨細預之,凡發一言,創一事,常與太祖意同。由是三十年翼戴,四方之人,尠有識面者,昏旦不離於左右。恪勤公直,以裨大事。四征百戰,舉動必隨。時或軍書蝟委,翔則據鞍,旗麾之下,運毫灑落,有如風雨。知文者雖阮瑀、陳琳不能過也。至於滅巢破蔡,收兗、鄆、徐、宿,北至河朔,南服嶺嶠,訓强兵數十萬,勤王奉上,安黎庶,廣賦稅,納賢雋,自微至著,内外機宜,逮於化家爲國,皆翔之籌略也。其於險阻艱難,櫛風沐雨,未嘗頃刻不與上同。自受唐禪讓,改爲梁,翔總領機務。締構開創之業,冠於本朝。

　　　　(宋)王欽若等編纂:《册府元龜》卷三〇九《宰輔部》

梁王發爲太祖汴宋觀察度支使，鄉人敬翔晦迹數年，甲辰東游梁苑，遇發。時發爲太祖所禮，節制之權悉寄於發。發每有軍旅重事未決者，咨詢於翔。既而評之，無不得宜。發自知才不及翔，乃舉翔於上。上召翔一見，語及時務，異而禮焉。自是委以奏記，事無巨細必預之。

（宋）王欽若等編纂：《册府元龜》卷八二八《總録部》

梁敬翔爲太祖宣武從事。太祖與蔡賊相拒累歲，城門之外，戰聲相聞，機略之間，翔頗預之。太祖大悦，恨得翔之晚，故軍謀政術，一以諮之。蔡賊平，奏授太子中允，賜緋，從平兖鄆，檢校水部郎中。

（宋）王欽若等編纂：《册府元龜》卷七一六《幕府部》

五代敬翔從太祖用兵，盡心勤勞，晝夜不寐，自言惟馬上乃得休息。

（唐）白居易、（宋）孔傳：《白孔六帖》卷四一

《五代史》：敬翔事朱梁，末帝時，唐莊宗築德勝南城於黄河之南，以逼汴。末帝與宫人游郡園，宫人皆挑葉拾翠，敬翔密以小繩致懷中，於帝前取以自縊。帝使人急救之，問其故？翔曰：“臣雖爲梁臣，實朱氏老奴，事陛下如郎君，不忍見社稷顛覆，誠愿先效死於君前。”帝謂曰：“卿意欲如何？”翔曰：“今唐兵渡河，事急矣，非王彦章不可。愿陛下委之以兵，必能拒。”唐帝於是用彦章，三日而破南城。

（金）王朋壽：《類林雜説》卷三

梁敬翔，爲相。及劉鄩失河朔，安彦之喪楊劉，翔奏曰：“國家連年遣將出征，封疆日削，不獨兵驕將怯，亦制置未得其術。陛下處深宫之中，與之計事者，皆左右近習，豈能量敵之勝負哉？先皇帝時，河朔半在親御，虎臣驍將，獨不得志於敵人。今寇馬已至鄆州，陛下不留聖念，臣所未諭一也。臣聞李亞子自墨縗統衆，於今二年，每攻城臨陣，無不親當矢石。昨聞攻楊劉，率先負薪渡水，一鼓登城。陛下

儒雅守文，未嘗如此。俾賀環輩與之較力，而望攘逐寇戎，臣所未諭
二也。陛下所宜詢於黧老，別運沉謀，不然則憂未艾也。臣雖駑怯，
受國恩深，陛下必苦乏材，乞於邊陲效試。"末帝雖知其懇惻，竟以趙
張輩言翔怨望，不之聽。及王彥章敗於中都，晉人長驅而南，末帝急
召翔，謂之曰："朕居嘗忽卿所奏，果至今日。事急矣，勿以爲懟。且
指朕安歸？"翔泣奏曰："臣受國恩，僅及三紀，從微至著，皆先朝所遇。
雖名宰相，實朱氏老奴耳，事陛下如郎君。以臣愚誠，敢有所隱？陛
下初任段凝爲將，臣已極言小人朋附，致有今日。晉軍即至，段凝限
水，欲請陛下居，避敵，陛下必不聽從；欲請陛下出奇應敵，陛下必不
果決。縱良、平復生，難以轉禍爲福。請先死，不忍見宗廟隕墜。"言
訖，君臣相向慟哭。及晉主陷都城，有詔赦梁氏臣僚，李振謂翔曰：
"有制：洗滌，將朝新君。"翔曰："新君若問，其將何辭以對？"是夜，翔
在高頭里第，宿於車坊，欲曙，左右報曰："崇政李太保已入廟。"翔返
室嘆曰："李振謬爲丈夫耳。朱氏與晉仇讎，我等始同謀畫，致君無
狀，令少主伏劍於國門，縱新朝赦罪，何面目入建國門邪？"乃自經
而卒。

(宋)王欽若等編纂：《册府元龜》卷三一五《宰輔部》

梁敬翔爲樞密使。開平三年，宴宰臣扈從官、新授西路行營行軍
司馬崔公實，時劉知俊西討鄜延，又傳檄銀夏，甚爲邠、岐寇黨侵擾，
帝深憂其未濟。中宴，顧問侍臣。翔承旨而對，剖析山川險要，郡邑
虛實，兵糧多少，悉以條奏，如素講耨。左右莫不驚其聰悟，人罕能
及。帝嗟賞。

(宋)王欽若等編纂：《册府元龜》卷七九九《總錄部》

唐末進士不第，如王仙芝輩唱亂，而敬翔、李振之徒皆進士之不
得志者也。

(明)陶宗儀：《說郛》卷九六《燕翼詒謀錄》

李振,仕唐爲臺州刺史。會盜據浙東,不克之任,以策干太祖,太祖奇之,辟爲從事。太祖兼領鄆州,署天平軍節度副使。

（宋）王欽若等編纂:《册府元龜》卷七二九《幕府部》

李振,字興緒,唐末爲臺州刺史。不克蒞事,因西歸,過汴,求謁見太祖。太祖與語,大奇之。辟爲從事,以講武政。於是陳耕戰之計,進鳩合之策。尊王室以圖諸侯,獎帝道以雜霸業。嫉閹寺,敦儒術,尚名器,審刑罰,於是禮遇彌篤。後至户部尚書,崇政院使。

（宋）王欽若等編纂:《册府元龜》卷七六六《總録部》

李振爲太祖從事。太祖兼領鄆州,署天平軍節度副使。湖南馬殷爲朗州雷滿所迫,振奉命馳往和解,殷、滿皆稟命。

（宋）王欽若等編纂:《册府元龜》卷六五二《奉使部》

朱梁李振,唐自昭宗遷都之後,王室微弱,朝廷班行備員而已。振皆頤指氣使,旁若無人。朋附者非次獎升,私惡者數日沉弃。每自汴入洛陽,中必有貶竄。故唐朝士人目爲鴟梟耳。

（宋）孔平仲:《續世説》卷一二

李振爲太祖從事。唐光化中,往長安議事,時昭宗爲中尉劉季述廢爲太上皇,振東歸,太祖方在邢洛,遽還於梁,大計未決。季述遣養子希度以社稷委輸於梁,欲中帝意;又遣供奉官李奉本、副介支彥勛稱上皇誥喻以傳,皆季述黨也。振入言曰:“夫豎刁、伊戾之亂,所以資霸者之事也。今閹豎幽辱天子,王不能討,無以令諸侯。”時監軍使劉重楚,季述兄也,固黨其族。舊相張濬在河南緱氏,亦來謂帝曰:“同中官則事易濟,且得所欲。”唯振堅執不改,獨曰:“行正道則大勛可立。”帝英悟,忽屬色曰:“張公勸我同敕使,是欲傾附自求宰相耶?”乃定策,縶僞使李奉本、支彥勛與希度等,即日召程岩,折足,械至鎮，杖殺之，請振將命於京師，遂與宰臣謀返正。

（宋）王欽若等編纂：《冊府元龜》卷七二一《幕府部》

梁李振，唐末爲太祖宣義節度副使。天祐初，太祖召振謂曰："青州王師範來降，易歲尚處故藩。今將奏請徙授方面，其爲我馳騎以慈意達之。"振至青州，師範即日出公府，以節度、觀察二印及文薄管鑰授於振。師範雖已受代，而疑撓特甚，屢揮泣求貸其族，振因以切理諭之，曰："公不念張綉事耶？漢末綉屢與曹公立敵，豈德之耶？及袁紹遣使招綉，賈詡曰：'袁家父子，自不相容，何能主天下英士？曹公挾天子令諸侯，其志大，不以私讎爲意，不宜疑之。'今梁王亦然，豈以私怒害忠賢耶？"師範恍然大悟。翌日，以其族西還，太祖乃表振爲青州留後。未幾，徵還。

（宋）王欽若等編纂：《冊府元龜》卷六六〇《奉使部》

梁韋震本名肇，唐末充宣武軍節度副使。乾寧二年七月，昭宗狩於石門，震奉表由虢略間道奔達於行在，帝大悅，賜名震，太祖特爲制字。

（宋）王欽若等編纂：《冊府元龜》卷八二五《總錄部》

梁韋震，唐末爲宣武節度副使。乾寧二年七月內，昭宗狩於石門，震奉表自虢略山中間道奔問，進獻行在，昭宗大悅，復命授檢校司徒。震本名肇，至是賜名震，太祖特爲制字，其優遇如此。

（宋）王欽若等編纂：《冊府元龜》卷七五九《總錄部》

韋震，唐末爲河南尹兼六軍諸衛副使，以病瘖守太子太保致仕。太祖受禪，改太子太傅。

（宋）王欽若等編纂：《冊府元龜》卷八九九《總錄部》

韋震，仕唐爲右武衛將軍。歸於太祖，表爲揚州左司馬，又表爲蔡州四面都統判官，尋奏授檢校左僕射，充宣武節度副使。

（宋）王欽若等編纂：《册府元龜》卷七二九《幕府部》

梁韋震爲殿中監，蔡州四面都統判官。時蔡將郭璠縶秦宗權送於太祖，太祖復請震奏事，且疏時溥之罪，願委討伐，仍請降滄、兗二師之命。溥既以都統破黃巢，功居第一，又與兗、鄆連衡，結中官爲内援，時宰之忌太祖者復佑之。右拾遺徐彦樞亦疏請所在斬宗權，不必至京師陳獻俘之儀，蓋以時溥獻黃巢，止函首故也。震往復論列，於天子前敢大言，亦能協附執政，所請事多允。

（宋）王欽若等編纂：《册府元龜》卷六五三《奉使部》

五代李鏻，唐宗室子，少舉進士，累不中。客河朔間，自稱清海軍掌書記。謁定州王處直，處直不爲禮。乃易其綠衣，更爲緋衣，謁常山李宏規，宏規進之趙王王鎔，鎔留爲從事。

（唐）白居易、（宋）孔傳：《白孔六帖》卷四二

李琪，年十三，詞賦詩頌大爲王鐸所知，然亦疑其假手。一日，鐸召父毅讌於公署，密遣人以漢高祖得三傑賦題就其第試之。琪援筆立成，賦尾云：“得士則昌，非賢罔共。龍頭之友，斯貴鼎足之臣，可重宜哉。項氏之所以亡，一范增而不能用。”鐸覽而駭之，曰：“此兒大器也，將擅文價。”

（宋）王欽若等編纂：《册府元龜》卷七七五《總録部》

李琪，字台秀。昭宗時，李谿父子以文學知名於時，琪年十八九，袖賦一軸謁谿。谿覽賦，驚異，倒屣迎門，因出琪《啞鐘》《捧日》等賦，指示謂琪曰：“予嘗患近年文士辭賦皆數句之後，未見賦題。吾子八句見題，偶屬典麗，吁可畏也。”琪由是益知名。

（宋）王欽若等編纂：《册府元龜》卷九〇〇《總録部》

梁李相國琪，唐末以文學策名，仕至御史。昭宗播遷，衣冠蕩析，因與弘農楊玢藏迹於荆楚間。楊即溯蜀，琪相盤桓於夷道之清江，自晦其迹，號“華原李長官”。其堂兄光符宰宜都，嘗厭薄之。琪相寂寞，每臨流跋石，摘樹葉而試草制詞，吁嗟快怅，而投於水中。梁祖受禪，徵入拜翰林學士。尋登廊廟，爾後宜都之子彬，羈旅渚宫，因省相國，乃數厥父之所短而遣之矣。

（五代）孫光憲：《北夢瑣言》卷六

李琪每臨流坐石，摘木葉試草制詞。朱梁時果爲翰林學士。

（元）富大用：《古今事文類聚新集》卷二○

李琪，初仕梁爲翰林學士，累遷户部侍郎、翰林承旨。梁祖西抗邠岐，北攻潞，出師燕趙，經略四方，暫無寧歲。而琪以學士居帳中，專掌文翰，下筆稱旨，寵遇逾倫。是時，琪之名播於海内。

（宋）王欽若等編纂：《册府元龜》卷五五一《詞臣部》

後唐李琪，仕梁爲尚書左丞平章事，與蕭頃同爲宰相，頃掎摭其咎。會琪除吏，是試攝名銜，衆署之。後改攝爲守，爲頃所奏，末帝大怒，將投荒裔，而爲趙岩、張漢傑所援。罷相，爲太子少保。

（宋）王欽若等編纂：《册府元龜》卷三三四《宰輔部》

李琪，事梁爲平章事，與蕭頃同在中書。頃性畏慎深密，琪倜儻負氣，不拘小節，中書奏覆，多行其志，而頃專掎摭其咎。

（宋）王欽若等編纂：《册府元龜》卷三三七《宰輔部》

後唐李琪十三爲賦頌，舉進士擢第。琪兄珽亦登進士第，才藻富贍，兄弟齊名。琪位太子少傅致仕。

（宋）王欽若等編纂：《册府元龜》卷七八三《總録部》

後唐李琪，初仕梁，爲翰林學士承旨，專掌文翰，下筆稱旨，寵遇逾倫。

（宋）王欽若等編纂：《册府元龜》卷五五〇《詞臣部》

李琪與兄班俱登進士第，爲梁太祖所知。及革命，以班爲崇政學士，琪爲翰林學士，昆仲並處禁林。

（宋）王欽若等編纂：《册府元龜》卷七八二《總録部》

後唐李琪初仕梁爲翰林承旨，琪之名播於海内，重然諾，憐才獎善，家門雍睦。

（宋）王欽若等編纂：《册府元龜》卷八〇六《總録部》

（天成）四年二月，車駕自汴還京。至氾水，東都留司官太子少傅李琪等奏曰："伏以陛下暫違清廟，纔過周星，初平作孽之守殷，次戮不臣之庭琬。今者敗契丹之凶黨，破真定之逆城，大振皇威，咸由睿算。臣等久違宸極，俱戀聖恩，恨不隨獸舞於汴郊，拜顔龍於梁苑。豈可只於清洛，坐俟回鑾，願於次舍之間，得展會同之禮。庶傾就望，咸竭歡呼。臣等今乞於偃師東排班迎駕，稱賀後先，赴洛陽東祇候。"奉敕："契丹即爲凶黨，真定不是逆城，蓋闕審詳，有兹差誤！李琪罰一月俸。"先是，定州王都叛命，琪不詳鎮州爲真定，誤用之，故及於罰。

（宋）王欽若等編纂：《册府元龜》卷一五四《帝王部》

（天成）四年八月，太子太傅李琪奉命撰故青州節度使霍彦威神道碑。初，琪仕梁至平章事，而私懷感遇之意。舊之工碑版者，奉敕撰碑，皆始叙君上獎功之道，承詔撰述之旨，每於立意，皆稱臣。彦威仕梁，位至方面，及兹叙其揚歷，必須指名幾任是僞，幾任是朝命。琪不欲指斥僞梁，所撰碑文，自初不稱臣。中書覆奏云："李琪所撰霍彦威神道碑文，既不分真僞，是混功名望。"令改撰，從之。

（宋）王欽若等編纂：《册府元龜》卷五五三《詞臣部》

李琪,明宗天成初爲御史大夫。時樞密使安重誨宅與御史臺差相對,重誨前騶至臺門,殿直馬延衝前騶,重誨即命斬於臺門。琪以重誨權重,不敢舉其過。又慮諫官論奏,乃白於宰相任圜,托先聞於重誨,即具上聞。琪即奏重誨言於臺門斬人事,辭旨依違,不敢正言其罪。

（宋）王欽若等編纂:《册府元龜》卷五二一《憲官部》

李琪爲太子少傅,明宗天成末,既平定州,自汴還洛,琪爲留司官班首,奏乞於偃師縣奉迎,而奏章中有“敗契丹之凶黨,破真定之逆城”之言。詔曰:“契丹即爲凶黨,真定不是逆城。”李琪罰一月俸。史臣曰:大駕還京,留司官出城奉迎,載於典禮。李琪好動移班師,稱中山爲真定,躁人之詞,俱失實也。

（宋）王欽若等編纂:《册府元龜》卷九五四《總録部》

李琪爲御史大夫,時安重晦爲樞密使,而弄權任氣,制置諸夏,當纘、紹之初,内外無不畏憚,過御史臺門,有内臣誤衝行李,遂追斬於馬前。時琪彈奏之,以功大,莫之動也。

（宋）王欽若等編纂:《册府元龜》卷五二〇下《憲官部》

李琪,爲尚書右僕射。長興以後,尤爲宰執所忌。琪凡有奏陳,靡不望風横沮。然琪雖博學多才,拙於遵養時晦。知時不可爲,然猶多岐求進,動而見排,繇己不能鎮靖也。

（宋）王欽若等編纂:《册府元龜》卷四八一《臺省部》

唐杜荀鶴,嘗游梁,獻太祖詩三十章,皆易曉也,因厚遇之。洎受禪,拜翰林學士,五日而卒。朱崖李太尉獎拔寒俊,至於掌誥,率用子弟,乃曰:“以其諳練故事,以濟緩急也。”如京兆者,一篇一咏而已。經國大手,非其所能,幸而殂逝,免貽伊耻也。

制貶平曾、賈島,以其僻澀之才,無所采用,皆此類也。

（五代）孫光憲:《北夢瑣言》卷六

梁太祖爲汴帥，頗延接舉人，或有通刺，未得見者，雖累月典謁者，必詢其居止，以防非次請召。進士杜荀鶴，自九華來適，遇山東用兵，未即見賓吏，乃置之相國寺塔院，凡半載不問。一日，梁祖請客，散後以骰子自擲，意有所卜，百擲無貴彩，怒甚，因戲曰：“我與杜荀鶴卜及第否，應聲成。”堂印大喜，急請杜秀才。杜方沐洗，忽悶絕而仆，久之乃蘇，曰：“我得吉夢。”既見《賦無雲而雨》詩：“同是乾坤事不同，雨絲飛灑日輪中。若教陰靄都相似，爭表梁王造化功。”大見賞遇，夜飲款密，遂送名春官。是年成名，裴贄下第八人。吏問當日何夢，杜不敢隱，云：“夢在大殿，一僧曰：‘君見梁王，即食禄之來也。不久爲詞臣，苟無惡念，未可量也。’”及梁開國，爲翰林學士，恃舊凌虐，謀殺己所不悦者，未成而疾，涉旬乃卒，此豈非惡念也哉。

（宋）佚名：《分門古今類事》卷二〇

梁相張策嘗爲僧，返俗應舉，亞台鄙之。或曰：“劉軻、蔡京，得非僧乎？”亞台曰：“劉、蔡輩雖作僧，未爲人知，翻然貢藝，有何不可？張策衣冠子弟，無故出家，不能參禪訪道，抗迹塵外，乃於御簾前進詩，希望恩澤，如此行止，豈掩人口？某十度知舉，十度斥之。”清河公乃東依梁主而求際會，蓋爲天水拒弃，竟爲梁相也。

（五代）孫光憲：《北夢瑣言》卷三

唐張策早爲僧，敗道歸俗，後爲梁相。先在華山雲臺觀修業，觀側有莊。其弟簶亦輕易道教，因脱褻服，挂於天尊臂上，云借此公爲我掌之。須臾精神恍惚，似遭毆擊，痛叫狼狽，或頓或起，如有人拖曳之狀，歸至別業而卒。斯人也，必黨於釋氏，而輕侮道尊。人之無禮，自貽陰殛，非不幸也。與嘉州崔使君開尹真君石函事同。開石函爲冥官所録，奪算，見《宣室志》。李載仁郎中目睹，爲愚話之。

（五代）孫光憲：《北夢瑣言》卷四

張策，少爲僧，居雍之慈恩精廬，頗有高致。廣明末，大盗犯闕，策遂反初服，奉父母逃難，君子多之。及丁父艱，以孝聞，服滿自屏郊藪，一無干進意，若是者十餘載。後王行瑜帥邠州，辟爲觀察支使。行瑜敗死，策與婢肩輿其親，南出邠境。屬邊塞積雪，爲行者所哀，太宗聞而嘉之，奏爲鄭滑支使。

（宋）王欽若等編纂：《册府元龜》卷七五六《總録部》

梁張策，少聰警好學，父同仕唐，官至容管經略，所居洛陽敦化里，嘗浚井得古鼎，耳有篆字曰：“魏黃初元年春二月匠吉干且。”又製作奇巧，同甚寶之。策時在父傍，徐言曰：“建安二十五年，曹公薨改年爲延康，其年十月文帝受漢禪，始號黃初，則是黃初元年無二月明矣，鼎文何謬歟。”同大驚，亟還，啓書室，取《魏志》展讀，不失所言，宗族奇之。

（宋）王欽若等編纂：《册府元龜》卷七八〇《總録部》

五代張策。李克用攻王行瑜，策與婢肩輿其母東歸，行積雪中，行者憐之。

（唐）白居易、（宋）孔傳：《白孔六帖》卷二五

梁張策爲膳部員外郎，華帥韓建辟爲戎判。及建領許州，又爲掌記。天復中，策奉其主書幣來聘，太祖見而喜曰：“張夫子且至矣。”即奏爲掌記，兼賜金紫。

（宋）王欽若等編纂：《册府元龜》卷七二九《幕府部》

張策，開平中爲中書侍郎同平章事，中風於私第。太祖命使宣問，翌日，除刑部尚書，致仕。

（宋）王欽若等編纂：《册府元龜》卷八九九《總録部》

朱梁張策年十二，父同嘗浚甘泉井，得鼎耳，有篆曰：“魏黃初元年春二月，匠吉于製作奇巧。”同甚寶之。策時在旁，徐言曰：“建安二十

五年，曹公改年爲延康，其年十月，文帝受漢禪，始號'黃初'，元年無二月明矣。鼎文何繆歟！"同大驚，亟遣取魏志展讀之，果驗。宗族奇之。

（宋）孔平仲：《續世說》卷四

封舜卿，唐末爲禮部侍郎，知貢舉。梁開平中，與門生鄭致雍同受命入翰林，爲學士。致雍有俊才，舜卿雖有文辭，才思拙澀，及試五題，不勝困弊，因托致雍秉筆。當時議者以爲座主辱門生。

（宋）王欽若等編纂：《册府元龜》卷五五三《詞臣部》

封舜卿，梁時知貢舉。後門生鄭致雍同受命入翰林爲學士。致雍有俊才，舜卿才思拙澀，及試五題，不勝困弊，因托致雍秉筆。當時議者以爲座主辱門生。同光初，致仕。

（五代）孫光憲：《北夢瑣言》卷一九

封舜卿仕梁，爲禮部侍郎，知貢舉。開平三年，奉使幽州，以門生鄭致雍從行。復命之日，又與致雍同受命入翰林爲學士。致雍有俊才，舜卿雖有文辭，才思拙澀。及試五題，不勝困弊，因托致雍秉筆，當時議者以爲座主辱門生。

（宋）王欽若等編纂：《册府元龜》卷九三九《總録部》

朱梁封舜卿文詞特異，才地兼優，恃其聰俊，率多輕薄。梁祖使聘於蜀，時岐、梁皆睚，關路不通，遂泝漢江而上，路出全州，土人全宗朝爲帥。封至州，宗朝致筵於公署。封素輕其山州，多所傲睨，全之人莫敢不奉之。及執騂索令，曰："《麥秀兩歧》。"伶人愕然相顧："未嘗聞之，且以他曲相同者代之。"封擺頭曰："不可。"又曰："《麥秀兩歧》。"復無以措手。主人耻而復惡，杖其樂將，停盞移時，逡巡，盞在手，又曰："《麥秀兩歧》。"既不獲之，呼伶人前曰："汝雖是山民，亦合聞大朝音律乎！"全人大以爲耻。

次至漢中，伶人已知全州事，憂之。及飲會，又曰："《麥秀兩歧》。"亦如全之筵,三呼不能應。有樂將王新殿前曰:"略乞侍郎唱一遍。"封唱之未遍,已入樂工之指下矣。由是大喜,吹此曲,訖席不易之。其樂工白帥曰:"此是大梁新翻,西蜀亦未嘗有之,請寫譜一本。"急遞入蜀,具言經過二州事。泊封至蜀,置設。弄參軍後,長吹《麥秀兩歧》於殿前,施芟麥之具,引數十輩貧兒,襤縷衣裳,携男抱女,挈筐籠而拾麥,仍合聲唱,其詞凄楚,及其貧苦之意,不喜人聞。封顧之,面如土色,卒無一詞。慚恨而返,乃復命。歷梁、漢、安、康等道,不敢更言"兩歧"字。蜀人嗤之。

(宋)李昉:《太平廣記》卷二五七《封舜卿》

封舜卿,莊宗同光已來,累歷清顯。封氏自太和以來,世居兩制,以文筆稱於時。舜卿從子渭,昭宗遷洛時爲翰林學士,舜卿爲中書舍人,叔侄對掌內外制。從子翹,於梁貞明中亦爲翰林學士。

(宋)王欽若等編纂:《冊府元龜》卷七七一《總録部》

封舜卿爲中書舍人,從子渭爲翰林學士,叔侄對掌內外制。又,從子翹仕梁,亦爲翰林學士。

(宋)王欽若等編纂:《冊府元龜》卷七八二《總録部》

封敖之子舜卿,開平中,與門生鄭致雍同入翰林。致雍有俊才,舜卿思拙澀,每對草綸誥,不勝困敝,托致雍秉筆。當時議者以爲座主辱門生。

(元)富大用:《古今事文類聚新集》卷二〇

李巨川有筆述,歷舉不第,先以仕偽襄王,與唐彥謙俱貶於山南,襄帥楊守亮優待之。山南失守,隨致仕楊軍容復恭,與守亮同奔,北投太原。道行者引出華州,復恭爲韓建挫辱,極罵爲奴,以短褐蒙之,斃於枯木。守亮檻送至京,斬於獨柳樹,京城百姓莫不沾涕。此即南山"一丈黑",本姓訾,黃巢時,多救護道引朝士令趨行在,人有逃黃巢而投附，皆濟之，由是人多感激也。巨川爲韓建副使，朱令公軍次於華，用張濬計，先取韓建，其幕客張策携印率副使李巨川同詣轅門請降。朱公謂曰："車駕西幸，皆公所教也。"建曰："某不識字，凡朝廷章奏，鄰道書檄，皆巨川爲之。"因斬之。識者謂韓建無行，求解怒於朱公，遂爲所賣，時人冤之。巨川有子慎儀，仕後唐爲翰林學士。唯張策本與張濬有分，携印而降，叶濬之謀，後仕至梁相。朱公既得韓建，以兄呼之。尋奏移許昌。梁鳳曆初，亦遇害也。

（五代）孫光憲：《北夢瑣言》卷一五

鈍漢：五代張彦之亂，命王政言草奏，不能下筆，彦怒曰："鈍漢辱我司空頠。"《本傳》

（明）陶宗儀：《説郛》卷三《賓賓録》

孔崇弼，登進士第，爲弘文校理。昭宗幸洛陽，河南尹張宗奭以崇弼名家子，署爲幕賓。

（宋）王欽若等編纂：《册府元龜》卷七二九《幕府部》

晉顔衍，兗州曲阜人。仕梁爲青州北海主簿，自卑官不畏强禦。縣民有豪暴者，必嚴刑制之，由是知名。

（宋）王欽若等編纂：《册府元龜》卷七〇六《令長部》

晉陸思鐸初仕梁，爲廣武都指揮使，歷突陣拱辰軍使，積前後戰勛，累官至檢校司徒、拱辰左厢都指揮使，遥領恩州刺史。

（宋）王欽若等編纂：《册府元龜》卷三六〇《將帥部》

《五代史·周史》曰：和凝年十七，舉明經，至京師。忽夢人以五色筆一束以與之，謂曰："子才可以舉進士。"自是才思敏贍，十九登進士第。

又曰：馬裔孫初爲河中從事，因事赴闕，宿於邏店。其地有上邏神祠,夜夢神見召,待以優禮,手授以筆,一大一小。覺而異焉。及爲翰林學士,旋知貢舉。私自謂曰:"此二筆之應也。"洎入中書,吏奉二筆,熟視大小,如昔時中夢所授者。

(宋)李昉:《太平御覽》卷六〇五《文部二一‧筆》

和凝,字成績,十九登進士第。滑師賀瓌知其名,辟置幕下。

(宋)王欽若等編纂:《册府元龜》卷七二九《幕府部》

《五代史》:和凝十九登進士第,滑帥賀瓌知其名,辟至幕下。凝善射,時瓌與唐莊宗相拒於河上,戰於湖柳坡,瓌軍敗而北,唯凝隨之,瓌顧曰:"子勿相隨,當自努力。"凝對曰:"大丈夫受人知,有難不救,非素志也,但恨未有死所。"旋有一騎士來逐,凝叱之不止,遂引弓射之,應弦而斃。瓌獲免,遂以女妻之,由此聲望益隆。

(宋)孫逢吉:《職官分紀》卷三九

五代和凝舉進士,梁義成軍節度使賀瓌辟爲從事。瓌與唐莊宗戰於胡柳,瓌敗,脫身走。獨凝隨之,瓌反顧,見凝,麾之使去,凝曰:"丈夫當爲知己死,吾恨未得死所耳,豈可去也!"已而一騎追瓌,幾及,凝叱之,不止,即引弓射殺之,瓌因此得免。瓌歸,戒諸子曰:"和生志義之士也,後必富貴,爾輩謹事之。"因妻以女。

(明)彭大翼:《山堂肆考》卷一三八

周和凝,仕梁爲滑州節度賀瓌賓幕。時瓌與後唐莊宗相拒於河上,戰於胡柳陂,瓌軍敗而北,唯凝隨之。瓌顧曰:"無相隨,當自努力。"凝對曰:"大丈夫受人知,有難不報,非素志也,但恨未有死所。"旋有一裨將來逐,瓌凝叱之不止,遂引弓以射,應弦而斃。瓌復免,既而謂諸子曰:"昨非和公,無以致此。和公文武全才而有志氣,後必享重位,爾宜謹事之。"遂以女妻之,由此聲望益隆。

(宋)王欽若等編纂:《册府元龜》卷七二五《幕府部》

　　楊凝式爲禮部員外郎,三川守張宗奭見而嘉之,請以本官充留守巡官。

　　　　　　　(宋)王欽若等編纂:《册府元龜》卷七二九《幕府部》

　　梁祖欲以牙將張延範爲太常卿,諸相議之。裴樞曰:"延範勛臣,幸有方鎮節鉞之命,何籍樂卿? 恐非梁王之旨。"乃持之不與,裴終以此受禍。

　　　　　　　　　　　　　　　(宋)錢易:《南部新書》乙

　　鼎銘謬。五代張同居洛陽,浚井得古鼎,銘曰:"魏黄初元年春二月。"同以爲奇。其子策年十三,啓曰:"漢建安二十五年,曹公薨,改元建康,是歲十月,文帝受禪,又改黄初元年,無二月,銘何謬耶!"同大異之。

　　　　　　　　　(宋)佚名:《錦綉萬花谷》前集卷二〇

　　尹玉羽,京兆長安人。杜門隱居,無名宦之意。梁貞明中,劉鄩開幕鄜坊,辟爲保大軍節度推官,歷雍汴滑充從事。

　　　　　　　(宋)王欽若等編纂:《册府元龜》卷七二九《幕府部》

　　曹國珍,字彦輔。少值燕薊亂離,因落髮被緇,客於河西。延州高萬興兄弟皆好文,辟爲從事。國珍常以文章自許,求貢禮闈,萬興飛表薦之。梁貞明中,特敕進士及第。還爲萬興幕客,且掌書奏。期年入爲左拾遺。

　　　　　　　(宋)王欽若等編纂:《册府元龜》卷七二九《幕府部》

　　梁盧損進士擢第,左丞李琪常善待損。琪有女弟,眇,長年婚對不售,乃以妻損。損慕琪聲稱,聞其眇,納之。及琪爲輔相,致損仕進。

　　　　　　　(宋)王欽若等編纂:《册府元龜》卷九四五《總録部》

　　後唐相國韋公說，仕梁爲中書舍人，倅輅於錢塘。先是，錢尚父自據一方，每要姑息。梁主以河北、關西，悉爲勍敵，又頻失利於淮海，甚借兩浙牽掎之，其次又資貢賦，凡命使臣遠泛滄溟，一則希其豐遺，二則懼不周旋，悉皆拜之。錢公亦自尊大，唯京兆公長揖而已。既不辱命，識者異之，竟有巖廊之拜也。

（五代）孫光憲：《北夢瑣言》卷五

　　五代孫德昭，梁太祖頗德其附己，以龍鳳劍、鬥雞綾遺之。

（唐）白居易、（宋）孔傳：《白孔六帖》卷一三

　　《五代史》：孫德昭，梁太祖頗德其附己，以龍鳳劍遺之。

（清）陳元龍：《格致鏡原》卷四二

　　梁司天監仇殷，術數精妙，每見吉凶，不敢明言。稍關逆耳，秘而不説，往往罰俸。蓋懼梁祖之好殺也。梁自昭義失守，符道昭就擒，柏鄉不利，王景仁大敗，皆爲太原節使嗣晉王李存勖之所挫也。方懷子孫之憂，唯柏鄉狼狽，亦自咎云：“違犯天道，不取仇殷之言也。”

（五代）孫光憲：《北夢瑣言》卷一六

　　朱梁仇殷藝術精密，太祖之在長蘆也，諸將請攻壁，令軍中人負槁二圍，置於積。俄而雲集，殷曰：“何用？”或以所謀告之。殷曰：“我占之矣，不見攻壁象，乃自退乎！”翌日，有騎馳報，丁會以潞州畔。太祖令盡焚其槁而還。

（宋）孔平仲：《續世説》卷六

　　仇殷爲司天監。開平四年十月己巳夜，月有蒼白暈，鎮與胄昴在環中，絡奎畢，天船卷舌。殷不時奏，罰兩月俸。五年正月，以天文變異，殷又不時奏，罰兩月俸。

（宋）王欽若等編纂：《冊府元龜》卷六二五《卿監部》

蕭愿,字惟恭,梁宰相頃之子也。初,愿之曾祖仿,唐僖宗朝入相,接客之次,愿爲兒童,效仿傳呼之聲。仿謂客曰:"余豈敢以得位爲喜,所幸奕世壽考,吾今又有曾孫,左目前矣。"及愿長,事父母以孝稱,後爲兵部郎,卒之時年七十餘,母猶在堂。一門壽考,人罕及者矣。

(明)陳耀文:《天中記》卷三九

五代張筠好聚財而喜施與,秦民懷惠,呼爲"佛子"。及罷官居洛,第宅宏敞,擁其貲,以酒色聲妓自娛足者十餘年,人謂之"地仙"。

(宋)馬永易:《實賓録》卷九

梁杜曉,父讓能,唐末爲相,賜死於臨皋驛。曉居喪柴立,幾至滅性,憂滿服幅巾,七年昇喪,沉迹自廢者將十餘載。光化中,宰相崔裔判鹽鐵,奏爲巡官,試校書郎,尋除畿尉,直弘文館,皆不起。及哀帝東遷洛陽,宰臣崔遠判户部,又奏爲巡官兼殿中。或語之曰:"嵇中散誅死,子紹埋没不自顯,山濤以切理勉之,乃仕,孝子之志,其忍令杜氏以時鋪席祭其先人,而嗣者同匹庶乎?"曉乃就官。

(宋)王欽若等編纂:《册府元龜》卷七五六《總録部》

杜曉以宰相判鹽鐵,兄光人有心疹,厥候每作,或溢喙縱詬,或揮挺追撲,曉事之愈恭,未嘗一日少殆。

(宋)王欽若等編纂:《册府元龜》卷八五二《總録部》

杜曉,庶人。友珪篡位,爲禮部尚書平章事、集賢殿大學士、依前判户部。及袁象先之討友珪,禁兵大縱,曉中重創而死。

(宋)王欽若等編纂:《册府元龜》卷九三一《總録部》

田光裔爲穀熟縣令,開平四年四月,宋州衡王友諒進瑞麥一莖三穗。太祖覽奏不懌,曰:"古來上瑞,惟在豐年。合穎兩岐,皆是虚事。"乃停光裔官,仍追毁歷任官牒,以瑞麥故也。

（宋）王欽若等編纂:《册府元龜》卷七〇七《令長部》

梁李翼爲光禄卿。太祖乾化元年七月,坐進廟胙色敗,有詔罰兩月俸。

（宋）王欽若等編纂:《册府元龜》卷六二五《卿監部》

鄭觀爲監察御史。乾化二年,御史臺奏准堂帖送到臘饗行事官,秘書監苗暐等五人狀稱:"十二月二十六日臘祭百神,十九日早,於都省受誓戒。至午時,監察御史鄭觀方到,有乖恭恪,合具申聞堂判,送御史臺分拆。得監察御史鄭觀狀稱:'其日泥雪稍深,所乘驢畜瘦劣,墜車數四,遂至遲違者。'"奉敕:"國之重典,祀事爲先。御史監臨,本虞不恪。今則衆官晨興已到,御史日晏方來。既紊國章,難虧朝典。其鄭觀宜停見任。"

（宋）王欽若等編纂:《册府元龜》卷五二二《憲官部》

崔賞,虞部郎中知制誥。乾化二年,中書奏得臨河縣鎮狀申賞。夜黑,誤至當縣西壕,爲賊所害。

（宋）王欽若等編纂:《册府元龜》卷九三一《總録部》

梁太祖,唐天復元年正月兼河中節度,至府出東郊,以素服拜於故節度使王重榮之壠,以申夙分,又辟其少子瓚爲節度判官,又請故宰相張濬爲重榮神道碑,曰:"帝頃自左馮,來歸蒲坂,而重榮識在田之奇狀,有附翼之深期。劉宣威坐席之言,形於昔日,喬太尉英雄之許,感極兹辰。"帝追思之深,故恩禮若是。

開平二年四月,以户部尚書致仕裴迪復爲右僕射。迪,敏事慎言,達吏治,明籌算,帝初建節旄於夷門,迪一謁見,如故知,乃闢爲從事。自是之後,歷三十年,委四鎮,租賦、兵籍、帑廩、官吏、獄訟、賞罰、經費、運漕,事無巨細,皆得專之。帝每出師,即知軍州事,逮於二

紀,不出梁之闕閣,甚有裨贊之道。禪代之歲,命爲太常卿,屬年已耆
耋,視聽昏塞,不任朝謁,遂請老,許之。期月復起,師長庶官焉。

(宋)王欽若等編纂:《册府元龜》卷二一一《閏位部》

裴迪,太祖至汴,延在賓席,恩禮甚優。厥後每統帥出征,咸命主
留事,迪亦勤瘁,夙夜不失所委,累遷職至節度判官,官至檢校僕射。
光化初,太祖榜於院曰:“謬膺重委,總授三藩,軍機雖整於拙謀,民政
全繫於右席。節度裴判官,詳明吏理,首冠賓筵,冰蘗不渝,始終如
一,自此應諸州錢穀刑獄等事,並請指揮。”乃遍報管内,咸遣知委。

(宋)王欽若等編纂:《册府元龜》卷七一六《幕府部》

裴迪爲太祖節度判官。唐天復中,太祖駐軍於岐下,忽有青州健
步苗公立者,賫其帥王師範書問至府,迪召之詢以東事,微覺色動,因
去左右,密徵其説。公立乃具述師範稱兵之狀。時太祖猶子友寧爲
馬步軍指揮使,迪不俟命,遽請友寧統在府諸軍,至充鄆巡警,以示軍
威。及昭宗還長安,太祖歸梁邸,凡府僚並被命遷秩,兼錫功臣之號。
迪獨轉官爲檢校司徒,號寧蠻叶贊功臣。一日,賓佐集謁,太祖目迪
曰:“叶贊之名,唯司徒獨有之,他人莫及也。”其見重如此。

(宋)王欽若等編纂:《册府元龜》卷七二一《幕府部》

裴迪,唐末太常卿,受禪之歲,拜尚書右僕射。後一年,上章告
老,爲司空致仕。

(宋)王欽若等編纂:《册府元龜》卷八九九《總録部》

五代裴迪。梁太祖自歧還,將吏皆賜“迎鑾叶贊功臣”。太祖目
迪曰:“叶贊之功,惟裴公有之,他人不足當也。”

(唐)白居易、(宋)孔傳:《白孔六帖》卷五〇

五代裴迪,太祖鎮宣武辟節度判官。太祖用兵四方,常留迪以調

兵賦。太祖乃榜門以兵事自處，而以貨賄獄訟，一切任迪。

（唐）白居易、（宋）孔傳：《白孔六帖》卷四一

梁季文矩爲司門郎中，太祖開平元年六月，以文矩爲開封縣令，司勛員外郎孫拙爲浚儀縣令。先是，二邑皆吏部注授，今昇爲赤縣，故命二省郎理之。

（宋）王欽若等編纂：《册府元龜》卷七〇一《令長部》

趙凝爲襄州節度使，作鎮數州，甚有威惠。

（宋）王欽若等編纂：《册府元龜》卷六七七《牧守部》

梁趙凝爲襄州節度使。氣貌甚偉，好自修簡，每整衣冠，必使人持巨鑒，前後照之。對客之際，烏巾上微覺有塵，即令侍妓持紅拂以拂之。人有誤犯其家諱者，往往遭其榰楚。其方嚴也如是。

（宋）王欽若等編纂：《册府元龜》卷七九四《總録部》

梁羅隱，唐末爲宰相鄭畋所知。隱雖負文稱，然貌古而陋。畋女幼，有文性，常覽隱詩卷，諷誦不已，畋疑其女有慕才之意。一日，隱至第，鄭女垂簾而窺之，自是絶不咏其詩。官至給事中。

（宋）王欽若等編纂：《册府元龜》卷八三五《總録部》

羅隱，餘杭人也。唐廣明中，因亂歸鄉里，節度使錢鏐辟爲從事。

（宋）王欽若等編纂：《册府元龜》卷七二九《幕府部》

梁羅隱，唐末舉進士。有詩名於天下，尤長於咏史，然多譏諷，以故不中第。兩浙節度使錢鏐辟爲從事，隱戲爲詩，言鏐微時騎牛操梃之事，鏐亦怡然不怒。

（宋）王欽若等編纂：《册府元龜》卷九四四《總録部》

梁劉群爲長子令,開平二年三月,太祖在澤州,群率人户來見,且言久在山谷保護親族,每與軍前潛探報蕃賊行止,時亦供饋芻粟,遞相告報。帝嘉其忠節,乃賜群章服,百姓賑而遣之。

（宋）王欽若等編纂:《册府元龜》卷七〇一《令長部》

李濟美爲開封令,薛昭文爲浚儀令,乾化二年,開封尹以其課最來上請,未除替,敕曰:"李濟美等宰邑浩穰,有及物之政,朕甚嘉之,宜量留一年。"

（宋）王欽若等編纂:《册府元龜》卷七〇一《令長部》

李班爲成汭荆州掌書記。天復中,淮寇大舉圍夏口,逼巴陵,太祖患之,飛命成汭率水軍十萬,援於鄂。李班入言曰:"今舳艫容介士千人,載稻倍之,緩急不可動。吴人剽輕,若爲所絆,則武陵、武安,皆我之讎也,將有後慮。不如遣饒將屯巴陵,大軍對岸,一月不與戰,則吴寇糧絶,而鄂圍解矣。"汭性剛決,不聽。淮人果乘風縱火,舟盡焚,兵盡溺,汭亦自沉於江,郎人、潭人遂入荆渚,一如所料。

（宋）王欽若等編纂:《册府元龜》卷七二一《幕府部》

李班爲侍講學士。均王平内難,是時,内司職守亦各奔敗潛匿,班與宗政院使李振皆北走,將投軍,落遇群卒於禁外。振中傷,而班尤甚。既卒,聞者莫不爲之嘆息。

（宋）王欽若等編纂:《册府元龜》卷九三一《總録部》

河中判官路德延,相國岩之侄,嶽之子,時謂才俊,擢進士第。西平王朱友謙幕僚,放恣凌傲,主公容之。友謙背梁,乞於晉陽。并使初至,禮遇方謹,路公筵上,言語及之。友謙憂憤,因投德延於黄河,以紓禍也。先是紀綱之僕近判官入謁幕次,遂有請易舍之説。蓋義兄弟同處,不欲聞郎官穢談也。路子得非其人耶?

（宋）李昉:《太平廣記》卷二六四《路德延》

朱梁翰林寶學士夢徵，以文學稱於世。時兩浙錢尚父有元帥之命。寶以錢公無功於本朝，僻在一方，坐邀渥澤，不稱是命，乃抱麻哭於朝。翌日，寶謫掾於東州。及失意被譴，嘗郁郁不樂。曾夢有人謂曰：“君無自苦，不久當復故職。然將來慎勿爲丞相，苟有是命，當萬計避之。”其後寶復居禁職。有頃，遷工部侍郎。寶忽憶夢中所言，深惡其事。然已受命，不能遜避。未幾果卒。

（宋）李昉：《太平廣記》卷一五八《寶夢徵》

鄭雍學士未第時，求婚於白州崔相公遠。纔允許，而博陵有事，女則隨例填宮。至朱梁開平之前，崔氏在內托疾。敕令出宮，還其本家。鄭則復托媒氏致意，選日親迎。士族婚禮，隨其豐儉，亦無所闕。尋有莊盆之感，又杖經期周，莫不合禮。士林以此多之，美稱籍甚。場中翹足望之，一舉中甲科。封尚書榜下。脫白，授秘校，兼內翰，與丘門同敕入。不數載而卒。

（宋）李昉：《太平廣記》卷一六八《鄭雍》

梁王舜卿，爲吏部侍郎、翰林學士。乾化二年九月，太祖北巡，回至化黃縣。敕舜卿等駕發魏州之初，扈從不至，各罰兩月俸。

（宋）王欽若等編纂：《冊府元龜》卷四八一《臺省部》

李斑爲兵部郎中，崇政院直學士。時許帥馮行襲疾甚，出爲許州留後。先是，行襲有牙兵二千，皆蔡人也。太祖深以爲憂，乃遣斑馳往，以伺察之。斑至，傳舍召將吏，親加慰撫。行襲欲使人代受詔，斑曰：“東首加朝服，禮也。”乃於臥內宣詔，令善自補養，苟有不諱，子孫俱保後福。行襲泣謝，遂解二印以授斑，斑代掌軍府事。太祖覽奏，曰：“予固知斑必辦吾事，行襲門户不朽矣。”

（宋）王欽若等編纂：《冊府元龜》卷六五三《奉使部》

李斑，字公度，爲監察御史。丁內艱，憂闋，再徵爲御史，以疾不起。成汭鎮荊州,辟爲掌書記,逾時乃就。汭死,襄帥趙凝復奏爲掌記,入爲左補闕。太祖爲元帥,復署爲天下掌記。一日,大會將佐,指斑曰:"此真書記也!"

(宋)王欽若等編纂:《册府元龜》卷七二九《幕府部》

梁李斑爲太祖掌書記,滄州節度使劉守文拒命,太祖引兵十餘萬圍之,久而未下,乃召斑草檄班師,即就外次,筆不停輟,登時而成,大爲太祖嗟賞。

(宋)王欽若等編纂:《册府元龜》卷七一八《幕府部》

李斑爲監察御史,丁内艱,又其父旅殯在遠,家貧無以襄事。斑與弟琪,當臘雪以單纏扶杖銜哀,告人曰:"是兩克還袝。"而斑日不過食一溢,嘗羸卧喪廬中,不能興,大爲時賢所嘆。憂闋,再徵爲御史,以疾不起。成汭之鎮荊州,辟爲掌書記,逾時乃就。

(宋)王欽若等編纂:《册府元龜》卷七五六《總録部》

李斑性孝友,與弟琪有敦睦之愛,爲縉紳所稱,仕至右散騎常侍。
(宋)王欽若等編纂:《册府元龜》卷八五二《總録部》

李斑爲諫議大夫、宣徽副使,從征至魏縣,過内黄。太祖顧曰:"此何故名内黄?"斑曰:"河南有外黄、小黄,故北有内黄。"又曰:"在何許?"對曰:"秦有外黄都尉,理外黄,其故墟今在雍丘。小黄爲高齊所廢,其故墟今在陳留。"太祖稱獎數四。

(宋)王欽若等編纂:《册府元龜》卷七八〇《總録部》

李斑監曹州事。曹去京數舍,吏民豪猾,前後十餘政,未有善罷者。斑在任期歲,民庶以寧。

(宋)王欽若等編纂:《册府元龜》卷六七七《牧守部》

高途,唐末爲汴、宋、亳觀察判官。僖宗文德初,監宋州軍州事。時螟潦之後,編户初復,途克己爲政,始定履畝之税,以抑兼并。太祖乃命管内如其制,於是賦無虛額,民無逋負,公庾實而軍食羡矣。改天平、宣義兩府從事。

（宋）王欽若等編纂:《册府元龜》卷六七七《牧守部》

高途,字昭遠。初爲郎州從事,爲鹽鐵使秦韜玉所知,薦於太祖,乃署宣武軍掌記,遷汴宋亳觀察判官,改天平宣義兩府從事。

（宋）王欽若等編纂:《册府元龜》卷七二九《幕府部》

梁張思慎爲蔡州刺史,以貪貨大失民情。

（宋）王欽若等編纂:《册府元龜》卷七〇〇《牧守部》

梁張衍爲右諫議大夫。衍巧生業,樂積聚。太祖將北伐,頗以扈從間廩耗力用繫意,屢干托宰相求免行事。帝微聞之,又屬應召稽晚,遂及禍。

（宋）王欽若等編纂:《册府元龜》卷九三六《總録部》

梁盧協,爲右諫議大夫。開平四年,詣閣上表,以夏麥不稔,請勿徵,至秋熟折輸粟。太祖聖武嚴毅,宸斷不測,故諫官未嘗敢言事。協奏而果俞其請,物論嘉之。

（宋）王欽若等編纂:《册府元龜》卷四六〇《臺省部》

孫騭,滑臺人,知書,亦微有詞筆。唐光啓中,魏博從事公乘億以女妻之,因教以箋奏程式。時中原多難,縫掖之士,縮影竄迹,不復自顯。億既死,魏帥以表章箋疏,淹積兼月,不能發一字,或以騭爲言,即署末職,主奏記事,累遷職,自支使掌記至節度判官。

（宋）王欽若等編纂:《册府元龜》卷七二九《幕府部》

盧曾，頗好書，有所執守。始爲齊州防禦使朱瓊從事。瓊降，與之偕來，太祖辟爲宣義幕職。

（宋）王欽若等編纂：《册府元龜》卷七二九《幕府部》

梁陳伯之爲江州刺史。伯之與豫章人鄧繕、永興人戴永忠並有舊。繕經藏伯之息英免禍，伯之尤德之。及在州，用繕爲別駕，永忠記室參軍。

（宋）王欽若等編纂：《册府元龜》卷九五五《總録部》

梁張雋，字彦臣，祖、父咸有聞於時。雋少孤，雅自修飾，善爲五言詩，其警句頗爲人所稱。廣明中，黄巢犯京師，天子幸蜀。士皆竄伏窟穴以保生，雋亦晦迹浮泛，不失其道。後至兵部郎中、鹽鐵判官。

（宋）王欽若等編纂：《册府元龜》卷九四〇《總録部》

（2）後唐

洋王從璋，明宗猶子。清泰元年，詔從璋及涇王從敏，月各給俸錢一十萬，米麥各五十石，傔三十人衣糧，馬五十匹芻粟。二王自方鎮入朝，自是留洛陽私第。

隴西郡公重美，末帝子。清泰元年授成德軍節度等使，命樞密使韓昭常送重美領鎮州旌節官牒於府署，重美迎授，其禮甚盛。

（宋）王欽若等編纂：《册府元龜》卷二七七《宗室部》

後唐雍王重美爲河南尹，時馬裔孫爲禮部侍郎、翰林學士。清泰中，藩邸舊臣韓昭裔、房暠爲樞密使，劉延朗、李專美爲宣徽使。河南尹、雍王重美不平之，密奏曰："馬裔孫者，只令視草，恐未得宜。"帝然之，故令掌貢舉。尋拜中書侍郎、平章事。

（宋）王欽若等編纂：《册府元龜》卷二九三《宗室部》

後唐末帝清泰元年，皇子、河南尹重美表："前壽安令賈譚添民

户，希別授官。"中書門下奏："親王無薦士例。"帝曰："有例亦不可，
況無例乎？"

（宋）王欽若等編纂：《册府元龜》卷二九三《宗室部》

　　亳州團練使重吉，末帝子，早薨。清泰元年，詔贈太尉，仍令宋州
選隙地置廟。

（宋）王欽若等編纂：《册府元龜》卷二七七《宗室部》

　　張某，尚武皇女瑶英長公主。臣欽若等曰："史失其名。"

（宋）王欽若等編纂：《册府元龜》卷三〇〇《外戚部》

　　後唐張全義爲縣嗇夫，嘗爲令所辱。唐末黄巢起宛句，全義亡
命，入巢軍。巢入長安，以全義爲吏部尚書，充水運使。

（宋）王欽若等編纂：《册府元龜》卷九四九《總録部》

　　張全義初仕梁，爲西京留守、天下兵馬副元帥、河南尹判、六軍諸
衛守、太尉、中書令、魏王。治於府廨，名位之重，冠絶中外。時崔沂
自禮部尚書帶本官，充西京副留守。沂至，客將白以副使常有庭福。
沂曰："張公官位至重，然嘗帶府尹之名，不知副留守見尹之儀何如？"
全義知之，遽引見沂，勞曰："彼此有禮，俱老矣，勿更勞煩。"

（宋）王欽若等編纂：《册府元龜》卷四三一《將帥部》

　　後唐張全義，自唐末爲河南尹四十年。兵亂之餘，再造都畿，瀍
洛之民，恩如父母，班白耆老，到今思之。

（宋）王欽若等編纂：《册府元龜》卷六八三《牧守部》

　　後唐張全義，初仕梁爲河南尹，以李專美名旌之，後奏爲陸渾尉。

（宋）王欽若等編纂：《册府元龜》卷六八八《牧守部》

張全義，末帝時累遷太尉、中書令，封齊王，凡四十年，位極人臣，善保終吉，蓋一人而已。全義樸厚大度，敦本務實，起戰士而忘功名，尊儒業而樂善道。家非士族，而獎愛衣冠，開幕府辟士，必求望實。屬邑補奏，不任吏人。位極王公，不衣羅綺。心奉釋老，而不溺左道。如是數者，人以爲難。

（宋）王欽若等編纂：《册府元龜》卷三一〇《宰輔部》

後唐張全義，在梁爲天下副元帥。時末帝季年，趙張用事，以段凝爲北面招討使，驟居諸將之右。全義知其不可遣使，啓帝曰：“老臣受先朝重顧，蒙陛下委以副元帥之名，臣雖遲暮，尚可董軍，請付北面兵柄，庶分宵旰。段凝晚進，德未伏人，恐人情不和，敗亂國政。”不聽。

（宋）王欽若等編纂：《册府元龜》卷三八九《將帥部》

後唐張全義爲忠武軍節度使，自昭宗文德元年以後，托附梁祖垂三十年。初，梁祖猜忌，元勳舊將，多遭屠戮，唯全義卑身曲事，所有家財率先納賂，自柏鄉喪師後，全義每月獻馬鎧仗以補其軍。兵儲稍乏，則入粟爲助。梁祖季年欲害全義者數四，以服勤盡瘁，無以加諸而止。

（宋）王欽若等編纂：《册府元龜》卷七九〇《總録部》

張全義初仕梁，爲天下兵馬副元帥。莊宗至洛，言事者以梁祖與我世讎，宜斲棺燔柩。全義獨上章申理，議者嘉之。

（宋）王欽若等編纂：《册府元龜》卷三七四《將帥部》

後唐莊宗初入汴時，張全義自洛赴覲，泥首待罪，莊宗撫慰久之，以其年老，令人掖而升殿，宴賜盡歡。詔皇子繼岌、皇弟存紀等皆兄事之。

（宋）王欽若等編纂：《册府元龜》卷七六《帝王部》

張全義爲洛京留守,莊宗平定汴州,全義辭歸,奏曰:"請大駕便幸洛陽,臣已備郊天法物儀仗,請謁廟之後,便行大禮。"同光二年二月,郊天禮畢,加太尉中書令、河陽三城節度使,仍賜保忠歸正安國功臣,進封齊王,河南尹如故。初,全義自洛朝覲汴州,泥首待罪,帝撫勞釋之,以其老羸,令人掖之,升殿陳叙。帝謂曰:"卿兒侄無恙,尚在河南,吾誅滅僞庭,正爲卿家爾。"慰勞甚歡。

(宋)王欽若等編纂:《册府元龜》卷九九《帝王部》

後唐張全義爲忠武軍節度使,全義於本朝迨朱氏之世,自尚書僕射、司空、司徒、平章事、侍中、守太師、太傅、太保、太尉、中書令、尚書令,封王,食邑至一萬三千户,自洛、鄆、陝、滑、宋,三蒞河陽,再領許州,相繼十換麾幢,歷二十九任,位冠人臣,善保終吉者,一人而已。

(宋)王欽若等編纂:《册府元龜》卷七八二《總録部》

張全義,字國維,初名言,昭宗賜名全義。梁太祖即位,改名宗奭。同光初,復名全義。

(宋)王欽若等編纂:《册府元龜》卷八二五《總録部》

後唐張全義爲河南尹,鄭珏以家世依全義,家於洛陽。應進士十九年不登第,户部侍郎李渥寓居洛都,素爲全義所禮。光化三年,渥爲禮部侍郎,知貢舉。全義以書薦托珏,方擢第。

(宋)王欽若等編纂:《册府元龜》卷八二八《總録部》

張全義,濮州臨濮人也。同光四年,爲忠武節度使、尚書令。是時,趙在禮據魏州,諸軍進討無功。元行欽又北征不利,全義奏言明宗,爲兵馬總管,威名素著,速請渡河,招撫鄴都。時明宗以爲群小間言,莊宗猶豫未決。全義力懇進言,故曲從之。及明宗爲亂兵所擁,全義先被疾。既聞其變,憂懼不食,薨於洛陽之私第。

(宋)王欽若等編纂:《册府元龜》卷九○九《總録部》

五代張全義，唐莊宗時，爲太師、尚書令，兼四鎮節度。有監軍嘗得李德裕平泉醒酒石，德裕孫廷古托全義復求之。監軍忿然曰："自黃巢亂後，洛陽園宅無復能守，豈獨平泉一石哉！"全義常在賊巢中，以爲譏己，大怒，笞殺之。

（宋）祝穆：《古今事文類聚》續集卷九

五代張全義監軍，嘗得李德裕平泉醒酒石。德裕孫延古因托全義復求之，監軍忿然曰："自黃巢亂後，洛陽園池無復能守，豈獨平泉一石哉！"全義常在巢賊中，以爲譏己，因大怒，奏笞殺監軍者。

（唐）白居易、（宋）孔傳：《白孔六帖》卷五

張全義爲河南尹四十年。少長軍中，不明刑法，立性樸滯。凡百姓有詞訟，取先訴者得理，以是人多屈濫，爲時所非。

（宋）王欽若等編纂：《冊府元龜》卷六九九《牧守部》

冀王友謙，開平五年四月，詔曰："邠岐未滅，關隴多虞，宜擇親賢，總茲戎重。應以關西同、雍、化、鄜、延、夏等六道兵馬，並委冀王收管指揮，凡有抽差，先申西面都招討使，仍別奏聞，庶合機權，以寧邊鄙。"

（宋）王欽若等編纂：《冊府元龜》卷二六九《宗室部》

冀王朱友謙鎮河中，常以一鐵毬杖晝夜爲從，遇怒者擊而斃之。有愛姬極專房，因其夫人之誕日，作珠翠衣以獻，夫人拒而不納。姬乃發怒，悉焚之。友謙忽聞其臭，詢之得實。至暮，遂命其姬三杯後，責人喝起，而毬杖破腦矣。

（宋）錢易：《南部新書》辛

五代朱友謙附於晉，醉寢晉王帳中。晉王視之，顧左右曰："冀王雖甚貴，然恨其臂短耳。"

（唐）白居易、（宋）孔傳：《白孔六帖》卷三〇

梁朱友謙，梁祖建號，爲河中節度、檢校太尉，累拜中書令，封冀王。及朱友珪弑逆，友謙意不懌，雖勉奉僞命，中懷怏怏。友珪徵之，友謙辭以北面侵軼，謂賓友曰：“珪是先帝假子，敢行大逆？余位列維城，恩逾父子，論功較德，何讓伊人？詎以平生附托之恩，屈身於逆豎之手？”遂不奉命。其年八月，友珪遣大將牛存節、康懷英、韓勍攻之，友謙乞師於莊宗。莊宗親總軍赴援，與汴軍遇於平陽，大破之，因與友謙會於猗氏。友謙盛陳感慨，願敦盟約。末帝嗣位，以恩禮結其心。友謙亦遜辭稱藩，行其正朔。天祐十七年，友謙襲取同州，以其子令德爲帥，請節鉞於梁，不獲。友謙即請之於莊宗，莊宗令慕容王正言，以節旄賜之。

（宋）王欽若等編纂：《册府元龜》卷四四六《將帥部》

朱友謙爲守太師、尚書令，鎮河中，賜姓李名繼麟。同光中，以其子令德爲遂州節度，令錫爲訢州節度。一門三鎮，諸子爲刺史者六七人，將校部符者又五六人。恩寵之盛，時無與比。纔勝衣者，咸錫之王爵。一門之盛，近古莫之儔也。

（宋）王欽若等編纂：《册府元龜》卷八六六《總録部》

後唐莊宗同光四年殺李繼麟。即朱友謙。時李紹琛即康延孝。在蜀，其所將多河中兵。河中將焦武等號哭於軍門曰：“西平王何罪？閤門屠膾，我輩歸則同誅，決不復東矣。”紹琛遂反。《質實》云：“郭崇韜追諡西平王。”按此說非也。是時崇韜甫遭枉害，莊宗絕無恤典，安得有西平王之追贈。諸將所稱，乃謂朱友謙耳。友謙自朱溫時鎮河中，後附於晉，晉封爲西平王。郭崇韜並無此封爵也。《五代史·康延孝傳》載友謙舊將之辭曰：“朱公無罪，二百口被誅。”其文明白如此。而《質實》妄指爲崇韜。杜撰亦甚矣。

（清）趙翼：《陔餘叢考》卷一五

郭崇韜臨事機警,應對可觀。武皇時,爲典謁。奉使鳳翔,稱旨。

(宋)王欽若等編纂:《册府元龜》卷六五三《奉使部》

　　郭崇韜,代州雁門人也。武皇用爲典謁,奉使鳳翔稱旨,署教練使。崇韜臨事機警,應對可觀。莊宗嗣位,尤器重之。天祐十四年,用爲中門副使,專典機務,艱難戰伐,靡所不從。十八年,從征張文禮於鎮州。契丹引衆至新樂,王師大恐,諸將咸請退還魏州。莊宗猶豫未決,崇韜曰:"阿保機爲王郁所誘,本利貨財,非敦鄰好,苟前鋒小衄,遁走必矣。況我新破汴寇,威振北蕃,乘此驅攘,往無不捷。且事之濟否,亦有天命。"莊宗從之,王師果捷。莊宗即位於魏州,崇韜加檢校太保、守兵部尚書,充樞密使。是時,衛州陷於梁,澶、相之間,寇鈔日至,民流地削,軍儲不給,群情怐怐,以爲霸業終不能濟,崇韜寢不安席。俄而王彥章陷德勝南城,敵勢滋蔓,汴人急攻楊劉城,明宗在鄆,音驛斷絕。莊宗登城四望,計無從出。崇韜啓曰:"段凝阻絕津路,苟王師不南,鄆州安能保守?臣請於博州東岸立栅,以固通津,但慮汴人偵知,徑來薄我,請陛下募敢死之士,日以挑戰,如三四日間,賊軍未至,則栅壘成矣。"崇韜率毛璋等萬人夜趨博州,視矛戟之端有光,崇韜曰:"吾聞火出兵刃,破賊之兆也。"至博州,渡河版築,晝夜不息。崇韜於葭葦間據胡床假寐,覺褌中冷,令左右視之,乃蛇也,其忘疲勵力也如是。居三日,梁軍果至,城壘低痺,沙土散惡,戰具不完,汴將王彥章、杜晏球率衆攻擊,軍不得休息。崇韜身先督衆,四面拒戰,有急即應。城垂陷,俄報莊宗領親軍次西岸,梁軍聞之退走,因解楊劉之圍。未幾,汴將康延孝來奔崇韜,延於卧内,訊其軍機。延孝曰:"汴人將四道齊舉,以困我軍。"莊宗憂之,召諸將謀進取之策。宣徽使李紹宏請弃鄆州,與汴人盟,以河爲界,無相侵寇。莊宗不悦,獨卧帳中,召崇韜謂曰:"計將安出?"對曰:"臣不知書,不能徵比前古,請以時事言之。且陛下十五年起義圖霸,爲雪家讎國恥,甲冑生蟣虱,黎人困輸輓。今既纂大號,河朔士庶,日望蕩平,纔得汶陽尺寸之地,不能保守,況盡有中原乎?將來歲賦不充,物議咨怨,設若劃河爲

界，誰爲陛下守之？臣自延孝言事已來，晝夜籌度，料我兵力，算賊事
機，不出今年，雌雄必決。聞汴人決河，自滑至鄆，非舟楫不能濟。又
聞精兵盡在段凝麾下，王彥章日寇鄆境。彼既以大軍臨我南鄙，又憑
恃決河，謂我不能南渡，志在收復汶陽，此汴人之謀也。臣謂段凝保
據河壖，苟欲持我，臣但請留兵守鄴，保固楊劉。陛下親御六軍，長驅
倍道，直指大梁，汴城無兵，望風自潰。既若僞主授首，賊將自然倒
戈，半月之間，天下必定。如不決此計，傍采浮譚，臣恐不能濟也。今
歲秋稼不登，軍糧纔支數月，決則成敗未知，不決則坐見不濟。臣聞
作舍道邊，三年不成。帝王應運，必有天命，成敗天也，在陛下獨斷。"
莊宗蹶然而興曰："正合吾意。大丈夫得則爲王，失則爲虜，行計決
矣。"即日下令軍中家口並還魏州。莊宗送劉皇后、興聖宮使繼岌至
朝城西野亭泣別，曰："事勢危蹙，今須一決，事苟不濟，無復相見。"乃
留李紹宏及租庸使張憲守魏州，大軍自楊劉濟河。是歲，擒王彥章，
誅梁氏，降段凝，皆崇韜贊成其謀也。

　　　（宋）王欽若等編纂：《册府元龜》卷三四七《將帥部》

　　後唐郭崇韜，爲中門副使。天祐中，李存審既收鎮州，遣崇韜閱
其府庫，或以珍寶賂遺，一無所取，但市書籍而已。

　　　（宋）王欽若等編纂：《册府元龜》卷四〇六《將帥部》

　　後唐郭崇韜，莊宗同光元年十月，以侍中、樞密使兼領成德軍節
度、鎮冀深趙等州觀察處置等使、真定尹。

　　　（宋）王欽若等編纂：《册府元龜》卷三二九《宰輔部》

　　後唐郭崇韜，爲樞密使、中書令。同光二年二月，上表陳情曰：
"臣聞底力辭封者，貞臣之至節；慢官速戾者，有國之常刑。其或任重
材輕，智小謀大，縱君恩念舊，不貽覆餗之譏；儻官業無章，何顯陟明
之道。臣本轅牙小校，樗朽凡姿，在公雖歷於年深，臨事莫聞於日益。
頃者皇帝陛下雄圖方運，陽德初潛，爰將整於規繩，乃俾司於機務，此

際,臣亦内循短淺,累具退陳,而陛下天睠不回,國權堅付,在一時而難違重命,許五年而別選通人。邇來雖昧經綸,强施勤拙,至於戡夷巨孽,纘紹鴻基,雪三百年社稷深冤,立十九葉宗祧大事,皆謀從聖慮,斷在宸衷,兼列校之同心,非微臣之獨計。況今名昇台輔,任處樞衡,珥貂冕於朝端,統龍旌於閫外,恩榮有進,功德無稱。終憂即鹿之嫌,寧抑懸狟之刺。今則陛下功全報本,禮極配天,衣冠盡列於明廷,名器宜推於碩德。況臣才謨素寡,齒髮漸衰,以有限之精神,當無窮之事務,必須下傾肝血,上告天聰。冀勞逸之稍均,庶初終之可保。伏望陛下念臣不逮,察臣由衷。其樞密使,比列親班,實爲要執,即復本朝規制,宜選内官掌臨,一則使權職有分,一則免心力俱耗。輒兹傾瀝,非敢誾欺,干犯冕旒,伏增隕越。"詔報曰:"卿名高釣渭,才大築岩,夙符封壯於周王,早契夢魂於殷主。顧君臣之際會,實社稷之威靈。所以翊贊沖人,纘承丕祚。頃歲,以梁城構逆,唐室罹災,群凶競起於萑蒲,九廟皆生於禾黍,忍恥而徒思常膽,平居而未見沃心。爾能竭迺沉謀,資予大計,遂訓齊虎旅,平殄梟巢,文軌混同,梯航盡入,延景運於綴旒之後,建殊庸於誓帶之前。今况纔告類於郊壇,方卜年於洛宅,始欲與卿平章理道,講貫化源,長遵馭朽之規,每聽從繩之諫。雖遷廊廟,尚委樞機,縱領藩垣,不離都輦,而又別頒金篆,求佐瑤圖。今則忽睹表章,遽辭繁揔,進退徒聞於知足,始終寧稱於注懷,是宜勵力扶持,勉思翼戴,既叶雲從之義,更申日益之功。將致君而須歷重權,方爲主而難持謙柄。覽卿陳乞,俾我焦勞,宜體朕懷,即斷來表。"崇韜又表曰:"臣以機務寔繁,智力俱困,輒有聞天之請,願辭密地之權。豈謂聖旨俄宣,皇情未允,捧對而水湯滿腹,揣修而芒刺盈軀。臣以委質無材,受恩逾等,强展神扶之力,每懷曠敗之憂。自陛下委寄重難,纏綿歲序,臨事而退思,補過竭力,而知無不爲。當陛下沿河料敵之時,對寨交鋒之日,臣若顧將丹素,堅有讓陳,不唯招避事之機,抑亦顯不忠之罪。況今元凶已殄,丕構彌隆,圜丘陳報本之儀,寰海被無私之化。英髦星萃,拔邁雲臻,緬惟不迨之才,豈掩旁求之命。矧乃一身多疾,三處持權,捫心益懼於滿盈,持德每虞於忝據。

伏望陛下特回睿照,迺悉煩襟,終乞輟此要樞,歸於内列,一則表大國有進賢之道,二則免微臣獨竊位之名。干冒宸嚴,無任迫切。”詔答曰:“卿忠孝有稱,古今無比,竭智術而扶持景運,蹈讓謙和,而統冠群英。郁有勛庸,刊於簡册。昨以剪平元惡,開拓丕基,權謀雖出於朕懷,叶贊全資於爾力。是乃委司鈞軸,任揔兵符,樞機兼掌於金藏,盟約備頒於鐵券,實諧倚注,雅稱褒隆,豈其忽覽封章,堅辭密務。在卿幽明監德,内外推仁,可保於千載一時,何軫於前思後慮。况朕綏寧寰海,纔欲半年,告類圓丘,未逾一月,耆德便歸退静,群情莫測其緣。方賴嘉謀,永俾闕政。卿宜勉持幹恪,永惓繁難,更圖遠大之功,共保初終之道。”其年八月,崇韜又上表曰:“臣伏念朝廷起軍之際,陛下决於宸斷,撫臣背曰:‘此去必蕩寇讎,可期清泰。事了之後,與卿一鎮。’臣仰奉成算,固絶他疑,果賴神謀,尋平僞孽。今乾坤交泰,弓矢載櫜,微章以正於母儀,嘉禮獲申於元子,須傾血懇,仰瀆宸嚴。但以密近之權,合歸重望;鈞衡之柄,宜屬通材。至於所領節旄,雖是陛下所許,伏緣鎮州在北,狂虜未除,慮有奔衝,須爲控扼,亦希付於上將,所貴殿彼一隅。伏望陛下道極照臨,仁深覆載,念臣久司繁重,憫臣方在衰羸,退放居閒,俾從遵養。臣無任祈天,瀝懇之至。”帝召崇韜面喻之曰:“吾在朝城,許卿重鎮,不許退閒。卿與國同休,去將安往?促復乃位,餘勿復言。”

(宋)王欽若等編纂:《册府元龜》卷三三一《宰輔部》

後唐郭崇韜,莊宗同光中爲侍中兼樞密使。議者以崇韜功力雖多,事權太重,不能處身量力,而聽小人誤計,欲取泰山之安,如急行避迹,其禍逾速。性復剛戾,遇事便發。既不知前代之成敗,又未體當時之物情,以天下爲己任,孟浪之甚也。及權傾四海,車騎迎門,士人諂奉,漸學流品。同列豆盧革謂崇韜曰:“汾陽王代北人,徙家華陰。侍中世在雁門,得非祖德歟?”崇韜應曰:“經亂失譜諜,先人嘗云:‘去汾陽王四世。’”革曰:“故祖德也。”因是旌别流品,援引薄徒,委之心腹,佐命勛舊,一切鄙弃。舊寮有干進者,崇韜謂之曰:“公雖代邸之舊,然家無門閥,深知公才伎,不敢輒進者,慮名流嗤余故也。”

及征蜀之行,於興平拜尚父子儀之墓。

(宋)王欽若等編纂:《册府元龜》卷三三六《宰輔部》

後唐郭崇韜,爲樞密使兼中書令。莊宗同光中,幽州節度使李存審痼疾屢作,堅求入覲求醫,以情告。崇韜在晉陽之時,功名在存審之下,既權寵時重,人士輻輳,不欲加己,每陰沮之。存審妻郭氏與崇韜宗姓,泣訴於崇韜曰:“公不垂保惜,忍令死弃北荒?”崇韜愈懷慚忿。明年春,存審疾甚,上章數四乞生觀天顔。又不之許。存審伏枕而嘆曰:“老夫歷事二主垂四十年,不敢言功,幸而無過,今日天下一統,遠夷近塞皆得面觀彤庭,射鈎斬袪之人孰不奉觴丹陛,獨予壅隔,豈非命哉?”自是漸增危愳,薨於幽州。

(宋)王欽若等編纂:《册府元龜》卷三三九《宰輔部》

後唐郭崇韜與李紹宏同爲内職,及莊宗即位,崇韜以紹宏素在己上,舊人難制,即奏澤潞監軍張居翰同掌樞密,以紹宏爲宣徽使。紹宏大失所望,泣涕憤郁。崇韜乃置内勾使,應三司財賦,皆令勾覆,令紹宏領之,冀塞其心,紹宏怏恨不已。

(宋)王欽若等編纂:《册府元龜》卷九五二《總録部》

郭崇韜自莊宗嗣位,爲中門使,從擒王彦章,誅梁氏,降段凝,皆崇韜贊成其功也。莊宗至汴州,宰相豆盧革在魏州,令崇韜權行中書事,俄拜侍中兼樞密使。及郊禮畢,以崇韜兼領鎮冀節度使,進封郡公,邑二千户,賜鐵券,恕十死。

(宋)王欽若等編纂:《册府元龜》卷一三三《帝王部》

後唐莊宗以郭崇韜爲樞密使、侍中,兼修國史。時宦官所惡,帝甚不平。及客省使李嚴自蜀使回,且言王衍政荒民怨,人不爲使,可以鼓行平定。其致書侮嫚,帝心怒之,下詔諸蕃和市戰馬,選練兵甲,議擇將帥,明宗爲天下兵馬總管,典兵柄,廷議當委西征。崇韜自以位重勢危,將立功以制閹監,乃密奏曰:"契丹侵軼,北面須藉大臣,全倚總管,鎮禦燕趙。臣伏念典聖宫使,地當儲副,未立殊功,宜依本朝故事,以親王爲元帥,付以討伐之權,示威名於天下。"帝方愛繼岌,即曰:"小子蒙幼,安能獨行? 卿當爲予擇其副貳。"崇韜未奏,帝曰:"朕熟思之,無逾於卿。"是日,以繼岌爲西南面行營都統,以崇韜爲諸道兵馬招討使,部駕下諸軍六萬發洛陽。軍將發,帝御嘉慶殿,置酒宴西征諸將,舉酒囑崇韜曰:"繼岌小子,未習軍機,唯卿久從吾征伐,兵家變略,事之得失,屬之於卿,無累小子。"崇韜謝之而發。

(宋)王欽若等編纂:《册府元龜》卷七八《帝王部》

郭崇韜爲樞密使。莊宗與汴軍戰於楊劉,勢甚危迫。崇韜率師至博州,斬伐林樹,徹廬舍,渡河,明東庀役徒設版築,晝夜不息。崇韜據胡床,指揮於葭蘆間,忽覺褲中冷,視之,乃蛇也。其忘疲勵力也如是。

(宋)王欽若等編纂:《册府元龜》卷四三一《將帥部》

後唐郭崇韜,爲侍中、樞密使,兼領鎮州。莊宗謂之曰:"吾欲移卿兼領汴州,授總管。鎮陽節制總管,則明宗也,與李紹斌爲聲援,庶濟軍機。"崇韜曰:"計無便於此者。"因曰:"臣内權機務,外預平章,日侍天顏,手持國柄,名位亦已極矣,恩寵亦已加矣。如此富貴,何假遙領藩方? 臣中夜思忖,歷數創業功臣,有隨陛下出生入死,接鋒冒刃,而經百餘戰者,今位不過典方州,恩不過功臣名號。臣惟涯分,徒以指蹤畫策,仰贊睿謨,餘無汗馬之勞,今日窮榮極盛。陛下雖私臣恩舊,然萬手所指,臣何自安? 臣每歷懇披陳,聖旨未回臨照。今陛下議安邊事,委任勛賢,獲臣初心,不勝大願。其汴州節制,乞陛下擇親王鎮撫。臣晝夜思之,汴州關東之會府,當天下之要衝,地富人繁,國之根本,除命親賢勛德,不可輕授於人。縱臣領之,臣又不歸治所,令人攝職,何異空城? 臣與國之情,議須及此。乞不以臣爲慮,別愜聖懷,取臣芻議爲便。"帝曰:"卿言忠藎,予忍奪卿土宇乎?"翼日,上章辭節鎮,批答云:"豈可朕居億兆之尊,俾卿無尺寸之地? 卿雖堅讓,朕意何安?"崇韜再表懇瀝,批答曰:"朕以卿久司樞要,常處重難。或遲疑未決之機,詢諸先見;或憂撓不定之事,訪自必成。至於贊朕丕基,登玆大寶,衆興異論,卿獨堅言,天命不可違,唐祚必須復,請納家族,明設誓文。及其密取汶陽,興師入不測之地;潛通河口,貢謀占必濟之津。人所不知,卿唯合意。迨中都嘯聚,群黨窺凌,朕決議平妖,兼收浚水,雖云先定,更審前籌,果盡贊成,悉諧沈算,斯即何須冒刃,始顯殊庸。況常山陸梁,正虞未復,卿能撫衆,共定群心,惟朕知卿,他人寧表? 所以賞卿之寵,實異等倫;沃朕之心,非虛渥澤。今卿再三謙遜,重疊退辭,始納常陽,請歸上將,又稱梁苑,不可兼權。如此周身,貴全名節,古人操守,未可比方,既覽堅辭,難阻來表。其再讓汴州,所宜依允。"

(宋)王欽若等編纂:《册府元龜》卷四〇九《將帥部》

後唐郭崇韜,爲宰相。初收汴洛,稍通賂遺,親友或規之,崇韜曰:"余備位將相,禄賜巨萬,但爲梁之日,賂遺成風,今方面藩侯,多梁之舊將,皆吾君射鈎斬袪之人也。一旦革面,化爲吾人,堅拒其情,得無懼乎? 藏余私室,無異公帑。"及郊禋,崇韜悉獻家財以助賞給。

(宋)王欽若等編纂:《册府元龜》卷三二三《宰輔部》

後唐郭崇韜,字安時,代州雁門人,父弘政。太祖杖鉞雁門也,崇韜爲李克修之綱紀,從定京師,平巢賊。克修卒昭義,崇韜累典軍中物務,頗稱廉幹。克修卒,歸隸太原,以爲典謁。常奉使鳳翔稱旨,遷左教練西宮使。帝平定魏博,召充副中門使,與孟知祥俱參機要。崇韜懷抱谿如,果於臨事,承授決斷,略無疑滯,以此恩顧日隆。先是,吳珙、張虔厚相繼爲中門使,功多赤族,故知祥堅請外任,瓊花長公主泣請知祥於皇太后,帝重違之。以知祥爲河東軍城都虞候。自是崇韜專典要密,軍籌計畫,多所參決,艱難戰伐,靡所不從。後從帝親征王德明於鎮州。時德明誘契丹之衆,至新樂,虜騎已渡沙河,我軍大恐，或有斂輜車而去者。李存渥斬之不能止，諸將咸云："賊城兵數不少，今濟之以鮮卑，王師不敵，如被中外夾攻，吾族盡矣。不如退師還鄴，候其罷退，再議起居。"帝猶豫未能決。崇韜曰："臣聞阿保機爲王郁所誘，儢俛而來，本利貨財，非敦鄰好，一逢挫敗，遁走必矣。況我新破汴寇，威振北藩，乘此驅攘，無往不捷。況事之濟否，亦有天命。戎狄雖衆，其如我何？"帝然其策，因喻諸將，破賊於新城，阿保機遁走。

（宋）王欽若等編纂：《册府元龜》卷三〇九《宰輔部》

後唐郭崇韜，爲樞密使。明宗拔鄆州，得天平軍節度判官趙鳳，送之於莊宗。崇韜素聞其名，及見與語，乃薦用爲扈鸞學士。

（宋）王欽若等編纂：《册府元龜》卷三二四《宰輔部》

後唐郭崇韜，爲樞密使。會魏王征蜀，崇韜爲副。將發，上疏曰："陛下委臣以戎事，仗將士之忠孝，憑陛下之威靈，鼓行而西，庶幾集事。如蜀川平定，陛下擇帥撫臨，以臣料之，信厚善謀，事君有禮，則北京副留守孟知祥有焉，願陛下使之爲帥。如臣出征之後，宰輔闕人，則鄴都副留守張憲，有披荊草昧之勞，爲人謹重而多識。其次則吏部尚書李琪，御史中丞崔居儉，皆中朝士族，富有文學。陛下擇才相之，臣亦無敢謬舉，餘則臣所不知。"

（宋）王欽若等編纂：《册府元龜》卷四一三《將帥部》

郭崇韜爲樞密使，趙鳳仕梁爲天平節度判官。明宗拔鄆州，得鳳，送之於莊宗。崇韜素聞其名，及見與語，乃薦爲扈鸞學士。

（宋）王欽若等編纂：《册府元龜》卷八二八《總録部》

郭崇韜爲樞密使，嘗從容謂白繼岌曰："蜀平之後，王爲太子，候主上千秋萬歲，神器在手，宜盡去宦官，優禮士族，不唯疏斥閹寺，至於扇馬亦不可復乘。"由是内則伶官巷伯怒目切齒，外則舊僚宿將戴手痛心。掇其族滅之禍,有自來矣。復以諸子驕縱不法,既定蜀川,輦運珍貨,實於洛陽之第。籍没之日,泥封尚濕。雖莊宗季年爲群小所惑,致功臣不保其終,亦崇韜自貽其禍。

(宋)王欽若等編纂:《册府元龜》卷九四二《總録部》

(同光)二年八月壬午,以檢校户部尚書、守邢州長史郭廷誨可檢校右僕射、守左衛大將軍,檢校工部尚書、左武衛將軍同正郭廷信可檢校右僕射、守左驍衛大將軍。皆樞密使崇韜之子也。

(宋)王欽若等編纂:《册府元龜》卷一三一《帝王部》

唐莊宗患宫中暑濕,思得高樓避暑。宦官進曰:"臣見長安全盛時,大明、興慶宫,樓閣百數。今大内不及故時卿相家。"莊宗曰:"吾富有天下,豈不能作一樓!"乃遣宫苑使王允平營之。宦官曰:"郭崇韜眉頭不伸,常爲租庸惜財用,陛下雖欲有作,其可得乎?"崇韜時爲侍中、樞密使。莊宗乃問崇韜曰:"昔吾與梁對壘於河上,雖祁寒暑雨,披甲跨馬,不以爲勞。今居深宫,蔭廣廈,不勝其熱,何也?"崇韜對曰:"陛下昔以天下爲心,今以一身爲意。艱難逸豫爲慮不同,勢自然也。願陛下無忘創業之難,常如河上,則可使繁暑坐變清凉。"莊宗默然,終遣允平起樓。崇韜果切諫。宦官曰:"崇韜之第無異皇居,安知陛下之熱!"由是讒間愈入。後崇韜破蜀,竟以誣死。宦者爲之也。

(宋)孔平仲:《續世説》卷一〇

五代郭崇韜。莊宗患宫中暑濕,不可居,思得高樓避暑。乃使人問崇韜曰:"昔吾與梁對壘河上,雖祁寒盛暑,被甲跨馬,不以爲勞。今居深宫,蔭廣廈,不勝其熱,何也?"崇韜對曰:"陛下昔以天下爲心,今以一身爲意,艱難逸豫,爲慮不同,勢自然也。願陛下無忘創業之難,常如河上,則可使煩暑坐變清凉。"莊宗默然。

(唐)白居易、(宋)孔傳:《白孔六帖》卷四唐莊宗患宮中暑濕，不可居。遣宮苑使王允平營樓，郭崇韜曰：
"願陛下無忘創業之難，常如河上，則可使繁暑坐變清凉。"莊宗默然。
終遣允平起樓臺。

（宋）祝穆：《古今事文類聚》別集卷三〇

唐莊宗勇而善戰，與梁人夾河相攻，十戰九勝。涉河取鄆，不十
日而克梁，威震諸國。五代用兵，未有神速若此者也。然其克敵之
後，幸一日之安，沈湎聲色之虞。宦官、伶人交亂其政，府庫之積，罄
於耳目之奉，民怨兵怒，國有土崩之勢，而不知也。一時功臣，皆武夫
倔起，未有識安危之幾者。惟樞密使郭崇韜，智勇兼人，知其不可，力
言而不見聽，求去而不見許。中外佞幸視之仄目。崇韜深病之矣。
時方欲伐蜀，崇韜欲立大功，爲自安之計，議以魏王繼岌爲元帥，而己
爲之副，將兵六萬以出。兵不逾時而克成都，降王衍，料敵制勝之功，
可謂盛矣。然崇韜知蜀之易與，而不知唐之已亂。挈其良將勁兵，西
行數千里，雖立大功，而不免讒死於蜀。征蜀之兵未還，而趙在禮
爲亂河朔。明宗北征，遂與在禮皆反，帥兵南向，克汴入洛，遂無一
人能禦之者。向使西帥不出，蜀雖未下，而京師有重兵；崇韜不死，
河朔叛臣心有所畏，不敢妄動，則莊宗不亡。崇韜不死，禍福未可
知也。嗟乎！崇韜冒寵以伐人，蹈齊愍之禍而以爲安，惜其有智而
未始學也。

（宋）蘇轍：《欒城後集》卷一一

郭崇韜頗受饋遺，所親諫之，崇韜曰："吾禄賜巨萬，豈借外財。
但以偽梁之季，賄賂成風，今河南藩鎮，皆梁之舊臣，主上之仇讎也。
若拒其意，能無懼乎？吾特爲國家藏之私室耳。"及將祀南郊，崇韜獻
錢十萬緡。先是宦官勸唐主分天下財賦爲内外府，州縣上供者入外
府，充經費，方鎮貢獻者入内府，充宴賜。於是外府常虛竭無餘，而内
府山積。及是乏勞軍錢，崇韜言於唐主，曰："臣已傾家所有，以助大
禮，願陛下亦出内府之財，以賜有司。"唐主默然，久之曰："晉陽自有

儲積,可令租庸輦取。"於是軍士皆怨恨,有離心矣。

(明)胡我琨:《錢通》卷二二

後唐郭崇韜,父名宏。豆盧革諂奉之,上言請依《六典》改"宏文館"爲"崇文館"。

(宋)孔平仲:《續世説》卷一二

五代郭崇韜。宰相豆盧革等皆諂事之,崇韜父諱弘,革等即因他事,奏改弘文館爲崇文。

(唐)白居易、(宋)孔傳:《白孔六帖》卷二三

五代唐郭崇韜,爲樞密使用事,自宰相豆盧革等,皆附之。以其姓郭,因問崇韜曰:"汾陽王本太原人,徙華陰,公家世雁門,豈其枝派耶?"崇韜曰:"因遭亂亡,失譜牒,嘗聞先人言,上距汾陽四世耳。"革曰:"然則固從祖也。"

(宋)祝穆:《古今事文類聚》後集卷一

郭崇韜知莊宗之嬖劉氏,請立爲后,中莊宗之欲,結劉氏之援,爲自安之計,至深至厚。然殺崇韜者,劉氏也。故君子守道德之正,而禍福之變,豈思慮所能及哉?

(宋)陳世崇:《隨隱漫録》卷四

莊宗爲主,崇韜事晉。晉圍鎮州,契丹引進,晉人皆驚,欲解圍遁。莊宗狐疑,召崇韜問,崇韜力言,晉威已振,果破契丹,兵心大奮。彥章再來,唐已得鄆,築壘必争,彥章空陣,群臣無才,只謀淺近,惟有崇韜,敗成先論。直至破梁,其言方信,無奈群邪,苦加讒譖,功在身亡,向誰申恨。

(明)黄道周:《廣名將傳》卷一二

　　五代後唐客省使李嚴西川回，言王衍可圖之狀。莊宗與郭崇韜謀討伐之計，時明宗爲諸道兵馬總管，當行，崇韜自以宦者相傾，欲立大功以制之，乃奏曰："魏王繼岌德望日崇，大功未著，宜依故事以親王爲元帥。"莊宗曰："小兒幼稚，安能獨行，卿當擇其副。"崇韜未奏，莊宗曰："無逾於卿。"乃以繼岌爲都統，崇韜爲招討使，率親軍六萬，進討西川，籌盡皆出崇韜，繼岌承命而已。莊宗令內官李崇襲等爲都統府紀綱，見崇韜幕府繁重，將吏輻湊，降人爭先遺賂，其都統府牙門索然，大以爲恥。及成都降，崇韜居正，王衍之弟宗弼遷王衍妓妾珍玩，以奉崇韜，永爲蜀帥。內官等謂繼岌曰："郭公收蜀，部人情意甚難測，王宜自備。"由是兩相猜察。莊宗聞破蜀，乃遣向延嗣賫詔入蜀，促班師。詔使至，崇韜不郊迎，李崇襲從而譖之，延嗣使還，具奏皇后，告莊宗，乞保繼岌。莊宗復閱蜀簿，曰："人言蜀中珠玉金銀，不知其數，何如是之微也？"延嗣奏曰："臣得西川人，言蜀中寶貨、名馬、金銀、犀玉、王衍愛妓，盡入崇韜之門。魏王府蜀人賂遺，不過匹馬而已。"莊宗初聞崇韜欲留蜀，心已不平，又聞全有蜀之妓樂珍玩，即令中官馬彥珪馳入蜀，視崇韜去就。如班師，即已；如遲留，則令繼岌圖之。彥珪見皇后曰："禍機之發，間不容髮，何能數千里外，復稟聖旨哉！"皇后乃自爲教與繼岌，謀殺崇韜。時蜀土初平，山林多盜，馬彥珪未至，崇韜令任圜等分道招致，歸期稍緩。正月六日，馬彥珪至大軍，決於十二日發成都。彥珪如皇后教以示繼岌，繼岌曰："大將軍發他無釁端，安得爲此負心事，公輩勿復言。"崇襲等巧作事端，以間之，繼岌既無英斷，俛俛從之。乃以繼岌命召崇韜計事，繼岌登樓避之。崇韜入，左右遂殺之。崇韜服勤盡節，佐佑王家，草昧經創，論功無與比，西平巴蜀，復振皇威，身死之日，夷夏冤之。崇韜有五子並誅。

（宋）孫逢吉：《職官分紀》卷四六

　　郭崇韜，爲樞密使。從魏王平蜀，大軍入西川城，戒諸軍剽掠，法令嚴峻。軍士强估一錢，必論之法，市不改肆。

（宋）王欽若等編纂：《册府元龜》卷四一八《將帥部》

一時之果品類幾何？惟假蜂、蔗、川糖、白鹽、藥物，煎釀曝糝，各隨所宜。郭崇韜家最善乎。此知味者稱爲九天材料。

（宋）陶穀：《清異録》卷上

盧程，天復末登進士第，爲鹽鐵巡官。昭宗遷洛陽，程客游燕趙中山，王處直禮遇未優，故投於太原，莊宗署爲推官，尋改支使，後歷觀察判官。

（宋）王欽若等編纂：《册府元龜》卷七二九《幕府部》

盧程，唐昭宗天復末進士及第，辟召鹽鐵出使巡官。尋遇朱梁弑逆，衣冠多罹其毒，避地河朔，客游燕趙。數年或衣儒衣，或服道服，出入公侯之門，深爲涿州牧衡唐令所厚，卜居從之。

（宋）王欽若等編纂：《册府元龜》卷九四九《總録部》

後唐盧程，莊宗在晉陽，程爲推官。及出師趙魏，欲遷爲書記，程以無刀筆才，不敢奉命，故盧質典記室，留於晉陽，自行臺駐魏州，河東軍之務，專制於監軍張承業。承業嘗命程監諸廩出納，程辭之曰：“此事非僕所能，請擇其能者。”承業叱之曰：“公稱文士，即合飛書草檄，開濟霸圖，命爲書記，堅稱短拙，及令監廩，又以爲辭，公所能者，何也？”程垂涕謝之。

（宋）王欽若等編纂：《册府元龜》卷七三〇《幕府部》

後唐盧程，爲莊宗太原府推官，尋改支使。程褊淺無他才，唯矜恃門地，口多是非，篤厚君子尤薄之。

（宋）王欽若等編纂：《册府元龜》卷九一七《總録部》

後唐盧程爲莊宗太原府支使，莊宗嘗於帳中召程草奏，程曰：“叨忝成名，不閑筆硯。”由是文翰之選，不及於程。時張承業專制河東留守事，人皆敬憚。舊例，支使監諸廩出納，程訴於承業曰：“此事非僕所長，請擇能者。”承業叱之曰：“公稱文士，即合飛文染翰，以濟霸圖。嘗命草辭，自陳短拙，及留職務，又以爲辭，公所能者何也？”程垂泣謝之。

（宋）王欽若等編纂：《册府元龜》卷九五四《總録部》

盧程初爲莊宗河東推官，性識驕誕，浮薄自矜，篤厚君子多所惡焉。外恭内狠，好幸人災。同光初，爲中書侍郎、平章事。是時，梁將王彦章陷我德勝寨，群情恟恟，内外囂然，帝於揚劉城躬屬士卒，晝夜苦戰，臣下皆憂之。豆盧革與同列議上章規諫，請不躬御士卒，因言及漢高臨廣武事，楚人矢及於胸，紿云：“虜中吾足。”程曰：“此劉季之失也，幾死老兵，衆皆縮頸。”帝與群官論士族，或曰：“員外孔龜明，善和之家，宣聖之後，公輔累世，得非盛族歟！”程曰：“止於孔丘之後，盛則吾不知也。”

（宋）王欽若等編纂：《册府元龜》卷九四四《總録部》

後唐盧程，莊宗同光初自太原觀察判官，與定州判官豆盧革並命爲平章事。程本非重器，驟塵顯位，舉止不常。時朝廷草創，庶物未備，班列蕭然，寺署多闕。程革受命之日，即乘肩輿，騶道喧沸。帝聞訶道之聲，詢於左右，曰：“宰相擔子入門。”帝駭，登樓視之，笑曰：“所謂似是而非者也。”

（宋）王欽若等編纂：《册府元龜》卷三三五《宰輔部》

後唐盧程，莊宗同光初爲河東觀察判官。帝即位，拜中書侍郎平章事。程本非重器，驟登顯貴，舉止不常。時朝廷草創，庶物未備，班列蕭然，寺署多闕。

（宋）王欽若等編纂：《册府元龜》卷三三五《宰輔部》

盧程莊宗同光初，自太原觀察判官與定州判官豆盧革，並命爲平章事。程本非重器，驟登顯位，舉止不常。時朝廷草創，庶物未備，班列蕭然，寺署多闕。程革受命之日，即乘肩輿，騶道喧沸。帝聞呵道之聲，詢於左右，曰：“宰相擔子入門。”帝駭異，登樓視之，笑曰：“所謂似是而非者也。”

（宋）孫逢吉：《職官分紀》卷三

後唐盧程，莊宗同光初爲中書侍郎平章事。是時，初下鄆州，梁將王彥章陷德勝寨，群情悃悃，內外囂然。帝於楊劉城躬屬士卒，晝夜苦戰，臣下皆憂之。豆盧革與同列議上章規諫，請不躬御士卒，因言及漢高臨廣武事，楚人矢及於胸，紿云：“虜中吾足。”程曰：“此劉季之失也，幾死老兵。”衆皆縮頸。嘗與群官論士族，或曰：“員外孔龜明，善和之家，宣聖之後，公輔累世，得非盛族歟？”程曰：“止於孔丘之後，盛則吾不知也。”親黨有假遞乘於程者，程帖府縣令給付之，府吏訴其不迨，程怒鞭其背。議者以浮薄之中，凶狂爲最。時光祿卿任圜兼興唐少尹，帝妹婿也，馮其寵戚，因詣程訴之。程衣鶴氅華陽巾，馮几決事。盛怒見圜，慢謂曰：“公是何蟲豸，敢違吾命？宰相取給於府縣，公保惜胥吏。”圜不言而退，夜急馳見帝，面訴其事。帝怒謂郭崇韜曰：“朕誤相此人，凌辱於九卿，促令自盡。”崇韜亦恐事將不測，盧質橫身解之，乃貶官右庶子。

（宋）王欽若等編纂：《册府元龜》卷三三六《宰輔部》

後唐盧程，爲平章事。使晉陽宮册皇太后，山路險阻，往復綿邈，程安坐肩輿，所置州縣驅率丁夫長吏迎謁，拜伏其前，少有忤意，因加答辱。

（宋）王欽若等編纂：《册府元龜》卷三三八《宰輔部》

五代唐莊宗以盧程故唐時臣族，命以爲相。人有假驢夫於程者，帖興唐府給之，府吏啓無例，程怒答吏背。少尹任圜，莊宗姊婿也，詣程訴言不可，程戴華陽巾，衣鶴氅，據几決事，視圜罵曰：“爾何蟲豸，恃婦家力也，宰相取給州縣，何爲不可！”

（宋）馬永易：《實賓錄》卷八

癡物：五代唐莊宗以盧程相，莊宗曰："朕誤相，此癡物也。"罷爲右庶子。《本傳》

（明）陶宗儀：《説郭》卷三《實賓録》

豆盧革，少值亂離，避地鄜廷，轉入山中。王處直禮之，辟於幕下，有奏記之譽。因牡丹會，賦詩諷處直，以葉枯爲意，言甚古雅，漸加器仰，轉節度判官。

（宋）王欽若等編纂：《冊府元龜》卷七二九《幕府部》

後唐豆盧革爲中山王處直辟客。因牡丹會，賦詩諷處直以桑柘爲意，言甚古雅。

（宋）孔平仲：《續世説》卷三

豆盧革，初爲定州王處直判官。理家無法，有日獨請謁見，處直慮布政有闕，疑有所勉，斂板出迎，革立通尺牘，處直撍笏披之，乃爲婿人祈軍職也。

（宋）王欽若等編纂：《冊府元龜》卷七三〇《幕府部》

《五代·豆盧革傳》："革與韋悦俱爲莊宗相，二人各以其子爲拾遺，父子同，省人以爲非，遽改他官。"

（宋）程大昌：《續演繁露》卷二

後唐莊宗同光元年四月即位於魏。是月，以行臺左丞相豆盧革爲門下侍郎、平章事、太清宮使，以行臺右丞相盧程爲中書侍郎、平章事，修國史。時帝將行冊禮，簡求輔相，詢於盧質，對曰："若以本朝士族取人，則無逾定州節度判官豆盧革、河東觀察判官盧程。"帝因詔赴行臺爲右丞相。至是，改爲行臺之命。

（宋）王欽若等編纂：《冊府元龜》卷七四《帝王部》

後唐豆盧革，莊宗時爲平章事。同光元年，魏州興建，革奏曰：
"皇子之職，故事合帶宮使。"革因進擬以興聖爲名，授皇子繼岌。議
者以古之王者稱孤寡不穀，以示其謙，本朝宮名罕有帶聖字者。豆盧
革謟事希寵，識者罪之。三年，大水，户口流亡，軍士乏食，革依阿徇
旨，竟無所陳，但云："陛下威德冠天下，今西蜀平定，珍貨甚多，可以
給軍。水旱作沴，天之常道，不足以貽聖憂。"又以同列郭崇韜父名
弘，希其意奏改弘文館爲崇文館，至明宗天成二年乃復焉。

（宋）王欽若等編纂：《册府元龜》卷三三九《宰輔部》

豆盧革，爲平章事。莊宗同光三年，弘文館奏請依六典故事改弘
文館爲崇文館。敕：崇文館比於弘文館，並置，今請改稱，頗叶舊典，
從之。樞密使郭崇韜亡父名弘，革希崇韜旨奏而改之，故云有弘文、
崇文並置之言也。

（宋）王欽若等編纂：《册府元龜》卷三三六《宰輔部》

豆盧革，莊宗時爲平章事。同光三年冬，洛下饋運不充，軍士乏
食，日致怨咨。帝深憂，問所司濟贍之術。革與宰相韋説依阿徇時，
竟無奇説，但云："陛下威德冠天下，今西蜀平定，珍貨甚多，可以取之
以給軍士。水旱作沴，天之常道，不足聖憂。"

（宋）王欽若等編纂：《册府元龜》卷三三六《宰輔部》

後唐豆盧革，莊宗同光初爲門下侍郎平章事。革引薦韋説爲相，
冀諧事體與己同功。説既登庸，復事流品，舉止輕脱，怨歸於革。

（宋）王欽若等編纂：《册府元龜》卷三三七《宰輔部》

豆盧革，同光初自定州判官徵拜門下侍郎平章事。及登廊廟，初
無才業，事多錯亂。平梁之後，引薦韋説，冀諧事體與己同功。説復
事流品，舉止輕脱，怨歸於革。

（宋）王欽若等編纂：《册府元龜》卷三三五《宰輔部》

豆盧革,同光中平章事。莊宗幸洛,車駕次汜水,翰林學士劉昫、趙鳳、于嶠等議:高祖太宗廟在洛北,請帝親行拜薦,庶天下知敬祖奉先之道。革恥於失舉,遂非不行,識者譏之。次偃師,又議昭宗園陵不遠,道周既除大憋,車駕宜請告謁,追思惋慎,號慟寢園,然後還宮,始爲得禮。革與郭崇韜不達變禮,又拒而不行。

(宋)王欽若等編纂:《册府元龜》卷三三六《宰輔部》

豆盧革,莊宗時爲相,以樞密使郭崇韜父名弘,乃奏改弘文館爲崇文館。至明宗天成二年正月,敕:"三館重事,歷代通呼,只自先朝,偶更舊制,因近臣之避忌,易大國之規模。今屬維新,理宜仍舊。其崇文館宜却改爲弘文館。"

(宋)王欽若等編纂:《册府元龜》卷三三七《宰輔部》

韋說,莊宗時爲禮部侍郎同平章事,與郭崇韜秉政,說承順而已,政事得失,無所指言。初或言於崇韜,銓選人或取他人出身名銜,或取父兄資緒,與令史囊橐罔冒。崇韜及條奏其事。其後郊天,行事官數千人,多有告敕僞濫,因定去留,塗毀告身者甚衆,選人號哭都門之外。議者以爲積弊累年,一旦澄汰大細,懼失惟新含垢之意。說與崇韜同列,不能執而止之,頗遭物議。說之親黨告之,說曰:"此郭漢子之意也。"及崇韜得罪,說懼流言鍾己,乃令門人左拾遺王松、吏部員外郎李慎等上疏云:"崇韜往日專權,不閑故實,塞仕進之門,非獎善之道。"疏下中書,說等覆奏,深詆崇韜,識者非之。

(宋)王欽若等編纂:《册府元龜》卷三三五《宰輔部》

後唐韋說,拜平章事。說性謹重,奉職官常不造事端。時郭崇韜秉政,說等承順而已,政事得失,無所指言。

(宋)王欽若等編纂:《册府元龜》卷三三六《宰輔部》

後唐韋說,與豆盧革作相。革、說之子俱授拾遺,父子同官,爲人所刺,遂改授員外郎。革請說之子濤爲弘文館學士,說請革之子昇爲集賢學士,交致阿私,有同市井,識者醜之。初,說在江陵,與高季興相知,及入中書,亦常通信幣。自討西蜀,季興請攻峽內,莊宗許之,如能得三州,俾爲八郡。兩川既定,季興無尺寸之功。洎明宗纘承,季興頻請三郡,朝廷不得已而與之。革、說方在中書,亦豫其議。及季興佔據,獨歸其罪。

(宋)王欽若等編纂:《册府元龜》卷三三七《宰輔部》

後唐韋說,爲禮部侍郎平章事,貨賂公行。時有王修者,能以多岐取事,納賂於說。說以其名犯祖諱,遂改之爲操,擬宰近甸。同光四年二月,荊南節度使高季興奏請峽內夔、忠、萬等州割歸當道,依舊管係,又請雲安監。初,荊南以本朝時,管荊、澧、朗、硤、歸、夔、忠、萬、涪等州,乾寧中,雷滿據澧、朗,自稱節度。雷滿敗,地入馬殷。天祐初,成汭失荊襄,王建乘虛收歸夔、峽等州。朱梁以高季興鎮荊州,與王建爭夔、峽,竟不能復。王建於夔州置鎮江軍節度,以夔、忠、萬爲屬郡。又割黔南之施州,隸之雲安縣。舊置,雲安監榷鹽之利,爲安邑解縣胡洛監池之業,王建既得之,兩川大獲其利,乃昇雲安縣爲安州,以刺史領監務。初,帝舉軍平蜀,詔高季興率本軍沂峽自收元管屬郡荊南,軍未進,僞蜀夔萬連年率以州降繼岌。三川既平,季興數遣使請峽內三州依舊爲屬,又請雲安監務,朝廷未之許,季興數賂劉皇后與說及宰臣豆盧革。時樞密使張居翰年暮性昏,不酌可否,私相款昵,曲爲奏之,內外附叶,因喻其請。

(宋)王欽若等編纂:《册府元龜》卷三三八《宰輔部》

晉盧岳,明曆象,善知人,唐末,嘗謂李周曰:"子奇表,方頤隆準,眉目疏朗,身長七尺,乃將相之材也。河東李氏將有天下,子宜事之,以求富貴。"周辭以母老而歸。既而梁將葛從周拔邢洺,唐武皇麾兵南下,築壘於青山口。周向背莫決,因思岳言,乃拔青山寨,將張沔落。武皇賞之,補萬勝黃頭領軍使。

(宋)王欽若等編纂:《冊府元龜》卷八四三《總錄部》

後唐薛仁謙爲通事舍人,莊宗即位,三聘於吳,得使乎之體,遷衛尉少卿,引進副使。

(宋)王欽若等編纂:《冊府元龜》卷六五四《奉使部》

薛仁謙爲通事舍人,莊宗即位,三聘於吳,得使乎之體。

(宋)王欽若等編纂:《冊府元龜》卷六五三《奉使部》

周薛仁謙,初仕後唐爲通事舍人,隨莊宗入汴。仁謙有舊第,爲梁朝六宅使李賓所據。時賓遠適,而仁謙復得其第。人且告賓之家屬,厚藏金帛,在其第内。仁謙立命賓親族盡出所藏,而後入焉,論者美之。

(宋)王欽若等編纂:《冊府元龜》卷八五〇《總錄部》

周徐台符字光信,深州武强人。幼善屬文,唐同光中擢進士第,釋褐爲鎮定從事,位至翰林學士。

(宋)王欽若等編纂:《冊府元龜》卷七七五《總錄部》

吕琦,幽州人,勵志勤學,游於汾晉。唐天祐中,莊宗方開霸府,翹佇賢士,墨制授琦代州軍事判官。秩滿歸太原,監軍使張承業重琦器業,禮遇尤厚,會其子瓘領麟州刺史,乃辟琦從事。同光中,趙德均鎮滄州,表琦爲節度推官,德均移鎮幽州,亦從之。

(宋)王欽若等編纂:《冊府元龜》卷七二九《幕府部》

吕琦,天成中爲侍御史,舉劾吏部侍郎王權、將作監王澄、太僕少卿魏仁鍔、庫部郎中孔崇弼、司門郎中李殷夢、河南縣令郭正封等六人妻叙封郡君、縣君者。敕:"首叙封之例,敕格甚明,況在所司,備經其事，既成差誤，蓋是因循，顯有糾彈，實爲允當，欺即難恕，錯即可矜，然欲示戒懲，須行責罰。本行令史馬仁珪決臀杖七十勒停，本判郎中裴垣罰兩月俸，王權等六人妻進封叙封郡縣邑號官告，宜令所司追納毀廢。"初，郊天後赦書節文云："朝臣並與追封贈及叙封後，不在此限。"其年七月十二日，中書以前赦書節文不該據品秩依格例施行。又奏覆在朝臣僚，限兩月內一齊聞奏，並據品秩依格例施行。河南縣令郭正封，制前任考功員外郎、朝議郎階，具是六品；制後遷河南縣令，加朝請大夫、正五品，其妻乃叙封縣君，及被舉劾，乃招僞濫，有涉情故。

（宋）王欽若等編纂：《冊府元龜》卷五二〇下《憲官部》

張昭，趙郡寧晉人。後唐同光中，依興唐尹張憲，憲奏爲從事。及憲移河東留守，與之俱行，遇莊宗洛陽之變，憲爲部將符彥超所害，昭僅以身免。

（宋）王欽若等編纂：《冊府元龜》卷七二九《幕府部》

大成元年八月，以僞蜀開府儀同三司、行尚書右僕射兼中書侍郎、同中書門下平章事、上柱國、趙國公、食邑五千户張格可金紫光禄大夫、檢校兵部尚書、守太子賓客、上柱國，仍封南陽縣開國伯，食邑七百户，充三司副使。從判三司宰臣任圜所奏請也。

（宋）王欽若等編纂：《冊府元龜》卷一六六《帝王部》

後唐張格，故丞相濬之子也。濬爲梁太祖害於長水，格竄於山谷，易姓名，入蜀。王建僭號，以爲相國。蜀平，至洛陽，除太子賓客。

（宋）王欽若等編纂：《冊府元龜》卷九四九《總録部》

晉張希崇，字德峰，幽州薊縣人也。希崇少通《左氏春秋》，復癖於吟咏。劉守光爲連帥，慘酷，不喜文士。希崇乃擲筆入謁軍門，以求自效。守光納之，漸升爲裨將。

（宋）王欽若等編纂：《冊府元龜》卷九〇〇《總録部》

晉張希崇，先陷虜，授元帥府判官。後遷盧龍軍行軍司馬，繼改蕃漢部提舉使。天成初，平州節度使盧文進南歸，契丹以希崇繼其任，遣腹心總虜騎三百以監之。希崇莅事數歲，虜主漸加寵信。一日，登樓私自計曰："昔班仲叔西戍，不敢擅還，以承詔故也。我今入關，斷在胸臆，何恬恬於不測之虜而自滯耶？"乃召漢人部曲之翹楚者，謂曰："我身陷此地，飲酪被毛，生不見其所親，死爲窮荒之鬼。南望山川，度日如歲。爾輩得無思鄉者乎？"部曲皆泣下沾襟，且曰："明公欲全部曲南去，善則善矣。如虜衆何？"希崇曰："候明日首領至牙帳，則先擒之。虜無統攝，其黨必散。且平州去虜帳千餘里，待報至徵兵，逾旬方及此，則我等已入漢界深矣。何用以小衆爲病？"衆大喜。是日，希崇於郡齋之側，坎隙地，貯以石灰。明旦，首領與群從至，希崇飲以醇酬數鍾。既醉，悉投於灰穿中斃焉。其徒營於北郭，遣人攻之，皆潰圍奔去。希崇遂以管內生口二萬餘南歸，唐明宗嘉之，授汝州防禦使。

（宋）王欽若等編纂：《冊府元龜》卷四〇五《將帥部》

晉張希崇，唐末以幽州裨將守平州，爲虜所陷，授盧龍軍行軍司馬。天道中，平州節度使盧文進歸朝，委希崇旄鉞，繼其任，遣腹心總虜騎三百以監之。希崇莅事數歲，虜中漸至寵信，坦然無復疑矣。忽一日，登郡樓私自計曰："昔班仲升西伐不敢擅還，以承詔故也。我今入關斷在胸臆，何恬於不測之虜而自滯耶？"乃召漢人部曲翹楚者謂曰："我陷身此地，飲酪披毛，生不見其所親，死爲窮荒之鬼。南望山川，度日如歲。爾輩得無思鄉者乎？"部曲皆泣下沾衣，且曰："明公欲全部曲南去，善則善矣，如虜卒何？"希崇曰："俟明日首領至牙帳，則先擒之。虜無統攝，必散。平州去虜帳千餘里，待報至征兵，逾旬方及此，則我等入漢界深矣。何以小衆爲病？"衆大喜。是日，希崇於郡齋之側坎隙地貯以石灰。明旦，首領與群從至，希崇飲以醇酣數鍾，既醉，悉置於灰穿中，斃焉。其徒營於北郭，遣人攻之，皆潰圍奔去，亦舍而不追。希崇遂以營內生口二萬餘南歸，明宗嘉之，授汝州防禦使。

（宋）王欽若等編纂：《册府元龜》卷八七九《總録部》

張希崇，初仕後唐爲汝州防禦使，既之任，遣人迎母赴郡。母及境，希崇親肩版輿，行三十里，觀者無不稱嘆。爲靈武節度使，事母至謹，每食則侍立而後進，待盥漱畢方退，時議高之。

（宋）王欽若等編纂：《册府元龜》卷七五六《總録部》

（天成）三年三月癸亥，以成德軍節度使王建立爲檢校太尉、尚書右僕射、同中書門下平章事，充集賢殿大學士，判三司事。

（宋）王欽若等編纂：《册府元龜》卷七四《帝王部》

王建立，天成三年爲右僕射、中書侍郎平章事，判三司。四月，明宗幸西莊，召建立會食，中人回建立附奏，三司事忙，遂止。

（宋）王欽若等編纂：《册府元龜》卷三三八《宰輔部》

王建立，爲右僕射、中書侍郎，同中書門下平章事。天成三年五月，以時所急務，陳六條以奏之。其一，以南北節氣有殊，賦税起徵無别，請不預定月日，但考其年終殿最。其二，請不令省使差人徵督州縣，乞明以賞罰，委於長吏。其三，以藩侯郡守頻有替移，州縣以迎送爲勞，牧伯無化治之意，請立考限。其四，請所在倉場許每斗加納三合，爲雀鼠之耗。其五，以凡於内班差使臣，請選其夙舊，或諳練事體者充，免取笑於四方，實有辱其君命。其六，諸道軍職唯守本處，轉遷乞罷宣補之命。奉敕：“皇王宣政，侯伯分憂，薄賦輕徭，方爲濟物，迎新送故，必恐擾人。徵賦以不虐黎庶爲先，御命以不辱朝廷爲貴。乃至藩方職列，無非戮力奉公，各有區分，不令逾越。朕自臨大寶，每尚淳風，動不疑人，静惟恭己，中外無間，上下相勸。建立既列臺司，兼權邦計，所述否臧之事，皆窮利病之源，情切參裨，理當俞允。宣準往例，州縣官三十月爲限，刺史以二十五月爲限，仍以到任日爲數。其

節度使以山河是托,與牧宰有殊。繄自朕懷,難拘常限,若頻有除替,
何暇茸綏,宜仍舊,餘依所奏。"

（宋）王欽若等編纂:《册府元龜》卷三一四《宰輔部》

後唐明宗天成三年八月,宰臣王建立請患假,累日不朝。帝謂侍
臣曰:"建立欲退三司,今又稱病。人有托疾得疾者,不宜如此。"

（宋）王欽若等編纂:《册府元龜》卷五七《帝王部》

晉王建立,初仕後唐,明宗時爲右僕射、中書侍郎、平章事。天成
四年,出爲青州節度使。

（宋）王欽若等編纂:《册府元龜》卷三二二《宰輔部》

王建立爲青州節度使,惡生好殺,忿暴無政。歷數鎮,以苛虐聞。
明宗亦怒之。及鎮上黨,歲餘,乃令致仕。樞密使安重誨得罪後,建
立不繇表,請自入朝。所繇司不知之,徑至後樓謁見,泣涕言己無罪,
爲重誨擯斥。明宗不悅,曰:"爾作節度使,不行好事。非重誨譖言,
亦宜自省。"旬日,令還遼州,賜茶藥而死。

（宋）王欽若等編纂:《册府元龜》卷四五〇《將帥部》

晉王建立仕後唐,爲青州節度使。性惡生好殺,爲政嚴烈。閭里
有惡迹者,必族而誅之。其刑失於人者,不可勝紀。故當時人目之爲
"王垛疊",言殺其人而積其尸也。

（宋）王欽若等編纂:《册府元龜》卷四四八《將帥部》

晉王建立,初仕後唐爲代州虞候。時莊宗鎮晉陽,以諸陵在郡,
遣使享祭。其下有擾於民者,必捕而笞之。莊宗怒,令收之,多爲明
宗所護,由是知名。

（宋）王欽若等編纂:《册府元龜》卷九〇一《總録部》

不作好事

《五代史》：王建立見明宗，涕泣言己無罪。明宗曰："汝爲節度使，不作好事。"

（明）陶宗儀：《説郛》卷三五《續釋常談》

晉王建立，後唐長興初，以澤潞節度使除太傅致仕。

（宋）王欽若等編纂：《册府元龜》卷八九九《總録部》

（清泰元年六月）辛巳，以太子太傅致仕王建立兼侍中，充天平軍節度，鄆、齊、棣等州觀察處置等使。建立以微賤事明宗，與帝少而周旋，備嘗艱苦。明宗鎮真定，詔入朝，以建立巡檢，知留守事。及即位，遂用爲節度使，後歷數鎮。長興中致仕，帝與之親舊，乃有是拜。

（宋）王欽若等編纂：《册府元龜》卷一七二《帝王部》

後唐尹玉羽，明宗時爲解縣榷鹽使，遷光禄大夫。天成三年五月，爲人所訟，使過官錢按之不虛，且令徵納填贓，纔足自舉，欲就通班。敕旨停見任。

（宋）王欽若等編纂：《册府元龜》卷五一一《邦計部》

晉裴皞，初仕唐，爲兵部侍郎。明宗時，以數論權臣過失，授太子賓客。

（宋）王欽若等編纂：《册府元龜》卷四六〇《臺省部》

晉何澤，初仕後唐，同光中爲洛陽令。澤以莊宗出獵，屢踐民田，澤屏其從者，伏於蒙薄中，截馬諫曰："陛下急徵暴歛，下不堪命。今稼穡將登，而從騎耗暴如是，使官吏何以集其徵賦？臣請賜死於此，以悟陛下。"莊宗慰而遣之，尋遷倉部郎中。

（宋）王欽若等編纂：《册府元龜》卷五四七《諫諍部》

　　何澤爲倉部郎中，充書判扶萃考試官。澤與宰相趙鳳舊同戎幕，屢以情告，求爲給諫。鳳怒其躁進，且欲抑之，乃遷太常少卿。敕未下，有宗人堂吏告人，澤便稱新銜上章訴出，其略曰：「臣伏尋近例，自郎中拜給諫者，即崔聰、張延雍是也。臣在郎署，粗有勤勞，無罪左遷，有同排擯。」事下中書，宰臣奏澤新命未行，便敢稱謂，聞天下知澤於何處受此官位，侮弄朝綱，法當不敬，遂改太僕少卿，致仕。

　　　　（宋）王欽若等編纂：《冊府元龜》卷四八一《臺省部》

　　晉何澤，仕後唐爲洛陽令。莊宗出獵，屢踐民田，澤屏其從者，伏於叢薄中，截馬諫曰：「陛下急徵暴斂，下不堪命。今稼穡將登，而縱騎耗暴如是，使官吏何以求理，集其徵賦？臣請賜死於此，以悟陛下。」莊宗慰而遣之，尋遷倉部郎中。明宗天成三年，駕在汴水，欲幸鄴。人情不願，執政近侍進言未從。澤因伏門切諫，竟罷其行。明宗心賞之，乃拜吏部侍郎。

　　　　（宋）王欽若等編纂：《冊府元龜》卷五四九《諫諍部》

　　晉何澤爲太僕少卿，仕退居河陽。澤嘗蓄女僕十餘，公私請托令出入。自是七十餘，郁郁不得志，有求進之心。時後唐明宗皇子秦王從榮位望隆盛，明宗多不豫。澤令婢宜子詣闕進狀，請立秦王爲皇太子。其末云：「臣前在班行，不求致仕，乃宰臣柳臣屏退，所以不盡臣才。」

　　　　（宋）王欽若等編纂：《冊府元龜》卷九三六《總録部》

　　晉何澤初仕後唐，同光中爲河南尹時，洛陽令羅貫爲樂人強占稅户，譖於莊宗，下獄考掠，逼令招罪，見害。天成二年，澤爲倉部郎中，因逢恩赦，上表昭雪，敕河南縣，是神州赤縣縣令。乃明庭籍：「臣未審罪名，便當極法。不削不貶，不案不彰，困枯木於廣衢，抱沉冤而至死。衆人具見有耳，皆聞何澤，對宰洛陽，委其實狀。今此伸屈直貢，表章請雪，吞聲以旌幽壤，遂其冥冥下土，非玄恩以不知。蕩蕩無私，俾輿情而共感。宜加昭雪,兼賜贈官。"其子或,文行可稱,便許録。

(宋)王欽若等編纂:《册府元龜》卷八七五《總録部》

何澤爲太僕少卿致仕。長興四年八月,自河陽遣婢宜子投匭上書,請立秦王從榮爲皇太子。澤前任吏部郎中,舊曾與宰相趙鳳使府同院爲判官,因是舊數泣告於鳳,求爲給諫。鳳怒其躁佞,除授秘書少監。堂吏有姓何者,私報澤,澤即稱新授秘書少監臣澤上章訴屈。大略云:"臣伏尋近例,自郎中拜給諫者,即崔憪、張延雍,皆自郎官拜諫議。況臣在郎署,粗有勤勞,無罪左遷,有同排擯。"事下中書,宰臣執奏:"何澤新命未下,便敢稱謂開天,不知澤何處授此官位?誣弄朝綱,法當不敬。"由是命太僕少卿致仕,退居河陽。澤性好内,侍婢十餘,凡公私請托,多令諸婢出入。至於掌閣待客,輒無形迹。既久退居,心常郁郁,年七十餘,求進未已。既見從榮位望隆盛,帝又多病,自素與執政私憾,欲報仇於一時,即令婢宜子詣闕,投匭上章。大略曰:"立儲之事,人所難言,内外大臣,不忍輕議,臣所以冒死以聞。"又云:"臣前在班行,不求致仕。乃是宰執抑臣屏退,所以不盡臣才。"明宗覽澤表,不悦,私謂近臣曰:"群臣欲立儲君,吾自歸河東養老。"雖然,不得已令大臣商議。大臣聞帝所言,不敢可否,即議加從榮大元帥之命。俄而致從榮不軌之變,由澤啓其釁端也。

(宋)王欽若等編纂:《册府元龜》卷九三八《總録部》

晉秘瓊初仕後唐,爲董温琪衛内指揮使,倚以腹心。及温琪爲幽州連帥趙德鈞所奏,同赴太原之役,軍敗没蕃,瓊乃害温琪之家,載其尸,都以一坎瘞之。温琪在任貪暴,積鏹巨萬,瓊悉輦之以藏其家,遂自稱留後。

(宋)王欽若等編纂:《册府元龜》卷九四三《總録部》

晉劉昫,初仕後唐爲兵部侍郎,端明殿學士。長興四年,行中書侍郎,兼刑部尚書、平章事,入謝日,遇大祠明宗,不御中興殿,昫至中興殿門,閤門使曰:"舊禮宰臣謝恩,須於正殿通唤。今日上以大祠,不坐正殿,請俟來日。"樞密使趙延壽曰:"命相之制,下已三日中謝,無宜後時,即奏聞。"昫遂中謝於端明殿廷。昫自端明學士拜相,而謝於本殿,人士榮之。

(宋)王欽若等編纂:《册府元龜》卷七八二《總録部》

晉劉昫,初仕後唐,爲中書侍郎兼刑部尚書、平章事。清泰初,兼判三司。

(宋)王欽若等編纂:《册府元龜》卷三二九《宰輔部》

周馮道,瀛州人。唐天祐中,劉守光署爲幽府掾。守光敗,遁歸太原。監軍使張承業辟爲本院巡官,尋爲霸府從事。莊宗歸寧太原,置酒公宴,舉酒謂張承業曰:"予今於此會,取一書記,先以巵酒辟之。"即舉酒屬道,道以所舉非次,抗酒辭。莊宗曰:"勿謙抑,無逾於卿也。"遂署太原掌書記。

(宋)王欽若等編纂:《册府元龜》卷七二九《幕府部》

《後唐史》曰:潞州長柳巷田家有桃樹,伐已經年,舊坎仍在,其仆木一朝屹然而起,行數十步,復於舊坎。其家駭異,倉黄散走。

又曰:莊宗年邁多疾,馮道因奏事言於帝曰:"臣願陛下寢膳之間動留調衛。"道因指御前果實曰:"如食桃不康,翊日見桃而思戒可也;如食李不康,翊日見李而思戒可也。陛下幸思而戒之矣!"

(宋)李昉:《太平御覽》卷九六七《果部四‧桃》

(天成)二年正月,制曰:"昔舜命皋夔,百揆時叙;湯命仲虺,萬國咸寧。道既合於君臣,事實光於今古。朕克相上帝,敷佑下民,惟順考於典墳,俾旁求於彦傑,昇之廊廟,付以鈞衡,期共治於寰區,冀永康於黎庶。厥有明哲,咸謂碩儒,早隆佐命之功,久負濟時之器,必使膺兹大任,弼我丕基。既詢謀以僉同,固朕志而先定,爰行並命,是降寵靈。端明殿學士、朝議大夫、守尚書兵部侍郎、上柱國、賜紫金魚袋馮道，四瀆凝休，五行鍾秀，積善克承於家訓，揚名端守於素風。孔門曾、顏，寧同懿行；漢庭嚴、樂，詎比宏才！溫恭爲君子之儒，愨厚有大臣之體。故自從龍契會，倚馬摛詞，首贊先朝，紹隆丕業，爲善不伐，有能不矜，守廉貧則罔恥縕袍，持慎審則靡言溫樹。自予纂嗣，賴爾弼違，爰精選於禁林，乃特遷於秘殿，愈陳規誡，屢罄論思，都正直以莫倫，諒真純而罕匹。銀青光禄大夫、守太常卿、判吏部尚書銓事、上柱國崔協，星辰降彩，軒冕聯榮，禮樂稟於生知，《詩》《書》博於時習。輝華繼世，可鄙荀、陳；清貴傳家，固超王、謝。自登高第，踐歷周行，居省闥則職業備修，升憲府則朝綱克振。近者委司選部，命典秩宗，轄彼銓衡，則群才適序，調其律吕，則雅音克諧，既揚正始之風，可驗中和之德。並以功庸夙著，問望彌高，宜允副於具瞻，俾顯當於爰立。是命寵升黄閣，光弼紫宸，或居書殿之榮，俱列户封之貴，仍加峻級，以示新恩。道既叶於咨詢，心乃符於啓沃。於戲！知人則哲，予竊慕於前王；事君盡忠，爾已聞於當代。更宜夙夜慎保初終，使社稷以無憂，期子孫之有賴，往踐厥位，汝惟戒哉。道可正議大夫、中書侍郎、平章事，充集賢殿學士；協可中書侍郎、平章事。"初，豆盧革、韋説得罪，執政相與議宰相。時經始之初，言事者衆，咸以孔循少侍宫禁，諳故實，知朝廷人士之才行，安重誨多聽之。循意不欲河朔人居相位，初已援引鄭珏入中書。至是任圜欲相李琪，而鄭珏與琪梁時同在翰林爲學士，二人不相善，故琪切齒。孔循既以珏爲門人，亦排斥李琪，謂重誨曰："李琪非無藝學，但不廉耳。宰相，人士之表儀，但得真端有器度，足以輔弼矣。"朝論所與，莫若崔協，重誨以爲然。後重誨内殿中書闕人，欲擇丞相，而帝曰："誰可相者？"乃以崔協對。任圜曰："重誨未諳朝中人物，被人欺賣。如崔協者，天下皆知少識文字，時人呼爲無字碑。臣以陛下藩邸之年，即回天睠，無才幸進，比不知書，一旦驟塵輔弼，終朝若負芒刺。以臣一人取笑足矣，何容中書之内更益笑端！"帝曰："宰相重位，卿等更自詳審。然吾在藩時，識易州刺史韋肅，人言名家，待我嘗厚，置於此位如何？以肅苟未可，則馮書記先朝判官，稱爲長者，多才博學，與物無兢，可以相矣。"書記即馮道也，嘗爲莊宗霸府書記。帝素款顔，偶不記名，但云書記。朝退，宰臣樞密使休於中興殿廊舍，孔循不揖，拂衣徑去曰："天下事一則任圜，圜乃向者崔協。暴死則已,不死,會居此位。"重誨私謂圖曰:"今正闕人,協宜備員,可乎?圖公言何狹哉。今朝廷有李琪者,學際天人,奕葉軒冕,論才較藝,可敵時輩百人。而讒夫巧辨,忌害其能。必舍琪而相協,何弃蘇合之丸,取蛣蜣之轉也?"重誨笑而止。然與循同職,循曰:"言琪之短,知協之長。"月餘乃下此制,物論醜之。

(宋)王欽若等編纂:《册府元龜》卷七四《帝王部》

　　五代馮道臨河縣得一玉杯,有文曰:"傳國寶,萬歲杯。"明宗甚愛之,以示道,道曰:"此前世有形之寶爾,王者固有無形之寶也。"

(唐)白居易、(宋)孔傳:《白孔六帖》卷一三

　　馮道,爲中書侍郎平章事。天成三年七月,帝延宰臣於便殿,道曰:"數州霖雨,雖秋稼以傷,時物皆賤,邊鄙河水泛漲,契丹未可南顧。"閏八月,延宰臣於玄德殿,道又以居安思危,有始有卒,申於鑒誡。四年五月,帝問宰臣曰:"時事如何?"道對曰:"時熟人安。"帝曰:"此外如何?"道曰:"陛下淳德,上合天心。臣聞堯舜之君,人所慕之;桀紂之主,人皆惡之,蓋爲有道無道也。今陛下恭修儉德,留心治道,民無徭役,故相與言曰:堯年舜日,不過人安俗阜爾。自貞觀十年已後,魏徵等奏太宗曰:'願當如貞觀之初。'臣今亦願陛下嘗思登極之初,則天下幸甚。"八月,帝御中興殿,道奏:"往年淄州四縣水損田,省司額定租稅,州使征督甚急,以至户口流散。今歲特宜優恤。"從之。戊午,帝御中興殿,對宰臣論時政何者爲切,道對曰:"務惜生靈爲切。臣記近代詞人爲古調詩云:'正月賣新絲,二月糶新粟。救得眼前瘡,剜却心頭肉。我願君王心,化作光明燭。不照綺羅筵,遍照逃亡屋。'此詞義雖淺,規諫道深,臣諷誦之,實覺有理。"帝深納之。九月戊寅,帝御中興殿,又顧謂宰臣曰:"時事近日何如?"道奏曰:"臣省事已來,無歲不聞戰伐,蓋政令不一,王綱弛紊。伏自陛下纂隆五載,服之以武威,懷之以文德,任賢不二,去邪不疑,天下歸心,人知恥格。近歲已來,可謂無事。"趙鳳進曰:"《詩》云:'靡不有初,鮮克

有終。'願陛下常保此道始終,則運祚無窮矣。"長興三年三月,帝顧謂宰臣曰:"春雨稍多,久未晴霽,何也?"道對曰:"水旱作沴,雖是天之常道,然季春行秋令,臣之罪也。更望陛下廣敷恩澤,久雨無妨於聖政也。"四年二月,帝對宰臣於中興殿,道奏曰:"新授尚書令秦王昨向中書領事稟承睿訓,其德日新,每日朝謁,五鼓待漏左掖門。夫親賢,國之基本。臣聞古人有善爲師傅教道太子者,太子食有邪蒿,師傅遽命去之,曰:'其名不正,不可以食太子。'蒿非邪也,但惡其名,況人事乎? 臣思莊宗皇帝二十年血戰,定天下,而不修德政,三載覆亡。郭崇韜輔佐先朝,又不喜見創業勛舊。夫國以人爲本,今之親人者,節度刺史令録而已,得其人則治,非其人則亂,不可不慎選。《書》云:'若蹈虎尾,履春冰,日慎一日。'唯陛下安不忘危,治不忘亂而已矣。"十月,以上尊號,應在朝文武臣寮並宜加恩,其有八月四日已後遷官者,不在此限。時上旨欲遍與百僚轉官,而道等以爲轉官須論資考,乃奏叙階勛而已。

(宋)王欽若等編纂:《册府元龜》卷三一四《宰輔部》

(天成)四年十月乙巳,帝御中興殿,謂宰臣馮道曰:"盧質近日喫酒否?"道奏曰:"盧質到中書,臣曾勸酒,不過三爵,別處即不聞飲酒。"帝曰:"盧質舊來好酒,酒後多過失,得不慎歟!"道曰:"酒是狂藥,善移人性,若不節飲,便致患生。陛下聖謨,雅符古道。"

(宋)王欽若等編纂:《册府元龜》卷一五八《帝王部》

明宗問宰相馮道,盧質近日喫酒否? 對曰:"質曾到臣居,亦飲數爵,臣勸不令過度。事亦如酒,過即患生。"崔協强言於坐曰:"臣聞'食醫心鏡'酒極好,不假藥餌,足以安心神。"左右見其膚淺,不覺哂之。

(五代)孫光憲:《北夢瑣言》卷一九

後唐明宗長興三年三月,謂侍臣曰:"宰臣馮道性純儉,頃在德勝寨,所居一茅庵,與從人同器食,臥則芻藁一束,其心晏如。及以父憂退歸鄉里,自耕耘樵采,與農夫雜處,略不以素貴介懷,真士大夫也。"

(宋)王欽若等編纂:《冊府元龜》卷七六《帝王部》

明帝初入洛,遽謂近臣安重誨曰:"先帝時馮道郎中何在?"重誨曰:"近除翰林學士。"明帝曰:"此人朕素諳,委甚好宰相。"遂大用。又嘗謂侍臣曰:"馮道性純儉,頃在德勝寨,所居一茅庵,與從人同器食,臥則芻藁一束,其心晏如。及以父憂退歸鄉里,自耕耘樵采,與農夫雜處,略不以素貴介懷,真士大夫也!"

(宋)王欽若等編纂:《冊府元龜》卷一四八《帝王部》

周馮道,初仕後唐。長興中平章事。明宗謂侍臣曰:"馮道性純儉,頃在德勝寨,所居一茅庵,與從人同器食,臥則芻藁一束,其心晏如。及以父憂,退歸田里,自耕耘樵采,與農夫雜處,略不以素貴介懷。真士大夫也。"道歷仕四朝,二入中書,在相位二十餘年,以持重鎮俗爲己任。性廉儉,不受四方之賂,未嘗以片簡擾諸侯。私門之內無累茵,無重味,不畜姬僕,不聽絲竹。有寒素之士求見者,必引於中堂,語及平生,其待遇也,心無適莫。故雖朝伐遷置,人無間言,屹若巨山,不可轉也。議者以爲厚德稽古,宏才偉量,蓋漢胡廣、晉謝安之徒與。

(宋)王欽若等編纂:《冊府元龜》卷三一〇《宰輔部》

唐長興四年,帝對宰臣曰:"諸州鎮數上言有螟蝗,民力尚貧,將來何以得濟?"馮道奏曰:"天災流行,古今常所不免,自陛下臨御八年,七年豐稔,今歲聖躬違豫,歲亦微災,乃知九州四海民之消,長繫一人之運也。雖然歲小饉,不足煩聖慮,所願玉體和平,生民慶賴。乞陛下寢膳之間,動留調護。"道因指御果實曰:"如食桃不康見李思戒,翌日而可也。"

(宋)孫逢吉:《職官分紀》卷三

　　周馮道,初仕後唐,明帝時平章事。長興初,帝御中興殿,道奏曰:"陛下宮中無事,游幸近郊則可矣,然則御馬涉歷山險,萬一馬足差跌,則貽臣下之憂。臣聞千金之子坐不垂堂,百金之子立不倚衡。彼千金百金之微細,尚猶惜其身,保其産,而況富有四海,貴爲天子,自輕於彼千金百金之子哉? 願陛下居安慮危,動存戒慎。"上斂容謝之,退令小黃門至中書敕道録奏所對垂堂語。道因注其説以聞。四年,帝對宰臣曰:"諸州鎮數上言有螟蝗,民力尚貧,將來何以得濟?"道奏曰:"天灾流行,古今嘗所不免,自陛下臨御八年,七年豐稔。今操父子逼主篡位,故乃羈旅萬里,糾合士衆,將以討賊。今大敵未克,而先自立,恐人心疑惑。昔高祖與楚約,先破秦者王,及屠咸陽,獲子嬰,猶懷推讓,况今殿下未出門庭,便欲自立邪? 愚臣恐不爲陛下取也。"由是忤旨,左遷部永昌從事。

　　　　　　　　(宋)王欽若等編纂:《册府元龜》卷二一八《閏位部》

　　周馮道初仕後唐明宗,時平章事。長興初,帝御中興殿召對,奏曰:"陛下宮中無事,游幸近郊則可矣,然或御馬涉歷山險,萬一馬足蹉跌,則貽臣下之憂。臣聞千金之子,坐不垂堂,百金之子,立不倚衡。彼千金、百金之微細,尚猶惜其身,保其産,而況富有四海,貴爲天子,自輕於彼千金百金之子哉! 願陛下居安慮危,動存戒慎。"上斂容謝之。退令小黃門至中書,敕道録所對垂堂語,道因具録以聞。

　　　　　　　　　　　　　(宋)孫逢吉:《職官分紀》卷三

　　周馮道,初仕後唐,明宗時平章事。長興初,帝御中興殿,道奏曰:"陛下宮中無事,游幸近郊則可矣。然則御馬涉歷山險,萬一馬足蹉跌,則貽陛下之憂。臣聞千金之子,坐不垂堂;百金之子,立不倚衡。彼千金百金之微細,尚猶惜其身,保其産,而况富有四海,貴爲天子,自輕於彼千金百金之子哉? 願陛下居安慮危,動存戒慎。"上斂容謝之,退令小黃門至中書敕道録奏所對垂堂語,道因注其説以聞。四年,帝對宰臣曰:"諸州鎮數上言有螟蝗,民力尚貧,將來何以得濟?"道奏曰:"天災流行,古今常所不免。自陛下臨御八年,七年豐稔,今歲聖躬違裕,歲亦微災,乃知九州四海,民之消長,繫陛下一人之運也。雖然歲小饉,不足煩聖慮。所願王裕和平生,靈慶賴乞。陛下寢膳之間,動留調衛。"道因指御前果食曰:"如食桃不康,翼日見李而思戒可也。《禮》云:'飲食男女,人之大欲存焉。'陛下幸思而戒之。"初,帝因御幸,暴得風虛之疾。道不敢斥言,因奏事,諷悟帝意。

（宋）王欽若等編纂:《册府元龜》卷三二八《宰輔部》

馮道對:"太子食,有邪蒿,師傅以其名邪,令去之,況人事乎!"上退,問群臣"邪蒿"之義。范延光對:"無名之役,不急之務,且宜罷之。"自安重誨伏誅,而宦者孟漢瓊連宮掖之勢,居中用事,人皆憚之。因宰臣奏對,延光等深言"邪蒿、春冰、虎尾"之戒,欲驚悟上意也。上聖體乖和,馮道對寢膳之間,動思調衛。因指御前果實曰:"如食桃不康,翌日見李而思戒可也。"初,上因御李,暴得風虛之疾。馮道不敢斥言,因奏事諷悟上意。

（五代）孫光憲:《北夢瑣言》卷二〇

周馮道,初仕後唐,天成中同平章事。凡孤寒士子抱才業素知識者,皆與引用,本朝衣冠履行浮躁者必抑而鎮之。

（宋）王欽若等編纂:《册府元龜》卷三二〇《宰輔部》

周馮道,初仕後唐,天成中爲中書侍郎、平章事,累加門下侍郎、左僕射。末帝即位,出爲同州節度使。未幾,入爲司空。晉高祖入洛,爲首相,累加司徒、兼侍中。少帝即位,加太尉,復出爲同州節度使。

（宋）王欽若等編纂:《册府元龜》卷三二二《宰輔部》

宰相馮道，形神庸陋，一旦爲丞相，士人多竊笑之。劉岳與任贊偶語，見道行而復顧。贊曰："新相回顧何也？"岳曰："定是忘持《兔園册》來。"道之鄉人在朝者，聞之告道，道因授岳秘書監，任贊授散騎常侍。北中村墅多以《兔園册》教童蒙，以是譏之。然《兔園册》乃徐庾文體，非鄙樸之談，但家藏一本，人多賤之也。

（五代）孫光憲：《北夢瑣言》卷一九

（馮）道初爲平章，吏部侍郎劉岳以道形神薄陋，一旦爲丞相，士人多竊笑。自月華門赴朝，岳與工部侍郎任贊偶語，見道待而復顧，贊曰："新相回顧何也？"岳曰："定是忘持《兔園册》來。"道之鄉人在朝者聞之，告道，因授岳秘書監，贊散騎常侍。

（宋）孫逢吉：《職官分紀》卷三

後唐馮道爲相，工部侍郎任贊因班退，與同列戲道於後曰："若急行，必撲下《兔策》。"道尋知之，召贊謂曰："《兔策》皆名儒所集，道能諷之。中朝士子止看文場秀句，便爲舉業，皆竊取公卿，何淺狹之甚邪！"贊大愧焉。

（宋）王欽若等編纂：《册府元龜》卷九三九《總録部》

馮道，初爲中書侍郎平章事。吏部侍郎劉岳以道形神庸陋，一旦爲丞相，人士多竊笑。道自月華門赴班，岳與工部侍郎任贊偶語，見道行而復顧，贊曰："新相回顧何也？"岳曰："定是忘持兔册來。"道之鄉人在朝者聞之，告道，因授岳秘書監，任贊散騎常侍。

（宋）王欽若等編纂：《册府元龜》卷三三七《宰輔部》

《雜·劉岳傳》："馮道行反顧，岳譏其遺下《兔園册》。《兔園册》，鄉校俚儒教田夫牧子所誦也。道大怒。"薛史此事在《道傳》中，以爲語出任贊，亦不云大怒。歐陽公別有所據也。《北夢瑣言》第十九卷云："北中村墅多以《兔園册》教童蒙。"意與歐同。道之厚重，皆僞爲之,實非有大度能容物者。岳累世爲公卿,譏道寒鄙,切中其陋態,一時不能忍,遂露本相,不覺大怒。歐是。

(清)王鳴盛:《十七史商榷》卷九五

周馮道,後唐清泰初爲同州節度使。爲政閑淡,獄市無撓。

(宋)王欽若等編纂:《册府元龜》卷六八〇《牧守部》

史圭,常山人。後唐同光中,任圜爲真定尹,擢本府司録,不應命。郭崇韜領其地,辟爲從事。及明宗代崇韜,復以舊職縻之。

(宋)王欽若等編纂:《册府元龜》卷七二九《幕府部》

張礪初爲舉子,在梁依翰林學士李愚。貞明中,礪自河陽北歸。莊宗叛,授太原府掾。出入崇達之間,揄揚愚之節概,及愚所爲文《仲尼遇顏回》《壽夷齊非餓》等篇,人望風稱之。

(宋)王欽若等編纂:《册府元龜》卷八二八《總録部》

晉張礪初仕後唐,爲翰林學士。未幾,父之妾卒。初,妾在世,礪以久侍先人左右,頗亦敬奉諸幼子,以祖母呼之;及卒,礪疑其事詞於同僚未有以對,礪即托故,歸於金陽,閒居三年,不行其服。論情制宜,識者鄙之。

(宋)王欽若等編纂:《册府元龜》卷七九四《總録部》

晉張從訓,初,唐莊宗與梁人相拒於德勝口,徵赴軍前,補先鋒游奕使,俄轉雲捷指揮使,檢校司空,賜姓名繼鸞,從諸子之行也。明宗微時,嘗在存信麾下爲都押衙,與從訓有舊,及即位,授石州刺史,復舊姓名。

(宋)王欽若等編纂:《册府元龜》卷八二五《總録部》

後唐蕭頧爲太常少卿,明宗朝祀太微宮,頧乘醉預公卿之列,爲御史所彈，左遷右贊善大夫。

（宋）王欽若等編纂：《册府元龜》卷九一四《總録部》

晉陸思鐸初仕梁，以善射日預其戰，嘗於箭笴上而自鏤其姓名。一日，射中莊宗之馬鞍，莊宗拔箭視之，睹思鐸姓名，因而記之。及莊宗平梁，思鐸以例來降，莊宗出其箭以示之，思鐸伏地待罪。莊宗慰而釋之。後爲梁州刺史，尤以挽强見稱。明宗舉兵討荆南，思鐸與其行時。高季興以舟兵拒我，思鐸每發矢中敵人，則洞胸達腋，繇是前鋒稍挫，不敢輕進，諸軍咸壯之。

（宋）王欽若等編纂：《册府元龜》卷八四六《總録部》

陸思鐸爲深州刺史，群盜結聚，與屬邑爲患。思鐸率數十騎，朝夕討捕，出必擒獲。境内肅然，百姓賴之。

（宋）王欽若等編纂：《册府元龜》卷六九五《牧守部》

梁文矩，爲左諫議大夫。天成二年七月，上言以軍人、百姓服裝僭越，爲費耗之本，請下令禁止。

（宋）王欽若等編纂：《册府元龜》卷四七五《臺省部》

梁文矩，天成中爲御史中丞，上表曰：“臣近聞有敕命，夏秋苗税，取天成二年額爲長定。雖聖主時行憂軫，而黎民未甚聞知。伏請再降明敕，令粉壁曉告。”文矩初執憲綱，志在舉職，而首陳此議，論者以爲欲去邪指佞，理甚迂闊。

（宋）王欽若等編纂：《册府元龜》卷五二一《憲官部》

晉梁文矩初仕後唐，明宗霸府，每懷公輔之望。時高祖自外鎮入覲，嘗薦於明宗曰：“梁文矩早事陛下，甚有勤勞，未升相輔，外論慊之。”明宗曰：“久忘此人，吾之過也。”尋有旨降命，會丁外憂而止。

（宋）王欽若等編纂：《册府元龜》卷八九五《總録部》

　　李象字昭文，深州樂壽人也，父祖爲農。象少學有文性，長於《左氏春秋》，天成中，以本科調舉不捷。明年，改應進士，登上第。宰臣劉昫愛其才，以猶女妻之。

　　　　　　（宋）王欽若等編纂：《册府元龜》卷八五三《總録部》

　　晉李郁，字文緯，唐之宗屬也，少歷宗寺官。天成、長興中，累遷爲宗正卿。性平允，所歷無愛憎毀譽。

　　　　　　（宋）王欽若等編纂：《册府元龜》卷六二二《卿監部》

　　晉李爲光，初仕後唐爲臨潁令。己俸之外，未嘗受邑人饋遺。其縣署被損有年矣，累政因循，無復修者。爲光以文告，乃屬縣上户出材植人工營葺，悦而使之，百姓子來，不數月公宇一新。暨得替，移家唯有大豆數石。

　　　　　　（宋）王欽若等編纂：《册府元龜》卷七〇四《令長部》

　　秘弘遇，真定中山人，瓊之父也，善射。歷本軍偏校，後唐莊宗兼有其地，命爲爪牙，從戰河上，有功，累官至慶州刺史。後年老求退，終於家。

　　　　　　（宋）王欽若等編纂：《册府元龜》卷八九九《總録部》

　　張允，鎮州人。幼學爲儒，仕本州爲參軍。張文禮之據州叛，唐莊宗致討，允隨文禮子處瑾請降於鄴，不允。與處瑾並繫於獄。鎮、冀平，宥之，留於鄴，署府功曹。趙在禮嬰城叛，署節度推官，從歷滄、兗二鎮書記。

　　　　　　（宋）王欽若等編纂：《册府元龜》卷七二九《幕府部》

　　李崧，後唐長興中爲樞密直學士。時北虜寇雲中，明宗欲命重將鎮太原，時帝爲六軍副使，以秦王從榮不軌，懇求外任，深有北門之望；而大臣以帝方權兵柄，難以議之。翌日，明宗怒其未奏，范延光、趙延壽等無對，退歸本院，共議其事，方欲以康義誠爲之。時崧最在下位，聳立請曰：“朝廷重兵多在北邊，須以重臣爲帥。以某所見，非石太尉不可也！”會明宗令中使促之，衆乃從其議。翌日，帝既受太原之命，使心腹達意於崧云：“疊浮圖須與合却尖。”表感之深也。及清泰末帝入洛，崧與呂琦俱竄匿於伊闕民家。旬日，帝召爲户部侍郎，判户部。逾月，拜中書侍郎平章事，與桑維翰并兼樞密使。

（宋）王欽若等編纂：《册府元龜》卷一七二《帝王部》

李崧始辟鎮州范延光管記，與宰臣李愚從莊宗皇子繼岌伐蜀，有舊，擢爲拾遺。俄而延光入代安重誨爲樞密使，奏崧以本官爲本院學士。

（宋）王欽若等編纂：《册府元龜》卷九五五《總録部》

漢龍敏，初唐莊宗平河洛，徵爲司門員外郎。以家貧乏養，求爲興唐少尹。逾年丁母喪，退居鄴下。會趙在禮據鄴城，以敏鄉人，强起令署事。又爲亂軍所迫，敏不敢拒。明年，在禮鎮浮陽，敏復居喪制。

（宋）王欽若等編纂：《册府元龜》卷九四〇《總録部》

龍敏，幽州人，少爲儒，丐游都邑。莊宗定魏博，敏聞故人馮道爲霸府記室，乃客於河中，歲内歸太原，館於馮道之家。監軍使張承業從容謂道曰：“吾子鄉友南來，何不相見？”遂得通刺。會莊宗在魏州召道從軍，承業即署敏爲巡官，典監軍奏記。

（宋）王欽若等編纂：《册府元龜》卷七二九《幕府部》

漢龍敏，幽州永清人也。初仕後唐爲御史中丞，敏父咸式年七十，咸式之父年九十餘，敏供養二尊，朝夕無懈。咸式以敏貴，得秘書監致仕；敏爲兵部侍郎，奉使幽州。鄉里耆舊，留宴盡歡。

（宋）王欽若等編纂：《册府元龜》卷七八二《總録部》

後唐龍敏爲吏部侍郎,末帝清泰二年五月壬寅,監察使奏薦享太廟。其月十九日,尚書省受誓戒故事。諸行事官質明至省,候太尉。其日,行事官與攝太尉宰臣並先到,敏攝司空後至,雖及受誓戒,其候太尉違禮,詔罰一季俸料。

（宋）王欽若等編纂:《册府元龜》卷九三〇《總録部》

漢龍敏,初仕後唐,爲吏部侍郎。敏學術不甚長,然外柔而内剛,愛決斷大計。清泰末,從末帝在懷州,時趙德均父子有異圖。晉安砦旦夕憂陷,末帝計無從出,問於從臣。敏奏曰:"臣有一計,請以兵援送東丹王李贊華取幽州路,趨西樓。虜主必有北顧之患。"末帝然之,而不能用。敏又謂末帝親將李懿曰:"君連姻帝戚,社稷之危,不俟翹足,安得默默苟全耶?"懿因籌德濟必破蕃軍之狀,敏曰:"僕,燕人也。諳趙德鈞之爲人,膽小謀拙。所長者,守城砦,嬰壕塹,篤勵健兒爾!若見大敵,奮不顧身,推堅陷陣,必不能矣!況名位震主,奸以謀身乎? 僕有狂策,不知濟否? 苟能必行,亦救寨之一術也。"請言之,曰:"如聞駕前馬,僅五千匹,請於其間選壯馬,精甲健夫千人,僕願與郎萬金二人,繇介休路出山,夜冒虜騎,循山入大砦千騎之内,得其半濟,則砦無虞矣! 張敬達等幽閉,不知朝廷援兵近遠,若知大軍在圍,柏谷中有鐵障,亦可爲陷,況虜騎乎?"末帝聞之,曰:"龍敏之心極壯,用之晚矣!"人亦以爲大言,然其慷慨感激,皆此類也。

（宋）王欽若等編纂:《册府元龜》卷四七七《臺省部》

後唐李鏻,莊宗時,自宗正卿遷工部侍郎。同光三年七月,敕:"罰罪賞功,大朝常憲;掩瑕宥過,前聖格言。工部侍郎李鏻、宗正少卿李瓊等,早在公途,忝居班列,靡思畏懼,各犯刑章。因補置官吏之秋,見詐僞依違之迹,自招罪狀,合置嚴科。但以嘗預臣僚,始當興復,特示哀矜之旨,俾寬流遣之文,降秩趨朝,殊爲輕典,推恩念舊,所宜慎思。鏻可責授朝散大夫、司農少卿;瓊可責授朝議郎、守太子中舍。"初,魏州興建,李鏻爲宗正卿,李仁爲少卿,赴州。昭應縣有獻祖宣皇帝建初陵,少祖光皇帝啓運陵,帝踐祚之後,宗正司條奏陵園故事,請量建建初、啓運陵,臺令許之。時僞稱宗子者數百,宗寺既無譜牒,無憑證據,有昭慶百姓稱宗子,言世爲丹陽竟陵臺令,投詣宗寺,請爲臺令。李瓊莫測其繇,憑其僞書,即而補之。其人既至本處,出入建絳旌,豪視長吏,復侵奪近墓民田百餘頃,言是陵園壖地。百姓詣府陳訴,州府不能辨疑,乃具狀問。天子下公卿訪丹陽竟陵故事,是何帝寢。遂檢列聖陵園,及追封高祖、太子諸王尊號者,皆無丹陽竟陵之號,其僞百姓、宗正司吏皆伏法。瓊、鏻以不覆實,謬補奸人,貶之,蓋以有鏻從龍舊恩也。丹陽之地北,無南方竟陵之名,六朝故事,鏻等不知書之故也。

(宋)王欽若等編纂:《册府元龜》卷四八一《臺省部》

李鏻,少舉進士,累舉不第,客游河朔,入常山。趙王鎔辟爲從事,常山平,莊宗以鏻爲霸府支使。

(宋)王欽若等編纂:《册府元龜》卷七二九《幕府部》

後唐李鏻,嘗爲鎮州王鎔判官。善飲茶,嘗呼喫茶郎中。

(宋)王欽若等編纂:《册府元龜》卷九二八《總録部》

李鏻初入恒山,謁要人李弘規,以宗姓請兄事之,由是得進。趙王王鎔辟爲從事。鎔卒,復爲王德明賓客。德明使鏻聘於唐莊宗,鏻密疏德明之罪,且言可圖之狀,莊宗嘉之。及恒山平,以鏻爲霸府支使。嘗從容請於莊宗曰:"鏻有四子,請誅之。"莊宗問其故,對曰:"此輩生於恒山,禀悖亂之氣,不可留也。"莊宗笑而止。

(宋)王欽若等編纂:《册府元龜》卷九四三《總録部》

漢李鏻,初仕後唐,歷工部、户部侍郎、工部尚書。長興中,以與明宗有舊,常佇入相之意,從容謂時相曰:"唐祚中興,宜敦叙宗室,才高者合居相位。僕雖不才,曾事莊宗霸府,見今上於藩邸。時家代重侯累相,靖安李氏,不在諸侯之下。論才較藝,何讓衆人?久置僕於朝行,諸君安乎?"馮道、趙鳳每怒其譖,鏻日生妄動,切欲爲宰相,人望非允。鏻乃引僞吳覘人,見樞密使安重誨,云吳國執政徐知誥將舉國稱藩,願得令公一信,即來歸向。重誨不察事機,即以實然。因出玉帶與覘者令歸。工估其數千緡,經歲無所聞,竟成虛語。初,鏻以此曲中,冀得宰相。乃左授行軍司馬。帝應順初,以兵部尚書使潭州,聞末帝即位,謂左右曰:"吾久合作相,被人沮滯,否泰之道信然。吾於大相公事舊太祖,公作帝矣,予輔宜然。"從者相慶。鏻至荆州,留信宿,告高從誨求賀升極貢物,言己必當輔弼,從誨從其所求。翌月,延召酒闌,從誨謂副使馬承翰曰:"朝廷大僚,孰有相望?"承翰素不悦鏻所爲,即對曰:"朝士聞相望者,崔居儉、尚書姚顗、左丞盧文紀,太常又其次。今聞拜矣,諸士皆無相望。"鏻赧然不悦,從誨坐中索今日報狀,示鏻姚顗命相,制下,鏻曰:"吾老矣!安能輔大政!知稅駕之所矣!"

(宋)王欽若等編纂:《册府元龜》卷四八一《臺省部》

馮玉,字璟臣,少應進士不第。唐長興中,宣徽使馮贇出鎮太原,玉以宗盟之分往依之,贇乃奏玉爲從事,府罷入朝,拜監察御史。

(宋)王欽若等編纂:《册府元龜》卷七二九《幕府部》

(清泰元年)八月,以尚書左丞姚顗爲中書侍郎、平章事。

(宋)王欽若等編纂:《册府元龜》卷七四《帝王部》

文紀性滑稽,孟知祥之僭號,嘗奉使於蜀,適會改元。方春社,知祥張宴,設麑肉,語文紀曰:"上戊之辰,時俗所重,不可廢也,願嘗一臠。"文紀笑曰:"家居長安,門族豪盛,麑肩不登於俎。時從叔伯祖頗欲大嚼,終不可致。一家奴慧黠,衆以情語之。宅後園有古冢空曠,奴掃除其中,設肉數盤,私命諸從祖食之,珍甚,五房不覺言珍。五房曰:'匪止珍哉,今日乃大美元年也。'良久,冢中二鬼驟至,呼曰:'諸君竊食糟麑,敗亂家法,其過已大,乃敢擅改年號乎?'"知祥有愧色。

清泰即位，將命相，取達官名十人致瓶中探取之，首得文紀，遂爲宰相。

（宋）江少虞：《宋朝事實類苑》卷六七

王仁裕，天水人，入蜀爲翰林學士。蜀亡入洛，復爲秦州戎判，秩滿歸田里。時王思同鎮興元，聞仁裕名，奏辟爲幕賓，尋改西京留守判官。

（宋）王欽若等編纂：《册府元龜》卷七二九《幕府部》

後唐王仁裕，初仕蜀，爲中書舍人。蜀亡，爲汴州觀察判官。末帝清泰中，汴帥范延光言其不可滯於賓佐，末帝亦知其有才，乃召爲司封員外、知制誥，充翰林學士。

（宋）王欽若等編纂：《册府元龜》卷五五○《詞臣部》

王仁裕，初仕後唐爲王思同西京留守判官，及思同敗績，廢帝素聞其名，召令隨駕入洛，沿路書詔，皆出仁裕之手。

（宋）王欽若等編纂：《册府元龜》卷七一八《幕府部》

呂夷簡，字坦夫，壽州人。曾祖夢奇，後唐爲工部侍郎。

（宋）曾鞏：《隆平集》卷五

周和凝，仕後唐爲翰林學士，知貢舉。貢院舊例，放榜之日，設棘於門及閉院門，以防下第不逞者。凝令徹棘啓門。是日，寂無喧者。所放多才名之士，時議以爲得人。明宗益加器重。

（宋）王欽若等編纂：《册府元龜》卷六五一《貢舉部》

三美並集。五代和峴，晉宰相和凝之子。峴生，會凝入翰林，加金紫，知貢舉。凝喜曰："我平生美事，三者並集，此子宜於我矣，且名曰'三美'。"

（宋）佚名：《錦繡萬花谷》前集卷一八

五代和峴，晉宰相和凝之子。峴生，會凝入翰林，加金紫，知貢舉，凝喜曰："我平生美事，三者並集，此子宜於我矣。"因名曰"三美"。

　　　　　　　　　　　　　　　（明）彭大翼：《山堂肆考》卷一四二

和凝，初仕後唐，末帝清泰二年爲翰林學士，上言："當貞觀之朝，則廣開醫學；及開元之代，則親制方書。爰在明朝，宜遵故事。方今暄燠在近，疫癘是虞，言念軍民，宜加軫閔。其邊遠戍卒，及貧下農人，既難息於苦辛，或偶縈於疾疹，地僻既無藥物，家貧難召醫師，遂致疾深，多罹物故。荷戈執耒，皆展力於當年，問疾賜醫，宜覃恩於此日。其諸處屯戍兵士，令太醫署修合傷寒、時氣、瘧痢等藥，量事給付。大軍主掌以給有病士卒之家；百姓亦准醫疾，令合和藥物，救其貧戶。兼請依本朝州置醫博士，令考尋醫方，合和藥物，以濟部人；其御制《廣濟》《廣利》等方書，亦請翰林醫官重校定，頒行天下。"

　　　　　（宋）王欽若等編纂：《册府元龜》卷五五三《詞臣部》

楊凝式，爲給事中。天成元年十二月庚寅，奏："舊制：臺省在西京，東都置留臺留省，及分司官屬。請依舊制，於西京置留臺省，如本朝東都之制。"不報。

　　　　　（宋）王欽若等編纂：《册府元龜》卷四七五《臺省部》

末帝清泰元年，楊凝式爲兵部侍郎，帝按兵於懷覃，凝式在扈從之列，頗以心恙，諠譁於軍砦。帝以其才名，優容之，詔遣歸洛。

　　　　　（宋）王欽若等編纂：《册府元龜》卷四一《帝王部》

張鑄，爲起居舍人。天成元年十月庚戌，奏："欽若天道，聞諸堯舜之朝；敬授人時，乃自殷周之代。能消灾異，而致福祥。自兵興以來，多失本朝故事，不拘典法，有誤修攘。承前日月薄蝕，百官皆合守司星象。有差九重，亦當避殿，以明減損，式示恭虔。信守國經，何虧聖德？自此或乾象謫見，凡關灾異，請依故實，令百官守司，陛下御便殿,減常膳,準令式遵行。"從之。

（宋）王欽若等編纂：《冊府元龜》卷四七五《臺省部》

後唐司徒詡爲户部員外郎,秦王從榮之開府也,朝廷以詡充河南府判官。王之遇害,例貶寧州,尋移相州司馬。

（宋）王欽若等編纂：《冊府元龜》卷七一五《宫臣部》

司徒詡,清河人,少好讀書,弱冠應鄉舉不第。唐明宗鎮邢臺,詡往謁之,甚見禮遇,命試吏歷須城令,有能名。長興初,唐末帝鎮河中,奏辟爲從事。

（宋）王欽若等編纂：《冊府元龜》卷七二九《幕府部》

周司徒詡,清河人。後唐明宗之鎮邢臺,詡往謁之,甚見禮遇,命試吏於邯鄲。歷永年、須城令,皆有能名。

（宋）王欽若等編纂：《冊府元龜》卷七〇二《令長部》

錢傅爲太常丞。天成二年,奏:"當司專典祠祀,伏以國城西面,群祀各有壇墠,近年多被民户侵耕,畜牧騰踐,莫知處所。行事之時,旋封土芟草,有乖誠敬。今正方春,易行止絶者。"

（宋）王欽若等編纂：《冊府元龜》卷六二〇《卿監部》

劉鼎,爲吏部員外郎。清泰二年上疏:"臣見建中元年正月敕,中外文武臣僚授官,上後三日,舉人自代。事下中書,如除官用人,選所薦多者擬議。多事已來,此道久廢。今後乞復施行。"詔曰:"設官分職,爲時主之敷恩;推賢讓能,乃朝臣之盛事。是以《詩》稱伐木,史載彈冠。俾拔茅連茹之時,見力行修身之道。劉鼎官居雄省,立近龍墀,因貢讜言,請行故事。欲使子皮舉善,終明子産之賢;鮑叔讓能,不掩夷吾之略。兼可以致同心叶力,表後己先人,克揚文子之風,免有展禽之嘆。舉實公當,便可施行。情涉阿私,理當比驗。"

（宋）王欽若等編纂：《冊府元龜》卷四七六《臺省部》

孔崇弼初仕後唐，自吏部郎中授給事中。時族兄昭序由給事中改左常侍，兄弟同居門下，時論榮之。

（宋）王欽若等編纂：《冊府元龜》卷七八二《總錄部》

周邊蔚初仕後唐，爲華州記室。莊宗之伐蜀，大軍出於華下，時華方闕帥，詔令蔚權領軍府事，供億軍須，甚有幹濟之稱。

（宋）王欽若等編纂：《冊府元龜》卷八四四《總錄部》

皇甫立，代北人。後唐明宗刺代州，署爲牙校，從歷藩鎮，性純謹，明宗深委信之。王建立、安重誨策名委質，皆在立後。明宗踐祚，以立爲忻州刺史。

（宋）王欽若等編纂：《冊府元龜》卷七六六《總錄部》

晉康福善諸蕃語，初仕後唐，明宗視政之暇，每詔入便殿，諮訪時之利病，福即以蕃語奏之，樞密使安重誨惡焉，嘗面戒之曰："康福但亂奏事，有日斬之。"福懼。

（宋）王欽若等編纂：《冊府元龜》卷九九六《外臣部》

唐明宗詔張從賓發河南兵數千，擊范延光，遂與延光同反，引兵入洛陽，又扼汜水關，將逼汴州。時羽檄縱橫，從官在大梁者，無不洶懼，獨桑維翰從容指畫軍事，神色自若，接對賓客，不改常度，衆心差安。維翰嘗一制指揮節度使十五人，無敢違者。時人服其膽略。

（宋）孔平仲：《續世說》卷三

漢張允，初仕後唐，爲兵部員外郎、知制誥。清泰初，皇子重美爲河南尹,典六軍諸衛事,時朝廷選參佐,以允剛介,改給事中,充六軍判官。

（宋）王欽若等編纂:《冊府元龜》卷七一六《幕府部》

漢劉景岩,初仕後唐,爲丹州刺史。家富於財,能交結豪右。

（宋）王欽若等編纂:《冊府元龜》卷九四五《總録部》

劉熙古,字義淳,宋州寧陵人也。唐左僕射仁軌十一代孫,少通經史,避祖諱,不應進士舉,以《三傳》賜第。太祖領宋州節制,熙古爲節度判官。

（宋）王稱:《東都事略》卷三一

劉熙古,字義淳,睢陽人。唐僕射仁軌十一代孫,少通經史,避祖諱,不應進士舉。後唐長興中,以《三傳》賜第。太祖領宋州節制,熙古爲節度判官。

（宋）曾鞏:《隆平集》卷六

盧損,爲左諫議大夫。長興二年十二月,上封事三件。先罪犯譴逐,歿於遐方者,請準南郊赦文,並許歸葬,仍還舊秩處分。鳳翔山南已來,長吏有兩川界內人户,任還鄉里,願住者即加安撫。前任節度使、刺史、防禦等使,請五日隨例起居。並從之。

（宋）王欽若等編纂:《冊府元龜》卷四七五《臺省部》

清泰元年,以左諫議大夫盧損爲右散騎常侍。損嘗奉使河中,與帝款接故也。

（宋）王欽若等編纂:《冊府元龜》卷一七二《帝王部》

盧損,末帝清泰三年爲御史中丞。初,延州保安鎮將白文審,郡之劇賊。高行周作鎮時,差人往替,不受代屬。前年春擾亂,文審專殺郡人趙思謙等十餘人,後經赦放罪。去年春,思謙弟思誨詣闕訴兄之冤。帝亦素知文審之凶惡，密令本道捕之下獄，遣殿中少監張仁願於鄜州置獄，推鞫文審伏殺十平人罪，未盡疑，乃追赴京師，連坐者二十八人，繫臺獄。方按鞫，屬五月十二日御札：“自今年五月十二日已前，除五逆十惡，放火劫舍，持杖殺人外，並委長吏。如已得事情，或未見贓驗，不在追窮枝蔓，以所招疾速斷遣。”損爲人輕易，即破械釋文審。後奏，帝大怒，復收文審誅之。堂帖勘臺公文云：“奉德音釋放，不得追領祇證。”中書詰云：“御札云，不在追窮枝蔓，無‘不得追領祇證’六字，擅添改敕語。”詔責授右贊善大夫知雜，御史韋梲責授太僕寺丞，侍御史魏遜責授太府寺主簿，王岳責授司農寺主簿。

（宋）王欽若等編纂：《册府元龜》卷五二二《憲官部》

　　盧損，末帝清泰中爲御史中丞。時有赦放繫囚，白文審者，延安之劇賊也，繫於臺圄圄久之，是日釋放。翌日，衆知之，大駭，乃重詳赦文比不該放者，賴臺司復捕獲文審。損與知雜韋梲、本推御史魏遜皆停任。

（宋）王欽若等編纂：《册府元龜》卷五二一《憲官部》

　　晉孫彥韜，初仕後唐爲濮陽刺史。屬清泰末群盜入郡，郡人大擾，彥韜率帳下百人，一呼破之。

（宋）王欽若等編纂：《册府元龜》卷六九五《牧守部》

　　李從珂之入簒也，馮道遽命速具勸進文書，盧導欲俟太后命，而道曰：“事當務實。”此一語也，道終身覆載不容之惡盡之矣。

　　……夫所謂實者，理之不容已，内外交盡而無餘憾之謂也。有其實，斯有其名矣。若盧導者，心摇而無所執，理不順而無能守，然幸有此一念之羞惡，不敢以人臣司天子之廢立，故欲調停掩飾以稍蓋其惡，而示天下以君之不可自我而予奪，則亦實之僅存者耳。道乃並此而去之，不滅盡其實而不止。

　　嗚呼！豈徒道之終身迷而不復哉？此言出，而天下顧錙銖之利，求俄頃之安，蒙面喪心，上不知有君，内不知有親，公然以其貪猥亡賴、趨利耽欲之情，正告天下而不泚其顙，顧欣然自得曰：吾不爲虛名所誤也。親死而委之大壑，曰吾本無葬親之實心，勿冒孝名也；穴墙而盜鄰粟，曰吾本有得粟之實情，勿冒廉名也；則人類胥爲禽獸，尚何嫌乎？但務實而不知有名者，犬豕之食穢以得飽也，麋鹿之聚麀以得子也。道之惡浮於紂、禍烈於跖矣。

道死而擿之者起，顧未有窮其立念之差於務實之一言者，於是李贄之徒，推獎以大臣之名，而世教愈亂，亦憯矣哉！

（清）王夫之：《讀通鑑論》卷二九

安德節度推官李佑，唐莊宗曾孫也。上書求便官，以掃灑陵廟。夏四月丁未朔，改授西京留守推官。因謂輔臣曰："唐莊宗百戰滅梁，始有天下，不務修德，而溺於聲樂，嬖用伶官，以及於禍，良可嘆也。"王曾對曰："陛下日聽政事，又覽前代治亂之迹，以爲龜鑒，天下之福也。"

（宋）李燾：《續資治通鑑長編》卷一〇四，仁宗天聖四年（1026）

後唐鄭希閔，爲金部員外郎。莊宗同光二年，差充澧、朗副使。希閔進狀，乞換章服。帝欲懲之，改差詞部員外郎李盈休。

（宋）王欽若等編纂：《册府元龜》卷四八一《臺省部》

王緘，幽州劉仁恭故吏也。少以刀筆直記室，仁恭假以幕職，令使鳳翔，還經太原。屬仁恭阻命，武皇留之。緘堅辭復命，書詞稍抗，武皇怒，下獄詰之，謝罪聽命，乃署爲推官，歷掌書記。從莊宗經略山東，承制授檢校司空、魏博節度副使。

（宋）王欽若等編纂：《册府元龜》卷七二九《幕府部》

王緘，幽州劉仁恭故吏也。莊宗承制，授魏博節度副使。緘博學善屬文，燕薊多文士，緘後生，未知名。及在太原，名位驟達。燕人馬郁，有盛名於鄉里,而緘素以吏職事郁。及郁在太原,謂緘曰:"公在此作文士,所謂避風之鳥,受賜於魯人也。"每於公宴,但呼"王緘"而已。

（宋）王欽若等編纂:《册府元龜》卷九三九《總録部》

王緘,先事幽州劉仁恭,後歸莊宗。及從征幽州,既獲仁恭父子,莊宗命緘爲露布,觀其旨趣。緘既起草,無所辭避,義士以此少之。

（宋）王欽若等編纂:《册府元龜》卷九四三《總録部》

後唐王緘,在莊宗幕府。胡柳之役,緘隨輜重前行,没於亂兵際。晚盧質還營,莊宗問副使所在,曰:"某初不之知也。"既而緘凶問至,莊宗流涕久之,得其喪,歸葬太原。

（宋）王欽若等編纂:《册府元龜》卷七六三《總録部》

李克用擒劉仁恭父子,命掌書記王緘草露布。緘不知故事,書之於布,遣人曳之。

（宋）孔平仲:《續世説》卷一一

故《封氏聞見記》云:"諸軍破賊,則以帛書建諸竿上。兵部謂不封檢而宣布,欲四方速知也。"乃《五代史》後唐莊宗擒劉守光,命王緘草露布,緘書於布,令人曳之。論者反笑其不知故事。而歐公亦遂記之,以著緘之陋,豈歐公亦不知元魏故事耶?《初學記》引《春秋佐助期》曰:"武露布、文露沉。"宋均謂:"甘露見其國,布散者人尚武,若文采者,則甘露沉重。"此"露布"字又別有義。

（清）趙翼:《陔餘叢考》卷二一

（同光二年）十一月,贈故天雄軍節度副使王緘爲司徒。緘,燕人,初爲劉仁恭幕吏。天祐四年,仁恭遣緘使鳳翔,路由太原,及復命,燕晉不通。帝留之,言不遜,命繫於獄,尋脱之,署巡官,帝待之甚厚。時有馬郁者,亦仁恭之幕賓也。三年冬,仁恭令郁將兵三萬,會於晉陽,攻潞州,因兹亦留於晉。帝以郁爲留守判官。郁、緘俱有文才,然郁博通多識,才性朗俊,下筆成章。郁死,軍書墨制多出於緘。初,從定魏州,爲節度判官;期年,爲副使。帝寵顧甚隆。及胡柳之役,緘於輜重間爲亂兵所殺。帝聞之,欷然曰:"副使應至不測,翌日得其喪以歸。"至是追贈。

(宋)王欽若等編纂:《册府元龜》卷一七二《帝王部》

後唐司空頲,貝州青陽人。舉進士不第,退之中條山,依司空圖。圖以宗姓指授爲文刀尺,薦托於朝。屬三輔大亂,乃還鄉里。

王欽若等編纂:《册府元龜》卷九五三《總録部》

後唐司空頲爲魏州節度使羅紹威掌書記。紹威聚書萬卷,尤工篇什,每公私宴集,無不屬和,幕中皆知名士,而頲益蒙眷遇,軍機政術,必先圖議,誅牙軍之謀,頲亦預焉。

(宋)王欽若等編纂:《册府元龜》卷七一六《幕府部》

司空頲,貝州清陽人。景福中舉進士不第,羅紹威爲節度副大使,頲以所業干之,幕客公乘億爲延譽,羅弘信署爲府參軍,辟館驛巡官,改節度巡官,歷掌書記。

(宋)王欽若等編纂:《册府元龜》卷七二九《幕府部》

後唐司空頲,屬天子播遷,三輔大亂,乃還鄉里。羅紹威爲節度副大使,頲以所業干之,幕客公乘億爲延譽。羅弘信,署爲府參軍,辟館驛巡官。

(宋)王欽若等編纂:《册府元龜》卷九〇〇《總録部》

司空頲。張彦之亂,命判官王正言草奏,詆斥梁君臣,正言素不能文辭,又爲兵刃所迫,流汗浹背,不能下筆。彦怒推正言下榻,詬曰:"鈍漢辱我。"顧書史問誰可草奏者,即言頲羅王時書記,乃馳騎召之。頲辭，兵劫其衣，以敝服蔽形而至。見彦長揖，神氣自若，揮筆成文，而言甚淺鄙，彦以其易曉，甚喜，即給以衣服僕馬，遂以爲德倫判官，後權軍府事。

（唐）白居易、（宋）孔傳：《白孔六帖》卷三九

司空頲，初爲羅紹威魏州掌書記，後爲楊師厚招討判官。師厚卒，賀德倫初至，三軍亂，張彦召德倫判官王正言，令草奏，正言本非文士，又爲亂兵所迫，汗流浹背，秉筆不能措一詞。張彦怒，排之榻下，曰："鈍漢笑我。"叱書吏曰："誰能爲吾草奏者？"吏曰："司空郎中，羅令公幕客，有俊才。"即馳騎召之。頲已被劓奪，敝衣而至，長揖彦，即操筆於白刃間，神氣自若，筆不停輟，連草數奏。張彦讀至"軍府無非，甚切朝廷，却以爲閑；必若四向取謀，但恐六州俱失"，彦甚怪其意，即日與之僕馬，乃令德倫請爲判官。

（宋）王欽若等編纂：《册府元龜》卷七一八《幕府部》

司空頲爲莊宗魏博節度判官。是時，帝方事河南，連年徵役，魏博軍政，決之於頲，累遷檢校右僕射，權軍府事，長史補署多通賂遺，家畜妓妾，不修廉隅，同職惡之。

（宋）王欽若等編纂：《册府元龜》卷七三〇《幕府部》

後唐崔沂，唐宰相玄之幼子。昭宗時，累遷至員外郎知制誥，惟執屬守道而文彩非所長。嘗與同舍顔蕘、錢珝俱秉筆，見蕘、珝瞻速，草制數十如飛，無妨談笑，而沂久未成文，頗自愧。翌日，謁國相，訴曰："沂疏淺，不足供詞翰之職。守官則敢不策屬以報掄選。"相輔然之，移爲諫議。

（宋）王欽若等編纂：《册府元龜》卷八六七《總録部》

崔沂，梁開平中爲御史司憲。金吾街使寇彦卿入朝，過天津橋，市民梁現者不時回避，前道伍伯捽之，投石欄以致斃。彦卿自首於梁

祖,命通事舍人趙可封宣諭,令出私財與死者之家,以贖其罪。沂奏劾曰:"彦卿位是人臣,無專殺之理。況天津橋御路之要,正對端門,當車駕出入之途,非街使振怒之所。況梁現不時回避,其過止於鞭笞,捽首投軀,深乖朝憲,請論之以法。"梁祖惜彦卿,令沂以過失論,沂引鬥競律,以怙勢力爲罪首,下手者减一等。又鬥毆條,不鬥故毆傷人者,加傷罪一等。沂表入,責授彦卿游擊將軍、左衛中郎將。沂剛正守法,人士多之。

> (宋)王欽若等編纂:《册府元龜》卷五二〇下《憲官部》

後唐崔沂,梁末爲西京副留守。時張全義爲留守、天下兵馬副元帥、河南尹、判六軍諸衛事、守太尉、中書令、魏王,名位之重,冠絶中外。沂至府,客將目以副留守,合有庭禮,沂曰:"張公官位至重,然尚帶府尹之名,不知副留守見尹之儀何如?"全義知之,遞見沂,勞曰:"彼此有禮,俱老矣,勿相勞煩。"

> (宋)王欽若等編纂:《册府元龜》卷六七四《牧守部》

後唐崔沂,初仕唐,昭宗時累遷至員外郎,知制誥。性抗屬守道,而文藻非優。嘗與同舍顏蕘、錢珝俱秉筆,見蕘、珝瞻速,草制數十,無妨談笑,而沂自愧。翌日,謁國相訴曰:"沂疏淺,不足以供詞翰之職。"相輔然之,移爲諫議大夫。

> (宋)王欽若等編纂:《册府元龜》卷五五三《詞臣部》

韋寂,仕梁爲吏部郎中,復判南曹。吏畏其明,人賞其正。

> (宋)王欽若等編纂:《册府元龜》卷四五九《臺省部》

後唐韋寂爲水部員外郎,判南曹。移浚儀令,累遷吏部郎中,復判南曹。吏畏其明。

> (宋)王欽若等編纂:《册府元龜》卷六三七《銓選部》

後唐崔貽孫以監察昇朝，歷清資美職。及爲省郎，使於江南，回以橐裝，營別墅於漢上之穀城，退居自奉。清江之上，綠竹亘野，狹徑深密，維舟曲岸，人莫造焉。時人甚高之。

（宋）王欽若等編纂：《册府元龜》卷八一三《總録部》

後唐崔貽孫爲吏部侍郎，貶官塞北，馳驛至潞州，致書於帥府孔勍曰："十五年穀城山里，自謂逸人；二千里沙塞途中，今爲逐客。"勍以其年過八十，奏留府下，明年量移澤州司馬。

（宋）王欽若等編纂：《册府元龜》卷九〇九《總録部》

後唐崔貽孫爲吏部侍郎，性好干人，喜得小惠。天官任重，昏耄罔知，眢目將暝，猶以所欲，托於選人。銓管難虛，遂除禮部尚書致仕。

（宋）王欽若等編纂：《册府元龜》卷六三八《銓選部》

崔貽孫，仕唐爲省郎。及使於江南回，以橐裝營別墅於漢上之穀城，退居自奉。清江之上，綠竹亘野，狹徑深密，維舟曲岸，人莫造焉。時人初以爲高，適及梁李振貶均州，因奉之甚厚。振復入，徵爲丞郎。

（宋）王欽若等編纂：《册府元龜》卷九一七《總録部》

崔貽孫爲吏部侍郎，黜於塞北，遇赦還京。時崔沂方爲左丞，沂之年小貽孫數歲。貽孫切於其闕，每言於僚友曰："崔丞已薄桑榆，何無止足！"

（宋）王欽若等編纂：《册府元龜》卷九三九《總録部》

禮部尚書崔貽孫，年過八十，求進不休。囊橐之資，素有貯積，性好干人，喜得小惠。左降之後，二子爭財，甘旨醫藥，咸不供侍。書責其子曰："生有明君真宰，死有天曹地府。無爲老朽，豈放爾邪！"爲縉紳之笑端。

（五代）孫光憲：《北夢瑣言》卷一九

蕭希甫，梁時登進士第。之鎮州，王鎔署參軍，後遁於易州，落髮爲僧。莊宗搜楊賢俊，幽州馬紹宏以希甫聞，召至魏州，辟爲推官。

（宋）王欽若等編纂：《册府元龜》卷七二九《幕府部》

蕭希甫，進士及第，有文才口辨，多機數。梁時不得意，弃母妻渡河，易姓名爲“皇甫教書”。莊宗即位於魏州，徵希甫知制誥。莊宗平汴、洛，希甫奉詔，宣慰青、齊，方知其母死妻嫁，乃持服於魏州。時議者戲引李陵書云：“老母終堂，生妻去室。”後爲諫議大夫。性褊忿，躁於進取，疏宰相豆盧革、韋説，至於貶死。又以毀訾宰臣，責授嵐州司馬。

（五代）孫光憲：《北夢瑣言》卷一九

蕭希甫進士及第，有文才口辯，多機數。梁時不得意，弃母妻渡河，易姓名爲皇甫校書。莊宗即位於魏州，徵希甫知制誥。莊宗平汴、洛，希甫奉詔宣慰青、齊，方知其母死妻嫁，乃持服於魏州。時議者戲引李陵書云：“老母終堂，生妻去室。”後爲諫議大夫。性褊忿，躁於進取，疏宰臣豆盧革、韋説，至於貶斥。又以毀訾宰相，責授嵐州司馬焉。

（宋）李昉：《太平廣記》卷二六四《蕭希甫》

蕭希甫爲駕部郎中。莊宗初平汴洛，希甫奉詔宣慰青、齊，方知其母死，妻袁氏亦已改嫁，乃持服於魏州。時議者戲引李陵書譏之云：“老母終堂，生妻去室。”

（宋）王欽若等編纂：《册府元龜》卷九三九《總録部》

蕭希甫初在梁，登進士第。初依開封尹袁象先，典書奏。象先移鎮青州，希甫從行，求爲管記，象先未之許，署爲巡官，憤憤不樂。俄而，象先出軍於河上，希甫弃其母妻，夜渡河入於貝郡，易姓名爲皇甫校書，遂之鎮州。至王鎔置參軍，希甫時稱青州書記、前進士。既至，欲居賓席,一旦失望,屢有流言,鎮州惡之。居期年,從鎔游王母觀,希甫復遁於易州百丈山,落髮爲僧。

(宋)王欽若等編纂:《册府元龜》卷九三六《總錄部》

蕭希甫。王鎔以希甫爲參軍,尤不樂,居歲餘,又亡之易州。削髮爲僧,居百丈山。莊宗將建國於魏,置百官,求天下隱逸之士。幽州李紹宏薦希甫爲魏州推官。

(唐)白居易、(宋)孔傳:《白孔六帖》卷二二

五代蕭希甫誣奏韋説,與鄰人爭井,井有寶貨。有司推劾,井中破釜而已。

(唐)白居易、(宋)孔傳:《白孔六帖》卷一三

五代蕭希甫誣奏韋説,與鄰人爭井中寶貨。有司推劾,井中有破釜而已。

(明)彭大翼:《山堂肆考》卷一七六

後唐蕭希甫,初爲莊宗推官。莊宗即位,將以希甫知制誥,時有詔定内宴,樞密使坐宴否,希甫以爲不可。繇是樞密使張居翰、馬紹宏等切齒怒之。宰相豆盧革等,亦希旨排斥。乃以希甫爲駕部郎中,忽忽不得志。

(宋)王欽若等編纂:《册府元龜》卷九一五《總錄部》

蕭希甫爲散騎常侍,引人告變。夜扣内門,通變書云:“修堤兵士欲取郊天日舉火爲叛。”安重誨不之信,斬告變者。軍人訴屈,請希甫唊之。至是,又毁訾内外執政。是夜,托疾省中。翌日,肩輿歸私第。月餘,參告希甫過,責授嵐州司户。

(宋)王欽若等編纂:《册府元龜》卷九三三《總錄部》

蕭希甫爲散騎常侍。天成三年,希甫上言曰:"臣聞天地助順,神理福謙,既物性之德宜,何虛心之致誤。伏惟陛下自統臨四海,勤恤萬方,每崇恭儉之風,常布仁慈之德。即合陰陽無爽,灾沴不生。百穀豐盈,五兵偃息。今乃川瀆決溢,水旱愆違,必恐是調燮有乖,祭祀未潔。軫吾君宵旰之慮,負陛下覆育之恩。臣實痛心,誰迴愧色。伏乞特頒明詔,下訪有司,詢其消遣之方,采彼妖祥之本。應是前皇古帝,往哲先賢,或有遺祠,但存舊址。在祀典者,咸加嚴飾;禀靈通者,盡略修崇。悉遵虔肅之誠,無惰精祈之懇。然後別宣長吏,側聽庶民,稍關疾苦之由,須罄撫循之策,冀其昭感,仰贊昇平。"

（宋）王欽若等編纂:《册府元龜》卷五三三《諫諍部》

蕭希甫,明宗天成初,爲諫議大夫。初,希甫至,豆盧革惡之。俄而,革爲河南府,訟論事發,希甫乃上疏,論革與韋説罪狀。革等既又貶,擢爲右散騎常侍。希甫性既褊忿,躁於進取,封章言事,自比魏徵。屬明宗郊禮,宿齋前一日,百官閲儀於殿前。詰旦,郡官趨班次。宰相馮道、趙鳳、河南尹秦王從榮、樞密使安重誨、鳳翔節度使李曮,於月華門外廊下候班,定整衣冠,或坐或立。希甫與兩省班入赴殿前,禮畢,歸省。希甫召朝堂驅使官、堂頭直省,面責之曰:"宰相、樞密使與諸人比肩事主,何得見兩省官? 安坐失禮?"又曰:"皇城内一人天子,更無兩人、三人。"

（宋）王欽若等編纂:《册府元龜》卷四八一《臺省部》

胡裝爲魏州館驛巡官,未幾,授監察御史裏行,遷節度巡官,賜緋魚袋。尋歷推官、檢校員外郎。裝學書無師法,工詩非作者。僻於題壁,所至宫亭寺觀,必書爵里。人或譏之,不以爲愧。

（宋）王欽若等編纂:《册府元龜》卷九一七《總録部》

胡裝,禮部尚書曾之孫。汴將楊師厚之鎮魏州,裝與副使李嗣業有舊，因往依之，薦授貴鄉令。及張彥之亂，嗣業遇害，裝罷秩，客於魏州。莊宗初至，裝謁見，求爲假官。司空頲以其居官貪濁，不得調者久之。莊宗還太原，裝候於離亭，謁者不內，乃排闥而入，曰：“臣本朝公卿子孫，從知至此，殿下比興唐祚，勤求英俊，以壯霸圖。臣雖不才，比於進九九，納竪刁、頭須，亦所庶幾，而羈旅累年，執事者不垂顧錄臣，臣不能赴海觸樹，走湖適越，今日歸死於殿下也。”莊宗愕然曰：“孤未之知，何至如此！”且賜酒食慰遣之，謂郭崇韜曰：“便與擬議。”是歲，署館驛巡官。未幾，授監察御史裏行，遷節度巡官，賜緋魚袋，尋歷推官、檢校員外郎。

（宋）王欽若等編纂：《册府元龜》卷九〇〇《總録部》

胡裝爲給事中，從幸洛陽。時連年大水，百官多窘，裝求爲襄州副使。同光四年，洛陽變擾，節度使劉訓以私忿族之，誣奏云“裝欲謀亂”，人士冤之。

（宋）王欽若等編纂：《册府元龜》卷九三一《總録部》

胡裝，禮部尚書曾之孫。莊宗署館驛巡官，未幾，遷節度巡官，賜緋，尋歷推官。

（宋）王欽若等編纂：《册府元龜》卷七二九《幕府部》

河東節度副使李習吉，嘗應舉不第，爲李都河中從事。都失守，習吉自昭義游太原，辟爲從事。習吉好學，有筆述，雖馬上軍前，手不釋卷。太原所發箋奏軍書，皆習吉所爲也。因從李克用至渭南，令其入奏。帝重其文章，授諫議大夫，使上事北省以榮之。竟歸太原，復其戎職。莊宗即位，追贈禮部尚書。梁太祖每覽太原書檄，遙景重之，曰：“我何不得此人也？陳琳、阮瑀，亦不是過。”

（五代）孫光憲：《北夢瑣言》卷一四

李襲吉，乾符末爲河東節度李都榷鹽判官。時喪亂之後，衣冠多逃難汾晉間，襲吉訪舊至太原，武皇署爲府掾，出宰榆社。光啓初，武皇遇難，上源記室殁焉。既歸鎮，辟掌奏者，多不如旨。或有薦襲吉能文，召試稱旨，即奏爲掌書記，三遷節度副使。

（宋）王欽若等編纂：《册府元龜》卷七二九《幕府部》

後唐李襲吉爲武皇河東節度副使，好學有筆述，雖軍前馬上，手不釋卷，凡太原自中和末所發箋奏軍書，皆襲吉所爲也。昭宗重其文章，因入奏，授諫議大夫，使上事北省以榮之，上事竟，遣歸太原，復其戎職。

（宋）王欽若等編纂：《册府元龜》卷七一八《幕府部》

《後唐書》曰：李襲吉掌太祖書記。襲吉博學多通，尤諳悉國朝近事。爲文精意練實，動拘典故，無所放縱，羽檄軍書，辭理尤健。自太祖上源之難，與朱温不叶。乾寧末，劉仁恭負恩，其間論列是非，交相騁答者數百篇，警策之句，播在人口，文士稱之。天復中，太祖與朱温修好，遣張特致書，初叙相失之由，毒手尊拳之句，温怡然大笑，謂幕史敬翔曰：“李公斗絶一隅，削弱如此，襲吉一函，抵二十萬兵勢，所謂彼有人可當也。如吾之智算，得襲吉之筆才，虎傅翼矣。”翔赧然而退。

（宋）李昉：《太平御覽》卷五九五《文部十一》

後唐馬郁，事武皇莊宗，禮遇甚厚，累官至秘書監。監軍張承業權貴任事，與賓僚宴集，出珍果陳列於前。客無敢嘗者，當郁前者先食之必盡。承業私戒主者曰：“他日馬監至，唯以乾藕子置前而已。”郁知不可啖，異日，靴中出一鐵搥，碎而食之。承業大笑，曰：“爲公易之，勿敗吾案。”其俊率如此。

（宋）孔平仲：《續世説》卷五

後唐馬郁事武莊，莊宗禮遇甚厚，累官至秘書監。監軍張承業權

貴任事,與賓僚宴集,出珍果,陳列於前,客無敢先嘗者。當郁前者,
食之必盡。承業私戒主者曰:"他日馬監至,唯以乾藕子置前而已。"
郁知不可啖。異日,靴中出一鐵摑,碎而食之。承業大笑曰:"爲公易
之,勿敗吾案。"其俊率如此。

(明)陳耀文:《天中記》卷二九

馬郁,幽州人。劉仁恭入燕,用爲掌書記。唐天祐元年,汴人寇
滄景,仁恭求援於武皇,武皇徵其兵,同攻潞州。仁恭遣郁與監軍張
居翰率師數萬赴會。澤潞既平,仁恭爲其子守光所囚,兄守文又失滄
景,乃留郁不遣,署爲副留守,累官至檢校司空秘書監。武皇與莊宗
禮遇俱厚,歲時給賜優異。

(宋)王欽若等編纂:《册府元龜》卷七二九《幕府部》

後唐馬郁,唐末爲幽州李儔掌書記。嘗使於鎮州,王鎔官妓有轉
轉者,美麗善歌舞,因宴席,郁屢挑之。鎔幕客張澤,亦以文章有名,
謂郁曰:"子能坐上成賦,可以此妓奉酬。"郁抽筆操紙,即時成賦,擁
妓而去。

(宋)王欽若等編纂:《册府元龜》卷七三〇《幕府部》

後唐馬郁,在武皇幕,累官至檢校司空、秘書監。武皇與莊宗禮遇
俱厚,歲時給賜優異。監軍張承業,本朝舊人,權貴任事,人士脅肩低首
候之。郁以滑稽侮狎,其往如歸,有時直造卧內。每賓僚宴集,承業出
珍果陳列於前者,食之必盡。承業私戒主膳者曰:"他日馬監至,唯以乾
藕子置前而已。"郁至窺之,知其不可啖。異日,靴中出一鐵櫃,碎而食
之。承業大笑曰:"爲公設異饌,勿敗余食案。"其俊率如此。

(宋)王欽若等編纂:《册府元龜》卷八五五《總録部》

後唐馬郁在莊皇幕,寄寓他土,年老思鄉,每對莊宗歔欷,言家在
范陽,乞骸歸國,以葬舊山。莊宗謂之曰:"自卿去國已來,同舍孰在?

守光尚不能容父，能容卿乎？孤不惜卿行，惜卿不得死爾。”郁既無歸路，衷懷嗚悒，竟卒於太原。

（宋）王欽若等編纂：《册府元龜》卷九五三《總録部》

後唐馬郁，唐末爲幽州刀筆小吏，少負文藝。節度使李全忠子威曾問其年，郁曰：“弱冠後兩周星歲。”傲形於色。後威繼父爲帥首，召郁問曰：“子今弱冠後幾周星歲？”郁但頓顙謝罪。威曰：“如子之事，吾平生之所愛也，何懼之有？”因署以府職。後爲莊宗太原副留守。郁初與同幕王緘皆事燕王劉仁恭，郁本府名位先達，緘學術雖優，然才性梗滯，居燕時職官未達，故郁在河東稠人廣衆之中頤指緘，有所請謁，呼王緘而已。嘗閱所爲文，因謂之曰：“孰知王緘中道有言語，得無異乎？”

（宋）王欽若等編纂：《册府元龜》卷九四四《總録部》

李郁，清泰初爲宗正少卿，上言：“臣與本寺卿名同，行公事不便，欲改名知新。”從之。

（宋）王欽若等編纂：《册府元龜》卷八二五《總録部》

梁王貞明二年，魏州稅多逋負，晉王以讓司録趙季良。季良曰：“殿下何時當平河南？”王怒曰：“汝職在督稅，職之不修，何敢與我軍事！”季良對曰：“殿下方謀攻取，而不愛百姓，一旦百姓離心，恐河北亦非殿下之有，況河南乎？”王悦，謝之。

（宋）謝維新：《古今合璧事類備要》外集卷二七

五代梁貞明二年，魏州稅多逋負，晉王以讓司録趙季良。季良曰：“殿下何時當平河南？”王怒曰：“汝職在督稅，職之不修，何敢與我軍事！”季良對曰：“殿下方謀攻取，而不愛百姓，一旦百姓離心，恐河北亦非殿下所有，況河南乎？”王悦，謝之。

（明）彭大翼：《山堂肆考》卷八七

後唐蘇循在唐爲禮部尚書，首贊梁祖受九錫。又其子楷，駁昭宗諡號。敬翔惡其爲人，父子放歸田里，乃寓居河中積年。會莊宗將副人望，求唐室舊臣，遣使自河中徵赴鄴都。初，監軍使張承業惜經國之費，未欲上議即尊之事，諸將賓僚無敢言者，及循至鄴，入衙城，拜魏師廳，謂之拜殿。翌日，獻畫日筆三十管，冀悅帝心。其諂進如此，承業聞之怒。會河東節度副使盧汝弼卒，因以代之。明年春，偶食蜜雪而卒。

（宋）王欽若等編纂：《册府元龜》卷九三八《總録部》

後唐蘇循，唐末爲禮部尚書。性阿諛，善承順苟容，以希進取。昭宗自秦還洛也，朱溫凶勢日滋。唐室舊臣陰懷主辱之憤，名族之胄往往有違禍不事逆溫者，唯循希旨，傅會朱溫之失律江西也。屯於壽春，要少帝欲授九錫，朝臣或議是非。循揚言云：“梁王功業顯大，曆數有歸，朝廷速宜揖讓。”時畏溫如虎，即議行之。明年，朱溫逼遜。循爲册禮副使，希幸風雲，求爲宰輔。先是，循子起居郎楷，上疏駁昭宗諡號不可爲昭，請改諡爲襄。楷亦附會賊心，別求進達。朱溫既僭僞位，敬翔惡其爲人，父子放歸田里。乃寓居河中積年，會莊宗將副人望，求唐室舊臣，遣使自河中徵赴鄴都。初，監軍事使張承業惜經國之費，未欲議即尊之事。諸將賓僚，無敢言者。及循至鄴，入荷城，拜魏師廳，謂之拜殿。翼日，獻畫日筆三十管，冀悅帝心，其諂進如此。承業聞之，怒，會河東節度副使盧汝弼卒，因以代之。明年春，偶食密雪而卒。

（宋）王欽若等編纂：《册府元龜》卷九二三《總録部》

後唐蘇循，莊宗將即位，張承業意未欲莊宗遽稱尊號，人亦無敢贊成者。循自河中來，入衙城見府廨即拜，謂之“拜殿”。見莊宗即呼萬歲，舞忭，泣而稱臣。翌日又獻大筆三十管，謂之“畫日筆”。莊宗大悅，承業深惡之。

（宋）孔平仲：《續世説》卷一二

昭宗先諡"聖穆景文孝皇帝",廟號昭宗。起居郎蘇楷等駁議,請改爲"恭靈莊閔皇帝",廟號襄宗。蘇楷者,禮部尚書蘇循之子,乾寧二年應進士。楷人才寢陋,兼無德行,昭宗惡其濫進,率先黜落。由是怨望,專幸邦國之灾。其父循,奸邪附會,無譽於時,故希旨苟進。梁祖識其險詖,滋不悦,大爲敬翔、李振所鄙。梁祖建號,詔曰:"蘇楷、高貽休、蕭聞禮,皆人才寢陋,不可塵污班行,並停見任,放歸田里。蘇循可令致仕。"河朔士人,目蘇楷爲衣冠梟獍。

（宋）李昉:《太平廣記》卷二三九《蘇楷》

後唐明宗即位之初,誅租庸使孔謙、歸德軍節度使元行欽、鄧州節度溫韜、太子少保段凝、汴州麴務辛廷蔚、李繼宣等。孔謙魏州孔目吏,莊宗圖霸,以供饋軍食,謙有力焉。既爲租庸使,曲事嬖幸,奪宰相權。專以取斂爲意,剥削萬端,以犯衆怒伏誅。元行欽爲莊宗愛將,出入宮禁,曾無間隔。害明宗之子從景,以是伏誅。段凝事梁,以奸佞進身。至節將,末年縮軍權,束手歸朝。溫韜凶惡,發掘西京陵寢。莊宗中興,不證其罪,厚賂伶官閹人,與段凝皆賜國姓,或擁旄鉞。明宗采衆議而誅之。辛廷蔚開封尹王瓚之牙將也,朱友貞時,廷蔚依瓚勢曲法亂政,汴人惡之。李繼宣汴將孟審澄之子,亡命歸莊宗,劉皇后畜爲子。時宮掖之間,穢聲流聞。此四凶,帝在藩邸時,惡其爲人,故皆誅之。莊宗皇帝爲唐雪耻,號爲中興。而溫韜毁發諸帝陵寢,宜加大辟。而賜國姓,付節旄,由是知中興之説謬矣。

（宋）李昉:《太平廣記》卷二三九《孔謙》

孔謙,魏州之幹吏。自天祐十二年莊宗平定魏博,會計皆委制置。謙能曲事權要,效其才力,帝委以泉貨之務,設法箕斂,七八年間,軍儲獲濟。

（宋）王欽若等編纂:《册府元龜》卷九四五《總録部》

後唐孔謙,莊宗爲晉王時,以謙爲支度使。河上用兵,及燕、趙征討，前後十餘年，飛挽徵取，不至匱乏。莊宗成霸業，謙有調發之力焉。

（宋）王欽若等編纂：《冊府元龜》卷四八三《邦計部》

後唐孔謙，莊宗同光元年爲租庸使、守衛尉卿。二年八月，賜豐財贍國功臣。

（宋）王欽若等編纂：《冊府元龜》卷四八三《邦計部》

後唐孔謙爲租庸使，莊宗同光三年秋，兩河大水，户口流亡，都下供饋不充，軍士乏食。謙日於上東門外佇望輦轂，計數旋給諸軍，各出怨言，以至於亂。明宗至洛陽，乃下詔暴謙罪惡，削奪官爵，斬於都市，籍没其家。

（宋）王欽若等編纂：《冊府元龜》卷五一一《邦計部》

後唐孔謙，莊宗同光初爲租庸副使。謙，本州之幹吏。上自天祐十二年，帝平定魏博，會計皆委制置。謙能曲事權要，效其才力。帝委以泉貨之務，設法箕斂。七八年間，軍儲獲濟。及帝即位於鄴城，謙已當爲租庸使，物議以謙雖有經營濟贍之勞，然人地尚卑，不欲驟總重任。樞密使郭崇韜舉魏博觀察判官張憲爲租庸使，以謙爲副，謙悒然不樂者久之。帝既平梁汴，謙徑自魏州馳之行在，因謂崇韜曰："魏都重地，須大臣彈壓，以謙籌之，非張憲不可。"崇韜以爲忠告，即奏憲爲鄴都留副守，乃命宰臣豆盧革專判租庸。謙彌失望，乃尋革過失。時革以手書，便省庫錢數十萬。謙以手書示崇韜，徵諷聞於革。革懼，上表請崇韜專其事，崇韜亦辭避。帝問當委何人爲可，崇韜曰："孔謙雖久掌貨泉，然物議未嘗居大任。以臣所見，却委張憲爲便。"帝促徵之。憲性精辨，爲趨時者所忌，人不祐之。謙乘間訴於豆盧革曰："租庸錢穀，悉在眼前，委一小吏可辦。鄴都本根之地，不可輕付於人。與唐尹王正言無裨益之才，徒有獨行。詔書既徵張憲，復以何人爲代？"豆盧革言於崇韜，崇韜曰："鄴都分司列職，皆主上舊人，委王正言何慮不辦?"革曰:"俱是失也。設不獲已,以正言掌租庸,取書於大臣,或可辦矣。若付之方面,必敗人事。"謙以正言非德非勛,懦而易制,曰:"此議爲便。"然非己志,尋掎正言之失,泣訴於崇韜,厚賂閹伶,以求進用。人知奸諂,沮之乃上章請退。帝怒其規避,將置於法。樂人景進於帝前,解喻而止。王正言風病恍惚,不能綜三司事。景進屢言於帝,乃以正言守禮部尚書,以謙爲租庸使。

(宋)王欽若等編纂:《册府元龜》卷九二四《總録部》

六程

《五代史·孔謙傳》:謙後唐莊宗時爲租庸使,遣大臣放猪羊柴炭占庶人。

(明)陶宗儀:《説郛》卷三五《續釋常談》

明宗即位之初,誅租庸使孔謙、歸德軍節度使元行欽、鄧州節度温韜、太子少保段凝、汴州麴務辛廷蔚、李繼宣等。孔謙者,魏州孔目吏,莊宗圖霸,以供饋兵食,謙有力焉。既爲租庸使,曲事嬖倖,奪宰相權,專以聚斂爲意,剥削萬端,以犯衆怒伏誅。元行欽爲莊宗愛將,出入宮禁,曾無間隔,害明宗之子從璟,以是伏誅。段凝事梁,以奸佞進身,至節將,末年縮軍權,束手歸朝。温韜凶惡,發掘西京陵寢,莊宗中興,不置其罪,厚賂伶官閹人,與段凝皆賜國姓,或擁旄鉞,明宗采衆議而誅之。辛廷蔚,開封尹王瓚之牙將也,朱友貞時,廷蔚依瓚勢,曲法亂政,汴人惡之。李繼宣,汴將孟審澄之子,亡命歸莊宗,劉皇后蓄爲子,時宮掖之間,穢聲流聞。此四凶,帝在藩邸時,惡其爲人,故皆誅之。莊宗皇帝爲唐雪耻,號爲中興,而温韜毀發諸帝寢陵,宜加大辟,而賜國姓,付節旄,由是知中興之説謬矣。

(五代)孫光憲:《北夢瑣言》卷一八

晉盧質,幼聰慧,善屬文,年十六,陝帥王重盈奏授芮城令。

(宋)王欽若等編纂:《册府元龜》卷七七五《總録部》

盧質爲兵部尚書、翰林學士承旨。明宗長興初,賜號論思輔佐功臣。非常例也。

(宋)王欽若等編纂:《册府元龜》卷五五〇《詞臣部》

盧質知汴州軍府事,時孔謙握利權,志在聚斂,累移文於汴,配民放絲,質堅論之。事雖不行,時論賞之。

(宋)王欽若等編纂:《册府元龜》卷六八八《牧守部》

盧質爲滄州節度使,長興四年,奏薦滄景觀察判官靳詡,雪得冤獄,乞行恩獎。詡父名儒,滄州市井之富民也。家財鉅萬,前後鎮帥,無不受其賂者。先是,應聖節,靳儒來朝,帝見之於後樓下。儒因言其子詡爲本道觀察判官,月限已滿,乞量留一年,帝即從之。又薦押牙郝寓,帝曰:"寓乃何人? 朝廷事有大臣,朕不自由爾,無宜多言也。"詡,商販之子,不數年至本州從事。質,書生,備位廉察,而受賂薦詡,人士醜之。

(宋)王欽若等編纂:《册府元龜》卷七〇〇《牧守部》

後唐盧質爲張承業管記,承業辟馮道爲本院巡官。承業重其文章,履行甚見待遇。時有周玄豹者,善人倫鑒,與道不洽,謂承業曰:"馮生無前程,公不可過用。"質聞之曰:"我曾見杜黃裳《司空寫真圖》,道之狀貌,酷類焉,將來必副大用。玄豹之言不足信也。"承業尋薦爲霸府從事。

(宋)王欽若等編纂:《册府元龜》卷八四三《總錄部》

後唐盧質爲河東節度判官,質性閑放,不願居大任,欲求留守太原。莊宗即位,歷求宰輔,乃舉定州節度判官豆盧革,河東觀察判官盧程,皆卿相之家,可當輔相。即時徵之,及並命爲丞相。程爲中書侍郎平章事,監修國史。本非重德,一旦舉大位,舉止不常。時朝廷草創,庶務未備,班列蕭然,寺署多闕。程、革受命之日,即乘肩輿,騶道喧沸。莊宗聞訶導之聲,詢於左右,曰:"宰相擔子入門。"莊宗駭異,登樓視之,笑曰:"所謂似是而非者也。"

(宋)王欽若等編纂:《册府元龜》卷九二九《總録部》

何瓚爲人明敏,通於吏事,外若疏簡而内頗周密。

(唐)白居易、(宋)孔傳:《白孔六帖》卷二九

何瓚,閩人也。天祐三年,登進士第,謁莊宗於晉陽,一見受知,辟河東推官,漸轉留守判官。張承業卒,代知軍府,處事明敏,胥吏畏其清而服其能。好會賓友,飲饌精簡,談笑婉洽,外疏内密,事有所執,性愎不回。鄴中建號,拜諫議大夫,慮帝業不成,堅乞判留守於北京,詔下許之。未行,車駕已平梁苑。瓚從至洛下。郭崇韜欲留於兩掖,爲人所忌,竟赴北京。

(宋)王欽若等編纂:《册府元龜》卷七二九《幕府部》

後唐何瓚,唐末代張承業知河東軍府,處事明敏,胥吏畏其清而服其能。好會賓友,飲饌精簡,談笑婉洽,外疏内密,事有所執,往復不回。

(宋)王欽若等編纂:《册府元龜》卷六七七《牧守部》

何瓚,閩人。唐天祐三年,登進士第。謁莊宗於晉陽,一見受知,辟河東推官,轉留府判官。

(宋)王欽若等編纂:《册府元龜》卷七六六《總録部》

何瓚初仕莊宗,判留守於北京。及帝纘嗣,日罷歸闕,見於秘殿。帝念及故舊,召問久之,回加賜賚。

(宋)王欽若等編纂:《册府元龜》卷一七二《帝王部》

後唐梁翹爲給事中,因轉對上言:"以星辰合度,風雨應時,請御

前香一合。"帝親爇一炷,餘令於塔廟中焚之,貴表精至。

(宋)孔平仲:《續世説》卷一二

莊宗時,伶官朱國賓天姿乖狠,衆皆畏恨,以其閹人,號爲"蟲使"。

(宋)陶穀:《清異録》卷上

蟲使

莊宗時,伶官朱國賓天姿乖很,衆皆畏恨,以其閹人,號爲"蟲使"。

(明)陶宗儀:《説郭》卷六一《清異録》

蜺龍。五代侯弘實,十三四歲,嘗寐於檐下,天大雨,有虹自河貫於弘實口,良久没。及覺,母問有夢否? 對曰:"適夢入河飲水,飽足而歸。"數月,有僧詣門,母呼弘實,請僧相之。僧視之曰:"此蜺龍也,官必顯榮。"同光三年,弘實從興聖太子收蜀,節制夔州。

(宋)佚名:《錦綉萬花谷》前集卷二三

後唐許寂,字閑之,栖四明山,不干時譽。莊宗召對於內殿,方與伶人調品簫篥事訖。方命坐賜湯果,問《易》義,寂退謂人曰:"君好淫聲不在政矣。"尋請還山,寓居江陵,茹芝絕粒。後爲蜀相,與王衍俱徙於東,致政居洛。時寂已年高,精彩猶健。冲漠寡言,時獨語云:"可怪,可怪。"人莫知其際。

(宋)孔平仲:《續世説》卷八

後唐許寂,字閑閑。久栖四明山,不干時譽。唐昭宗聞其名,徵赴闕,召對於內殿。昭宗方與伶人調品簫篥,事訖,方命坐賜湯果,問《易》義。既退,寂謂人曰:"君在淫聲,不在政矣。寂聞君人者,將昭德塞違,以臨照百官,百官或象之。今不厭賤事,自求其工,君道替矣。"尋請還山。

（宋）王欽若等編纂：《册府元龜》卷七九六《總録部》

許寂，少有山水之好，久栖四明山，不干時譽。昭宗聞其名，徵赴闕，召對於内殿。會昭宗方與伶人調品簫篥，事訖，方命坐賜湯果，問《易》義。既退，寂謂人曰："君在淫聲，不在政矣。寂聞君人者，將昭德塞違以臨照，百官或象之。今不厭賤事，在自求其工，君道替矣。"尋請還山，後爲工部尚書致仕。

（宋）王欽若等編纂：《册府元龜》卷七九〇《總録部》

許寂授工部尚書致仕，卜居於洛。時寂已年高，精彩猶健，冲漠寡言。時獨語云可怪可怪，人莫知其際，卒時年八十餘。

（宋）王欽若等編纂：《册府元龜》卷七八四《總録部》

薛文惠公居正，父仁謙，世居今京師昭德坊。後唐莊宗入汴，仁謙出避，其第爲唐六宅使李賓所據。賓家多貲，嘗藏金珠價數十萬第中。會以罪謫，不及取。仁謙後復歸，欲入居，或告以所藏者，仁謙曰："吾敢盜人之所有乎！"盡召賓近屬，使發取，然後入。文惠爲相時，正居此宅，宜有是也。仁謙仕周，亦爲太子賓客致仕云。

（宋）葉夢得：《石林燕語》卷一〇

薛居正，字子平，開封人。父仁謙，《五代史》有傳。居正後唐清泰中登進士第，仕周至刑部侍郎。

（宋）曾鞏：《隆平集》卷四

莊宗即位，欲以（盧）質爲相，質性疏逸，不欲任責，因固辭不拜。

（唐）白居易、（宋）孔傳：《白孔六帖》卷四一

王正言，鄆州人，早孤貧，爲沙門。密州刺史賀德倫令歸俗，署郡

職。德倫鎮青州,表爲推官,移鎮魏州,改觀察判官。

(宋)王欽若等編纂:《册府元龜》卷七二九《幕府部》

後唐王正言,莊宗同光中爲興唐尹,留守鄴都。時武德使史彥瓊監守鄴都,廩帑出納,兵馬制置,皆出彥瓊,將佐官吏,頤指氣使。正言不能以道御之,但趨趄聽命。及貝州戍兵亂,入魏州,彥瓊望風敗走,亂兵剽劫坊市。正言促召書吏寫奏章,家人曰:"賊已殺人縱火,都城已陷,何奏之有!"是日,正言引諸僚佐謁趙在禮,望塵再拜請罪。在禮曰:"尚書重德,勿自卑屈。余受國恩,與尚書共事,但思歸之衆,倉卒見迫耳。"

(宋)王欽若等編纂:《册府元龜》卷六九八《牧守部》

王正言,莊宗同光中爲興唐尹,知留守事。正言年耄風病,事多忽忘,比無經治之才。武德使史彥瓊者,以伶官得幸,帝待以腹心之任,都府之中,威福自我,正言已下,皆脅肩低首,曲事不暇。由是政無統攝,奸人得以窺圖。

(宋)王欽若等編纂:《册府元龜》卷六九八《牧守部》

後唐王正言爲魏州觀察判官,莊宗平定魏博,正言仍舊職任,小心端慎,與物無競。常爲同職司空頲所凌,正言降心下之。

(宋)王欽若等編纂:《册府元龜》卷七九三《總録部》

《五代史》:王祐文傲,唐同光初,與桑維翰同年登第,拜左拾遺。維翰入相,祐文以同門生裁書自陳,維翰奇之,禮待甚厚。自是文價益重。

(宋)孫逢吉:《職官分紀》卷六

五代王祐,父徹,同光初,與桑維翰同年登第,拜左拾遺。維翰入相,祐以父同門生,裁書自陳,維翰奇之,禮待甚厚。自是文價日重。

(宋)祝穆:《古今事文類聚》前集卷二九

　　五代王祐,父徹,同光初,與桑維翰同年登第,拜左拾遺。維翰入相,祐以父同門生,裁書自陳。維翰奇之,禮待甚厚,自是文價日重。

　　　　　　　　　　　(宋)謝維新:《古今合璧事類備要》前集卷三九

　　五代王祐,父徹,同光初,與桑維翰同年登第,拜左拾遺。後維翰入相,祐以維翰爲父同年生,裁書自陳。維翰奇之,禮待甚厚。自是祐文價日重。

　　　　　　　　　　　　　　　(明)彭大翼:《山堂肆考》卷八五

　　王周四鎮皆有善政。定州橋壞,覆民租車。周曰:“橋梁不修,刺史過也。”乃償民粟,爲治其橋。

　　　　　　　　　　　(唐)白居易、(宋)孔傳:《白孔六帖》卷九

　　王周歷貝州、涇州節度使。涇州張彥澤爲政苛虐,民多流亡。周乃更寬恕,問民疾苦,去苛弊二十餘事,民皆復歸。歷四鎮皆有善政。
　　　　　　　　　　　(元)富大用:《古今事文類聚外集》卷五

　　王周事唐莊宗、明宗爲裨將,以力戰有功,拜刺史。
　　　　　　　　　　　(唐)白居易、(宋)孔傳:《白孔六帖》卷五一

　　唐鳳翔李曮令公,收蜀充饋運使,於蜀城東門外下營。魏王與郭侍中入居蜀宮,玉帛子女,它人無復見矣。中令寂寞無以遣,適潁川陳昭符仕蜀,累剖竹符,早在岐山,微有階緣,而得候謁,因求一美人以獻之。有蕭夫人者,乃蜀先主之寵愛也,曾賜與鳳翔歸降指揮使王胡,忘其名。賜名丞弇。王胡乃岐王賜姓,連“彥”字。卒後,蕭氏寡而無子,其容態明悟,國人具聞。陳致媒氏,誘之而獻。抱衾之夕,中令於窗隙中窺之,嘆其妍妙,乃詰所來,左右方以王胡爲對,中令止之曰:“王胡背恩投蜀,誠不可容。然其向來,吾之子侄矣,此事不可。”遽令約回。時有知者,

皆重中令少年而忍欲復禮,誠貴達人難事。潁川每爲愚話之。

(五代)孫光憲:《北夢瑣言》卷二○

《五代史》:晉何澤初任後唐,同光中爲洛陽令。澤以莊宗出獵,屢踐民田。澤屏其從者伏於叢薄中,截馬諫曰:"陛下未能一天下以休兵,而暴斂疲民以給軍食。今田將熟,奈何恣佚游以害民稼,使官何以集其征賦? 臣請賜死於此日以悟陛下。"莊宗慰而遣之。

(宋)孫逢吉:《職官分紀》卷四二

何澤者,鼎之子也。少好學,長於歌詩,舉進士,爲洛陽令。唐莊宗好臘,數踐民田,澤乃潛身伏草間,伺莊宗當馬諫曰:"陛下未能一天下以休兵,而暴斂疲民以給軍食,今田將熟,奈何恣畋游,以害多稼,使民何以出租賦,吏何以督民耕。陛下不聽臣言,願賜臣死於馬前,使後世知陛下之過。"莊宗大笑,爲之止獵,拜倉部郎中。明宗時,數上書言事,明宗幸汴州,又欲幸鄴,而人情不便,大臣屢言不聽。澤伏閣切諫,明宗嘉之,拜吏部郎中、史館修撰。五代之際,民苦於兵,往往因親疾以割股,或既喪而割乳,廬墓以規免州縣賦役。户部歲給蠲符不可勝數,而課州縣出紙,號爲"蠲紙"。澤上書言其弊,明宗下詔悉廢户部蠲紙,民便之。澤與宰相趙鳳有舊,數求爲給諫,鳳不許,乃以爲太常少卿,敕未出而澤先知之,即稱新官上章自訴。章下中書,鳳等言澤未拜命而稱新官,輕侮朝廷,請坐以法,乃以太僕少卿致仕。居於河陽,澤時年已七十矣。晉高祖入立,召爲太常少卿,以疾卒於家。嗚呼,亂世信難爲臣哉! 澤之仕明宗也,嘗於内殿起居,班退獨留,以笏叩顙,北面而呼曰:"明主、明主。"史臣以爲澤外雖直言,而内實邪佞。明宗暮年,澤慮國本未建,即遣婢宜子詣匭上章言事,請立秦王爲皇太子。史又以爲秦王素驕,多不軌,遂成其禍,由澤而始。愚謂明宗於五代,號小康,目以明主,未爲太過矧,亦臣子尊稱之常也。五代諸君,篡弒相踵,未有建儲者,使秦王苟立,或免弄兵之禍,國有長君,從珂未必能遽取也,何多罪澤哉。雖然晉高祖之命,澤不拜可也。使澤居唐盛際,誰謂非直臣哉。嗚呼! 亂世信難爲臣哉!

（明）黄佐:《廣州人物傳》卷四

何澤爲吏部郎中、史館修撰。嘗因起居退,獨自遲留,以笏扣頭北望而呼曰:"明主。明主。"明宗知其佞,亦不之責。

（宋）孔平仲:《續世説》卷一二

後唐羅貫爲河南縣令。貫爲人强直,正身奉法,不避權豪。時宦官伶人用事,凡請托於貫者,其書盈閣,一無所報,皆以示郭崇韜。崇韜因奏其事,由是左右每言貫之失。

（宋）王欽若等編纂:《册府元龜》卷七〇一《令長部》

景進者,樂官也。莊宗時,朱友謙賜姓名繼麟,兼賜鐵券。莊宗既兼有河洛,稍怠庶政。閹官伶人干預國事,方面諸侯畢行賂遺,亦求賂於繼麟,雖偃偃奉之,不滿其請。繼麟令人報之曰:"予於主上,有披榛之舊。粗立忠勞,河中土薄民貧,比無珍産,責予厚賂,何厭之有!"由是群小咸憲,每加誣構。泊繼岌伐蜀,繼麟請助師進討,乃閲兵師,令其子令德率師以行。進與群閹構曰:"昨王師初起,繼麟以爲討己,將拒大軍。若不除移,終爲後患。"閹伶愈得其志,即謂帝曰:"崇韜强項於蜀,蓋與繼麟私盟,内外響應。"繼麟將赴京師,亦聆其事。將校曰:"大王有功王室,密邇京師,群小流言,曷能離間! 但端居奉職,何事輕行?"繼麟曰:"郭侍中功倍於我,今爲閹官讒構,事勢將危,安可無説? 若得面天階,自陳肝鬲,流言者須至得罪。"繼麟乃單車入覲,至於洛陽。景進構曰:"河中人有告變書,言繼麟因崇韜欲謀叛,自聞崇韜已死,又與李存乂結構其事,細窮其狀,備得奸原。當斷不斷,禍不旋踵。"帝駭惑不能決,即令朱守殷以兵圍其第,驅於輝安門殺之。又詔繼岌殺令德於遂州,令王思同殺令錫於許州,令李紹奇赤其族於河中。紹奇至,友謙妻張氏盡率其族二百口,謂紹奇曰:"予骨肉不多,婢僕無罪,請疏其名籍,無致冤負。"因閱婢僕百餘人,以骨肉百餘口歸法。將就戮,張氏復入,持鐵券而出示紹奇曰:"此是皇帝去年所賜之物,婦人不知書,此上有何言語?"詔使慚而無對。良久,就戮百口塗地,血流盈庭,怨酷之聲聞於行路,人士至今冤之。

（宋）王欽若等編纂:《冊府元龜》卷九三三《總錄部》

後唐趙光逢,唐末時,昭宗駕在華州,徵拜御史中丞。帝置藥院於禁中,有道士許嚴士、瞽者馬道殷,出入無間,驟至列卿宮相,因此左道求進者衆。光逢持憲糾之伏法,自是其徒頗息。

（宋）王欽若等編纂:《冊府元龜》卷五二〇下《憲官部》

趙光逢,幼嗜墳典,動守規檢,議者目之爲玉界尺。昭宗朝,登進士第。逾月,辟度支巡官,臺省內外兩制,俱有能名,後爲太保致仕。

（宋）王欽若等編纂:《冊府元龜》卷七七七《總錄部》

趙光逢,幼嗜墳典,動守規檢,議者目之爲玉界尺。昭宗朝登進士第,逾月,辟度支巡官、鳳翔支使。

（宋）王欽若等編纂:《冊府元龜》卷七二九《幕府部》

後唐趙光逢,風神秀異,從微至著,動守規檢,見者肅然,議者器之。自爲玉界尺。位至司空平章事。

（宋）王欽若等編纂:《冊府元龜》卷七九四《總錄部》

後唐趙光逢爲相,嘗有女貞寄黃金一鎰於其室家,並屬亂離,女貞委化於他土。後二十年,金無所歸,納於河南尹張全義,請付諸官觀,其舊封尚在。兩登廊廟,四退丘園,百行五常,不欺闇室,縉紳咸仰,以爲名教宗主。

（宋）王欽若等編纂:《冊府元龜》卷三一〇《宰輔部》

趙光逢爲平章事，常有女貞寄黃金一鎰於其室。時正屬亂離，女貞委化於他土，後二十年，金無所歸，納於河南尹張全義，請付諸宮觀，其舊封尚在。兩登廊廟，四退丘園，百行五常，不欺暗室，搢紳咸仰，以爲名教宗主。

（宋）孫逢吉：《職官分紀》卷三

後唐趙光逢爲司空、平章事，以疾辭，授司徒，致仕。嘗有女冠寄黃金一鎰於其室家，並屬離亂，女冠委化於他土。後二十年，金無所歸，納於河南尹張全義，請付諸宮觀，其舊封尚在。

（宋）王欽若等編纂：《册府元龜》卷七八七《總録部》

後唐趙光逢，兩登廊廟，百行五常，不欺暗室，縉紳咸仰，以爲名教宗主。

（宋）王欽若等編纂：《册府元龜》卷三一〇《宰輔部》

後唐趙光逢，莊宗同光末平章事。其弟謁問於私第，嘗語及政事。他日至止，光逢已署其户，曰：“請不言中書之事。”其清静寡欲，進退存亡，端然如此。

（宋）王欽若等編纂：《册府元龜》卷三二一《宰輔部》

梁趙光逢，爲中書侍郎平章事，累轉僕射兼租庸使。上章求退，以太子太保致仕。末帝愛其才，徵拜司空平章事。無幾，以疾辭，授司徒，致仕。

（宋）王欽若等編纂：《册府元龜》卷三三一《宰輔部》

趙光逢，以司徒除太保致仕，仍封齊國公。

（宋）王欽若等編纂：《册府元龜》卷八九九《總録部》

趙光逢爲禮部郎中，歷内外兩制，俱有能名，轉尚書左丞、翰林承旨。

（宋）王欽若等編纂：《册府元龜》卷五五一《詞臣部》

太傅致仕趙光逢,仕唐及梁,薨於天成中,文學德行,風神秀異,號曰"玉界尺"。歙歷臺省,入翰林御史中丞,梁時同平章事。時以兩登廊廟,四退丘園,百行五常,不欺暗室,縉紳仰之。

（五代）孫光憲：《北夢瑣言》卷一九

趙光逢有時稱,謂之"玉界尺"。

（宋）錢易：《南部新書》乙

五代梁丞相趙光逢,在唐以文行知名,時人稱其方直温潤,謂之"玉界尺"。

（唐）白居易、（宋）孔傳：《白孔六帖》卷七

趙光逢爲翰林學士,光裔知制誥,兄弟對掌内外命書,士歆羡之。

（元）富大用：《古今事文類聚新集》卷二〇

後唐趙光逢幼嗜墳典,動守規檢,人目爲"玉界尺"。弟光允爲平章事,時謁問於私第,語及政事。他日光逢署其户曰:"請不言中書事。"清净寡欲,端默如此。光逢兩登廊廟,四退丘園,百行五常,不欺暗室,搢紳咸仰,以爲名教主。

（宋）孔平仲：《續世説》卷一

趙光逢薄游襄漢,濯足溪上,見一方磚類碑,上題字云:"禿友退鋒郎,功成鬢髮傷。冢頭封馬鬣,不敢負恩光。獨孤貞節立。"甎後積土如盎,微有苔蘚,蓋好事者瘞筆所在。

（宋）陶穀：《清異録》卷下

五代妓萊兒，指趙光逢爲一鳴先輩。

（宋）馬永易：《實賓録》卷六

名教宗主。五代趙光逢兩登廊廟，四退丘園，百行五常，不欺暗室，縉紳咸仰，以爲名教宗主。

（宋）佚名：《錦綉萬花谷》前集卷一〇

趙光逢以世亂去官，居洛陽，杜門絶人事者五六年。

（唐）白居易、（宋）孔傳：《白孔六帖》卷二二

趙光逢爲司徒致仕，光裔入相有日。省問其兄，語及政事。他日光逢署其户曰：“請不言中書事。”其端静也如此。

（宋）錢易：《南部新書》癸

《五代史》：後唐趙光逢，莊宗同光末年平章事。其弟謁問於私第，嘗語及政事。他日至止，光逢己書其户曰：“請弟不言中書之事。”其清静寡欲如此。

（宋）孫逢吉：《職官分紀》卷三

趙光逢以司徒致仕，天成中，即其家拜太保，封齊國公。

（元）富大用：《古今事文類聚新集》卷二

圓光石

趙光逢奴往淮壖，偶得一石，四邊玲瓏類火，光逢大愛之，名曰“圓光石”。

（明）陶宗儀：《説郛》卷六一《清異録》

太傅致仕趙逢，仕唐及梁，薨於天成中。文學德行，風神秀異，號曰“玉界尺”。揚歷臺省，入翰林御史中丞，梁時同平章事。時以兩登

廊廟,四退丘園,縉紳仰之。

(宋)李昉:《太平廣記》卷一六四《趙逢》

梁趙光裔爲相,兼集賢殿大學士。時楊凝式爲禮部員外郎,充西京留守巡官。光裔素重其才,奏爲直學士,改考功員外郎。

(宋)王欽若等編纂:《册府元龜》卷三二四《宰輔部》

梁趙光裔,太祖始受禪,自外制入爲翰林學士。時詔制叢委,中命迅急,光裔遣詞供職,典而有體,時所許焉。三年秋,以兄光逢作相,不樂在密勿之地,堅辭得請,出拜太常少卿。乾化二年,復命爲中書舍人、翰林學士。

(宋)王欽若等編纂:《册府元龜》卷五五〇《詞臣部》

趙光裔,爲平章事。朝廷每有禮樂制度沿革擬議,必徵求故實,緣飾所行。豆盧革雖籍餘緒,然本朝時仕宦尚微,久從使府,朝章典禮未能深悉,光裔每有所陳,唯唯而已。光裔由是自負,傲視諸公,每見草奏議或當,謂群官曰:"豆盧革公漸解學者,其可已乎?"

(宋)王欽若等編纂:《册府元龜》卷三三八《宰輔部》

後唐宰相趙光裔,唐天祐中歷官省閣,伯仲皆以廉潔方正,流聞於時,自梁孽未亡時,趙氏伯仲之名,北人皆所傾慕。位至平章事。

(宋)王欽若等編纂:《册府元龜》卷七七七《總録部》

趙光裔,光逢之弟,俱以詞藝知名,登進士第。光裔仕梁,歷清顯官,伯仲之間,咸以方雅自高。北人聞其名者,皆望風欽重。光裔位至平章事。

(宋)王欽若等編纂:《册府元龜》卷七八三《總録部》

梁趙光裔爲翰林學士,中書舍人。開平三年,爲光禄太常少卿,以兄光逢擢昇相位,固辭近職,避親嫌也。

(宋)王欽若等編纂:《册府元龜》卷八〇八《總録部》

趙光裔,同光中拜平章事。先是,條制:"權豪强賈人田宅,或陷害籍没,顯有屈塞者,許人自理。"内官楊希朗者,故觀軍容使復恭從子也,援例理復恭舊業。事下中書,光裔謂郭崇韜曰:"復恭與山南謀逆,顯當國法。本朝未經昭雪,安得論理?"崇韜私抑宦者,因具奏聞。希朗泣訴於帝,帝令自見光裔言之,希朗訴陳:"叔祖復光有大功王室,伯祖復恭爲張濬所構,得罪前朝,當時强臣掣肘,國命不行。及王行瑜伏誅,德音昭洗,制書尚在。相公本朝氏族,諳練故事,安得謂之未雪耶!若言未雪,吾伯氏彦博,洎諸昆仲,監護諸鎮,何途得進?"漸至聲色俱厲,光裔先恃名德,爲其所折,悒然不樂。又以希朗幸臣,慮摭他事危己,必不自安,因病疽卒。

(宋)王欽若等編纂:《册府元龜》卷九〇九《總録部》

後唐鄭珏,少依河南尹張全義,初爲集賢校理。昭宗幸洛陽,珏爲監察御史。朱温革命於汴州,改左補闕、起居郎。時張衍爲諫議大夫,珏文章美麗,旨趣雍容,後進推服,復以全義之門人,權要奬遇之。召入翰林爲學士,歷考功員外郎、右司郎中,皆知制誥,正授舍人,翰林承旨,轉禮部侍郎。珏自成名至昇朝掌翰墨,皆全義爲之提挈。

(宋)王欽若等編纂:《册府元龜》卷九四五《總録部》

後唐鄭珏,昭宗朝宰臣鄭啓之侄孫。父徽,光啓初爲河南尹張全義判官。全義子衍婚徽女,珏以家世依張氏家於洛陽。

(宋)王欽若等編纂:《册府元龜》卷八五三《總録部》

後唐鄭珏,初任梁,末帝時爲平章事。同光元年,莊宗敗王彦章於中都,長驅趨汴梁。帝聞梁師將至,召宰相李振、敬翔等號哭謀所向,皆猶預不決。珏對曰:"臣有一策,可以緩外寇,不知陛下能行乎?"梁帝曰:"卿意如何?"珏曰:"願得陛下傳國寶,臣懷之以入,晉軍可以緩其師。以俟段凝。"梁帝曰:"事急矣,此物固無惜。但卿此行得事了不? 卿更籌之。"珏俛首曰:"了則不了。"左右縮頭恥笑。翼日,莊宗入汴州,珏率偽百官迎謁。是日,謫授萊州司户參軍。

(宋)王欽若等編纂:《册府元龜》卷三三九《宰輔部》

唐莊宗趨大梁,梁主召宰相謀之,鄭珏請自懷傳國寶詐降,以紓難。梁主曰:"今日固不敢愛寶,但如卿此策果可了否?"珏俯首久之,曰:"但恐未了。"左右皆縮頸而笑。

(宋)孔平仲:《續世説》卷六

後唐鄭珏初仕唐末帝,時爲平章事。同光元年,莊宗敗王彥章於中都,長驅趨汴梁,帝聞王師將至,召宰相李振、敬翔等號哭,謀所向,皆猶豫不決。珏對曰:"臣有一策,可以緩外寇,不知陛下能行乎?"梁帝曰:"卿意如何?"珏曰:"願得陛下傳國寶懷之,以入唐軍,可以緩其師,以俟救兵。"梁帝曰:"事急矣,此物固可惜,但卿此行得事了否? 卿更籌之。"珏俛首曰:"了則恐不了。"左右縮首竊笑。翌日,莊宗入汴州。珏率百官馬前迎謁,是日責授萊州司户。

(宋)孫逢吉:《職官分紀》卷三

五代鄭珏在相位,既碌碌無所爲,又病聾。

(唐)白居易、(宋)孔傳:《白孔六帖》卷三〇

明宗天成元年五月,制曰:"欲運陰陽,賢者諒資於籌畫;將烹鼎飪,哲王取喻於鹽梅。是知心恬淡則變理無差,意平正則調和靡懸。王者以二儀爲法,百度是貞,將施理國之規,必慎代天之任。其有鎮時望重,濟物才高,或早推房、杜之風,或暗合孫、吳之略,咸膺妙選,適副旁求。光禄大夫、太子賓客、上柱國、滎陽郡開國侯、食邑一千户鄭珏,禮樂成家,鈞臺接武,珪璧耀無瑕之彩,咸韶奏治代之音,雅度

不群,貞規拔俗,爲縉紳之楷範,作文學之宗師。歷踐華資,常居重任,舒卷罔渝於古道,坦夷不易於冲襟,允謂正人,實符休運。正議大夫、守工部尚書、上柱國、樂安縣開國男、食邑三百户、賜紫金魚袋任圜,儒玄繼代,簪組傳芳,藴穰苴文武之才,抱季子縱横之略。早參戎幕,既備展於良謀;洎歷尹京,復廣敷於善政。掩李收防虞之術,繼蕭何饋運之勞,安北邊而顯賴殊功,代西蜀而固資婉畫。及康延孝忽從劍閣,欲襲錦川,統戎至及於三千,破賊將逾於萬數,奸凶盡戮,邛蜀再寧,静十道之妖氛,息三川之生聚。遠提鋭旅,來赴上京,適當篡紹之初,尤驗忠貞之節,而郁於人望,協彼僉諧。宜膺並命之榮,允謂當仁之選,或升書殿,或掌國租,冀伸致主之嘉猷,别展富民之茂績。於戲! 位尊百辟,職總萬機,公忠則庶政惟和,便辟則彝倫攸斁,慎宜九德,勉阜群生。珏可中書侍郎,兼刑部尚書、平章事、集賢殿大學士;圜可金紫光禄大夫、中書侍郎兼工部尚書、平章事,判三司。"時帝初即位,圜自蜀至,安重誨不欲獨拜宰輔,共議朝望一人共之。孔循言珏貞明,時久在中書,性畏慎而長者,美詞翰,好人物。重誨即奏與圜並命爲相。

（宋）王欽若等編纂:《册府元龜》卷七四《帝王部》

鄭珏,爲中書侍郎平章事。天成三年二月戊戌,開社宴於玉華殿,珏稱疾不朝。翼日,表請老。丁酉,百官朝於玄德殿,珏奏曰:"臣受國恩深,首居宰輔,所恨年齒衰耄,又復耳聾,望容臣休職。"帝曰:"朕自臨御,數年康寧,賴輔佐,更勉三五年相伴。"

（宋）王欽若等編纂:《册府元龜》卷三三一《宰輔部》

（天成）三年三月己未,制曰:"朕聞老氏談經,無如知止;素王窮易,當在庶幾。賢哲所以保身,進退於焉合道。其有位居元輔,功叙彝倫,節宣微爽於冲和,休致屢堅於章表,酌其陳力,莫若從人。俾回席於三台,就懸車於百揆。特進、行門下侍郎、兼刑部尚書、同中書門下平章事、充太微宫使、弘文館大學士、上柱國、滎陽郡開國公、食邑一千五百户鄭珏,皇朝軒冕,清廟笙鏞,崇令望於縉紳,節雅音於律度,而自再持鈞軸,益顯公忠。尋更近市之居,兼杜掃門之迹,克己復禮,爲官擇人。爰屬巡幸浚郊,務名賢而好善;經營洛邑,煩上相以卜年。方賴嘉猷,忽嬰美疹。豆耳何妨於寂聽,灰心頓悟於浮榮,高慕赤松,勇辭黃閣。朕以方調殷鼎,尚睠晉罇,欲盡懇勤,具觀堅切。可久之規斯在,再三之請莫違,所以特許抽簪,免勞借箸,進崇階於開府,假優秩於不朝。仍益井田,俾厚風俗。於戲! 祁奚請老,不無内舉之規;張禹言情,亦有私恩之事。唯卿奉身而退,其德不回,予實嘉焉,美兼善也。勉從頤養,永保初終。可開府儀同三司、尚書左僕射致仕,仍加食邑五百户。"

（宋）王欽若等編纂:《册府元龜》卷三三三《宰輔部》

後唐鄭珏,初仕梁,末帝時爲禮部侍郎平章事。莊宗入汴,貶萊州司户,入爲太子賓客。明宗平定京師,任圜自蜀至,樞密使安重誨不欲圜獨拜宰輔,其議朝望一人共之。樞密使孔循言珏在貞明時久在中書,性畏慎而長者,兼美詞翰,好人物。重誨即奏,與任圜並命。明年,循罷樞密使,珏懼,辭以老病耳疾,不任中書事。四上章請老,明宗惜之,久而方允。乃授開府儀同三司、行尚書左僕射,致仕,退居鄭州。

（宋）王欽若等編纂:《册府元龜》卷三三五《宰輔部》

鄭珏爲相,以老病耳疾,不任中書事,四上章請老。明宗惜之,久而方允。乃授開府儀同三司、行尚書左僕射,致仕,仍賜鄭州莊一區。天成四年二月,明宗自汴還京,珏莊在圃田,賜錢二十萬。

（宋）王欽若等編纂:《册府元龜》卷八九九《總録部》

後唐薛廷珪,唐乾寧中,爲中書舍人。駕在華州,改散騎常侍。尋請致仕,客游蜀川。昭宗遷洛陽,徵爲禮部侍郎。時,柳璨屠害朝士,衣冠畢罹其毒。廷珪以居常退讓獲全。入梁,爲禮部尚書。

（宋）王欽若等編纂:《册府元龜》卷四六四《臺省部》

後唐薛廷珪,仕梁爲禮部尚書。同光初,莊宗平定河南,以年老除太子少師,致仕。

（宋）王欽若等編纂:《册府元龜》卷八九九《總録部》

後唐薛廷珪,初仕唐。昭宗乾寧中,爲中書舍人。晉太祖初平王行瑜,歸藩,天子册封晉王,以廷珪爲册使。廷珪富文才,好爲篇什,遇物屬咏,獻詩於太祖。嘉賞其才,酬以幣、馬復命。

（宋）王欽若等編纂:《册府元龜》卷六五八《奉使部》

後唐伊廣,襟情灑落,善占對。及爲汾州刺史,時武皇主盟,諸侯景附,軍機締結,聘遺旁午,廣奉使稱旨。

（宋）王欽若等編纂:《册府元龜》卷六五三《奉使部》

周玄豹,燕人,少爲僧。其師有知人之鑒,從游十年,不憚辛苦,遂傳其秘。還鄉歸俗,盧澄爲道士,與同志三人謁之。玄豹退謂人曰:“適二君子,明年花發,俱爲故人,唯彼道士,它年甚貴。”來歲,二人果睹零落,盧果登庸,後歸晉陽,張承業猶重之,言事多中,承業俾明宗易衣列於諸校之下,以它人請之,曰:“此非也。”玄豹指明宗於末綴,曰:“骨法非常,此爲内衙太保乎?”或問前程,唯云末後爲鎮帥。明宗夏皇后方事巾櫛,有時忤旨,大犯檟楚。玄豹曰:“此人有藩侯夫人之相,當生貴子。”其言果驗。凡言吉凶,莫不神中,事多不載。明宗自鎮帥入纂,謂侍臣曰:“周玄豹昔曾言朕事,諸有徵。可詔北京,津置赴闕。”趙鳳曰:“袁、許之事,玄豹所長,若詔至輦下,即爭問吉凶,恐近於妖惑。”乃令就賜金帛,官至光禄卿,年八十而終。又聞嘗與蜀高祖預説符命嗣主,至於雲龍將相,其言無不符驗,果異乎哉!

（五代）孫光憲:《北夢瑣言》卷一九

後唐周元豹有袁、許之術。大略狀人形貌,比諸龜、魚、禽、獸,目視臆斷,咸造其理。見王都曰:“形若鯉魚,難免刀幾。”都竟被殺。盧程衣道士服，與同志二人謁焉。元豹曰：“二君子明年花發，俱爲故人。唯道士甚貴。”至來歲，二子果卒，程後登庸。

（宋）孔平仲：《續世説》卷六

唐莊宗時，術士周玄豹以相法言人事，多中。時明宗爲内衙指揮使，安重誨使他人易服而坐，召玄豹相之。玄豹曰：“内衙，貴將也，此不足當之。”乃指明宗於下坐，曰：“此是也。”因爲明宗言其後貴不可言。明宗即位，思玄豹以爲神。將召至京師，宰相趙鳳諫，乃止。觀此事，則玄豹之方術可知。然馮道初自燕歸太原，監軍使張承業辟爲本院巡官，甚重之。玄豹謂承業曰：“馮生無前程，不可過用。”書記盧質曰：“我曾見杜黄裳寫真圖，道之狀貌酷類焉，將來必副大用，玄豹之言，不足信也。”承業於是薦道爲霸府從事，其後位極人臣，考終牖下，五代諸臣皆莫能及，則玄豹未得擅唐、許之譽也。道在晉天福中爲上相，詔賜生辰器幣。道以幼屬亂離，早喪父母，不記生日，懇辭不受。然則道終身不可問命，獨有形狀可相，而善工亦失之如此。

（宋）洪邁：《容齋三筆》卷九

《五代史》：術士崔玄豹，以相法言人事多中，莊宗尤信重之，以爲北京巡官。時明宗爲内衙指揮使，安重誨欲試玄豹，乃使他人與明宗易服而坐，明宗於下。召玄豹相之，玄豹曰：“内衙，貴將也，此不足當之。”乃指明宗於下坐曰：“此是也。”因爲明宗，言其後貴不可言。及明宗即位，思玄豹相術之神，召至京師。趙鳳諫曰：“好惡，上所謹也。今陛下神其術而召之，則傾國之人，皆將奔走吉凶之説。”明宗遂不復召。

（明）彭大翼：《山堂肆考》卷一六五

《五代史·後唐書》曰：李承勛累遷至太原少尹。劉守光之僭號也，莊宗遣承勛往使，伺其釁端。承勛至幽州，見守光如藩方交聘之禮，謁者曰：“燕王爲帝矣，可行朝禮。”承勛曰：“吾大國使人，太原亞

尹,是唐帝除授。燕主自可臣其部人,安可臣我哉!"守光聞之不悦,
拘留於獄,數日出而訊之曰:"臣我乎?"承勛曰:"燕君能臣我王,則
我臣之。吾有死而已,安敢辱命!"會王師討守光,承勛竟没於燕中。

(宋)李昉:《太平御覽》卷二五二《職官部五十》

張憲,字允中,晉陽人,精力游學。莊宗嗣世,補太原府司録參
軍。天祐十三年,授監察,賜緋,署魏博推官,改掌書記,魏博觀察判
官。鎮州平,授魏博鎮冀十郡觀察判官。

(宋)王欽若等編纂:《册府元龜》卷七二九《幕府部》

張憲爲東京副留守,同光三年春,莊宗幸鄴。時易定王都來朝,
宴於行宫,將擊鞠。初,莊宗行即位之禮,卜鞠場吉,因築壇於其間。
至是,詔毁之。憲奏曰:"即位壇,是陛下際接天神受命之所,自風燥
雨濡之外,不可輒毁,亦不可修。魏繁陽之壇,漢氾水之壇,到今猶有
兆象。存而不毁,古之道也。"即命治之於宫西。數日未成,會憲以公
事獲譴,竟毁即位壇。

(宋)王欽若等編纂:《册府元龜》卷五四七《諫諍部》

張憲。郭崇韜伐蜀,薦憲可任爲相,而宦官伶人不欲張憲在朝
廷。樞密承旨段回曰:"宰相在天子面前,事有非是,尚可改作,一方
之任,苟非其人,則爲患不細。憲材誠可用,不如任以一方。"乃以爲
太原尹。

(唐)白居易、(宋)孔傳:《白孔六帖》卷七〇

後唐張憲爲興唐尹,知留守事。憲學識優深,尤精吏道,剖析聽
斷,人不敢欺。

(宋)王欽若等編纂:《册府元龜》卷六九〇《牧守部》

後唐張憲,莊宗同光末爲太原尹。時趙在禮入魏州,憲家屬在

魏,關東俶擾,在禮善待其家,遣人賫書至太原誘憲。憲斬其使,書不發函而奏。

(宋)王欽若等編纂:《冊府元龜》卷八四八《總録部》

後唐張憲,莊宗同光末爲太原尹。時趙在禮入魏州,憲家屬在魏,關東俶擾,在禮善待其家,遣人賫書至太原誘憲。憲斬其使,書不發函而奏。

(宋)王欽若等編纂:《冊府元龜》卷六八六《牧守部》

段徊爲樞密承旨,時興唐尹張憲位望既高,郭崇韜將兵征蜀,以手書告憲曰:"允中張憲字允中。避事久矣,余受命西征已奏還公黃閣。"憲報曰:"庖人之代尸祝,所謂非吾事也。"時徊當權任事,以憲從龍舊望,不欲憲在朝廷。會孟知祥鎮蜀川,選北京留守,徊揚言曰:"北門,國家根本,非重德不可輕授,今之取才,非憲不可。"趙時者因附徊勢,巧中傷之,又曰:"憲有相業,然國祚中興,宰相在天子面前,得失可以改作,一方之事,制在一人,惟北面事重。"乃授憲銀青光禄大夫、檢校吏部尚書、太原尹、北京副留守、知留守事。

(宋)王欽若等編纂:《冊府元龜》卷九五二《總録部》

修啓,辱教甚詳,蒙益不淺,所疑所論,皆與修所考驗者同。今既疑之,則欲著一小論於傳後,以哀其忠,如此得否,修之所書,只是變賜死爲見殺,於(張)憲無所損益。憲初節甚明,但弃城而走,不若守位而死,已失此節,則見殺與賜死同爾。其心則可喜,但舉措不中爾,更爲不見《張昭傳》中所載,或爲録示,尤幸。目痛,草草不次,修再拜。莊宗月一日遇弑,存霸在河中,聞變走太原見殺,而憲亦走忻州。明宗初三日入洛,十日監國,二十日即位,憲二十四日死,初以此疑之。又本傳言明宗郊天,憲得昭雪,則似非明宗殺之,更爲思之,如何?

(宋)歐陽修:《文忠集》卷六九

修啟，辱教，益詳盡，多荷多荷。存霸奔太原，人言其馬鞦斷，疑其戰敗而來。存霸乃以情告，仍自髡，衣僧衣，見符彥超曰："願爲山僧，望公庇護。"彥超亦欲留之俟朝命，爲軍衆所殺，若此，則(張)憲似知莊宗已崩，據張昭勸憲奉表，則知新君立，明矣。但不知其走忻州何故也。此意可喜，而死不得其所爾。食後見過，更盡高議，可乎？修再拜。

(宋)歐陽修:《文忠集》卷六九

任圜昆弟五人，曰圜、圓、圖、回、團，雍穆有裕，風采俱異。圜美姿容，有口辨，負籌略。平蜀後，除黔南，不行。天成初入相，簡拔賢俊，杜絕倖門，憂國如家，切於功名。而安重誨忌之，常會於私第，有妓善歌，重誨求之不得，嫌隙漸深。俄罷三司，除太子太保，歸磁州致仕。因朱守殷作亂，立遣人稱制害之。受命之日，神氣不撓，中外冤痛。清泰中，贈右僕射。

(五代)孫光憲:《北夢瑣言》卷一八

任團，父茂弘，避地太原，奏授西河令。有子五人，曰圖、曰、圜、團、囧，風彩俱異，武皇愛之，以宗女妻團，歷代、憲二郡刺史。

(宋)王欽若等編纂:《冊府元龜》卷三〇〇《外戚部》

任圜，京兆三原人。祖清，成都少尹；父茂弘，避地太原，奏授西河令。有子五人，曰圖、回、圜、團、囧，風彩俱異。圜位平章事。

(宋)王欽若等編纂:《冊府元龜》卷七八三《總錄部》

任圜世爲京兆三原人。祖清，成都少尹；考茂弘，乾符末選授夏縣主簿，避地太原，西河令。有子五人，曰圖、回、圜、團、冋，雍睦有裕，風彩俱異，太祖愛之，以宗女妻團，因任圖代、憲二郡守，冋交城令。

(宋)王欽若等編纂:《冊府元龜》卷八五三《總錄部》

後唐任圜,京兆人。李嗣昭典兵於晉陽,與圜游處,分義甚洽。及鎮澤潞,請爲觀察判官,制授廷評,解褐賜朱紱。

（宋）王欽若等編纂:《册府元龜》卷七二九《幕府部》

後唐任圜,京兆人。李嗣昭典兵於晉陽,請爲觀察判官。圜美姿容,有口辯,論解其事,令人喜聽。時嗣昭爲人間諜於莊宗,方有微隙,圜奉使往來,常申理之,克成友於之道。

（宋）王欽若等編纂:《册府元龜》卷八八五《總録部》

後唐任圜爲潞州觀察判官。莊宗以上黨之師攻常山,城中萬人突出,大將孫文進死之,賊逼王師,圜麾騎士擊之,頗有殺獲。嘗以禍福諭其城中,鎮人信之,使人乞降。

（宋）王欽若等編纂:《册府元龜》卷七二四《幕府部》

後唐任圜爲潞州觀察判官,常山之役,李嗣昭爲帥,卒於軍,圜代總其事,號令如一,敵人不知。莊宗聞之,倍加獎賞。

（宋）王欽若等編纂:《册府元龜》卷七一七《幕府部》

任圜爲潞州刺史,從莊宗攻鎮州。及城潰,誅元惡之外,官吏咸保其家屬,亦圜橫身以固護焉。

（宋）王欽若等編纂:《册府元龜》卷八七一《總録部》

蓄家妓以爲歡,主人之本意也,然古今反以取禍者有之。晉石崇有妓綠珠,孫秀使人求之不得,遂勸趙王倫誅崇。五代安重誨嘗過任圜,圜爲出妓,善歌而有色,重誨欲之而圜不與。由是二人相惡,重誨誣以反而殺之。二人皆以家妓示客而致禍。唐人李清咏石季倫詩云:“金谷繁華石季倫,只能謀富不謀身。當時縱與綠珠去,猶有無窮歌舞人。”若李清之言,則宜若季倫、任圜之失。及觀《外史檮杌》記潘沆事,則又不然。沆事僞蜀王建爲内樞密使,有美妾曰解愁,善爲新聲,及工小詩。建至沆第,見而欲取之,而沆不肯。弟謂沆曰：
"綠珠之禍,可不戒哉!"沆曰:"人生貴於適意,豈能愛死而自不足
於心邪。"人皆服其守。以予觀之,沆之不死蓋幸耳,何足以有守服
之哉。

(宋)吳曾:《能改齋漫録》卷一○

五代盧程罵任圜曰："爾何蟲豸?"

(宋)戴埴:《鼠璞》卷上

後唐任圜爲工部尚書。同光二年,魏王繼岌爲伐蜀行營都統,莊
宗以圜及翰林學士李愚從王出征,參預軍機。

(宋)王欽若等編纂:《册府元龜》卷七一六《幕府部》

任圜爲工部尚書。同光中,從魏王繼岌伐蜀。及班師,行及利
州,康延孝叛,以勁兵八千欲回劫西川,繼岌署圜爲招討副使,與都指
揮使梁漢顒等率兵攻延孝於漢州,擒之以旋。至渭南,繼岌遇害,圜
代總全師,朝於洛陽。明宗嘉其功,拜平章事,判三司。

(宋)王欽若等編纂:《册府元龜》卷三六○《將帥部》

後唐任圜,同平章事。時李愚爲翰林學士,圜雅相欽重,屢言於
樞密使安重誨,請引爲同列。屬孔循用事,援引崔協,以塞其請。後
愚至宰相。

(宋)王欽若等編纂:《册府元龜》卷三二一《宰輔部》

任圜爲平章事。初,豆盧革、韋説得罪,執政議命相,樞密使孔循
不欲河朔人居相位。圜欲相李琪,而鄭注素與琪不協,孔循亦惡琪,
謂安重誨曰:"李琪非無藝學,但不廉爾。朝論莫若崔協。"重誨然之,
因奏擇相。明宗曰:"誰可以協對?"圜奏曰:"重誨被人欺賣,如崔協
者,少識文字,時人謂之'没字碑',臣比不知書,無才而進,已爲天下

笑,何容中書之内更益笑端?"

(宋)孫逢吉:《職官分紀》卷三

任圜爲平章事。初,豆盧革、韋説得罪,執政議命相,樞密使孔修(循)意不欲河朔人居相位,圜欲相李琪,而鄭珏素與琪不協,孔修亦惡琪,謂安重誨曰:"李琪非無執學,但不廉耳。朝論莫若崔協。"重誨然之,因奏擇相,明宗曰:"誰可?"乃以協對。圜奏曰:"重誨被人欺賣。如崔協者,少識文宗,時人謂之没字碑。臣比不知書,無才而進,已爲天下笑,何容中書之内更益笑端?"

(宋)王欽若等編纂:《册府元龜》卷三一七《宰輔部》

後唐任圜,拜平章事,判三司。簡拔賢俊,杜絶倖門,百官俸入,久爲孔謙减折。以廷臣爲國家之羽儀,故優假班行,禁其虚佑,欲致恭於儒道。期月之内,庫府充贍,朝廷修葺,軍民咸足,憂國如家。

(宋)王欽若等編纂:《册府元龜》卷三二九《宰輔部》

後唐任圜爲平章事。時議命相,樞密使孔循意不欲河朔人居相位,圜欲相李琪,而宰臣鄭珏素與琪不協,循亦惡琪,謂樞密使安重誨曰:"李琪非無藝學,但不廉耳,朝論莫若崔協。"重誨然之,因奏擇相,明宗曰:"誰可?"乃以協對。任圜奏曰:"重誨被人欺賣。如崔協者,少識文字,時人謂之没字碑。臣比不知書,無才而進,已爲天下笑,何容中書之内更益笑端?"朝退,宰臣樞密使休於中興殿之廡下,孔循拂衣而去,曰:"天下事一則任圜,二則任圜,崔協暴死則已,不死會居此位。"重誨私謂圜曰:"今相位闕人,協且可乎?"圜曰:"朝廷有李琪者,學際天人,奕葉軒冕,論才較藝,可敵時輩百人。而讒夫巧沮,忌害其能,必舍琪而相協,如弃蘇合之丸取蛣蜣之轉也。"

(宋)王欽若等編纂:《册府元龜》卷三三七《宰輔部》

任圜爲太子少保,表請致仕。敕宜以本官致仕,兼許尋醫。

(宋)王欽若等編纂:《册府元龜》卷八九九《總録部》

後唐蕭頃,初入梁,歷給諫御史中丞、禮部侍郎。知貢舉,咸有能名。

(宋)王欽若等編纂:《册府元龜》卷四五八《臺省部》

後唐蕭頃爲御史中丞,請孔邈爲御史。

(宋)王欽若等編纂:《册府元龜》卷五一三《憲官部》

蕭頃爲右補闕,時國步艱難,連帥倔强,率多奏請欲立家廟於本鎮。頃上章論奏,乃止。

(宋)王欽若等編纂:《册府元龜》卷五四七《諫諍部》

後唐蕭頃,初在唐,爲吏部員外郎。先是,張濬由中書出爲右僕射,曲爲梁太祖判官高邵使祖陰求一子出身,官省寺皆稱無例。濬指揮甚急,吏徒惶懼。頃又判云:"僕射未集,郎官未赴省上,指揮吏曹公事,且非南宮舊儀。"濬聞之,慚悚致謝,頃由是名振,梁祖亦加獎之。

(宋)王欽若等編纂:《册府元龜》卷四五九《臺省部》

後唐蕭頃,爲右補闕。時國步艱難,連帥倔强,率多奏請,欲立家廟於本鎮。朝旨將俞允。頃上章論奏,乃止。

(宋)王欽若等編纂:《册府元龜》卷四六五《臺省部》

後唐蕭頃,字子澄,京兆萬年人,故相仿之孫,京兆廩之子。頃幼聰悟,善屬文,昭宗朝擢進士第,太常卿,太子少保,致仕卒。

(宋)王欽若等編纂:《册府元龜》卷七九九《總録部》

　　盧汝弼,唐大順中登進士第,宣歙觀察使裴樞辟爲判官。後爲祠部員外郎知制誥,從昭宗遷洛,移疾退居。客游上黨,過潞府,爲太原所攻,節度使丁會歸降,汝弼從會至太原,武皇奏爲節度副使,累奏户部侍郎。

　　　　　　　　(宋)王欽若等編纂:《册府元龜》卷七二九《幕府部》

　　盧汝弼,初仕唐爲祠部郎中知制誥。天祐三年,歸於武皇,代李襲吉爲副使,軍國政務,委其參决。汝弼美書翰,文彩綺麗,人士稱之。

　　　　　　　　(宋)王欽若等編纂:《册府元龜》卷七一八《幕府部》

　　盧汝弼,唐昭宗景福中擢進士第,歷臺省。昭宗自秦遷洛,時爲祠部郎中、知制誥。時梁祖凌弱唐室,殄滅衣冠,懼禍渡河,由上黨歸於晉陽。太祖以爲節度副使。

　　　　　　　　(宋)王欽若等編纂:《册府元龜》卷九四九《總録部》

　　後唐盧汝弼,簡求之子。唐昭宗遷洛,衣冠道喪,遂渡河,繇上黨歸。汝弼富文才,美禮翰,人士傾慕。太祖以爲節度副使,入制奏署,多成其手。洎帝平定趙魏,汝弼每請謁迎勞,必陳説天命。顗俟中興,帝亦以宰輔期之。建國前,卒於晉。

　　　　　　　　(宋)王欽若等編纂:《册府元龜》卷八九五《總録部》

　　後唐盧汝弼客游上黨,丁會薦武皇,即代李襲吉爲副使,軍國政務委其參决。莊宗嗣晉王位,乃承制署吏,又得汝弼,有若符契。由是除補之命,皆出於汝弼之手。既而畿内官吏考課擬議,奔走盈門,頗以賄賂聞,人士少之。莊宗嘉其才,不之詰。

　　　　　　　　(宋)王欽若等編纂:《册府元龜》卷九四二《總録部》

　　大理少卿康澄,長興中上疏,其要云:"是知國家有不足懼者五,深可畏者六。”敕旨褒稱之。議者曰：“雖孫伏伽、岑文本章疏，而澄可與易地而處矣。”

（五代）孫光憲：《北夢瑣言》卷一九

後唐明宗時，大理少卿康澄上疏：“國家有不足懼者五，深可畏者六。陰陽不調不足懼，三辰失行不足懼，小人訛言不足懼，山崩川涸不足懼，水旱、蟲蝗不足懼，此不足懼五也。賢人藏匿深可畏，四民遷業深可畏，上下相徇深可畏，廉恥道消深可畏，毀譽亂真深可畏，直言蒭聞深可畏，此深可畏六也。”優詔獎之。澄言可畏六事，實中當時之病。

（宋）孔平仲：《續世説》卷一〇

楊鐐爲鼓城令，長興四年七月，鎮州奏鐐與主簿徐延同情，出賣官麴一十二碩，計錢三十八千，估絹三十四匹二丈，其錢入已破使。事下法司，大理正張仁璲、刑部郎中康澄斷：“准律主當監官，罪並當絞。徐延專掌賣麴，縣令監臨，據罪並絞。關連典吏，笞杖徒流有差。”從之。

（宋）王欽若等編纂：《册府元龜》卷七〇七《令長部》

吕澄爲秦州清水縣令，長興四年七月，觀察使奏：“澄於長興元年、二年、三年相次乞斂人户財物，共計一千一百一十九碩，頭貼貫，計贓三百六十八貫。”事下法司，大理少卿康澄斷：“准律受所監臨贓，罪當贖，流三千里。吕澄以兩任官，當二年徒罪，餘二年徒罪征銅四十斤。”刑部員外郎薛沖又詳覆：“吕澄贓略事發，因鎮將上論，乞取之贓，又無文簿，鎮將遍下鄉村勘問，又無人户姓名。積數雖多，未嘗正格，量其情狀，難遣刑章。”敕旨：“吕澄命爲宰字，委以民人，不守公廉，恣行聚斂，贓數甚廣，情狀難矜，當置重刑，仍從遠竄。宜决脊杖二十，配流嵐州。關連人吏，依法司所奏。”

（宋）王欽若等編纂：《册府元龜》卷七〇七《令長部》

　　五代馬嗣孫爲相，不通世務。時右散騎常侍孔昭序建言：“常侍班當在僕射前。”嗣孫責御史臺檢例，臺言：“故事無所見，據今南北班位，常侍在前。”嗣孫即判狀施行。崔居檢揚言於朝：“孔昭序解語，是朝廷無解語人也。且僕射司長百僚，中丞、大夫就班修敬，而常侍在南宮六卿下，況僕射乎？昭序癡兒，豈識事體?”朝士聞居檢言，流議稍息。

（宋）馬永易：《實賓録》卷六

　　五代唐馬裔孫，純儒，性多凝滯。遽登相位，堂判有“援據”二字，中書百職素未嘗諳練，臨事多不能決，但書名而已。又少見賓客，時人號爲“三不開”，謂其不開口論議，不開印行事，不開門延士大夫也。

（宋）馬永易：《實賓録》卷七

　　五代唐末帝時，馬裔孫赴闕，宿邅府，其地有神祠，夜夢神手授二筆。及爲翰林學士，裔孫以爲契夢筆之兆。洎入中書，上政事堂吏奉二筆，如夢中所授者。

（元）富大用：《古今事文類聚新集》卷六

　　馬裔孫，同光末擢進士第。唐末帝爲潞王，鎮河中，裔孫客游依之，署爲支使，俄改記室。潞王守河中，留京師歲餘，裔孫不離於邸第。長興中，潞王自西京留守，改節鳳翔，裔孫累轉觀察判官。

（宋）王欽若等編纂：《册府元龜》卷七二九《幕府部》

　　馬裔孫，後唐明宗朝爲潞王河中從事。天成中，嘗計事赴闕，宿於邅店。其地有上邅神祠，夜夢神之見召，待以優禮，手授二筆，其筆一大一小，覺而異焉。及潞王即位，以胤孫爲翰林學士。胤孫以爲契鴻筆之兆，旋知貢舉。私自謂曰：“此二筆之畢應也。”及拜平章事，上事中堂，吏奉二筆，熟視大小，如昔時夢中所授者。胤孫始悟，冥數有定分也。

（宋）王欽若等編纂：《册府元龜》卷八九三《總録部》

馬裔孫，字慶先，初仕後唐，爲宰相。以晉祖受命放歸，後以賓客致仕，又爲太子詹事。晉漢公卿以裔孫好爲文章，皆欣然待之。太祖即位，就加檢校禮部尚書。

（宋）王欽若等編纂：《冊府元龜》卷八四一《總録部》

五代唐劉贊父玭爲縣令，贊始就學，衣以青布衫襦，每食則自肉食，別以蔬食食贊，床下曰：“肉食，君之禄也，爾欲之則勤學以干禄，吾食非爾之食也。”由是贊力學舉進士。

（宋）祝穆：《古今事文類聚》後集卷六

五代劉贊父玭爲縣令，贊始就學，衣以青布衫襦，每食則玭自肉食，而別以蔬食食贊於床下，謂之曰：“肉食君之禄也，爾欲之，則勤學問以干禄。吾肉非爾之食也。”由是贊益力學。

（唐）白居易、（宋）孔傳：《白孔六帖》卷一六

劉贊初仕梁，爲租庸巡官。莊宗入汴，租庸副使孔謙以贊鄉黨，表爲鹽鐵判官。

（宋）王欽若等編纂：《冊府元龜》卷九五五《總録部》

劉贊爲秦王傅。秦王從榮握兵而驕，言者請置師傅以傅之，大臣畏王，請王自擇，秦王即請贊拜秘書監，爲秦王傅，贊泣曰：“禍將至矣。”

（元）富大用：《古今事文類聚外集》卷四

劉贊爲比部郎中，知制誥。明宗天成二年八月，贊上言曰：“臣聞信者使民不惑，義者使民知禁。非信無以彰明德，非義無以顯聖猷。此乃三代英風，百王令則。伏惟陛下恭臨寶位，虔紹鴻圖，握金鏡而照萬方，運璇璣而調四序。遐敷至德，廣納忠言，凡列周行，許陳封事。雖皆聽覽，而尚寡依行，縱所依行，亦未遵守。自此或有益國利人之術，除奸去弊之謀，可以擇其所長，便爲永制。仍乞特頒詔令，峻

立條章,豈唯示信義於域中,抑亦振威風於海内。既遵法度,必致治平久。"

(宋)王欽若等編纂:《册府元龜》卷五五三《詞臣部》

劉贊爲御史中丞。長興二年十二月,詔曰:"國祚中興,皇綱再整,合頒公事,偏委群臣。先敕鈔録《六典》法書,分爲二百四十卷。從朝至夕,自夏徂冬。御史臺官員等,或同切催驅,或遞專勘讀,校前王之舊制,布當代之明規,宜有獎酬,以勵勤恪。御史中丞劉贊近别除官,今加階爵,宜從别敕處分。吕琦、姚逷致宜加朝散大夫,仍賜柱國勳。于遼、李壽並朝散大夫。徐禹卿、張可復、王曉並賜緋魚袋。"

(宋)王欽若等編纂:《册府元龜》卷五一三《憲官部》

後唐劉贊,明宗時爲刑部侍郎,時秦王爲元帥,秦王府判官、太子詹事王居敏與贊鄉曲之舊,以秦王盛年自恣,須朝中選端士納誨,冀其稟畏,乃奏薦贊焉。授秘書監兼秦王傅。

(宋)王欽若等編纂:《册府元龜》卷七〇八《宫臣部》

後唐劉贊,明宗朝爲刑部侍郎。時秦王爲元帥,秦王府判官太子詹事王居敏與贊鄉曲之舊,以秦王盛年自恣,須朝中選士納誨,冀其凜畏,乃薦贊,明宗授秘書監兼秦王傅。贊性雍和,與物無忤,居官畏慎,人若以私故干之,雖權豪不能移其操。及在秦府,因事或發正論,王側目怒視,殊無下賢之色;或與諸僚候於外屏,有竟日不召而不得食。而指闕之謀,故不預聞。及秦府得罪,或傳旨安慰,言止於朝降,而贊已被麻衣,乘驢在門,聞其安慰,曰:"此存撫之情也,豈有國君之嗣,一旦舉室塗地,而參佐朝降? 免死,幸也。"俄而臺吏示敕長流,即時赴貶所。

(宋)王欽若等編纂:《册府元龜》卷七三〇《幕府部》

後唐劉贊爲尚書、刑部侍郎。時言事者云：親王舊有師傅以爲輔道，請爲親王置師傅。上顧問近臣："王官如何？"執政以秦王從榮名勢既隆，凡事不敢制置，即曰："王官宜委從榮自擇。"從榮奏贊爲秘書監兼秦王傅。贊，朝之正人也，有節操，不趨競，方爲列曹侍郎，一旦爲王官，掩泣陳訴。素知從榮之爲人，尤懼獲禍。時秦王府參佐皆新進小生，動多輕脱，或稱頌從榮功德，阿意譚笑。而贊每見，從容諷議，必獻嘉言。時從榮溺於篇章，凡門客及通謁游士，必坐於客次，自出題目，令賦一章，然後接見。酒筵之中，悉令秉筆賦咏。贊雖師傅，亦與諸生混然，令秉筆賦詩。贊雖承命，容狀不悦。從榮心知其意，自是戒典客勿通，令每月一度至衙。贊既官係王府，不敢朝參，不通慶吊，閉關喑嗚而已。

（宋）王欽若等編纂：《册府元龜》卷七〇九《宮臣部》

劉贊，明宗朝爲刑部侍郎。時秦王爲元帥，秦王府判官太子詹事王居敏，與贊鄉曲之舊，以秦王盛年自咨，須朝中選端士納誨，冀其禀畏，乃薦贊，明宗授秘書監兼秦王傅。贊性雍和，與物無忤，居官畏慎，人若以私故干之，雖權豪不能移其操。及在秦府，因事或發正論，王側目怒視，殊無下賢之色；或與諸僚候於外屏，有竟日不召而不得食，而指闕之謀，故不預聞。及秦府得罪，或傳旨安慰，言止於朝降。而贊已被麻衣，驢乘在門，聞其安慰曰："此存撫之情也，豈有國君之嗣，一旦舉室塗地，而參佐朝降，免死幸也。"俄而臺吏示敕長流，即時詣貶所，在嵐州逾年，放歸田里。

（宋）王欽若等編纂：《册府元龜》卷七一九《幕府部》

劉贊，歷御史中丞、刑部侍郎。贊性雍和，與物無忤，居官畏慎，人若以私干之，雖權豪不能移其操。

（宋）王欽若等編纂：《册府元龜》卷四五九《臺省部》

後唐劉贊，明宗朝爲中書舍人。翰林學士竇夢徵同年登第，鄰居友善。夢徵早卒,與同年楊凝式服緦麻爲位而哭,其家無少長,與視喪事,恤其孀稚,人士稱之。

（宋）王欽若等編纂:《册府元龜》卷八八二《總録部》

後唐劉贊,天成中爲中書舍人。與學士竇夢徵同年登第,鄰居友善。夢徵卒,贊與同年楊凝式緦麻爲位而哭,其家無嫡長與視喪,辛恤其孀稚,人士稱之。

（宋）王欽若等編纂:《册府元龜》卷八〇四《總録部》

後唐劉贊爲中書舍人,奏故天雄軍節度判官司空頲頃事:"先朝實懷忠節,止因誣構,遂至族誅。今遇雍熙,乞垂昭雪。"疏奏不出。

（宋）王欽若等編纂:《册府元龜》卷八七五《總録部》

五代崔善爲左丞,令史惡其聰察,以其身短而傴,嘲之曰:"崔子曲如鈎,隨例得封侯。膊上全無項,胸前别有頭。"

（宋）祝穆:《古今事文類聚》後集卷一八

《續世説》:五代崔善爲左丞,以清察稱。令史惡之,以其身短而傴,嘲之曰:"崔子曲如鈎,隨例得封侯。膊上全無項,胸前别有頭。"

（明）彭大翼:《山堂肆考》卷一一四

孔循幼孤,流落洛都,市人李讓畜之,然性黠慧。讓以軍功爲朱温所寵,温以讓爲子,號朱友讓,循又姓朱。循漸長成,尤穎悟,朱温選爲綱紀。温之乳媪掌事者,而循親之,乳媪爲之義母。媪之外夫趙氏,循又隨媪夫姓曰趙,名殷衡。昭宗自鳳翔還京,左右前後皆朱温之腹心,時殷衡年十七八,爲宣徽副使。及東遷洛都,殷衡與蔣玄暉、張廷範等受朱温密旨,同弑昭宗。輝王即位,蔣玄暉爲樞密使,因事與殷衡不相協。時朱温欲受九錫,即禪輝王位。朱温在宿州行營,玄暉自往咨謀其事,稍遲留,朱温怒玄暉。會殷衡至,温問不行九錫之由。殷衡曰："玄暉與張廷範同謀恢復唐家,向何皇后前同立盟誓,以此故不欲王速行九錫。"溫怒,是日遣使與殷衡同來,遂殺何皇后及蔣玄暉、張廷範、柳璨等十餘族。殷衡以功爲權樞密副使,朱溫之世掌要密權。莊宗末,知汴州軍州事。會明宗自鄴城南趨夷門,莊宗東出汜水。循西則奉表迎奉,亦遣人北輸密款。

(宋)王欽若等編纂:《冊府元龜》卷九三八《總録部》

趙殷衡,後改姓孔名循,亦莫知其實是何姓。仕後唐明宗爲宣徽使,出爲許昌、滄州兩鎮,時人知其狡譎傾險,莫不憚之。

(五代)孫光憲:《北夢瑣言》卷一五

明宗入纂,安重誨用事,取謀於孔循,舊相豆盧革、韋説出官。孔循不欲以河朔人入相,極薦崔協。而任圜力爭之,云:"崔協者,少識文字,時人呼爲'無字碑'。有李琪者,學際天人,奕代軒冕,論才校藝,可敵時輩百人。讒夫巧沮,忌害其能,必舍李琪而相崔協,如弃蘇合之丸,取蛣蜣之轉也。"重誨笑而止。然以孔循故,終相之。帝曰:"馮書記先帝判官,與物無競,可以相矣。"由是道與協並命而舍李琪,識者惜之。

(五代)孫光憲:《北夢瑣言》卷一八

孔循爲東都留守、帶平章事,以孟夏等獻,宜令攝太尉行事。循稱使相有戎機,不合當祠祭重事。議者曰:"郊天祀地,太尉之職;無其人,則宰相攝之。循位同三事,留守東平,代掌武以供祀事,而訴以戎機,不自知貴,强戾之甚也。"

(宋)王欽若等編纂:《冊府元龜》卷三三六《宰輔部》

孔循爲樞密使、同平章事。明宗天成初,宰相豆盧革、韋説得罪,執政相與議宰相。時經始之初,言事者衆,咸以循少侍宮禁,諳故實,知朝廷人士之才行,樞密使安重誨多聽之。循意不欲河朔人居相位,初已援引鄭珏入中書，至是任圜欲相李琪，而鄭珏與琪朱梁時同在翰林爲學士，二人不相善，居常切齒。循既以珏爲門人，亦排斥李琪，謂重誨曰：“李琪非無藝學，但不廉耳。宰相人士之表儀，但得身端有器度，足以輔弼矣。朝論所與，莫若崔協。”重誨以爲然。後重誨內殿奏中書闕人，欲擇丞相，帝曰：“誰可相者？”乃以崔協對。任圜曰：“重誨未諳朝中人物，被人欺賣。如崔協者，天下皆知少識文字，時人呼爲無字碑。臣以陛下藩邸之年即回天睠，無才幸進此，不知書。一旦驟塵輔弼，終朝若負芒刺。以臣一人取笑足矣，何容中書之內更益笑端？”帝曰：“宰相重位，卿等更自審詳。然吾在藩時，識易州刺史韋肅，人言名家，待我常厚，置於此位，何如？肅苟未可，則馮書記先朝判官，稱爲長者，多才博學，與物無競，可以相矣。”書記即馮道人也，嘗爲莊宗霸府書記。帝素歜顏，偶不記名，但云書記。朝退，宰臣、樞密使休於中興殿廊舍，循不揖，拂衣徑去，曰：“天下事一則任圜，二則任圜，圜乃何者？崔協暴死則已，不死會居此位。”重誨私謂圜曰：“今政闕人，協且備員可乎？”圜曰：“公言何狹哉！今朝廷有李琪者，學際天人，奕葉軒冕，論才較藝，可敵時輩百人。而讒夫巧沮，忌害其能，必舍琪而相協，如弃蘇合之丸取蛣蜣之轉也。”重誨笑而止。然與循同職，循日言琪之短、協之長。月餘，下制以馮道、崔協同平章事，物論醜之。

（宋）王欽若等編纂：《册府元龜》卷三三七《宰輔部》

　　孔循爲樞密使，性柔而狡。安重誨初不察其爲人，多從其言。重誨嘗受詔，以秦王從榮兄弟欲娶重誨女爲妻。循謂重誨曰：“不可。公爲樞密侍臣，不宜與皇子婚媾。”乃止。明宗幸汴州，循爲洛京留守。時重誨門人或言循之難測，愛間諜人事，不可令居樞密。循知之，即令人結托方便，聞奏，言：“願以息女妃皇子。”帝即以鄂王許之。重誨由是大怒，因奏落樞密，出鎮爲許州節度，復移鎮滄州。及重誨將失勢，内廷論樞密使，帝曰：“孔循舊嘗爲之，不亦可乎？”循在滄州，聞上言，即治行裝，將入朝，會從榮以鄂王妻父尤忌疾之。初，聞帝有徵循之言，正人無不憂之，咸以爲將來無益於社稷，俄而循卒。

（宋）王欽若等編纂：《冊府元龜》卷三三九《宰輔部》

孔循，明宗時爲樞密使。天成二年，以荆南高季興謀叛不恭，安重誨、任圜同謀討伐。季興幼與循同爲朱友讓之隸，義如兄弟，及議興師，循心不欲。以爲水潦將降，懼不成功。及劉訓進兵，果不克捷，兵不能退，帝即令循往軍前。循既至，遣門客李湜入荆州見季興，且述循意。即時師旋。

（宋）王欽若等編纂：《冊府元龜》卷三三九《宰輔部》

後唐孔循，明宗時爲樞密使。會汴州軍校張諫謀亂，都指揮符彥饒誅斬亂兵，軍城安定，以循權知汴州。循至，召集謀亂。指揮使趙虔已下三千人，並族誅之。

（宋）王欽若等編纂：《冊府元龜》卷四四八《將帥部》

後唐孔循爲許州節度使，爲政嚴明，軍民畏而愛之。

（宋）王欽若等編纂：《冊府元龜》卷六八九《牧守部》

孔循，同光末權知汴州事。會明宗自鄴都至，循致饋勞軍，供備充至。明宗悅，及定京師，爲樞密使，兼秘書監。

（宋）王欽若等編纂：《冊府元龜》卷七六六《總録部》

孔循初仕梁，以太祖乳媪爲義母，媪夫趙氏，循冒其姓，名殷衡。同光初，歸姓孔名循。

（宋）王欽若等編纂：《冊府元龜》卷八二五《總録部》

孔循爲滄州節度使。初，其女與宋王婚姻。長興初，乃奏“今既封王，私禮懸絶，乞改就公禮”。

（宋）王欽若等編纂：《冊府元龜》卷八五三《總録部》

後唐明宗時，史圭爲右丞相，判銓事。馮道在中書，以堂判衡銓司所注官，圭怒，力爭之。道亦微有不足之色，圭後罷之。晉高祖登極，徵爲刑部侍郎，判監鹽鐵副使，皆道之奏請也。圭方愧度量不及道遠矣。

(宋) 孔平仲：《續世説》卷三

五代唐趙鳳與于嶠俱在翰林，相善。鳳後爲相，嶠以本名出鳳上而不用，數非斥時政，尤詆鳳。鳳銜之，因事左遷嶠秘書少監。嶠因醉酒，往見鳳，鳳知其必不遜，辭以沐髮，嶠詬直吏，又溺於從者直廬而去。吏白鳳，嶠溺於客次，且詬鳳。鳳以聞明宗，奪嶠官長流。

(宋) 祝穆：《古今事文類聚》別集卷二七

五代唐趙鳳與于嶠俱在翰林，相善。鳳後爲相，嶠以才名出鳳上而不用，數非斥時政，尤詆鳳。鳳銜之，因事左遷嶠秘書少監。嶠因醉酒，往見鳳，鳳辭以沐髮，嶠詬直吏，又溺於從者直廬而去。吏白溺於客次，且詬鳳。鳳以聞明宗，奪嶠官長流。

(明) 彭大翼：《山堂肆考》卷一三六

于嶠，天成初爲户部員外郎，知制誥。逾歲當轉，未行。聞周倉、程遜轉舍人，甚怒。退朝，謁宰相趙鳳，欲以言訟。鳳知其故，辭未之見。乃叱閤伯省吏，語言不遜，揮袂而去。吏譖於鳳，言嶠詬詈，又溺於客次。鳳怒，翌日上章，貶謫。

(宋) 王欽若等編纂：《册府元龜》卷四八一《臺省部》

于嶠爲户部員外郎、知制誥。天成二年，嶠上言請邊上兵士起置營田，敩趙充國、諸葛亮之術，庶令且戰且耕，望致輕徭。三年，嶠又上言曰："有國有家，既定君臨之位；無偏無黨，方明王者之心。苟少虧於同軌同文，則微損於盡美盡善。竊知河朔令録，須俟本道薦揚，朝廷就加其命。况今萬國諸侯，猶請行而貢職，豈使一方令長，獨端坐以邀官。未敦革故之風,深缺維新之化。睹兹闕政,敢貢直言,乞宣付中書,委於銓管,此後並從常調。"七月,嶠上言曰:"協和萬邦,明主所以安社稷。平章百姓,哲後所以懷黎民。將延七百載之洪基,須安億兆衆之黔首。臣幸遇聖明之代,敢傾愚直之誠。伏以朝廷先有指揮,今年不更通括苗畝,宣從特旨,頒作溥恩。且屬夏秋已來,霜雨頻降,在山川高土,則必有豐年,想藪澤下田,非無水沴。脱或已作潢污行潦,猶徵青苗地頭,不惟損邦國風化,兼恐傷天地和氣。儻或皇帝陛下念兹狂直,哀彼灾祥,特於淹浸之田,別示優隆之澤。重委鄉村父老通括,不令州縣節級下鄉,如或檢驗不虛,即日蠲減租税。或有司以軍糧未濟,兵食是虞,即請却於山川之田,豐熟之地,或於麻畦秆草、蠶鹽地頭,據其本分價錢,折納諸色斛斗。所謂公私俱濟,苦樂皆均,舍其短以從其長,將有餘而補不足。臣每因急務,方敢上言,前後所奏十件,有司未行一件。伏乞陛下念臣苦思,察臣盡心,或可施行,不令停滯。"

(宋)王欽若等編纂:《册府元龜》卷五五三《詞臣部》

穆應之者,後唐内園使延輝侄也。天成三年,赴舉京師。時趙鳳知舉,甚嚴峻,應之頗憂懼,乃於宋巡官卜卦。卦成,宋曰:"先輩今春未有喜。"座中一僧見之,有不允之色,乃謂穆於寺塔前説話。曰:"宋巡官甚不工,貧道喜袁許術,見秀才面上官氣已動,即三五日成就,驟承帝王非次之恩。"穆曰:"何由得此?"僧曰:"君豈自由,宿生之分如此。"穆殊不信。後一日,應之因省見延輝,與内園吏微服入園中潛游,會帝乘小駟與五七官出長春殿。倉卒潛竹林邊。帝召見,穆之稱臣延輝之侄,應舉已試,闌入内苑,願歸首領。帝急召延輝問曰:"此卿之侄耶?"奏曰:"是。"帝欣然曰:"卿乃有骨肉赴舉,大是美事。"立命武德使孟漢瓊宣名,往中書與一好官,授河中府永樂主簿。翌日,詣寺求前僧,皆曰"無之",乃於東室見古畫,梵僧皂衣面貌皆昨日所見也。授官之日去卜之日才五日。僧云"宿生之分",豈不信哉。

(宋)佚名:《分門古今類事》卷一二

趙鳳，幽州人也，少爲儒。天祐中，燕帥劉守光與太原爭霸，率丁夫團爲軍伍，而黥面爲文。儒者患之，多爲僧，鳳亦落髮，與游方者雜處，後爲相終。

（宋）王欽若等編纂：《册府元龜》卷九四〇《總録部》

趙鳳，幽州人也，少爲儒。唐天祐中，燕帥劉守光盡率部内丁夫爲軍伍而黥其面，爲儒者患之，多爲僧以避之。鳳亦落髮至太原。頃之，從劉守奇奔梁。梁用守奇爲博州刺史，表鳳爲判官。

（宋）王欽若等編纂：《册府元龜》卷九四九《總録部》

趙鳳，幽州人，從劉守奇奔梁。用守奇爲博州刺史，表鳳爲判官。

（宋）王欽若等編纂：《册府元龜》卷七二九《幕府部》

趙鳳初落髮爲僧，與游方者雜處。至太原，頃之，劉守奇歸莊宗。周德威軍於涿州，莊宗命守奇軍佐之。鳳鄉人，從守奇奔梁，梁用守奇爲博州刺史，表鳳爲判官。

（宋）王欽若等編纂：《册府元龜》卷九五五《總録部》

後唐趙鳳，性豁達，輕財重義，凡士友以窮厄告者，必傾其資而餉之。或賓友過從，飲之食之，無倦色，位至平章事。

（宋）王欽若等編纂：《册府元龜》卷八一二《總録部》

五代唐臣趙鳳。張全義養子郝繼孫犯法死，宦官、伶人冀其貲財，固請籍没。鳳上書言繼孫爲全義養子，不宜有别籍之財，而於法不至籍没，刑人利財，不可以示天下。

（唐）白居易、（宋）孔傳：《白孔六帖》卷四七

後唐趙鳳，同光中爲翰林學士。莊宗命劉皇后拜張全義爲養父，后傳教，令草謝全義書。鳳以國后無拜人臣爲父之禮，乃密上疏，陳

其失曰:"臣叨被睿慈,獲親密勿,在可言之地,居掌誥之司。其或事異常規,禮關草創。程式先謀於國輔,封章然貢於天聰。庶顯公忠,免貽錯失。今月九日,中宮傳命,令修張全義書題,將行父事之儀,有玷君臨之道。既行文翰,難決否臧。奉行則罔叶國經,違命則恐虧臣節。遂修記事,取則宰臣。貴動合於楷模,期永垂爲規範。以兹奉職,庶顯致君。臣聞覆萬物者天,載萬物者地。非聖主,無以體乾道;非賢后,無以法坤儀。百代攸同,二儀無改。伏惟陛下恢張九五,統馭玄黃。外設明廷,内崇陰教,言動而華夷知仰,弛張而幽顯欽承。張全義雖位極於王公,而名不離於臣校,承陛下曲旨,受皇后重儀,致紊彝章,不防輿議。臣又聞:纂洪基者真主,行直道者忠臣,不可務一時之緘藏,失久長之體制。得不恭陳手疏,罄露血誠,庶裨益於神聰,免隳弛於王度。伏乞皇帝陛下俯容狂瞽,動畏簡書,時開睿敏之懷,永守文明之訓。使聖后式全其内,則元臣可保於令圖。永揚日月之光,載重乾坤之體。臣職叨侍從,名忝論思。儻避事以不言,是偷安而冒寵。"疏奏,帝雖嘉其直誠,而劉后已拜全義,追改無及。

(宋)王欽若等編纂:《冊府元龜》卷五五三《詞臣部》

趙鳳,明宗天成三年爲中書侍郎平章事。時車駕將幸大名,而六師家口纔自洛陽遷於汴水,遽聞師動,初有難色。及至百官上表,聖慮未回,頗有狂説。定州王都正多疑慮,人情相恐,軍士惶惑,在位咸不敢言。鳳手疏於樞密使安重誨,直論其事,重誨自驚,具白於帝。翌日,詔罷行期,内外謐然安帖。

(宋)王欽若等編纂:《冊府元龜》卷三一四《宰輔部》

趙鳳,明宗天成中爲中書侍郎平章事。時膳部郎中鄭珫先奏:"諸司使職掌人吏,乘暖坐,帶銀魚席帽,輕衣肥馬,參雜廷臣,尊卑無别,污染時風,請下禁止。"帝嘉其事,促行之。中書覆爲不可,鳳遽言於執政曰:"此禮誠大,不可不切。"爲權吏所庇,竟寢其事。

(宋)王欽若等編纂:《冊府元龜》卷三三五《宰輔部》

趙鳳爲中書侍郎平章事。長興元年八月壬寅,明宗御中興殿對,鳳奏曰:"一日已來,臣等竊知有奸人熒惑陛下,誣陷大臣,未知信否?"上曰:"閑事卿勿復言,朕已處置訖。"鳳堅奏曰:"所聞之事不小,陛下不得以爲閑。自數日已來,衆口籍籍,言安重誨幾傾家族。"因指殿以諭之曰:"此殿宏壯,所以不騫不撓者,棟梁柱石之所扶持也。如狂人折一柱壞一棟,則殿危矣。重誨歷艱險,經危難,事陛下,致君爲中興主。人欲誣構陷之,是壞陛下棟梁柱石也。"上因改容,報曰:"予雖不信,然生此讒隙者,此凶徒也,遽命族誅。"敕曰:"捧聖都軍使李德行十將張儉等,摭求虛事,誣告重臣,奏陳而頗駭聽聞,詰驗而乃明讒謗。間予心腹,傾我棟梁,爲巨蠹。以異常罪,一身而未塞,宜誅家族,懲彼奸凶。仰全家處斬。"其年九月甲戌,樞密使安重誨進第三表,乞解機務。初進第一表,上謂曰:"朕與兄無間,凶輩厚誣,尋以誅戮。卿此後更無在懷。"翌日,宰臣入對,馮道等奏曰:"臣竊聞安重誨乞辭機務,此事不可輕議,乞陛下特挂宸襟,以安中外。"上曰:"朕已面諭之,無所改易。"至是,重誨復面奏云:"臣以孤賤事陛下,今日位重人臣,忽被無名誣構,若非聖鑒至明,察臣忠懇,則已膏於斧鑕矣。以臣才輕位重,終恐難鎮流言,且乞與臣一鎮,暫解機衡,以息浮謗。"聖旨不悦,重誨奏不已,帝怒謂之曰:"放卿出,朕自有人使。"范延光奏曰:"自中興以來,重誨參掌機務,況無過失,頗濟國家,如重誨辭退,誰可爲代?"上曰:"卿豈不得?"延光奏曰:"重誨事陛下三十年,爲陛下無不陳力。大臣伏事日近,幸逢興運,叨竊寵靈,比德較功,不可與重誨同年而語。臣固才力不逮也。"帝遣促爲之,因令武德使孟漢瓊至中書宣問宰臣,商量重誨事。執政疑其對,惟馮道揚言曰:"諸人苟諳安令,紓其禍難,則解樞務爲便也。"趙鳳爭曰:"大臣不宜輕動,公失言也。"道等因附。漢瓊奏曰:"此斷在宸旨,然重臣不可輕議移改。"由是兼命延光爲樞密,重誨如故。

(宋)王欽若等編纂:《册府元龜》卷三三七《宰輔部》

(長興四年)四月,制曰:"朕聞燮理陰陽,霖雨之功是托;調和鼎

鼐,鹽梅之味攸憑。蓋貞淳則克契二儀,正直則允諧庶品,必在懸衡
秉志,定鏡操心,苟無爽於毫釐,則潛符於造化,將付代天之柄,宜歸
不世之才,今得良臣,庶臻治道。端明殿學士、中大夫、尚書兵部侍
郎、上柱國、賜紫金魚袋趙鳳,丹山瑞彩,赤厓靈鋒,清明猶水鏡冰壺,
質厚若渾金璞玉,動惟稽古,靜可鎮時。夢傳五色之毫,文章煥爛;力
就三冬之志,學藝縱橫。頃在禁林,嘗傳職業,始中原之大定,屬萬國
以來朝,制命聯緜,詔書叠委,共嘆立成之敏,略無停綴之時。洎朕承
基,復資演誥,俄遷居於秘殿,嘗密贊於鴻圖,實賴謀猷,每嘉經濟。
爰司貢部,俾選儒徒,果無遺逸之名,足見搜羅之道。昨朕將還洛邑,
特委浚郊,一時權籍於殿邦,期月尋聞於報政,恩威並設,賞罰皆明,
夷門無夜柝之喧,梁苑遂春臺之樂,克膺重寄,允謂周才。宜顯處於
岩廊,貴大施於陶冶,黃扉峻秩,粉署崇資,兼煩筆削之功,更代簡編
之職,勛階並進,爵邑惟新,足爲爰立之榮,在體勤求之意,唯思啓沃,
端俟弼諧。於戲! 應卜夢之祥,當股肱之任,關群生之休戚,繫萬宇
之安危,社稷是平,寰瀛緊賴,勉勤夙夜,無怠初終,勿令伊、說、皋、夔
咸擅美於前也。可正議大夫、門下侍郎、兼工部尚書、同平章事、監修
國史、上柱國,仍封天水縣開國男,食邑三百户。"

(宋)王欽若等編纂:《册府元龜》卷七四《帝王部》

趙鳳爲邢州節度使,在鎮所,請俸禄之餘,分給將校賓佐,故雖危
難之中,軍民帖然。

(宋)王欽若等編纂:《册府元龜》卷四三三《將帥部》

趙鳳,爲員外郎,充翰林學士。會明宗置端明殿學士,鳳與馮道
俱任其職。時任圜爲宰相,恃明宗舊恩,行事無邊幅,爲巧宦者所傾,
以至罷相,歸磁州。朱守殷以汴州叛,明宗親征,未及鄭州,巧宦者謂
安重誨曰:"此失權者三、四人在外地。如朝夕未能破賊,被此輩陰結
狂徒,爲患非細。"乃指任圜在滏陽。即日,馳驛賜圜自盡。既而,鳳
知之,哭謂重誨曰:"任圜義士,肯造逆謀以讎君父乎? 公如此濫刑,

何以安國?"重誨笑而不責。

（宋）王欽若等編纂:《册府元龜》卷四五九《臺省部》

後唐趙鳳,明宗時爲門下侍郎兼吏部尚書、平章事。長興三年,出爲檢校太傅、同中書門下平章事、充安國軍節度等使。

（宋）王欽若等編纂:《册府元龜》卷三二二《宰輔部》

趙鳳,明宗朝爲端明殿學士。有周玄豹者,自言善相術,明宗爲將時,玄豹曰"貴不可言",帝素異之。即位後,命爲少列,頻召之。鳳奏曰:"玄豹是臣鄉里人,待臣不薄。前代術士妄言,致人破家滅族者多矣。玄豹藝術雖精,臣不欲置之都下。昔言陛下應運,今已效矣。陛下無事更詢,而輕薄狡妄之徒,不知命有定分,若玄豹至京師,則人士凑其門。臣竊思之,無益於事。"乃止。

（宋）王欽若等編纂:《册府元龜》卷五三三《諫諍部》

後唐趙鳳以末帝清泰初,自邢州節度召還,授太子太保,既而病足,不能朝謁。疾篤,自爲蓍筮,卦成,投蓍而嘆曰:"吾家世無五十者,而復窮賤。吾年五十爲將相,豈有遐壽哉?"數日而卒。

（宋）王欽若等編纂:《册府元龜》卷八九五《總録部》

後唐崔協,父彦融,素與崔蕘善。彦融爲萬年令,蕘謁之,彦融未出,蕘見按上尺題皆賂遺中貴人,蕘知其由徑,始惡其爲人。及彦融除司勛郎中,蕘爲左丞,通扎不見曰:"郎中行止鄙雜,故未敢見。"宰相知之,改彦融爲楚州刺史,卒於任。誡其子曰:"世世無忘蕘。"故其子弟嘗之崔仇。

（宋）孔平仲:《續世説》卷一一

崔蕘,爲尚書左丞,素與崔彦融善。彦融嘗爲萬年令,蕘謁於縣,彦融未出,見案上有尺,題皆賂遺中貴人。蕘知其由徑,始惡其爲人。

及除司勛郎中,蕘爲左丞,通刺不見。蕘謂曰:"郎中行止鄙雜,故未敢見。"宰相知之,改楚州刺史,卒於任。

(宋)王欽若等編纂:《册府元龜》卷四五九《臺省部》

唐崔恊,美風骨而少文字,人呼爲"無字碑"。五代趙光隆,風神秀異而性不喜書,時號"玉界尺"。二子雖見黜於學者,然悉以眉宇稱其得名,有玉石之別,亦幸不幸也。世之持風鑒者多矣,顧將何以別之?

(宋)吳炯:《五總志》

弃蘇合香丸,取蜣蜋之轉。五代唐明宗罷豆盧革等相,任圜與安重誨、鄭珏、孔循議當爲相者。圜意屬李琪,而珏、循不欲,謂重誨曰:"李琪非無文藝,但不廉耳。宰相端方,有器度者足以爲之,太常卿崔恊可也。"他日,明宗問相,重誨以恊對。圜爭曰:"重誨未識朝廷人物,爲人所賣,天下皆知崔恊不識文字,而虛有其表,號'没字碑'。陛下誤進不知書,以臣一人取笑足矣,相位有幾,豈容更益笑端?"明宗曰:"宰相重位,卿等更自詳審,馮書記先朝判官,稱爲長者,可以相矣。"馮書記道也。議未决,重誨等退休於中興殿廊下,孔循拂衣去,行且罵曰:"天下事一則任圜,二則任圜,圜乃何人!"圜謂重誨曰:"李琪才藝可兼時輩百人,而讒夫忌害其能,若舍琪相恊,如弃蘇合香丸而取蜣蜋之轉也。"重誨笑而止。然重誨終以循言爲信,月餘,恊與馮道皆拜相,人多嗤恊所爲。

(宋)佚名:《錦绣萬花谷》前集卷一〇

後唐欲用相,安重誨欲用崔恊,任圜欲用李琪。圜曰:"朝廷有李琪者,學際天人,奕葉軒冕,論才校藝,可敵時輩百人。必舍琪而相恊,如弃蘇合之丸,取蜣蜋之轉也。"

(宋)孔平仲:《續世説》卷四

後唐崔協,莊宗同光初爲御史中丞,憲司舉奏,多以文字錯誤,屢受責罰。崔協器宇宏爽,高談虚論,多不近理,時人以爲虚有其表。

(宋)王欽若等編纂:《册府元龜》卷五二一《憲官部》

後唐崔協爲御史中丞,莊宗同光中,與殿中侍御史韋梲、魏遜詣東上閤門進狀,待罪罰俸,有差刑獄,奏牘脱略文字故也。

(宋)王欽若等編纂:《册府元龜》卷五二二《憲官部》

崔協,爲相。天成二年五月,御史中丞盧文紀奏:"今月一日,廊下就食,權知左丞崔居儉使大吏怪食無次第。"文紀以賜食出於御廚,又非室中,指縱爲居儉墮越近條,故舉之。奉敕:"臺司舉奏務肅班行,若鞫端由,且開飲饌,縱令引證,亦是小瑕。並放。"時協在中書,與居儉有私憾,及有是舉,人亦非之。

(宋)王欽若等編纂:《册府元龜》卷三三七《宰輔部》

崔協,明宗天成三年正月己未,中書門下奏:"國子祭酒闕。伏以祭酒之資,歷朝所貴,爰從近代,不重此官。經天緯地莫如文,戡定禍亂莫如武;武不可不講,文不可不修。況屬聖朝方勤庶政,須弘雅道,以振時風。望令宰臣兼判國子祭酒事,如蒙允許,望内賜處分。"奉敕,令崔協兼判。

(宋)王欽若等編纂:《册府元龜》卷三二九《宰輔部》

崔協,明宗時爲平章事。天成三年九月,協嘗侍坐,言於帝曰:"臣聞《食醫心鏡》極好,不假藥餌,足以安心神。"左右見其膚淺,不覺哂之。

(宋)王欽若等編纂:《册府元龜》卷三三六《宰輔部》

後唐崔協,字文交。父彦融,與崔蕘素相友善。彦融爲萬年,蕘謁於縣，彥融未出，有尺題在案，皆賂遺於寺人矣。蕘知其繇徑，始惡其爲人。及彥融除司勛郎中，蕘已爲左丞通刺，不見，初以爲戲，再聞名於將命者，蕘謂曰："郎中行止鄙雜，故非敢見。"丞相知之，改楚州刺史，卒於任。誡其子曰："世世無忘崔蕘。"故其子弟常云世讎。協爲兵部侍郎，與中書舍人崔居儉相遇於幕次，協厲聲而言曰："崔蕘之子，何敢相見?"居儉亦報之，左降太子詹事。

（宋）王欽若等編纂:《冊府元龜》卷九二○《總録部》

崔協，明宗天成初爲平章事。初，孔循任事，協因其門人求爲輔相。成命，將出宰相，任圜言於執政曰："圜比無學術，謬參文吏，聖上以遭逢運會，俾待罪廊廟，四輔之重，已虛一位。今聞崔協雖爲名族，本不讀書，較其識見，恐不及圜。"孔循忿其言，拂衣而出，稱疾不朝者數日。帝俾安重誨諭之，方入。翼日，降制，拜平章事。協登庸之後，廟堂化筆，假手於人，前不同於己者，思騁其欲，鋒鋩露見，多爲近侍所阻。

（宋）王欽若等編纂:《冊府元龜》卷三三五《宰輔部》

崔協，明宗天成初爲太常卿，判尚書銓。時孔循任事，因其門人求爲輔相。二年正月七日，成命。將出，任圜言於執政曰："圜比無學術，謬參文吏，聖上以遭逢運會，俾待罪廊廟。四輔之重，已虛一位。今聞崔協雖爲名族，本不讀書。較其識見，恐不及圜。"孔循忿其言，拂衣而出，稱疾不朝者數日。帝俾重誨諭之，方入。翌日，降制，拜平章事。登庸之後，廟堂化筆，假手於人。前不同於己者，思騁其欲，鋒鋩露見，多爲近侍所沮。

（宋）王欽若等編纂:《冊府元龜》卷九四五《總録部》

没字碑:五代後唐丞相崔協，不識文字而虛有其表，爲世所鄙，號爲"没字碑"。

（明）陶宗儀:《説郛》卷三《實賓録》

後唐崔協曾祖邠爲太常卿，祖瓘，吏部尚書，咸有名德，朝議稱仰。協終於相位。

（宋）王欽若等編纂：《册府元龜》卷七八三《總録部》

後唐長興四年，以前襄州觀察支使魚崇遠爲秦王府記室參軍事。

（宋）章如愚：《群書考索》後集卷一二

後唐陳乂，爲常山判官日，人有造者，垂簾深處，罕見其面。及爲中書舍人，姿態倨傲，竟不至公卿，蓋器度促狹者也。

（宋）孔平仲：《續世説》卷七

後唐陳乂爲中書舍人。微有才術，常自恃其能。及居西掖，而姿態愈倨。位竟不至公卿，蓋器度促狹者也。

（宋）王欽若等編纂：《册府元龜》卷四七八《臺省部》

陳乂，性孤執，尤廉於財。明宗長興中，嘗自舍人銜册晉國公主石氏於太原，晉高祖善待之，但訝其高岸。人或有獻可於乂，宜陳一謳頌，以稱高祖之美，可邀其厚賄耳。乂曰：“人生貧富，咸有定分。未有持天子命，違禮以求利。既損國綱，且虧士行。乂今生所不爲也。”聞者嘉之。

（宋）王欽若等編纂：《册府元龜》卷六五四《奉使部》

陳乂爲給事中，充樞密直學士，性奸險，好爲陰計。始在梁，事張漢傑，滅宗。莊宗時，佐郭崇韜伐蜀，而郭又覆族。至是，朱弘昭拔用之，不兩月，弘昭及禍。其時僻政拙謀，而乂有力焉。

（宋）王欽若等編纂：《册府元龜》卷九三八《總録部》

後唐陳乂爲知制誥，微有才術，常自恃其能，爲恒山判官。人日有造者，垂帷深處，罕見其面。及居西掖，而姿態愈倨，位竟不至公卿,蓋器度促狹者也。

(宋)王欽若等編纂:《册府元龜》卷九三〇《總錄部》

晉陳乂,後唐明宗長興中爲中書舍人。銜命册公主於太原,①高祖深待之,但訝其高岸。人或有獻可於乂,宜陳一謳頌以稱帝之美,可邀其異待耳。乂曰:"人生貧富,咸有定分。未有持天子命,違禮以求利。既損國綱,且虧士行。乂今生所不爲也。"聞者無不嘉之。

(宋)王欽若等編纂:《册府元龜》卷六六一《奉使部》

後唐盧導爲諫議大夫。潞王從珂叛,以兵犯京師,宰相馮道請導草箋勸進,道固拒之。

(明)彭大翼:《山堂肆考》卷六一

後唐盧導,明宗長興末爲中書舍人,權知貢舉。明年春,潞王自鳳翔擁大軍赴闕,閔帝奔於衛州,宰相馮道、李愚集百官於天宮寺,將出迎潞王。時軍衆離潰,人情奔駭,百官移時未有至者。導與舍人張昭先至,馮道請導草勸進箋,導曰:"潞王入朝,郊迎可也。若勸進之事,安可造次?且潞王與主上皆太后之子,或廢或立,當從教令,安得不稟母后,率爾而行?"馮道曰:"事要務實,勸進其可已乎。"導曰:"今主上蒙塵在外,遽以大位勸人,若潞王守道修睦,以忠義見責,未審何辭以對。不如率群臣詣宮門取太后進止,即去就善矣。"道未及對,會京地巡檢安從進報曰:"潞王至矣,安得百僚無班?"即紛然而去。是日,潞王未至,馮道等止於上陽門外,又令道草勸進箋,導執之如初。李愚曰:"舍人之言是也,吾輩信罪人矣。"導之守正也如是。

(宋)王欽若等編纂:《册府元龜》卷五五一《詞臣部》

後唐潞王初,帝以劉昫代判三司。昫命判官高延賞鈎考窮核,皆

---

① 公主即高祖后也。

積年逋欠之數,奸吏利其徵責匄取,故存之。昀具奏其狀,且使請察其可徵者,急督之,必無可償者,悉蠲之。韓昭嗣極言其便。八月詔,長興以前,户部及諸道逋租三百三十八萬,虛煩簿籍,咸蠲免勿收,貧民大悦,而三司吏怨之。其後聞昀罷相,三司吏皆相賀。

(宋)謝維新:《古今合璧事類備要》外集卷二七

後唐李愚,初,唐末避難,東歸洛陽。時衛公李德裕孫道古,在平泉舊墅,愚往從焉。子弟親采枏負薪,以給朝夕,未嘗干人。故少師薛廷珪掌貢籍之歲,登進士第,又登宏詞科,授河南府參軍。

(宋)王欽若等編纂:《册府元龜》卷六五〇《貢舉部》

後唐李愚,唐末爲假官。滄州盧彥威署爲安陵簿。丁憂去職,服闋,隨計之長安。屬關輔亂離,頻年罷舉,客於蒲、津之間。光化中,軍容劉季述、王奉先以昭宗頻害宦者,同謀廢立月餘,諸侯無奔問者。愚時在華陰,聞其事,私心痛憤。乃求見華帥韓建,致書喻以禍福,其大旨曰:“僕關東一布衣爾,幸讀書爲文。每見君臣父子之際,有傷教害義之事。常痛心切齒,恨不得抽腸涉血,肆之市朝。明公居近關重鎮,君父幽辱月餘,坐視凶逆,而忘勤王之舉,僕所未喻也。僕竊計中朝輔弼,雖有志而無權;外鎮諸侯,雖有權而無志。唯明公忠義,社稷是依。往年車輅播遷,號泣迎奉,累歲供饋,再復朝廟,義感人心,至今歌咏。此時事勢,尤異前時。明公地處要衝,位兼將相。自宮闈變故,已涉旬時,若不號令率先,以圖反正,遲疑未決。一朝山東侯伯唱義連衡,鼓行而西。明公求欲自安,如何決策?此必然之勢也。不如馳檄四方,喻以逆順。軍聲一振,則元凶破膽。浹旬之間,二豎之首傳於天下。計無便於此者。”建深禮遇之,堅辭還山墅。建草檄欲布於諸鎮,事未集,而崔中書殺二凶,昭宗反正。

(宋)王欽若等編纂:《册府元龜》卷七六二《總録部》

後唐李愚,昭宗在鳳翔,汴軍攻蒲華,愚避難,東歸洛陽。時衛公李德裕孫道古在平泉舊墅,愚往依焉。子弟親采梠負薪,以給朝夕,未嘗干人。

(宋)王欽若等編纂:《册府元龜》卷七八五《總録部》

李愚,唐光化中隨計之長安於蒲、華之間。昭宗駕在鳳翔,汴軍攻蒲、華,愚避難,東歸洛陽。時衛公李德裕孫道古在平泉舊墅,愚往依焉。子弟采梠負薪,以給朝夕,未嘗干人。後至左僕射。

(宋)王欽若等編纂:《册府元龜》卷九四九《總録部》

後唐李愚,隨計之長安。唐昭宗天復初,駕在鳳翔,汴軍攻蒲、華入關,愚避難,東歸洛陽。時衛公李德裕孫道古在平泉舊墅,愚往依焉。子弟親采薪以給,朝夕未嘗干人。後至相位。

(宋)王欽若等編纂:《册府元龜》卷九〇二《總録部》

後唐李愚,行高學贍,有史魚、蘧瑗之風,侃然正色,不畏強禦。衡王入朝,重臣李振輩皆致拜,惟愚長揖。梁末帝責之曰:"衡王朕之兄,朕猶致拜,崇政使李振等皆拜,爾何傲耶!"對曰:"陛下以家人禮兄,振等私臣,臣居朝列,與王無累,安敢諂事。"其剛毅如此。

(宋)孔平仲:《續世説》卷三

後唐李愚,同光中,自翰林學士爲魏王繼岌征蜀都統判官,仍帶本職從軍。物議以蜀險阻,未可長驅,招討使郭崇韜問計於愚,愚曰:"如聞蜀人厭其主荒恣,倉卒必不爲用,宜乘其人情二三,風馳電掣,彼必破膽,安能守險?"及前軍至固鎮守,軍食十五萬斛,崇韜因謂愚曰:"公能料事,吾軍濟矣。"招討判官陳乂至寶鷄稱疾,乞留在後,愚厲聲曰:"陳乂見利則進,懼難則止。今大軍涉險,人心易惑,正可斬之以殉。"由是軍中無敢遲留者。是時,軍書羽檄,皆出其手筆。蜀平,就拜中書舍人。

(宋)王欽若等編纂:《册府元龜》卷七二一《幕府部》

五代李愚守左僕射。是時兵革方興，天下多事，而愚爲相，請州縣貢士作鄉飲酒禮。時以其迂闊，不用。

（唐）白居易、（宋）孔傳：《白孔六帖》卷五九

粥飯僧。五代李愚爲相迂闊，廢帝謂愚等無所事，常目爲粥飯僧，以謂飽食終日，無所用心。

（宋）佚名：《錦綉萬花谷》前集卷一〇

五代李愚，爲人謹重寡言。仕唐爲相，時兵革方興，天下多事，而愚欲依古以創理，乃請頒《唐六典》，示百官，使各舉其職，州縣貢士，作鄉飲酒禮。時以其迂闊，不用。愍帝即位，有意於治，數召學士問以時事，以愚所建白爲迂，未嘗有所問。廢帝亦謂愚等無所事，嘗目宰相曰："此粥飯僧耳！"以其飽食終日，無所用心也。

（宋）馬永易：《實賓録》卷九

五代李愚，渤海無棣人。愚有疾，明宗遣宦官視之。見其敗氈敝席，四壁蕭然。明宗嗟嘆，命以供帳物賜之。

（唐）白居易、（宋）孔傳：《白孔六帖》卷一四

五代李愚爲左僕射。是時兵革方興，天下多事，請州縣貢士，行鄉飲酒禮。時以爲迂闊，不用。

（明）彭大翼：《山堂肆考》卷一五二

長興二年三月，制曰："衡之平，不欺於物；水之止，洞鑒於形。厥有操心秤而無撓重輕，挂人鏡而自分妍醜，所以旁求多士，果得正人，符夢卜而惟吉之從，舉賢良而不仁者遠，命爲余弼，僉曰汝諧。朝議大夫、守太常卿、上柱國、隴西縣開國男、食邑三百户、賜紫金魚袋李愚，勁草凌風，孤松抱雪，向歷艱難之運，再逢開泰之期。先皇帝擢在禁林，輒隨征斾，鋒鋩翰墨，經劍閣而無兢刊銘；糞土珠金，入刀州而

未嘗關夢。罔矜諭蜀，素蘊致堯。洎朕纘紹丕圖，服勤内署，慎密而不言温樹，論思而守奉甘泉。及掌文闈，大開公道，樹杏壇而重興四教，歷蘭省而再陟二卿，當祀周郊，密承殷誥，泥金而將期獻頌，擊石而尋致來儀。既歷試諸艱，且爰立作相，是命亞鳳池之貴位，領虎殿之群儒，仍進崇階，兼加好爵。於戲！久虚右席，俾運前籌，期偃戢於干戈，致混同於書軌，以毗乃辟，正事惟醇，則霖雨鹽梅，於是乎在。可正議大夫、守中書侍郎、平章事、集賢殿大學士。"

（宋）王欽若等編纂：《册府元龜》卷七四《帝王部》

李愚爲中書侍郎平章事。長興四年，遇病，明宗使中使宣問。愚所居寢室，蕭然四壁，病揭弊氈而已。中使具言其事，帝曰："宰相月俸幾何？而委頓如此。"詔賜絹百匹，錢百千，帷帳什物一十三事。

（宋）孫逢吉：《職官分紀》卷三

後唐李愚爲中書侍郎平章事。長興四年二月，愚病，明宗令中使宣問。愚所居寢室蕭然四壁，病榻弊氈而已。中使具言其事，帝曰："嘻！宰相月俸幾何，而委頓如此！"詔賜絹百尺，錢百千，幃帳什物一十三事。

（宋）王欽若等編纂：《册府元龜》卷三一〇《宰輔部》

後唐李愚爲中書侍郎平章事。長興末，秦王恣橫，權要之臣避禍不暇，邦之存亡，無敢言者。愚性剛介，往往形於言。

（宋）王欽若等編纂：《册府元龜》卷三一七《宰輔部》

末帝清泰元年七月，宰臣李愚、劉昫因論公事於政事堂相詬，辭甚鄙惡，各欲非時見訟是非。帝令劉延郎宣諭："卿皆輔弼之臣，萬國式瞻，不宜如是！此後不得更然。"

（宋）王欽若等編纂：《册府元龜》卷一五八《帝王部》

末帝清泰二年十月戊寅,制尚書左僕射、門下侍郎、同平章事、弘文館大學士、太微宮使、趙郡公、食邑二千石、食實封二百戶李愚可守本官,門下侍郎兼吏部尚書同平章事、監修國史、判三司、彭城郡公、邑千五百戶劉昫可守尚書右僕射,皆免知政事。昫司邦計,意在至公,欲除積弊,傷於太察。初,帝自鳳翔至,切於軍賞,時王致判三司,詔問錢穀,奏數百萬在,及慶賜無幾。帝怒,用昫代致。昫性初疾惡,又懼訶譴,及搜索簿書,命判官高延賞,昫計窮詰,乃積年殘租。或主務不怠,詰之不已,屢遷歲時。計司主典利其所係,不欲搜摘,至是藏蓋彰露,昫具條奏。可徵者急督之,無以償者以籍進。韓昭備言,由是逋者咸蠲除之,窮民相與歌咏,唯王典怨沮,乃謀偽書昫名差務官,昫疑不由己,詰之,獄成。云自昫別室內弟。御史陳觀鞫訊,遣吏取公文,昫曰:"吾一病妻,比無別室,御史見凌,亦須循理。"觀仍遣吏不已。及罷相之日,群吏攜三司印復萃月華門外,聞宣昫罷,乃相賀快活矣。及昫歸第,三司無一人從至第者。傳所謂盜憎民惡,其可忽諸。李愚褊急,素不悅馮道。昫與道婚家,及道出鎮,凡中書積滯事,愚指昫云:"君親家翁所爲。"昫與之口訟,動至色屬,吏俱惡之。乃揚言於外,二人欲相毆,穢語及之,愚之秉執,昫之多防。帝采其言,俱罷之。

(宋)王欽若等編纂:《册府元龜》卷三三三《宰輔部》

李愚,清泰中平章事,以嬰疾,多請告,累表乞骸。不免,尋卒於位。

(宋)王欽若等編纂:《册府元龜》卷三三一《宰輔部》

李愚,明宗時爲中書侍郎、同平章事。長興季年,王政多僻,權要之臣避禍不暇,邦之存亡,無敢言之。愚性剛介,往往形言,然人無唱和者。但舉六典之舊事,書之粉墙,補六經之闕文,刻其印板。其經緯大略,曾無所施。

(宋)王欽若等編纂:《册府元龜》卷三三五《宰輔部》

李愚爲平章事,與劉昫俱在中書。時馮道已出鎮同州,而昫與道爲婚家,而愚性太峻,或因舊事不便,要釐革者,對論不協,愚必曰:"此事賢家翁所爲,更之不亦便乎?"昫憾其言切,於是每言必相詰難,或至喧呼。無幾,兩人俱罷相。

(宋)王欽若等編纂:《册府元龜》卷三三七《宰輔部》

李愚,爲左拾遺、崇政院直學士。或預咨詢,而侃然正色,不畏强禦。衡王入朝,重臣李振輩致拜,唯愚長揖。末帝讓之,曰:"衡王,朕之兄。朕猶致拜,崇政使李振等皆拜,爾何傲耶?"對曰:"陛下以家人禮兄,振等私臣,臣居朝列,與王無素,安敢諂事?"其嚴毅皆此類也。

(宋)王欽若等編纂:《册府元龜》卷四六〇《臺省部》

後唐宰相李愚,少慕晏嬰之爲人,故初名晏平。

(宋)王欽若等編纂:《册府元龜》卷七九二《總録部》

李愚爲相,多振拔沉滯。時秘書監劉岳奉使湖南未還,愚奏岳爲太常卿。

(宋)王欽若等編纂:《册府元龜》卷三二四《宰輔部》

李愚爲翰林學士承旨。長興初,除太常卿。時大臣加恩,所爲制詞不愜,愚尤深憂惴。家皇城内,國忌日行香,即宿於洛水南佛寺,以防糾劾。

(宋)王欽若等編纂:《册府元龜》卷九〇九《總録部》

粥飯僧:五代李愚嘗目宰相曰:"此粥飯僧耳。"以其飽食終日,無所用心也。《本傳》

(明)陶宗儀:《説郛》卷三《實賓録》

《後唐史》曰:賜宰相李愚絹百匹、錢百緡、鋪陳物一十三件。時愚病,上令中使宣問。愚所居寢室,蕭然四壁,臥弊氈而已。中使具言其事,上曰:"嘻!宰相月俸錢幾何,而委頓如此!"故有是賜。

(宋)李昉:《太平御覽》卷八一七《布帛部四》

長興末,王政多僻,權要之臣,避禍不暇,邦之存亡,無敢言者。(李)愚性剛介,往往形於言,然人無唱和者,但舉《六典》之舊章,書之粉壁,補《六經》之闕文,刻其印板,其經緯大略者,曾無所施。

(宋)孫逢吉:《職官分紀》卷三

後唐何仲舉,其母嘗夢攜入月,尋與范質登長興間進士,至天策府學士。

(明)陳耀文:《天中記》卷一

于鄴除工部郎中,時尚書盧文紀諱業,甚不平。陶鑄欲請換曹,其夕鄴雉經。盧尚書貶石州司馬。于、盧之器固小也,然過在執政。

(宋)錢易:《南部新書》癸

于鄴,天成中,初除工部郎中。時盧文紀爲工部尚書,鄴往公參,文紀以鄴名其父諱,不之見。或謂鄴曰:"南宮故事郎中入省,如本行尚書侍郎,不容公參,何以有主?"鄴憂畏太過,一夕醉歸,雉經於室。

(宋)王欽若等編纂:《冊府元龜》卷九〇九《總録部》

乾符末,張建章爲函州行軍司馬,曾賷府戎命,往渤海,遇風濤。泊船忽爲女仙邀至一島,遺一鮫綃,自賷而進。後唐明宗有事郊邱,建章鄉人,掌東序之寶,見建章所進鮫綃,篋而貯之,軸之如箸,以紅綫三道扎之,亦云夏天清,暑展開,可以滿室凜然。

(明)陳耀文:《天中記》卷五

唐相國張濬二子,一曰義師,即小字也,本名格,爲蜀相;一曰興師,忘其名。後號李將軍,名儼,與父達軍機於淮海,亦遇害也。格與興師,昆弟俊邁,而尚矯譎,皆有父風。興師幼年出宅門,見其門僧,忘其名。傳相國處分,七笞之。其僧解後,莫知何罪。俄而相國召僧,坐安,見其詞色不懌,因問之。僧以郎君傳相國處分見怪,未知罪名。相國驚駭慚謝,以兒子狂駭,幸師慈悲。回至堂前,喚興師怒責之,且曰:"汝見僧何罪,而敢造次?"對曰:"今日雖無罪過,想其向來隱惡不少,是以笞之。"相國不覺失笑。

(五代)孫光憲:《北夢瑣言》卷九

後唐袁洪御爲雲中從事,尤精算術。同府令算庭下桐樹葉,布算良久,曰若干葉衆。不服,命撼去二十二葉。復算曰已少向者二十一葉矣。審視之兩葉極小,止當一葉矣。張敬達有二玉琬,洪御量其廣深,算之曰:"此琬明年五月十六日巳時當破。"敬達曰:"吾謹藏之,能破否?"即令貯大籠,藉以衣絮,鎖之庫中。至期,庫梁折,正壓其籠,二琬俱碎。嗟夫,一琬之碎,猶不逃於定數,而況人乎!

(宋)佚名:《分門古今類事》卷一八

五代劉鼎性若寬易,而與選曹案吏有風棱。

(唐)白居易、(宋)孔傳:《白孔六帖》卷二七

五代姚顗爲人仁恕,不知錢陌銖兩之數。

(唐)白居易、(宋)孔傳:《白孔六帖》卷二七

五代呂琦。廢帝發怒曰:"朕一女尚幼欲弃之夷狄,金帛所以養士而扞國也,又輸以資虜,可乎!"崧等惶恐,拜謝無數,琦足力乏,不能拜而先止。

(唐)白居易、(宋)孔傳:《白孔六帖》卷三一

(陸)思鐸在陳州有善政,臨終戒其子曰:"陳人愛我,我死則葬

焉。"遂葬於陳州。

(唐)白居易、(宋)孔傳:《白孔六帖》卷六五

五代鄭元弼父昌士,博學善屬文,有子八人,皆以詞學,號鄭家群虎。元弼最長,尤雋爽,文采遒麗,下筆成篇。

(唐)白居易、(宋)孔傳:《白孔六帖》卷九七

五代周張可復,依晉公霍彥威爲青州從事。晉公以其滑稽好避事,目爲"奸兔兒"。

(宋)孔平仲:《續世説》卷六

五代周張可復,略通儒術,少習吏事。唐開成初,依翟宜威於青州爲從事,滑稽避事,彥威目爲奸兔。

(唐)白居易、(宋)孔傳:《白孔六帖》卷九七

五代張遂清爲淄州刺史,迎其母及郊,親爲母執轡,行數十里,州人以爲榮。

(明)彭大翼:《山堂肆考》卷九七

五代張遂清,嘗爲淄州刺史,迎其母及郊,遂清爲母執轡,行數十里,州人以爲榮。

(唐)白居易、(宋)孔傳:《白孔六帖》卷一八

《五代史》:鄭仁誨,字日新,晉陽人。初事唐將陳紹光,紹光恃勇使酒,嘗乘醉抽劍,將傳刃於仁誨。左右無不奔避,仁誨端坐以俟,略無懼色。紹光擲劍於地,曰:"汝有此器度,必當享人間富貴。"後仁誨果至樞極。

(明)彭大翼:《山堂肆考》卷一一五

五代何承裕,嗜酒狂逸,歷盩厔、咸陽二縣令。醉則露首,跨牛趨府,府尹王彥昭,以其名士容之,往往召豪吏接坐。引滿,吏因醉挾私白事,承裕笑曰:"此見罔也,當受杖。"杖訖,復召與飲。

(明)彭大翼:《山堂肆考》卷一一六

五代時,田敏任祭酒兼侍郎。

(明)陳耀文:《天中記》卷三三

《五代史》:劉延朗,宋州人。廢帝起事於鳳翔,時延朗爲孔目官,率城中民錢以給軍。帝入京師,遂以延朗爲樞密副使,專任事,納賂多者,與善州,少及無賂者,與惡州,由是人人皆惡之。及晉兵入,延朗以一騎走回其家,指而嘆曰:"吾積錢三十萬於此,不知何人取之?"遂爲追兵所殺矣。

(金)王朋壽:《類林雜説》卷一四

五代劉延朗。初延朗與房嵩並掌機密,每延朗議事,則垂頭佯睡不省。

(唐)白居易、(宋)孔傳:《白孔六帖》卷二四

五代崔居儉拙於爲生,居顯官,衣常乏。

(唐)白居易、(宋)孔傳:《白孔六帖》卷二二

孔邈,兗州曲阜人。乾寧五年登進士第,除校書郎。崔遠在中書,奏萬年尉,充集賢校理,以親舅獨孤損方在廊廟,避嫌不赴職。謁羅紹威於鄴下,辟爲判官。

(宋)王欽若等編纂:《冊府元龜》卷七二九《幕府部》

孔邈爲殿中侍御史,乾化元年貶爲同州澂縣尉,以扈從北征,後

至行在故也。

（宋）王欽若等編纂：《册府元龜》卷五二二《憲官部》

後唐孔邈，兗州曲阜人，文宣王四十一代孫。乾寧五年，登進士第，除校書郎。崔遠在中書，奏萬年尉，充集賢校理。以親舅獨孤損方在廊廟，避嫌不赴職。

（宋）王欽若等編纂：《册府元龜》卷八〇八《總録部》

後唐孔邈爲萬年尉，充集賢校理，以親舅獨孤損在中書，避嫌不赴職。

（宋）王欽若等編纂：《册府元龜》卷八〇八《總録部》

孔邈，爲吏部郎中。天成二年八月庚辰，上言曰："臣聞賞延於世，實皇王體國之規；立身揚名，爲人子承家之道。苟推誠於忠孝，必懷慶於子孫。存殁共瞻，君親是望。伏自陛下中興大業，念舊録勛，賞賜無時，渥恩咸遍，尚慮有奮身爲國，迹隕魂孤，姓名不達於乾坤，骨肉飢寒於道路，不因詔書博訪，所在不與申聞。伏乞特下外藩，如有身殁王事，忠節顯彰，軍伍備聞，恩澤未及者，必令具録聞奏。如有子孫，便委所司齒録，使父母有可依之地，妻孥免無告之心。如只有孤遺，亦便令救恤。即已往者，知皇恩不弃；將來者，罄臣節何疑？楚師忘寒，空憑念問；周文葬骨，唯示深仁。冀於有道之朝，不漏無垠之澤。"上先是已行詔命，及覽是奏，促再行之。

（宋）王欽若等編纂：《册府元龜》卷四七五《臺省部》

孔邈爲諫議大夫，以年老致仕。

（宋）王欽若等編纂：《册府元龜》卷八九九《總録部》

孔邈，兗州曲阜人，文宣王四十一代孫，身長七尺餘，神氣溫克，綽有素風。

（宋）王欽若等編纂:《册府元龜》卷八八三《總録部》

　　孟鵠自三司勾押官,歷許州節度使。上曰:"鵠掌三司幾年,得至方鎮?"樞密使范延光奏對,上曰:"鵠實幹事人,以此至方鎮,爭不勉旃!"上心知其由徑忝冒,故以此諷也。

（五代）孫光憲:《北夢瑣言》卷一九

　　孟鵠本魏州案吏也,莊宗初定魏,博選幹吏以計兵職,鵠爲度支孔目官,掌邢洺錢穀司。明宗時,爲邢洺節度使,軍賦三分之一屬霸府,鵠於調算之間,不至苛急,每事曲意承迎,帝心甚德之。而度支使孔謙專典軍賦,而於藩鎮徵督苛急,帝嘗切齒。及帝即位,鵠時爲租庸院勾押,擢爲客省副使,樞密院承旨,當年爲三司副使。

（宋）王欽若等編纂:《册府元龜》卷八四四《總録部》

　　後唐孟鵠,明宗天成二年,以樞密院丞,旨充三司副使,權判三司。鵠,本魏州案吏也。初,莊宗初定魏博,選幹吏以計兵賦。鵠爲度支孔目官,掌邢、洺錢穀司。明宗時,爲邢、洺節度使。軍賦三分之一屬霸府,鵠於調弄之間,不至苛急,每事曲意承迎,上心甚德之,而支度使孔謙專典軍賦,而於藩鎮,徵督苛急,明宗常切齒。及即位,鵠時爲租庸院勾官,擢爲客省副使、樞密院承旨。當年,爲三司副使。長興二年,遷左驍衛大將軍,充三司使。

（宋）王欽若等編纂:《册府元龜》卷四八三《邦計部》

　　孟鵠,明宗初爲三司副使,出爲相州刺史。會范延光再典樞機,乃徵鵠爲三司使。鵠專掌邦賦,操剸依違,名譽頓减。期年,發疾,求外任,乃授許州節度使。不周歲,卒。

（宋）王欽若等編纂:《册府元龜》卷五一一《邦計部》

趙熙爲起居郎。天成三年八月戊寅,上言曰:"伏自陛下乘乾之後,纘聖已來,從諫如流,求賢不倦。遂令五日之内,一度敷敎,百辟之間,咸陳管見。伏睹武班朝士,皆大國賢臣,或繼委藩任,或盡知民瘼,或久請師旅,深知兵機。或將相子孫,或貔貅列士,或銜命每推於專對,或臨戎嘗立於殊功,蘊器業而不敢自陳,有籌畫而無由上奏。方今蒸黎尚困,兵革未銷,儻一言仰合於天心,一事有資於軍志,可裨睿算,便致小康。抱材能者,無愧於朝廷;懷義勇者,何慚於休運。伏望令兩班更互奏對。"

（宋）王欽若等編纂:《册府元龜》卷四七五《臺省部》

後唐王瓚,初仕梁諸衛大將軍。貞明五年,代賀環統軍,駐於河上。時李存審築壘於德勝渡。秋八月,瓚率汴軍五萬自黎陽渡河,將掩擊魏州,明宗出師拒之。瓚至頓丘而旋,於楊村夾河築壘,架浮航,自滑餽運相繼。瓚嚴於軍法,令行禁止。

（宋）王欽若等編纂:《册府元龜》卷四一八《將帥部》

後唐王瓚,初仕梁,歷兗、華等州節度使。頗能除盜,而明不能照下。及尹正京邑,委政於愛婿牙將辛廷尉,曲法納賄,因緣爲奸。

（宋）王欽若等編纂:《册府元龜》卷六九八《牧守部》

後唐王瓚仕梁,爲開封尹。莊宗入汴,瓚出城迎降,伏地請死。帝曰:"朕與卿家世密親,兵戈阻闊,卿即時竭心,所事人臣之節也,何罪之有?"乃命復舊職。及誅張漢傑、朱珪輩,瓚大恐,憂駭不自安,所有家財相繼入貢。帝慰諭之,終以憂病而卒。

（宋）王欽若等編纂:《册府元龜》卷九〇九《總録部》

崔稅,梁永明三年舉進士。王文、薛廷珪愛其才,擢升甲科,開封尹王瓚表爲從事,專掌書奏,瓚待之若親友。

（宋）王欽若等編纂:《册府元龜》卷七二九《幕府部》

　　五代崔梲性至孝,其父涿病,不肯服藥,曰:"死生有命,何用藥爲?"梲屢進醫藥,不納。每賓客問病者,梲輒迎拜門外,泣涕而告之。涿終不服藥而卒。

　　　　　　　　　(唐)白居易、(宋)孔傳:《白孔六帖》卷三三

　　崔梲,爲開封尹王瓚從事。梲父涿有疾,謂親友曰:"死生有命,無以醫爲也。"梲侍之衣不解帶,有賓至,必拜泣告於門外,請方便勸其進藥,涿終莫之從。及丁憂,哀毀過制。明宗朝授監察御史,不應命,逾年詔再下,乃就列焉。

　　　　　　(宋)王欽若等編纂:《冊府元龜》卷七五六《總錄部》

　　晉崔梲,父涿爲刑部郎中,有疾,謂親黨曰:"死生有命,無以醫爲也。"梲侍之,衣不解帶。有賓至,必拜泣告於門外,請方便勸其進藥,涿終不從。

　　　　　　(宋)王欽若等編纂:《冊府元龜》卷八九五《總錄部》

　　晉崔梲,屬詞頗工,凡受托而作者,必親札致之,即焚其藁,懼泄人之假手。位太子賓客。

　　　　　　(宋)王欽若等編纂:《冊府元龜》卷七九三《總錄部》

　　五代崔梲遭世亂寓居於滑臺,不游里巷十餘年,人罕識其面。梁貞明三年舉甲科。

　　　　　　　(宋)謝維新:《古今合璧事類備要》別集卷一一

　　崔梲,字子文,性恬淡,不汲汲於榮利,笑不至哂,怒不至詈,接新進後生,未嘗有誨,群居公會,寡言。嘗云非止致人愛憎,且或干人祖禰之諱,指命僕役,亦用禮節,隆暑祁寒,不使冒犯。終太子賓客。

　　　　　　(宋)王欽若等編纂:《冊府元龜》卷八〇六《總錄部》

崔稅爲太常卿，嘗自語於知友云："某少時夢二人前引行路，一人計地理，曰：'一舍矣，可以止。'一人曰：'此君當更進三十有八里。'復行，如所言。二人偕止之。俄而驚覺。"稅嘗識是夢，以爲定命之限，故六十有七請退，明年，果終焉。

（宋）王欽若等編纂：《冊府元龜》卷八九三《總録部》

晉崔稅爲翰林學士，平生所著文章，碑誄制詔極多。人有借本傳寫者，則曰："有前賢，有來者，奚用此爲！"

（宋）王欽若等編纂：《冊府元龜》卷八六四《總録部》

崔稅，字子文，博陵安平人。初爲王瓚開封府從事，性恬淡，不汲汲於榮利，非公事不造權政之門。

（宋）王欽若等編纂：《冊府元龜》卷八七七《總録部》

崔稅，爲右補闕。天成三年八月己亥，上言曰："昔漢宣帝纘紹皇圖，勤恤民隱，慎擇循良之吏，分居牧守之權。其有政合廉平，惠敷疲瘵，小則降璽書而勞問，大則錫侯爵以甄酬。欲教化之久行，故遷移之不遽。伏惟陛下，秕糠大漢，回復皇唐，整百王隳紊之綱，削四紀傷夷之弊。永言致治，實在審官。刺史縣令有能副陛下之憂勤，去生民之疾苦，增添户口，勸課農桑，伏乞且命撫綏，不必循拘考限。明加獎激，就進階資。如有課最漸高，始終不易，量其器業，擢在朝廷。自然有位之人，咸思職分。無爲而治，坐致時雍。"疏奏，不報，後爲比部員外。

（宋）王欽若等編纂：《冊府元龜》卷四七五《臺省部》

孔莊，爲司門郎中。天成四年五月，上言曰："臣聞漢宣帝云：'與朕共治天下者，其唯良二千石乎？'今國家每擇郡牧，唯賞軍功。慮於治民，未盡其旨。爲人求瘼，責在參佐，則庶幾近理。願留天睠，俾慎揀焉。"

（宋）王欽若等編纂：《冊府元龜》卷四七五《臺省部》

郭正封，爲考功員外郎。天成四年八月癸卯，奏中興平定之初，自數十年雜亂，編民或爲兵士所掠没爲奴婢者，既無特敕，釐革無復從良，遂令骨肉流離，有傷王化。敕旨曉喻天下諸軍，所掠生口，有主識認，並勒放歸。

（宋）王欽若等編纂：《册府元龜》卷四七五《臺省部》

明宗在藩邸時，安重誨得給事左右，年尚幼而勤恪穎悟，出於時輩，漸得帝意。帝之鎮邢臺也，俾職閽司，隨從征討，垂十餘年，親信無間，歷數鎮，咸委心腹之任。及鄴城之變也，天下之心知所歸矣，佐命之功，獨居其右。

（宋）王欽若等編纂：《册府元龜》卷九九《帝王部》

安重誨，自明宗龍潛時，得給事左右。及鎮邢州，以重誨爲中門使。隨從征討凡十餘年，委信無間，勤勞亦至。洎鄴城之變，佐命之功獨居其右，明宗踐祚，領樞密使。俄遷左領軍衛大將軍，充職。

（宋）王欽若等編纂：《册府元龜》卷三〇九《宰輔部》

安重誨，明宗時爲樞密使。天成二年十月，請於諸道州府自同光二年以前所欠秋糧夏税租，並主持務局敗闕課利，並沿河舟船折欠，天成元年殘欠夏税，並特與除放。時重誨既構任圜之禍，恐人非之，思市恩於衆，以掩己過，乃奏曰：“三司積欠二百萬貫，虛係帳額，請並蠲放。”帝重違其意，故有是詔。時議民以蠲隔年之賦，或惠民場院課利一概除之，得不啓奸幸之門乎？

（宋）王欽若等編纂：《册府元龜》卷三三九《宰輔部》

安重誨，爲樞密使。明宗天成四年二月，車駕在汴，帝謂重誨曰：“外邊人聞朕歸京洛，去者如市，兼令差船載官人及隨行諸物，極是重滯。”重誨曰：“收復定州，大駕歸闕，人情胥悦，競赴京師，乃知海内無事。却是官人漸多，並前歲已增其半。"帝微有愧色。

（宋）王欽若等編纂：《册府元龜》卷三一七《宰輔部》

　　安重誨，爲樞密使兼中書令。天成中，任圜以功拜平章事，判三司，重誨忌之。嘗會於私第，有妓善歌，重誨求之不得，嫌隙漸深。先是，使人食券皆出於户部，重誨止之，俾須内出，爭於御前，往復數四，竟爲所沮。求罷三司，俄除太子少保，致仕，出居磁州。駕幸夷門，至鄭門，聞朱守殷叛，重誨接便慮爲結構，立遣人稱制就害之。又符習爲邢洺節度使，初，習與霍彦威畫赴難之謀，重誨名位猶下二人，既籍宿望，議論多抗，重誨銜之。習在鎮，以軍政委判官劉摶，性褊而猾，物論惡之，有言於重誨者，重誨具以聞。天成四年，召習京師，復授宣武軍節度使。重誨心猶不悦，會汴人言習厚賦錢以代納藥及軍租加省耗，由是罷歸京師私第，授太子太師，致仕。又皇甫立，代北人也。明宗之刺代州，署爲牙校，從歷藩鎮，性純謹，明宗委信之。王建立、安重誨策名委質，皆在立後。明宗踐祚，以立爲忻州刺史，頻詔安重誨授一藩鎮，重誨奏曰："立嘗申意於臣，且願舊地。"由是遷改留滯，蓋重誨扼之也。

（宋）王欽若等編纂：《册府元龜》卷三三九《宰輔部》

　　明宗時，安重誨爲樞密使，三上表乞解機務，詔不允。復面奏："乞與臣一鎮，以息謗議。"明宗不悦。重誨奏不已，明宗怒謂曰："放卿出，朕自有人。"即令武德使孟漢瓊至中書，與宰臣商量重誨事。馮道言曰："諸人苟惜安，令解樞務爲便。"趙鳳曰："大臣豈可輕動，公失言也。"道等因附漢瓊奏曰："此斷自宸旨，然重臣不可輕議移改。"繇是兼命范延光爲樞密使，重誨如故。

（宋）王欽若等編纂：《册府元龜》卷七八《帝王部》

　　安重誨，爲樞密使、中書令。長興元年九月，重誨進表，乞解機務。帝謂曰："朕與卿無間，凶輩厚誣，尋已誅戮。卿此後更勿在懷。"

翼日，宰臣入對，馮道等奏曰：“臣竊聞安重誨乞辭機務，此事不可輕議，乞陛下特持宸襟，以安中外。”帝曰：“朕已面諭之，無所改易。”至是，重誨復面奏云：“臣以孤賤事陛下，今日位重人臣，忽被無名誣構，若非聖鑒至明，察臣忠懇，則已膏於斧鉞矣。以臣才輕位重，終恐難鎮流言，乞與臣一鎮，暫解機務，以息浮謗。”聖旨不悦，重誨奏不已，帝怒謂之曰：“放卿出，朕自有人使。”范延光奏曰：“自中興已來，重誨參掌機務，況無過失，頗濟國家。如重誨辭退，無可爲代。”帝曰：“卿豈不得？”延光奏曰：“重誨事陛下三十年，爲陛下無不陳力。臣伏事日近，幸逢興運，叨竊寵靈，比德較功，不可與重誨同年而語。臣固才力不迨也。”帝遣促爲之，因令武德使孟漢瓊至中書宣問宰臣，商量重誨事。執政疑其對，唯馮道揚言曰：“諸人苟惜安令，紓其禍難，則解樞務爲便也。”趙鳳静曰：“大臣不宜輕動，公失言也。”道等因附漢瓊奏曰：“此斷在宸旨，然重臣不可輕易移改。”由是兼命延光爲樞密使，重誨如故。

（宋）王欽若等編纂：《册府元龜》卷三三一《宰輔部》

安重誨爲樞密使，明宗長興初，以潞州節度使王建立爲太傅，致仕。建立素與重誨不協，因其入朝，乃誣言建立自鎮歸朝，過鄴都日有搖扇之言，以是罪之。

（宋）王欽若等編纂：《册府元龜》卷九三三《總録部》

安重誨，明宗長興中爲樞密使兼侍中。有工部尚書李鏻，日生妄動，切欲爲宰相，人望非允，鏻乃引僞吳覘人見重誨云：“吳國執政徐知誥將舉國稱藩，願得令公一信，即來歸向。”重誨不察事機，即以爲實，然因出玉帶與覘者，令歸。工估其值數千緡。經歲無所聞，竟成虚語。

（宋）王欽若等編纂：《册府元龜》卷三三六《宰輔部》

安重誨，明宗時爲太尉、中書令、充樞密使。長興中，以檢校太師兼中書令、充河中節度使。

（宋）王欽若等編纂：《冊府元龜》卷三二二《宰輔部》

安重誨爲樞密使，李崧始辟范延光常山爲管記，與宰臣李愚從莊宗。皇子繼岌伐蜀，擢爲拾遺。俄而，延光入代安重誨爲樞密使，奏崧以本官爲本院學士。

（宋）王欽若等編纂：《冊府元龜》卷八二八《總録部》

安重誨，明宗時爲樞密使，誘河中副都指揮使楊彥温乘潞王閲馬於皇龍莊，據城謀叛。王遣人詰之曰："吾善待汝，何苦爲叛？"彥温報曰："某非敢負恩，緣奉樞密院宣頭令某拒命，請相公但歸朝廷。"數日，詔潞王歸朝，明宗疑其詐，不欲興兵，授彥温絳州刺史。重誨堅請出師，即命西京留守素自通、侍衛步軍都指揮使藥彥稠等帥兵攻之，五日而拔。自閏門及敗凡十三日。初，彥稠出師，明宗戒之曰："與朕生致彥温，吾將自訊之。"及收城，斬首傳送，明宗深怒彥稠等。時四海恬然，五兵載戢，滿非邊郡，近在國門，而彥温安能狂悖？皆以爲重誨方弄國權，尤忌末帝之名，故巧作窺圖，冀能傾陷也。彥温愚昧，爲人所嗾，故滅其族焉。

（宋）王欽若等編纂：《冊府元龜》卷三三九《宰輔部》

安重誨爲樞密使，四五年間獨縮大任，否臧自若，環衛酋長貴戚近習無敢干政者。弟牧鄭州，子鎮懷、孟，身爲中令，任過其才，議者謂必有覆餗之禍。無何，有吏人李虔徽弟揚言於衆云："相者言之狀，今將統軍征淮南。"時有軍將密以是聞，深駭上聽。先是東川帥董璋恃險難制，方多疑忌，又以武虔裕爲綿州刺史，董璋日設猜防，遂縶之叛。及王師討蜀，峽路艱阻，糧運不繼，而重誨請行，纔許便辭。翌日，領數騎而出，日馳數百里，西諸侯聞之，莫不惶駭。所在錢帛糧料，星夜輦運，齊赴利州。人乘斃踣於山路者不可勝記，百姓苦之。重誨至鳳翔，節度使朱弘昭延於寢室，令妻子奉食器，敬事尤謹。重誨坐中言及"昨被人讒構，幾不保全，賴聖上保鑒，苟獲全族"，因泣下。重誨既辭，弘昭遣人具奏"重誨怨望出惡言，不可令至行營，恐奪石敬瑭兵柄"。而宣徽使孟漢瓊自西回亦奏。重誨已至三泉，復詔歸闕。再過鳳翔，朱弘昭拒而不納，重誨懼，急騎奔程。未至京師，制授河中帥。既至鎮，心不自安，而請致仕。制初下，其子崇贊、崇緒走歸河中。二子初至，重誨駭然曰："二渠安得來？"家人欲問故里，重誨曰："吾知之矣。非此渠意，是他人教來。吾但以一死報國家，餘復何言！"翌日中使至，見重誨，號泣久之。重誨曰："公但言其故，勿過相慇。"中使曰："人言令公據城異志矣。"重誨曰："吾一死未塞責，已負君親，安敢輒懷異志，遂勞朝廷興師，增聖上宵旰，則僕之罪更萬萬矣。"時遣翟光鄴使河中，如察重誨有異志，則誅之。既至，李從璋自率甲士圍其第，仍拜重誨於其庭。重誨下階迎拜曰："太傅過禮。"俛首方拜，從璋以檛擊其首。其妻驚走抱之，曰："令公死亦不遲，太傅何遽如此！"並擊重誨妻首碎，並剝其衣服，夫妻裸形蹔於廊下，流血盈庭。翌日，副使判官白從璋願以衣服覆其尸，堅請方許。及從璋疏重誨家財，不及數千緡。議者以重誨有經綸社稷之大功，然志大才短，不能回避權寵，親禮士大夫，求周身輔國之遠圖，而悉自恣胸襟，果貽顛覆。

（宋）王欽若等編纂：《冊府元龜》卷九四二《總録部》

後唐安重誨為樞密使，時東川帥董璋恃險難制，乃以武虔裕為綿州刺史。董璋益懷疑忌，乃執虔裕以叛。

（宋）王欽若等編纂：《冊府元龜》卷九三五《總録部》

天下可一箭而定。五代安重誨為節度使，與蕃使並轡而行，指飛鳥射之，應弦而落，觀者萬衆，無不快抃，由是名振北狄。自謂天下可以一箭而定。

（宋）佚名：《錦綉萬花谷》前集卷一五

（長興二年）四月，以樞密院承旨李虔徽爲忠武軍行軍司馬。虔徽，邢州人，始爲郡吏，而安重誨信愛之。至是，驟昇厥職，行己之道，非其正也。重誨出鎮，故有是命。

（宋）王欽若等編纂：《冊府元龜》卷一五四《帝王部》

李延光，梁末帝時以儒士侍講禁中。李愚，天復中避地河朔，與延光客於山東。至是，延光屢言愚之行高學贍，有史魚、蘧瑗之風。召見矢謨王霸之術，嗟賞久之，擢爲左拾遺。

（宋）王欽若等編纂：《冊府元龜》卷八二八《總録部》

孫晟，莊宗時爲秘書省著作佐郎。明宗天成初，朱守殷據夷門叛，晟時爲幕賓，實贊成其事。

（宋）王欽若等編纂：《冊府元龜》卷七三〇《幕府部》

孫晟，密州人。後唐天成初，朱守殷據夷門，晟爲幕賓，贊成其事。城陷，朱氏被誅，晟乃匿迹更名，弃其妻子，亡命於陳、宋間。會同惡者送之淮外，吳人方納叛亡，即署以官次。

（宋）王欽若等編纂：《冊府元龜》卷九四九《總録部》

胡饒爲王建立所辟，奏爲真定少尹。天成末，定州王都構亂，陰使人結建立爲兄弟之國，饒又曾薦梁時右庶子張澄爲判官，建立亦狎之。澄素不知書，每坐則以陰符、鬼谷爲己任，建立時密以王都之盟告之，澄與饒俱贊成其事。會王師圍中山，其事遂寢，而饒之凶戾如此。

（宋）王欽若等編纂：《冊府元龜》卷七三〇《幕府部》

長興元年七月，宣徽南院使判三司馮贇爲北京留守。贇母辭赴太原，明宗賜衣服、銀器，因謂姥曰：“吾輩老矣，贇昨來總角，趨走吾老左右，今日便得力。吾頃事先朝爲將帥，視節度使富貴極矣。彼時吾不望爲山河主，況贇乎！姥至鄉中，常存內訓，勿令失禮於耆舊也。”

（宋）王欽若等編纂：《册府元龜》卷一五八《帝王部》

（長興元年）十月，北京留守馮贇謝恩賜母衣服銀器。初，贇父在太原潛龍第，爲家老母出入第中，恩意頗厚。贇自宣徽使居守晉陽，將之任，贇母辭於宮中。帝謂贇母曰：“吾輩老矣。贇昨來總角兒走吾前，今日便得氣力。吾頃在太原爲偏將，視節度使富貴極矣。彼時吾不敢懷望將帥。今贇爲留守節度使耳，姥更宜內訓，撫我鄉里生民。”是日，錫以金繒。及至任，每因中使往，即慰問之。

（宋）王欽若等編纂：《册府元龜》卷一七二《帝王部》

馮贇爲樞密使，明宗大漸，聞秦王以兵入侍，贇自第馳入皇城，與朱弘昭、康義誠等同誅秦王，語在《秦王傳》。明宗晏駕，閔帝自鄴至京師，內外制置，皆出弘昭與贇。及潞王至陝，閔帝召弘昭不至，俄聞自致，安從進乃殺贇於其第。贇母初喪，弃尸於路，妻子俱伏法。

（宋）王欽若等編纂：《册府元龜》卷九四二《總録部》

後唐馮贇爲北京留守。先是，以相堂爲使院，後以爲樂營，群吏簿籍無定居；又取太原縣爲軍營，縣寄治潛玄觀。贇至，並詢舊制，復以相堂爲史院，太原歸舊縣，其餘觸類如之。

（宋）王欽若等編纂：《册府元龜》卷六八九《牧守部》

馮贇，應順元年正月爲中書令，贇表讓，又面奏曰：“臣出自寒微，比無勞效，徒因際會，遂竊寵靈。今諸藩帥，臣中書元輔，鮮有中令之拜者，臣等一旦並居此位，天下觀聽者安肯無言？臣竭血誠，期不奉詔。”上以其衷切，改授兼侍中，進封邠國公。

（宋）王欽若等編纂：《册府元龜》卷三三一《宰輔部》

張守素爲馮贇故吏，贇死，妻子俱伏法，惟小兒三歲，守素匿之，遇赦獲全。

（宋）王欽若等編纂：《册府元龜》卷八〇四《總録部》

聶嶼，明宗時爲起居舍人。嶼早依郭崇韜門庭，致身朱紫，名登兩史，浙江使回，生涯巨萬。嶼爲河東節判，時郭氏次子之婦婿居於家，嶼喪偶未久，復忍而納幣，人皆罪之。明宗在藩邸時，素聞其醜聲，天成中，與温韜等同詔賜死。

（宋）王欽若等編纂：《册府元龜》卷九四三《總録部》

聶嶼爲鄴都留守判官，與趙敬怡、吕夢奇不足。又改河東節判，及至，常鄙其土風，薄其人士。或達於安重誨，值敬怡入司密勿，與夢奇同構殺之。

（宋）王欽若等編纂：《册府元龜》卷九五二《總録部》

張文寶爲中書舍人。天成二年十一月，文寶上言曰："巡狩省方，唐虞之舊典；吊民伐罪，湯武之前功。陛下親統貔貅，盡除梟獍，刷蕩瑕穢，珍息氛埃。天威已震於華夷，濡澤又沾於幽顯，動植蘇泰，遐邇歡康。所宜旋軫神都，凝旒紫禁，居中土而表正，來萬國以均輸，允叶億兆之心，共樂雍熙之化。"

（宋）王欽若等編纂：《册府元龜》卷五五三《詞臣部》

王居敏爲太子詹事，元帥秦王從榮府判官，與爲刑部侍郎劉贊明有鄉曲之舊。以秦王盛年自恣，須朝中選端士納誨，冀其稟畏。乃薦贊明，授秘書監兼秦王傅。

（宋）王欽若等編纂：《册府元龜》卷八二八《總録部》

王居敏爲秦王六軍判官，素不協意。及從榮擁兵之際，與高輦並轡，指日影曰："明日如今，已誅王詹事矣。"

（宋）錢易：《南部新書》癸

任贊爲刑部侍郎。長興四年，秦王從榮爲兵馬元帥，以贊爲兵部侍郎，充元帥府判官。

（宋）王欽若等編纂：《册府元龜》卷七一六《幕府部》

後唐袁象先，初仕梁爲天平軍兩使留後。時鄆境再饑，户民流散，象先即開倉賑恤，蒙賴者甚衆。

（宋）王欽若等編纂：《册府元龜》卷六七五《牧守部》

後唐袁象先，初仕梁，爲天平軍兩使留後。梁祖北征，以象先爲鎮定東南行營都招討應接副使，令兵攻蒱縣，不克而還。

（宋）王欽若等編纂：《册府元龜》卷四三八《將帥部》

後唐袁象先，朱温之甥也，爲宋州節度使。莊宗既平梁汴，象先厚以賂遺於權貴劉皇后及閹徒，因而恩寵隆異，賜姓名李紹安，復爲宋州節度使。

（宋）王欽若等編纂：《册府元龜》卷九四五《總録部》

袁象先，初仕唐，爲宿州刺史，充本州團練，統遂防遏都知兵馬使。會淮寇大至，圍迫州城，象先殫力禦備。時援兵未至，頗懷憂懼，一日乘城，憩於樓堞之上，悅然若寢，夢人告曰：“我陳璠也，嘗板築是城，舊第猶在，今爲軍舍。當爲我立廟，即助公陰兵。”象先許之。翼日，淮寇急攻其壘，梯輣角進，是日州城幾陷。頃之，有大風雨。居民望見城上兵甲無算，寇不能進，即時退去。象先方信有鬼神之助，乃爲之立祠，至今里人禱祝不輟。

（宋）王欽若等編纂：《册府元龜》卷三九八《將帥部》

後唐袁象先，唐末爲陳州刺史。州大水，民饑，有物生於野，形類葡萄，其實可食，貧民賴焉。

（宋）王欽若等編纂：《册府元龜》卷六八一《牧守部》

　　袁象先爲天平節度使,奉詔赴闕。鄆人遮留,毀石橋而不得進,乃自他門而逃。

（宋）王欽若等編纂:《册府元龜》卷六八三《牧守部》

　　後唐袁象先,性寬厚,不忤於物。幼遇亂,慨然有憂時之意,後爲歸德軍節度使。

（宋）·王欽若等編纂:《册府元龜》卷七七二《總録部》

　　袁象先判衢州時,幕客謝平子癖於焚香,至忘形廢事。同僚蘇收戲刺一札,伺其亡也而投之,云:“鼎炷郎,守馥州,百和參軍謝子平。”

（宋）陶穀:《清異録》卷上

　　袁象先之子羲,初自大理評事除户部郎中,未幾遷宣徽使。不周載,拜宣武軍節度使。

（宋）錢易:《南部新書》辛

　　袁正辭父象先,梁祖之甥,爲宋亳節度使,在州十餘年,積財百餘萬。

（宋）王欽若等編纂:《册府元龜》卷八一二《總録部》

　　袁正辭爲左監門衛大將軍,無他才,善治生。雖承父舊基,亦自能營構,故其家益富。嘗於積鏹之室,有吼聲聞於外,人勸其散施以禳其兆。正辭曰:“此必謁其同輩,宜更增之。”其庸暗多此類也。及清泰、天福、開運之際,厚貢求郡,止得虚名而已。三朝不遂其志,以至馬墮折足而終。

（宋）王欽若等編纂:《册府元龜》卷九三六《總録部》

　　賈馥,在鎮州幕府。張文禮殺王鎔,時莊宗未即尊位,文禮遣馥至鄴都勸進，自留鄴下，栖遲郵舍。莊宗即位，授鴻臚少卿。

（宋）王欽若等編纂：《册府元龜》卷七六六《總録部》

賈馥性恬澹，與物無競，爲鎮州士人之秀，位至鴻臚卿致仕。

（宋）王欽若等編纂：《册府元龜》卷七七七《總録部》

賈馥爲鴻臚少卿，年纔七十，上表請致仕，許之，乃以鴻臚卿致仕，賜紫金魚袋。遂歸鎮州，結茅齋於別墅，自課兒孫，耕牧爲事。

（宋）王欽若等編纂：《册府元龜》卷八九九《總録部》

馬縞長興四年爲户部侍郎，縞時年已八十。及爲國子祭酒，八十餘矣，形氣不衰。

（宋）王欽若等編纂：《册府元龜》卷七八四《總録部》

馬縞爲國子祭酒，時年八十餘，形氣不甚衰，而於事多遺忘。嘗言元積不應進士，以父元魯山名進故也，多如此類。又上疏：“古者無嫂叔服，文皇創意，以兄弟之親，不宜無服，乃議服小功。今令文省服制條爲兄弟之妻大功，不知何人議改，而置於令文。”諸博士駁云：“律令，國之大經。馬縞知禮院時，不曾論定，今遽上疏駁令式，罪人也。”

（宋）王欽若等編纂：《册府元龜》卷九五四《總録部》

後唐嚴譯爲亳州譙縣令，母病篤，陳假告即時去之。歸德軍節度使奏擅去任，大理言嚴譯母疾篤，有虧奏辭，所屬律文，不載詔律，既無條釋放。

（宋）王欽若等編纂：《册府元龜》卷八〇五《總録部》

李保殷，同光初，擢授殿中監。保殷素有明閑法律之譽，拜大理卿。未滿秩，屢爲人所制，曰：“人之多辟，無自立辟。”謝病以歸，卒於洛陽思順里。

（宋）王欽若等編纂：《册府元龜》卷八一三《總録部》

李保殷爲大理卿，未滿秩，屢爲人所制。保殷曰："人之多僻，無自立僻。"乃謝病以歸，卒於洛陽。

（宋）王欽若等編纂：《册府元龜》卷八〇五《總録部》

袁光輔，同光中爲復州刺史。天成初，上言："叔父幼年遇亂離索，與臣同名，臣今欲改名義。"從之。

（宋）王欽若等編纂：《册府元龜》卷八二五《總録部》

郭彦夔爲青州孔目吏，以節度使霍彦威故改名致雍。大成中，爲本道所薦，至京，中書以舊名除官邸，使蘇仁裕陳狀，以爲不便。安重誨以聖旨令中書奏曰："伏以凡是人名，皆由父名，侍側者稱以榮，左右爲後者稱以奉蒸，嘗犯廟諱，須更同御，名亦改降，此以外回避無聞。以《春秋》論之，衛侯名惡，大夫有齊惡。太宗朝有虞世南，君不聽臣易名，皆所以重人父之命。況郭彦夔長在青州，霍彦威有時移鎮。寧將私敬，上瀆聖聰。若便允從，恐多援引，只宜如故。工部郎中于鄴奏名，是盧文紀私諱，儻許更名，即不至尤違。其郭彦夔請在本道，宜令權稱，致雍在告，敕内即須仍舊。"誠爲至論，永作通規。從之。

（宋）王欽若等編纂：《册府元龜》卷八二五《總録部》

安黑連，長興初爲潮州刺史，明宗爲之改名保榮。

（宋）王欽若等編纂：《册府元龜》卷八二五《總録部》

歸藹字文彦，吳郡人也。曾祖登、祖融、父仁澤，位皆至列曹尚書觀察使。藹同光初爲尚書右丞，遷刑户二侍郎，以太子賓客致仕。

（宋）王欽若等編纂：《册府元龜》卷八六六《總録部》

晉張彭,仕後唐爲真定留守任圜推官,事無巨細,悉訪於彭。

(宋)王欽若等編纂:《册府元龜》卷七一六《幕府部》

晉張彭,常山九門人。少不知書,始爲公府通贊,遂假州縣。後唐莊宗改鎮州爲北都,以任圜爲真定尹,兼知管内戎事,則以彭爲留守推官。事無巨細,悉訪於彭,繇是趙之士大夫無得而進。彭素貪黷利權,所入圜多爲所賣。及廢都爲方正,朝廷命樞密使郭崇韜爲節度使,遥領之。崇韜素愛其地,欲歸利私門,而彭獻可於圜,擇公藉所有,多隱之以爲他費。崇韜深忿其事,會莊宗平常山,時獲趙王鎔家妓千餘,使宦者選留百人。及送,聞有許氏尤色,彭賂守者,以廢疾匿於僧坊。後宮中訪知,急召彭赴洛,欲害之。彭將戒途,以前與圜所隱泉貨,使人封藉馳白崇韜。崇韜乃德彭而怒圜,尋奏解許氏之罪,授秘書丞,知齊州管田。事其險巧,多此類也。明宗即位,以圜爲相,判三司事。圜奏彭守秘書少監度支判官,聞竟得罪,死於滏陽。議者以彭誤敗之所致也,近臣安重誨亦云:任公之過,盡繇張彭。

(宋)王欽若等編纂:《册府元龜》卷九二四《總録部》

朱弘昭爲山南東道節度使。長興四年九月,詔爲檢校太尉、同中書門下平章事,充樞密使。制下,弘昭面訴曰:"臣廝養之才,智謀極短,遇陛下興運,驟至方鎮,常懼不任,況内秉大權,必孤獎擢。伏乞别選才能。"上叱之曰:"公輩皆欲去朕左右,怕在眼前,養爾輩何爲?"弘昭退謝,不敢復言。

(宋)王欽若等編纂:《册府元龜》卷七八《帝王部》

朱弘昭爲樞密使,閔帝即位,超加中書令。弘昭素猜忌潞王,致其背誕,以潞王至陝,閔帝懼,欲奔馳,自手詔弘昭圖之。時將軍穆延輝在弘昭第,曰:"罪我也,其如之何? 吾兒婦,君之女也,可速迎歸,無令受禍。"中使繼至。弘昭拔劍大哭,至後亭,欲自裁,家人力止之。

使促之急，弘昭曰："窮至此耶！"乃自投於井。安從進既殺馮贇，斷弘昭首，俱傳於陝州。

（宋）王欽若等編纂：《册府元龜》卷九四二《總錄部》

歐史《朱弘昭》《馮贇傳》："明宗病，孟漢瓊、王淑妃用事，弘昭及贇並掌機務於中，大事皆決此四人。及殺秦王而立愍帝，益自以爲功。是時，弘昭、贇遣漢瓊至魏，召愍帝入立，而留漢瓊權知後事。明年正月，漢瓊請入朝，弘昭、贇乃議徙成德范延光代漢瓊，北京留守石敬瑭代延光，鳳翔潞王從珂代敬瑭。三人者皆唐大臣，以漢瓊故，輕易其地，又不降制書，第遣使者監其上道，從珂由此遂反。"愚謂從珂之反，皆爲朱、馮欲召漢瓊入，輒易三帥，故反，而愍帝被弑矣，漢瓊罪首禍魁也。薛史有傳，並載殺秦王從榮皆出其謀，從榮雖當誅，然漢瓊設心乘亂倖功，已爲可惡，乃從珂才反，即單騎馳至澠池謁見，自預從臣之列，傾險若此，歐竟不立傳以垂炯戒，可乎？柳開《河東集》門人張景編。第十四卷載其仲父承昫墓志銘："長興時，誅秦王從榮，宣徽使孟漢瓊馳傳就鄴宫，召宋王從厚，仲父爲有司主箋奏，告王元從都押衙宋令詢曰：'竊聞帝疾彌亟，秦王夷戮，今一單使徵王，王即挺身往，未爲利也。大臣奸豪，虜相結附，但苟其身，不顧於國。王至，孤坐宫中，但名曰君。天下安危未易知，不如盡率府兵，步騎齊發，按甲徐行，若必迎嗣君，命禮來之，我兵在衛，强者懟之，亂者翦之，而後遵上先旨，不爲失耳。'不納，王即去。令詢至洛，果出磁州刺史，王之屬臣，悉爲馮贇、朱弘昭輩遠之，不復邇帝也。後鳳翔兵起，帝遇禍衛州。"歐不但不作《漢瓊傳》，並附見《弘昭傳》者，亦不能帶補漢瓊數語，以見其始末，並"宣徽使"三字亦削之。且使柳承昫之計行，翦除權奸，愍帝位固矣。歐、薛皆不載，蓋未能搜補，此差可，而薛史却有《令詢傳》，叙其被擯，正與柳開合。又言其始終只事一君，知書樂善，動必由禮，聞愍帝遇害，大慟半日，自經而卒。此五代完人，應入《死節傳》，歐乃删落，隻字不存，又不可解。

（清）王鳴盛：《十七史商榷》卷九五

後唐王延禧攝湯陰縣令，柳承翰攝主簿，明宗天成元年八月，並賜緋魚袋，以帝赴難時經過供頓之勞也。

（宋）王欽若等編纂：《册府元龜》卷七〇一《令長部》

李光憲，爲右散騎常侍。天成元年十月乙巳，明宗御中興殿。光憲奏："將垂帝範，在守於舊章；欲叙彝倫，合循於故典。實大朝之理本，蓋有國之常規。臣嘗覽列聖實録，伏見建中元年正月五日敕旨，應内外常參官，上後三日，舉一人自代者，編諸簡册，冀拔賢良。是資教化之方，以盛簪裾之列。爰於近歲，稍易舊規。臣請明下敕文，許行建中故事。所冀振纓在位，咸懷舉善之心；械樸興歌，漸致得賢之美。"疏奏不報。

（宋）王欽若等編纂：《册府元龜》卷四七五《臺省部》

李光憲以太子賓客除禮部尚書致仕。

（宋）王欽若等編纂：《册府元龜》卷八九九《總録部》

後唐劉岳，八代祖民部尚書、渝國公政會，武德時功臣。祖符，蔡州刺史。父珪，洪洞縣令。符有子八人，皆登進士第。珪之母弟環、瑋，異母弟崇夷、崇望、崇魯、崇暮、崇龜，乾寧中廣南節度使。崇望，乾寧中宰相；崇魯、崇暮、崇夷並歷朝省。岳，貞明初召入翰林，爲學士。

（宋）王欽若等編纂：《册府元龜》卷八六六《總録部》

後唐劉岳，昭宗末爲殿中侍御史，召入翰林，爲學士。岳爲文敏速，好詼諧，秉筆無滯。

（宋）王欽若等編纂：《册府元龜》卷五五一《詞臣部》

後唐劉岳，初少孤，以先人官卑，群從之間最不調。兩都喪亂，流寓青、齊，丐食業文，厲心苦節，後至太常卿。

（宋）王欽若等編纂：《册府元龜》卷九四〇《總録部》

劉岳爲吏部侍郎，時馮道初入中書。道形神庸陋，一旦爲丞相，人士多竊笑。道自月華門赴班，岳與工部侍郎任贊偶語，見道行而復顧，贊曰："新相回顧，何也？"岳曰："定是忘持兔園冊來。"道之鄉人在朝者聞之，告道，因授岳秘書監，任贊散騎常侍。

（宋）王欽若等編纂：《冊府元龜》卷九四四《總録部》

劉岳，爲吏部侍郎。天成元年十一月甲戌，奏："凡在立朝，悉是爲臣之貴；每蒙進秩，咸加報上之忠。奉敕命以遷昇，固當感抃；降綸言而褒飾，或未捧觀。將使知寵陟之由，認訓誥之旨，必在各頒官誥，令睹制詞，處列班以增光，傳子孫而永耀。伏請自此，凡有除轉登朝官已上，召至閤門宣賜。在外則付本州，使賜之敕旨。朝官素有品秩，不可一例頒宣。文班三品已上，丞郎、給舍、諫議；武班大將軍已上：宜賜官誥。舊例：吏部出告身，納朱膠紙軸錢，方給朝臣，或親舊者，隨即給付，而官貧不辦者，但領敕牒而已。喪亂之後，因以爲常。朝臣多不出告身，制下之後，中書但收其制詞，編爲敕口，本官多不見獎飾之詞。故岳有是奏。"敕旨："不遍頒，得事體也。"其後執政，相與謀罷朱膠紙軸之例，以爲天下吏員，無多除拜，亦簡官給膠軸之費，歲不過數萬。國家既賜以爵位，而邀其膠紙之直，是巨細不相稱也。因奏覆："凡中外官除拜，並宣賜官誥。"然執政之議雖善，蓋令寵其始，不科其終。何者？同光世至天成初，官爵之命，止於除授中外正員官，其餘試陶貼號，則寵激軍中將校而已。自長興已來，除授日多。上至軍中卒伍，下迨州使鎮戍，疇昔書吏之流，皆有銀青言憲之號。每歲給賜告身，動盈數萬，非續尺紙之費，虛銷財力。而又常賜之道，難以勸功。以臣料終，則知執政圖治之非善也。作事謀始，凡執政者慎圖之。

（宋）王欽若等編纂：《冊府元龜》卷四七五《臺省部》

封翹爲給事中。天成二年四月戊子，上言曰："臣聞立愛惟親，教民以睦，實天朝之重事，乃有國之通規。是知維城，爲固本之資；磐石，作安宗之計。所以興隆鴻業，保定皇家。伏惟陛下，天祚丕基，日新聖德。使九功之咸叙，致百度以維身。墜典皆修，遺文必舉。獨於封建，未睹宣行，既尚抑於龍樓，宜且遵於麟趾。乞命親賢，以資夾輔。”

（宋）王欽若等編纂：《册府元龜》卷四七五《臺省部》

後唐封翹爲給事中。明宗天成二年七月甲戌，百官朝於中興殿。翹上言，以星辰合度，風雨應時，捋修賽謝，請以御前香一合，聖上親熱一炷，餘者即令分於所謝塔廟中焚之，貴表精至，庶賢聖感通。翹時推名族，履歷清華，出翰苑，登瑣闥，甚有爲霖之望。居常自負人莫若己也。自離亂之後，條制有所求便，祀事有所簡略。帝初臨御，五日一朝。群臣方虚心傾耳，以求叶贊。翹爲黄門郎，不能駁議時政，請豐潔粢盛，振舉頽綱，而以一炷神香，有能感通賢聖之論，近諸妖妄者矣！

（宋）王欽若等編纂：《册府元龜》卷四八二《臺省部》

（天成三年）三月己巳，給事中封翹上言曰：“天地之經，陰陽之數，莫不上規帝道，旁體物情。儻國人偶有其咨嗟，則時令必爲之差忒。如陛下英明，御宇勤儉，臨朝推泣，辜罪己之心，行解綱納隍之道。無偏無黨，憲章不濫於雷霆；克寬克仁，需澤常均於雨露。致君已及於堯、舜，勃興尋並於禹、湯，則合灾星退於三移，瑞日呈於五色，焉有自冬徹臘，啓歲經春，陰雲多蔽於長空，滯雨頻霶於連日。豈是未臻聖政，不降靈休，既難喻於玄穹，須更增於隆德。伏乞稍留聖念，明下所司，俾郊壇祠祭之儀，簠簋馨香之料，尤加精潔，倍致敬恭。罪非劫殺，旋令疏放。亡殁卿士，希加賵贈。農桑借力之時，務蠲大役；禽鳥營巢之際，禁斷網羅。恭祈十雨五風，以卜千秋萬歲。”詔付所司，詳酌施行。

（宋）王欽若等編纂：《册府元龜》卷四五七《臺省部》

李光緯爲右拾遺。天成二年三月，奏：“自本朝應運以來，陛下登極之後，有赤心事主，勠力勤王，或代著軍功，身已淪没者，乞遣崇官爵，延賞子孫，庶張開國之榮，永保承家之慶。兼内外重臣已下，班行間請,許追封以光孝道,雖九泉之幽暗,亦荷明時,庶百辟之忠良,同扶聖代。"

（宋）王欽若等編纂:《冊府元龜》卷四七五《臺省部》

呂朋龜爲度支員外郎,長興二年二月庚戌,奏以恩赦中許追贈、追封,已及周歲,有未沾恩命者,乞賜施行。敕旨宜令所司,報在朝文、武官員及諸道、州府當制內,有未沾恩命者,令供申文。狀到者,旋即施行,不得停滯。

（宋）王欽若等編纂:《冊府元龜》卷四七五《臺省部》

後唐劉知章爲醴泉縣令,長興元年七月,明宗命回鶻侯三走馬入回鶻部,給程有日,沿路乘驛而行。醴泉既非衝要,素無驛馬,長吏供億無准。洎侯三至縣索驛馬,館穀所司未辦,適遇知章不在縣,或謂侯三云:"知章出從禽矣,鎮將以馬給之。"俄而知章至,哀訴引過,侯三不之顧,因奏其狀。明宗大怒,促命械送至京,事幾不測。安重誨從容奏覆,方得減死,配流沁州。

（宋）王欽若等編纂:《冊府元龜》卷七〇七《令長部》

王丞弁爲祠部郎中,明宗長慶元年九月,以奏狀背縫著姓,罰一月俸。

（宋）王欽若等編纂:《冊府元龜》卷四八一《臺省部》

後唐王延,歷徐、宋、鄆、青四鎮從事。長興初,同鄉里馮道、趙鳳在相位,擢拜左補闕。逾年,以水部員外郎知制誥,就改郎中,正拜中書舍人,賜金紫。

（宋）王欽若等編纂:《冊府元龜》卷九五五《總錄部》

烏震,初爲鎮州隊長,以功漸升都將,與符習從征於河上,頗得士心。聞張文禮殺王鎔,臣欽若等謹案《五代史》,文禮初爲主,而養子名德明。

志復主讎,雪泣請行兵。及鎮陽,文禮執其母妻洎兒女十口,誘之不回,攻城日急,文禮忿之,咸割鼻斷腕,不絕於膚,縱至軍門,觀者皆不忍正視。震一慟而止,憤激自勵,身先矢石。鎮州平,以功歷深、趙二州刺史。

(宋)王欽若等編纂:《冊府元龜》卷八〇四《總録部》

後唐烏震爲鎮州都將,聞張文禮殺上,鎔志復主讎,雪泣請行。兵及鎮陽,文禮執其母、妻洎兒女十口,誘之不回。攻城日急,文禮忿之,咸割鼻斷腕,不絕於膚,放至軍門,觀者皆不忍正視,震一慟而止。

(宋)王欽若等編纂:《冊府元龜》卷九二三《總録部》

烏震,明宗天成中爲冀州刺史,兼北面水陸轉運、招撫等使。契丹犯塞,漁陽路梗。震率師運糧,三入薊門,擢爲河北道副討招,遙領宣州節度使。

(宋)王欽若等編纂:《冊府元龜》卷四八三《邦計部》

烏震爲深州刺史,常交儒者,以講誦爲樂。其性純質,以清直御下,河北諸郡,獨有政聲。

(宋)王欽若等編纂:《冊府元龜》卷六七七《牧守部》

烏震初爲趙州刺史,疏財禮士,有安民之政。轉深州刺史,人頗思之。

(宋)王欽若等編纂:《冊府元龜》卷六八三《牧守部》

後唐許光義,明宗天成四年除御史中丞。光義謝賜絹五十匹、銀器一事。

(宋)王欽若等編纂:《冊府元龜》卷五一三《憲官部》

後唐許光義,自言禮部侍郎孟容之孫也。光義天祐初,將同姓人譙縣主簿名銜,選授亳州蒙城簿,累歷州縣職官。

(宋)王欽若等編纂:《冊府元龜》卷九二四《總録部》

李處徽爲樞密院承旨,明宗長興二年四月,以處徽爲忠武軍行軍司馬。處徽邢州人,始爲郡吏,而安重誨信愛之,至是驟升厥職。行己之道,非其正也。今重誨出鎮,故有是命。

(宋)王欽若等編纂:《冊府元龜》卷九二五《總録部》

後唐孫岳,天成初爲潁州刺史。潁久不治,賦斂煩碎,民不聊生。岳至州,召屬邑長吏,里閭胥史,親問疾苦。除正條賦,率職務外,其餘苛賦名目,一切罷之。潁人狀上聞,明宗加岳檢校太保,獎能政也。

(宋)王欽若等編纂:《冊府元龜》卷六七三《牧守部》

孫岳,明宗天成初爲潁州刺史。潁久不治,賦斂煩碎,民不聊生。岳至州,召屬邑長吏,里閭胥史,親問疾苦,除正條賦,率職務外,其餘苛賦名目,一切罷之。潁人以狀上聞,加檢校太保。後爲耀州刺史、閬州團練使,所至稱治。

(宋)王欽若等編纂:《冊府元龜》卷六七七《牧守部》

後唐孫岳,以秦王從榮開元帥府,欲以岳爲都押衙事。未行,馮賢舉爲三司使,時預内庭密謀,馮朱患從榮狠戾。岳曾極言其禍福之端,康義誠聞之,深不悦。及從榮事敗,義誠召岳,同至河南府檢閲府藏。時紛擾未定,義誠密遣騎士彎弓射之。岳走至通利坊,騎士追及被害。

(宋)王欽若等編纂:《冊府元龜》卷九三一《總録部》

周知裕少事劉仁恭,歸款於梁,爲歸化軍指揮使。同光初,莊宗入汴,知裕隨段凝軍解甲於封丘。明宗時爲總管,受降於郊外,見知裕甚喜,遥相謂曰:"周歸化今爲吾人,何樂如之。"因令諸子以兄事之。莊宗撫憐甚異，而諸校心妒之。有壯士唐從益者，因獵射之，知裕遁而獲免。莊宗遂誅從益，出知裕爲房州刺史。

（宋）王欽若等編纂：《冊府元龜》卷九九《帝王部》

周知裕歷房、絳、淄三州刺史，宿衛團練使，老於軍旅，勤於稼穡，凡爲郡課，皆有政聲。朝廷嘉之，遷安州留後。

（宋）王欽若等編纂：《冊府元龜》卷六七三《牧守部》

周知裕歷房、絳、淄三州刺史，宿州團練使。知裕老於軍旅，勤於稼穡，凡爲郡勸課，皆有政聲。朝廷嘉之，遷安州留後。

（宋）王欽若等編纂：《冊府元龜》卷六七七《牧守部》

周知裕爲安州留後，淮土之風惡其病者，至於父母有疾，不親省視，甚者避於他室。或時問訊，即以食物揭於長竿之首，委之而去。知裕心惡之，召鄉之頑狠者訶詰教導，俾知父子骨肉之恩，由是弊風稍革。

（宋）王欽若等編纂：《冊府元龜》卷六八九《牧守部》

後唐孔知鄴，明宗天成三年爲濮州刺史，先爲船糧，妄稱逃却人户。奉敕："大駕省巡，六師屯聚。覽有司所奏，慮軍食稍虧。須議轉般，然後供贍。事非獲已，理在權行。而濮州地里匪遥，户民不少，纔承旨命，廣奏逋逃。及降條流，却申齊足，頗驚聞聽，猶涉因循，蓋撫馭之無方，致黎氓之暫惑，既乖體國，何以濟時？尚緣裝發已齊，轉納將畢，聊從薄罰，以誡衆多，孔知鄴罰一月俸。"

（宋）王欽若等編纂：《冊府元龜》卷六九九《牧守部》

曹廷隱爲齊州防禦使，天成三年，以舉奏失實，配流永州。

（宋）王欽若等編纂：《冊府元龜》卷六九九《牧守部》

趙玉爲侍御史,明宗天成四年七月,推劾汴州相國寺僧崇德案內
誤書,僧審方入,罰一月俸。

（宋）王欽若等編纂:《册府元龜》卷五二二《憲官部》

張進爲鄭州防禦使,咸繼威爲副使。明宗長興元年五月敕:"自
張進等,或位分符竹,或職倅郡城,殊乖警備之方。致此斂戢之苦,更
容虛誑,不載元隨,須舉憲章,以爲懲戒,宜勒停見任。"以盜掠城中居
人故也。

（宋）王欽若等編纂:《册府元龜》卷六九九《牧守部》

張進爲鄭州防禦使,與副使咸繼威並停任,以盜掠城中居人
故也。

（宋）王欽若等編纂:《册府元龜》卷六九八《牧守部》

張延雍,長興元年爲諫議大夫。七月,奏請百官各遵前敕,及舉
行令式中事。

（宋）王欽若等編纂:《册府元龜》卷四七五《臺省部》

裴坦爲司封郎中,長興二年八月,渭州刺史石可球母在,而所司
誤入贈封之甲,敕旨:"可球母王氏,可別封太原縣君。裴坦點檢不
精,罰一月俸。本行令史委吏部流內銓量罪科決。"

（宋）王欽若等編纂:《册府元龜》卷四八一《臺省部》

藥縱之,太原人,少爲儒。明宗刺代州,署爲軍事衙推,從明宗鎮
邢州,爲掌書記,歷天平、宣武兩鎮節度副使。

（宋）王欽若等編纂:《册府元龜》卷七二九《幕府部》

藥縱之初依帝,攝代州衙推,及鎮邢洺,爲書記;自是移鎮常山,
被天平、宣武兩鎮節度副使。帝鎮常山,被病不隨;及踐阼,縱之請見

於洛邑。安重誨怒其觀望半歲餘，無所授。言事者聞於帝，帝曰："德勝用兵。時縱之飢寒相半，不離我左右，今有天下，何人不富貴，獨委縱之，何以勸勞?"且遽召見之，旬浹除磁州刺史。

（宋）王欽若等編纂:《册府元龜》卷一七二《帝王部》

藥縱之爲磁州刺史。縱之迂疏，在郡弛於撫馭。每王人經由，傲睨不接，藉藉言之。歲餘，罷之。

（宋）王欽若等編纂:《册府元龜》卷六九九《牧守部》

劉皞，後唐初投高季興於荆南，累爲荆州攝官。既而，兄昫明宗朝爲學士，遣人召歸。梁漢顒鎮鄧州，辟爲從事，入爲監察御史，歷水部員外郎、史館修撰。長興末，宰臣趙鳳鎮邢臺，表爲節度判官。

（宋）王欽若等編纂:《册府元龜》卷七二九《幕府部》

劉皞，初自魏博歸於唐莊宗，梁將劉鄩自洹水欲乘虛襲太原，軍至樂平。時皞客於縣舍，爲鄩軍所俘，髡其髮。謝彥章訊之，知其學儒，禮之，謂其鄉人劉去非曰："爲公得一宗人。"令皞見之，去非詢其爵里，乃親族也。對泣久之，自是隨去非客於彥章門下。後至衛尉卿。

（宋）王欽若等編纂:《册府元龜》卷九四〇《總録部》

陳保極，閩中人也，少好學，善屬文。後唐天成中，擢進士第。泰王榮後聞其名，辟爲從事。

（宋）王欽若等編纂:《册府元龜》卷七二九《幕府部》

陳保極爲倉部員外郎，無時才，有傲人之名。而性復鄙吝，所得利禄，未嘗奉身，但蔬食而已。每與人奕棋，敗則以手亂其局，蓋拒所賭金錢，不欲償也。及卒，無妻兒，囊中貯白金數十鋌，爲他人所有，時甚嗤之。

（宋）王欽若等編纂：《册府元龜》卷九三六《總録部》

後唐王萬榮者，明宗淑妃之父也。長興四年九月，自銀青光禄大夫、檢校司空領韶州刺史，又加檢校司徒、使持節、華州諸軍事、華州刺史，充鎮國軍節度使、華商等州觀察處置等使。

（宋）王欽若等編纂：《册府元龜》卷三〇一《外戚部》

李鄴爲亳州刺史，明宗天成二年，詔配崖州，長流百姓，所在賜自盡。鄴爲政貪污，有奴爲人轉金，冀回公道，奴匿其金。鄴知，遂殺之。其家人上論，訴其私事，遂伏法。

（宋）王欽若等編纂：《册府元龜》卷七〇〇《牧守部》

後唐樂文紀爲亳州判官，刺史李鄴爲政貪穢，長流崖州百姓，文紀坐昧於贊佐，配祁州長流百姓。

（宋）王欽若等編纂：《册府元龜》卷七三〇《幕府部》

殷鵬，字大舉，大名人，少而雋秀，爲鄉曲所稱。弱冠擢進士第，唐閔帝之鎮魏州，聞其名，辟爲從事。

（宋）王欽若等編纂：《册府元龜》卷七二九《幕府部》

陳人，少好學，善屬文，嘗客於浮陽。會浮陽軍亂，徙居大梁，莊宗平梁，郭崇韜遥領常山，召居賓榻。崇韜從魏王繼岌伐蜀，署爲招討判官。

（宋）王欽若等編纂：《册府元龜》卷七二九《幕府部》

後唐劉師武爲揚州楊漢章行軍司馬，自言有經略安邊之策，乞入朝，從之。

（宋）王欽若等編纂：《册府元龜》卷九〇〇《總録部》

石知訥，本梁時之走吏也，漸厠簪組，夏魯奇辟爲河陽節度判官，移任許州，亦佐之。

（宋）王欽若等編纂：《册府元龜》卷七二九《幕府部》

石知訥爲殿中少監，本梁時之走吏也，以奸險自進，漸厠簪組。夏魯奇辟爲河陽節判，移任許州，亦佐之。及魯奇權知襄州，知訥爲殿中少監，尚居於許下。朱守殷叛，知訥走入勸魯奇弃其城而歸許州，漢上戍兵幾將爲亂。朝廷知之，詰其所自，魯奇沮之，而知訥貶憲州司户，尋與温韜同詔賜死。

（宋）王欽若等編纂：《册府元龜》卷九三八《總録部》

後唐賈復累爲鎮冀屬邑令，所莅有能政。

（宋）王欽若等編纂：《册府元龜》卷七〇二《令長部》

符令謙爲趙州刺史。下車布政，務從安静，廷無訟，獄無囚，廝養之徒，皆贍於己，無擾於下。不周歲而部内大理。

（宋）王欽若等編纂：《册府元龜》卷六七七《牧守部》

符令謙，初仕後唐爲趙州刺史，不周歲而部内大理。俄以病終於官，及歸葬本邑，百姓隨而泣之者數千人，庶幾爲一代之良牧也。

（宋）王欽若等編纂：《册府元龜》卷六八三《牧守部》

張遵誨，父爲宗城令。羅紹威殺衙軍之歲，爲梁軍所害。遵誨奔太原，武皇以爲牙門將。時朱温篡逆，據有兩京，武皇與邠、鳳同謀興復，命遵誨知岐州留務，在岐下累年。莊宗平定山東，遵誨以典客從。歷幽、鎮二府馬步都虞候。

（宋）王欽若等編纂：《册府元龜》卷七六六《總録部》

張遵誨爲客省使，自以歷位尹正，與樞密使安重誨素亦相款，衷心有望於節鉞。及郊禋畢，止爲絳州刺史，郁郁不樂。離京之日，白衣乘馬於隼旗之下，至郡，無幾而卒。

（宋）王欽若等編纂：《册府元龜》卷九五一《總録部》

後唐李存儒爲衛州刺史，爲梁將段凝所陷。存儒控御無術，誅斂州民，防城之卒，皆徵月課，縱其歸去。段凝知其若此，夜渡舟師，詰旦登城，存儒不之覺。

（宋）王欽若等編纂：《册府元龜》卷七〇〇《牧守部》

成景弘爲曹州刺史，受倉吏百緡。天成三年七月敕："成景弘位列百城，秩膺八命，在旌旟而甚至，於委任以非輕，所宜均我詔條，副余優寄，而乃罔遵彝憲，輒恣貪求，差廩吏以非公，取貨財而潤己。纔行鞫勘，果伏罪尤，宜行竄逐之文，以示澄清之道。可貶綏州司户參軍。"續敕長流宥州。

（宋）王欽若等編纂：《册府元龜》卷七〇〇《牧守部》

烏昭遇爲貢奉官。天成初，使於兩浙。每以朝廷事私於吳人，仍目錢鏐爲殿下，自稱臣謁鏐，行舞蹈之禮。及使回，副韓玫具述其事。

（宋）王欽若等編纂：《册府元龜》卷六六四《奉使部》

後唐韓玫與供奉官烏昭遇同使兩浙，昭遇本僞梁之承旨，數使吳越。先是，以其數將命故，令使之。昭遇至彼，每以國情私於吳人，仍名吳越國王錢鏐爲殿下，自稱臣，指兩地則云南朝、北朝。及昭遇謁鏐，稱見拜蹈，如事至尊，副使韓玫數讓之。昭遇對其人誚玫曰："昭遇事過五朝天子，四爲吳越使。時事數變，昭遇猶在，公輩何凝滯邪？"復陰許鏐陳奏所求之事。使回，玫具陳其事，故停削鏐官爵，令致仕。是日，以烏昭遇下御史臺，尋賜自盡。後有自杭州使還者言："昭遇無臣鏐事，皆玫誣構。"云："玫恃安重誨之勢，頗凌烏昭遇，嘗

於杭州既醉，以馬棰擊昭遇，鏐欲奏之，昭遇祈而乃止。及復命，翻誣
昭遇。"人頗以爲冤。玫爲烏昭遇副使，史不載官。

（宋）王欽若等編纂：《册府元龜》卷九三三《總録部》

韓知章爲漢州刺史，天成四年，以在任日恣誅求，達於聖聰，勒歸
私第。

（宋）王欽若等編纂：《册府元龜》卷七〇〇《牧守部》

韓惲，明宗天成初改秘書監。俄而馮道爲丞相，與惲俱莊宗龍潛
佐幕之舊，以惲性謹厚，尤左右之，尋遷禮部尚書。

（宋）王欽若等編纂：《册府元龜》卷九五五《總録部》

聶延祚爲太子賓客，善揣人情，多有材藝，飲博諧戲，無所不
通。累奉使杭、越及荆、湖藩鎮，侯王見者愛之。亦嘗使於契丹，善
待之。

（宋）王欽若等編纂：《册府元龜》卷六五三《奉使部》

後唐李彥珣，明宗天成初爲通事舍人。嘗遣使東川，至其境，從
人爲董璋所收，彥珣竄還，以失敬故也。

（宋）王欽若等編纂：《册府元龜》卷六六四《奉使部》

後唐李彥楷爲供奉官。明宗天成元年，與高品、李光裕使雲南。

（宋）王欽若等編纂：《册府元龜》卷六六二《奉使部》

烏昭遠爲左金吾衛將軍。天成二年，以昭遠守左衛上將軍，充入
蠻國信使。

（宋）王欽若等編纂：《册府元龜》卷六六二《奉使部》

楊途，爲金部員外郎。長興元年三月辛亥，奏："但是古墓、荒墳，

不計有主無主,陛下諸道州府,嚴誡鄉閭,不得開發。"從之。

(宋)王欽若等編纂:《冊府元龜》卷四七五《臺省部》

後唐張延輝爲許州臨潁令,明宗長興元年九月,爲縣人韋知進所訟,稱知進父充所由爲衙參,不到,決杖致死。又論延輝取贓賂。法司佔計錢三十三貫,以絹平之,得絹二十二匹。准法決重杖一頓,處死。主簿高延誨罰兩月俸。

(宋)王欽若等編纂:《冊府元龜》卷七〇七《令長部》

蕭康爲考城縣令,同光二年,康僞作嘉禾合穗,勒停見任。

(宋)王欽若等編纂:《冊府元龜》卷九二四《總錄部》

張演,河北轉運司前行也。明宗長興元年七月,鎮州奏演僞出宣頭支錢三貫,令外甥交領,又搜得蠟印一面。

(宋)王欽若等編纂:《冊府元龜》卷九二四《總錄部》

先公嘗言,先伯太師仕後唐明宗朝,爲著作佐郎、集賢殿直學士,精於史學,嘗手抄三史書,自撰三史要義一千首。其手抄三史書,屬兵火亂離,多亡失矣,今尚存十數卷。

(宋)江少虞:《宋朝事實類苑》卷六二

《客齋隨筆》:後唐天成初,盧文紀爲工部尚書,新除郎中于鄴往參,文紀以父名嗣業,與同音不見。鄴憂畏,一夕雉經於堂,文紀坐謫石州司馬。

(清)袁枚:《隨園隨筆》卷一六

五代盧文紀,形貌魁偉,廢帝奇之。及帝立,欲擇相,悉書清望官姓名内琉璃瓶中,夜焚香告天,以箸探之,首得文紀,欣然相焉。

(宋)祝穆:《古今事文類聚》後集卷二

末帝清泰元年七月，以檢校户部尚書、守太常卿盧文紀爲中書侍郎、平章事。帝素不悦馮道，以奉山陵出鎮，而用李琪、劉昫。昫則太察而寡合，琪則氣剛而性褊，每於議論，動必相違，所以恩澤稽留，庶事停壅。帝頗患之，切擇輔臣，采之於人，又疑而未決，乃書作相姓名，置琉璃器中，一夜燃香祝星辰，清早以箸夾之，首得文紀名，故命之。

（宋）王欽若等編纂：《册府元龜》卷七四《帝王部》

盧文紀，爲中書侍郎平章事。末帝清泰元年，上疏曰："臣聞事君盡忠，孔子激揚於直道；無功受禄，周詩譏諷於曠官。敢因灾沴之時，輒貢傾輸之懇。臣伏見比年以來，朝廷多故，人事則兵喪禍亂，天時則水旱蟲霜，若非陛下拯溺救焚，移灾作福，則生靈受弊，宗社何依？今則區宇甫寧，人神胥悦，但以自憂愆陽，及秋霖雨，雖勞聖慮，過切閔傷，蓋屬當否數之辰，尤費消禳之力，雖民斯鮮福，亦天道使然，爲君之難，實見於此。臣聞沉潛剛克，高明柔克，是君宜執柔以御下，臣當剛正以報君，則冀上下和平，君臣訢合。臣思德宗初置學士，本不以文翰是供，蓋獻納論思，朝夕延問。至於給諫遺補之職，是曰諫官月請諫紙，時政有失，無不極言。望陛下聽政之餘，招召學士諫官詢謀政道，俾獻讜言，明書黜陟之科，以責語言之效。《書》云：'乂時陽若，肅時雨若。'以《洪範》言之，繫於君德。臣請嚴禋於宗廟社稷，精禱於嶽瀆神祇，進忠良，退不肖，除寇盜，恤惸嫠，慎刑罰，明舉選，任賢勿貳，去邪勿疑，王道砥平，無偏無黨。中外除改，請守舊規，長興四年已前敕命繁碎者，請重選擇，如新敕不及舊章，更請却依前代；如舊章不如新敕，便釐革施行。儻不阻於奏陳，庶漸臻於理體。"詔曰："盧文紀，早踐班行，迭更顯重，動惟稽古，言必爲時。當朕求治之初，首居輔弼之位，能竭事君之節，以申報國之勞。引經義而究其本根，合時事而先於條貫。請宣學士，兼召諫臣，言陰陽序理之端，人事調和之本。又嚴修祀典，精事神祇，宜令有司依奏，虔繫所云，進忠良而退不肖，除寇盜而恤惸嫠，雖責在朕躬，亦資於調燮。刑法舒慘，宜令大理寺、御史臺明慎詳讞，勿至冤誣；選賢退愚，宜令三銓選部，精核慎選,所冀得人;新舊制敕,宜令御史臺與三司官員詳擇以聞。"二年,又上疏曰:"臣近蒙召對,面奉天旨:凡軍國庶事,利害可否,卿等位居輔弼,並合盡言。臣等仰承詔諭,退自省循,時遇休明,名叨輔弼,才器不能經綸庶務,智術不能康濟大猷,致陛下宵旰於丕圖,憂勤於治道,有靦面目,待罪岩廊,尚沐宸慈,猶寬册免,莫不克心自勵,俛首深惟,願竭愚鄙之誠,少副昭回之鑒。臣聞古先哲王,樂聞已過,道塗立誹謗之木,門庭樹告善之旌,從諫如流,聞議能服。所以卜年長久,享祚無窮。陛下自纘邦家,克敦慈儉,守先皇仁政,遵列聖彝章,人樂和平,政皆畫一,天無祲沴之象,地無變怪之妖,日月無爽於虧盈,星緯不差於纏次,襞諫紙者,無詞可措;持皂囊者,無過可規,凡百庶僚,奉職不暇。臣伏覽貞觀故事,見魏徵、馬周之章疏,王珪、劉洎之奏論,或講貫古今,或鋪陳政術,皆萬代之長策,非一介之狂言。苟異經謀,何名獻納?臣等伏計,宸算圖度者,必以嶺嶠未平,島夷猶梗,巴梁恃險,井絡纏妖,鮮卑尚撓於邊陲,將帥未施於方略。臣等以爲非獨人謀未至,亦恐天意使然。聲教苟孚,廓清何晚?臣略以前事明之,何者?即如漢高,前代之英主也,一劍初奮於彭城,五年方誅於項籍,洎南平英布,北扞匈奴,解曰登之圍,避柏仁之難,凡十餘年,親當矢石,乃混車書。如太宗文皇帝,本朝之聖祖也,自起義太原,佐命高祖,乃定江南之草竊,殄隴右之陸梁,禦突厥於便橋,擒公祐於京口。凡十餘年櫛風沐雨,命將出師,方得華裔向風,寰區無撓。伏念陛下爰從踐祚,纔歷一期,雖乃聖乃神,不下於漢高文祖;而且耕且戰,更詳於人事天時,侔武王一舉蕩平,體句踐十年教戰,若治兵之至要,御衆之大端,攻必取而守有餘,戰必勝而卒無怠,發號出令,保大定功。俾軍戎咸憚於機權,部校皆存於信義,驅之可以蹈湯火,使之可以爲蟲沙,此則聖謀懸料於彀中,神策已包於術內,何假芻蕘小輩,草野凡生,持蠡妄測於滄溟,側管强窺於穹昊,不量事體,虛費莠言。故《論語》載仲尼治衛必也正名,言順事行,勿容苟且。名言之際,聖哲攸艱,況在凡常,豈宜容易?思出其位,古人所非。臣等謬處台衡,奉行制敕,但緣事理,互有區分。軍戎不在於職司,錢穀非關於局分,苟陳異見,即類侵官。況才不濟時，識非經遠，因五日起居之例，於兩班旅見之時，略獲對敭，兼承顧問。此際衛士周環於階陛，庶臣羅列於殿庭，四面聚觀，十手所指，臣等苟欲伸愚短，此時安敢敷陳？韓非昔懼於說難，孟子亦憂於言責。臣竊惟本朝故事，肅宗初平寇難，再復寰瀛，頗經涉於艱難，尤勤勞於委任。每正衙奏事，則泛咨訪於群臣；及便殿詢謀，則獨對揚於四輔。自上元元年後，於長安東置延英殿，宰臣如有奏議，聖旨或有特宣，皆於前一日上聞。及對御之時，只奉冕旒，旁無侍衛，獻可替否，得曲盡於討論；舍短從長，故無虞於漏泄。君臣之際，情理坦然。伏望聖慈俯循故事，或有事關軍國，謀而否臧未果決於聖懷，要詢訪於臣輩，則請依延英故事，前一日傳宣。或臣等有所聽聞，切關利害，天形文字，須面敷敭，臣等亦依故事，前一日請開延英。當君臣奏言之時，只請機要臣僚侍立左右，兼乞稍霽嚴顏，恕臣荒拙。雖乏鷹鸇之效，庶盡葵藿之心。恭惟陛下睿略縱橫，天機沉邃，臣等以愚智而干聖智，以凡情而測聖情，如螢爝比耀於烏蟾，畎澮爭流於江海，然而天覆地載，君義臣行。持祿取容，即見議於物論；有犯無隱，慮不愜於聖懷。既顯奉德音，俾令奏對，合披愚款，先瀆宸聰。"詔曰："朕聞宮鳴商應，則律呂和；君唱臣隨，則邦家理，興化之本，百代同歸。朕顧惟眇冲，獲奉基構，慮生靈之未泰，憂政教之不明，旰食宵衣，未嘗暫暇，副我焦勞之意，屬於輔相之臣。卿等濟代英才，鎮時碩德，或締構於興王之日，或經綸於贊聖之時，鹽梅之任俱存，藥石之言並切，請復延英之制，以伸議政之規。而況列聖遺芳，皇朝盛事，載詳徵引，良切嘉嘆。恭惟五日起居，先皇垂範，俟百僚之俱退，召四輔以獨昇，接以溫顏，詢其理道，計此時作事之意，亦昔日延英之流。朕叨獲嗣承，切思遵守，將成具美，不爽兼行。其五日起居，令仍舊尋常，公事亦可便舉奏聞。或事屬機宜，理當密秘，量事緊慢，不限隔日，及當日便可於閤門祗候，具榜子奏聞，請面敷敭。即當盡屏侍臣，端居便殿，佇聞高議，以慰虛懷。朕或要見卿時，亦令常侍宣召，但能務致理之實，何必拘延英之名？有事足可以討論，有言足可以陳述，宜以沃心爲務，勿以逆耳爲虞，勉罄謀猷,以裨寡昧。"

（宋）王欽若等編纂：《册府元龜》卷三一四《宰輔部》

盧文紀，清泰中爲相。以右諫議大夫李光庭爲給事中、弘文館學士、判館事。光庭，唐故曹王皋之曾孫，父龜年光啓中爲太卿監。光庭從狩蜀，舉進士，屢遷至兵部郎中。昭宗末，不仕梁，客於北海，耕牧以自給。莊宗初，亦不入朝。文紀素知之，奏召爲諫官。及引之判館事。

（宋）王欽若等編纂：《册府元龜》卷三二四《宰輔部》

盧文紀，清泰中平章事，三表乞骸，不允。疾損，中興殿見，末帝存問，文紀曰："臣器能淺薄，復衰年多疾，精神咸耗，自惟無以報效鴻恩，致國家通泰，所以回避重權，冀養餘年，是以繼有章疏啓陳。聖睠未容瀝懇，臣安偃蹇求便。必望聖慈放臣醫藥，幸也！"

（宋）王欽若等編纂：《册府元龜》卷三三一《宰輔部》

盧文紀，清泰初爲中書侍郎平章事。時朝廷兵革之後，宗社甫寧，虜寇内侵，强臣在境，文紀處經綸之地，無輔弼之謀，所論者愛憎朋黨之小瑕，所糾者銓選擬論之微類。時有太常丞史在德，論文武兩班宜選能進用，文紀以爲非己，怒甚，召諫議大夫盧損爲覆狀，辭旨蕪漫，爲衆所嗤。

（宋）王欽若等編纂：《册府元龜》卷三三五《宰輔部》

盧文紀爲平章事。從末帝親征太原，謁陵畢，休於伏舍。詔文紀曰："朕在藩邸時，謂卿有相業，獨排群議，用卿爲輔弼。不於此時傾竭，留待何時？"又曰："宰相安邊境，撫四夷。今石敬瑭負恩，北胡市利，卿不運略爲國銷禍，致朕親征。"文紀再拜謝，不敢對。

（宋）王欽若等編纂：《册府元龜》卷三三四《宰輔部》

後唐盧文紀爲吏部郎。文紀熟於故事，銓綜條流，剖析無滯。

（宋）王欽若等編纂：《册府元龜》卷四六二《臺省部》

後唐盧文紀，清泰初平章事。上疏諫曰："臣聞事君盡忠，孔子激揚於直道；無功受禄，《周書》譏諷於曠官，敢因灾沴之時，輒貢傾輸之懇。臣伏見比年以來，朝廷多故，人事則兵喪禍亂，天時則水旱蟲霜。若非陛下拯溺救焚，移災作福，則生靈受弊，宗社何依。今則區宇甫安，人神胥悦，但以自夏愆陽，及秋霖雨，雖勞聖力，過切閔傷。蓋屬當否數之辰，尤費消禳之力，雖民斯鮮福，亦天道使然。爲君之難，實見於此。臣聞沉潛剛克，高明柔克，是君宜執柔以御下，臣當剛正以報君，則冀上下和平，君臣訢合。臣思德宗初置學士，本不以文翰是供，蓋獻納論思，朝夕延問。至於給諫遺補之職，是曰諫官日請諫紙，時政有失，無不極言。望陛下聽政之餘，時召學士諫官，詢謀政道，俾獻讜言，明書黜陟之科，以責語言之效。《書》云：'乂時暘若，肅時雨若。'以《洪範》言之，係於君德。臣請嚴禋於宗廟社稷，精禱於嶽瀆神祇，進忠良，退不肖，除寇盜，恤惸嫠，慎刑章，明舉選，任賢勿貳，去邪勿疑，王道砥平，無偏無黨，中外除改，請守舊規。長興四年以前敕命繁碎者，請重選擇，如新敕不及舊章，便請却依前代；如舊章不如新敕，便蠲革施行。倘不阻於奏陳，庶漸臻於理體。"詔曰："盧文紀早踐班行，迭更顯重，動惟稽古，言必爲時。當朕求治之初，首居輔弼之位，能竭事君之節，以申報國之勞。引經義而究其本根，合時事而先於條貫。請宣學士，兼召諫臣，言陰陽序理之端，人事調和之本。又嚴修祀典，精察神祇，宜令有司依奏，虔潔所云，進忠良而退不肖，除寇盜而恤惸嫠，雖責在朕躬，亦資於調燮。刑法舒慘，宜令大理寺、御史臺明其詳讞，勿至冤誣。選賢退愚，宜令三銓選部精核慎選，所冀得人。新舊制敕，宜令御史臺與三司官員詳擇以聞。"

（宋）王欽若等編纂：《册府元龜》卷三二八《宰輔部》

盧文紀以司空致仕。文紀曾祖綸生四子,曰簡能、簡辭、簡求、弘正,皆至達官。簡求歷邠寧、太原節度,以才略知名,四授藩鎮,皆爲邊仕。

(宋)王欽若等編纂:《册府元龜》卷八六六《總録部》

周盧文紀,司空致仕。平生積財巨萬,其卒,爲其子龜齡所費,不數年間,以至蕩盡,由是多藏者以爲戒焉。

(宋)王欽若等編纂:《册府元龜》卷三三八《宰輔部》

盧文紀爲太常卿,形貌魁偉,語音高朗,占對鏗鏘,健於飲啖。奉使蜀川,路由岐下,時清泰帝爲岐帥,以主禮待之。觀其儀形旨趣,遇之頗厚。

(宋)王欽若等編纂:《册府元龜》卷八八三《總録部》

盧文紀入相,時有蜀人史在德爲著作郎,出入權要之門,評品朝士,多有譏彈,乃上章云:"文武兩班,宜選能進用。見在軍都將校、朝廷士大夫,並請閱試澄汰,能者進用,否者黜退,不限名位高下。"疏下中書,文紀以爲非己,怒甚,召諫議盧損爲覆狀,辭旨蕪蔓,無以抑其狂率,爲衆所嗤。

(宋)王欽若等編纂:《册府元龜》卷九三九《總録部》

趙延义,清泰中嘗與樞密直學士吕琦同宿於内庭。琦因從容密問國家運祚。延义曰:"來年厄會之期,俟遇過別論。"琦詢之不已,延义乃曰:"保邦在刑政,保祚在福德。於刑政則術士不敢言,奈際會諸公罕有卓絶。福德者,下官實有恤緯之懼。"

(宋)孔平仲:《續世説》卷六

(清泰元年)十二月,以泰州節度使張延朗爲中書侍郎、平章事。

(宋)王欽若等編纂:《册府元龜》卷七四《帝王部》

後唐張延朗，末帝時以宰相判三司。晉高祖在太原，朝廷猜忌，不欲令有蓄積。係官貨財留使之外。延朗悉遣取之，高祖銜之。晉高祖入洛送臺獄，誅之。其後以選求計使，難得其人，甚追悔焉。

（宋）孔平仲：《續世説》卷七

張延朗，末帝清泰二年，自雄武軍節度使授吏部尚書兼中書侍郎、平章事、判三司。

（宋）王欽若等編纂：《册府元龜》卷三二九《宰輔部》

張延朗，爲相，兼判三司。清泰二年，上表曰："臣濫承雨露，擢在均衡，兼叨選部之銜，仍掌計司之重。況中省文章之地，洪鑪陶鑄之門，臣自揣量，何以當處？是以繼陳章表，叠貢情誠，乞寢眷恩，免貽朝論。豈謂御批累降，聖旨不移，決以此官，委臣非器，所以強收涕泗，勉遏怔忪，重思事上之門，細料進忠之路。竊以位高則危至，寵極則謗生，君臣莫保於初終，分義難防於毁譽。臣若保兹重任，忘彼至公，徇情而以免是非，固位而偷安富貴，則内欺心府，外負聖朝，何以報君父之大恩，望子孫之延慶？臣若但行王道，唯守國章，任人必取當才，決事須依正理，確爲形勢，堅塞幸門，則可以振舉宏綱，彌縫大化，助陛下含容之澤，彰國家至理之風，然而讒邪者必起憾詞，憎嫉者寧無謗議。或慮至尊未悉，群謗難明，不更拔本尋源，便俟甘瑕受玷，縱臣心可忍，臣耻可消，只恐山林草澤之人稱量聖制，冠履軒裳之士輕慢相庭。臣又以國計一司，掌其經費，利權幹務，職在捃收。將欲養四海之貧民，無過薄賦；贍六軍之勁卒，又在豐儲，利害相隨，取與難酌。若使罄山采木，竭澤求魚，則地官之教化不行，國本之傷殘益甚，取怨黔首，是瀆皇風。況諸道所徵賦租，雖廣數額，時逢水旱，或遇蟲霜，其間則有減無添，所在又申逃係欠。乃置軍儲官俸，常急急於供須；夏税秋租，每懸懸於繼續。況今内外倉庫，多是罄空；遠近生民，或聞饑歉。伏見朝廷尚添軍額，更益師徒，非時之博糴難爲，繫日之區分轉大。切慮年支有闕，國計可憂。望陛下節例外之破除，於諸頭之儉省,不添冗食,且止新兵,務急去繁,以寬經費,減省從儉,漸俟豐盈,則屈者知恩,叛者從化,弭兵有日,富俗可期。臣又聞治民尚清,爲政務易,易則煩苛並去,清則偏黨無施,若擇其良牧,委在正人,則境内蒸黎,必獲蘇息,官中倉庫,亦絶侵欺。伏望試見在之處官,無乖撫俗;擇將來之莅事,更審求賢。儻一一得人,則農無所苦;人人致理,則國復何憂。但奉公善政者,不惜重酬;昧理無功者,勿頒厚俸。益彰有道,兼絶徇情。伏望陛下念臣布露之前言,閔臣驚憂於後患,察臣愚直,杜彼讒邪,臣即俾副天心,不防人口,庶幾萬一,少答聖明。"帝優詔答之,召於便殿,謂之曰:"爾所論奏,深中時病。朕於恩澤之中,不無假借,添置軍旅,比緣戎事。近細思之,於事無益,形之切言,深敕救朕之失。國計事重,日得商量,無勞過慮也。"

　　　　　　(宋)王欽若等編纂:《册府元龜》卷三一四《宰輔部》

　　張延朗爲陝州節度使,上言右都押衙楊洪賓不伏指揮,已處斬訖。

　　　　　　(宋)王欽若等編纂:《册府元龜》卷四〇一《將帥部》

　　馬胤孫,末帝清泰初爲中書侍郎平章事。胤孫純儒,事多凝滯,遽被疇庸,未悉朝廷舊事。初,馮道罷左馮入朝,拜司空。唐朝故事,三公爲加官,無單拜者。是時,朝議率爾命道,制出,或曰:"三公正宰相,便合參大政。"又云:"合受册。"衆言籍籍。盧文紀又欲祭祀時便令掃除,馮道聞之,曰:"司空掃除,吾職也,吾無所憚。"既而知非,乃止。

　　　　　　(宋)王欽若等編纂:《册府元龜》卷三三五《宰輔部》

　　馬胤孫,清泰末爲平章事。三年,末帝親征太原,行在懷州。胤孫自洛都來朝獻,時大寨被圍,息耗斷絶,趙德鈞父子已懷異志,惟范延光盡心而援。孤兵寡駐蹕懷州,君臣智窮慮索。遽聞胤孫至,以救焚之謀,特來朝謁。數日之間,寂無所説,群臣往謁,因言時事。龍敏言:"國之治亂,由君之聽斷。"因引管夷吾辭害霸之説云:"既與君子謀之,又與小人圖之,害霸也。"馬以譏時,乃曰:"君子小人則殊,而愛君盡心一也。即如今强胡内侮,扈從之人,誰不願破賊夷凶,致君於千枝萬葉?"諸官哂之。

(宋)王欽若等編纂:《册府元龜》卷三三六《宰輔部》

馬胤孫初仕後唐爲相,胤孫純儒,事多凝滯,遽被疇庸,未悉朝廷舊事。初,馮道罷左相,馮入朝拜司空。唐朝故事,三公爲加官,無單拜者。是時,朝議率爾命道,制出,或曰:"三公正宰相,便合參大政。"又云:"合受册。"衆言藉藉。盧文紀又欲祭祀時便令掃除,馮道聞之,曰:"司空掃除,吾職也,吾無所憚。"既而知非,乃止。劉昫爲僕射,性剛,群情嫉之,乃共贊右常侍孔昭序論行香次第,言:"常侍,侍從之臣,行立合在僕射前。"疏奏,下御史臺定例。同光已來,李琪、盧質繼爲僕射。質性輕脱,不能守師長之體,故昭序輕言。胤孫以群情不悦劉昫、馮道,欲微抑之,乃責臺司,須檢則例,而臺言:"舊不見例,據南北班位,常侍在前。"屬國忌,將就列未定,胤孫即判臺狀曰:"即有援據,定可遵行,各示本官。"劉昫怒,揮袂而退。自後日責臺司定例。崔居儉謂南宮同列曰:"孔昭序解語,是朝廷人總不解語也。僕射師長,中丞大夫就班修敬;常侍班,南宮六卿之下,況僕射乎?已前騎省年深,望南宮工部侍郎如霄漢,癡人舉止,何取笑之深邪!"旬日聞居儉言,紛議稍息。文士哂胤孫堂判有"援據"二字,其中書百職,胤孫素未詳悉,無能專使,署名而已。其故人干進者不如意,故啁之曰:"馬公爲輔三不開。"爲門、口、印也。後爲太子賓客,卒後旬日,侍婢靈語,如胤孫聲氣,處分家事,仍曰借某書,負某物,當速還。明宗朝崔協物故,亦有婢忽作協語。時知制誥于嶠與閣下諸舍人嘲曰:"生前燮治,曾不聞於上言;死後魂靈,但空聞其下語。"胤孫侍婢傳言,時人復念之,蓋其事甚類矣。

(宋)王欽若等編纂:《册府元龜》卷九三九《總録部》

馬胤孫爲太子賓客，分司在洛。未疾前，白虺緣於庭槐，驅之失所在。胤孫感賦鵩之文，作《槐蟲賦》以見志。未幾暴卒。

（宋）王欽若等編纂：《册府元龜》卷九五一《總録部》

房暠，末帝清泰中與趙延壽同爲樞密使。是時，薛文遇、劉延朗之徒居中用事，暠雖處密地，其聽用之言，十不得三四，俱隨勢可否，不爲事先。每朝廷有大事，暠與端明學士等環坐會議，多於衆中俛首而睡，其避事也如此。

（宋）王欽若等編纂：《册府元龜》卷三三五《宰輔部》

趙延壽，尚明宗女興平公主。

（宋）王欽若等編纂：《册府元龜》卷三○○《外戚部》

僞遼丞相趙延壽，德鈞之子也，仕唐爲樞密使。清泰末，自太原陷虜，耶律德光用爲僞丞相，綜國事。晉少主失政，延壽道戎王爲亂。凡數年之間，盜有中夏，實延壽贊成之力也。延壽將家子，幼習武略。即戎之暇，時復以篇什爲意，亦甚有雅致。嘗在虜庭賦詩曰：“黄沙風卷半空抛，雲動陰山雪滿郊。探水人回移帳就，射雕箭落著弓抄。鳥逢霜果饑還啄，馬渡冰河渴自跑。占得高原肥草地，夜深生火折林梢。”南人聞者，往往傳之。

（宋）李昉：《太平廣記》卷二○○《趙延壽》

趙延壽，相州人也。父德鈞，唐爲盧龍節度使。……德鈞既卒，太宗釋延壽而用之。其後會同改元，參用番漢，以延壽爲樞密使，尋兼政事令。太宗遣使如洛陽，取延壽妻唐國長公主以歸。

會同六年，以延壽爲盧龍節度使。是時，晉少帝初立，構怨契丹。延壽欲代晉帝中國，屢說太宗擊晉，太宗頗然之，乃集山後及盧龍兵，合五萬人，使將之，委之經略中國，曰：“得之，當立汝爲帝。”又嘗指延壽謂晉人曰：“此汝主也。”延壽信之，由是爲契丹盡力。……天禄元年,太宗初許延壽代晉,後負約,恨之,謂人曰:"我不復入龍沙矣。"太宗崩,延壽僞稱受太宗遺詔,權知南朝軍國事,永康王兀欲鎖之。後二年,延壽卒於契丹。

(宋)葉隆禮:《契丹國志》卷一六《趙延壽》

趙德鈞,明宗鄉人也。高行周事明宗,常與清泰主分率牙兵,明宗所征無不拱從。德鈞謂明宗曰:"行周心好謹厚,必享貴位。"

(宋)王欽若等編纂:《册府元龜》卷八四三《總録部》

晉李懌,初仕後唐,天成初爲中書舍人,充翰林學士,在職轉户部侍郎右丞,充承旨。時常侍張文寶知貢舉,中書奏落進士數人,仍請詔翰林學士作一詩一賦,下貢部爲舉人格樣。學士竇夢徵、張礪輩撰格詩格賦各一,送中書,宰相未以爲允。夢徵等請懌爲之,懌笑而答曰:"李懌識字有數,頃歲因人,偶得及第,敢與後生髦俊爲標格?假令今却稱進士,就春官求試,落第必矣。格詩不敢應詔。"君子多其識大體。

(宋)王欽若等編纂:《册府元龜》卷五五一《詞臣部》

李懌爲翰林學士,末帝一日御廣壽殿,召懌及程遜、崔拙、和凝、李崧、舍人王延、張昭遠、李詳、吕琦等賜食。帝曰:"俱掌王言,何以分别内外。"李懌對曰:"王言本舍人所掌,只自肅宗舉兵,靈武後軍中逐急時,令學士草詞,自後乃分職命。將相繫内,群臣繫外,其實一也。"食畢,人賜馬一匹,衣一襲。

(宋)王欽若等編纂:《册府元龜》卷五五〇《詞臣部》

後唐明宗時,太常丞史在德上疏言事,其略曰:"朝廷任人率多濫進,稱武士者不閑計策,窮則背軍;稱文人者鮮有藝能,多無士行。問謀略則杜口,作文字則借人。虛設員具,枉費國力。"又欲一一考試群臣。宰相見其奏不悦,班行亦多憤講。諫官劉濤、楊昭儉乞出在德疏，辨可否。帝召學士馬裔孫，謂曰："在德語太凶，其實難容。朕初臨天下，須開言路，若朝士以言獲罪，誰敢言者？爾代朕作詔，勿加在德之罪也。"於是詔引貞觀中，陝縣令皇甫德參上書謗訕，魏徵奏曰："陛下思聞得失，只得恣其所陳。若所言不中，亦何損於國家。"又云："昔魏徵則請賞德參，今濤等請黜在德，事同言異，何相遠哉？"

（宋）孔平仲：《續世說》卷一〇

後唐史在德爲著作郎。末帝清泰中，充太子少保致仕朱漢賓吊祭使。賵絹數百匹，就亳州賜之。在德移文本州，取木輿百餘擎，張皇其事，以邀饋遺。漢賓之子悉力以奉之。

（宋）王欽若等編纂：《冊府元龜》卷六六四《奉使部》

後唐史在德，蜀人，褊急，務在進取。游說豪門，以國士自負。末帝清泰二年，上封事，大旨言朝廷間，人率多濫進。稱武士者，不閑計策，雖披堅執銳，戰則弃甲，窮則背軍。稱文士者，鮮有藝能，多無士行。問策謀，則杜口；作文字，則倩人。所謂虛設具員，枉耗國力。逢陛下惟新之運，是文明革弊之秋。臣請應內外所管，軍人凡勝衣甲者，請宣下本都本將，一考試武藝短長，權謀深淺，居下位。有將相才者，便拔爲大將，居上位。無將略者，移之下軍。其東班臣僚，請內出策題，下中書，並令宰臣面試。如下位有大才者，便拔居大位；處大位無大才者，即移之下僚。其疏大約如此。在德敢言，不畏罪罰。盧文紀等省其奏不悅，班行亦多憤悱，故諫官劉濤等上疏，請出在德疏，辯可否宣行。中書覆奏，亦駁其錯誤。帝詔學士馬裔孫，謂曰："史在德語太凶，其實難容。朕初臨天下，須開言路。若朝士以言獲罪，誰敢言者？爾代朕作詔，勿加在德之罪。"

（宋）王欽若等編纂：《冊府元龜》卷九一八《總錄部》

裴羽，後唐明宗朝在郎署，與右常侍陸崇使於閩，風飄不便，誤適兩浙。時樞密使安重誨怒絶錢氏朝貢，越人以兵守二使於館。崇頻有不遜之語,幾欲害之。經歲,崇以疾殁。羽得歸朝,又不許將崇靈柩泛海。羽謂錢鏐曰:"崇奉君命,不獲生還,安得以海上之俗忌不令歸葬。則寄死之所,豈無仁人哉。"繇是鏐厚加待遇,因托附羽表而復命闕庭。羽以錢氏之表達,重誨厲色而問曰:"表有何言?"羽曰:"遠方實封,不委其事。"及發函,乃引咎伏辜之詞也。明宗甚悦,復通朝貢。羽護崇之柩及資金,毫末無缺,悉付其家,士人稱之,後至左散騎常侍。

(宋)王欽若等編纂:《册府元龜》卷八○四《總録部》

周裴羽,初仕後唐,爲吏部郎中。末帝清泰年,再奉命閩州,還,賜金紫,遷太常少卿。

(宋)王欽若等編纂:《册府元龜》卷六五四《奉使部》

後唐劉遂清,字得一。初仕梁爲保鑾軍使,歷内諸司使。明宗即位,加檢校尚書右僕射,委以西都監守。逾歲,以中山王都有不臣之迹,除遂清爲易州刺史,俾遏其寇衝。既至郡,大有禦侮之略,境内賴焉。王都平,加檢校司空,遷棣州刺史。

(宋)王欽若等編纂:《册府元龜》卷六七一《牧守部》

末帝即位初,以前興州刺史劉遂清爲西京副留守,其兄遂雍先爲西京副留守,帝自鳳翔始憂王思同、藥彦稠合力固城,至岐山,聞遂雍不内思同,甚喜,遣人宣撫。遂雍乃盡出庫藏,於軍士前至者便賞給,令過比軍前賞遍,並不入城。帝至奉迎,仍括率都民,刑捶嚴酷而軍獲濟。帝見握手流涕,自是相隨,事無巨細,必與遂雍謀而後行。帝即位,以遂雍爲淄州刺史,仍以遂清代其任。

(宋)王欽若等編纂:《册府元龜》卷九九《帝王部》

劉遂清,末帝清泰元年,以前興州刺史爲西京副留守,代其兄遂雍爲淄州刺史。

(宋)王欽若等編纂:《册府元龜》卷七七一《總録部》

晉劉遂清初仕後唐，天成、長興中歷典淄、興、登三郡，咸有善政。

（宋）王欽若等編纂：《册府元龜》卷六七七《牧守部》

劉遂清，性至孝，居父之喪，殆至滅性，鄉里稱之。

（宋）王欽若等編纂：《册府元龜》卷七五六《總録部》

劉遂清爲易州刺史，時王都與契丹連結，將使遏其寇衝。既至郡，大有禦侮之略，境内賴焉。

（宋）王欽若等編纂：《册府元龜》卷六九四《牧守部》

後唐李元龜，末帝時爲刑部郎中。清泰元年，上言以聞：開成格，凡貶降官本處，春秋以存亡報省。如没於貶所，有骨肉，許歸葬；如無骨肉，本處便與埋葬。乃下詔曰："李元龜官處法司，次當候對，以稍愆於時雪，請特降於優恩。初則以貶謫官，亡殁外州，乞容歸葬；次則以亡殁者兒孫絶嗣，請本處瘞埋。宜依所陳，頒告諸道。"

（宋）王欽若等編纂：《册府元龜》卷四七六《臺省部》

後唐末帝清泰元年十月，罪興州刺史馮暉，坐屯幹渠，爲蜀人來侵，奔歸鳳翔，配同州衙前安置，自此始也。

（宋）李上交：《近事會元》卷五

劉遠，清泰初爲鉅野令。縣民張廷煦等舉留遠，詔曰："月限外量留一年。"

（宋）王欽若等編纂：《册府元龜》卷七〇二《令長部》

李温美爲博州武水縣令，廢帝清泰二年，縣民郭贇而下，再經州將陳狀乞奏留之。觀察使言温美公廉，無濫賦於民，實爲良吏。詔曰："州縣量留，已有規制，李温美賜緋魚袋。"

（宋）王欽若等編纂：《册府元龜》卷七〇一《令長部》

李溫美,清泰中爲博州武水令,縣民二百舉留溫美,詔本限外留一年。

(宋)王欽若等編纂:《册府元龜》卷七〇二《令長部》

周李溫美爲衛尉少卿。廣順三年七月,責授房州司户參軍。溫美家在青州壽光縣,先充祭海使,便道歸家。其家人與本縣主稅吏馮繼勛交惡,溫美具事條白節度使苻彦卿,言商稅不公,請下獄鞫劾。繼勛又言溫美私過彦卿,具奏,及溫美下臺,推劾伏罪。馮繼勛配流環州,溫美貶房陵。

(宋)王欽若等編纂:《册府元龜》卷九五二《總録部》

(清泰)二年九月,詔以量移同州長流人放歸鄉里司徒詡爲相州司馬。詡與帝有賓筵之舊,初流寧州,移同州,又放歸本貫,路由都下,遣人慰勞,便欲留之。韓昭曰:"同列八人,詡獨異之,非典也。用之非晚。"至是欲召還。昭又曰:"八人類例,止可復資,無宜異等。"故有此授。初,帝在河中,詡爲判官,明宗時,諸子中秦王爲河南尹,判六軍,王府最盛。詡因入貢,祈安重誨願不歸蒲中,乃授右補闕史館修撰。無幾,爲户部員外郎,充河南府判官。明宗寢疾,秦王構逆,詡與諸從至天津,秦王兵敗,各贖爲庶民。洎帝御極詡益懷憂悸。帝念舊,至是先復資,旋用爲兵部員外郎。

(宋)王欽若等編纂:《册府元龜》卷一七二《帝王部》

康承詢爲丹州刺史,清泰三年閏十一月停任,配流鄧州。時承詢奉詔率義軍赴延州,義軍亂,承詢奔鄜州,故有是責。

(宋)王欽若等編纂:《册府元龜》卷六九九《牧守部》

李德休爲吏部侍郎、權知左丞。未幾,乃上章乞致仕,從之,以禮部尚書致仕。

(宋)王欽若等編纂:《册府元龜》卷八九九《總録部》

張貽範爲蜀中書令,右金吾衛使。明宗天成初,除兵部尚書致仕。

    (宋)王欽若等編纂:《册府元龜》卷八九九《總録部》

趙仁貞,天成初以右驍衛將軍除大將軍致仕。

    (宋)王欽若等編纂:《册府元龜》卷八九九《總録部》

馬溉,以前代州刺史除左衛上將軍致仕。

    (宋)王欽若等編纂:《册府元龜》卷八九九《總録部》

苗暐,以前將作監内作使,守光禄卿致仕。

    (宋)王欽若等編纂:《册府元龜》卷八九九《總録部》

范約爲右監門衛將軍,除左驍衛大將軍致仕。

    (宋)王欽若等編纂:《册府元龜》卷八九九《總録部》

裴思禮,以前蓬州刺史除右千牛衛大將軍致仕。

    (宋)王欽若等編纂:《册府元龜》卷八九九《總録部》

蕭邃,長興中以太子賓客除户部尚書致仕。

    (宋)王欽若等編纂:《册府元龜》卷八九九《總録部》

李斌,以前代州刺史除左驍衛將軍致仕。

    (宋)王欽若等編纂:《册府元龜》卷八九九《總録部》

賈知瑜,以前遼州刺史除驍衛大將軍致仕。

    (宋)王欽若等編纂:《册府元龜》卷八九九《總録部》

梁漢頵,以前鄧州節度使除太子少師致仕,目病也。

    (宋)王欽若等編纂:《册府元龜》卷八九九《總録部》

(3) 後晉

太師萬友,高祖仲父。太尉萬銓,高祖季父。

　　（宋）王欽若等編纂:《册府元龜》卷二七七《宗室部》

太傅敬儒,高祖兄,並天福六年正月追贈。

　　（宋）王欽若等編纂:《册府元龜》卷二七七《宗室部》

晉秦王萬友子暉,生而龐厚,剛毅雄直,有器局,行不由徑,臨事多智,故高祖於宗屬之中獨優禮厚遇。

　　（宋）王欽若等編纂:《册府元龜》卷二七三《宗室部》

晉皇子重信,高祖第二子也。高祖即位,出鎮孟津,到任逾月,去民病十餘事,朝廷有詔褒之。是歲,范延光叛命於鄴,詔遣前雲武節度張從賓發河橋屯兵東討延光。從賓與延光合謀爲亂,遂害重信於理所,時年二十。遠近聞者爲之嘆惜,制贈太尉。執事奏曰:"兩漢子弟,生死無歷三公位者。"帝曰:"此兒爲善被禍,予甚愍之。自我作古,寧有例乎。"遂行册命。

　　（宋）王欽若等編纂:《册府元龜》卷二七七《宗室部》

晉楚王重信,歷事後唐明宗及閔帝、末帝,不恃貴戚,能克已復禮,常恂恂如也,甚爲時論所稱。

　　（宋）王欽若等編纂:《册府元龜》卷二七二《宗室部》

晉高祖幼子重睿,肖高祖,故尤鍾愛。

　　（宋）王欽若等編纂:《册府元龜》卷二六六《宗室部》

晉高祖幼子重睿,少帝嗣位初,拜開封尹,以年幼未出閣,命左散騎常侍邊蔚知府事。時少帝戲謂重睿曰:"已降衡命,使臣有何例物待之?"重睿曰:"例物出於內庫,臣何憂焉?"少帝許之。

　　(宋)王欽若等編纂:《册府元龜》卷二七四《宗室部》

　　晉楊承祚,光遠子也,尚高祖長女長安公主。

　　(宋)王欽若等編纂:《册府元龜》卷三〇〇《外戚部》

　　(天福)九年,遣使詔駙馬都尉楊承祚送長安公主乳母傅姆等一十二人歸於青州,示柔服也。

　　(宋)王欽若等編纂:《册府元龜》卷一七九《帝王部》

　　任庭浩,并州人,業術數風雲之事。晉高祖在太原重圍,時高祖最爲親要。庭浩以本業請見,高祖甚加禮遇。晉天福初,庭浩授太原掾,尋改交城、文水令,皆高祖慰薦之力也,後爲殿中監。

　　(宋)王欽若等編纂:《册府元龜》卷七六六《總録部》

　　曹國珍,高祖在藩時,嘗通私謁,以兄事之。及即位,國珍自比於嚴陵,上表叙舊,由是自吏部郎中,拜左諫議大夫、給事中。

　　(宋)王欽若等編纂:《册府元龜》卷七六六《總録部》

　　曹國珍,爲吏部郎中。天福三年十月,隰州蒲縣令竇温顔進策,內一曰:"兵不可不戰,將不可不擇。每於月旦,宜令教習。楚莊立功,而心懼晉文。戰勝而色憂,居安慮危,古之道也。此乃鴻圖永固,霸業彌芳。"詳定官等,以其徵引方拙,未可奏聞。國珍與其議,以爲可行。乃上言曰:"臣聞去華務實,舍短從長,片善不遺,群材畢録。切詢古道,宛是良圖。將隆講武之規,宜舉訓戎之典。故《左氏春秋傳》云:'禁暴戢兵,保大定功,安民和衆豐財,此所以昭宣七德,制服萬邦。'又云:'春蒐夏苗,秋獮冬狩,皆於農隙,以講武事,此所謂聿修戰法,俾耀軍威。'又云:'三時務農,一時講武,不教民戰,是謂弃之.'所請每月旦教習,事伏乞宣駙馬步軍都指揮使,檢練馴閲,其爲允當,望賜施行。"敕:"習戰講武,歷代通規。選士練兵,其來舊制。宜以每年農隙時講武,仍準令式處分。"

(宋)王欽若等編纂:《册府元龜》卷四七六《臺省部》

晉曹國珍爲給事中,性頗剛僻,經藝文學非其所長,好自矜衒,多上章疏,文字差誤,數數有之,爲縉紳所誚。

(宋)王欽若等編纂:《册府元龜》卷九一七《總録部》

尹玉羽,後唐清泰中爲光禄少卿,退歸秦中。朝宰臣張延朗手書而召,高卧不從,謂人曰:"庶孽代宗,不可仕也。"及高祖入洛,即受詔而來。以所著《自然經》五卷貢之,且告其老。即日,璽書褒美,頌其器幣,授少府監致仕,月給俸錢三萬及冬春二時服。

(宋)王欽若等編纂:《册府元龜》卷八九九《總録部》

晉伊玉羽爲光禄少卿,滿歲,退歸秦中,以林泉詩酒自樂。

(宋)王欽若等編纂:《册府元龜》卷八一三《總録部》

晉尹玉羽,唐天復中隨計京師,甚有文稱。會有苴杖之喪,累歲羸疾,冬不釋菅履,期不變倚廬。制闋,隱居杜門,無召官之意,位少府監致仕。

(宋)王欽若等編纂:《册府元龜》卷七五六《總録部》

晉尹玉羽性仁恕,好静默,與朋友交,無怨弃,御僕隸,不好詈辱,有過則諭而戒之,有罪則禮而遣之。家雖屢空,不渝其廉。時雖亂離,不廢其業,仕至光禄少卿。

(宋)王欽若等編纂:《册府元龜》卷八〇六《總録部》

周邊蔚爲邠州李德珫從事，晉高祖建議入洛，德珫不即獻城，蔚力勸曰：“清泰運去，新主勃興，兩都衣冠歸之，大器在手矣。公宜表率西諸侯入覲，何遲疑若此？稍稍達於外，則後悔無及矣。”德珫然之，乃馳使入覲，朝廷知蔚有其力，尋徵拜虞部員外郎。

（宋）王欽若等編纂：《册府元龜》卷七一七《幕府部》

周邊蔚初仕晉，開運初爲亳州防禦使。爲政清肅，亳民感其惠，咸設齋以報之。

（宋）王欽若等編纂：《册府元龜》卷六七七《牧守部》

康福，初仕後唐明宗，爲朔方河西等軍節度。到鎮歲餘，西戎皆款附，改賜福耀忠扶定保節功臣。末帝清泰中，加特進，開國侯，充西面都部署。高祖受命，就加檢校太尉，封開國公。

（宋）王欽若等編纂：《册府元龜》卷三八七《將帥部》

晉康福爲秦州節度使。福無軍功，屬後唐明宗龍躍，有際會之幸，擢自小校，暴爲貴人。每食，非羊之全髀不能飫腹，與士大夫交言，懵無所別。在天水日，嘗有疾，幕客謁問，福擁衾而坐。客有退者，謂同列曰：“錦衾爛兮。”福聞之，遽召言者，怒視曰：“吾雖生於塞下，乃唐人也，何得以爲爛奚？”因叱出之，由是諸客不敢措辭。復有末客姓駱，其先與後唐懿祖武皇父來自金山府。一日因公讌，福謂從事董曰：“駱評事官則卑，門族甚高，正沙陀也。”聞者竊笑焉。

（宋）王欽若等編纂：《册府元龜》卷九五四《總錄部》

晉桑維翰，初爲高祖太原掌書記。高祖建義太原，首預其謀。遣爲書求援於北虜，虜果應之。俄以趙德鈞發使聘虜，高祖懼其改謀，命維翰詣虜帳，述以始終利害之義，虜心乃定。

（宋）王欽若等編纂：《册府元龜》卷六五五《奉使部》

桑維翰，性明慧，善詞賦。後唐同光中，登進士第。高祖領河陽，辟爲掌書記，歷數鎮，皆從之，後至中書令。

（宋）王欽若等編纂：《册府元龜》卷七六六《總録部》

桑維翰，自後唐末帝清泰三年爲太原掌書記。時高祖將起義，頗慮孤壘無成，憂不遑處。維翰揚言曰：“蝮蛇在手，壯士解腕。今日朝廷待以匪人，無復首免之理，但極力自完。萬一不濟，契丹族帳在雲應，朝呼夕至，何患無成？”高祖釋然。自是民請構藩軍者多矣，然關防重疊，去者多獲。朝廷又以虜性多疑，必不以高祖單詞容易應副。高祖使有達虜廷者，報曰：“仲秋，吾傾寨奉援，且牢守備。”朝廷知之，攻城頗急。城中乞食，慮難支久，乃令小僕何福懇告藩首。時八月末也，藩首曰：“比俟漸凉，別無顧慮。爾名曰福，戰捷之由。”數日出軍，與何福俱來，壬寅，契丹至。及高祖建號，制授禮部侍郎，知樞密院事。尋改中書侍郎，平章事。

（宋）王欽若等編纂：《册府元龜》卷三〇九《宰輔部》

桑維翰，高祖時爲中書侍郎、平章事。天福四年七月，出爲檢校司空、兼侍中、相州節度使。

（宋）王欽若等編纂：《册府元龜》卷三二二《宰輔部》

三債三悦

桑維翰草萊時，語友人：“吾有富貴在造物，未還三債，是以知之。上債錢貨，中債妓女，下債書籍。”既而鐵硯功成。一日酒後，謂親密曰：“吾始望不及此，當以數語勸子一杯。”其人滿酌而引，公云：“吾有三悦而持之，一曰錢，二曰妓，三曰不敢遺天下書。”公徐云：“吾炫露太甚，自罰一觥。”

（宋）陶穀：《清異録》卷上

桑維翰舉進士，主司惡其姓，桑喪同音，人勸勿舉進士。維翰著《日出扶桑賦》以見志,又鑄鐵硯,曰:"硯敝則改而他仕。"卒及第。

(宋)祝穆:《古今事文類聚》後集卷二

桑維翰初舉進士,主司惡其姓,以爲桑、喪同音。人有勸其不必舉進士,可以從它求仕者,維翰慨然,乃著《日出扶桑賦》以見志。

(唐)白居易、(宋)孔傳:《白孔六帖》卷二二

桑維翰舉進士,主司惡其姓。維翰慨然著《日出扶桑賦》以見志。

(宋)祝穆:《古今事文類聚》別集卷一一

五代桑維翰,或令其改姓,維翰鑄鐵硯以示人,曰:"硯敝則改而他仕。"卒以進士及第。

(宋)祝穆:《古今事文類聚》別集卷一四

五代桑維翰鑄鐵硯,以示人曰:"硯弊則改而他事。"卒以進士及第。

(唐)白居易、(宋)孔傳:《白孔六帖》卷一四

桑維翰,字國喬,爲人醜怪,身短而面長,常臨鏡自奇曰:"七尺之身,不如一尺之面。"

(宋)祝穆:《古今事文類聚》後集卷一八

面長而身短。五代桑維翰爲人醜怪,身短而面長,常臨鏡自奇曰:"七尺之身,不如一尺之面。"後至相。

(宋)佚名:《錦綉萬花谷》前集卷三八

石晉桑維翰,身短面廣。每對鑒,自嘆曰:"七尺之身,何如一尺之面。"登第,同榜四人,秦王幕客陳保極戲謂人曰:"今歲三個半人及

第。"以維翰短陋,故謂之半人也。

(宋)孔平仲:《續世説》卷六

桑維翰,字國僑,洛陽人也。父琪,事河南尹張全義爲客將。維翰身短面廣,殆非常人。既壯,每對鑒自嘆曰:"七尺之身,安如一尺之面?"繇是慨然有公輔之望。後位至中書令。

(宋)王欽若等編纂:《册府元龜》卷七七二《總録部》

晉桑維翰,身短面廣,殆非常人。既壯,每對鑒自嘆曰:"七尺之身,安如一尺之面?"由是慨然有公輔之望。後至中書令。

(宋)王欽若等編纂:《册府元龜》卷八八三《總録部》

五代晉臣桑維翰,權勢既盛,四方賂遺,歲積鉅萬。

(唐)白居易、(宋)孔傳:《白孔六帖》卷三五

昔五代桑維翰爲晉相,一夕除節度使十五人爲將,而人皆服其精。

(宋)歐陽修:《文忠集》卷一〇四

桑維翰大拜,方居政地,有布衣故人韓魚謁公。左右通名謁甚久,公方出,魚趨階甚恭,公但少離席。既坐,公默然不語,有不可犯之色。遽引退歸,謂其僕曰:"桑公吾故人也,有疇昔之舊,今餘見之,有不可犯之色,何也?"僕夫亦通敏人,云:"上相氣焰如此,事防不可知。"

魚翌日告別,將歸故鄉。既坐,公笑曰:"近者書殿闕人,吾以子姓名奏御,授子學士。"俄有二吏自東廊持箱,中有黃誥及藍袍靴笏之類。魚遽降階再拜受命,公乃置酒。公方開懷言笑,詢及里閭,語笑如舊。復謂魚曰:"朱炳秀才安乎?"魚對曰:"無恙,但家貧族親老,尚走場屋。"公曰:"吾向與之同鄉薦,最蒙他相愛,吾文字數卷,伊常

對人稱賞。子作一書爲吾意，召之來，與一官。"魚素長者，忻然答曰："諾。"魚乃作書，特遣一人召。不久炳至，一如魚禮，箱出諾洎公裳，兼授軍巡判官。

公他日又召魚中堂會酒，公又詢魚曰："羌岵秀才今在何地？"魚曰："聞見客東魯，顏甚淒淒。"公曰："吾與之同場屋，最相鄙薄，見侮頗甚。今吾在政地，伊尚區區日困於塵土間，君子固不念舊事，子爲吾復作一書召之，當與一官。"魚應曰："諾。"魚又特令一僕求之，月餘日，方策蹇而至。魚遣人道意，同魚入見。

坐客次，公召一吏附耳而言，吏至言："公致意，今日有公議未得相見，且令去巡判官處待，少時即有美命。"岵乃坐從吏至巡判官衙署。岵坐客次，見其吏直升廳附耳言於巡判，判云："領旨。"吏乃去。巡判又呼吏升廳附耳言，吏下陛，巡判曰："速行。"吏出門，少頃巡判別呼一吏云："你傳語秀才，請去府中授官。"岵莫知其由，出。有白衣吏數人隨岵行百步，兩人執岵手，岵亦不知。及通衢稠人間，數人執岵，一吏云："羌岵謀反，罪當處斬。"岵大呼曰："我家有少妻幼子，韓魚召我來授官，我何罪而死也？我死須告上帝，訴於天！"言未絕，斬之。韓魚聞之，慟曰："岵之死，吾召之也。丞相如此，安可自保。"乃告疾還鄉。

一日，公坐小軒中，見岵自門外來，公下坐起揖。既坐，叙間闊數十句。岵曰："相公貴人也，生殺在己。岵昔日與公同閭里場屋，當時聚念，閑相諧謔，乃戲笑耳。相公何相報之深也？使吾頸受利刃，尸弃郊野之中，狗彘共食之，妻子凍餒，子售他人，相公心安乎？吾近上訴於天帝，帝憫無辜，授司命判官，得與公對。"公又見階下半醉而跛者與岵同立階下，公曰："此又何怪也？"岵笑曰："相公眼高，豈不識此是唐贊？"唐贊向爲衙吏，曾辱公，公命府尹致之極法，府尹不欲曉然殺之，乃三次鞭之方死，不勝其苦。公曰："如唐贊輩有何足報？"又曰："子能貸我乎？吾爲飯僧千人，誦佛書千卷報子可乎？"岵曰："得君之命乃已，他無所用焉。"岵乃起曰："且相攜。"入庭下竹叢中乃没。

公不久死。時手足皆有傷處，不知從何有也。議曰："桑公居丞相之貴,不能大其量,使疇昔言語之怨,致人於必死之地,竟召其冤報,不亦宜乎!"

(宋)劉斧:《青瑣高議》後集卷六

恩怨皆報

桑維翰拜相,故人韓魚通謁,公默不語,魚退曰:"桑公吾故人,今見之有不可犯之色。"翌日告別,公曰:"吾奏子姓名,授予學士。"俄有二吏持箱,中有黃誥及袍笏之類。公置酒開懷曰:"朱炳秀才安乎?頃最相愛,爲吾召來。"一如魚禮。他日又曰:"羌岵秀才何在? 最相鄙薄,君子不念舊惡,爲吾作書召之,當與一官。"岵至,忽有吏數人執岵云:"羌岵謀反,罪當處斬。"岵大叫曰:"韓魚召我來受害,我何罪!"乃斬之。魚乃告疾還鄉。一日,公坐小軒,見岵來曰:"相公生殺在己,岵昔日同場屋,閑相諧謔,乃戲笑耳,相公何報之深也。吾上訴於天帝矣!"公曰:"吾爲子飯僧誦佛書,可乎?"岵曰:"得君之命而已。"公不久果死。

(宋)祝穆:《古今事文類聚》別集卷三二

五代桑維翰拜相,故人韓魚通謁,公默不語。魚退曰:"桑公,吾故人,今見之,有不可犯之色。"翌日告別,公曰:"吾奏子姓名,授子學士。"俄有二人持箱,中有黃詔及袍笏之類。公置酒開懷曰:"朱炳秀才安乎? 最蒙相愛,爲吾召來。"一如魚禮。他日,又曰:"羌岵秀才何在? 此人最爲鄙薄,然君子不念舊惡,爲吾作書召之,當與一官。"岵至,忽有數人執岵云:"羌岵謀反罪,當處斬。"岵大叫曰:"韓魚召我來受官,我何罪?"乃斬之。魚乃告疾還鄉。一日,公坐小軒,見岵來曰:"相公生殺在己,岵昔同場屋,閑相諧謔,乃戲笑耳,相公何報之深也。吾上訴於天帝矣。"公曰:"吾爲了飯僧誦佛書,可乎?"岵曰:"欲得君之命。"而已,公不久果死。

(明)彭大翼:《山堂肆考》卷一三八

契丹破欒城,杜重威等大軍隔絕。桑維翰曰:"事急矣。"乃見馮玉等計事,而謀不合。又求見帝,帝乃調鷹苑中,不暇見。維翰退而嘆曰:"晉不血食矣。"

(宋)祝穆:《古今事文類聚》後集卷四三

石晉桑維翰,與馮玉同在中書。會舍人盧櫃秩滿,玉乃下筆除櫃工部侍郎。維翰曰:"詞臣除此官稍慢,恐外有所議。"因不署名。屬維翰休假,玉竟除之。由此尤不相協。玉以語激少帝,出維翰爲開封尹。或謂玉:"桑西元老,奈何使之尹京親細猥之事?"玉曰:"恐其反爾。"曰:"儒生安得反?"曰:"縱不自反,恐其教人爾。"

(宋)孔平仲:《續世説》卷一一

《五代史》:晉少帝時,桑維翰、馮玉同在中書,會舍人盧價秩滿,玉下筆除價工部侍郎。價久次綸閣,舊例合遷禮部侍郎,或御史中丞。維翰曰:"詞臣除此官稍慢,恐外有所議。"因不署名。無何,維翰休假數日,玉獨奏行之,自此維翰與玉尤不相協。

(宋)孫逢吉:《職官分紀》卷七

桑維翰,爲相。户部奏改維翰本貫河南府河南縣來遠鄉爲調鼎鄉,樂善里爲代天里,給門戟十二枝。開運初,爲樞密使、中書令,詔改維翰本貫河南府章善坊爲賢相坊。

(宋)王欽若等編纂:《册府元龜》卷三一九《宰輔部》

晉桑維翰,爲侍中。兩朝秉政,出上將揚光遠、景延廣俱爲州守,又嘗一制除節將五十餘人,各領軍職,無不屈而服之。

(宋)王欽若等編纂:《册府元龜》卷三二九《宰輔部》

晉桑維翰,爲平章事。少帝微有不豫,維翰曾密遣中使達意於太后,請爲皇弟重睿擇師傅以教道之,少帝由此疑其有他。俄而馮玉作

相,同在中書,會舍人盧價秩滿,玉乃下筆除價爲工部侍郎。維翰曰:
"詞臣除此官稍慢,恐外有所議。"因不署名,屬維翰休假,玉竟除之,
自此維翰與玉尤不相協。俄因少帝以重睿擇師傅事言於玉,遂以詞
激少帝,尋出維翰爲開封尹。

（宋）王欽若等編纂:《册府元龜》卷三三七《宰輔部》

桑維翰少時所居,常有魑魅,家人常畏之。維翰往往被竊其衣,
撮其巾櫛,而未嘗改容。官至中書令。

（宋）王欽若等編纂:《册府元龜》卷八五〇《總録部》

晉桑維翰字國僑,洛陽人也。少時所居,常有魑魅,家人咸畏之。
維翰往往被竊其衣,撮其巾櫛,而未嘗改容。後卒爲中書令。

（宋）王欽若等編纂:《册府元龜》卷八七七《總録部》

晉桑維翰,爲相。及楊光遠平鄆,以兵驕難制,維翰請速散其衆,
朝廷從之。而移光遠爲洛尹,光遠由是怏怏。又以馮暉鎮靈武,蕃部
歸心,朝議患之。維翰欲圖大舉,以制北戎,命將佐十五人,皆列藩之
帥也,唯暉不預其間,乃上章自陳未老,可用,而制書見遺。維翰招禁
直學士答詔,一一條對,其云:"非制書忽忘,實以朔方重地,雜虜窺邊,
非卿雄名,何以彈壓?比欲移卿内地,受代亦須奇才?"暉得詔甚喜。

（宋）王欽若等編纂:《册府元龜》卷三二三《宰輔部》

寵仙
桑維翰壽辰,韋潛德獻太湖石一塊,上有鐫字金飾,曰"寵仙"。

（明）陶宗儀:《説郛》卷六一《清異録》

魏公桑維翰,尹開封。一日,嘗中夜於正寢獨坐,忽大驚悸,如有
所見,向空屬聲云:"汝焉敢此來!"如是者數四。旬日憤懣不已,雖齊
體亦不敢有所發問。未幾,夢已整衣冠,嚴車騎,將有所詣。就乘之

次，忽所乘馬亡去，追尋莫知所在。既寤，甚惡之，不數日及難。

（宋）李昉：《太平廣記》卷一四五《桑維翰》

桑維翰爲開封尹，會秋霖經月不歇。一日，維翰出府門，由西街入内，至國子監門，馬忽驚逸，御者不能制。維翰落水，久而方蘇。或言私邸亦多怪異，親黨咸憂之，果爲張彦澤所害。

（宋）王欽若等編纂：《册府元龜》卷九五一《總録部》

胡致堂著《讀史管見》，主於譏議秦會之，開卷可考也。如論耶律德光諭晉祖宜以桑維翰爲相，謂：“維翰雖因德光而相，其意特欲興晉而已。固無挾虜以自重，劫主以盜權之意，猶足爲賢。”尤爲深切。致堂，本文定從子，其生也，父母欲不舉，文定夫人舉而子之，及貴，遭本生之喪，士論有非之者。故《漢宣帝立皇考廟》《晉出帝封宋王敬儒》兩章，專以自解；而於《漢哀帝謝立定陶後》一節，直謂：“爲人後者，不顧私親，安而行之，猶天性也。”吁，甚矣！首卷論豫讓報仇曰：“無所爲而爲善，雖大學之道不是過。”若致堂者，其亦有所爲而著書者歟！然其間確論，固不容掩也。

（宋）趙與時：《賓退録》卷二

胡致堂寅字明仲，文定公安國之庶子也。……極意譏貶秦氏。如論桑維翰，“雖因耶律德光而相，其意特欲興晉而已，固無挾虜以自重，劫主以盜權之意，猶足爲賢”等語甚多。

（宋）周密：《齊東野語》卷六

太祖嘗與趙普議事不合，上曰：“安得宰相如桑維翰者，與之謀乎！”普曰：“使維翰在，陛下亦不用，蓋維翰愛錢也。”上曰：“苟用其長，亦當護其短，措大眼孔小，賜與十萬貫，則塞破屋子矣。”

（宋）楊億：《楊文公談苑》

太祖嘗與趙普議事，有所不合。太祖曰："安得宰相如桑維翰者，與之謀乎！"普對曰："使維翰在，陛下亦不用，蓋維翰愛錢。"太祖曰："苟用其長，亦當護其短。措大眼孔小，賜與十萬貫，則塞破屋子矣。"予按，晉去國初未遠，故太祖所以推服維翰者，宜有以得之。使維翰獲用，豈盡出普下乎？蓋嘗因太祖推服之義，而考維翰本傳，其議論皆爲歐陽公削去，無從而見之。其後讀孔氏《續世說》，載出帝之初，寢用景延廣。維翰恐與契丹失歡，上疏曰："議者以陛下於契丹有所供億，謂之耗蠹。有所卑遜，謂之屈辱。微臣所見，則曰不然。且以漢祖英雄，猶輸貨於冒頓；神堯武略，尚稱臣於可汗。此謂達於權變，善於屈伸。所損者微，所利者大。必若因茲交造，遂成釁隙，自此歲歲調發，日日轉輸，困天下之生靈，空國家之府藏，此爲耗蠹，不亦甚乎。兵戈既起，將帥擅權。武吏功臣，過求姑息，邊藩遠郡，得以驕矜。外剛內柔，上陵下替。此爲屈辱，又非多乎。"所具止此，議論雖不盡見，其揣度事勢，深切著明，有能加之歟？太祖所以推服之也。

（宋）吳曾：《能改齋漫録》卷一〇

太祖嘗與趙中令普議事不合，喟然曰："安得宰相如桑維翰者，與之謀乎！"普對曰："使維翰在，陛下亦不用，蓋維翰嗜錢。"太祖曰："苟用其長，亦當護其短，措大眼孔小，賜十萬貫，則塞破屋子矣。"

（清）潘永因：《宋稗類鈔》卷二四

夫維翰以文翰起家成進士，即不能如梁震、羅隱之保身而不辱；自可持祿容身，坐待遷除，如和凝、李崧之幸致三事。乃魂馳而不收，氣盈而忘死，以驟獵不可據之浮榮，其實不如盛世之令録參佐也。而塗炭九州、陸沈千載，如此其酷焉。悲夫！天之生維翰也，使其狂獧之至於斯，千秋之戾氣，集於一人，將誰怨而可哉？乞者乞人之墦，非是而不能飽；盜者穴人之室，非是而不能獲。維翰不相，自可圖溫飽以終身；維翰即相，亦不敵李林甫、盧杞之掾史；即以流俗言之，亦甚可賤而不足貴,明矣。處大亂之世,君非君,相非相,攬鏡自窺,夢回自念,乞邪、盜邪、君邪、相邪、貴邪、賤邪!徒以殃萬民、禍百世,胡迷而不覺邪?

(清)王夫之:《讀通鑒論》卷二九

晉高祖天福元年,以王伾爲將作監。伾,河内人,歷河陽度支使、鄴都河東少尹,與帝潛龍時有舊也。

(宋)王欽若等編纂:《册府元龜》卷一七二《帝王部》

五代鄧佑擢童子科,弟吉擢三禮科,改所居爲揚名鄉兩秀里。按:佑,臨江人。

(明)彭大翼:《山堂肆考》卷二八

段希堯,初爲晉祖從事。清泰中,晉祖總戎於代北。一日軍亂,呼"萬歲",晉祖惑之,希堯曰:"夫兵,猶火也。弗戢,將自焚。"遽請戮其亂首,乃止。

(宋)王欽若等編纂:《册府元龜》卷七一七《幕府部》

段希堯初仕晉,爲右諫議大夫。使於吳越,及乘舟泛海,風濤暴越,楫師僕從,皆相顧失色。希堯謂左右曰:"吾平生履行,不欺暗室。昭昭天鑒,豈無祐乎?汝等但以吾爲托,必當無患。"言訖而風止,乃獲利涉。

(宋)王欽若等編纂:《册府元龜》卷八一五《總録部》

段希堯使於吳越。是時江淮不通,凡使吳越者,皆泛海而多風波之患。希堯過海遭大風,左右皆恐懼,希堯曰:"吾平生不欺,汝等恃吾,可無恐也。"已而風亦止。

(唐)白居易、(宋)孔傳:《白孔六帖》卷六

《五代史》:段希堯使吴越,過海遭大風,左右皆恐怖。希堯曰:"吾平生不欺,汝等恃吾可無恐也。"已而風止。

（明）彭大翼:《山堂肆考》卷二〇

張沆,徐州人,登進士第。唐明宗子秦王好文,每賓僚大集,手自出題,令面前賦詩,少不如意,則壞裂抵弃。沆初通刺,屬合座客各爲《南湖廳記》,謂沆曰:"聞生名久矣,請爲此文。"沆不獲已,從之。及群士記成,獨取沆所爲,勒之於石。由是署爲河南府巡官。秦王敗,勒歸鄉里。晉初,桑維翰秉政,沆以文干,進用爲著作佐郎、集賢校理、右拾遺,維翰出鎮,奏爲記室。

（宋）王欽若等編纂:《册府元龜》卷七二九《幕府部》

李承福,初爲高祖家臣。高祖登極,歷皇城、武德宣徽使,左千牛大將軍。

（宋）王欽若等編纂:《册府元龜》卷七六六《總録部》

趙瑩,華陰人。後唐莊宗時爲陝州從事。明宗即位,以高祖爲陝府長史,留後。瑩時在郡,以前官謁之,一見如舊相識,即奏署管記。高祖歷諸鎮,皆從之。累使下官,至御史大夫,賜金紫。高祖再鎮并州,位至節度判官。高祖受契丹册,既即位,授瑩翰林承旨、金紫光禄大夫、户部侍郎、知太原府事。尋遷門下侍郎,同平章事,監修國史。

（宋）王欽若等編纂:《册府元龜》卷三〇九《宰輔部》

晉趙瑩,初依梁將康延孝。延孝奔唐莊宗,同光初用爲鄭州防禦使,表瑩爲判官。三年,延孝爲陝帥,又署賓職。高祖爲陝府兩使留後,瑩時在郡,以前官謁之,一見如舊相識,即奏署官。高祖歷諸鎮,皆從之。

（宋）王欽若等編纂:《册府元龜》卷七二九《幕府部》

晉高祖天福元年閏十一月，制曰："天有寶圖，應運者文明之主；國調金鉉，入司者經緯之臣。將冀大同，須資良弼，況謂建邦之始，難虚納揆之官。其有霸府舊僚，前籌上密，歷歲寒而斯久，弘益嘗多，經艱險而不渝，忠貞彌篤，式旌懿德，宜舉徽章，乃擇吉辰，爰行並命。翰林學士承旨、知河東軍府事、正議大夫、尚書户部侍郎、知制誥、賜紫金魚袋趙瑩，儒中端士，席上正人，襟靈而萬里坦夷，行葉而四時繁茂。洎陞簪履，旦夕之婉畫喧人；每侍籌帷，邇邇之折衝在我。翰林學士、權知樞密使事、正議大夫、尚書禮部侍郎、知制誥、賜紫金魚袋桑維翰，文場翹楚，學海波瀾，撓澄不變於二風，躁静同歸於一德，誠抱兼人之器，諒懷經國之才，十年伸揮翰之勞，數鎮有從征之役，而皆功參佐命，績顯坐籌，蕭、曹遠接於英猷，房、杜近齊於芳烈，成予丕業，職爾元勳，既協良辰，難稽懋賞，自董戎而居廊廟，繇内翰而秉鈞衡，乃用器能，佇觀燮贊。於戲！優賢異典，有國新恩，勉伸裨救之謀，共致升平之治，事繁罔避，言直勿辭，永修魚水之觀，以保雲龍之契。瑩可紫金光禄大夫、門下侍郎、平章事、集賢殿大學士，依前權知樞密使事。"

（宋）王欽若等編纂：《册府元龜》卷七四《帝王部》

晉趙瑩，爲中書令，户部奏改瑩本貫華州華陰縣永化鄉爲霖雨鄉，臨高里爲致君里。

（宋）王欽若等編纂：《册府元龜》卷三一九《宰輔部》

趙瑩字玄暉，華陰人，解褐爲康延孝從事。後唐同光中，延孝鎮陝州。會莊宗伐蜀，命延孝爲騎將。將行，留瑩監修金天神祠。功既集，忽夢神召於前亭，待以優禮，乃謂瑩曰："公富有前程，所宜自愛。"因遺一劍一笏。覺而駭異。後爲中書令，出爲晉昌節度，移鎮華州，入爲開府尹。復相位，加弘文館大學士。

（宋）王欽若等編纂：《册府元龜》卷八九三《總録部》

晉趙瑩爲中書令，虜陷京城，虜主遷少帝於北塞，瑩與馮玉、李彥韜俱從。契丹永康王代立，僞授瑩太子太保。周廣順初，遣尚書左丞田敏報命於契丹，遇瑩於幽州。瑩得見華人，悲悵不已，謂田敏曰："老身漂零，寄命於此。近聞室家喪逝，弱子無恙，蒙中朝皇帝倍加存恤，東京舊第本屬公家，亦聞優恩特給善價，老夫至死無以報效。"於是南望稽首，涕泗橫流。

（宋）王欽若等編纂：《册府元龜》卷九五三《總錄部》

晉顏衍爲青州節度房知温從事。知温貪暴，積貨數百萬，治第於南城，出則以妓樂相隨，任意所之，曾不以政事爲務。衍委曲陳其利病，知温不能用焉。及高祖建義入洛，尚不即進獻，耀兵於牙帳之下，衍正色謂曰："清泰帝富有天下，多力善戰，豈明公之比，而天運有歸，坐成灰燼，今青州遷延不貢，何以求安？千百武夫，無足爲恃，深爲大王之所憂也。"知温遂馳表稱賀，青州乃安。未幾，以沉湎成病而卒，部曲將吏分其所聚，例爲富室。衍又勸其子彥儒，進錢十萬貫以助國用，朝廷除彥儒爲沂州刺史，其家幸獲保全，皆衍之力也。

（宋）王欽若等編纂：《册府元龜》卷七二五《幕府部》

晉顏衍，正直之士也，爲青州房知温幕客。知温厚斂不已，積貨數百萬，治第於南城，出則以妓樂相隨，任意所之，曾不以政事爲務。衍委曲陳其利病，知温不能用。及高祖建義入洛，尚不即進獻，耀兵於牙帳之下，衍正色謂曰："僞主當有天下，多力善戰，豈明公之比？而天運有歸，坐成灰燼，今青州遷延入貢，何以求安？千百武夫，無足爲恃，深爲明公之所憂也。"知温遂馳表稱賀，青人乃安。及知温卒，部曲將吏分其所聚，列爲富室。衍又勸其子彥儒進錢十萬貫，以助國用，朝廷除彥儒爲沂州刺史，其家保全，皆衍之力也。

（宋）王欽若等編纂：《册府元龜》卷七二二《幕府部》

晉顏衍，爲御史中丞。以母老思鄉，上章，乞解其秩。執政議移戶部侍郎。衍又堅乞罷免，扶母東歸汝上。尋降詔，褒而允之。

（宋）王欽若等編纂：《册府元龜》卷四六四《臺省部》

顏衍，爲河陽節度副使，知州事。在孟津，半歲得家問，以父在營，立有風痺，其候稍加，衍不奏，弃官而去。及星行至郡，父疾如常，衍則侍疾，不復有食祿之心。居歲餘，父以疾不能起，衍親自掬矢嘗膳，未嘗輒倦，聞者高之。開運中爲御史中丞，以母老衰羸，拜章請告，除戶部侍郎。衍求扶持還鄉，少帝從之。

（宋）王欽若等編纂：《册府元龜》卷七五六《總録部》

晉高祖時，顏術爲河陽節度副使，知州軍，以父病弃官而去。帝以術在外急於用，徵爲文昌正郎、樞密學士，遣連帥促之。術至闕，且辭曰："臣本書生，不通軍術，恐不稱其職，未知何人誤達陛下。必望放臣，從其私養之願足矣。"高祖曰："朕自知卿，非他人薦也。"

（宋）王欽若等編纂：《册府元龜》卷七五《帝王部》

晉盧詹，高祖天福初，拜禮部尚書，分司洛下，與右僕射盧質、散騎常侍盧重俱在西都，數相過從。三人俱嗜酒，好游山水。塔廟林亭，花竹之地，無不同往，酣飲爲樂，人無間然。洛中朝士，目爲"三盧會"。

（宋）王欽若等編纂：《册府元龜》卷八六八《總録部》

盧詹性剛直，議論不避豪貴，執政者常惡之。天福初，拜禮部尚書，分司洛下。與右僕射盧質、散騎常侍盧重俱在西都，數相過從。三人俱嗜酒，好游山水，塔廟林亭，花竹之地，無不同往。酣飲爲樂，人無以間廁，洛中朝士目爲"三盧會"。常委順性命，不營財利，身死之日，家無衣物。葬具不給，俟其君賜，方卜葬事。

（宋）王欽若等編纂：《册府元龜》卷八五五《總録部》

晉盧詹，天福初拜禮部尚書，分司洛下。與右僕射盧質、散騎常侍盧重俱在西都，數相過從。三人俱嗜酒，好游山水，塔廟、林亭、花竹之地，無不同往，酣飲爲樂，人無間然。洛中朝士目爲"三盧會"。常委順性命，不營財利。開運初，卒於洛陽。詹家無長物，葬具不給。少帝聞之，賜布帛百段，粟麥百斛，方能襄其葬事。贈太子少保。

（宋）王欽若等編纂:《册府元龜》卷八五五《總録部》

盧詹，歷兵部侍郎、尚書左丞、工部尚書。詹剛直，議論不避權貴，執政者常惡之。

（宋）王欽若等編纂:《册府元龜》卷四五九《臺省部》

晉韓祚，天福初，爲尚書左丞。高祖幸鄴都，祚留京師，權判三司。祚有心計，能判其事。時百官委困，國用不繼。祚必多方，以時物給之。謂吏曰："昔四豪爲小國之相，皆能養三千客。且天子之廷，執事者所請有幾，安能耗於國乎？"人以斯言爲當。

（宋）王欽若等編纂:《册府元龜》卷四八三《邦計部》

晉李遐，天福初爲西京留守判官，兼監西京左藏庫。會張從賓作亂，使人輦取十帛以賞群逆，遐曰："不奉詔書，安敢承命。"遂爲其下所害。

（宋）王欽若等編纂:《册府元龜》卷七一九《幕府部》

（天福元年）十二月，制曰："舜任五臣，坐致穆清之化；漢尊三傑，克成王霸之基。皆所以君臣義通，上下情洽，得以寅亮大化，遵揚休聲。百工允釐，垂衣裳而御宇；萬方率服，鑄劍戟以爲農。式緜輔弼之功，兆此隆平之運。朕謬膺開創，初統寰瀛，照臨將被於淳風，宰制實憑於良輔。其有功宣締構，業紹經綸，兩朝輸翊戴之勛，萬彙仰陶鈞之力，是宜重膺夢卜，再踐廟堂，俾光新造之邦，共闡無爲之化，經邦致理，翊戴功臣。特進、守司空、上柱國、始平郡公、食邑二千五百戶食實封三百戶馮道，禮天蒼璧，鎮國元龜，夏璜爲稀世之珍，軒鏡是辟邪之寶。方諸才業，良、平有可差其肩；較彼忠貞，姚、宋不得並其轡，可謂人臣之刀尺，造化之丹青。自明宗皇帝克紹基局，仰膺圖讖，於草昧皇靈之際，有攀鱗附翼之功，密贊皇猷，靜司帝誥，出納奉命，周旋八年，持葛秤以定錙銖，浮殷舟而拯沉溺。四時成歲，陰陽畢順於調燮；九德不愆，朝野咸推於表式。緊於薄德，獲彼寵靈，將惕勵以爲懷，恐負荷之弗克，宜憑勛德，共濟艱難。是用重啓岩廊，俾持埏埴，水土之崇資不改，弘文之大柄仍兼。於戲！造膝陳謀，爾無辭於俾救；開懷納諫，朕不怠於聽從。致社稷於昌期，納生靈於壽域，其臻至理，勿墜前功。唯於大臣，不俟多訓。可守司空、兼門下侍郎、平章事、弘文館大學士。”

（宋）王欽若等編纂：《册府元龜》卷七四《帝王部》

石晉高祖委任馮道。嘗稱疾求退，帝使鄭王重貴詣第省之，曰：“來日不出，朕當親往。”道乃出視事。當時寵遇，群臣無與爲比。

（宋）孔平仲：《續世説》卷五

胡文定公曰：晉高祖以幼子委馮道，道不可，盍明言之，乃含糊不對。死肉未寒，乃背顧命，其視荀息爲如何？

（宋）葉隆禮：《契丹國志》卷二

石晉時，馮道出鎮同州，胡饒時爲副使，道以重臣希於接狎，饒忿之，每乘酒於牙門詬道，道必延入，待以酒肴致敬而退。道謂左右曰：“此人爲不善，自當有報，吾何怒焉。”後作亂被殺。

（宋）孔平仲：《續世説》卷三

五代馮道罷同州，入朝拜司空。唐制三公爲加官，無單拜者。或三公，正宰相，便合參大政。又云合册授，又云祭祀時便令掃除。道聞之曰："司空掃職，吾無所憚。"既而知非乃止。

（唐）白居易、（宋）孔傳：《白孔六帖》卷二四

考《容齋三筆》載"馮道在晉天福中爲上相，詔賜生辰器幣。道以幼屬流離，早喪父母，不記生日，懇辭不受"。則宰相生日有賜，不始於宋矣。王明清《揮麈録》"賜生辰器幣，起於唐，以寵藩鎮。五代至遣使命，周世宗眷遇魏宣懿，始以賜，自是執政爲例"。

（清）錢大昕：《十駕齋養新録》卷一九

周馮道，初仕晉高祖，爲首相。天福二年，虜遣使加徽號於高祖，高祖亦獻徽號於虜，始命兵部尚書王權御其命，權辭以老病。晉祖謂道曰："此行非卿不可。"道無難色，高祖又曰："卿官崇德重，不可深入沙漠。"道曰："陛下受北朝恩，臣受陛下恩，何不可之有？"將達西樓，虜長欲自出迎道，虜之群僚曰："天子無迎宰相之禮。"因止焉。其名動殊俗也如此。

（宋）王欽若等編纂：《册府元龜》卷三二九《宰輔部》

馮道爲相，以天福四年二月，與左散騎常侍韋勛、禮部員外郎楊昭儉自契丹使回，帝慰勞隆至，錫賚豐厚。

（宋）王欽若等編纂：《册府元龜》卷六五四《奉使部》

馮道使虜

晉天福中，奏寶策戎衣之號，輔相中當一人爲使，趙瑩、桑維翰、文崧咸懼，將命馮道，索紙書云："道去遣人語妻子，不復歸家。"不數日，北行。虜主以道有重名留之，賜牛頭牙笏，爲殊禮。道作詩曰："牛頭偏得賜，象笏更容持。"道凡得賜，悉市薪炭，云："北地苦寒，老年所不堪，當爲之備。"戎人頗感其意，乃遣歸，道三上表乞留，固遣始去。更住月餘，既行。所至留駐凡兩月，出境即馳歸。左右曰："得生還恨無羽翼，公獨宿留，何也？"道曰："戎人多詐，總急還，以彼箸脚，

一夕即追，及亦何可脫。但徐緩，即不能測矣。"道歸，作詩云："去年
今日奉皇華，只爲朝廷不爲家。殿上一杯天子泣，門前雙節國人嗟。
龍荒冬住時時雪，兔苑春歸處處花。上下一行如骨肉，幾人身死掩風
沙。"道在虜中有詩云："朝披四襖專藏手，夜蓋三衾怯露頭。"其苦寒
如此。

（宋）曾慥：《類説》卷五三《談苑》

周馮道，唐天祐中劉守光辟爲幽州掾。嘗以利害箴守光，守光
怒，置於獄中。後仕晉爲相。晉末北虜犯闕，回，虜先留馮道與李崧、
和凝文武官等在常山，以閏七月二十九日，虜中有僞詔追崧，令選朝
士十人赴木葉山行事。虜帥解里召道等至帳前，所欲諭之。崧偶
先至，見其旨，懼形於色。解里將以明日與朝士齊遣之，崧乃不俟
道，與凝先出，既而相遇帳門之外，因與分首俱歸。俄而李筠等縱
火與虜交鬥，鈹槊相及。是日，道若齊至，與解里相見，稍躊躇則悉
爲俘矣。時論者以道在布衣有至行，立公朝有重德，其陰報昭感，
多此類也。

（宋）王欽若等編纂：《册府元龜》卷九四○《總録部》

周馮道，仕晉，平章事。時奏請徵史圭爲刑部侍郎、鹽鐵副使。
圭在明宗時爲右丞，權判銓事，道在中書嘗以堂判衡銓司所注官，圭
怒，力爭之，道亦微有不足之色。後道首舉圭，圭方愧其度量遠不
及也。

（宋）王欽若等編纂：《册府元龜》卷三二一《宰輔部》

周馮道，仕晉，高祖爲相時，尚書左丞、判國子監事田敏長於詩
賦，道重敏，嘗從容白晉祖曰："臣所爲官，合授於敏，臣不敢黨蔽
也。"又史圭在後唐明宗時爲右丞，權判銓事，道在中書，嘗以堂判
衡銓司所注人。圭怒，力爭之，道亦微有不足色。及晉高祖時，道
再爲相，圭首爲道所舉，除刑部侍郎、鹽鐵副使。圭方愧其度量遠

不及也。

（宋）王欽若等編纂：《册府元龜》卷三二四《宰輔部》

馮道，開運初以户部尚書平章事，詔改本貫定州安喜縣懷遠鄉爲積善鄉，萬善里爲公臺里。

（宋）王欽若等編纂：《册府元龜》卷三一九《宰輔部》

晉開運中馮道方在中書。有人於市中牽一驢，以片幅大署其面曰"馮道"二字。道之親知，見而白焉，道徐曰："天下同名姓人有何限，但慮失驢訪主，又何怪哉。"其大度如此。

（明）陶宗儀：《説郛》卷一四《閒談録》

周馮道，初仕晉平章事，少帝遣中使就中書賜道生辰器幣。道以幼屬亂離，早喪父母，不記生日，堅讓不授。

（宋）王欽若等編纂：《册府元龜》卷三三一《宰輔部》

周馮道，晉末爲太尉，封魏國公。北虜犯闕，隨虜北行。在恒山見有中國士女爲虜所俘者，出橐裝以贖之，皆寄於高尼精舍。後相次訪其家以歸之。

（宋）王欽若等編纂：《册府元龜》卷八六四《總録部》

或人問馮道於少帝，曰："道好平時宰相，無以濟其艱難，譬如禪僧不可令致鷹也。"由是出爲司州節度使。

（宋）孫逢吉：《職官分紀》卷三

馮道軍中不設床席，卧一束芻而已。

（唐）白居易、（宋）孔傳：《白孔六帖》卷一四

晉高宗天福二年，詔修西京大内。諫議大夫薛融以鄴下用兵，國

用不足，上疏請罷之。優詔嘉許。

（宋）王欽若等編纂：《册府元龜》卷一〇一《帝王部》

石晉高祖時，高行周奏修洛陽宮。諫議大夫薛融諫曰："今宮室
雖經焚毀，猶侈於帝堯之茅茨；所費雖寡，猶多於漢文之露臺。況魏
城未下，公私窘困，誠非陛下修宮室之日。請俟海内平寧，營之未
晚。"上納其言，仍賜詔褒之。

（宋）孔平仲：《續世説》卷一〇

薛融爲左諫議大夫，天福三年六月上疏曰："臣近睹河南留守高
行周狀奏修大内事，伏以大厦既成，燕雀尚猶相賀，皇居是葺，臣子豈
不同歡？然則時方屬於多虞，事宜停於不急。臣聞帝堯，古之聖君
也，其所居宮室，則茅茨不翦，土階三尺；漢文帝，古之聖主也，欲造露
臺，以費百金之直，尋罷其役。莫不道光圖籍，德冠古今，爲千載之美
談，作百王之懿範。況漢文承三代之基業，御一統之寰區，百姓富饒，
四方寧謐，金帛盈於帑藏，粟麥溢於困倉，尚惜其財，不從其欲。今洛
陽宮殿，雖有先遭焚毀，其所存者，猶且彌滿於帝堯之茅茨，而又重有
修營。其所貴者，豈不倍多於漢文之臺榭？伏自陛下一臨華夏，再歷
寒暄，聖猷雖契於上玄，皇化未覃於遐徼。復又鄴城殘寇，歷歲逋誅，
黎民猶困於轉輸，將士頗勞於攻討。庫藏虛竭，文費殷繁。此則是陛
下宵衣旰食之時，非陛下營造宮室之日。且百姓是陛下之赤子也，陛
下是百姓之慈父也。子既有疾，父寧不憂？今則天下黎民莫非疲弊，
天下州縣靡不凋殘，加以率斂頻仍，徭役重疊，尤宜撫恤，俾遂蘇舒。
勿謂愚而可輕，勿謂賤而可弃。古人有言：民猶水也，君猶舟也，水所
以載舟，亦所以覆舟。可不畏乎？兼自去年正月已來，陰陽繼虧，星
曜失度。此則上天垂象，使陛下修德節儉之戒也，固合修德以應之。
向使百姓安寧，則陛下雖當櫛風沐雨，未以爲苦也；若或兆民愁苦，
則陛下雖處瑤臺瓊室，豈得爲安乎？伏願陛下襲帝堯之舊風，繼漢
文之餘烈，且停工役，免費資財，使寰海之普寧，或修營之未晚，則

天下幸甚,百姓幸甚。”敕曰:“薛融官居諫署,志奉皇圖,特貢忠言,備彰直道,載觀臣節,深契朕懷。其洛京大内,先令葺修,今宜停罷。”

(宋)王欽若等編纂:《册府元龜》卷五四七《諫諍部》

晉薛融,高祖天福三年,自左諫議大夫遷中書舍人。自以文學非優,不敢拜命,復爲諫議。

(宋)王欽若等編纂:《册府元龜》卷八六七《總録部》

晉薛融爲御史中丞。高祖天福四年,融乘馬入尚書省門,罰俸一月。

(宋)王欽若等編纂:《册府元龜》卷五二二《憲官部》

晉天福二年六月,宰臣李崧讓樞密使。崧始自范延光領常山爲管記,及明宗長興末,爲六軍副使。以皇子秦王從榮不軌,懇求出外。會北虜屢寇雲中,議選良帥以鎮北門。帝問,延光、趙延壽等不敢遽對,奏云:“候臣至本院商量。”欲定襄州連帥康義誠。崧最在下位,聳立請曰:“非石太尉不可。”延光曰:“僕累白上,欲令出鎮,嘗謂僕曰:‘兄有得氣力者,欲不遣在左右,是何意也?’由是不敢復奏。”時帝又遣中使促之,乃定。帝領太原,明日,帝又使心腹道意,至崧云:“累浮圖,須與合却尖表,感之深也。”乃義旗入洛,崧爲僞主端明殿學士,出逃郊外。俄召居舊秩,無幾命爲相,兼樞密使,蓋由此階緣故也。崧時以宰相趙瑩使虜將還,朝廷之元臣也,故有表讓其機務,以固帝心,皆小數也。

(宋)王欽若等編纂:《册府元龜》卷三〇九《宰輔部》

漢李崧,晉天福初平章事,表讓樞密使,不允。

(宋)王欽若等編纂:《册府元龜》卷三三一《宰輔部》

（天福）三年正月，以兵部侍郎、判户部李崧爲中書侍郎、平章事，充樞密使。

（宋）王欽若等編纂：《册府元龜》卷七四《帝王部

晉李崧，爲平章事。時高祖講求輔相，崧力薦吕琦於高祖　：“可大用。”高祖數召琦於便殿，言及當世事，甚奇之。方將倚　相，忽遇疾而逝，人皆惜之。

（宋）王欽若等編纂：《册府元龜》卷三二　　　輔部》

李崧，爲侍中，詔改崧本貫深州饒陽縣富平鄉屬　　鄉，通義里爲調鼎里，給門戟十二枝。七年，丁憂，制詔賜崧白　　子一，以授起復官，不欲令墨縗乘馬也。

（宋）王欽若等編纂：《册府元　　　三一九《宰輔部》

晉梁文矩，爲吏部尚書。天福二年七　　　“臣伏奉敕牒，令參詳文武百官所進封事，内宗正卿石光贊上　　‘伏見滎陽縣道左萬石君廟，本前漢大中大夫石奮之廟，德行　　，備列前書。乞降封崇，俾光宗祖者。切以萬石君播盛德於漢　　立嚴祠於鄭圃。爰開聖緒，永叶昌期。’石光贊所上公言，備章　　深爲允當，望賜施行。”敕：“漢太中大夫石奮，德盛軒裳，道　　　享萬石休明之禄，成一門忠孝之名，　　　　　　　　　　景運。宗正卿石光贊，特上章疏，欲　　　　　　　　　　　　　式昭豐祚，宜贈太傅。”八月，又奏：“臣看詳左拾遺任瑶所進封事，切見唐莊宗朝，宰臣竇盧昇、韋説洎歷數朝，累行宥典，俱遂昭雪，頗是分明。然則河南令竇盧昇、南頓令韋濤，因父配流，遂停官爵。況曾居郎署，久在朝行。或以被茜袍，或以紆紫綬，前後十遷，歲歷八奉。赦書至於常赦不原，亦得乘時被寵。況竇盧昇等，唐少帝之時，刑部已得雪牒，便可却復舊官。旋屬僞廷，却除宰子。既塵墨綬，須服荷衣，敢望明朝，特加殊澤。切以任瑶所進封章，請復竇盧昇等官序服色，望中書商議，敕竇盧昇等已經洗滌，又復官常,俟著政能,當行甄獎。"

（宋）王欽若等編纂:《册府元龜》卷四七六《臺省部》

梁文矩,天福二年七月,以太子少保,表求致政。敕曰:"昔魏舒,人之領袖,以二揆而解官。劉寔,邦之宗模,自三公而遜位。所以審去就之常分,保始終之令圖。成功退身,盡善盡美。太子少保梁文矩,爲仁由己,以道事君,烈士徇名,久輸忠於象闕;達人知足,堅請老於菟裘。東路角巾,南窗羽扇,爾思高致,朕實嘉之。進登保傅之班,永顯君臣之義,可太子太保致仕。"

（宋）王欽若等編纂:《册府元龜》卷八九九《總録部》

高鴻漸爲雍京知留梁文矩從事。文矩素慎静,爲鴻漸所教,京兆之人,稍致撓弊。

（宋）王欽若等編纂:《册府元龜》卷七三〇《幕府部》

張恕,爲刑部郎中。天福二年十月,奏:"伏以革故從新,方恢於聖運;赦過宥罪,繼洽於君恩。故澤布九天,無所不及;慶流萬國,無所不周。伏惟皇帝,義布幽明,化均動植,改秦、隋之覆轍,繼周、漢之昌圖,上簡帝心蕩蕩,方臻於壽域;下符民欲熙熙,將返於淳風。彌寬含垢之情,遐廣推恩之道。臣伏見去年閏十一月二十九日赦書節文,應爲廷貶降官未量移者,與復資責授官,亦與復資應徒流收管人並放還者。又睹今年八月二十五日德音節文,應自創業已來降黜者,並與放還。枯鱗再泳,朽木重芳。是知弘貸之朝,大舉哀矜之興。所有僞廷貶降官等,雖經量移,盡思歸復。每望雲天之澤,常懸省責之心,特冀聖慈,更加念恤,未敢希復序資品,且乞令放還鄉閭,所冀表明代之好生,遂小人之懷土。臣叨司刑典,獲奉赦條,願回解網之仁,用廣垂衣之化。"從之。

（宋）王欽若等編纂:《册府元龜》卷四七六《臺省部》

于鵬爲右拾遺。天福二年，鵬上章言事，其一請頻御外殿，采納忠言。其二請添擇大臣十人，每共僉諧。其三請罷修燒毀宮殿，恐勞民力。其四以太原傷殘，所蠲半稅，未嘗爲當，今請全放。敕曰："于鵬官居諫諍，志在輔裨，所閱貢陳，咸關政化，備詳端盡，良切嘆嘉，宜陟階資，以申酬獎。其于鵬加朝散大夫。"

（宋）王欽若等編纂：《冊府元龜》卷五四九《諫諍部》

晉盧損爲左散騎常侍。高祖天福三年，使於閩國王昶。昶不郊迎，不接見，但遣其子繼恭陳主禮而已。

（宋）王欽若等編纂：《冊府元龜》卷六六四《奉使部》

晉盧損爲秘書監，拜章辭位，乃授户部尚書致仕，退居潁川。時李鏻年將八十，善服氣、道引，損以鏻之遐壽有道術，酷慕之，仍以潁川逼城市，乃卜居陽翟，立隱舍誅茅種藥，山衣野服，逍遥於隱凡之間，出則柴車鶴氅，自稱貝茨山人。晚年與同游五六人於大隗山中，古宫觀址，疏泉鑿圩，爲隱所誓，不復出。山氣多寒，被病而卒，時年八十餘，齒髮不衰，而有壯容。

（宋）王欽若等編纂：《冊府元龜》卷七八四《總録部》

（天福）三年二月庚辰，左散騎常侍張允進《駁赦論》，帝覽而嘉之，降詔獎飾，仍赴史館。

（宋）王欽若等編纂：《冊府元龜》卷九七《帝王部》

晉天福初，頻有肆赦，張允進《駁赦論》曰："管子云：'凡赦者小利而大害，久而不勝其禍；無赦者小害而大利，久而不勝其福。'又《漢紀》云：'吴漢疾篤，帝問所欲言，對曰：唯願陛下無赦耳。'如是何也？蓋行赦不以爲恩，不行赦亦不以爲無恩，爲赦有罪故也。竊觀自古帝王，皆以水旱則降德音而宥過，開狴牢以放囚。假有二人訟，一有罪，一無罪，若有罪者見舍，則無罪者銜冤，銜冤者何疏，見舍者何親！如此乃致灾之道，非救灾之術也。"帝覽而嘉之，降詔獎飾，仍付史館。

（宋）孔平仲：《續世説》卷一

邊光範，爲太府少卿。天福三年三月，上書曰："臣聞太宗有言曰：'朕居深宫之中，視聽不能及遠。所委者惟都督、刺史。'則知此官實繫治亂，本須得人臣，竊見今之刺史，或因緣世禄，或貢奉家財，或微立軍功，或但詢官序。實恐撫民寡術，抑貪吏以無方。以此牧民而望民安，未可得也。特乞除此舊訛，委其能吏，將袪民病，永召時和。"疏留中不出。

（宋）王欽若等編纂：《册府元龜》卷四七六《臺省部》

邊光範爲給事中，天福八年，與前登州刺史郭彦威使於契丹，各賜紫敧正旋襴衣著五十匹、彩一百匹、錢五十貫、文銀鞍彎馬一匹。

（宋）王欽若等編纂：《册府元龜》卷六五四《奉使部》

晉王權，高祖時爲兵部尚書。天福三年十月，詔曰："王權昨差北朝國信使，堅不肯收接敕牒，兼有狀推托事故，不遵朝命者。王權久在班行，衆推夙舊，固曉爲臣之節，宜遵事主之規。豈得纏命乘輅，遽聞托故。莫有奉公之道，益彰慢事之心。若以道路迢遠，即鸞閣之臺臣亦往。若以箸骸衰減，即鳳山之册禮纔回。既黷憲綱，宜從殿黜。宜停是任，仍勒歸私家。"

（宋）王欽若等編纂：《册府元龜》卷四八一《臺省部》

《五代史·晉史》曰：王權轉兵部尚書，高祖德契丹屈節以事之，馳馹乘輅，道路交織。一日，敕權爲使，權以前世累爲將相，未嘗自稱臣於戎虜者。謂人曰："我雖不才，年今耄矣，豈能稽顙於穹廬之長乎？違詔得罪，亦所甘心。"由是停任。

（宋）李昉：《太平御覽》卷二一七《職官部一五·兵部尚書》

石晉命兵部尚書王權使契丹，權以前世累爲將相，未嘗有稱臣於戎虜者,謂人曰:"我雖不才,今耄矣,豈能稽顙於穹廬之長乎?違詔得罪,亦所甘心。"坐此停任。王起曾孫也。

(宋)孔平仲:《續世説》卷三

王權,爲兵部尚書。高祖天福中,令權使於契丹。權以前事累爲將相,未嘗有稱臣於戎虜者,謂人曰:"我雖不才,年今耄矣! 豈能稽顙於穹廬之長乎? 違詔得罪,亦所甘心。"由是停任。

(宋)王欽若等編纂:《册府元龜》卷四六〇《臺省部》

晉王權爲兵部尚書,高祖得契丹,屈節以事之。馳驛乘輭,道路交織。一日,敕權爲使。權以前世累爲將相,未嘗有稱臣於戎虜者,謂人曰:"我雖不才,今耄矣,豈能稽顙於穹廬之長乎? 違詔得罪,亦所甘心。"由是停任。

(宋)王欽若等編纂:《册府元龜》卷八七七《總録部》

晉程遜爲太常卿。高祖天福三年,命使吳越。母羸老雙瞽,未嘗白執政以辭之。將行,母以手捫其面,號哭拊背而送之。及使回,遭風水而溺焉。

(宋)王欽若等編纂:《册府元龜》卷九二三《總録部》

程遜性温厚,鮮是非,所履循繩墨,與善惡人交,皆無悔吝,朝野賢達咸慕而重之,終太常卿。

(宋)王欽若等編纂:《册府元龜》卷八〇六《總録部》

晉張從訓,初爲德州刺史。高祖之鎮太原也,爲少帝娶從訓長女爲妃。從訓清泰初授唐州刺史。三年,高祖舉義,從訓奉唐末帝詔,徵赴行在,分領鄉兵,次於團柏谷。兵敗宵遁,潛身民間。高祖入洛,有詔搜訪。月餘乃出焉,及見,以戚里之故,深加軫惻,尋授唐州刺史。

(宋)王欽若等編纂:《册府元龜》卷三〇三《外戚部》

周王昭吉仕晉，爲右金吾衛大將軍。天福三年，昭吉奏："臣伏睹《漢書》，昌邑中尉王吉是臣遠祖，避名之禮，允屬於斯。臣請改名澈。"從之。

（宋）王欽若等編纂：《册府元龜》卷八六三《總録部》

（天福四年）十月，故房州刺史李廷誥贈太保，張從賓虎牢之亂殁於王事故也。

（宋）王欽若等編纂：《册府元龜》卷一四〇《帝王部》

晉劉昫，高祖時爲給事中。天福四年，與給事中盧重自契丹使回，頒賜器幣。

（宋）王欽若等編纂：《册府元龜》卷六五四《奉使部》

劉昫，爲僕射，性剛。群情嫉之，乃共贊右常侍孔昭序論行香次第，言："常侍從之，臣行立合在僕射前。"疏奏，下御史臺定例。同光已來，李琪、盧質繼爲僕射，識性輕脱，不能守師長體，故昭序輕言。胤孫以群情不悦劉昫、馮道，欲微抑之，乃責臺司須檢則例，而臺吏言舊不見例，據南北班位，常侍在前，屬國忌，將就列，未定，胤孫即判臺狀，曰："既有援據，足可遵行。"各示本官，劉昫怒，揮袂而退。自後日責臺司定例。崔居儉謂南宮同列曰："孔十二言語是，朝廷人總不解語也。僕射師長中丞大夫，就班備敬，常侍班南宮六卿之下。況僕射乎？已前騎省年深，望高南宮，工部侍郎如仰霄漢，癡人舉止，何取笑之深耶？"旬日，聞居儉言，紛議稍息。文士哂胤孫堂判有援據二字，其中書百職胤孫素未詳悉，無能專決，署名而已。其故人干進者不如意，共啁之曰："馮公爲輔三不開，爲門口印也。"

（宋）王欽若等編纂：《册府元龜》卷三三五《宰輔部》

劉煦，開運初爲相。先是，避難河朔，匿於北山蘭若。有賈少瑜者爲僧，輒衾袍以温燠之。及煦宦達，致少瑜進士及第、監察御史。

聞者義之。

（宋）王欽若等編纂：《册府元龜》卷八六五《總録部》

劉昫字輝達，涿州歸義人也。兄旵、弟皞俱有鄉曲之譽，昫位平章事。

（宋）王欽若等編纂：《册府元龜》卷七八三《總録部》

《晉史》曰：光禄卿李郁，因晝寢，夢食巨棗。覺而有疾，謂其親友曰："常聞'棗'字重'來'，呼魂之像。今予神氣逼抑，將不免乎？"未幾而卒。

（宋）李昉：《太平御覽》卷九六五《果部二·棗》

李郁爲光禄卿，一日晝寢，夢食豆棗，覺而有疾，謂其親友曰："嘗聞棗字重來，呼魂之象也。余神氣逼，抑將不免乎？"天福五年夏卒。

（宋）王欽若等編纂：《册府元龜》卷八九三《總録部》

石晉和凝爲端明殿學士，大署其門：不通賓客。前耀州團練推官襄邑張誼致書於凝，以爲："切近之職，爲天子耳目，宜周知四方利病，奈何拒絶賓客！身爲便，如負國何！"凝奇之。

（宋）孔平仲：《續世説》卷三

（天福）五年八月，以翰林學士承旨、户部侍郎和凝爲中書侍郎、平章事。

（宋）王欽若等編纂：《册府元龜》卷七四《帝王部》

晉和凝，爲中書郎平章事。高祖將幸鄴都，時襄州安從進反狀已彰，凝乃奏曰："車駕離闕，安從進或有悖逆，何以待之？"帝曰："卿意如何？"凝曰："以臣料之，先人有度人之心，臨事即不及也。欲預出宣救十數道,密付開封尹鄭王,令有緩急,即旋填將校姓名,令領兵擊之。"帝從之。及聞唐鄧奏報,鄭王如所救遣騎將李建崇、監軍焦繼勛等領兵討焉。相遇於湖陽,從進出於不意,甚訝其神速,以至於敗,由凝之謀也。

(宋)王欽若等編纂:《册府元龜》卷三一四《宰輔部》

李瀚爲翰林學士,常昇殿侍宴。瀚衣綠,左右揖令退,瀚叱之,遂賜緋,與座主和凝同任學士。會凝入相,瀚當草制,命開凝閣,盡取器玩圖書以歸,其縱率如此。

(元)富大用:《古今事文類聚新集》卷二○

五代李瀚,與座主和凝同任學士。會凝入相,瀚當草制命,遂開凝閣,盡取器玩圖書以歸。其縱率如此。

(明)彭大翼:《山堂肆考》卷五六

和凝幼而聰敏,姿狀秀拔,神彩射人。少好學書,一覽者咸達其大義。後至相位。

(宋)王欽若等編纂:《册府元龜》卷七七五《總録部》

晉相和凝,少年時好爲曲子詞,布於汴、洛。洎入相,專托人收拾焚毁不暇。然相國厚重有德,終爲艷詞玷之。契丹入夷門,號爲"曲子相公"。所謂好事不出門,惡事行千里,士君子得不戒之乎。

(五代)孫光憲:《北夢瑣言》卷六

五代晉和凝,少年時,好爲曲子詞,布於汴洛。洎入相,專托人收拾,焚燬不暇。然相國厚重有德,終爲豔詞玷之。契丹入夷門,號爲"曲子相公"。

(宋)馬永易:《實賓録》卷一

曲子相公

晉相和凝好爲曲子,號"曲子相公"。

(宋)曾慥:《類説》卷四三《北夢瑣言》

曲子相公:晉和凝也。《五代本傳》

(明)陶宗儀:《説郛》卷三《實賓録》

湯社

和凝在朝,率同列遞日以茶相飲,味劣者有罰,號爲"湯社"。

(明)陶宗儀:《説郛》卷六一《清異録》

故老能言五代時事者,云馮相道和相凝同在中書,一日和問馮曰:"公靴新買,其直幾何?"馮舉左足示和,曰:"九百。"和性褊急,遽回顧小吏云:"吾靴何得用一千八百?"因詬責久之。馮徐舉其右足,曰:"此亦九百。"於是烘堂大笑。時謂宰相如此,何以鎮服百僚?

(宋)歐陽修:《文忠集》卷一二六

靴直九百

馮道、和凝同在中書。一日,和問馮曰:"公靴新買,其直幾何?"馮舉左足曰:"九百。"和性褊急,顧吏詬責曰:"吾靴何用一千八百。"馮徐舉右足曰:"此亦九百。"

(宋)曾慥:《類説》卷一三《歸田録》

周和凝,初仕晉爲右僕射平章事。性好修整,自釋褐至登輔相,車馬僕從必加華楚。

(宋)王欽若等編纂:《册府元龜》卷三三八《宰輔部》

周和凝,自釋褐至臺輔,好延納後進,士無賢不肖,皆虛懷以待之。或致其仕進,故甚有當時之譽。

(宋)王欽若等編纂:《册府元龜》卷三二一《宰輔部》

石晉高祖時,張彦澤殘虐不法,刑部郎中李濤伏閤極論彦澤之罪,語甚切至。彦澤削一階,降爵一級。及契丹人京師,彦澤恣行殺戮,士民不寒而慄。濤時爲中書舍人,謂曰:"吾與其逃於溝瀆而不免,不若往見之。"乃投刺謁彦澤曰:"上疏請殺太尉人李濤,謹來請死。"彦澤欣然接之,謂濤曰:"舍人今日懼乎!"對曰:"濤今日之懼,亦猶足下昔年之懼也。向使高祖用濤之言,事安至此!"彦澤大笑,命酒飲之,濤引滿而去,旁若無人。

(宋)孔平仲:《續世説》卷三

五代張彦澤。耶律德光犯闕,帝使求酒於李崧,崧曰:"臣家有酒非敢惜,慮陛下憂躁,飲之有不測之虞,所以不敢進也。"

(唐)白居易、(宋)孔傳:《白孔六帖》卷一五

王震爲天福國子博士,好觀雨中漚疏稠出没,每雨,就四階狹擁處寓目而心醉焉。張麟瑞戲之曰:"公宜以此亭爲醉漚。"

(宋)陶穀:《清異録》卷下

幕府書厨

五代朱遵度,博學好著書,客梁宋二十年,公卿多與之游。契丹耶律德光聞其名,使晉高祖召之,遵度懼,挈其妻孥,携書雜商賈奔楚。王待之甚薄,杜門却掃,諸學士每爲文章,先問古今首末於遵度,時人號爲"幕府書厨"。

(明)陶宗儀:《説郛》卷五《寶賓録》

五代朱遵度博學,好著書。客梁、宋二十年,公卿多與之游。契丹耶律德光聞其名,使晉高祖召之。遵度懼,挈其妻孥,携書雜商賈

奔楚,王待之甚薄。杜門却掃,諸學士每爲文章,先問古今首末於遵度,時人號爲“幕府書厨”。

（宋）馬永易：《實賓録》卷五

幕府書厨。五代朱遵度博學,號“幕府書厨”。

（宋）佚名：《錦绣萬花谷》前集卷二〇

五代朱遵度博學,號“幕府書厨”,又謂之“朱萬卷”。時有朱昂,少好學,人目爲小萬卷。

（明）彭大翼：《山堂肆考》卷一二五

晉高祖拜審交三司使。議者請檢天下民田,宜得益租。審交曰：“租有定額,而天下比年無閒田,民之苦樂不可等也。”遂止不檢,而民賴以不擾。

（唐）白居易、（宋）孔傳：《白孔六帖》卷七八

晉孔崇弼爲散騎常侍,無他才,但能談笑,戲玩人物,揚眉抵掌,取悦於人。

（宋）王欽若等編纂：《册府元龜》卷九四四《總録部》

晉吕琦,天福中爲禮部尚書。初,琦父兖爲滄州節度判官,及劉守光攻陷滄州,琦時年十五,將就戮,有趙玉者,幽薊之義士也,久游於兖之門下,見琦臨危,乃負琦逃禍。琦以玉免己於難,欲厚報之。玉遇疾,琦親爲扶侍,供其醫藥。玉卒,代其家營葬事。玉之子曰文度,既孤而幼,琦誨之甚篤。及其成人,登進士第,尋升官路,琦之力也。

（宋）王欽若等編纂：《册府元龜》卷八六五《總録部》

王徹爲懷州刺史,天福中坐斷獄不平,罰征馬十匹。

（宋）王欽若等編纂：《册府元龜》卷六九九《牧守部》

王饒初仕晉，爲奉國軍校。屬范延光叛命於鄴，張從賓以兵連之，朝廷命將討焉。饒以偏裨從，由善戰功，遷本軍都虞候，累加檢校尚書左僕射。復以下常山，功加檢校司空，遷本軍都較，領連州刺史。時安從進叛於襄陽，晉祖命高行周率兵討之，以饒爲行營步軍都指揮使。賊平，第功授梁州刺史。

（宋）王欽若等編纂：《册府元龜》卷三六〇《將帥部》

晉陳瓚，歷數朝，爲謁者。年逾六十，雖熟於宣道，而聲氣衰憊。但内廷同輩護之，以至職卑官顯。高祖天福中，擢衛尉卿。

（宋）王欽若等編纂：《册府元龜》卷四六七《臺省部》

晉崔居儉爲户部尚書，其先自後魏至唐，推爲甲族。吉凶之事，自著家禮，與盧鄭不同。但浮薄是務，淳儒惡之。

（宋）王欽若等編纂：《册府元龜》卷九五四《總録部》

馬義爲比部郎中。天福中，以爲檢校尚書、吏部郎中兼御史中丞，充河陽節度判官，朝廷選佐皇子故也。

（宋）王欽若等編纂：《册府元龜》卷七一六《幕府部》

陳玄爲太府卿。高祖天福中，以耄期上表求退，以光禄卿致仕，卒於晉陽。

（宋）王欽若等編纂：《册府元龜》卷八九九《總録部》

張行求，天福中以前沂州刺史除右監門衛上將軍致仕。

（宋）王欽若等編纂：《册府元龜》卷八九九《總録部》

石晉王松。契丹北遷，蕭翰立許王從益僞署，松爲左丞相。漢祖入洛，先降詔諭令受僞命者，可並焚毁，勿至憂疑。於是臺司悉斂僞署告牒焚之。松以手自指其胸謂同列曰：“此即二十四孝中書令也。"

（宋）孔平仲：《續世説》卷六

漢王松，晉高祖鎮太原時，松爲節度判官，晉祖令監帑廩，以清苦見重。

（宋）王欽若等編纂：《册府元龜》卷七一九《宫臣部》

漢王松，初仕晉，權知青州軍州事。松性坦率，不事邊幅，樂於歡宴，政事不治，人士譏之。

（宋）王欽若等編纂：《册府元龜》卷六九八《牧守部》

宋琪，字叔寶，范陽薊人。晉天福中，在契丹舉進士登第。幽帥趙延壽惜其自陷北廷，辟爲從事。

（宋）曾鞏：《隆平集》卷四

晉李永福，高祖時爲同州節度使。性鄙狹，無器局，好察人微事，多有詆訐，錐刀小過不能恕。工商之業，輿隸之情，官吏之幸，皆善知之。雖不欺詐不貪濁，然自任所見，無所準的，故人多薄之。

（宋）王欽若等編纂：《册府元龜》卷六九七《牧守部》

王瑜，天福中爲贊善大夫。會濮陽郡秋稼豐秀，稅籍不均，命乘使車，按察定計。既至郡，謂校簿吏胡蘊惠鶚曰："余有處約之疾，室無增貨，爲我致意縣尹。"且求假貸。於是鄄城令劉承珪、濮陽令王傳寶、臨濮令曹光裔、雷澤令張璿、范陽令范皋，聚錢五十萬，私書而獻。瑜以書上奏，帝覽稱嘆，曰："廉直清慎，尚有如此者，誠良臣也。"二吏五宰即時停點，瑜則進位太尉少卿，詔書褒美。

（宋）王欽若等編纂：《册府元龜》卷九二四《總録部》

王瑜，范陽人也，爲太府少卿。杜重威之鎮東平也，瑜父欽祚爲節度副使。及重威移鎮常山，瑜乃以詭計干重威。使奏，已爲成德軍節度副使，竟代其父位。

（宋）王欽若等編纂：《册府元龜》卷九二三《總錄部》

晉王瑜爲太府少卿。杜重威之鎮東平也，瑜父欽祚爲節度副使。及重威移帥常山，瑜乃僥求苟合，代其父位。後自常州一載再遷刑部郎中。丙午歲，欽祚刺舉義州，瑜歸寧至郡，會北戎盜據區夏，何建以秦州歸蜀。瑜説欽祚曰：“若不西走，當爲左衽矣。”厲色數諫，怒而不從。因其臥疾涉旬，瑜仗劍而脅之曰：“老懦無謀，欲趨炮烙，不即爲計，則死於刃下！”父不得已而聽之。時隴東屯兵新關，扼其川路，將北趣蕃部，假途而往，乃與群盜酋長趙徽歃血爲約，以兄事之。謂之曰：“西至成都，余身爲相，余父爲將，爾當領一大郡，能遂行乎？”徽曰：“諾。”瑜慮爲所賣，先致其妻孥，館於郡中。行有期矣，徽潛召其黨，伺於郊林之外。子夜，瑜聚族而出，輜重絡繹十有餘里。徽之所親循溝澮而遁，至馬峽路隅，舉燧，伏莽齊發，斷欽祚之首，貫諸長矛，平生聚蓄金幣萬計，皆爲亂兵所掠，少長百口殆將殄盡。瑜尚獨戰千人，矢不虚發，手無射捍，其指流血。及韉箙罄空，乃持弓擊人，簫弭皆碎。夜竄山谷，落髮爲僧。月餘，爲樵人所獲，縶送岐州，爲侯益所殺。

（宋）王欽若等編纂：《册府元龜》卷九四二《總錄部》

少帝開運元年，敕曰：“故淄州刺史翟進宗，不穀不德，營兵叛予，陷爾厲階，力屈遇害。念兹忠瘁，實用盡傷。蜀主恕其黃權，魯繆誄其卜國，皆非罪也。吾將贈之，用慰貞魂，宜頒漏澤，可贈左武衛上將軍。”

（宋）王欽若等編纂：《册府元龜》卷一四〇《帝王部》

晉楊麟，爲清州節度楊光遠判官。少帝開運元年，詔：“楊光遠隨幕賓從等，久在樽罍，比資參佐。當光遠始謀逆節，未嘗聞拯救之言。

及楊承勛決意歸明，又不是贊成之數。但思朋附，悉合誅夷。尚示寬恩，俾從遠竄。"麟流威州，節度掌書記任邈流原州，觀察支使徐晏流武州，縱逢恩赦，不在放還之限。

（宋）王欽若等編纂：《冊府元龜》卷九二五《總錄部》

陳延福爲房州刺史，少帝開運二年，爲民任行通所論，創置支計司回圖錢物及改移市井未利。下御史臺鞫，云其支計回圖是本州舊事，改移市井充公家使用。敕曰："陳延福位居牧守，首被訟論。移市肆以創回圖，已彰生事。假役夫而科采捕，猶驗擾人。但以稱贍本州，云承累政，雖除奸革弊，全昧經心，而案罪計贓，未明入己。聊從懲罰，用顯含洪，宜罰征馬十匹放。"

（宋）王欽若等編纂：《冊府元龜》卷六九九《牧守部》

晉張嗣宗爲襄邑縣令，少帝開運二年，開封府奏：嗣宗先被百姓趙覺直論訟不公，法寺定罪，合徒一年半。以官收贖贖銅三十斤，府司尋科放訖。據新除襄邑令王允昇狀申稱，張嗣宗不肯交割縣務，稱未考滿者。敕旨："張嗣宗已招過犯，斷處徒刑，雖定徵銅，更難居任。既聞除替，便合稟承。乃敢拒違，益彰狡惡。須加竄謫，俾省愆尤。宜配流商州。"

（宋）王欽若等編纂：《冊府元龜》卷七〇七《令長部》

李俊爲商州刺史。少帝開運二年，俊奏元隨、吳漢筠，監軍資庫，擅用官錢二十貫文，已處斬訖。刺史無軍權，部曲有罪，奏聽進止可也。不奏而殺，物議非之。

（宋）王欽若等編纂：《冊府元龜》卷四四九《將帥部》

王詔，前爲平盧節度副使。開運二年，貶詔爲慶州司馬行軍司馬。周光贊爲商州司馬，並員外置同正員，仍馳驛發遣。楊光遠叛，連坐故也。

（宋）王欽若等編纂：《冊府元龜》卷九二五《總錄部》

晉賈玄珪,少帝時爲膳部員外郎。開運三年,左降秦州觀察支使,以監安州榷税不及舊數故也。

（宋）王欽若等編纂:《冊府元龜》卷五一一《邦計部》

晉李象爲駕部郎中。少帝開運三年,加朝議大夫。《周易》博士吕彦飫、太府少卿董詢並加朝散大夫,吏部員外郎曾震改祠部郎中,左拾遺崔頌加朝議郎,皆以監諸道榷税溢額故也。

（宋）王欽若等編纂:《冊府元龜》卷四八三《邦計部》

李象爲郎中,方城守監摧久不降代。會契丹犯闕,爲群盜所害。象有節操,貧而能樂,重交親。常奔走其急難,及非其死,聞者無不惜之。

（宋）王欽若等編纂:《冊府元龜》卷九三一《總録部》

張昭,初仕晉,爲左丞。少帝開運三年,命知貢舉。來歲,屬契丹犯闕,而諸侯受賂,請托甚峻,昭未嘗摇動,但務公平。時皆服其鎮静,得巨儒之體。

（宋）王欽若等編纂:《冊府元龜》卷六五一《貢舉部》

陳觀仕晉,爲尚書兵部郎中,兼侍御史知雜事。開運三年,以觀爲右諫議大夫。觀以祖諱義,乞改官,尋授給事中。

（宋）王欽若等編纂:《冊府元龜》卷八六三《總録部》

漢劉繼儒,晉末爲晉陽縣令,兼昌陵臺令。開運三年,詔曰:"興王舊地,原廟所存。載懷瞻奉之心,允屬循良之吏。以爾莅官有政,晉人美之,假其省銜,許留周歲,更圖盡瘁,以稱陟明。可檢校工部員外郎,仍量留一年。"從北京奏故也。

（宋）王欽若等編纂:《冊府元龜》卷七〇一《令長部》

晉熊皦,以少帝開運三年謫授商州上津縣令。赴任,至白馬寺止宿,遇夜暗逃。皦,閩中人,爲詩甚工,以進士擢第,嘗爲延州劉景岩從事。景岩入移内地,皦有力焉。後景岩承詔休致,心甚不樂,前使皦送金帶遺宰臣馮玉,玉不受。皦時爲左補闕,雖云歸帶與景岩之來使,而不甚明。景岩以失意怨皦,因誣其隱帶以達玉。玉奏之,故有是謫。皦懼後命,遂竄。

(宋)王欽若等編纂:《册府元龜》卷九四九《總録部》

父名岳不聽樂

劉温叟父名岳,終身不聽樂,不游嵩華。每赴内宴,聞鈞奏則涕泣,移時曰:"若非君命,則不至於是。"此與李賀父名晉肅,不舉進士頗相類。

(宋)曾慥:《類説》卷四《青箱雜記》

(劉)温叟乃太常卿岳之子也。於晉室開運中,召入院,乃捧命書,慶於高堂。其母不登時見之,温叟在堂下俟命,聞動局鑰聲,莫審其由。未幾,兩青衣皆丱角,舉一箱,其中則紫綬兼衣,立於庭中。母方命卷簾,見其子曰:"此即爾父在禁中日,内庫所錫者。"温叟即擂笏垂泣,跪捧退,開家廟列祀,以文告之。其母僅旬日不見其子,蓋感愴之意也。

(宋)洪遵:《翰苑群書》卷八

劉温叟父岳,退居河陰,温叟方七歲,嘗語客曰:"吾老矣,但得世難稍息,與此兒偕爲温洛之叟,耕烟釣月,爲太平之漁樵足矣。"後記父語,因名焉。岳爲後唐學士,温叟晉少帝時又爲學士,人盡榮之。受命之日,抱敕立堂下,其母未與之見,隔簾聞魚鑰聲。俄而開篋,二青衣舉一箱至庭,則紫袍兼衣也。母始卷簾見之曰:"此汝父在禁林内所賜。"温叟跪泣捧受,開影寢列袍,以文告其先父名岳,終身不聽樂,大朝會有樂,亦辭之。

周勛初主編:《宋人軼事彙編》卷四

漢龍敏，晉開運中以尚書左丞奉命杭越。先是，朝臣將命，必拜起於浙帥。敏至，抗揖而已，識者多之。

（宋）王欽若等編纂：《册府元龜》卷六六一《奉使部》

五代龍敏，歷晉爲太常卿，使於吴越。是時使吴越者，見吴越王皆下拜，敏獨揖之。還遷工部侍郎。

（唐）白居易、（宋）孔傳：《白孔六帖》卷二四

張礪爲戎王翰林學士，開運末，與虜居南松門之内，軒轡交織，多繼燭接洽，無厭倦色。因密言曰："此胡用法如此，豈能久處漢地？"及北去，道路有觴酒豆肉，必遺故客屬僚。死之日，囊裝惟酒食器皿而已，識者無不高之。

（宋）王欽若等編纂：《册府元龜》卷七九六《總録部》

石晉劉處讓，以除執金吾有所不及。覃恩之際，又未擢用。一日至中書，宰臣馮道、趙瑩、李崧、和凝在列，處讓因酒酣歷詆諸相，道笑而不答。

（宋）孔平仲：《續世説》卷八

晉馮玉，爲右僕射平章事。開運末，張彦澤引契丹陷京城，軍士爭湊其第，家財巨萬，一夕罄空。翼日，玉假蓋而出，猶繞指以謟彦澤，且請引送玉璽於虜主，將利其復用。少帝蒙塵，終無一言勸之以死，共欲偷其視息，深爲士大夫所耻。

（宋）王欽若等編纂：《册府元龜》卷三三九《宰輔部》

晉馮玉，爲右僕射平章事，軍國大政一以委之。時少帝方務奢逸，後宮大恣華侈，玉希旨取容，未嘗諫止，故少帝愈寵焉。

（宋）王欽若等編纂：《册府元龜》卷三三五《宰輔部》

馮傑，晉宰相玉之子也。玉從少帝北遷，虜僞命爲太子少保。至周太祖廣順二年，傑自幽州不告父而亡歸。玉懼虜譴責，尋以憂恚卒於蕃中。

（宋）王欽若等編纂：《册府元龜》卷九二三《總録部》

晉張希崇，自小校正授節旄，官至開府儀同三司、檢校太尉。素樸厚，尤嗜書，莅事餘手不釋卷。不好酒樂，不畜姬僕，祁寒盛暑必儼其衣冠。厮養之輩，未嘗聞褻慢之言。

（宋）王欽若等編纂：《册府元龜》卷四一七《將帥部》

張希崇仕後唐，爲靈武節度使。希崇厭其雜俗，頻表請覲，末帝詔許之。至闕未久，朝廷以安邊有聞，議内地處之，改邠州節度使。及高祖入洛，與契丹方有要盟，慮其必爲所取，乃復除靈武。希崇嘆曰：“我應合老於邊城，賦分無所逃也。”因郁郁不得志，久而成疾，卒於任，時年五十二。

（宋）王欽若等編纂：《册府元龜》卷八九五《總録部》

晉張希崇爲靈州節度使，性雖仁恕，或遇奸惡，嫉之若仇讎。

（宋）王欽若等編纂：《册府元龜》卷八〇八《總録部》

唐晉相李浣，磎相之子也。文學淵奧，迥出輩流，於時公相之子弟，無能及者。應舉時，文卷行《明易先生書》，又有《答明易先生書》，朝士覽之，不測涯涘，即其他文章可知也。然恃才躁進，竟罹非禍。爾後磎相追雪，贈太子太師，謚曰文，司空圖撰行狀。浣贈禮部員外郎。先是，劉崇魯舍人撰磎相麻，因而貶黜。磎以大彭先世，因贓仰藥，撰《鸚鵡杯賦》。李浣酬詞云：“玉犬吠天關，彩童哭仙吏。一封紅篆書，爲奏塵寰事。八極鰲柱傾，四溟龍鬣沸。長庚冷有芒，文曲淡無氣。烏輪不再中，黃沙瘞腥鬼。請帝命真官，臨雲啓金匱。方與清華宫，重正紫極位。曠古雨露恩，安得借沾施。生人血欲盡，欃槍無飽意。”甚有文義焉。

又皮日休曾謁歸融尚書不見,因撰《夾蛇龜賦》,譏其不出頭也。而歸氏子亦撰《皮靸鞋賦》,遞相謗誚。皮生後爲湖南軍倅,亦甚傲誕,自號“間氣布衣”。莊布以長書責之,行於世也。

（五代）孫光憲:《北夢瑣言》卷七

五代晉郭延魯爲復州太守,臨政忽驚嘆曰:“先人曾爲沁牧九年不移,我得不遵家法,而使政有紕繆乎?”由是正俸之外,未嘗斂貨,數事理政,一郡賴焉。及秩滿,百姓上章請留,將離治境,攀卧遮圍而不能去。朝廷聞而嘉之。

（宋）孫逢吉:《職官分紀》卷四一

五代馬全節,初徙黄晉。過元城,衣白襴,謁其縣令,州里以爲榮。

（唐）白居易、（宋）孔傳:《白孔六帖》卷九

晉裴皞,爲工部尚書,舍相國寺。宰臣桑維翰謁之,不迎不送。或問之,答曰:“皞見維翰於中書,則庶僚也。維翰見皞於私館,則門生也。何送迎之有?”時人重其耿介。

（宋）王欽若等編纂:《册府元龜》卷四五九《臺省部》

裴皞爲工部尚書,以耄年乞骸,加右僕射致仕。西歸京洛,逍遥自娱。

（宋）王欽若等編纂:《册府元龜》卷八九九《總録部》

晉王建立爲青州節度。性好華,既至治所,息於正寢。翼日而出,寢達於厅,百有餘步,以錦綉二段,易而蹈之。其不率制限,皆此類也。

（宋）王欽若等編纂:《册府元龜》卷四五四《將帥部》

王建立爲昭義軍節度使,進封韓王,仍割遼、沁二州,爲昭義屬郡。以建立本遼州人,用成其衣錦之美也。

（宋）王欽若等編纂:《册府元龜》卷七八二《總録部》

晉王建立爲性好殺,晚年歸心釋氏,飯僧營寺,戒殺慎獄,民稍安之。終爲青州節度使、臨淄郡王。

（宋）王欽若等編纂:《册府元龜》卷八九七《總録部》

晉王建立累領藩鎮,爲性好殺。晚年歸心釋氏,飯僧營寺,戒殺慎獄,民稍安之。

（宋）王欽若等編纂:《册府元龜》卷八九七《總録部》

晉王建立,遼州人,有先人之墳在於榆社,有崗重覆,松榆藹然。占者云:"後必出公侯。"故建立歷青、鄆、潞數鎮同平章事。故建立生自爲墓,恐子孫之有易也。子守恩再歷方鎮,後爲西京留守。

（宋）王欽若等編纂:《册府元龜》卷八六九《總録部》

王建立鎮潞州,逾月疾作,有大星墜於府署,神氣不撓,召賓介竹岳草遺章,陳諫諷之意。

（宋）王欽若等編纂:《册府元龜》卷八九五《總録部》

晉史圭爲樂壽令,里人爲之立碑。

（宋）王欽若等編纂:《册府元龜》卷七〇二《令長部》

晉史圭,初仕後唐,同光中爲寧晉令,擅給驛廩,以貸飢民,民甚感之。及爲樂壽令,里人爲之立碑。

（宋）王欽若等編纂:《册府元龜》卷七〇四《令長部》

晉史圭爲博陸令，嘗結交要人李藹。藹得罪，有圭所獻遺簽目在焉，繇是善譽稍减。

（宋）王欽若等編纂：《册府元龜》卷九四五《總録部》

晉史圭爲具州刺史，退歸常山，閉門杜絶人事，雖親故人造者，不見其面。每游外墅，則乘婦人氈車以自蔽匿。人莫明其心也，論者以圭陰僻。

（宋）王欽若等編纂：《册府元龜》卷九一六《總録部》

晉史圭爲吏部侍郎，分知銓事。而圭素廉守，太著公平。時有前欒城浩令者，年逾七十，不能拜起。有重臣達意，且令與官。圭不允其請，人甚嘉之。

（宋）王欽若等編纂：《册府元龜》卷六三七《銓選部》

晉史珪爲樞密院學士日，兩使故鄉，而金裝焕赫，衒其極飾。有識無不哂之。

（宋）王欽若等編纂：《册府元龜》卷九四六《總録部》

晉庫部郎中李專美，少篤學爲文，以父樞唐昭宗時嘗應進士舉，爲覆試所落，不許再入，專美心愧之，由是不游文場。

（宋）王欽若等編纂：《册府元龜》卷七八一《總録部》

晉李專美，舊學爲文，以父樞唐昭宗時嘗應進士舉，爲覆試所落，不許再入。專美心愧之，由是不游文場，後終於大理卿。

（宋）王欽若等編纂：《册府元龜》卷七七二《總録部》

晉李專美字翊商，京兆人。後唐末帝鎮鳳翔，專美爲記室，在岐下曾夢具裳簡立嵩山之頂。及爲端明殿學士，與李崧同列而班在其上，以所夢告崧，且曰："某非德非勛，安可久在此秩，居吾子之首乎？"

因懇求他官,尋移宣徽使。

　　　　　　　（宋）王欽若等編纂:《册府元龜》卷八九三《總録部》

　　清泰朝,李專美除北院,甚有舟楫之嘆。時韓昭裔已登庸,因賜之詩曰:"昭裔登庸汝未登,鳳池雞樹冷如冰。如何且作宣徽使,免被人呼粥飯僧。"

　　　　　　　　　　　　　　　　　　（宋）錢易:《南部新書》癸

　　蕭顥,爲兵部郎中。性嗜酒無節,職事弛慢。既掌告身,即覃恩之次,頗怠職司。父頃爲吏部尚書,代顥視印篆,其散率如此。

　　　　　　　　　（宋）王欽若等編纂:《册府元龜》卷四七八《臺省部》

　　晉蕭顥爲太子賓客,顥,唐宰相仿之曾孫也。仿入相接賓之次,顥爲兒童之戲,仿謂客曰:"予豈敢得位而喜,所幸奕世壽考,吾今又有曾孫在目前矣。"顥年七十餘,其母猶在,一門壽考,人罕及者。

　　　　　　　　　（宋）王欽若等編纂:《册府元龜》卷七八四《總録部》

　　晉陸思鐸典陳郡,甚有惠政,誡諸子曰:"我死則藏骨於宛丘,使我栖魂於所理之地。"及卒,乃葬於陳,從其志也。

　　　　　　　　　（宋）王欽若等編纂:《册府元龜》卷八九八《總録部》

　　楊凝式,天保中爲太子賓客,尋以禮部尚書致仕,居伊洛之間,不以晝夜爲拘,恣其狂逸,多所干忤。自居留已降,咸以俊才耆德,莫之責也。

　　　　　　　　　（宋）王欽若等編纂:《册府元龜》卷八五五《總録部》

　　周楊凝式,晉末以禮部尚書致仕。開運中,宰相桑維翰知其絶俸,艱於家食。奏拜太子少保,尋分司於洛。

　　　　　　　　　（宋）王欽若等編纂:《册府元龜》卷九〇二《總録部》

楊凝式居洛日，將出游，僕請所之，楊曰："宜東游廣愛寺。"僕曰："不若西游石壁寺。"凝式曰："姑游廣愛。"僕又以石壁爲請，凝式曰："姑游石壁。"聞者爲之撫掌。

（宋）周密：《齊東野語》卷一七

五代李濤與弟瀚俱負才望。瀚仕晉爲内相，耶律德光犯京師，虜之以歸，仕契丹，亦顯。有《應歷集》十卷。濤後相漢，猶及見本朝，有傳載《三朝史》中。

（宋）王明清：《揮塵後録》卷八

漢李濤仕晉爲中書舍人，弟瀚爲翰林學士，對掌綸誥，咸以爲榮。瀚後陷虜，濤每見人自虜中來者，必對之慟哭，有友于之義也。

（宋）王欽若等編纂：《册府元龜》卷八五二《總録部》

隨狀納命

李濤嘗怒張彦澤，上疏請誅彦澤。後契丹南侵，至中渡橋，彦澤首降，先入京師，乃挾宿憾殺開封尹桑維翰。濤聞之，自寫狀求見彦澤，云上疏請殺太尉人。李濤謹隨狀納命，彦澤欣然，卒善待之。

（宋）曾慥：《類説》卷二六《五代史補》

謬作梁山

李濤弟瀚娶得婦，婦拜濤，濤曰："愧無子建，謬作梁山。"聞者絶倒。

（宋）曾慥：《類説》卷二六《五代史補》

周徐台符，晉末爲翰林學士。契丹之陷中原也，台符從虜帳北至於薊門。及戎人内潰，乃竄身南歸。初，台符所乘馬性好嘶鳴，及自虜中回，常露宿於草中，雖胡騎連群經其左右，而台符馬若箝其口然。

及行至漢地，即嘶鳴如故。時人以爲積善之所感也。

（宋）王欽若等編纂：《册府元龜》卷八一五《總録部》

晉王緒爲太常丞，少帝時，因使德州。回與景延廣有隙，則奏與楊光遠通謀，遣吏繫於麾下，鍛成其事。判官盧億累勸解不從，尋有詔，弃市。時甚冤之。

（宋）王欽若等編纂：《册府元龜》卷九三一《總録部》

王緒，性奸猾，多心術，爲魏博杜重威從事，聚斂無已。重威承詔攻安重榮於常山，緒從之，城未下，獻謀於重威，率境内百姓地畝錢以備贍給。俄而城下，依前令督之。重威素貪黷，深重之。尋以他事忤意，乃薦於朝廷，授太常丞。家於營丘，常致書於楊光遠。時緒有姜之兄，以貧匱告緒，緒不爲賙給，又詬辱之，由是挾隙，告與楊光遠連謀，每密書述朝廷機事。侍衛使景延廣收捕下獄，奏斬於澶州北市。

（宋）王欽若等編纂：《册府元龜》卷九三五《總録部》

符蒙素浮薄，每效秦洛間語，識者笑之。復性鄙嗇，與人交，不過於觴酒豆肉，未嘗以賑急爲心。赴兄之喪，謂人曰：“夫量腸而食則延其壽，兄之此夭，是枉費也。”及清泰末，常山有秘瓊之亂，蒙百口悉在其中，而財貨掃地無餘，家遂一空。後至禮部侍郎卒。

（宋）王欽若等編纂：《册府元龜》卷九三六《總録部》

盧文進爲昭義節度使，將吏以凶狡相尚，言訟成風，數政不能治。文進至，止鞫，其罪必誅之，其事漸息。武臣臨事，潔身有斷，當時少比。

（宋）王欽若等編纂：《册府元龜》卷六九〇《牧守部》

盧文進身長七尺，飲噉過人，望之偉如也。後至安州節度使。

（宋）王欽若等編纂：《册府元龜》卷八八三《總録部》

盧文進，幽州人也，至南，封范陽王。嘗云：“陷契丹中，屢又絶塞射獵，以給軍食。正晝方獵，忽天色晦黑，衆星粲然。衆皆懼，捕得蕃人問之。至所謂笪却日也，此地以爲常，尋當復矣。頃之乃明，日猶午也。”又云：“常於無定河，見人胸骨一條，大如柱，長可七尺云。”

　　（宋）李昉：《太平廣記》卷四八〇《契丹》

晉李顗美爲武陽令，性廉謹，大著政聲。

　　（宋）王欽若等編纂：《册府元龜》卷七〇二《令長部》

任沉爲青州邑益都令，縣民舉留，敕量留一年。

　　（宋）王欽若等編纂：《册府元龜》卷七〇二《令長部》

孟承誨爲宗城令，秩滿，以百姓舉留，移常山槁城令，皆有善政。

　　（宋）王欽若等編纂：《册府元龜》卷七〇二《令長部》

孟承誨，大名人，始爲本州牙校。遇高祖臨其地，升爲客將。後奏爲宗城、常山、槁城三令，皆有善政。高祖有天下，擢爲閣門副使。

　　（宋）王欽若等編纂：《册府元龜》卷七六六《總録部》

宇文頡爲汝州襄城令，縣民舉請，敕：“月限外量留一年。”

　　（宋）王欽若等編纂：《册府元龜》卷七〇二《令長部》

晉高漢筠爲曹州刺史，以勾吏積欺在己，妄擾封民，民去者半。漢筠鞫而得情，殺吏於廷，民不逾月，呼尋比户歌之。

　　（宋）王欽若等編纂：《册府元龜》卷六九〇《牧守部》

晉高漢筠爲亳州刺史。有逃死百姓，虛係稅錢二百緡，計司累訴不蠲，歲使鄰伍代納。漢筠在任三年，以己俸輸之。其惠恤多如此類。

　　（宋）王欽若等編纂：《册府元龜》卷六七五《牧守部》

晉高漢筠，初仕梁爲衛州牙校。後唐莊宗入魏，分兵諭其屬郡。漢筠以利病說衛之牧守，俾送款於莊宗。以漢筠爲功，尋移洛州都校。後至左驍衛大將軍，内客省使。

（宋）王欽若等編纂：《冊府元龜》卷七六六《總録部》

晉高漢筠在常山，嘗戒其子曰："吾游歷多矣，觀風俗淳厚，以經術相尚，罕得如此地者。教子訓孫，可爲終焉之計。"因負郭鑿荒爲田，種樹成圃。凡議婚嫁，必接士人。竟葬於常山，從其欲也。漢筠官至左驍衛大將軍，内客省使。

（宋）王欽若等編纂：《冊府元龜》卷八一七《總録部》

高漢筠仕後唐爲金吾將軍。清泰末，高祖建義，朝廷詔遣晉州張敬達屯於太原，委漢筠巡撫其郡。俄以漢筠爲契丹所敗，敬達繼死之。節度副使田承肇率部兵殺閤門使王彦通於公館，次攻漢筠於府署。漢筠乃啓關，延承肇，謂曰："僕與子俱承朝寄，而相迫何甚？"承肇曰："我欲扶公爲節度使。"漢筠曰："老夫耄矣，不敢首爲亂階。死生任子籌之。"承肇目左右令前，諸軍投刃於地，曰："高金吾累朝宿德，不可枉殺。"肇以衆意難拒，遂謝云："與公戲耳。"漢筠遂促騎以還，高祖入洛，飛詔往徵，遇諸途。及入覲，高祖曰："朕恐倉卒之際，濫致傷害。今見卿面，深所喜也。"尋遷左驍衛大將軍、内客省使。

（宋）王欽若等編纂：《冊府元龜》卷三七四《將帥部》

高漢筠至廉。在襄陽，有藥吏，嘗課外獻白金二十鎰。漢筠嘆曰："非多納綵斃，則刻削閭閻，吾有正俸，此何用焉！"因戒其主者不得復然，其白金皆以狀上進，有詔嘉之。

（宋）王欽若等編纂：《冊府元龜》卷六七九《牧守部》

晉東都留守石重人，奏皇后一行發往汴州，所有沿路支贍諸雜物色等,并和雇脚乘般駄,不擾百姓。

(宋)王欽若等編纂:《册府元龜》卷六八八《牧守部》

晉張仁願爲大理卿,兄仁穎,梁朝仕至諸衛將軍,中風恙十餘年,仁願事之,出告反面,如嚴父焉。士大夫推爲孝友。兄卒,人吊之,泪流滿目,而辭氣頓絕,見者傷之。

(宋)王欽若等編纂:《册府元龜》卷八五二《總録部》

孫彥韜爲密州刺史,彥韜出於軍旅,植性和厚,理綿谿以首爲竹使,甚著綏懷之譽。及卒,故有賞典旌焉。

(宋)王欽若等編纂:《册府元龜》卷六七三《牧守部》

晉王傳拯爲寧州刺史。州接蕃部,前政滋章,民多厭苦。傳拯自下車,除去弊政數十件,百姓便之。

(宋)王欽若等編纂:《册府元龜》卷六八九《牧守部》

王傳拯爲寧州刺史。境接蕃部,以前政滋章,民甚苦之。傳拯自下車,除去弊政數十件,百姓便之。不數月,移刺虢州,爲理清静,蒸民愛戴如寧州焉。

(宋)王欽若等編纂:《册府元龜》卷六七七《牧守部》

張景遷,前爲登州刺史,爲三司所奏。景遷自到任至得替月日,合徵去年秋税課利等,比並諸州,係欠最多。其官吏,省司已行決罰;其張景遷,伏候進止。敕張景遷宜降階爵各一級,勒歸私第。

(宋)王欽若等編纂:《册府元龜》卷六九八《牧守部》

晉姚顗,爲户部尚書。疏於財而御家無術。既死,斂葬之資不備。家人俟賙物鬻第,方能舉喪而去。士大夫愛其廉而鄙其拙。

(宋)王欽若等編纂:《册府元龜》卷四六二《臺省部》

姚顗字伯真,京兆萬年人也。曾祖希齊,湖州司功參軍。祖弘慶,蘇州刺史。父荊,國子祭酒。顗少舂敦厚,靡事容貌,任其自然,流輩未之重,惟中條山司空圖,唐季之名士也,深器之,以女妻焉。

(宋)王欽若等編纂:《册府元龜》卷八五三《總録部》

晉姚顗少蠢敦厚,靡事容貌,任其自然,流輩未之重,惟中條山司空圖,唐季之名士也,深器之,以女妻焉。顗性仁恕,多爲僕妾所欺,心亦察之,而不能面折,終身無喜怒,不知錢百之爲陌,帛百之爲銖。凡家人市貨,百物入,增其倍;出,減其半。不詢其縣,無擔石之儲,心不隕獲。顗終户部尚書。

(宋)王欽若等編纂:《册府元龜》卷八五〇《總録部》

司空圖爲兵部侍郎,姚顗少舂敦厚,靡事容貌,任其自然,流輩未之重,惟圖深器之,以女妻焉。

(宋)王欽若等編纂:《册府元龜》卷八四三《總録部》

陶轂明博賅敏,尤工曆象。時偽晉虜勢方熾,謂所親曰:"五星數夜連珠於西南,吾輩無左衽之憂。真主已在漢地,觀虜帳臘蛇氣纏之,虜主必不歸國。"未幾德光死。

周勛初主編:《宋人軼事彙編》卷四

(4) 後漢

漢高祖建號晉陽,以弟崇爲特進檢校太尉、行太原尹。漢祖將南幸,以崇爲北京留守,尋加同平章事。

(宋)王欽若等編纂:《册府元龜》卷二八一《宗室部》

漢魏王承訓,字德輝,高祖之長子,少温厚,美姿儀,高祖尤鍾愛。

(宋)王欽若等編纂:《册府元龜》卷二六六《宗室部》

漢魏王承訓,少弘厚,美姿儀,從帝在藩邸,輯睦宗親,接下僚友,有士君子之風,高祖器之。每遣從帝主帳下親軍,軍中有便宜事,則馳以入奏,奏必稱旨,屢有恩賜,常嘆曰:"此諸侯賢子弟也。"少帝時累官至檢校司空。及義旗南向,贊開創之業,人皆服其規略。車駕入汴,命爲赤尹、尹正之務,委親決之。每因問安,事其利於國者必具以聞帝,帝喜而納之。及杜重威叛換,帝幸鄴,以爲東都留守,俾之監撫內外,咸畏而愛之。及薨,帝左右公卿大夫聞之者無不流涕。

(宋)王欽若等編纂:《册府元龜》卷二七二《宗室部》

漢邊蔚,天福十二年爲御史中丞。時高祖幸東京,以將整朝倫,務求能者,至是有斯命焉。

(宋)王欽若等編纂:《册府元龜》卷五一二《憲官部》

周劉温叟,初仕晉爲翰林學士、知制誥。北虜犯闕,温叟恐備其行,與承旨張允上章求免所職。及漢祖至汴宮,久而來見。執政援引,欲置於兩制,温叟堅求散秩,言稍詆訐。蓋温叟在翰苑日,遇詞目繁委,常難其才之不逮,有退倦之志,遂除駕部郎中。

(宋)王欽若等編纂:《册府元龜》卷五五三《詞臣部》

漢蘇悦,逢吉父也。悦爲高祖從事,甚見禮遇,因從容薦逢吉曰:"老夫耄矣,才器無取,男逢吉粗學援毫,性復恭恪。如公不以豚犬之微,願令事左右。"高祖召見,以精神爽聰,甚憐之。有頃,擢爲賓佐。

(宋)王欽若等編纂:《册府元龜》卷八六七《總録部》

蘇逢吉,京兆人也。父悦爲高祖從事,因從容薦逢吉,令事左右。高祖召見,以神情爽惠,甚憐之。有頃,擢爲賓佐,爲節度判官。

(宋)王欽若等編纂:《册府元龜》卷七二九《幕府部》

漢蘇逢吉，自高祖鎮太原，爲判官。天福十二年，秦州節度使叛入蜀，高祖聞之，嘆曰："中原無主，使藩侯一至於此，吾處方召之任，得無愧於心乎？"逢吉等曰："大王出鎮邊裔，兵權久不在己，外不能撫四夷，内不能安牧伯，朝廷致敗，乃自失之。夫不有廢也，於何以興？皆天運使然，非大王之過。大王富有全晉之地，帶甲十萬，一呼一吸，海内孰不響應？足以雪家國之耻，足以圖帝王之業。幸不以小善小節爲拘累耳。"帝曰："諸公何略之甚。吾以少主陷虜，心焉如灼，謀之與力，已不迨於重耳。皇緒若在，將欲保寶融事業足矣，安有他望耶！"高祖引咎養正，率皆如此。高祖凡有謀議，立侍其側。高祖素嚴毅，及鎮太原，位望崇重，從事稀得謁見。惟逢吉日侍左右，兩使文簿堆案盈几，有司不敢輒通。逢吉置於懷袖，俟其色悦，則諮之，多見其可。高祖建號於太原，逢吉自節度判官拜同平章事、集賢殿大學士。

（宋）王欽若等編纂：《册府元龜》卷三〇九《宰輔部》

漢蘇逢吉爲司空、平章事。逢吉深文好殺，初從高祖在太原時，嘗因事，高祖命逢吉静獄以祈福祐，逢吉盡殺禁囚以報。及執朝政，尤愛刑戮。朝廷患諸處賊盜，遣使捕逐。逢吉自草詔，意云："應有賊盜，其本家及四鄰同保人並仰所在全族處斬。"或謂逢吉曰："爲盜者族誅，猶非王法。鄰保同罪，不亦甚乎？"逢吉堅以爲是，竟去全族二字。時有鄆州捕賊使臣張令柔者，殺平陰縣十七村民，良由此也。

（宋）王欽若等編纂：《册府元龜》卷九四一《總録部》

漢高祖以開運四年二月即位，稱天福。十三年四月，以河東節度判官蘇逢吉、觀察判官蘇禹珪並爲中書侍郎、平章事。

（宋）王欽若等編纂：《册府元龜》卷七四《帝王部》

漢蘇逢吉，自河東節度判官拜平章事。從高祖至汴，朝廷百司庶務，逢吉以爲己任，參決處置，並出胸臆。雖有當否，而事無留滯。

（宋）王欽若等編纂：《册府元龜》卷三二九《宰輔部》

漢蘇逢吉自高祖建號於太原，以節度判官拜平章事。時宰相李崧被誅，人士冤之。及逢吉受宣權知樞密院事，數夕宿於金祥殿之東，謂春官正王處訥曰："夜來就枕未瞑，已見李崧在傍。生人與死人相接，非吉事也。"及周太祖自鄴至汴，官軍敗於劉子陂。是夕，逢吉宿於七里郊，與同舍痛飲，醉，索刃將自到，左右止之。至曙，與隱帝同抵民舍，遂自殺。周太祖定京城，與聶文進等同梟於北市，釋其家族。其梟首之所，適當李崧冤死之地也。

（宋）王欽若等編纂：《冊府元龜》卷九四一《總録部》

漢蘇逢吉，爲相，監修國史。以諫議大夫賈緯頻投文字，甚知之，遷史館修撰，判館事。

（宋）王欽若等編纂：《冊府元龜》卷三二一《宰輔部》

漢蘇逢吉，爲相。時李濤在翰林，逢吉深眷待之。會四輔闕人，高祖欲擢用吏部尚書竇貞固，復問其次，逢吉曰："頃張彥澤以殺判官張式罷鎮，晉祖宥其罪，而李濤上疏極言彥澤之罪，宥之屈法。陛下在太原時，論朝士大夫，常重濤之爲人。"時高行周、慕容彥超圍杜重威於鄴，二師不協，高祖有親征之意，未決，會濤上疏，請駕征鄴，大合上旨，遂與貞固同日拜平章事。

（宋）王欽若等編纂：《冊府元龜》卷三二四《宰輔部》

漢蘇逢吉，爲中書侍郎平章事。初與李濤論舊，相得甚歡。濤之入相，逢吉有力焉。會濤上章請出兩樞密爲方鎮，帝怒，罷濤相，勒歸私第。時論疑濤承逢吉之風旨也。

（宋）王欽若等編纂：《冊府元龜》卷三三七《宰輔部》

漢蘇逢吉，爲左僕射平章事。先是，高祖踐祚之後，逢吉與蘇禹珪俱在中書，有所除拜，多違舊制，用舍升降，率意任情，至有自白丁而升宦路，由流外而除令録者，不可勝數，物論誼然。高祖方倚信二相,莫敢言者。

(宋)王欽若等編纂:《冊府元龜》卷三三八《宰輔部》

漢蘇逢吉,爲司空平章事。性多侈靡,好鮮衣美食,中書公膳鄙而不食,私庖供饌務盡甘珍。嘗於私第大張酒樂,以召權貴,所費千餘緡。

(宋)王欽若等編纂:《冊府元龜》卷三三八《宰輔部》

漢蘇逢吉,爲司空平章事,與蘇禹珪俱在中書。逢吉尤貪財貨,無所顧避,求仕人稍有物力者,即遣人微露風旨,許以美秩。故鳳翔秦王從儼子永吉初至闕下,逢吉謂其侯王之裔,必有重貨,乃遣人求先人玉帶,且以一郡許之。永吉辭以素無此物,縱有者不堪奉獻。逢吉下令市一玉帶,價數千緡,使永吉償其直。又前客省使王筠受晉命,使於湖湘,漢初復命,逢吉重邀其賂,許酬名郡,筠不得已,分橐裝以奉。然俱不能踐其言,其貪詐如此。

(宋)王欽若等編纂:《冊府元龜》卷三三八《宰輔部》

漢蘇逢吉爲司徒平章事,與蘇禹珪俱在中書。逢吉尤貪黷貨財,無所顧避,求仕人稍有物力者,即遣人微露風旨,許以美秩。故鳳翔秦王從儼子永吉初至闕下,逢吉謂王之裔,必有重貨,乃遣人求先人玉帶,且以一郡許之。永吉辭以素無此物,縱有者不堪奉獻。逢吉乃市一玉帶,價數千緡,使永吉償其直。又前客省使王筠受晉命,使於湖湘,漢初復命,逢吉重邀其賂,許以名郡,筠不得已,分橐裝以奉。然俱不能踐言,其貪詐如此。

(宋)孫逢吉:《職官分紀》卷三

五代鳳翔李永吉,初朝京師。蘇逢吉以永吉故秦王從曮子,家世王侯,當有奇貨。使人告永吉,許以一州,而求其先世玉帶。永吉以無爲辭。逢吉乃使人市一玉帶,直數千緡,責永吉償之,竟不與州。

（明）胡我琨：《錢通》卷二一

蘇逢吉，爲司空平章事。周太祖之鎮鄴也，逢吉奏請落樞密使，隱帝曰："有前例否？"逢吉奏曰："樞密之任，方鎮帶之非便。"史弘肇曰："兼樞密，所冀諸軍禀畏。"竟從弘肇之議。弘肇怨逢吉之異己，逢吉曰："此國家之事也。且以內制外則順，以外制內豈得便耶？"事雖不從，物議多之。

（宋）王欽若等編纂：《册府元龜》卷三一七《宰輔部》

五代蘇逢吉已貴，益爲豪侈，謂中書堂食爲不可食，乃命家厨進饈，日極珍膳。

（唐）白居易、（宋）孔傳：《白孔六帖》卷一五

《五代史》：漢劉銖惡史弘肇、楊邠，於是李業譖二人於帝而殺之。銖喜，謂業曰："君可謂傻儸兒矣。"傻儸，俗言狡猾也。歐史間書俗語，甚奇。

（宋）羅大經：《鶴林玉露》甲編卷五

五代漢韋思，在上黨五年，無令譽可稱，唯以聚斂爲事。性又鄙吝，未嘗與賓佐有酒食之會，有從事欲求謁見者，思覽剳而怒曰："必是來獵酒也。"命典客者飲而遣之，其鄙吝如此。

（宋）孔平仲：《續世説》卷一一

五代漢韋思，在上黨五年，唯務聚斂，未嘗與賓佐燕會。有從事求見，思怒曰："必是來獵酒也。"命典客飲而遣之。

（宋）祝穆：《古今事文類聚》續集卷一四

漢張允，隱帝即位之年，授吏部侍郎。自誅史弘肇之後，連蔍恐

悚，晨不保夕。先是，允曾使湖南、錢塘，得財萬計，雖妻未嘗委之，以衣帶連管鑰而行，衣之下常如環佩之音。既睹時危，乃深藏密貯。每朝退，即宿於相國寺僧舍。是夜，允與數十人匿於佛殿藻井之上，登者既多，覆壓墜地，爲軍士盡取其衣而凍卒。

（宋）王欽若等編纂：《冊府元龜》卷九三六《總録部》

五代漢隱帝時，吏部侍郎張允家貲萬計而性吝。雖妻子不之委，常自繫衆鑰於衣下，而行如環佩。郭威入京師，允匿於佛殿中藻井之上，登者浸多，板壞而墜，軍士掠其衣，遂以凍卒。

（宋）孔平仲：《續世説》卷一一

竇貞固，漢隱帝相也。周世罷政，以司徒就第。後范質用此官在中書，乃歸洛陽。常與編户課役，貞固不能堪，訴於留守向拱，拱不聽。

（宋）洪邁：《容齋續筆》卷四

五代漢李業，與隱帝狎昵，放紙鳶於宮中。

（宋）祝穆：《古今事文類聚》後集卷四二

漢李崧小字大醜。幼而聰敏，其父有袁、許之鑒，嘗謂宗人李鏻曰："大醜生處奇形，氣異前途，應不居徒勞之地，賴君誨激之。"後果至公輔。

（宋）王欽若等編纂：《冊府元龜》卷八一九《總録部》

漢李崧，深州饒陽人。父舜卿，本州録事參軍。崧幼而聰敏，十餘歲爲文，家人奇之；弱冠，本府署爲參軍。其父嘗謂宗人李鏻曰："大醜坐處，奇形氣異，前途應不居徒勞之地，賴吾兄誨激之。"大醜，即崧之小字也。後至宰相。

（宋）王欽若等編纂：《冊府元龜》卷七七五《總録部》

漢李崧，深州饒陽人，仕後唐爲太常寺協律郎。王師伐蜀，王繼岌爲都統，署都統掌書記。

（宋）王欽若等編纂：《册府元龜》卷七二九《幕府部》

葛延遇者，李崧之部曲也。初，漢高祖入京城，崧隨虜主北去，蘇逢吉占其宅。及崧西還，爲太子太傅，對朝之權右，謙挹承顔，未嘗忤旨。嘗以宅券獻蘇逢吉，不悦。崧二弟嶼、㠑，酣酒無識，與楊邠、逢吉子弟杯酒之間，時言及奪我居第，逢吉知之。延遇逋李嶼船傭，嶼撻之，督其所負。延遇有同輩李澄亦事逢吉，延遇夜寄宿於澄家，以嶼見督情告，遂一夕同謀告變。逢吉覽狀，示史弘肇。其日，逢吉遣吏召崧至第，從容語及延遇告變之事，崧即以幼女爲托。逢吉遣吏送崧於侍衛獄。既行，崧恚曰：“自古未有不亡之國，不死之人。”及爲吏所鞫，乃自誣伏罪，舉家遇害，少長悉尸於市，人士冤之。

（宋）王欽若等編纂：《册府元龜》卷九三三《總録部》

揚邠，魏州冠氏人。高祖爲鄴都留守，用爲左都押衙。及高祖鎮太原，方開霸府，以羅英乂，邠遂弃職，挈族歸之。帝察其誠，賞其來，喜而納焉，置之近列。俄置牙門都校，軍國庶務，靡不委之。邠性亮直廉約，莅事平允，帝甚寵之。及虜陷汴水，晉少帝北徙，郡議推迫帝建尊號，帝固拒之。邠與周高祖繼入，請曰：“戎人亂華，勢不能久。今天下無主，是曆數歸大王也。且億兆之口，不謀同辭。若巨山已斷，無能抑也，乘龍在天，不可下也。”由是帝心遂定。至帝建義，南向巡幸晉、絳，撫寧陝、虢，内定歸略，皆訪於邠。邠每有密啓，帝皆可之。因謂曰：“始見公，心爲治粟都尉之才也；今見公方略，真撥亂經始之良臣也。”帝既自洛入汴，河朔漸寧，賞邠之功，故有是命。漢國建，遷檢校太保、樞密使。汴、洛平，正拜樞密使、檢校太傅。

（宋）王欽若等編纂：《册府元龜》卷三〇九《宰輔部》

漢高祖時，楊邠爲樞密使，上章以樞密萬機，平章四輔，官要事重,心力不堪,乞解樞機,冀逃咎悔。帝命中使宣諭邠曰:"樞機之職,舍卿用誰? 忽有此章,莫有人離間卿否?"宣次,宣徽北院使吳虔裕在旁颺言曰:"樞密重地,難以久處,俾後來者迭居,相公辭讓是也。"宣使還,具言虔裕道此。即日,出虔裕爲鄭州防禦使。

（宋)王欽若等編纂:《册府元龜》卷七八《帝王部》

漢陽邠,隱帝初以輔立功爲中書侍郎兼吏部尚書、同平章事,以樞密院直學士、刑部侍郎王度爲考功郎中。近例,直樞院自正郎爲給諫,王度憸巧瀆貨,邠頗惡之,故改轉,未離郎署。

（宋)王欽若等編纂:《册府元龜》卷三一七《宰輔部》

楊邠起於小吏,及爲相,常言曰:"爲國家者,但得帑藏豐盈,甲兵强盛,至於文章禮樂,並是虛事,何足介意。"自此後始不在清議。

（宋)錢易:《南部新書》癸

楊邠爲右僕射、兼門下侍郎、平章事,常與三司使王章於御前論事,隱帝曰:"事行之後,勿俾有辭。"邠曰:"陛下但禁聲,有臣等在。"左右聞者縮頸,未幾滅族。其負氣寡識,多此類也。

（宋)孫逢吉:《職官分紀》卷三

漢楊邠,與蘇逢吉、蘇禹珪同在相位,邠稍奪二蘇之權,自是中書斂手而已。邠每懲二蘇之失,艱於除拜,至於諸司補吏與門冑出身,一切停罷。時論以邠之蔽錮,亦由逢吉、禹珪本不能至公於物之所致也。

（宋)王欽若等編纂:《册府元龜》卷三三五《宰輔部》

漢楊邠,爲左僕射兼門下侍郎平章事。嘗與三司使王章於御前論事,隱帝曰:"事行之後,勿俾有詞。"邠曰:"陛下但禁聲,有臣等在。"左右聞者縮頸。未幾滅族,其負氣寡識多此類也。

（宋)王欽若等編纂:《册府元龜》卷三三六《宰輔部》

漢楊邠，隱帝時爲門下侍郎平章事。帝一以委之，凡南衙奏事、中書除命，先委邠斟酌，如不出邠意，至於一簿一掾，亦不聽從。邠雖長於吏途，不識大體，常言爲國家者但得帑藏豐盈，甲兵强盛，至於文章禮樂，並是虛事，何足介意也。邠既專國政，觸途苛細，條理煩碎。前資官不得外方居止，自京師至諸州府行人往來並須給公憑者，朝夕填咽，旬日之間，民情大擾，行路擁塞，邠乃止其事。每懲二蘇之失，逢吉、禹珪。難於除拜，事多壅滯，士人怨咨。邠比與二相不協，又深嫉儒士，凡所有平章，動多矛楯。周行之內，自漢受命以至滅，不沾一命者十有六七焉。諸司補吏與門冑出身，一切停罷。時論以邠之蔽固如是，亦由逢吉與禹珪本不能至公於物之所致也。

（宋）王欽若等編纂：《册府元龜》卷三三六《宰輔部》

（天福十三年）九月，以吏部尚書竇貞固爲司空，兼門下侍郎、平章事、弘文館大學士。以翰林學士、行中書舍人李愚爲中書侍郎、兼戶部尚書、平章事。高祖有相愚意，愚未拜前一日，欲言事請見，高祖召與語，愚曰：“國家新造丕圖，內外藩輔，並宜得人。苟非其人，無益招患。今相輔位缺，未審陛下欲命何人？”高祖曰：“竇貞固。”問其次，曰：“李愚。”愚恐悚，謝曰：“臣器狹性忠，憂時過當，輒有僭越敷奏，然臣才薄地卑，無輔弼之望，幸勿以臣污制書。”翌日制出，拜平章事。

（宋）王欽若等編纂：《册府元龜》卷七四《帝王部》

蘇禹珪，自高祖作鎮并門，奏爲廉判。開運末，戎虜盜國，高祖即位於晉陽，爲中書侍郎平章事。

（宋）王欽若等編纂：《册府元龜》卷三〇九《宰輔部》

蘇禹珪，字玄錫，以五經中第，爲潞并管記。漢高祖作鎮并門，奏爲廉判。

（宋）王欽若等編纂：《册府元龜》卷七二九《幕府部》

漢蘇禹珪爲司空。乾祐中,景範除大理正屬。周太祖出鎮於鄴,禹珪薦範於太祖,因奏爲鄴都留守推官。

(宋)王欽若等編纂:《册府元龜》卷八二八《總録部》

蘇禹珪,初仕漢爲宰輔。純厚長者,遭遇漢祖,與蘇逢吉同登相位。漢末,逢吉夷滅,禹珪恬然无咎,時人以爲積善之報也。

(宋)王欽若等編纂:《册府元龜》卷三一〇《宰輔部》

五代漢王章,置酒會諸朝貴,爲手勢令,史宏肇不閑其事,客省使閻晉卿坐次宏肇,屢教之。蘇逢吉戲之曰:"坐有姓閻人,何憂罰爵?"宏肇妻閻氏,本酒家倡也。意逢吉譏之,大怒,以醜語詬逢吉。逢吉不應,宏肇欲毆之。逢吉起去,宏肇索劍欲追之,楊邠泣止之曰:"蘇公宰相,公若殺之,置天子何地?願熟思之。"宏肇即上馬去。邠與之聯鑣送至其第而還,於是將相如水火矣。

(宋)孔平仲:《續世説》卷一一

《五代史》:漢王章不喜文士,嘗語人曰:"此輩與一把算子,未知顛倒,何益於國!"算子,本俗語,歐公據其言書之,殊有古意。温公《通鑒》改作"授之握算,不知縱横",不如歐史矣。

(宋)羅大經:《鶴林玉露》甲編卷二

《五代史》:漢王章不喜文士,嘗語人曰:"此輩與一把算子,未知顛倒,何益於國?"算子本俗語,歐公據其言書之,有古意,温公《通鑒》改作"授之握算,不知縱横",不如歐史矣。

(清)潘永因:《宋稗類鈔》卷一八

王章,初事高祖,爲侍衛都孔目官。從至河東,專委錢穀。及即位,初除三司使。

(宋)王欽若等編纂:《册府元龜》卷四八三《邦計部》

王章,自高祖典侍衛親軍,召爲都孔目官。從至河東,專委錢穀。國初,授三司使、檢校太傅,從征杜重威於鄴下。明年,高祖晏駕,隱帝即位,加檢校太尉同平章事。

(宋)王欽若等編纂:《冊府元龜》卷三〇九《宰輔部》

王章,隱帝初平章事,居無何,蒲、雍、岐三鎮叛。是時,契丹犯闕之後,國家新造,物力未充,與周太祖、史弘肇、楊邠等盡心王室,知無不爲。

(宋)王欽若等編纂:《冊府元龜》卷三二九《宰輔部》

漢王章,隱帝乾祐初,爲三司使。居無何,蒲、雍、岐三鎮叛。是時,契丹犯闕之後,國家新造,物力未充。章與史弘肇、楊邠等罷不急之務,惜無用之費,收聚財賦,專事西征。軍旅所資,供饋無乏。及三叛平,賜與之外,國有餘積。

(宋)王欽若等編纂:《冊府元龜》卷四八三《邦計部》

王章,爲平章事,與楊邠同郡,尤相親愛。其獎用進拔者,莫非鄉舊。常輕視文臣,曰:"此等若與一把算子,未知顛倒,何益於事。"

(宋)王欽若等編纂:《冊府元龜》卷三三六《宰輔部》

《五代史》:漢王章不喜文士,嘗語人曰:"此輩與一把算珠子,未知顛倒,何益於國。"算子本俗語,歐陽據其言書之,殊有古意。温公《通鑒》改作"授之握算,不知縱橫",不如歐史矣。

(明)陶宗儀:《説郛》卷五《鶴林玉露》

漢張貽肅,爲户部員外郎。妻父王章與史肇、楊邠等爲李業圖害。貽肅朝堂西廡之下,爲翰林使郭允明持刃殺之,頸血逆注,見者異之。王章無子,惟一女,適貽肅。羸疾逾年,扶病就戮。

(宋)王欽若等編纂:《冊府元龜》卷九三一《總録部》

《五代史》:劉鼎爲吏部郎中,性若寬易而典選曹務,更有風棱。

(明)彭大翼:《山堂肆考》卷四七

漢劉鼎,性若寬易,而典選曹按吏,有風棱,人稱爲能。

(宋)王欽若等編纂:《册府元龜》卷四五八《臺省部》

劉鼎善交游,能譚笑,居家仁孝,異母昆仲凡七人,撫之如一。乾祐初,拜諫議大夫。

(宋)王欽若等編纂:《册府元龜》卷八五二《總録部》

漢劉景岩昂藏巨準,時人號爲“劉大鼻”,後至太子太師致仕。

(宋)王欽若等編纂:《册府元龜》卷八八三《總録部》

張彥成,潞州潞城人。初,隱帝娶其女,特見親愛。從平汴洛,累加特進、檢校太尉、同州節度使。隱帝即位,就加同平章事。

(宋)王欽若等編纂:《册府元龜》卷三〇一《外戚部》

張誼爲中書舍人。乾祐元年,與兵部郎中馬承翰俱銜命於兩浙。睹其驕僭之失,形於譏誚,兼乘醉有輕肆之言,錢俶耻之,摭其過以奏之。朝廷以方務懷柔,責授誼房州司户,承翰慶州司户。

(宋)王欽若等編纂:《册府元龜》卷六六四《奉使部》

葉仁魯,漢乾祐中授衛州刺史。部内多盜賊,仁魯每親自擒捕,隨意殺戮,濫死者衆。嘗有群賊,部民聚而追之,追至山林,不復見賊矣。仁魯至,盡執追者爲盜,悉斷其足箅,曝於林麓之下,宛轉號呼,數日而死。

(宋)王欽若等編纂:《册府元龜》卷六九七《牧守部》

葉仁魯爲萊州刺史,貪暴特甚,吏民不勝其苦。受代日,遁離本州。及爲部民所訟,下獄鞫之,仁魯伏罪,贓污狼藉。

(宋)王欽若等編纂:《册府元龜》卷七〇〇《牧守部》

漢李殷累爲郡守。性沉厚,所莅無苛暴之名。

(宋)王欽若等編纂:《册府元龜》卷六八〇《牧守部》

漢趙德鈞爲薊門守,以北虜孔熾,雖軍威不振,在郡甚理。兵糧皆給於朝廷,而百姓數年不藉租調,增峻城洫,惟以軍士役作,境内歌之。

(宋)王欽若等編纂:《册府元龜》卷六八八《牧守部》

漢鄧守中爲開封令,妻子不之官舍,其所履有可稱者。

(宋)王欽若等編纂:《册府元龜》卷七〇四《令長部》

漢隱帝乾祐元年二月,制曰:"朕虔承遺訓,嗣守鴻基,常懼眇冲,不克負荷,所以師臣畏相,稽衆從人,采沃心造膝之謀,詢繼體守成之道。其或力非任重,才不逮時,有玷天工,顯貽物議,宜從罷免,用徵厥愆。開國佐命輔聖功臣、光禄大夫、行中書侍郎、兼户部尚書、同中書門下平章事、上柱國、隴西縣開國伯、食邑七百户李濤,早預朝倫,素虧時望,繼踐清華之列,曾無倜儻之名。先皇帝應運開階,濟物成務,未明求理,虚己待賢,擢自禁林,升之槐路,既委宰衡之任,蔑聞帷幄之謀。迨及眇躬,初親庶政,被顧問之際,屢睹醺酣;當獻替之時,無聞詆訐。復虧嚴重,但務詼諧,詎爲君子之儒,殊失大臣之體。重以梓宮在殯,國步多艱,屢陳違衆之言,頻建出師之意,率爾獨見,豈是臧謀? 朕方務含弘,冀全終始,雖包荒而在念,慮假器以興讟,俾輟中樞,式存大體,仍令還第,庶用省躬。惟爾自貽,無我有怨,苟能思過,豈吝推恩? 可罷免,勒歸私第。"

(宋)王欽若等編纂:《册府元龜》卷三三三《宰輔部》

李濤爲平章事,乾祐元年三月,中書厨釜鳴者三,不數日,又鳴者三,俄又鳴者三,俄又鳴者一,其聲甚異。至是,濤罷免。楊雄謂之"鼓妖",近類此乎?

（宋）王欽若等編纂:《册府元龜》卷九五一《總録部》

李濤爲中書侍郎,兼户尚書平章事。漢隱帝乾祐元年三月,免歸私第。初,濤於是月中書閣内晝寢,夢廳事如新嚴飾,張陳供具,郡吏趨走,言迎新宰相,帶諸司使。既寤,心異之,題記於柱。至二十八日罷免,尋除楊邠爲相,帶樞密使。

（宋）王欽若等編纂:《册府元龜》卷八九三《總録部》

漢李恕,初仕後唐爲燕王趙延壽賓佐。延壽陷虜十年,朝廷不欲恕在朝,出爲從事。未幾,虜犯京師,延壽爲虜相輔,復召恕委用。會延壽子贊爲河中尹,命恕往佐之。其年虜主死,高祖有中原,移贊於京兆,贊懼漢不能容,潛通蜀軍,將謀夜遁。恕謂贊曰:"燕王入胡,非所願也。漢朝建國,必務懷來。太尉泥首歸朝,必保富貴。今若狼狽入蜀,理難萬全。所謂蹄涔不能容吞舟之魚,後悔無及。願公歸漢,其福萬全。苟聽卑言,請先入朝,爲公申理。"即命恕上章,高祖引見,謂恕曰:"贊何以附西川軍?"恕曰:"贊以家在胡中,身受胡命,自懷憂恐,謂陛下終不能容,招引川軍,蓋圖苟免。以微臣意,必料國家撫安,所以令臣哀祈請覲。"高祖曰:"贊父子皆吾人也,事虜出於不幸。今聞延壽落於檻阱,吾争忍不容贊?"恕未還,贊已離永興,朝廷嘉恕之忠,以爲邠州節度判官。

（宋）王欽若等編纂:《册府元龜》卷七二五《幕府部》

漢賈緯,文筆未能過人,而議論剛强。儕類不平之,目之爲"賈鐵嘴"。受詔修《高祖實録》,誣桑維翰身没之日,有白金八十鋌。又以所撰日曆示監修王峻,皆媒孽竇貞固、蘇禹珪之短,歷詆朝士之先達者。峻惡之,謂同列曰:"賈給事家有子,亦要門閥無玷。今滿朝並遭非毀，教士子何以進身。”乃於太祖前言之，出爲平盧行軍司馬。

（宋）孔平仲：《續世説》卷八

王敏，仕晉爲杜重威數鎮從事。漢初，重威叛於鄴。時敏爲留守判官，嘗泣諫重威，懇請歸順，重威始則不從，及其窮也，納敏之言，以其城降。時魏之飢民，十猶四五，咸保其餘生者，敏之力也。

（宋）王欽若等編纂：《册府元龜》卷七二五《幕府部》

漢王敏，有文學，舉進士第，依杜重威，歷數鎮從事。重威在任，以黷貨爲務，每箕斂民賦，敏力止之，十亦行其一二，人甚嘉之。及重威鎮鄴，不以朝命爲事，多失人情，敏常勸之泣下。重威始則不從，及其窮也，納敏之言，翻然來降。時以敏深達逆順，有紓難之力，亦近代之良士也，高祖命以憲秩，獎其節義。時重威幕容有劉當、王祐、鞠明德皆謫焉。

（宋）王欽若等編纂：《册府元龜》卷七二二《幕府部》

王饒，仕晉高祖爲奉國軍校、檢校尚書左僕射。天福六年，從杜重威平常山，以功加檢校司空，遷本軍都校，領連州刺史。時安從進叛於襄陽，高祖以饒爲行營步軍都指揮使。賊平，授深州刺史，復爲本軍右厢都指揮使，領閬州團練使。及漢祖舉義於晉陽，尋克復諸夏，唯常山郡爲虜所據。時饒在其郡，乃與李筠、白再榮之儔承間盡逐其黨。漢祖嘉之，授鄘州觀察留後，加光禄大夫，賜爵齒侯。

（宋）王欽若等編纂：《册府元龜》卷三八七《將帥部》

漢盧撰，高祖乾祐中爲右散騎常侍，撰患風痺，難於拜起，每致拜，一坐再至。班列中有多口而笑之者，謂諸御史曰：“此而不彈，會當於稠人廣衆之中辱之，主上若問，即以不供職爲奏。”撰聞，懼而上章，乃除户部侍郎致仕。

（宋）王欽若等編纂：《册府元龜》卷八九九《總録部》

尹重筠者，鄲州刺史實之子也。隱帝乾祐二年，實上章謝釋男重筠之罪。實於汝州梁縣有別業，所供稅賦大，而恃郡侯家不時輸送。梁縣令羅延賞笞其知莊吏，會重筠至梁縣，以笞莊吏爲恥，無以報怨。自朝廷以誣告殺李崧，後凡僕使輩，皆相仿流言脅主，以告事爲詞，而稍涉迹危者，姑息不暇。重筠乃詐爲延賞與李守貞書，言欲殺刺史，據汝州應接守貞。封書僞遺於途，吏得之，送刺史石公霸明之，延賞幾遭陷害。

（宋）王欽若等編纂：《册府元龜》卷九三三《總録部》

漢王松，爲禮部尚書。隱帝乾祐二年，敕：“松事因有玷誠功，上章述避嫌之辭，形告退之意。其男仁寶，雖因除名，曾授僞官。一昨既翦，凶酋合從，俘執未明，死所乃漏，刑書路岐，雖限於山河，情愛且關於父子。便儀連坐，恐失寬條，以爾朝列舊臣，班行宿德，累有退閑之請，宜引軫惻之恩。特俾免官，用明減等，宜停見任。”

（宋）王欽若等編纂：《册府元龜》卷九二五《總録部》

漢武漢球爲洺州刺史。至郡未期，以目疾請代。乾祐二年秋，卒於京師。漢球雖出自行伍，然長於撫理，常以掊斂爲戒，民懷其惠。身死之日，家無餘財。

（宋）王欽若等編纂：《册府元龜》卷六七九《牧守部》

徐台符爲兵部尚書、翰林學士承旨，與太子太傅李崧爲執友。崧爲蘇逢吉、史弘肇所構。乾祐三年秋，夢崧謂曰：“予之冤橫，得請於帝矣。”及蘇、史誅並梟首於市，當崧所誅之地。

（宋）王欽若等編纂：《册府元龜》卷八九三《總録部》

漢張沆爲翰林學士，沆雖瞶疾，出入金門五六年。隱帝末，楊、史遇害，翌日，沆方知之，聽猶未審，忽問同僚曰：“竊聞盜殺史公，其盜獲否？”是時，惆懼之次，聞者笑之。

（宋）王欽若等編纂：《册府元龜》卷九〇六《總録部》

(5) 後周

周符昭信，魏王彥卿之子，世宗皇后之弟也，爲天雄軍衙内都指揮使。顯德元年七月卒，皇后於別宮舉哀，宰臣率文武百僚於門進名奉慰。

（宋）王欽若等編纂：《册府元龜》卷三〇三《宗室部》

五代趙延義，字子英。周太祖自魏以兵入京師，太祖召延義問漢祚短促者，天數邪。延義言王者撫天下，當以仁恩德澤，而漢法深酷，刑罰枉濫，天下稱冤，此其所以亡也。是時太祖方以兵圍蘇逢吉、劉銖第，欲誅其族。聞延義言，悚然因貸其族，二家獲全。

（唐）白居易、（宋）孔傳：《白孔六帖》卷四七

李彥碩，字德修，本以商賈爲業。太祖鎮鄴，置之左右。及即位，歷綾錦副使，權易使。

（宋）王欽若等編纂：《册府元龜》卷七七六《總録部》

周許懲，太祖時爲左司郎中。廣順元年正月，懲上言，乞追贈宰相李崧。懲，蜀人。在漢與宰相蘇逢吉有舊，頗親狎懲，待之有德色。李崧之遇害也，懲嘗與一、二牧守交言，短崧之爲人，且言被誅繇己，而致牧守信之，亦懼而趨其第者。至是，以太祖受命之初，乃有是奏，請雪崧冤，士人鄙之。

（宋）王欽若等編纂：《册府元龜》卷四八〇《臺省部》

周傅珣，廣順初爲通事舍人，善於詞令。後因宣制以醉失儀，停任。

（宋）王欽若等編纂：《册府元龜》卷九一四《總録部》

周楊昭儉，太祖廣順初，爲中書舍人。多在假告，少親職司。敕令解官，俾遂私便。

（宋）王欽若等編纂：《册府元龜》卷四七八《臺省部》

　　王處訥，洛陽人。少時有老叟至其家，煮洛河石爲面，以食之。又嘗夢人持巨鑒，衆星燦然滿中，剖其腹納之，後遂通星曆之學，特臻其妙。依漢祖於太原，開國爲尚書博士，判司天監事。周祖素與處訥厚善，舉兵向闕，以物色求之，得之甚喜。因言及劉氏祚短事，處訥曰："漢氏曆數悠遠，蓋即位之後，專以復讎殺人及夷人之族，結怨天下，所以社稷不得長久。"周祖蹷然嘆息。適以兵圍蘇逢吉、劉銖第，待旦加戮，遽命置之。逢吉已自縊死，但誅銖，餘悉全活。國初歷司農少卿，進拜司天監。有子熙元，今爲司天少監。

（宋）楊億：《楊文公談苑》

　　五代王進以疾足善走，周太祖授以節度使。

（明）彭大翼：《山堂肆考》卷八一

　　張晏，廣順初爲共城令，滑州刺史言縣民張祚等請留晏，欲爲晏立碑頌，太祖從之。

（宋）王欽若等編纂：《册府元龜》卷八二〇《總録部》

　　周劉表微爲新安令，太祖廣順元年，遷河東府司録參軍，獎能吏也。

（宋）王欽若等編纂：《册府元龜》卷七〇一《令長部》

　　周劉表微，廣順初爲新安令，河南府上言，縣民三百七十稱表微公平之政，請刊石頌美，太祖從之。

（宋）王欽若等編纂：《册府元龜》卷八二〇《總録部》

　　劉表微，顯德中爲浚儀縣令，上章以母氏衰老，乞解官歸養，從之。

（宋）王欽若等編纂：《册府元龜》卷七五六《總録部》

周顔衍，晉開運中，自御史中丞求假侍養，以户部侍郎得請歸於汶上。太祖廣順初，徵拜兵部侍郎，俄入爲端明殿學士。自王俊貶官之後，授吏部侍郎，解職。至是，累表乞骸，帝勉而從之。尋退老於東平，簪綏送之，祖帳相望，時論美之。

（宋）王欽若等編纂：《册府元龜》卷八九九《總録部》

顔術，爲吏部侍郎。儒學之外，雅有政術。累更清吏，皆以廉幹著名。

（宋）王欽若等編纂：《册府元龜》卷四六二《臺省部》

（廣順元年）二月，涇州節度使史康懿言："臣名下一字與御名同，改之。"

（宋）王欽若等編纂：《册府元龜》卷三《帝王部》

（廣順元年）六月，以樞密使王峻爲左僕射，兼門下侍郎、平章事，監修國史，充樞密使；以樞密副使、兵部侍郎范質爲中書侍郎、平章事；以户部侍郎、判三司李穀爲中書侍郎、平章事、判三司。

（宋）王欽若等編纂：《册府元龜》卷七四《帝王部》

劉頊，爲監察御史，廣順元年七月，敕："頊名昇通籍，官列憲司。凡繫所爲，尤宜知禁，不能爲子諍父。而乃離局侵官，宜謫掾於方州，俾省愆於終日。"頊父濤爲中書舍人，令頊代直草辭，責授少府少監，分司西京，故頊責授復州司户參軍。

（宋）王欽若等編纂：《册府元龜》卷九二五《總録部》

張昭字潛夫，河間人也。舊名昭遠，避漢高祖諱，止稱昭。十歲誦書數十萬言，及長，該洽經史，以文謁興唐尹張憲，憲即以爲府推官。憲爲北京留守，昭從至晉陽。時明宗起自鄴，兵變於魏，昭勸憲奉表明宗以勸進，憲曰："吾書生也，天子委以保釐之任，吾豈苟生者乎？"昭曰："此古之大節，公能行之，忠臣也。"憲既死，論者以昭能成憲之節。

仕唐，爲中書舍人。晉時，用桑維翰薦爲翰林學士。漢初，爲吏部侍郎，加禮部尚書。隱帝年十九，猶有童心，昵近小人，昭上疏諫，請近師傅，延問正人，以開聰明，隱帝不省。周廣順初，拜戶部尚書，遷兵部尚書。

世宗好拔奇取俊，有自布衣上書下位言事者，多不次進用。昭諫曰："昔唐初，劉洎、馬周起徒步，太宗擢用爲相；其後，朱朴、柳璨在下僚，昭宗亦以大用。然則太宗用之於前而國興，昭宗用之於後而國亡，士之難知也如此。臣願陛下存舊法而用人，以劉、馬爲鑒，朱、柳爲戒，則善矣。"恭帝即位，封舒國公。

　　　　　　　　　　　　　（宋）王稱：《東都事略》卷三〇

周張昭，爲戶部尚書，廣順元年七月，以昭爲太子賓客，坐子陽翟薄秉陽犯法抵罪。上章引咎，詣閣待罪。詔寬釋之，逾月左授此官。

　　　　　（宋）王欽若等編纂：《冊府元龜》卷九二五《總錄部》

五代周張昭遠，好學，積書萬卷，以樓載之，號"書樓張家"。

　　　　　　　　　　　　　（宋）馬永易：《實賓錄》卷三

書樓張家。五代周張照遠，好學，積書萬卷，以樓載之，號"書樓張家"。

　　　　　　　　　（宋）佚名：《錦綉萬花谷》後集卷二三

後周張昭遠積書萬卷，以樓藏之。

　　　　　　　　　　　　（明）彭大翼：《山堂肆考》卷一二四

周王峻，爲僕射平章事。廣順元年七月，太祖幸峻第，賜賚甚厚。

　　　　　（宋）王欽若等編纂：《冊府元龜》卷三一九《宰輔部》

周王峻爲樞密使,討并寇。太祖廣順元年十二月,峻遣供奉官翟守素奏:"臣所差仇弘超等,襲賊軍。至霍邑路追及,鼓譟躠煞,其賊黨人騎投崖墮澗,不可稱計。"賜翟守素幣帛、袍帶。先是,王萬敢嬰城拒賊,攻之甚急。太祖命峻將兵先進,欲因幸洛都,更以禁軍繼之。至是,峻言劉崇一行,弃甲而遁。遣仇弘超掩襲,逐至霍邑,當險阻之路也。弘超無勇緩兵,賊遂安然解去。若弘超擊疾雷之勢,則彼無孑遺矣。蓋峻不能自率師而逐之,致誤大事,非將帥之才也。

(宋)王欽若等編纂:《册府元龜》卷四四五《將帥部》

周王峻,爲右僕射、門下侍郎、平章事。廣順元年冬,河東劉崇與契丹圍晉州,峻請行應援。太祖用峻爲行營都部署,以徐州節度使王彥超爲副,詔諸軍並取峻節度,許峻以便宜從事,軍行資用仰給於官,隨行將吏得自選擇。

(宋)王欽若等編纂:《册府元龜》卷三二三《宰輔部》

周太祖廣順二年八月,樞密使王峻貢第三表,辭解重任,賜詔不允。朔日,峻入朝,進謝恩馬三匹。峻自居密地,常恃舊恩,以國政爲己任。帝頗亦姑息之,李重進、鄭仁誨、向訓等,皆帝親舊腹心也。峻潛忌之,每見仁誨等在帝左右,漸見進用,尤所不平,至是連拜三章,求解樞務。帝累遣中使就第宣諭,每對使者,辭氣益厲。又發諸道節將書,祈請保證,旬日之間,諸藩皆遣驛執奏,進納峻書。帝驚駭久之。又遣近臣召令視事,稠疊慰勉,兼宣云:"若卿尚未入朝,朕當親自迎請。"峻得宣諭,殊未回意,且言車駕若來,應是致臣於不測之禍也。帝知樞密直學士陳觀與峻情通,乃詔觀諭意,令至峻第。觀回奏曰:"峻意解矣,望陛下聲言駕幸,但嚴駕以待之。峻聞車駕將至,即馳至。"帝亟勉從之。峻果入朝,謁見於便殿。帝慰勞久之,即令視事。其要君無禮也如此!

(宋)王欽若等編纂:《册府元龜》卷一七九《帝王部》

周王峻，爲左僕射平章事。以大理卿劇可久爲太僕卿，留司西京。以左庶子張仁璲爲大理卿。先是，御史惟鄭州防禦判官楊瑛斷犯鹽人深刻，法寺定楊瑛罪失，入減三等，以官當徒。案入，峻怒曰：“罪人輕重，在法官之口。夫死者不可復生，楊瑛誤斷殺人，而罪止徒屬，則官高者要殺使殺，罪則可以官高免矣。”召可久謂之曰：“楊瑛罪重，安得從輕？可別簡重條斷殺。”可久曰：“法寺以律文失入，別無重條。”峻曰：”簡若有條，公當何罪？”可久曰：“若藏正條，死亦甘心，如強生節目，安可鉗口！”信宿，敕依省寺詳斷。峻終含怒，或有言張仁璲漢隱帝時斷史在德，曾用條法，即以仁璲代可久。

（宋）王欽若等編纂：《冊府元龜》卷三三八《宰輔部》

周王峻爲樞密使，峻以慕容彥超叛於兖州，已遣步軍都指揮使曹英、定省使尚訓率兵攻之。峻意欲自將兵討賊，累言於太祖曰：“慕容劇賊，曹英不易與之敵耳！”太祖默然。未幾，親征。命峻爲隨駕一行都部署，破賊之日，峻軍在城南，其衆先登，頗有德色。

（宋）王欽若等編纂：《冊府元龜》卷四五一《將帥部》

王峻爲樞密使時，有趙崇勖者，梁故租庸使岩之侄。見在陳州，詔本州量給先係官趙岩店宅以賜之，從峻請之也。峻幼事岩頗得親愛，至是，常於中書言欲與岩求贈官及立碑以報宿恩。同列謂之曰：“趙、張二族，貪權擅利，同傾梁室，至今言者，無不切齒。若爲立碑贈官，恐生物議。”峻乃止，但奏請與趙崇勖店宅而已。

（宋）王欽若等編纂：《冊府元龜》卷八六五《總錄部》

周初，樞密王峻會朝臣，予亦預。吏引坐覽驥亭，深不喻其名，呼吏問之曰：“太尉暇日，悉閱厩馬於此爲娛玩焉？”

（宋）陶穀：《清異錄》卷下

五代王峻請借左藏庫綾萬匹，太祖勉從之。

（唐）白居易、（宋）孔傳：《白孔六帖》卷八

五代王峻於樞密起廳事，極其華侈，邀太祖臨幸，賜予甚厚。

（唐）白居易、（宋）孔傳：《白孔六帖》卷一〇

周王峻爲樞密使，初降制除青州，有司撰製旌節，以備迎授。前之夕，其旌節有聲，甚異，聞者駭之。主者曰：“安重誨授河中節，亦有此異焉。”又所居堂陛，忽然隱起如堆。又夢被官府追攝入司簿院，既寤，心惡之。以是尤加狂躁，尋被誅死。

（宋）王欽若等編纂：《冊府元龜》卷九五一《總録部》

（廣順元年）八月，環州刺史雷彥洪以名下一字犯御名，改之。

（宋）王欽若等編纂：《冊府元龜》卷三《帝王部》

《五代史·周書》曰：漢初，以晉入蕃將相第宅賜隨駕大臣，以趙瑩第賜太祖。太祖召瑩子前刑部郎中易則告之曰：“所賜第除素屬版籍外，如別有契券，己所置者，可歸本直。”即以千餘緡遺易則，易則惶恐辭讓，太祖堅之，乃受。

（宋）李昉：《太平御覽》卷一八〇《居處部八·宅》

周太祖廣順元年八月，契丹遣幽州教練使曹繼筠護送趙瑩喪柩至其家。制曰：“禮云：利禄先死者而後生者，則民不悖；先亡者後存者，則民可以托。聖人垂訓，與我同心。因嗟既没之賢，俾舉追崇之典。晉故中書令趙瑩，行高言善，性達心平，鼎號函牛，斯爲重器；劍稱斬馬，可謂靈鋒。遺清白於子孫，行忠信於蠻貊。斷魂外境，歸骨中華，於是盡傷，載深軫悼。俾贈三師之秩，以伸一去之悲，可贈太傅。”

（宋）王欽若等編纂：《冊府元龜》卷一四〇《帝王部》

晉趙瑩爲相，開運末，虜陷京城，瑩從少帝於北塞。周太祖初遣尚書左丞田敏報命於契丹，遇瑩於幽州。瑩得見華人，悲悵不已，謂田敏曰：“老身漂零，寄命於此。近聞室家喪逝，弱子無恙，蒙中朝皇帝倍加存恤，東京舊第，本屬公家，亦聞優恩特給善價，老夫至死無以報效。”於是南望稽首，涕泗橫流。先是，漢初以晉入蕃將相第宅賜隨駕大臣，以瑩第賜太祖。太祖召瑩子前刑部郎中易則告之曰：“所賜第，除素屬版籍外，如別有契券己所置者，可歸本直。”即以千餘緡遺易則。易則惶恐辭讓，太祖堅之，乃受，故瑩言及之。未幾，瑩卒於幽州。瑩初被病，遣人祈告於虜主，願歸骨於南朝，使羈魂幸復鄉里，虜主閔而許之。及卒，遣其子易從及家人數輩護喪而還，仍遣大將送至京師。太祖閔瑩死於異域，而知夷狄亦能不違物性歸其喪柩，感嘆久之。仍賜其子絹五百匹以備喪事，令歸葬於華陰故里。

（宋）王欽若等編纂：《册府元龜》卷九四〇《總録部》

先公嘗言，吾周廣順初，丁先大師憂，服滿，再授校書郎。故相馮瀛王道爲昭文館大學士，引爲直館，本館孔目官王仁魯，唐昭宗朝，長安故吏也。年七十餘，衣朱紱執笏，率其屬來參，吾以新進，下位，不敢當其庭趨之禮，使人却之，將以賓禮見。仁魯援引典故，且言中書令與兩畿簿尉雖名位不等，皆三館學士也。某等人吏，豈有不拜本館學士？吾聞其言，遽出見之。仁魯等立於庭，俟吾座，然後旅拜，重叠叙致，頗有風采。自是朔望，必詰旦至第館中。故事，吾就仁魯而質焉。吾顯德初任左拾遺，充集賢殿修撰，本院孔目官李延遇，年六十餘，即伯父太師直學士院時書吏也，亦衣朱紱來參謁，展賀既畢，又叙致奕世趨事之幸。吾聞其言，不覺感愴，且喜其知禮也。

（宋）江少虞：《宋朝事實類苑》卷六二

吾顯德初任左拾遺，充集賢殿修撰。本院孔目官李延遇，年六十餘，即伯父太師直學士院時書吏也。亦衣朱紱來參謁，展賀既畢，又叙致奕世趨事之幸。吾聞其言，不覺感愴，且喜其知禮也。今集賢院有伯父太師親校《後漢書》一部尚在，青標白卷者是也。

（宋）江少虞：《宋朝事實類苑》卷六二

周太祖廣順元年九月丁亥，以司封員外郎桑能爲鳳翔少尹，殿中侍御史竇元靖爲京兆少尹，司門員外郎宋曙爲陸渾令，工部員外郎易弼爲贊善大夫，右補闕高守瓊爲登封令。桑能，維翰之庶弟也；元靖，貞固之庶兄也。先是，晉命將終，漢宣初建三署，清華之地，雜冗屑無才行者處之，歲滿序遷，漸至華顯，有職者恥與之爲伍，蓋當塗者不慎小官也。至聖朝，出此數人而擢英翹之士，簪纓之間，賢不肖始似有區別矣。

（宋）王欽若等編纂：《册府元龜》卷六九《帝王部》

賈鐵嘴。五代周賈緯，無修撰才，長於記誦，文章未能過人，而議論剛强。儕類不平，目之爲"賈鐵嘴"。

（宋）佚名：《錦綉萬花谷》前集卷一二

周賈緯，太祖時爲給事中、史館修撰。廣順元年十月，貶爲平盧軍節度行軍司馬、檢校禮部尚書。緯歷官平轉，心嘗憤悱。太祖踐祚，竇貞固、蘇禹珪仍在相。緯駮其除改不當，上章論列，又於所修曆日內，言有歷詆中外人士者。時王峻監修國史，覽之不悦，曰："賈給事家有子，自兹亦要門閥無玷。今非毁滿朝，教士子何以進身？"備於帝前言其短，故有此授。

（宋）王欽若等編纂：《册府元龜》卷四八一《臺省部》

周賈緯，自給事中出爲青州行軍司馬。妻以緯左遷，駭悁傷離，病留京師。緯書候之曰："勉醫藥，來春與子同歸獲鹿。"太祖廣順二年春，緯卒訃至，妻亦一慟而卒。果雙柩北歸，聞者嘆之。

（宋）王欽若等編纂：《册府元龜》卷八九五《總録部》

周賈緯，初仕晉，爲中書舍人。虜陷京師，隨虜至真定。諸將逐麻答後，與公卿還朝，授諫議大夫。緯以久次綸閣，此望丞郎之拜，乃遷諫署，深懷觖望。廣順初，爲給事中，上言曰："臣久塵西掖，近綴東臺，既居封駁之官，兼處編修之職，凡關聞見，合補聰明。苟避事不言，是上孤至聖。臣聞無偏無黨，王道蕩蕩；無黨無偏，王道平平。前書所載，言之者誠。千古大君，恐有毫髮之私也。臣睹陛下降赦後，普行恩敕。武臣之內，咸協舊規；文吏之中，未符通論。臣竊見改轉朝官，自太子少保、尚書丞郎，內例超秩次，仍峻戶封。唯兩省侍從、卿監之官及員外郎、贊洗等，依資升進者，不過數人，餘並止於一階。或自右入左，上下都不畫一。臣伏思階勛爵邑，至爲重事。當以德以勞，次第而進。雖遇慶澤，不可妄加。況官者，代天理物，國家公器，雖有親昵，無得輕授。故曰官不必備，唯其人。若才稱其官，常時當有，顯議能不，副職宜便。無宜濫升，以公器而爲普恩，以普恩而有差等，一厚一薄，何疏何親？臣不敢封還制書，以阻成命，欲乞陛下顯詢故事，爰下有司。不次超拜者，必徵殊美；以第進秩者，須守常規。望明庭再與僉諧，願陛下曲留省察。兼有前朝人爲執政見排，左授官秩者，及在官無累，或丁憂已滿，未蒙叙遷，各許進狀以自申明。或顯見於蹤疏，幸特頒於制命。或期效用，不致沉埋，則免使得路者自伐自矜，結恩私室；失意者愈嗟愈嘆，流怨公朝。光陛下聖明之規，表陛下均平之德，將恢至理，以致太和。"時中書議：朝臣加恩，以漢隱帝三年之內，稀有改轉。故商量西班上將軍、統軍、金吾及東班三署，久次不遷者，因加溥澤，依資序進。其餘月限合替者，只加三階。階已高叙，勛進爵邑，示普恩而已。時李穀、魚崇諒、趙上交改爲丞郎，故遞轉數人，用其員闕，緯切於進用，謂當路者有私，尤恨竇貞固、蘇禹珪。每發論，形於顏色。太祖召見，又奏漢朝遷改不平，有員外郎盧振者，自殿中侍御史，超十資授左司員外郎，太祖驚訝久之，殿中平轉中行員外郎，令授前行超一資，今云十資，蓋罔上以求媚也。

（宋）王欽若等編纂：《冊府元龜》卷四八一《臺省部》

賈緯，真定人，舉進士不第，歸河朔本府，累署參軍。邑宰范延光鎮真定，表授趙州軍事判官。

（宋）王欽若等編纂：《册府元龜》卷七二九《幕府部》

（廣順）二年三月，賜刑部郎中景範金紫服，霸府舊僚也。

（宋）王欽若等編纂：《册府元龜》卷一七二《帝王部》

世宗以是月丙申即位。七月癸巳，制曰："朕自履宸極，思平泰階，出一令，慮下民之未從；行一事，懼上玄之罔祐。晨興夕惕，終歲於兹。雖禮讓漸聞興行，而風雨未之咸若，豈刑政之斯闕，而德教之未敷哉？繇是進用良臣，輔宣元化，雖朕志先定，亦輿情具瞻，爰擇嘉辰，誕敷明命。樞密院直學士、中大夫、尚書工部侍郎、上柱國、晉陽縣開國男、食邑三百户、賜紫金魚袋景範，昔佐先帝，每罄嘉謨，建事眇躬，愈傾忠節，奉上得大臣之體，簡身爲君子之儒。一昨戎輅親征，皇都是守，贊勷賢於留府，副徵發於行營，軍政所資，國用無闕。今則靈臺偃革，宣室圖功，思先朝欲用之言，成聖考得賢之美，俾參大政，仍掌利權。爾其明聽朕言，往敷玄化，予欲則垂象而清品彙，爾則順天道以序彝倫，余欲恤刑名而息戰爭，爾則謹憲章而恢廟略，天人之際懸合，軍民之事罔渝，則國相之尊，非爾孰處！邦計之重，惟才是藏。勉思偁儻以致君，勿效因循而保立，佇聞成績，用副虛懷。可正議大夫、中書侍郎、平章事、判三司。"

（宋）王欽若等編纂：《册府元龜》卷七四《帝王部》

周景範，世宗顯德中爲中書侍郎平章事、判三司。爲人厚重剛正，無所屈撓，然剸繁理劇，非其所長，雖悉心盡瘁，終無稱職之譽。帝知之，因其所疾，乃罷司邦計。

（宋）王欽若等編纂：《册府元龜》卷三三五《宰輔部》

景範，初以明經擢第，歷貝州清陽簿、濮州范縣令，皆以强幹著名。

（宋）王欽若等編纂：《册府元龜》卷七〇二《令長部》

白進福前爲興順指揮使，太祖廣順二年四月，進福以族逃亡，遣供奉官翟守素等十人分捕不獲。陳州上言界溝鎮中有人馬九騎，詰問，不得，入潁州界，即白進福也。進福曾於沿淮巡檢，因事得替在京，將謀竄迹，乃於嘗所親狎之家借鞍馬銀器，僞言與家人追游。其日晚，妻女皆服男子衣遁去。

　　　　　　　　　　（宋）王欽若等編纂：《册府元龜》卷九四九《總録部》

（廣順二年）五月，太祖平兖州，乃下敕曰：“閻弘魯、崔周度死義之臣，禮加二等，所以滲漏澤而賚黄泉也。爾等貞節昭彰，正容肅厲，以從順爲己任，以立義作身謀。履此禍機，並罹冤横。宜伸贈典，以慰貞魂。弘魯贈驍衛大將軍，周度贈秘書少監。”

　　　　　　　　　　（宋）王欽若等編纂：《册府元龜》卷一四〇《帝王部》

周崔周度，爲青州慕容彦超判官。性懦緩而敢言，事彦超拒命，周度直言諫之，彦超大忿。及城中括率械繫苔掠，比户銜冤。前陝州行都司馬閻弘魯閑居在州，懼其鞭撲，盡以家財爲餉。彦超以弘魯所餉未盡，又欲。崔周度得罪，乃令周度監抄其家。周度謂弘魯曰：“公命之吉凶，繫財之豐約，願無所吝。”弘魯令家僮吕暉與周度搜索，斸掘無孑遺矣。彦超又令牙將鄭麟持刃訊之，弘魯惶迫，拜其妻妾曰：“願盡所有輸官。”家人告罄。周度白彦超曰：“閻行軍泣拜，妻孥恐輸財不盡，此情可恕。”彦超不之信，弘魯夫婦並繫於獄。乳母趙氏於泥土中得金，纏臂輸之，望救弘魯。彦超怒周度阿私，令軍將趙質切責，便令自行杖笞，弘魯夫婦以至肉爛而死。即斬周度於市。

　　　　　　　　　　（宋）王欽若等編纂：《册府元龜》卷九三一《總録部》

張義爲監察御史。廣順二年十月，賜緋魚笏，王峻之奏也。義，唐三司使延朗之子也。峻嘗事延朗，故有是請。

　　　　　　　　　　（宋）王欽若等編纂：《册府元龜》卷九五五《總録部》

周陳觀爲樞密直學士。廣順二年十二月,詔故青州節度使霍彦威嫡孫緒爲弘文館校書郎,侄承慶爲秘書省正字,彦威子承訓累典郡符。先是,觀在承訓門下,觀以霍氏門户孤弱,言之於相王峻,峻爲之聞奏,故有是授。

(宋)王欽若等編纂:《册府元龜》卷八六五《總録部》

(廣順三年)二月,敕鳳翔少尹桑能責授鄧州長史。能,故開封尹維翰之庶弟也。維翰父珙有愛姬,生子歲餘,珙卒,姬求出,遂携兒而去。兒即能也。其後莫知所之。及維翰貴,潛遣人求訪音問,微知在青州。會户部侍郎王松權知青州,時維翰鎮兗州,以誠托松,松至郡訪能,果得之於博興縣民家。能母適玄氏,能即爲玄氏子。松即送能至維翰所,維翰表其事,有頃,晉祖授能協律郎。維翰鎮京兆,以能爲衙内都指揮使;維翰再入中書,改太常丞,累遷司封員外郎。能幼稚流落,長於他族,不識文字,性格鄙俗。及維翰薨,諸子幼弱,能以維翰舊第得錢千緡典帖與人,其宅本辛氏之業也。辛氏定年限帖,典與維翰,及年限滿,能出爲鳳翔少尹,辛氏乃詣維翰子坦贖之。坦辭以候取能旨。辛氏訴於官,樞密使王峻素知其事,深所不平,即追能證問。能具伏其罪,故貶逐之。

(宋)王欽若等編纂:《册府元龜》卷一五四《帝王部》

周李損爲諫議大夫。太祖廣順三年正月,命使兩浙。損受命之後,過備行李,務極華楚。在朝親識及前任侯伯皆詣之,强有假貸,衆憚其利口凶率,俛僶應副。或有告王峻者,峻召損深責之,損拜謝而去。又陳啓事,願改前過,仍有詛誓之語。峻稍解,然損亦如故。有賣玉帶者,邀價千緡,應聲取之,約以使回償價,遂帶之即路。所經州府,無不强貸。遣人賫書青州借錢千緡,屬符彦卿移鎮天平,遇之於路,獻詩游説,懇求借貸,彦卿辭以移任,干祈不已,終借三百緡。及至青州,又於知州張凝借貸。及在郵驛,行止穢雜,張凝具事以聞。太祖謂王峻曰:"李損所爲如此,争堪更至海外!"峻乃請行貶逐。尋改太府少卿李玭爲兩浙吊祭使,以代李損,主客郎中盧振爲兩浙起復副使。

(宋)王欽若等編纂:《冊府元龜》卷六六四《奉使部》

李知損,廣順中,自諫議大夫,責授棣州司馬。世宗即位,切於求賢,素聞知損狂狷,好上封事,謂有可采。且欲聞外事,遽與復資,數月之間,日貢章疏,多斥讟貴近,自謀進取。至是又上章,求爲過海使。帝因發怒,仍以其醜行日彰,故除名,逐之於沙門島也。

(宋)王欽若等編纂:《冊府元龜》卷四八一《臺省部》

周李知損爲諫議大夫。知損除名,遞送沙門島。知損將行,謂所親曰:"余嘗遇善相者,言我三逐之後,當入居相位。余自此而三矣,子姑待我。"後歲餘卒於海中,其庸誕也如此。

(宋)王欽若等編纂:《冊府元龜》卷九二四《總録部》

周李知損爲諫議大夫,在梁朝時,以箋刺篇咏,出入於内臣之門。繇是浪得虛譽,時人目之爲李羅隱。

(宋)王欽若等編纂:《冊府元龜》卷九五四《總録部》

周李知損爲諫議大夫,少輕薄,利口無行,梁朝多從貢舉人狹斜之游。

(宋)王欽若等編纂:《冊府元龜》卷九四四《總録部》

周李知損仕晉,爲右司郎中充度支判官,坐受榷鹽使王景遇厚賂,謫於均州。

(宋)王欽若等編纂:《冊府元龜》卷五一一《邦計部》

五代李知損仕晉,以受賂謫均州。仕漢以使江淮行止穢雜,謫棣州司馬。至周征還,又上章求爲過海使。世宗怒,除名配沙門島。知損將行,謂所親曰:"余嘗遇善相者言,我三逐之後當居相位,余自此而三矣。"後纔歲餘,卒於海中。

（宋）孔平仲:《續世説》卷九

周太祖廣順三年三月,太子太師致仕,白文珂辭還洛陽,賜襲衣、金帶、鞍馬、錦彩、銀器、肩輿,示優禮也。

（宋）王欽若等編纂:《册府元龜》卷七六《帝王部》

周陳權前爲清水令,太祖廣順三年四月,敕追奪前任官牒毀弃,仍長流房州。權居許州舞陽縣,與鄰丁曙争地,詐埋石爲記,及楷改契内文字。既伏其罪,故有是責。

（宋）王欽若等編纂:《册府元龜》卷七〇七《令長部》

郭忠恕,字恕先,洛陽人也。善屬文及書史小學,通九經。七歲舉童子,漢湘陰公鎮徐州,辟爲從事,與記室董裔争事,謝去。周太祖召爲《周易》博士。

（宋）王稱:《東都事略》卷一一三

郭忠恕,字恕先,以字行。能屬文,善史書。周廣順中,累爲《周易》博士,貶乾州司户。秩滿,遂不復仕,多游岐、雍、宋、洛間,縱酒,逢人無貴賤,常口稱猫。遇山水佳處,絶糧數日不食。盛夏暴於日中,體不沾汗;窮冬大寒,鑿河冰而浴,溶傍冰漸皆釋。太宗召授國子監主簿,縱酒自肆,謗讟時政。太宗怒,決杖配登州。行至齊州臨邑,謂部送吏曰:"我逝矣。"因掊地,窟才容面而卒。遂藁葬於道左,後數日,有取其尸改葬,視之空空,若蟬蜕然。

（宋）楊億:《楊文公談苑》

翟光鄴年十歲爲軍所俘,帝以其穎悟,俾侍左右。既冠,沉毅有謀,莅事寡過。帝踐祚,特深委遇,累更内職,至皇城使檢校司空。

（宋）王欽若等編纂：《册府元龜》卷九九《帝王部》

周太祖時，翟光鄴權知京兆尹，光鄴卒，帝初聞訃至，慘然驚嘆曰：“天不助余爲治，賢良之臣，遽此奄忽，非獨予之不幸，亦民之不幸也。傷哉！”

（宋）王欽若等編纂：《册府元龜》卷一四一《帝王部》

翟光鄴權知京兆，以寬静爲治。前政有煩苛之事，一切停罷，百姓便之。

（宋）王欽若等編纂：《册府元龜》卷六八〇《牧守部》

周翟光鄴，廣順中權知京兆府。既卒，吏民如喪所親，街衢父老，相逢垂涕，或以漿酒遥奠者。將葬，郡民詣府，乞留神柩葬於雍土，仍請立祠，以時祭酹。府司以聞，朝廷不允其請。

（宋）王欽若等編纂：《册府元龜》卷六八三《牧守部》

翟光鄴，廣順中爲青州防禦使。時郡民喪亡十之六七，而招懷撫喻，視之如傷，故期月之間，流亡載集。

（宋）王欽若等編纂：《册府元龜》卷六九二《牧守部》

翟光鄴，晉末爲宣徽使。時虜犯闕，以後唐明宗少子許王從益爲曹州節度使。從益母淑妃王氏白於虜長，以從益未諳政術，請以光鄴代知州事，虜從之。及蕭翰推從益僭位，以光鄴爲樞密使。虜去，光鄴以高祖進兵汾水，請從益去號稱梁王，仍馳表稱臣，論者賞之。高祖入汴，加右領衛大將軍。

（宋）王欽若等編纂：《册府元龜》卷七六六《總録部》

翟光鄴家無餘財，賓朋至則貫酒，延之談笑，終日略無倦厭。士大夫多歸之,官至宣徽使兼樞密使。

(宋)王欽若等編纂:《册府元龜》卷八六八《總録部》

周翟光鄴權知京兆尹,病甚,召判官張粲及巡檢使臣,以軍府事囑付之。又召親隨於卧内誡之曰:"氣絶之後,以尸歸洛。不得於此停留,慮煩軍府。"言訖而終。

(宋)王欽若等編纂:《册府元龜》卷八九八《總録部》

翟光鄴有器度,慎密敦厚,出於天然,喜愠不形於色,仕至樞密副使。

(宋)王欽若等編纂:《册府元龜》卷八五〇《總録部》

五代周翟光鄴,膚革肥晢,善於攝養,仕至樞府。司天監趙延义有袁、許之術,嘗謂人曰:"翟君外厚而内薄,雖貴而無壽。"卒時年四十六。

(宋)孔平仲:《續世說》卷六

周翟光鄴,太祖時,位至宣徽使兼樞密副使。食禄日久,家無餘財。任金吾日,假官屋數間,以蔽風雨。親族累重,糲食纔給。人不堪其憂,光鄴處之晏如也。

(宋)王欽若等編纂:《册府元龜》卷九〇二《總録部》

翟光鄴雍穆親族,粗衣糲食,與均有無,而光鄴處之晏然。

(唐)白居易、(宋)孔傳:《白孔六帖》卷二六

五代翟光鄴雖貴,不營産,常假官舍以居,蕭然僅蔽風雨。

(唐)白居易、(宋)孔傳:《白孔六帖》卷四〇

鄭王名訓,世宗長子。顯德六年六月封梁王,世宗崩,即皇帝位。

明年正月,六軍擁戴太祖,而王遜居西邸,封國於鄭。建隆三年,王徙房陵。開寶六年薨,年二十一。知制誥張澹請謚曰恭皇帝,陵曰順陵。

(宋)曾鞏:《隆平集》卷一二

熙寧而來,大臣盡學術該貫,人主明博,議政罷,每留之詢講道義,日論及近代名臣始終大節。時宰相有舉馮道者,蓋言歷事四朝不渝其守。參政唐公介曰:"兢慎自全,道則有之,然歷君雖多,不聞以大忠致君,亦未可謂之完。"宰相曰:"借如伊尹,三就桀而三就湯,非歷君之多乎?"唐公曰:"有伊尹之心則可。況擬人必於其倫,以馮道竊比伊尹,則臣所未喻也。"率然進說,吐辭爲經,美哉!

(宋)文瑩:《湘山野錄》卷上

五代王峻曰:"兗州慕容彥超反迹已露,若陛下出汜水,則彥超入京師,陛下何以得之?"翟守素馳還,具道峻言。是時太祖已下詔西幸,聞峻語遽自提其耳曰:"幾敗吾事。"乃止不行。

(唐)白居易、(宋)孔傳:《白孔六帖》卷三〇

五代王峻請用顏衎、陳同代李穀、范質爲相,論請不已,語漸不遜,日亭午,太祖未食,峻争不已。是日寒食假,太祖曰:"俟假開,當爲卿行。"

(唐)白居易、(宋)孔傳:《白孔六帖》卷四

張昭,字巘夫。本名昭遠,自言漢常山王耳之後,世居濮州范陽縣。後唐明宗署府推官。同光初,授真秩,加監察御史。歷官至恭帝即位,封舒國公。宋初,拜吏部尚書。乾德元年,進封鄭國公,後改封陳國公。

(清)徐松輯:《宋會要輯稿》儀制一〇之一〇

陶尚書使吳越，忠懿王宴之，因食蝤蛑，詢其族類，王命自蝤蛑至蝤蟛，凡十餘以進，穀曰：“真所謂一蟹不如一蟹。”蓋以譏王也。王因命進葫蘆羹，曰：“此先王時有此品味，庖人依樣造者。”穀在朝，或作詩嘲之曰：“堪笑翰林陶學士，年年依樣畫葫蘆。”故王以此戲焉。

周勛初主編：《宋人軼事彙編》卷四

浙帥開宴置金鐘，穀因臥病，浙帥使人問所欲，穀因以金鐘爲請，浙帥以十副贈之，穀爲詩謝曰：“乞與金鐘病眼明。”及復命，將出其境，即賦詩於郵亭云：“井蛙休恃重溟險，澤馬曾嘶九曲濱。”令人傳誦，冀掩前詩之失。穀之狡獪，多類此也。

周勛初主編：《宋人軼事彙編》卷四

陶穀使江南，以假書爲名，實使覘之。

周勛初主編：《宋人軼事彙編》卷四

陶穀以翰林學士奉使吳越，忠懿王宴之。因食蝤蛑，詢其名類。忠懿命自蝤蛑至蝤蚎，凡羅列十餘種以進。穀視之，笑謂忠懿曰：“此謂一代不如一代也。”

（宋）王琪：《國老談苑》卷二

陶穀使吳越，忠懿王宴之，因食蝤蛑。詢其族類，忠懿命自蝤蛑至蟹蚎，凡十餘種以進。穀曰：“真所謂一蟹不如一蟹。”

（宋）潘自牧：《記纂淵海》卷九九

陶穀奉使吳越，因食蝤蛑。詢其族類，忠懿命自蝤蛑至蟹，凡十餘種以進。穀曰：“真所謂一代不如一代也。”

（宋）戴埴：《鼠璞》卷下

陶穀，自五代至國初，文翰爲一時之冠。然其爲人，傾險狠媚，自漢初始得用，即致李崧赤族之禍，由是縉紳莫不畏而忌之。

（宋）江少虞：《宋朝事實類苑》卷七四

陶穀，自五代至國初，文翰爲一時之冠。然其爲人，傾險狠媚，自漢初始得用，即致李崧赤族之禍，由是縉紳莫不畏而忌之。

（宋）魏泰：《東軒筆録》卷一

五代漢時，陶穀先爲李崧所引用，穀從而譖之。崧爲蘇逢吉所殺。他日，秘書郎李昉詣穀，穀曰：“君於李侍中遠近？”昉曰：“族叔父。”穀曰：“李氏之禍，穀有力焉。”昉聞之汗出。

（宋）孔平仲：《續世説》卷一二

太祖將受禪，未有禪文，翰林學士承旨陶穀在旁，出諸懷中而進之，曰：“已成矣。”太祖由是薄其爲人。

（宋）司馬光：《涑水記聞》卷一

太祖將受禪，未有禪文，翰林學士承旨陶穀在旁，出諸懷中進曰：“已成矣。”太祖由是薄其爲人。穀墓在京師東門外覺昭寺，已洞開，空無一物。寺僧云：“屢掩屢壞，不曉其故。”張舜民曰：“陶爲人輕險，嘗自指其頭，謂必戴貂蟬，今髑髏亦無矣。”

（宋）邵伯温：《邵氏聞見録》卷一

太祖北征至陳橋，爲三軍推戴而回。方其未行也，群公祖道於芳林園，陶穀堅欲致拜，且曰：“回來難爲揖酌也。”則此事當時已知之矣，萬一別有變，將如之何？何不謹密如此？

（宋）袁文：《甕牖閒評》卷八

周趙鳳，冀州棗强縣人。幼讀書，舉童子。既長，遇亂，凶豪多力,以殺人暴掠爲事,吏不能禁。後爲冀州刺史。

（宋）王欽若等編纂:《册府元龜》卷九四一《總録部》

周趙鳳爲單州刺史,太祖廣順三年十二月,御史臺奏鳳在任日殘虐百姓、非理科率十六事,敕:"趙鳳驟承委寄,合禀憲章。臨民不利於撫綏,率性但聞於凶暴。沿淮巡寇,當年之殘忍難名,近郡頒條,在任之貪虐尤甚,奪部民之妻女,率州户之資財,招納賊徒,搔擾生聚。爾不奉法,國有常刑,其趙鳳宜削奪在身官爵,賜自盡。"

（宋）王欽若等編纂:《册府元龜》卷六九九《牧守部》

周趙鳳爲單州刺史,廣順三年十一月入朝。有本州民張州、僧智温等十餘人捉鳳馬於皇城門,訟鳳在郡不道。敕遣通事舍人劉言、控鶴官二人監鳳,下御史臺收繫。又爲宋、亳、宿三州刺史,部下綱紀號宋蠻刁孫矩者始隨鳳爲暴,至是委以心腹,平民因捕盗而破家者多矣。

（宋）王欽若等編纂:《册府元龜》卷六九八《牧守部》

趙鳳爲單州刺史,以進奉南郊爲名,率斂部民財貨,爲人所訟。

（宋）王欽若等編纂:《册府元龜》卷七〇〇《牧守部》

陳光穗爲鄴都副留守。廣順中,高祖賜詔書曰:"汝澶淵倅職之時,值漢室釁生之際。潛賫密旨,將陷朕躬。神色不祐於苞藏,機事尋當於發露。汝禀勛賢之指使,效奔走之勤勞。徑自河壖,報於鄴下。忠孝之規迥著,旌酬之道未弘,每慊朕懷,仍宣公論,宜膺列郡,用賞前功,今授汝博州刺史。"

（宋）王欽若等編纂:《册府元龜》卷七六六《總録部》

徐台符先與漢故太子太傅李崧爲執友,乾祐中,崧爲部曲葛延遇、李澄等誣告,族滅。廣順中,台符爲兵部侍郎,白於宰府,請誅延遇等。宰相馮道以延遇等已經赦宥，未之許也。時王峻執政，聞台符之言，深加嘆服。因奏於太祖，遂誅延遇等，時人義之。

（宋）王欽若等編纂：《册府元龜》卷八〇四《總録部》

白文珂，廣順末，以前西京留守兼中書令，除太子太師致仕，進封韓國公。漢室開創，文珂時爲河東節度副使，累歷藩鎮，從太祖討蒲潼。至是，三上章告老，故以國公宫師寵之。

（宋）王欽若等編纂：《册府元龜》卷八九九《總録部》

李崇矩，字守則，上黨人也。幼有至行，爲鄉里所稱。始事史弘肇爲親吏，周太祖以崇矩隸世宗帳下。顯德初，補供奉官，轉供備庫副使，改作坊使。

（宋）王稱：《東都事略》卷二五

趙普，字則平，幽州薊人也。父迴，以世亂徙其族常山，又徙洛陽。普性沉厚，有大略，周顯德初，永興軍節度使劉詞辟爲從事。詞卒，遺奏薦其才。

世宗用兵淮甸，太祖克滁州，以普爲軍事判官。太祖與語，奇之，時捕獲爲盜者百餘人，盡誅之，普意其中必有濫者，請加訊治，由是多所全宥，太祖益重之。時宣祖將兵抵滁上，得疾，普躬視藥餌，朝夕無倦，宣祖愧其情，與講同家之好。太祖領定國軍節度使，移鎮滑、許，普皆在幕府，最後爲歸德軍節度掌書記。

（宋）王稱：《東都事略》卷二六

趙鄰幾，字亞之，鄆州項城人也。少好學，能屬文，作《禹别九州賦》，凡萬餘言。周顯德初舉進士，爲校書郎，歷許、宋從事。

（宋）王稱：《東都事略》卷一一五

沈倫，字順宜，開封太康人也。名上一字避太宗舊名，去之。周顯德初，太祖領同州節制，辟在幕府。太祖繼領滑、許、宋三鎮，皆從焉。

（宋）王稱：《東都事略》卷三一

周世宗顯德二年，草澤趙守微投匭上書，指陳治道，帝覽之，宣召顧問。初，令樞密直學士邊歸讜試策論詩賦，復令中書程試，以其文義小有可觀。翌日，乃授右拾遺，賜衣服銀帶繒帛鞍馬等，兼降詔獎飾，仍以所試策論詩賦，宣示百官。

（宋）王欽若等編纂：《冊府元龜》卷九七《帝王部》

王敏，爲工部侍郎，世宗顯德三年八月，詔敏停任。敏嘗薦子婿陳南金爲曹、孟二鎮掌記。南金奉職有闕，遂連坐焉。

（宋）王欽若等編纂：《冊府元龜》卷九二五《總録部》

王敏爲侍御史。世宗鎮澶淵，太祖以敏謹厚有稱，遂命爲澶州節判，及世宗尹正王畿，改開封少尹。

（宋）王欽若等編纂：《冊府元龜》卷七一六《幕府部》

（顯德三年）九月庚寅朔辛卯，贈故濟州刺史李實睦州防禦使，贈故蘄州刺史解行德明州防禦使，贈故引進使王演太府卿，皆以淮甸之役殁於王事故也。

（宋）王欽若等編纂：《冊府元龜》卷一四〇《帝王部》

（顯德）三年十二月，兩浙進奉掌書記、歙州刺史周叔獻進《上國觀光歌》一首，帝以繒彩、鞍馬賜之。

（宋）王欽若等編纂：《冊府元龜》卷九七《帝王部》

陳暉，顯德三年十二月，以前原州刺史爲左衛大將軍致仕。以暉武士，引年休退，故優其環拱之秩以寵之。

（宋）王欽若等編纂：《冊府元龜》卷八九九《總録部》

張鑄爲給事中，顯德三年，以鑄爲光禄卿。鑄以卿字與祖名同，援令式上訴。尋改授秘書監判光禄寺事。

（宋）王欽若等編纂：《册府元龜》卷八六三《總録部》

石仁贇爲申州刺史，世宗顯德五年十一月，責授右清道府率。先是，命諸道州府悉於京師創修邸院，時仁贇方爲郡守，不時禀命，故黜之。

（宋）王欽若等編纂：《册府元龜》卷六九九《牧守部》

周石仁贇爲義州刺史，言貧户殘税無可輸者，臣以俸代納之。

（宋）王欽若等編纂：《册府元龜》卷六七五《牧守部》

邊歸讜初仕晉，爲給事中。開運三年，奏："臣近以宣達絲綸，經過州縣，切見使臣，於券料外，別要供侍，以紊紀綱，亂索人驢，自遞行李，挾命爲勢，凌下作威。或副應稍遲，即便恣行打棒。既遭屈辱，寧免怨嗟。天聽未聞，無處披訴。伏乞潛令察訪，兼便明降指揮。官吏祇供亦須精細，使臣取索，嚴示戒懲，庶息煩苛，漸期開泰者。"敕："邊歸讜近曾銜命，經歷郵亭，見使臣逾違，以公言上疏，事爲允當，理叶規程。其諸道州府館驛，宜體所奏施行。仍付所司。"又至隱帝時爲刑部侍郎，乾祐三年，上言："臣伏見諸處有人抛無名文書，及言風聞訪聞之事，不委根苗，接便追擾。即非責實，多是構虚。窮理本之有傷，瀆化源之無益，遂使貪吏、狡吏，蓄私憾以讎人；讒夫、佞夫，扇狂言而害物。請明行條制，庶絶罔誣。其受納獄訟，直須顯有披論，具陳名姓，即據理詳按，無縱舞文。其無名文書，及風聞訪聞，並望止絶，不得施行，俾存欽恤之風，不失含弘之體。"從之。時史弘肇弄權，殺害酷毒，不循理體，以羅織成風，歸讜嫉之，故有是奏。

（宋）王欽若等編纂：《册府元龜》卷四七六《臺省部》

周邊歸讜爲御史中丞，顯德五年，奪俸一季。先是，百官因事班於廣德殿門外,歸讜忽爾厲聲聞於帝座,觀者無不悚然,故置於罰。

(宋)王欽若等編纂:《册府元龜》卷五二二《憲官部》

邊歸讜,顯德中爲御史中丞。世宗宴於廣德殿,歸讜飲酣,忽揚袂而言曰:"至於一杯而已!"帝遣黃門扶出之,歸讜猶回顧曰:"陛下何不決殺趙守微?"臣王欽若等曰:"時守微自民間獻疏,世宗擢爲右拾遺,尋以指斥配流。"翌日,歸讜以酒過,伏閣請罪,帝釋之,仍令於閤門復飲數爵,以愧其心焉。

(宋)王欽若等編纂:《册府元龜》卷九一四《總録部》

駱延規爲開封縣令,世宗顯德六年九月,除名流沙門島。先是,延規有過停任,有司召延規宣敕,延規拒命,爲憲司所按,故有是命。

(宋)王欽若等編纂:《册府元龜》卷七〇七《令長部》

聶崇義,河南洛陽人也。少舉三禮,善禮學,通經旨。漢乾祐中,爲國子《禮記》博士,校定《公羊春秋》。周顯德中,遷國子司業,兼太常博士。

世宗將禘於太廟,言者以宗廟無祧,主不當行禘祫之禮。崇義援引魏晉以來故事,以爲當行,且言:"祭者,是追養之道,以時移節變,孝子感而思親,故薦以首時,祭以仲月,閒以禘祫,序以昭穆,乃禮之經也,非謂宗廟備與未備也。"世宗從其議,又詔崇義參定郊廟、器玉,崇義因取《三禮圖》再加考正,至國初上之。

(宋)王稱:《東都事略》卷一一三

辛文悦,後周通經史里儒。太祖幼嘗從其學,顯德中爲殿前都點檢,節制方面,兵紀繁劇,與文悦久不相見,上每亦念之。文悦一夕忽夢迎拜鑾輿於道側黃屋之下,乃太祖也。文悦再拜,帝亦爲之笑。是夕,太祖亦夢其來,令左右詢訪,文悦惠然飾巾至門矣,上大異之。後遷員外郎。

(宋)文瑩:《玉壺清話》卷三

辛文悦，嘗以五經教授，太祖幼時，從其肄業。周顯德中，太祖爲殿前都點檢，久不獲見。一日，夢邀車駕，請見，既拜，乃太祖也。太祖亦夢其來謁，因令左右尋訪，文悦果自至，後累至員外郎。

（宋）江少虞：《宋朝事實類苑》卷四六

石熙載，字凝績，洛陽人。周顯德中，登進士第。

（宋）曾鞏：《隆平集》卷九

郭昱狹中詭僻，登顯德進士，恥赴常調，獻書於宰相趙普，自比巢由。朝議惡其矯激，故不調。後復伺普，望塵自陳。普笑謂人曰：“今日甚榮，得巢由拜於馬前。”

（清）潘永因：《宋稗類鈔》卷二四

楊礪，京兆人。曾祖守爲唐使相，乃宦者復恭之養子。礪建隆間，登進士第。……礪，周顯德中，初應舉。嘗夜夢見一人，衣冠甚古，自稱徵君，謂礪曰：“汝能從吾游乎？”礪隨往。頃之，睹宮衛嚴邃，俄升大殿，見一南面而坐者，徵君指之曰：“此來和天尊，汝異日事之。”礪再拜而退，及爲記室謁襄邸，還謂其子曰：“今日見襄王，正昔所見來和天尊也。”

（宋）曾鞏：《隆平集》卷九

楊礪，周顯德中，赴舉京師。嘗夜分獨坐，恍然見一人，衣冠甚古，謂礪曰：“汝能從我游乎？”礪從之。至一官府，儀衛嚴肅。引礪升大殿，見一人姿貌甚少，面南而坐，引者謂曰：“此來和天尊也，異日爲爾之主。”礪再拜而竄。建隆初，礪擢第，真宗爲襄王，以礪爲記室，既謁見藩邸，歸謂諸子曰：“今日襄王，乃昔所夢來和天尊也。”殆冥數乎。

（宋）佚名：《分門古今類事》卷八

楊徽之，字仲猷，建州蒲城人。世尚武力，父澄始業儒。徽之少好學，同邑有江文蔚善賦，江爲善詩，皆延置客館。未期，遂與齊名。聞廬山學舍盛，即往肄業。周顯德中，登進士甲科。

（宋）曾鞏：《隆平集》卷一三

魏仁浦，字道濟，衛州汲人也。少爲刀筆吏，隸樞密院。周太祖爲樞密使，問以卒乘數，仁浦對曰：“帶甲者六萬。”太祖喜曰：“天下事不足憂也。”漢隱帝遣使害太祖，仁浦曰：“公有大功於朝廷，握强兵，臨重鎮，以讒見疑，豈可坐而待死！”教以易其語，云“誅將士”，以激其怒心。太祖納其言，遂長驅度河。及即位，以爲樞密承旨。

世宗時，爲樞密副使，升樞密使，拜中書侍郎、同中書門下平章事、集賢殿大學士兼樞密使。始議者以仁浦不由科第進，世宗曰：“顧才如何爾。”遂用之。恭帝嗣位，加刑部尚書。

（宋）王稱：《東都事略》卷一八

魏仁浦，字道濟，衛郡人。少爲刀筆吏，隸樞密院。周祖爲樞密使，問以中原卒乘數，對曰：“帶甲者六萬。”及隱帝遣人害周祖，仁浦教以易其語，云誅將士，以激怒衆心，遂長驅渡河。即位，擢樞密承旨。復問郡邑屯兵數，仁浦詳對，按籍無差。世宗即位，差樞密副使，升使。繼命兼相，對曰：“不由科第進。”曰：“顧才何如爾。”遂用之。世宗下急，輕殺戮，仁浦營救而免者，十常七八。從出征，鋒鏑之下，無橫死者。有鄭元昭，誣仁浦婦翁李溫玉之子從李守政叛，捕以告變，欲中傷仁浦。周祖力辨其誣，獲免。及仁浦大用，元昭懼，卒以元昭繼典五郡。又嘗爲賈延徽譖，幾遇害。總師出征，有得延徽以獻者。仁浦曰：“因兵戈報私怨，不忍爲也。”人稱其長者。

（宋）曾鞏：《隆平集》卷四

王溥，字齊物，太原人。漢乾祐中，登進士第。周祖鎮蒲津，召置幕府。從征李守正、王景崇，得朝臣交結書，周祖欲暴其事，溥力請焚之。周祖將大漸，趣草相制，聞宣畢曰："吾無憾矣。"世宗嘗問，漢相李崧蠟丸書結北兵，有能記其辭者否？溥曰："使崧有此，肯以示人耶！"逢吉輩構之爾。世宗遂優贈其官。

（宋）曾鞏：《隆平集》卷四

賈黃中，字媧民，滄州人。唐相耽四世孫，漢乾祐初，年六歲，中神童選，十六進士甲第。

（宋）曾鞏：《隆平集》卷六

昝居潤，字廣川，魏郡高唐人。少有氣節，常爲後唐樞密院小吏。景延廣留守西洛，補爲右職。契丹犯闕，以兵圍延廣家，故吏悉避去，特居潤力爲全護，時論多之。仕周至宣徽南院使。

（宋）曾鞏：《隆平集》卷一一

周王仁裕生於泰州白石鎮，少孤，不從師訓，唯以狗馬彈射爲務。年二十五，方有意就學，終爲太子少保。

（宋）王欽若等編纂：《冊府元龜》卷八九七《總錄部》

王仁裕字德輦，天水人。少孤，不從師訓。年二十五，一夕夢割其腸胃，引西江水以浣之。又睹水中沙石皆有篆文，因取吞之。及寤，心意豁然。自是，文性甚高。後爲兵部尚書、太子少保卒。

（宋）王欽若等編纂：《冊府元龜》卷八九三《總錄部》

五代周王仁裕，年二十五，方有意就學。一夕夢剖其腸胃，引西江水以浣之，又睹水中砂石，皆有篆文，因取而吞之，及寤，心意豁然。自是性識日高，有詩萬餘首，勒成百卷，目之曰《西江集》。蓋以嘗夢吞西江文石，遂以爲名焉。

（宋）孔平仲：《續世說》卷二

五代王仁裕喜爲詩，其少也，嘗夢剖其腸胃，以西江水滌之，顧見江中沙石皆篆籀之文，由是文思益進。

（宋）祝穆：《古今事文類聚》別集卷五

五代王仁裕，少不知書，以狗馬彈射爲樂。

（唐）白居易、（宋）孔傳：《白孔六帖》卷一四

五代王仁裕，少不知書，因夢吞五色小石無數，遂有文章，敏速甚異於人。與賓酬和，不問多少韻數，立命筆和，送題云“走筆”。猶自矜，謂人曰：“某官詩輒已批回。”漢丞相、兵部尚書李濤，素滑稽，戲目之爲“判詩博士”。

（宋）馬永易：《實賓錄》卷一

五代王仁裕，天水漢陽人。周初，遷太子少保。所著有《紫泥集》《西江集》《入洛集》。

（明）彭大翼：《山堂肆考》卷一二三

五代王仁裕家，遠祖母二百餘歲。

（明）陳耀文：《天中記》卷三九

判詩博士：五代王仁裕也。《因話錄》

（明）陶宗儀：《說郛》卷三《實賓錄》

李穀，廣順初平章事，以步履所傷未損，拜章辭位，不允。表再上，不省，遣內班宋延恩宣曰：“昨回批答，已丁寧宣諭。卿所掌至重，代難其人，苟濟事權，何勞勤見？朕於便殿待卿，可暫入來，與卿款叙。”穀見於金祥殿，披瀝極言，太祖再三撫慰，不得已而視事。初詔穀綜三司事，未能筆署，乃刻名用之。穀表辭以名印不可經久，太祖意不移，俾復用之。顯德中，爲司空、平章事，以風痺請告。十旬不

損,上表求解所任,詔不允。自是凡三表。

（宋）王欽若等編纂:《冊府元龜》卷三三一《宰輔部》

周李穀,爲中書侍郎平章事。廣順二年八月丙辰,穀墜階跌傷右臂,不任朝謁。癸巳,賜穀,詔曰:"卿方秉國鈞,實籍維持之效;復兼邦計,最爲繁劇之司,稍失區分,便成雍滯。雖近有傷損,未復痊平,宜强扶持。且就臨莅,無妨臥理,仍放朝參。勉卿忍苦之誠,副我仰成之意。"太祖以國計事殷累宣諭,令扶持視事,穀辭以所傷未任趨拜,故有是詔。其後又詔入朝,放朝參,赴本司署事,仍賜白藤肩輿。二年六月,敕穀本貫河南府洛陽縣清風鄉高陽里改爲賢相鄉勛德里。

（宋）王欽若等編纂:《冊府元龜》卷三一九《宰輔部》

李穀,初仕漢爲陳州刺史。廣順末,陳州言宛丘縣民稱穀以惠愛治民,欲立祠堂以聞。時穀爲宰輔,聞郡人陳請,太祖前陳讓者數四。

（宋）王欽若等編纂:《冊府元龜》卷六八三《牧守部》

李穀,爲司空、兼門下侍郎、同平章事。顯德二年十一月,爲淮南道前軍行營都部署,兼知廬壽等州行府事,以許州節度使王彥超副焉。又令侍衛馬步軍都指揮使韓令神以下一十二將各帶征行之號,以從焉。

（宋）王欽若等編纂:《冊府元龜》卷三二三《宰輔部》

世宗顯德四年四月壬午,司空、門下侍郎、平章事李穀扶疾見於便殿,宣令不拜,命坐於御座側。穀始以車駕南征大捷爲賀,次以抱疾既久,請辭禄位,帝怡然以勉之,且曰:"譬如家有四子,一子有疾,弃而不養,非父之道也。朕君臨萬方,卿處輔相之位,君臣之間,分義斯在,奈何以禄俸爲言哉。"穀愧謝而退。

(顯德)六年二月乙酉,又對穀於便殿。既罷命,赴中書會食。

(宋)王欽若等編纂:《册府元龜》卷七六《帝王部》

周顯德四年八月乙亥,制曰:"鴻水未堙,舟楫賴濟川之用;密雲
既雨,郊原成利物之功。惟賢哲之保躬,蹈初終於元吉。我有良相,
時惟正人,七年竭力於扶持,六氣遂乖於頤養,逾歲伏枕,九陳讓章,
敦諭雖頻,告請彌切。暫輟秉鈞之任,不移論道之資,仍益户封,斯爲
異數,推忠協謀,佐理功臣。特進、守司空門下侍郎、同中書門下平章
事、監修國史、上柱國、隴西郡開國公、食邑一千五百户、食實封二百
户李穀,昔事先朝,勤勞王室,暨登上相,佐佑朕躬。疾因憂國而有
加,志在避權而知足,煩燮調而斯久,釋難重以爲宜,漸俟痊平,別期
委任,俾展輅車之禮,用光水土之官。惟爾誠明,當體優異,凡百有
位,知予尚賢。可守司空,加食邑五百户、食實封二百户,功臣、散官、
勳如故,仍令所司擇日備禮册命。"

(宋)王欽若等編纂:《册府元龜》卷三三三《宰輔部》

李穀,河南人,爲宰相。以其所居地置蘭若餘立垣屋,凡族人可
任官者,皆致於禄仕;不可任官者,分田以居之,令督農桑,俾其經久,
以是宗族皆得其所。

(宋)王欽若等編纂:《册府元龜》卷八〇四《總録部》

周李穀,漢末爲工部侍郎,權知開封府。以中牟多盜,誘縣人求
其淵藪。有劉德餘者,梁時累攝簿尉於畿甸。德餘時閒居中牟,宗正
之劉繼儒與之有舊,因見而問曰:"高祖踐祚,四方群盜屏息。何國門
之外,惟中牟爲患?"德餘素幹事,謂繼儒曰:"如朝廷要捕賊,假僕攝
主簿,或鎮時可剿絶矣。"繼儒登時言於穀,穀納其言,尋版署攝主簿。
僅旬日,穀請侍衛兵數十騎付德餘,悉擒其黨。一人縣佐史,一人役
御史臺,爲其首也。索其家,得金寶、犀玉帶、羅錦衣服頗多,積年兄

弟爲賊。自是中牟無道路之患。

（宋）王欽若等編纂：《册府元龜》卷六九五《牧守部》

周太祖時，李穀以病臂未愈，三表辭位。帝遣中使諭旨曰："卿所掌至重，朕難其人，苟事功克集，何必朝禮。朕今於便殿待卿，可暫入相見。"穀見於金祥殿，面陳款悃，帝不許。穀不得已，復視事，未能執筆，詔以三司務繁，令刻名印用之。其後又九表辭位，罷守本官，令每月肩輿一詣便殿議政事。

（宋）孔平仲：《續世説》卷五

前司空、趙國公李穀，初歸洛陽，李筠以穀周朝名相，遺錢五十萬，他物稱是，穀受之。及筠叛，穀憂恚發病，乙卯，卒。上爲廢朝二日，贈侍中。

（宋）李燾：《續資治通鑒長編》卷一，太祖建隆元年（960）

周王朴，漢乾祐中擢進士第，依樞密使楊邠，館於第。是時，漢室寖亂，大臣交惡，朴度其必危困，乞告東歸。未幾，李業輩作亂，害邠等三族，凡游其門下者，多被其害，而朴獨免。後位至樞密使。

（宋）王欽若等編纂：《册府元龜》卷七九〇《總録部》

周世宗顯德四年冬，再幸淮甸，命樞密使王朴兼東京留守，京邑庶務悉以便宜制之。比及入蹕，都下蕭如也。

（宋）王欽若等編纂：《册府元龜》卷七八《帝王部》

王朴自帝鎮澶淵，朝廷以朴爲記室，及帝爲開封尹，拜右拾遺，充開封府推官。帝嗣位，授比部郎中，賜紫。

（宋）王欽若等編纂：《册府元龜》卷一七二《帝王部》

周世宗時，王朴爲左諫議大夫，知開封府事。初，帝以英武自任，喜言天下事，常憤廣明之後，中土日蹙，值累朝多事，尚未克復，慨然有包舉天下之志。而皆常計事者多不諭其旨，唯朴神氣勁峻，性剛決有斷，凡所謀畫，動愜上意，繇是急於登用，尋拜左散騎常侍、端明殿學士，知府如故。

（宋）王欽若等編纂：《册府元龜》卷七五《帝王部》

王朴。世宗征淮，朴留京師，廣京師，通道路，壯博宏闊。今京師之制，多其所規爲。

（唐）白居易、（宋）孔傳：《白孔六帖》卷九

王朴事周世宗，當五季草創之際，上《平邊策》，以爲："唐失吴、蜀，晉失幽、并，當知所以平之之術。當今吴易圖，可撓之地二千里，攻虚擊弱，則所向無前，江北諸州，乃國家之有也。既得江北，江之南亦不難平。得吴則桂、廣皆爲内臣，岷、蜀可飛書而召之，不至則四面並進，席卷而蜀平矣。吴、蜀平，幽可望風而至。唯并必死之寇，候其便則一削以平之。"世宗用其策，功未集而殂。至於國朝，掃平諸方，先後次第，皆不出朴所料。

（宋）洪邁：《容齋續筆》卷三

王朴仕周世宗，制禮作樂，考定聲律，正星曆，修刑統，百廢俱起。又取三關，收淮南，皆朴爲謀。然事世宗纔四年耳，使假之壽考，安可量也？嘗自謂"朴在則周朝在"，非過論也。王禹偁記朴在密院，太祖時爲殿前點檢。一日，有殿直衝節者，訴於密院。朴曰："殿直雖官小，然與太尉比肩事主，且太尉方典禁兵，不宜如此。"太祖聳然而出。又周世宗於禁中作功臣閣，畫當時大臣如李穀、鄭仁誨與朴之屬。太祖即位，一日過功臣閣，風開半門，正與朴像相對。太祖望見，却立聳然，整御袍襟領，磬折鞠躬頂禮乃過。左右曰："陛下貴爲天子，彼前朝之臣，禮何過也？"太祖以手指御袍云："此人若在，朕不得此袍着。"其敬畏如此。又《閒談録》云，朴植性剛烈，大臣藩鎮皆憚之。

世宗收淮南，俾朴留守。時以街巷隘狹，例從展拆，怒厢校弛慢，於通衢中鞭背數十。其人忿然嘆云：“宣補厢虞候，豈得便從決！”朴微聞之，命左右擒至，立斃於馬前。世宗聞之，笑謂近臣云：“此是大愚人，去王朴面前誇宣補厢虞候，宜其死矣。”

（宋）王銍：《默記》卷上

王朴幼警慧好學，善屬文，位至樞密使。

（宋）王欽若等編纂：《册府元龜》卷七七五《總録部》

周王朴爲樞密使，朴性敏鋭，然傷於太剛。每稱人廣坐之中，正色高譚，少敢觸其鋒者。故時人雖伏其機辯，而無温克之譽。

（宋）王欽若等編纂：《册府元龜》卷八七七《總録部》

太祖皇帝爲殿前都點檢，有殿直衝節，執詣樞府。樞相王朴曰：“太尉軍制，殿直廷臣，無回避禮。”太祖即位，每嘆曰：“安得王朴者相之！”

（宋）王鞏：《聞見近録》

世宗顯德六年三月，樞密使王朴暴卒，帝聞之駭愕，即時幸其第，及樞前，以所執玉鉞卓地而慟者數四。

（宋）王欽若等編纂：《册府元龜》卷一四一《帝王部》

周王班字世美，鄭州人。多仁義，重然諾，撫家雍睦。初與弟廷規同過河南，累從藩職。所置田宅物産，皆弟主之，一無所詞。歷工、禮、刑三部尚書。

（宋）王欽若等編纂：《册府元龜》卷八五二《總録部》

《五代周史》曰：鄭仁誨字日新，晉陽人。父霸，累贈太子太師。仁誨幼事唐驍將陳紹光。紹光恃勇使酒，嘗乘醉抽佩劍將刲刃於仁誨，左右無不奔避。惟仁誨端立以俟，略無懼色。紹光因擲劍於地，謂仁誨曰:"汝有此氣度,必當享人間富貴。"

（宋）李昉:《太平御覽》卷三四二《兵部七十三‧劍上》

鄭仁誨,爲樞密使。爲人端厚謙損,造次必由於禮。在帝左右,弼諧將順,甚得大臣之體。雖權位崇重,而能孜孜接物,無自矜之色。及終故,朝廷咸惜之。

（宋）王欽若等編纂:《册府元龜》卷三一〇《宰輔部》

周鄭仁誨,晉陽人。漢高祖之鎮河東也,太祖累就其第,與之燕語,每有質問,無不以正理爲答,太祖深器之。漢有天下,太祖初領樞務,即召爲從職。及太祖西征,常密贊軍機。西師凱旋,累遷至檢校吏部尚書。太祖踐祚,旌佐命功,檢校司空、客省使兼大内都檢點、恩州團練使。尋爲樞密副使,轉宣徽北院使、右衛大將軍。出鎮澶淵,檢校太保。入爲樞密使,加同平章事。

（宋）王欽若等編纂:《册府元龜》卷三〇九《宰輔部》

鄭仁誨,爲樞密使、同平章事。世宗北征,仁誨爲東京留守,調發軍須,供億無闕。車駕回,兼侍中。

（宋）王欽若等編纂:《册府元龜》卷三一九《宰輔部》

鄭仁誨爲澶州節度使。廣順末,王殷受詔赴闕,太祖遣仁誨赴鄴都巡檢。及殷得罪,仁誨不奉詔,即殺其子。蓋利其家財、妓樂也。及仁誨卒,而無後,人以爲陰責焉。

（宋）王欽若等編纂:《册府元龜》卷四五五《將帥部》

周鄭仁誨爲侍中。初,廣順末王殷受詔赴闕,太祖遣仁誨赴鄴都巡檢,及殷得罪,仁誨不奉詔,即殺其子,蓋利其家財、妓樂也。及仁誨卒而無後,人以爲陰責焉。

（宋）王欽若等編纂:《册府元龜》卷九四一《總録部》

鄭仁誨,高祖時爲樞密使。仁誨幼事唐驍將陳紹光,恃勇使酒,嘗乘醉抽佩劍,將剚刃於仁誨。左右無不奔避,唯仁誨端立以俟,略無懼色。紹光因擲劍於地,謂仁誨曰:"汝有此器度,必當享人間富貴。"及紹光典郡,仁誨累爲右職。

　　(宋)王欽若等編纂:《册府元龜》卷八五〇《總録部》

　　五代周鄭仁誨,初事唐驍將陳紹光。紹光恃勇使酒,嘗乘醉抽劍,將剚刃於仁誨。左右無不奔避,唯仁誨端立以俟,略無懼色。紹光擲劍於地曰:"汝有此器度,必當享人間富貴。"後至樞極。

　　(宋)孔平仲:《續世説》卷三

　　陳紹光,驍將也。鄭仁誨幼事紹光,紹光恃勇使酒,嘗乘醉抽佩劍,將剚刃於仁誨,左右無不奔避,惟仁誨端立以俟,略無懼色。紹光因擲劍於地,謂仁誨曰:"汝有此器度,必當享人間富貴。"及紹光典郡,仁誨累爲右職。

　　(宋)王欽若等編纂:《册府元龜》卷八四三《總録部》

　　顯德元年正月,制曰:"鴻遇順風,比事者美良賢之任;鵬征積水,寓言者伸遠大之圖。位非才而不居,才非位而不展,兩端相叩,庶績方凝。爰升佐命之臣,以授調元之職。端明殿學士、通議大夫、尚書户部侍郎、上柱國、太原縣開國男、食邑三百户、賜紫金魚袋王溥,智出於衆,行高於人,茂學懿文,而策名長才,廣度以成器,始歸霸府,當效折衝。洎翊造邦,尋參宥密,摛禁林之詞翰,伸秘殿之論思,履順持謙,奉公處正。紫宸三接,在注意以方深;黃閣九遷,諒登庸而允協,俾宣相業,共贊皇猷。食邑贈封,功臣改號,仍進階資之貴,俱爲輔弼之光。爾其師克儉於焚機,繼在公於補袞,止辭而出,奉義而行,將聯廣載之歌,長保虔恭之位,佩服兹訓,式昭德音。可紫金光禄大夫、中書侍郎、平章事。"

　　(宋)王欽若等編纂:《册府元龜》卷七四《帝王部》

王溥,五代狀元,相周高祖、世宗,至本朝以宮師罷相。其父祚,
爲觀察使致仕,待溥甚嚴,不以其貴少假借。每賓客至,溥猶立侍左
右,賓客不自安,引去。《國史》言之詳矣。祚居富貴久,奉養奢侈,
所不足者未知年壽爾。一日,居洛陽里第,聞有卜者,令人呼之,乃
瞽者也。密問老兵云:"何人呼我?"答曰:"王相公父也。貴極富
溢,所不知者壽也。今以告汝,俟出,當厚以卦錢相酬也。"既見,祚
令布卦,成,又推命,大驚曰:"此命惟有壽也。"祚喜問曰:"能至七
十否?"瞽者笑曰:"更向上。"答以至八九十否,又大笑曰:"更向
上。"答曰:"能至百歲乎?"又嘆息曰:"此命至少亦須一百三四十
歲也。"祚大喜曰:"其間莫有疾病否?"曰:"並無。"固問之,其人又
細數之曰:"俱無,只是近一百二十歲之年,春夏間微苦臟腑,尋便
安愈矣。"祚喜,回顧子孫在後侍立者曰:"孫兒輩切記之,是年且莫
教我喫冷湯水。"

(宋)王銍:《默記》卷上

卜者許壽

王溥,五代狀元。相周高祖、世宗,至宋以宮師罷相。其父祚,爲
周觀察使致仕。祚居富貴久,奉養奢侈,所不足者,未知年壽耳。一
日,居洛陽里第,聞有卜者,令人呼之,乃瞽者也。密問老兵云:"何人
呼我?"答曰:"王相公父也,貴極富溢,所不知者壽也,今以告汝,俟出
當厚以卦錢相酬也。"既見祚,令布卦成爻推命,大驚曰:"此命惟有壽
也。"祚喜,問曰:"能至七十否?"瞽者笑曰:"更向上。"答:"以至八九
十否?"又大笑曰:"更向上。"答曰:"能至百歲乎?"又嘆息曰:"此命
至少亦須一百三四十歲也。"祚大喜,曰:"其間莫有疾病否?"曰:"並
無之。"其人又細數之曰:"俱無。只是近一百二十歲之年,春夏間微
苦臟腑,尋便安愈矣。"祚大喜,回顧子孫在後侍立者:"孩兒懣切記
之,是季且莫教我喫冷湯水。"

(明)陶宗儀:《説郛》卷三二《掇掌録》

周和矩,太子太傅凝之父。性嗜酒,少拘禮節,雖素不知書,見文士未嘗有慢色,必罄家財以延接。

（宋）王欽若等編纂:《册府元龜》卷八六八《總錄部》

和魯公慷慨厚德,每滑稽,則哄堂大笑。時博士楊永符能草聖,有省郎聞魯公笑聲,戲謂楊曰:“丞相口歡笑。”永符曰:“予忝事筆墨,方揮掃之際,亦謂太博手怒耶?”

（宋）陶穀:《清異録》卷下

和魯公有白方硯,通明無纖翳,得之於峨嵋比丘公,自題硯室曰“雪方池”。

（宋）陶穀:《清異録》卷下

和魯公嘗以春社遺節饌,用盒,惟一新樣大方碗覆以剪鏤蠟春羅,碗内品物不知其幾種也。物十而飯二焉,禁庭社日爲之,名辣驕羊。

（宋）陶穀:《清異録》卷下

和魯公上巳日修禊事於濟汶之上。或曰:“長津之内,游舸甚繁,擊鼓鳴榔之下,必起飛鰩,而驚睡龍。”俄有漁者,獲一巨魚,長丈餘,其圍數尺,斑首赤喙,刀鬣骨鱗,遂贖而放之。或謂曰:“子欲望負足乎?”魯公曰:“豫且之箭,前編所遺,但惜其救旱之功,未展不可。隨泥鰻沙鱔同鱠也,且爲放。魚歌有云:‘骨鱗骨□皆龍子。’”時張昭遠稱之云:“解束縛之儵,願登賢相,蓋志形於詞也。”後爲右揆。舊説鯉魚滿三百六十歲,蛟龍輒率而飛去。若此者,其歲蓋亦深矣。

（宋）冀鼎臣:《東原録》

和魯公比擬草書,以崑崙人物,㤠弓黑梢,玄鶴狐猿之類,是形與色兼言也。

（宋）冀鼎臣:《東原録》

周和凝,字成績。幼而聰敏,姿狀秀拔,神彩射人,性好修整。自釋褐至登台輔,車服僕從,必加華楚,進退容止,偉人也。位至太子太傅。

（宋）王欽若等編纂:《册府元龜》卷八二三《總録部》

周和凝,幼而聰敏,姿狀秀拔,神彩射人。後爲太子太傅。

（宋）王欽若等編纂:《册府元龜》卷八八三《總録部》

周和凝年十七舉明經,至京師,忽夢人以五色筆一束與之,謂曰:"子有如此才,何不舉進士?"自是,才思敏贍。後至宰相,罷爲太子太傅卒。

（宋）王欽若等編纂:《册府元龜》卷八九三《總録部》

周張沆,爲刑部尚書。驟歷顯重,家無餘財。死之日,書圖之外,唯使鄆之貲耳。臣欽若等曰:"齊王高行周鎮鄆州,沆爲册贈使。"嗣子尚幼,親友慮其耗散,太祖前言之。乃令三司差人主葬,餘資市邸舍僦税,以贍其孤。

（宋）王欽若等編纂:《册府元龜》卷四六二《臺省部》

周張可復爲左諫議大夫。漢乾祐初,湘陰公鎮徐方,朝行中選可倅戎者,因授武寧軍節度副使,檢校禮部尚書。

（宋）王欽若等編纂:《册府元龜》卷七一六《幕府部》

奸兔兒:五代周張可復,依翟彦威從事,滑稽避事,彦威目爲"奸兔兒"。《本傳》

（明）陶宗儀:《説郛》卷三《實賓録》

世宗即位初,以給事中張可復有澶淵幕府之舊,拜爲右散騎常侍。

（宋）王欽若等編纂:《册府元龜》卷一七二《帝王部》

周太祖廣順元年正月即位，以前太師、齊國公馮道爲中書令、弘文館大學士。

（宋）王欽若等編纂：《册府元龜》卷七四《帝王部》

周馮道初爲河東節度掌書記，所得廩賜，不置別庖，皆與從者共之。

（宋）王欽若等編纂：《册府元龜》卷七一九《宮臣部》

周馮道初爲太原掌書記，嘗有大校遺之細口者，不得已而留焉，乃置於他室，竟訪其主以還之。及爲翰林學士，丁父憂，持服於景城。遇歲儉，分得俸餘，悉散賑鄉里。道之所居，惟蓬茨而已。凡庶牧饋遺斗粟匹帛，無所受焉。

（宋）王欽若等編纂：《册府元龜》卷八〇四《總録部》

馮道、趙上交、王度迎劉贇爲漢嗣主。既而周太祖已副推戴，左右知其事變，欲殺道等。上交、度皇怖不知所爲，唯道偃仰自適，略無懼色。尋亦獲免焉。道微時，嘗賦詩云："終聞海岳歸明主，未省乾坤陷吉人。"至是其言驗矣。

（宋）孔平仲：《續世説》卷三

脱空

《五代史》：周太祖入京師，少主崩於北崗。周祖命宰相馮道迎湘陰公立之。公至宗州，周祖已爲三軍推戴。郭忠恕責道曰："令公今一旦反作脱空，漢前功並弃。令公之心安乎？"道無以對。

（明）陶宗儀：《説郛》卷三五《續釋常談》

周馮道，爲太師、中書令，顯德元年薨。道歷仕四朝，三入中書，在相位二十餘年，性廉儉，不爲受四方之賂，未嘗以片簡擾諸侯。私門之内無累茵，無重味，不畜姬僕，不聽絲竹，有寒素之風。

（宋）王欽若等編纂：《册府元龜》卷三一〇《宰輔部》

馮道爲太師，以舊德自處，然當世之士無賢愚皆仰道爲元老而喜爲稱譽。

（元）富大用：《古今事文類聚新集》卷二

馮道，初仕後唐，明宗朝爲相。長興初，詔改本貫瀛州景城縣來蘇鄉爲元輔鄉，朝漢里爲孝行里。晉天福中，爲司空平章事，詔給門戟十六枝。道嘗上表求退，高祖不之覽，先遣鄭王就省，謂曰：“卿來日不出，朕當親行請卿。”道不得已出焉。當時寵遇無與爲比。五年，改道所居洛陽縣三川里爲上相鄉，靈壽里爲中臺里。八年，改爲太尉鄉侍中里。時道本貫瀛州，陷契丹，新加太尉、侍中，故以洛陽所居鄉里復旌改之。周顯德元年，爲太師、中書令。薨，世宗聞之震悼，册贈尚書令，追封瀛王。

（宋）王欽若等編纂：《册府元龜》卷三一九《宰輔部》

周馮道，仕漢爲太師，平居自適。一日，著《長樂老自叙》云：余世家宗族，本始平、長樂二郡，歷代之名實，具載國史家諜。余先自燕亡歸晉，事莊宗、明宗、閔帝、清泰帝，又事晉高祖皇帝、少帝。契丹據汴京，爲戎二主所制，自鎮州與文武臣僚、馬步將士歸漢朝，事高祖皇帝今上。顧以久叨祿位，備歷難危，上顯祖宗，下光親戚。亡曾祖諱湊，累贈至太傅。亡曾祖母崔氏，追封梁國太夫人。亡祖諱炯，累贈至太師。亡祖母褚氏，追封吳國太夫人。亡父諱良建，秘書少監致仕，累贈至尚書令。亡母張氏，追封魏國太夫人。余階自將仕郎，轉朝議郎、朝散大夫、朝議大夫、銀青光禄大夫、光禄大夫、特進、開府儀同三司。職自幽州節度巡官、河東節度巡官、掌書記，再爲翰林學士，改授端明殿學士、集賢殿大學士、太微宮使，再爲弘文館大學士，又充諸道鹽鐵轉運使、南郊大禮使、明宗皇帝晉高祖皇帝山陵使。再授定國軍節度、同州管內觀察處置等使，一爲長春宮使，又授武勝軍節度、鄧、隨、均、房等州管內觀察處置等使。官自攝幽府參軍，試大理評事，檢校尚書祠部郎中兼侍御史，檢校吏部郎中兼御史中丞、檢校太尉、同

中書門下平章事、檢校太師兼侍中，又授檢校太師兼中書令。正官自
行臺中書舍人，再爲戶部侍郎，轉兵部侍郎、中書侍郎，再爲門下侍
郎，刑、戶、吏尚書，右僕射，左僕射，三爲司空，兩在中書，一守本官。
又授司徒兼侍中，賜私門十六戟。又授太尉兼侍中，又授戎太傅，又
授漢太師。爵自開國男至開國公、魯國公、兩封秦國公、梁國公、燕國
公、齊國公，食邑自三百戶至一萬一千戶，食實封自一百戶至一千八
百戶。勛自柱國至上柱國，功臣名自經邦致理功臣至守正崇德保邦
致理功臣、安時處順守義崇靜功臣、崇仁保德寧邦翊聖功臣。先娶故
德州戶掾褚諱漬女，早亡；後娶故景州弓高縣孫明府諱師禮女，累封
蜀國夫人。亡長子平，自秘書郎授右拾遺、工部度支員外郎；次子吉，
自秘書省校書郎，膳部金部職方員外郎、屯田郎中；第三亡子可，自秘
書省正字，授殿中丞，工部、戶部員外郎；第四子幼亡；第五子乂，自秘
書改授銀青光祿大夫、檢校國子祭酒兼御史中丞，充定國軍衙內都指
揮使，職罷改授朝散大夫、左春坊太子司議郎，授太常丞；第六子正，
自協律郎改授銀青光祿大夫、檢校國子祭酒兼御史中丞，充定國軍節
度使，職罷改授朝散大夫、太僕丞。長女適故兵部崔侍郎諱衍太僕少
卿名絢，封萬年縣君；三女子早亡。二孫幼亡。唐長興二年敕，瀛州
景城縣莊來蘇鄉改爲元輔鄉，朝漢里改爲孝行里，洛南莊貫河南府洛
陽縣三川鄉靈臺里，奉晉天福五年敕，三川鄉改爲上相鄉，靈台里改
爲中臺里，時守司徒兼侍中；又奉八年敕，上相鄉改爲太尉鄉，中臺里
改爲侍中里，時守太尉兼侍中。靜思本末，慶及存亡，蓋自國恩，盡從
家法。承訓誨之旨，關教化之源。在孝於家，忠於國，口無不道之言，
門無不義之貨。願者下不欺於地，中不欺於人，上不欺於天，以三不
欺爲素。賤如是，貴如是，長如是，老如是；事親，事君，事長，臨人之
道。曠蒙天恕，累經難而獲多福。曾陷蕃而歸中華，非人之謀，是天
之佑。六合之內有幸者，百歲之後有歸所。無以珠玉含，當以時服
斂。以蓬篨葬，及擇不食之地而葬焉，以不及於古人故。祭以特牛
羊，殺生也，當以不害命之物祭。無立神道碑，以三代墳前不獲立碑
故。無請謚號，以無德故。又念自賓佐至王佐及領藩鎮時，或有微益

於國之事節，皆形於公籍。所著文章篇咏，因多事散失外，收拾得者，編於家集，其間見其志，知之者，罪之者，未知衆寡矣。有莊，有宅，有群書，有二子可以襲其業，於此日五盥，日三省，尚猶日知其所亡，月無忘其所能。爲子、爲弟、爲人臣、爲師長、爲夫、爲父，有子、有猶子、有孫，奉身即有餘矣。爲時乃不足，不足者何？不能爲大君致一統、定八方；誠有愧於歷職歷官，何以答乾坤之施。時開一卷，時飲一杯，食味、別聲、被色，老安於當代耶！老而自樂，何樂如之！時乾祐三年朱明月長樂老序云。

（宋）王欽若等編纂：《册府元龜》卷七七〇《總録部》

馮道以宰相事四姓九君，議者譏其反君事讎，無士君子之操。大義既虧，雖有善不録也。吾覽其行事而竊悲之，求之古人，猶有可得言者。齊桓公殺公子糾，召忽死之，管仲不死，又從而相之。子貢以爲不仁，問之。孔子曰：“管仲相桓公，霸諸侯，一匡天下，民到於今受其賜。微管仲，吾其被髮左衽矣。豈若匹夫匹婦之爲諒也，自經於溝瀆而莫之知也。”管仲之相桓公，孔子既許之矣，道之所以不得附於管子者，無其功耳。

晏嬰與崔杼俱事齊莊公，杼弑公而立景公。晏子立於崔氏之門外，其人曰：“死乎？”曰：“獨吾君也乎，吾死也？”曰：“行乎？”曰：“吾罪也乎！吾亡也？”曰：“歸乎？”曰：“君死安歸？君民者，豈以陵民？社稷是主。臣君者，豈爲其口實？社稷是養。故君爲社稷死，則死之；爲社稷亡，則亡之。若爲己死而爲己亡，非其私暱，誰敢任之！且人有君而弑之，吾焉得死之，而焉得亡之？將庸何歸？”門啓而入，枕尸股而哭，興，三踊而出，卒事景公。雖無管子之功，而從容風議，有補於齊，君子以名臣許之。使道自附於晏子，庶幾無甚愧也。

蓋道事唐明宗，始爲宰相，其後歷事八君。方其廢興之際，或在内，或在外，雖爲宰相而權不在己，禍變之發，皆非其過也。明宗雖出於夷狄，而性本寬厚，道每以恭儉勸之。在位十年，民以少安。契丹滅晉，耶律德光見道，問曰：“天下百姓如何救得？”道顧夷狄不可曉以莊語，乃曰："今時雖使佛出，亦救不得，惟皇帝救得。"德光喜，乃罷殺戮，中國之人賴焉。周太祖以兵犯京師，隱帝已没，太祖謂漢大臣必相推戴，及見道，道待之如平日。太祖常拜道，是日亦拜，道受之不辭。太祖意沮，知漢未可代，乃立湘陰公爲漢嗣，而使道逆之於徐。道曰："是事信否吾？平生不妄語。公毋使我爲妄語人。"太祖爲誓甚苦。道行未返，而周代漢。篡奪之際，雖賁育無所致其勇，而道以拜跪談笑却之，非盛德何以致此？而議者黜之，曾不少借。甚矣！士生於五代，立於暴君驕將之間，日與虎兕爲伍，弃之而去，食薇蕨、友麋鹿易耳，而與自經於溝瀆何異？不幸而仕於朝，如馮道猶無以自免，議者誠少恕哉！

（宋）蘇轍：《欒城後集》卷一一

蘇穎濱論馮道甚恕

馮道更事四姓九君，歐陽公譏其反面事讎，虧大臣節，獨穎濱論其事而悲之。其言曰："道雖爲相，而權不自己出，當其廢興之際，或在內，或在外，禍亂之作非其過也。其相明宗，能以恭儉勸之，十年之內，中國稍安。耶律德光滅晉，大肆殺戮，道顧强悍不可曉，以莊語設俳曉之，德光爲罷殺戮。周太祖舉兵覆漢勢張甚，道待之如平日，太祖意沮，乃陽使道迎湘陰公，道未返而太祖篡漢。"穎濱且曰："方之於古，可視管仲、晏子。"又曰："管仲、召忽同事子糾，桓公殺子糾，召忽死之，管仲不死，又相之。以道比管仲，則功不及耳。崔杼與晏嬰同事莊公，崔杼弑莊公，立景公，或謂晏子死，晏子曰'君爲社稷死則死之，爲社稷亡則亡之，若爲己死而爲己亡，非其私暱，誰敢任之'。卒事景公，其後爲齊名卿。若以道比晏子，庶幾無甚愧也。"其説如此，而謂議者黜之，曾不少恕，蓋指歐公也。余初疑之，及讀詩至殷士膚敏裸將於京，反覆玩味其辭，見周公之作是詩，蓋甚傷之，而無譏切之意，則知穎濱之論，亦詩人忠厚之遺意，非立異也。嗚呼！道更事四姓九君，論者且猶恕之，至比管仲、晏子，君子不幸，視道猶有可議，而好爲過情之論者，且又甚之何哉。

（明）徐一夔：《始豐稿》卷四

馮道歷仕四朝，三入中書，在相位二十餘年，平生性甚廉儉。逮至末年，閨庭之內，稍徇奢靡。其子吉尤恣狂蕩，道不能制。識者以其不終令譽，咸嘆惜之。

　　　　　　（宋）王欽若等編纂：《册府元龜》卷九一七《總録部》

　　周馮道，自後唐至是，歷任四朝，三入中書，在相位二十餘年，以持重鎮俗爲己任。事具《宰輔·德行門》。

　　　　　　（宋）王欽若等編纂：《册府元龜》卷三一〇《宰輔部》

　　五代馮道爲宰相，視喪君亡國未嘗屑意。是時天下大亂，戎狄交侵，生民之命，急於倒挂。道方自號爲“長樂老”，著書數百言，陳己更事四姓及契丹所得階勛、官爵。

　　　　　　　　　　　　　　　（宋）馬永易：《實賓録》卷六

宰相權日輕

　　馮道曰：“吾三入相，每不及前，以擢任親故知之。初入能用至丞郎，再入能用至遺補，三入不過州縣，是宰輔之權日輕也。”

　　　　　　　　（宋）曾慥：《類説》卷一九《幕府燕閑録》

論馮道

　　世譏馮道事四朝十一帝，不能死節。考其所言所行，未嘗詭隨，免於亂世，蓋天幸耳。石晉之末，與虜結釁，無敢奉使者。少主批令宰相選人，道批奏云：“臣道自去。”舉朝失色，皆謂墮於虎口，道竟生還。初郭威遣道迓湘陰，道曰：“不知此事由中否？”道平生不曾妄語，莫遣道爲妄語人。及周世宗欲收河東，自謂此行若太山壓卵。道曰：“不知陛下作得山否？”凡此皆推誠委命，未嘗顧避依阿也。又虜主問：“萬姓紛紛，何人救得？”道發一言以對，不啻活生靈百萬。俗人徒見道之迹，不知道之心。富文忠公論道之爲人曰：“此孟子所謂大人也。”

（宋）曾慥：《類説》卷四《青箱雜記》

方氏苞《望溪集·書王莽傳後》云：“馮道事四姓十君，竊位於篡弑武人之朝，其醜行穢言必多矣，歐公無一及焉，而轉載其直言美行，當時士無賢愚皆喜爲稱譽，至擬之於孔子，是謂妙遠而不測也。”歐公之思深，望溪之悟微，洵兩得之。抑諸傳無論贊者多，有者少，獨《道傳》之前先空發議論一段，斷定其無廉恥。歐公固豫爲癡人不識文章者地，揭明宗旨，不待鉅眼乃能識破。又用王凝妻李氏相形，見道巾幗之不如，尤爲刻毒。昔孔子黜鄉愿爲德之賊，却不説鄉愿如何，至孟子始曲意描繪先代鄉愿口吻，刺譏狂狷，然後一語斷之云：“閹然媚於世者，是鄉愿也。”又申説之云：“非之無舉，刺之無刺，同乎流俗，合乎污世，居之似忠信，行之似廉潔，衆皆悦之，自以爲是。”孟子宛然爲道畫出小影矣。要之，五代之際，國如傳舍，君如弈棋，如道之所爲者甚多，只因道偏好自矜衒，又浪得美名，齒德位望兼優，反令後世笑罵不已，正如無鹽、嫫母，若過自韜斂，亦復何與人事？反欲爭妍出相，搔首弄姿，婢媵輩又復爲之塗澤粉黛，遂令觀者作惡，不可耐矣。道雖智，其《自叙》不甚愚邪？

歐公謂道無恥，愚謂道不知命。命者，不可知者也。知命者，以不知知之。蓋善餘慶，惡餘殃，此儒者所據之理；利必趨，害必避，此小人自全之術。若以命言，二者皆不足恃。道周旋危亂，卒以富貴壽考終，此道之命也。道竟自謂有術焉以致此，此之謂不知命。

或云：“道著《長樂老自叙》云‘余世家宗族，本始平、長樂二郡’，長樂乃標其郡望，非謂長自取樂。”愚謂篇中誇張其顯榮貴盛，雄暢快適，滿紙淋漓，自詡忠孝兩全，結尾兩句云：“老而自樂，何樂如之。”明明點出胸懷本趣，彼愛道者，尚欲曲爲回護，豈能解其穢乎？遺詩云：“窮達皆由命，何勞發嘆聲。但知行好事，莫要問前程。冬去冰須泮，春來草自生。請君觀此理，天道甚分明。”其知命如此，而吾以爲不知命，正在此。道意明明自負能行好事，故有美報，試問古來聖賢，無端蒙難者甚多，道之行好事，遂能操券責報於天乎？又云："莫爲危時便愴神，前程往往有期因。須知海嶽歸明主，未必乾坤陷吉人。道德幾時曾去世，舟車何處不通津。但教方寸無諸惡，狼虎叢中也立身。"道能於狼虎叢中取其富貴，故誇張如此，閲之令人嘔噦，又令人嘔噦。

薛史第一百二十六卷《道傳》獨爲一卷，首尾幾四千字，似呆鈍板重，然亦詳明可喜。論言道履行有古人之風，宇量得大臣之體，惟歷事四朝，比於女之屢嫁，其立意精當，措詞嚴冷，固未嘗不妙。

後《李琪傳》言琪在唐爲霍彥威作《神道碑》，叙彥威在梁事，不目梁爲僞，爲道所駁。道歷事劉守光及唐、晉、漢、周，獨未仕朱梁，宜於此明目張膽言之，真覺問心無愧，理直氣壯，讀之又不禁捧腹絶倒。

（清）王鳴盛：《十七史商榷》卷九五

王荆公與唐質肅公介同爲參知政事，議論未嘗少合。荆公雅愛馮道，嘗謂其能屈身以安人，如諸佛菩薩之行，一日於上前語及此事，介曰："道爲宰相，使天下易四姓，身事十主，此得爲純臣乎？"荆公曰："伊尹五就湯、五就桀者，正在安人而已，豈可亦謂之非純臣也？"質肅公曰："有伊尹之志則可。"荆公爲之變色，其議論不合，多至相侵，率此類也。

（宋）魏泰：《東軒筆録》卷九

世議道依阿詭隨，事四朝十一帝，不能死節，而余嘗采道所言與其所行，參相考質，則道未嘗依阿詭隨，其所以免於亂世，蓋天幸耳。石晉之末，與虜結釁，懼無敢奉使者，少主批令宰相選人，道即批奏："臣道自去。"舉朝失色，皆以謂墮於虎口，而道竟生還。又彭門卒以道爲賣己，欲兵之，湘陰公曰："不干此老子事。"中亦獲免。初，郭威遣道迓湘陰，道語威曰："不知此事由中否？道平生不曾妄語，莫遣道爲妄語人。"及周世宗欲收河東，自謂此行若太山壓卵，道曰："不知陛下作得山否？"凡此皆推道任直，委命而行，即未嘗有所顧避依阿也。又虜主嘗問道："萬姓紛紛，何人救得？"而道發一言以對，不啻活生靈百萬。蓋俗人徒見道之迹，不知道之心，道迹濁心清，豈世俗所知耶？余嘗與富文忠公論道之爲人，文忠曰：“此孟子所謂大人也。”

（宋）吴處厚：《青箱雜記》卷二

馮道天幸

世譏馮道事四朝十一帝，不能死節。考其所言所行，未嘗詭道，免於亂世，蓋天幸爾。石晉之末，與虜結釁，無敢奉使者，少主批令擇人，道奏云：“臣道自去。”舉朝失色，皆謂墜於虎口，道竟生還。初，郭威遣道迓湘陰，道曰：“不知此事由衷否，道平生不曾妄語。”又周世宗欲收河東，自謂此行若泰山壓卵，道曰：“不知陛下做得出否？”凡此皆推誠，委命未嘗顧避依阿也。又虜主問：“萬姓紛紛，何人救得？”道發一言以對，不啻活生靈百萬。俗人徒見道之迹，不知道之心。富文忠論道之爲人，曰：“此孟子所謂大人也。”王荆公論馮道能屈身安人，如諸佛菩薩之行。唐介曰：“道爲宰相，使天下易四姓，身事十一主，謂純臣乎？”安石曰：“伊尹五就湯，五就桀，正在安人而已。”介曰：“有伊尹之志則可。”荆公變色。趙鳳女嫁馮道子，道夫人嘗怒之，鳳使乳媪訴之累百言，道但云：“傳語親家翁，今日好雪。”愚觀此老無他，只是得一忍耐字，真所謂癡頑老子也。

（明）陶宗儀：《説郛》卷一八《負暄雜録》

熙寧而來，大臣盡學術該貫，人主明博，議政罷，每留之詢講道義，日論及近代名臣始終大節。時宰相有舉馮道者，蓋言歷事四朝不渝其守。參政唐公介曰：“兢慎自全，道則有之，然歷君雖多，不聞以大忠致君，亦未可謂之完。”宰相曰：“借如伊尹，三就桀而三就湯，非歷君之多乎？”唐公曰：“有伊尹之心則可。況擬人必於其倫，以馮道竊比伊尹，則臣所未喻也。”率然進説，吐辭爲經，美哉！

（宋）文瑩：《湘山野録》卷上

庚寅，上與輔臣談五代事，因曰："馮道歷事四朝十帝，依阿順旨，以避患難，爲臣如此，不可以訓也。"

(宋)李燾：《續資治通鑒長編》卷六五，真宗景德四年(1007)

馮定遠云："歐公作《馮道傳》，平叙而人品自具，無溢美，亦無溢惡，古人不過也。此文勝於《唐六臣傳》。"按，《六臣傳》許裴樞或過此六人之無恥，何所逃也。陳壽序漢、魏之際，緣在晉故，稍遜其詞耳。君臣之義，賴史筆扶持，放過不得。

道爲人能自刻苦至道殊不以爲德。道爲人自屬長者，惜其天資可庶幾於《一行傳》，乃以愛官職而墮大節，遂爲百世所嗤也。

道方自號"長樂老"至，蓋其自述如此。初疑《急就篇》云"長樂無極老復丁"，道之自號，蓋本於此。非也。長樂乃馮氏之望，封長樂者不一人。歐公亦微誤，蓋以其有"老而自樂、何樂如之"之語，遂以爲自號爾。

(清)何焯：《義門讀書記》卷二九

馮道常問熟客曰："道在政事，有何説?"客曰："是非相半。"

(宋)孫逢吉：《職官分紀》卷三

趙鳳女嫁馮道子，道夫人常怒之。鳳使乳媪訴之，累數百言，道但云："傳語親公，今日好雪。"

(宋)俞文豹：《吹劍録全編·吹劍録》

無寸道

馮道在中書，舉人李導投贄見之，道責導不避名，導曰："相公是無寸底道。"道了無所怒。

(宋)曾慥：《類説》卷二六《五代史補》

非常不敢説

五代時，馮瀛王門客講《道德經》，首章有“道可道，非常道”。門客見道字是馮名，乃曰：“不敢説，可不敢説，非常不敢説。”

（宋）曾慥：《類説》卷四九《籍川笑林》

五代時，馮瀛王門客講《道德經》，首章有“道可道，非常道”。門客見道字是他名，乃曰：“不敢説，非常不敢説。”

（宋）祝穆：《古今事文類聚》別集卷二〇

馮長樂別墅有數種梅檀：紫粉、分心、軟帶之類。

（宋）陶穀：《清異録》卷上

馮瀛王爽團法，弄色金杏，新水浸没，生薑、甘草、草丁香、蜀椒、縮砂、白荳蔻、鹽花、沈檀、龍麝，皆取末如面，攪拌，日曬干，候水盡味透，更以香藥鋪糝，其功成矣。宿醉未解，一枚可以蕭然。

（宋）陶穀：《清異録》卷上

周寶禹鈞有子五人，儀、儼、侃、偁、僖皆擢進士第。禹鈞任澶州廉判，時馮道贈詩云：“澶察寶中郎，於家有義方。靈椿一樹老，仙桂五枝芳。”

（宋）王欽若等編纂：《册府元龜》卷七八三《總録部》

寶氏五龍

諫議大夫寶禹鈞，子五人，俱進士及第。馮道詩云：“燕山寶十郎，教子有義方。靈椿一株老，丹桂五枝芳。”時號“寶氏五龍”。

（宋）曾慥：《類説》卷一三《歸田録》

五子登科

寶禹鈞生五子，儀、侃、儞、儼、偁，皆相繼登科，馮瀛王贈禹鈞詩云："靈椿一樹老，丹桂五枝芳。"

（宋）曾慥：《類説》卷五五《玉壺清話》

棣友

范陽竇禹鈞，生五子。子儀等友愛天至。儀曰："吾與汝等離兄弟之拘牽，真棣友也。"

（明）陶宗儀：《説郛》卷六一《清異録》

竇禹鈞，范陽人，爲左諫議大夫致仕。諸子進士登第，義風家法，爲一時標表。馮道贈禹鈞詩云："燕山竇十郎，教子以義方。靈椿一株老，仙桂五枝芳。"人多傳誦。生五子，長曰儀，次曰儼、曰侃、曰偁、曰僖，儀禮部尚書，儼禮部侍郎，皆爲翰林學士。侃左補闕，偁左諫議大夫、參知政事，僖起居郎。初，父禹鈞家豐，年三十無子，夜夢亡祖、亡父聚，謂之曰："汝早修行，緣汝無子，又壽不永。"禹鈞唯諾。禹鈞爲人素長者。先有家童，盜用房錢二百千。慮事覺，有一女年十二三，自寫券繫女臂，云："永賣此女於本宅，償所負錢。"自是遠遁。禹鈞見而憐之，即焚券，以其女囑妻曰："善撫養之，既笄以二百千擇良配，得所歸。"後僕聞之，乃還，感泣，訴以前罪，禹鈞不問，由是父子圖禹鈞像，晨興祝壽。嘗因元夕往延慶寺，於後殿階側，得遺銀二百兩、金三十兩，持歸。明日侵晨，詣寺守候失物者。須臾，見一人泣涕而至。禹鈞問之，對曰："父罪犯刑至大辟，遍懇親知，貸得金銀，將贖父罪。昨暮以一親置酒，酒昏忽失去，今父罪不復贖矣。"公驗其實，遂同歸，以舊物還之，加以憫惻，復有贈賂。同宗姻有喪不能自舉，公爲出錢葬之，由公而葬者凡二十七。喪孤遺女及貧不能嫁，公爲出錢而嫁之，由公而嫁凡二十八人。故舊相知，雖與公有一日之雅，遇其窘困，則必擇其子弟可委以財者，隨多寡貸以金帛，俾之販鬻，由公活族者數十家。四方賢士，賴公學者不可勝數。公每量歲之所入，除伏臘供給外，皆以濟人之急，家惟素儉器，無金玉之飾，室無衣帛之妾。於宅南建書院四十間，聚書數千卷，禮文行之儒，延致師席。凡四方孤寒之士，無供須者，公咸爲出之，無問識與不識。有志於學者聽其自至，故其子見聞益博。由公之門登貴顯者，前後接踵來拜公之門，必命左右扶公坐受其禮。及公之亡，蒙恩深者，有持心喪三年，以報其遺德。其後，復夢其亡祖、亡父告之曰："汝三十年前實無子，壽且促，我嘗告汝。今汝數年以來，名挂天曹，陰府以汝有陰德，特延壽三紀，賜五子，各顯榮，仍以福壽而終，後當留洞天充真人位。"言訖，復謂曰："陰陽之理大抵不異善惡之報，或發於見世，或報於來世。天網恢恢，疏而不漏，此無疑也。"禹鈞愈積陰功，年八十二，沐浴別親戚，談笑而卒。世稱教子者，必曰燕山竇十郎云。出范文正公《竇諫議事迹記》。

注：本條四庫本與本書差異甚大，整條收錄於下。

竇禹鈞，范陽人，爲左諫議大夫致仕。諸子進士登第，義風家法，爲一時標表。馮道贈禹鈞詩云："燕山竇十郎，教子以義方。靈椿一株老，仙桂五枝芳。"人多傳誦。禹鈞生五子，長曰儀，次曰儼、侃、偁、僖，儀至禮部尚書，儼禮部侍郎，皆爲翰林學士。侃左補闕，偁左諫議大夫、參知政事，僖起居郎。初，父禹鈞家甚字豐，年三十無子，夜夢亡祖、亡父聚，謂之曰："汝早修行，緣汝無子，又壽算不永。"禹鈞唯諾。禹鈞爲人素長者。先家有僕者，盜用過房廊錢二百千。僕慮事覺，有一女年十二三，自寫券繫於臂上，云："永賣此女與本宅，償所負錢。"自是遠逃。禹鈞見女子券，甚哀憐之，即時焚券，收留此女，祝付妻曰："養育此女，及事日，當求良匹嫁之。"及女笄，以二百千擇良匹，得所歸。後舊僕聞之，歸，感泣，訴以前罪，禹鈞不問，由是父子圖禹鈞像，日夕供養，晨興祝壽。公嘗因元夕往延慶寺，燒香像前，忽於後殿階側，拾得銀二百兩、金三十兩，遂持歸。明旦，侵晨詣寺守候失物主。須臾，見一人泣涕至，公問所因，其人具以實告曰："父犯刑至大辟，遍懇至親，貸得金銀若干，將贖父罪。昨暮以一相知置酒，酒昏忽失去，今父罪已不復贖矣。"公驗其實，遂與同歸，以舊物還之，加以惻憫，復有贈賂。其同宗及外姻甚多貧困者，有喪不能自舉，公爲出金葬之，由公葬者凡二十七。喪親戚、故舊孤遺有女未能嫁者，公爲出金嫁之，由公嫁者孤女凡二十八人。故舊相知，與公有一日之雅，遇其窘困，則必擇其子弟可委以財者，隨多寡貸以金帛，俾之興販，自後由公而活族者數十家。以至四方賢士，賴公舉火者不可勝數。公每量歲之所入，除伏臘供給外，皆以濟人之急，家惟素儉器，無金玉之飾，室無衣帛之妾。於宅南構一書院，四十間，聚書數千卷，禮文行之儒，延置師席。凡四方孤寒之士，貧無供須者，公咸爲出之，無問識不識。有志於學者聽其自至，故其子見聞益博。凡四方之士，由公之門登貴顯者，前後接踵來拜公之門，必命左右扶公坐受其禮。及公之亡，蒙恩深者，有持心喪三年，以報其遺德。先是，公之亡祖、亡父夢中告以無子及壽數不永，後十年，復夢其亡祖、亡父告之曰："汝三十年前實無子分，又壽促，我嘗告汝。今汝自數年以來，名挂天曹，陰府以汝有陰德，延算三紀，賜五子，各榮顯，仍以福壽而終，死後當留洞天充真人位。"言訖，復祝禹鈞曰："陰陽之理大抵不異善惡之報，或發於見世，或報於來世。天網恢恢，疏而不漏，此無疑也。"禹鈞愈積陰功，年八十二，沐浴別親戚，談笑而卒。五子八孫，皆貴顯於朝廷。後之稱教子者，必曰燕山竇十郎云。出范文正公《竇諫議事迹記》。

（明）陶宗儀：《説郛》卷九四《厚德録》

竇儀字可象，薊州漁陽人也。父禹鈞，在周爲諫議大夫。五子曰：儀、儼、侃、偁、僖，皆相繼登科，時人謂之"竇氏五龍"。

儀少舉進士，景延廣爲侍衛軍帥，以儀爲記室。延廣歷滑、陝、孟、鄆四鎮，儀皆在幕府。漢初，召爲右補闕。周廣順初，知制誥，遷翰林學士，拜端明殿學士。從世宗征淮南，儀領行在三司，以軍需不即辦，世宗將欲深罪之，范質力爲救解，得免。淮南平，出爲西京留守，累官至兵部侍郎。

（宋）王稱：《東都事略》卷三〇

周世宗深怒翰林學士竇儀，欲殺之。宰相范質入奏事，帝望見知其意，即起避之。質趨前伏地叩頭諫曰："儀罪不至死，臣爲宰相，致陛下枉殺近臣，罪皆在臣。"繼之以泣，帝意解乃釋。

（宋）孔平仲：《續世説》卷一〇

竇儀自周朝以來，負文章識度，有望於時，搢紳許以廊廟之器。儀因以公台自許，急於大用，乃設方略以經營之。爲端明殿學士，判河南府時，括責民田，增其賦調，欲期恩寵，以致相位。當時，洛人苦之。又嘗奉詔按筠州獄，希世宗旨，鍛煉成罪，枉陷數人。士君子以此少之。

（宋）王琪：《國老談苑》卷一

上以翰林學士、禮部尚書竇儀在滁州時弗與親吏絹，事在顯德三年三月。每嘉其有執守，屢對大臣言，欲用爲相。趙普忌儀剛直，遂引薛居正及呂餘慶參知政事，陶穀、趙逢、高錫等又相黨附，共排儀，上意中輟。癸丑，儀卒。上憫然，謂左右曰：“朕薄祐，天何奪我竇儀之速也。”優詔贈右僕射。上嘗納涼後苑，召儀草制，儀至苑門，見上岸幘跣足而坐，因却立不肯進。閤門使以奏，上自視微笑，遂索冠帶而後召入。未及宣詔意，儀亟言曰：“陛下創業垂統，宜以禮示天下，臣雖不才，不足以動聖顧，第恐豪傑聞而解體也。”上斂容謝之。自是對近臣未嘗不冠帶。或以此事爲陶穀，誤也。穀必不辦此。丁謂《談錄》亦稱竇儀。

（宋）李燾：《續資治通鑒長編》卷七，太祖乾德四年（966）

（竇儀）尚書，周世宗時爲翰林學士。每宿直，世宗宮中不敢令奏樂，曰：“恐竇儀聞之。”至宋太祖登極，猶在翰林。

（宋）潘汝士：《丁晉公談錄》

博物洽聞。竇儀，字望之，舉進士。廣順初，拜中書舍人，世宗拜翰林學士。國初就轉禮部侍郎，卒年四十二。儀博物洽聞，通音律曆數，盧多遜、楊徽之爲諫官，儀嘗謂之曰：“丁卯歲，五星聚奎，自此太平矣。二舍遺見之，儀不與也。”已而，果然。

（宋）佚名：《錦綉萬花谷》續集卷三七

是月，五星如連珠，在降婁之次。初，竇儀與盧多遜、楊徽之，周顯德中同爲諫官。儀善推步星曆，嘗謂徽之等曰：“丁卯歲，五星聚奎，自此天下太平，二拾遺見之，儀不與也。”《國史韓熙載傳》稱奎主文章，又在魯分。時太宗鎮兗、海，中國太平之符也。按太宗建隆元年八月，領泰寧節度，二年七月除開封尹，安得此時猶鎮兗、海？傳誤矣。

（宋）李燾：《續資治通鑒長編》卷八，太祖乾德五年（967）

（竇）儼，字望之，幼能屬文，舉進士，爲天平軍掌書記，拜左拾遺。仕漢爲史館修撰，周廣順初，拜中書舍人。顯德四年，儼上疏請令有司討論古今禮儀，作《通禮》，考正鍾律，作《正樂》。嘗言“爲政之本，莫大擇人，擇人之重，莫先宰相。自有唐之末，輕用名器，始爲輔弼，即兼三公、僕射之官，故其未得之也，則以趨競爲心；既得之也，則以容默爲事。但思解密勿之務，守崇重之官，逍遥林亭，保安宗族，乞令即日宰相於南宮三品、兩省給舍以上，各舉所知。若陛下素知其賢，自可登庸，若其未也，且令以本官權知政事，期歲之間，察其職業，若果能堪稱，其官已高，則除平章事；未高，則稍更遷官，權知如故。若有不稱，則罷其政事，責其舉者。又班行之中，有員無職者大半，乞量其才器，授以外任，試之於事，還則以舊官登叙，考其治狀，能者進之，否者黜之。”

又請：“令盜賊自相糾告，以其所告貲産之半給之，或親戚爲之首，則論其徒侣而赦其所首者，如此則盜賊不能聚矣。”又：“新鄭鄉村團爲義營，各立將佐，一戶爲盜，累其一村，一戶被盜，罪其一將。每有盜則鳴鼓舉火，丁壯雲集，盜少民多，無能脱者。由是鄰縣充斥，而一境獨清，請令他縣效之，亦止盜之一術也。”又：“累朝以來，屢下詔書，聽民多種廣耕，止輸舊税，及其既種，則有司履畝而增之，故民皆疑懼，而田不加闢。夫爲政之先，莫如敦信，信苟著矣，則田無不廣，田廣則穀多，穀多則藏之民，猶藏之官也。”又言：“陛下南征江淮，一舉而得八州。再駕而平壽春，威靈所加，前無强敵。今以衆擊寡，以治伐亂，勢無不克。但行之貴速，則彼民免俘馘之灾，此民息轉輸之困矣。”多見聽納。

世宗觀《大水泗州記》，以問儼。儼以爲：“天地有五德，曰潤，曰暵，曰生，曰成，曰動。五德，陰陽之使；陰陽，水火之本。陰陽有常數，水火有常分，奇耦相半，盈虚有準，謂之通證；羨備過冗，極無不至,謂之咎證;陰之始主於淵水之行,紀於九六,凡千七百二十有八歲,爲浩浩之會,雖堯舜在上,不能免者數也。若夫辟狂臣專,乂昏不明,苦雨數至,水不潤下,乃政之所致,非數也。唐貞元壬申之水,是已德宗暗蔽,篤於自任,陸贄盡忠而斥遠,裴延齡專利而信用,常雨之應,天豈虛生!"世宗甚善之,拜翰林學士。

(宋)王稱:《東都事略》卷三〇

竇儀,字日章,其先漁陽人。父禹鈞,在周爲諫議大夫,避亂徙居河南。禹鈞五子,儀、儼、侃、偁、侃,皆有文學,中進士第。馮道嘗贈詩曰:"燕山竇十郎,教子以義方。靈椿一樹老,丹桂五枝芳。"世多誦之。

(宋)曾鞏:《隆平集》卷六

游老比丘院

楊凝式滑稽精舍老尼,即王令公家乳母。公至苦,不爲禮,乃書壁云:"暇日游老比丘院,延待有厚。"尼甚感之,後悟老比丘之言,立圬鏝之。

(宋)曾慥:《類説》卷一二《記異録》

楊凝式滑稽精舍老尼,即王令公家乳母。公至苦,不爲禮,乃書壁云:"暇日游老比丘院,延待甚厚。"尼甚感之,後悟老比之言,立圬鏝之。

(宋)祝穆:《古今事文類聚》前集卷三五

楊凝式,小字詩(式),字虛白,五代時人,號希維居士,又云關西老人、癸巳人。

(元)王惲:《玉堂嘉話》卷三

少師楊凝式,書畫獨步一時。求字者紙軸堆叠若垣壁,少師見則浩嘆曰："無奈許多債主，真尺二冤家也。"少時怪閻立本戒子弟勿習丹青，年長以來，始覺以能爲累。

（宋）陶穀：《清異録》卷下

尺二冤家

少師楊凝式，書畫獨步一時，求字者紙軸堆叠若墙壁，少師見，則浩嘆曰："無奈許多債主，真尺二冤家也。"

（明）陶宗儀：《説郛》卷六一《清異録》

楊凝式爲太子少師，分司於洛。廣順中表求致政，尋以右僕射得請。顯德初，改左僕射，又改太子太保，並懸車，以疾薨於第，年八十五。

（宋）王欽若等編纂：《册府元龜》卷七八四《總録部》

楊涉、凝式父子，歐、薛互有詳略，歐本尚簡，而以涉入《唐六臣傳》，叙其家世歷官本末，一百三四十字，頗完備。薛史於《凝式傳》附父涉，但云"唐末梁初再登臺席，罷相，守左僕射，卒"，只十五字。凝式，歐附《涉傳》，只二十九字，而薛史則四百餘字，叙其自唐昭宗時登進士第，授官，歷事六代九姓，至周世宗顯德中死，甚詳。張世南《游宦紀聞》第十卷載凝式事，皆與薛史合。《紀聞》云"爲張全義留守巡官"，薛史作"張宗奭"，宗奭即梁太祖賜全義改名。惟《紀聞》"唐明宗時，歷工、禮、户三侍郎"，薛史作"工、户二侍郎"。《紀聞》"字景度"，薛無。《紀聞》"年八十二"，薛云"八十五"，爲小異。凝式諫其父勿爲押傳國寶使，《紀聞》與陶岳《五代史補》皆有，但如凝式之爲人，世南譽以節義，得毋可笑？

（清）王鳴盛：《十七史商榷》卷九五

唐之亡也，楊涉爲押國璽使，其子凝式，時見直史館，謂涉曰："大人爲唐宰相，而國家至此，不可謂之無罪。況手持天子璽綬與人，雖

保富貴,奈千載何! 盍辭之!"涉大駭,云:"汝滅吾族!"神色爲之不
寧者數日。夫凝式出此言,亦可謂賢矣,不得謂唐季之無人也。爲史
者自當表而出之,使其忠誠少見於後世,而歐陽公作《五代史》,略不
爲一言,何哉? 若謂無此事耶,今《資治通鑒》載之爲甚詳。此余之
所不可曉者。而《五代史》又云:"凝式歷事梁唐晉漢周,以心疾致
仕,居於洛陽。"謂凝式有心疾,亦非也。凝式當離亂之時,姑托此
以全身遠害而已,使果有心疾,其能勸父涉辭押國璽使之命乎!
《東觀餘論》以凝式終太子太傅,而《五代史》乃云終太子太保,未
知孰是。

(宋)袁文:《甕牖閒評》卷二

周盧損爲太子少保致仕。損,梁開平初舉進士。性頗剛介,以高
情遠致自許,儕類之中,務欲自勝。然學涉不博,以此爲人士所薄。

(宋)王欽若等編纂:《册府元龜》卷九五四《總録部》

盧損爲太子少保致仕,損梁開平初與任贊、劉昌素、薛均、高擒同
年擢第,所在相詬,時人謂之"相罵榜"。

(宋)王欽若等編纂:《册府元龜》卷九三九《總録部》

周張穎爲安州防禦使,性卞急慘刻,不容人之小過,雖左右親近,
亦皆怨之。

(宋)王欽若等編纂:《册府元龜》卷九一六《總録部》

周魚崇諒,漢隱帝乾祐三年,自保義軍節度副使爲中書舍人,充
翰林學士。崇諒,晉朝爲員外郎,知制誥;契丹命爲學士;漢高祖入
汴,復召爲學士。以母老思歸,乞解職侍養。漢高祖嘉之,命爲本州
副使,請領郡俸。王師討三凶,時節度使白文珂在軍前,崇諒爲副使,
知後事。凡供軍、儲備、調發、徵促,克期而辦;近鎮供億,深所賴焉。
會王仁裕請退禁庭,選學士,議者以爲文字稱職無逾崇諒,乃復徵之。

至太祖時，崇諒母病篤，太祖許歸侍養。廣順三年，復徵之。崇諒累表，辭以母病，難於違養。太祖賜詔曰："卿向以母親高年，久嬰疾恙，解職歸止，徇意承顏。始於疾辭，今聞疾愈，臻此康寧之福，縣其感應之誠。苟徵命以猶稽，則才能而虛滯，復乃職位，式佇論思。載覽表章，尚形眷戀，諭以前詔，俾之侍行。子道既以光揚，君恩亦須承順。速宜祇赴，無或再三。"崇諒認詔，意不敢堅辭，復表言："比及撰行，節氣凝沍，乞至春暖，奉親歸朝。"許之，仍詔本州給行裝，借駝馬，送至京師。授禮部侍郎，知制誥，充翰林學士。

（宋）王欽若等編纂：《冊府元龜》卷五五〇《詞臣部》

魚崇諒，爲工部侍郎、翰林院學士。以母年高多疾，思歸陝州，再上章乞扶侍西行。太祖不許解官，以本官給假歸，賜母衣服錢絹茶藥以遣之。

（宋）王欽若等編纂：《冊府元龜》卷七五六《總錄部》

初，周太祖以中書舍人魚崇諒爲翰林學士，時崇諒母留陝州，求解官歸養，詔予長告。辭日，賜坐慰撫，且賷其母衣物甚厚。告滿百日，屢遣使存問之。尋拜禮部侍郎，復爲學士，詔書諭旨，令奉母歸闕。崇諒再表，辭以母老病，不願離本土，優詔不允。屬歲暮寒冽，崇諒請俟春末入朝，許之。未幾，聞周祖喪，乃奔赴京師。世宗舉行前詔，崇諒辭曰："先帝許臣至春末就職，若因奔喪遽受命，非禮也。"固請如前約。及期，崇諒將母即路。會世宗征高平，崇諒未至，陶穀間言曰："崇諒宿留不來，有顧望意。"世宗頗疑之。崇諒又表陳母病，詔許就養陝州，訖太祖朝不起。上雅聞其名，欲召見之，崇諒復辭以疾。上不奪其志，丙子，授崇諒兵部侍郎致仕。崇諒，北海人，初見長興四年。

（宋）李燾：《續資治通鑑長編》卷一八，太宗太平興國二年（977）

郭威隸從馬直，威好讀《闖外春秋》，略知兵法。

（唐）白居易、（宋）孔傳：《白孔六帖》卷五五

　　五代時,有姓呂爲侍郎者三人,皆名族,俱有後,仕本朝爲相。呂琦,晉天福爲兵部侍郎,曾孫文惠端相太宗;呂夢奇,後唐長興中爲兵部侍郎,孫文穆蒙正相太宗,曾孫文靖夷簡相仁宗,衣冠最盛,已具前録。呂咸休,周顯德中爲户部侍郎,七世孫正愍大防相哲宗,異哉。

(宋)王明清:《揮麈後録》卷二

　　五代時,有姓呂爲侍郎者三人,皆名族,俱有後,仕於朝爲相。呂琦,晉天福中爲兵部侍郎,曾孫文惠端,相太宗;呂夢奇,後唐長興中爲兵部侍郎,孫文穆蒙正,相太宗;曾孫文靖夷簡,相仁宗,衣冠最盛;呂咸休,周顯德中爲户部侍郎,七世孫正愍大防,相哲宗。異哉!

(清)潘永因:《宋稗類鈔》卷三六

　　苗訓,仕周爲殿前散員,學星術於王處訥。

(宋)江少虞:《宋朝事實類苑》卷四五

　　苗訓仕周爲殿前散員。學星術於王處訥,從太祖北征,處訥諭訓曰:"庚申歲初,太陽躔亢宿,亢怪性剛,其獸乃龍,恐與太陽並駕,若果然,則聖人利見之期也。"至庚申歲旦,太陽之上復有一日,衆皆謂目眩,以油盆俯窺,果有兩日相磨蕩,即太祖陳橋起聖之時也。處訥幼夢持鏡照天,列宿滿中,割腹納之,遂通曉星緯之學。太祖即位,樞密使王朴建隆二年辛酉歲撰《金雞歷》以獻。上嘉納之,即改名曰《應天歷》,御制歷序。處訥謂所知曰:"此歷更二十年方見其差,必有知之者,吾不得預焉。"至太平興國六年辛巳,吳昭素直司天監,果上言《應天歷》大差。太宗詔修之。

(宋)文瑩:《玉壺清話》卷一

　　張去華,誼之子。顯德年,年十八,著《南征賦》,於淮南行在獻之,召試除臺簿。未幾因臺中議事,不得預三院坐,遂弃官歸圃田。

後狀元及第,建隆二年也。

(宋)錢易:《南部新書》壬

周王饒,爲相州節度使。每接賓佐,必怡聲緩氣,恂恂如也。故
士君子亦以此多之。

(宋)王欽若等編纂:《冊府元龜》卷四一三《將帥部》

章仁肇,浦城人,仕後周爲檢校尚書工部侍郎,兼耀武將軍,有功
於時。廣順中,徙居桐廬定安鄉之宨石,盡斂鋒芒,居仁行義,鄉人敬
服之。宋季有名木者,其裔孫也,擅詩名,號小客星。有《誅魅文觀海
集》行於世,張壬苟吊之曰:“雲外客星落,江頭桐樹凋。有文誅旱魅,
無禄佐清朝。觀海聲名大,回天志慮銷。嬬妻與孤子,仍舊瓦蕭蕭。”
今居梧村者,皆其流裔也。

(明)徐象梅:《兩浙名賢録》卷五三

扈蒙字日用,幽州安次人也。與從弟載,俱以文學知名。鄠、杜
間有道士善知人,嘗謂蒙曰:“君家兄弟當繼典誥命。”蒙舉進士,周廣
順中,爲歸德軍掌書記。世宗聞其名,召爲右拾遺、直史館,遷屯田員
外郎、知制誥。

(宋)王稱:《東都事略》卷三〇

周扈載爲水部員外郎,知制誥,從駕南征回,召爲翰林學士,賜
緋。時載臥病,不能朝謝者數月。一日,乃力疾就直。帝軫其羸恭,
賜告歸第,仍降太醫視疾。其寵遇也如此。

(宋)王欽若等編纂:《冊府元龜》卷五五〇《詞臣部》

扈載,爲翰林學士。年三十六卒。載始自解褐至終,纔四年,而
與劉袞皆有才無命,時論惜之。

(宋)王欽若等編纂:《冊府元龜》卷九三一《總録部》

　　五代扈載游相國寺，見庭竹可愛，作《碧鮮賦》，書其壁。周世宗聞之，遣小黃門就壁録之，覽而稱善，因拜水部員外郎。

　　　　　　　　　　　　　　（明）彭大翼：《山堂肆考》卷二八

　　五代時，扈載有文名，嘗游相國寺，見庭竹可愛，作《碧鮮賦》題壁間。周世宗命小黃門録進，覽之稱善。王朴尤重之，薦之宰相李穀。穀曰："非不知其才，然薄命恐不能勝。"朴曰："公爲宰相，以進賢退不肖爲職，何言命耶？"乃拜知制誥，爲學士。居歲餘，果卒。余謂穀言陋矣，不幸而中。若朴者，真宰相之言也。

　　　　　　　　　　　　（宋）羅大經：《鶴林玉露》甲編卷五

　　扈載，樞密使王朴尤重其才，薦於宰相李穀，久而不用。朴以問穀曰："扈載不爲舍人何也？"穀曰："非不知其才，然載命薄，恐不能勝。"朴曰："公爲宰相，以進賢退不肖爲職，何言命邪！"已而召拜知制誥，及爲學士。居歲中，病卒，年三十六。議者以穀能知人，而朴能薦士。

　　　　　　　　　（唐）白居易、（宋）孔傳：《白孔六帖》卷四三

　　五代周郭進爲衛州刺史，治有聲望，群盜屏迹。世宗敕杜韡序其事於碑，人號"屏盜碑"。

　　　　　　　　　　　　　　（明）彭大翼：《山堂肆考》卷三一

　　郭進家能作蓮花餡餅，有十五隔者，每隔有一折枝蓮花，作十五色。自云："周世宗有故宮婢流落，因受顧於家，婢言宮中人，號'蕊押班'。"

　　　　　　　　　　　　　　　　（宋）陶穀：《清異録》卷下

　　五代周主以鄴都鎮撫河北，控制契丹，欲以心腹處之，乃以王殷爲留守，領軍如故。

　　　　　　　　　　　　　　（明）彭大翼：《山堂肆考》卷六四

　　五代周荆罕儒爲泰州刺史，輕財好施，禮接儒士。世宗幸州，以爲團練使。及將代去，軍吏、耆艾詣闕請留。

（明）彭大翼：《山堂肆考》卷七二

　　五代蕭結爲祈陽令，不畏强御，方暮春時，有州符下，取競渡船，刺史將臨觀。結怒批其符曰：“秧開五葉，蠶長三眠，人皆忙迫，割甚閑船。”守爲止之。

（明）彭大翼：《山堂肆考》卷七七

　　五代周時，趙廷乂世爲星官，仍於袁許之鑒，長於氣色。清泰末，廷乂待詔內庭，嘗與樞密學士吕琦同行，琦從容密問國家運祚，廷乂曰：“來年厄會之期，俟過別論。”琦敦訊不已，廷乂曰：“保邦在刑政，保祚在福德，於刑政則術士不敢言，奈何際會諸公，罕有卓絶福德者，下官實有恤緯之慅。”尋而晉高祖入洛，予因思藝術之士，亦如此言，是知天時、人事必以理道居先耳。

（宋）晁迥：《法藏碎金録》卷八

　　後周韋以高尚而貴，時論推之，曰：“逍遥公，前唐韋嗣立以寵遇而貴，君命封之曰‘逍遥公’。吾自引退合禮，國朝優待，壽康慶幸，無不如意，順緣於外，取《晉書》中一句云‘推理安常，養性於內’；取《周易》中一句云‘樂天知命’。夫如是亦足以爲逍遥矣，不敢竊君公之名，顧已大耄之叟耳。可在二韋、季孟之間，因自目之曰‘太平逍遥翁’，循揣久之，未爲忝冒。”

（宋）晁迥：《法藏碎金録》卷一〇

　　劉道原，在洛陽與司馬温公游萬安山，道旁有碑，乃五代列將，人所不稱道者。道原即能言其行事，終始不遺。温公歸，驗之舊史，信然。

（明）彭大翼：《山堂肆考》卷一二五

五代周有鄭苗者，有文才而貧，從人打錫營生。一日，爲宦家打酒瓶，篆字於瓶上，曰"瓮頭春拍塞"。座上客誼譁，主官見之，薦爲工部員外郎。

（明）彭大翼：《山堂肆考》卷一八五

周邊蔚爲毛璋邠寧觀察判官。時璋爲麾下所惑，有跋扈之意。蔚知其事，急因乘間極言，又喻以逆順之理，璋即時遣妻子入貢。朝廷以蔚有贊畫之效，錫以三品章綬，改許州戎判。

（宋）王欽若等編纂：《冊府元龜》卷七二二《幕府部》

李元懿爲青州北海縣令，民五千餘詣闕舉稱：元懿所任添千戶，出稅錢貫匹萬，勸課百姓，種樹十三萬，於縣廨內種樹千。其年早霜，北海不損田，諸縣蝗不入縣界，泥龍求雨無應，李令笞龍責之，即日雨足。民有詞訟，當面剖斷。出俸錢修公廨，置什物當。李令在官，曾將其事於本州舉請，前使劉鈇以爲阿附，例遭決責。令以元懿之政，望更賜李令三二年。時元懿已授宋城令，以縣民堅請，遂復爲北海以獎之。

（宋）王欽若等編纂：《冊府元龜》卷七〇二《令長部》

陶穀字秀實，邠州新平人也。北齊尚書令唐邕、唐內史侍郎唐儉，皆其遠祖，因避晉高祖諱，而更爲陶，遂不復其舊。父渙，仕至夷州刺史，爲邠帥楊崇本所害。穀隨母柳氏育崇本家。

幼有俊才，起家爲校書郎。以書干漢相李崧，自單州判官擢爲集賢校理，未幾，遂知制誥。在周，爲翰林學士，世宗命近臣各撰《平邊策》《爲臣不易論》，皆以修德來遠爲意，惟穀與王朴、竇儀、楊昭儉，以江淮即當用師取之，世宗嘉之。

（宋）王稱：《東都事略》卷三〇

（陶穀）又嘗奉使兩浙，獻詩二十韻於錢俶，其末云："此生頭已白,無路掃王門。"時穀官是丞郎,職爲學士,奉命小邦,獻詩已是失體,復有"掃門"之句,何辱命之甚也!

(宋)王琪:《國老談苑》卷一

何承裕素與陶穀不叶,世宗問陶曰:"承裕可知制誥否?"陶曰:"承裕好俳,恐非所宜。"遂已。何知之,及陶判銓,一旦方偃息,何自外抗聲唱挽歌而入,陶甚驚駭,承裕曰:"尚書豈長生不死者耶?幸當無恙,聞其一兩曲又何妨。"陶無以抗。

周勛初主編:《宋人軼事彙編》卷四

陶尚書穀,本姓唐氏,避晉祖名而改焉,小字鐵牛。出《鹿門先生集序》。李相濤出典河中,嘗有書與陶云:"每過中流,潛思令德。"陶初不爲意,細思方悟。蓋河中有張燕公鑄繫柱,鐵牛放也。

(明)陶宗儀:《説郛》卷一四《聞談録》

陶穀換眼

陶穀少時,夢數吏云:"奉符換眼。"吏附耳求錢十萬安第一眼,穀不應。又云錢五萬安第二眼,復不答。吏曰:"止安第三眼。"即以二彈丸納眼中。既覺,眼色深碧。後有善相道士陳紫陽曰:"好貴人貴氣,奈一雙鬼眼,何必不至大位。"

(宋)曾慥:《類説》卷八《乘異記》

周齊藏珍行濠州刺史,及張永德與李重進互有間言,藏珍亦嘗游説於重進,洎壽陽兵回,諸將中有以藏珍之言上奏者。世宗怒,因急召赴闕。至是,以其冒稱檢校官,因以斃之,蓋不欲暴其惡迹也。

(宋)王欽若等編纂:《冊府元龜》卷九五二《總録部》

許遷爲單州刺史,切於除盗,嫉惡過當。或釘磔賊人,令部下爨割。

　　（宋）王欽若等編纂:《册府元龜》卷六九七《牧守部》

　　周許遷爲單州刺史,誤斷不合死罪人。其家詣闕致訟下開封府。時陳觀知府素與遷不協,深劾其事,欲追遷對訟。太祖以事猶可原,但罷郡而已。遷既入朝,詬陳觀,謂王峻曰:"相公當政,所與參議,宜求賢德。如陳觀者,爲儒無士行,爲官多挾情。苟知子細,屠沽兒恥與爲侶。況明公乎?"峻無以沮之。又於卿監幕次,醜言備至。既而嬰疾,請歸天平而卒。

　　（宋）王欽若等編纂:《册府元龜》卷九二〇《總録部》

　　周劉袞,彭城人。神爽氣俊,富有文藻。繇進士第任左拾遺,與扈載齊名,年二十八而卒。

　　（宋）王欽若等編纂:《册府元龜》卷九三一《總録部》

　　薛居正字子平,開封浚儀人也。父仁謙,周太子賓客。居正少好學,有大志,爲人方重,不事苛察。舉進士,晉華帥劉遂凝辟爲從事。其兄遂清領邦計,以爲鹽鐵巡官,改度支鹽鐵推官,遷右拾遺。桑維翰爲開封尹,以居正爲判官。

　　漢史弘肇領侍衛親軍,威震人主,殘忍自恣,人莫敢忤其意。其部下吏告民犯鹽禁,法當死,居正疑其不實,召詰之,乃其吏以私憾而誣之也。逮捕吏鞫之,具伏,以吏抵法,弘肇雖怒,甚竟亦無以屈也。仕周爲三司推官、知制誥,遷左諫議大夫,使滄州定民租,擢拜刑部侍郎。

　　（宋）王稱:《東都事略》卷三一

　　周世宗顯德六年,車駕幸滄州。四月辛卯,以前左諫議大夫薛居正爲刑部侍郎,權判吏部,銓司公事,仍賜金紫。是時,居正銜命,先至滄州,以均定民租爲事。帝既至,聞其幹事,故有是拜。

　　（宋）王欽若等編纂:《册府元龜》卷四五七《臺省部》

金彥英，本東夷人，爲尚輦奉御。奉使高麗，稱臣於夷王。恭帝顯德六年，決杖一百，配流商州。

（宋）王欽若等編纂：《冊府元龜》卷六六四《奉使部》

張昭瑀爲博州刺史，上言民饑，欲賑貸。詔從之。

（宋）王欽若等編纂：《冊府元龜》卷六七五《牧守部》

薛瓊爲萊州團練使，卒。本州僧道百姓等列狀上請，以瓊有善政在人，乞立祠堂，及樹碑以述其遺愛。世宗從之。

（宋）王欽若等編纂：《冊府元龜》卷六八三《牧守部》

周武行德爲西京留守，白馬寺僧永順每歲至四月，於寺聚衆擊鼓搖鈴，衣婦人服，赤麻縷畫襪，誦雜言。里人廢業聚觀，有自遠方來者。行德惡其惑衆，殺之。又前留守王守恩都押衙徐祚，以醉訛言，行德斬之。

（宋）王欽若等編纂：《冊府元龜》卷六八九《牧守部》

（王）著以周世宗代邸舊僚，倍有眷注。暨世宗即大位，亦嘗於曲宴，揚袂起舞，上優容之。或夜召訪以時政，屢沈湎不能言。

（宋）洪邁：《翰苑群書》卷八

太祖嘗曲宴，翰林學士王著乘醉喧譁，太祖以前朝學士，優容之，令扶以出。著不肯出，即移近屏風，掩袂痛哭，左右拽之而去。明日或奏曰：“王著逼宮門大慟，思念世宗。”太祖曰：“此酒徒也。在世宗幕府，吾所素諳。況一書生哭世宗，何能爲也。”

周勛初主編：《宋人軼事彙編》卷一

范質字文素，大名宗城人也。母張氏，夢人授五色筆而質生，九歲善屬文。

唐長興中舉進士，爲忠武軍推官。晉天福中，懷其文見宰相桑維翰,維翰奇之,擢監察御史。稍遷主客員外郎、直史館,召入翰林爲學士。契丹入寇,晉出帝命十五將出征。是夕,質宿直,出帝命諸學士分草制,質曰:"宮城已閉,慮泄機事。"遂獨爲之,辭理優贍,當時文士皆嘆伏。周太祖征李守貞,每朝廷遣使賫詔處分軍事,皆中機會,太祖問誰爲此辭,使者以質對。太祖曰:"宰相器也。"

太祖起兵入京師,遽令草太后誥及議迎湘陰公儀注,乃白太后以質爲兵部侍郎、樞密副使。周廣順初,拜中書侍郎、同中書門下平章事、集賢殿大學士、兼參知樞密院事。世宗時,累加司徒、洪文館大學士。恭帝即位,封蕭國公。

北邊奏太原劉承鈞結契丹入寇,乃命我太祖北征,爲六師推戴,自陳橋入城,還府第。時質方就食閣中,聞太祖入,率王溥、魏仁浦就府謁見。質執溥手曰:"倉卒遣將,吾儕之罪也!"爪入溥手,幾出血,溥無語。既見太祖,質曰:"先帝養太尉如子,今身未冷,奈何!"太祖性仁厚,嗚咽流涕,曰:"吾受世宗厚恩,今爲六軍所逼,一旦至此,將若之何!"軍校羅彥瓌按劍厲聲向質曰:"我輩無主,今日須得天子!"太祖叱之,不退。質知勢不可遏,曰:"事已爾,無太倉卒,自古帝王有禪位之禮,今可行也。"因具陳之,且曰:"太尉既以禮受禪,則事太后如母,養少主如子,無負先帝舊恩。"太祖揮涕許諾,然後率百官成禮,太祖由此深敬重質。

（宋）王稱:《東都事略》卷一八

范質,字文素,魏郡人。母夢人授五色筆而質生。唐長興中,擢進士第,仕晉至翰林學士,周祖擢爲宰相。建隆初,封魯國公。乾德二年罷相。初和凝知貢舉,愛質所試文,自以中第嘗在第十三名,故亦以處質。其後質官及封國,皆與凝同,當時謂之"傳衣鉢"。質平居手不釋卷,謂人曰:"嘗有異人言,吾當大任。無學術,何以處之?"及司制誥,人服其該贍,奉行制敕,未嘗破律。爲相不受四方饋獻,禄賜親族,歿無餘財。太祖嘆其清慎曰:"真宰相也。"

（宋）曾鞏:《隆平集》卷四

范質，爲侍中。顯德六年四月，世宗征關南，質以疾留京師，詔賜質錢百萬，俾之市藥。

（宋）王欽若等編纂：《册府元龜》卷三一九《宰輔部》

周范質，爲司徒兼門下侍郎、平章事。王溥爲中書侍郎兼禮部尚書、平章事。顯德六年六月，以質、溥並參知樞密院事。

（宋）王欽若等編纂：《册府元龜》卷三二九《宰輔部》

五代范質，字文素。自徙仕以來，未嘗釋卷，人或問之，答曰："昔嘗有異人與吾言，他日必當大用。苟如是言，無學術，何以處之！"

（明）彭大翼：《山堂肆考》卷一二四

後周范質加中書舍人，每朝廷遣使，齎詔處分軍事，皆合機宜。周祖問誰爲此辭，使者以質對，周主嘆曰："宰相器也。"

（明）彭大翼：《山堂肆考》卷四五

宋范質，宋城人。宋太祖稱爲真宰相，所著有《五代通録》，共九十餘卷。又，質初爲後唐時進士，後周累官平章事、左僕射。及宋祖陳橋之立，質誚讓之，具陳禪讓之禮，封魯國公。

（明）彭大翼：《山堂肆考》卷一二二

范質初作相，與馮道同堂，道最舊宿，意輕其新進，潛視所爲。質初知印，當判事，語堂吏曰："堂判之事，並施簽表，得以視而書之，慮臨文失誤，貽天下笑。"道聞嘆曰："真識大體，吾不如也。"質後果爲名相。

（宋）江少虞：《宋朝事實類苑》卷九

范公質初作相，與馮道同堂，道輕其新進，潛視所爲。質初知印當判事，語堂吏曰："當判之事，並施簽表，得以視而書之，慮臨文失誤,貽天下笑。"道聞嘆曰:"真得大體,吾不如也。"

(宋)祝穆:《古今事文類聚》別集卷一一

周顯德中,以太祖在殿前點檢,功業日隆,而謙下愈甚,老將大校多歸心者,雖宰相王溥亦陰效誠款。今淮南都園,則溥所獻也。惟范質忠於周室,初無所附。及世宗晏駕,北邊奏契丹入寇。太祖以兵出拒之,行至陳橋,軍變,既入城,韓通以親衛戰於闕下,敗死。太祖登正陽門望城中,諸軍未有歸者,乃脫甲詣政事堂。時早朝未退而聞亂。質下殿執溥手曰:"倉猝遣將,吾儕之罪也。"爪入溥手,幾血出。溥無語。既入見太祖,質曰:"先帝養太尉如子,今身未冷,奈何如此?"太祖性仁厚,流涕被面。然質知事不可遏,曰:"事已爾,無太倉卒,自古帝王有禪讓之禮,今可行也。"因具陳之,且曰:"太尉既以禮受禪,則事太后當如母,養少主當如子,慎勿負先帝舊恩。"太祖揮涕許諾,然後率百官成禮。由此太祖深敬重質,仍以爲相者累年。終質之世,太后、少主皆無恙。故太祖、太宗每言賢相,必以質爲首。

(宋)蘇轍:《龍川別志》卷上

周世宗在漢,爲諸衛將軍,嘗游畿甸,謁縣令。忘其姓名。令方聚邑客蒲博,弗得見,世宗頗銜之。及即位,令因部夫犯贓數百匹,宰相范質以具獄上奏。世宗曰:"親民之官,贓狀狼籍,法當處死。"質奏曰:"受所監臨財物,有罪止贓。雖多,法不至死。"世宗怒,屬聲曰:"法者,自古帝王之所制,本以防奸,朕立法殺一贓吏,非酷刑也。"質曰:"陛下殺之即可。若付有司,臣不敢署敕。"遂貸其命。因令:"今後犯者,並以枉法論。"質乃奉詔。今《刑統》中"強率斂入己,並同枉法"者是也。質之守正不回,大率如是。

(宋)王琪:《國老談苑》卷一

范質性儉約,不受四方遺賂。自五代以來,宰相取給於方鎮,由質絕之。爲相輔,居第止十一間,門屋庳隘。周太祖嘗令世宗詣質。

時爲親王,軒馬高大,門不能容,世宗即下馬步入。及嗣位,從容語質曰:"卿所居舊宅耶,門樓一何小哉!"因爲治第。

(宋)王琪:《國老談苑》卷一

周世宗嘗欲以竇儀、陶穀並命爲宰相。以問范質。質曰:"穀有才無行,儀執而不通。"遂寢其事。太祖又欲令參知政事,趙普憚其剛嚴,奏以薛居正代之。終不入中書,亦其命也。

(宋)王琪:《國老談苑》卷一

王溥字齊物,并州祁人也。漢乾祐中舉進士甲科。李守貞據河中、趙思綰反京兆、王景崇亂鳳翔,周太祖將兵討三叛,以溥爲從事。三叛既平,朝士及藩鎮嘗以書往來,詞意涉於悖逆者,太祖籍其名,欲按之,溥諫曰:"魑魅伺夜而出,日月既照,則氛祲消矣,請焚之,以安反側。"太祖從之。太祖將大漸,促召學士草制,以溥爲中書侍郎、同中書門下平章事。已宣制,太祖曰:"吾無恨矣。"世宗嘗問漢相李崧蠟彈書結北虜,有記其辭者否? 溥曰:"使崧有此,肯示人耶! 蘇逢吉輩陷之爾。"世宗遂優贈崧官。世宗將討秦鳳,溥薦向拱,遂平之。世宗因宴酌卮酒賜之,曰:"成吾邊功,卿擇帥之力也。"

恭帝即位,加尚書右僕射。

(宋)王稱:《東都事略》卷一八

吳廷祚字慶之,太原人也。始仕周太祖,爲親校。及即位,爲莊宅副使,稍遷皇城使。世宗即位,遷右羽林將軍、内客省使。逾年,拜宣徽北院使,遷南院使、西京留守。世宗征關南,以廷祚留守京師,拜左驍衛上將軍,爲樞密使。

(宋)王稱:《東都事略》卷二五

劉溫叟字永齡,河南洛陽人也。蓋唐武德功臣政會之後,世爲名家。父岳,後唐太常卿,《五代史》有傳。溫叟七歲善屬文,工楷隸。

岳嘗語家人曰："吾兒風骨秀異，所不知者壽耳，今世難未息，得與老夫偕爲温洛之叟足矣。"故名之曰"温叟"。

始以父任補四門助教，仕唐，爲右拾遺、監察御史、右補闕。仕晉，爲翰林學士。契丹犯京師，温叟懼隨契丹北徙，與承旨張允求去職，契丹主怒，欲黜爲縣令。趙延壽曰："學士不稱職而求解者，罷之可也。"得不黜。仕漢，爲史館修撰。顯德中，坐知貢舉爲人所譖，世宗怒，於十六人中黜去十二人，由是左遷太子詹事。

（宋）王稱：《東都事略》卷三〇

王祐字景叔，大名莘人也。父徹，左拾遺。祐少篤志詞學，性倜儻而俊，以書見桑維翰，維翰奇之。

鄴帥杜重威辟爲觀察支使。祐常諭重威，使無反漢，重威竟反，祐坐責遼州司户參軍。仕周，歷魏縣、南樂二令。

（宋）王稱：《東都事略》卷三〇

吕餘慶，幽州安次人也，名犯太祖諱，遂以字稱。父琦，晉兵部侍郎，《五代史》有傳。餘慶以蔭補千牛備身，歷開封府參軍、户曹掾、忠武軍推官、鄄縣令、濮州録事參軍。太祖節制同州，餘慶爲從事，太祖歷滑、許、宋三鎮，並在幕府。

（宋）王稱：《東都事略》卷三一

石熙載字凝績，洛陽人也。周時舉進士。

（宋）王稱：《東都事略》卷三一

李文正昉，太祖在周朝已知其人，及即位用以爲相。嘗語文正曰："卿在周朝，未曾傾陷人，可謂善人君子。"故太宗遇之亦厚，年老罷相，每内宴必先赴坐。

（宋）阮閱：《詩話總龜》卷一

李昉字明遠，深州饒陽人也。父超，仕晉爲集賢院學士。昉以蔭補太廟齋郎，舉進士爲秘書郎、直洪文館，改右拾遺。周宰相李穀將兵征淮南，以昉爲記室參軍。師還，擢知制誥、翰林學士。

（宋）王稱：《東都事略》卷三二

李穆字孟雍，開封陽武人也。幼温厚，寡言好學，聞酸棗王昭素善《易》，往師之。昭素謂人曰："觀李生材器，他日必爲卿相。"昭素以著《易論》三十三篇授之。舉進士，調郢州判官。周世宗即位，博求文學之士，近臣薦其才，拜右拾遺。

（宋）王稱：《東都事略》卷三五

楊徽之字仲猷，建州浦城人也。世尚武力，父澄始業儒，徽之少好學，同邑有江文蔚善賦，江爲善詩，徽之遂與齊名。游學於廬山，是時福建屬江南，江南亦置進士科，以延士大夫，徽之耻之，乃間道詣中朝應舉，遂登進士第。歷集賢校理、著作佐郎、右拾遺。

太祖爲時望所歸，徽之上書言其事。及太祖受禪，太宗見其書，謂太祖曰："此周室忠臣也。"

（宋）王稱：《東都事略》卷三八

右拾遺浦城楊徽之，亦嘗言於世宗，以爲上有人望，不宜典禁兵。上即位，將因事誅之，皇弟光義曰："此周室忠臣也，不宜深罪。"於是亦出爲天興令。楊徽之與鄭起同，此據《實録》及本傳，事則取《記聞》。

（宋）李燾：《續資治通鑒長編》卷四，太祖乾德元年（963）

錢文炳，蘇州節度使元璙之侄，仕爲元帥府判官、檢校禮部尚書。顯德中，累入京爲供奉，有文學口辯，善應對。

（宋）佚名：《分門古今類事》卷一七

柳開字仲塗，大名人也。父承翰，仕至監察御史。開幼警悟豪勇,父顯德末爲南縣令,有盜入其家,衆不敢動,開年十三,亟取劍逐之,盜逾垣,開揮劍斷其足二指。

及就學講説,能究經旨,舉進士第。自五代以來,學者少尚義理,有趙生者,得韓文數十篇,未達,乃携以示開。開一見,遂知爲文之趣,自是屬辭必法韓愈,初名肩愈,蓋慕之也。開尚氣自任,不顧小節,所與交必時之豪俊。

(宋)王稱:《東都事略》卷三八

司徒詡,顯德末以太常卿致仕。帝以雅樂淪廢,議欲恢復正聲。詡年老多病,不能莅事,故有是命。

(宋)王欽若等編纂:《册府元龜》卷八九九《總録部》

盧多遜,懷州人。父億,有操行,仕至少府監。周顯德末,登進士第。

(宋)曾鞏:《隆平集》卷四

盧多遜,懷州河内人也。父億,字子元。少篤學,以孝悌聞,舉明經,調新鄉簿。復舉進士,爲校書郎、集賢校理。仕周累至司封郎中、宏文館直學士,出爲河南令。

(宋)王稱:《東都事略》卷三一

是日,遣盧多遜爲江南生辰國信使。多遜至江南,得其臣主歡心。及還,艤舟宣化口,使人白國主曰:"朝廷重修天下圖經,史館獨闕江東諸州,願各求一本以歸。"國主亟令繕寫,命中書舍人徐鍇等通夕讎對,送與之,多遜乃發。於是江南十九州之形勢,屯戍遠近,户口多寡,多遜盡得之矣。歸,即言江南衰弱可取狀。上嘉其謀,始有意大用。

(宋)李燾:《續資治通鑒長編》卷一四,太祖開寶六年(973)

周恭帝之世，有右拾遺、直史館鄭起上宰相范質書，言太祖得衆心，不宜使典禁兵，質不聽。及太祖入城，諸將奉登明德門，太祖命將士皆釋甲還營，太祖亦歸公署，釋黃袍。俄而，將士擁質及宰相王溥、魏仁浦等皆至，太祖嗚咽流涕曰：“吾受世宗厚恩，今爲六軍所逼，一旦至此，慚負天地，將若之何？”質等未及對，軍校羅彥瓌按劍厲聲曰：“我輩無主，今日必得天子！”太祖叱之，不退。質頗誚讓太祖，且不肯拜。王溥先拜，質不能已，從之，且稱萬歲，請詣崇元殿，召百官就列。周帝內出制書，禪位，太祖就龍墀北面再拜命。宰相扶太祖登殿，易服於東序，還即位，群臣朝賀。及太宗即位，先命溥致仕，蓋薄其爲人也。又嘗稱質之賢，曰：“惜也，但欠世宗一死耳。”

（宋）司馬光：《涑水記聞》卷一

己亥，以殿中侍御史鄭起爲西河令。起，不知何許人，輕俊無檢操。顯德末，爲殿中侍御史，見上握禁兵，有人望，乃貽書范質，極言其事，質不聽。嘗遇上於路，橫絕前道而過，上初不問。於是出掌泗州市征，刺史張延範官檢校司徒，吏輒呼以太保。起貧，常乘騾，一日，從延範出近郊，延範揖起行馬，起曰：“此騾也，安用過呼！”延範深銜之，密奏起嗜酒廢職，起坐左遷。

（宋）李燾：《續資治通鑑長編》卷四，太祖乾德元年（963）

張茂直，兗人，家貧，喜讀書。少游汶上，嘗買瓜於圃，翁倚鋤睥睨曰：“子非久當斷頭，下刃之際，稍速則死，稍緩則生。果獲免，必享富貴。”無何，慕容彥超據兗，例驅守埤。周師破敵，擁城者例坐斬，斬殆盡，至茂直，挾刀者語之曰：“汝髮甚修鬒，惜爲頸血所污，可先斷之。”茂直許焉。將理髮，得釋免。後知制誥、秘書監卒。

（宋）文瑩：《玉壺清話》卷五

劉坦狀元及第，爲維揚李重進書記。好酒，李常令酒庫：“但書記有客,無多少供之。"尋爲掌庫吏頗悋之,須索甚艱。因大書一絕於廳之屏上云:"金殿試回新折桂,將軍留辟向江城。思量一醉猶難得,辜負揚州管記名。"未幾,重進望日,復謁於坦,讀之忽悟,曰:"小吏悋酒於書記也。"立命斬之。坦不懌,凡數月,悔而成疾。

(宋)錢易:《南部新書》癸

呂端,字易直,其先燕人。父琦,《五代史》有傳。兄名犯太祖諱下一字,字餘慶。太祖節制同州,餘慶爲賓佐。及即位,累擢參知政事。蜀平,知成都府,不罷政事,以執政莅藩鎮,自餘慶始。歸朝,復舊任。既而引疾求罷,除尚書左丞。卒年五十。太祖幕客,餘慶居其先,趙普、李處耘首大用,餘慶獨不介意。及除執政,而處耘被黜,同列欲共排之。上問處耘,第以實對。普忤旨而罷,仍力爲辯釋。餘慶重厚有守,所至以寬簡治。與弟端俱以文官三品蔭補千牛衛備身。端在周直史館,建隆初遷太常丞,歷官四十年始大用。

(宋)曾鞏:《隆平集》卷四

王著爲僞蜀明經,善真書行草,深得家法,爲翰林侍書,與侍讀更直。太宗令中使持御札示著,著曰:"未盡善也。"上臨學益勤。後再示之,著曰:"止如前爾。"中人詰其故,著曰:"帝方始工書,吾或褒稱,則不復留意矣。"後歲餘,復示之,奏曰:"功已至矣,非臣所及。"後真宗聞之,謂宰臣曰:"善規益者也,宜居臺憲。"後終於殿中侍御史。

(宋)文瑩:《玉壺清話》卷五

王安石與上論塘泊,上以爲王公設險守國,安石曰:"誠如此,《周官》亦有掌固之官,但多侵民田,恃以爲國,亦非計也。太祖時未有塘泊,然契丹莫敢侵軼。"上曰:"與之和。"安石曰:"彼自求和,非求與之和也。周世宗即不曾與之和,然世宗能拓關南地,彼乃不能侵軼。"上又以爲世宗勝契丹,適遭睡王,安石曰:"李景非常睡,亦爲世宗取淮南。八年四月五日,安石又言睡王事,附注在蕭禧入辭下。今契丹主豈必勝李景? 其境內盜賊不禁,諸事廢弛,若陛下異時有以勝之,然後乃可以言其無以勝李景爾。天錫聖質甚高,天相助陛下甚至,若陛下力行先王之政,以兼四夷、寧中國爲己任,即强敵無不可制服者。"上又稱世宗善駕馭,安石曰:"乘天下利勢,豈有不可駕御之人臣、不可制服之强敵? 世宗斬樊愛能等,則兵不得不强;選於衆,舉李穀、王朴,則國不得不治。李穀、王朴雖不足方古人,然要之一時之選也。但此二事,足以成大業矣。"馮京言世宗酷暴,上曰:"聞世宗上仙,人皆慟哭。"安石曰:"告汝德之説,於罰之行。人悦德乃在於罰行,罰行則誕謾偷墮暴橫之人畏戢,公忠趨事之人乃有所赴愬,有所托命,此世宗上仙,人所以哭也。"

(宋)李燾:《續資治通鑒長編》卷二四五,神宗熙寧六年(1073)

(6) 其他

唐薛昭緯,即保遜之子也,恃才傲物,有父風。每入朝省,弄笏而行,旁若無人,又好唱《浣沙溪》詞。知舉後,有一門生辭歸鄉里,臨歧獻規曰:"侍郎重德,某既受恩。爾後不弄笏唱《浣沙溪》詞,某幸甚也。"時人謂之至言。有一吏,嘗學其行步揖遜,薛知之,乃召謂曰:"試於庭前學,得似,即恕汝罪。"於是下簾,擁姬妾而觀,小吏安詳傲然,舉動酷似,笑而舍之。路侍中在蜀,嘗夏日納凉於球場廳中。使院小吏羅九皋,裹巾步履,有似裴條,侍中遥見促召,逼視方知其非,因笞之。

(宋)李昉:《太平廣記》卷二六六《薛昭緯羅九皋附》

薛昭緯使於梁國,諭以傳禪。梁祖令客將約回,乃謂謁者曰:"大君有命,無容却回。"速響前邁,既至夷門,梁祖不獲已而出迎接,見其標韻詞辨,方始改觀。自是宴接,莫不款曲。一日,梁祖話及鷹鷂,薛盛言鴛鳥之俊。梁祖欣然,謂其亦曾放弄。歸館後,以鷂子爲贈。薛致書感謝,仍對來人戒僮僕曰:"令公所賜,直須愛惜,可以紙裹,安轡袋中。"聞者笑之。

（宋）李昉：《太平廣記》卷二六六《薛昭緯羅九皋附》

唐薛昭緯侍郎，恃才與地，鄰於傲物。常以宰輔自許，切於大拜。於時梁太祖已兼四鎮，兵力漸大，有問鼎之心，速於傳禪。薛公銜命梁國，梁祖令客將約回，乃謂謁者曰："大君有命，無容却回。"速轡前邁。既至夷門，梁祖不獲已，而出迎接，見薛公標韻詞辯，方始改觀。自是宴接，莫不款曲。一日，梁祖話及鷹鷂，薛公祇對，盛言鷙鳥之俊。梁祖欣然，謂其亦曾放弄。歸館後傳語送鷂子一頭。薛生致書感謝，仍對來人戒僮僕曰："令公所賜，真須愛惜，可以紙裹，安轡袋中。"來人失笑，聞於使衙。

（五代）孫光憲：《北夢瑣言》卷一一

唐薛廷珪少師，右族名流，仕於衰世。梁太祖兵力日強，朝廷傾動，漸自尊大，天下懼之。孤卿爲四鎮官告使，夷門客將劉翰先來類會，恐申中外，孤卿佯言不會，謂謁者曰："某無德，安敢輒受令公拜。"竟不爲屈。洎受禪之後，勉事於梁，而太祖優容之，壽考而終也。中間奉命册蜀先主爲司徒，館中舊疾發動，蜀人送當醫人楊僕射，俾攻療之。孤卿致書感謝，其書末請借肩輿，歸京尋醫。蜀主訝之，乃曰："幸有方藥，何不俟愈而行？"堅請且駐行軒。公謂客將曰："夜來問此醫官，殊不識字，安可以性命委之乎！"竟不服藥而北歸。

（五代）孫光憲：《北夢瑣言》卷五

唐昭宗以宦官怙權，驕恣難制，常有誅夷之意。宰相崔胤嫉忌尤甚，上敕胤，凡有密奏，當進囊封，勿於便殿啓奏，以是宦者不之察。韓全誨等乃訪京城美婦人數十以進，求宮中陰事。天子不之悟，胤謀漸泄，中官以重賂甘言，請藩臣以爲城社，視崔胤眥裂。時因伏臘讌聚，則相向流涕，辭旨訣別。會汴人寇同、華，知崔胤之謀，於是韓全誨引禁軍，陳兵仗，逼帝幸鳳翔。它日，崔胤與梁祖叶謀以誅閹宦，未久，禍亦及之，致族絶滅。識者歸罪於崔胤。先是，其季父安潛嘗謂親知曰："滅吾族者，必緇兒也。"緇兒即胤小字。河東晉王李克用聞胤所爲，謂賓友曰："助賊爲虐者，其崔胤乎！破國亡家，必在此人也。"

（五代）孫光憲：《北夢瑣言》卷一七

崔允應爲"胤"字之誤。召朱全忠，自助全忠自岐下還河中。允謁見於渭橋，捧巵上壽，持板爲全忠唱歌，仍自撰歌詞，贊其功業。史以爲自古與盜合從，覆亡宗社未有如允之甚也。

（宋）孔平仲：《續世説》卷一二

唐世梁太祖未建國前，崔禹昌擢進士第，有別業在汴州管内。禹昌敏俊善接對，初到夷門，希梁祖意，請陳桑梓禮，梁祖甚喜。以其不相輕薄，甚蒙管領，常預賓次，或陪褻戲。梁祖以其有莊墅，必藉牛，乃問曰："莊中有牛否？"禹昌曰："不識得有牛。"意是無牛，以時俗語"不識得有"對之。梁祖大怒曰："豈有人不識牛，謂我是村夫即識牛，渠則不識。如此輕薄，何由可奈！"幾至不測，後有人言，方漸釋怒。

（五代）孫光憲：《北夢瑣言》卷四

梁祖陷邢州，進軍攻王鎔於常山。趙之賓佐有周式者，性慷慨，有口才，謂王鎔曰："事急矣，速決所向，式願爲行人。"即出見之。梁祖曰："王公朋附并、汾，違盟爽信，弊賦已及於此，期於無舍。"式曰："明公爲唐室之桓、文，當以禮義而成霸業。王氏今降心納質，願修舊好，明公乃欲窮兵黷武，殘滅同盟，天下其謂公何？"梁祖笑引式袂謂之曰："與公戲耳！"鎔即送牛酒幣貨數萬犒汴軍，仍令其子入質於汴，因而解圍。近代之魯仲連也。

（五代）孫光憲：《北夢瑣言》卷一七

岐王李茂貞霸秦隴也。涇州書記薛昌緒爲人迂僻,稟自天性。飛文染翰,即不可得之矣。與妻相見亦有時,必有禮容,先命女僕通轉,往來數四,可之,然後秉燭造室。至於高談虛論,茶果而退。或欲詣幃房,其禮亦然。嘗曰:“某以繼嗣事重,輒欲卜其嘉會。”必候請而可之。及從涇帥統衆於天水,與蜀人相拒於青泥嶺。岐衆迫於輦運,又聞梁人入境,遂潛師宵遁,頗懼蜀人之掩襲。涇帥臨行,攀鞍忽記曰:“傳語書記,速請上馬。”連促之,薛在草庵下藏身。曰:“傳語太師,但請先行,今晨是某不樂日。”戎帥怒,使人提上鞍轎,捶其馬而逐之,尚以物蒙其面。云:“忌日禮不見客。”此蓋人妖也。秦隴人皆知之。

(宋)李昉:《太平廣記》卷五〇〇《薛昌緒》

范文正復元姓,用陶朱、張祿事,世皆傳誦。大中祥符五年,潯陽陶岳作《五代史補》百餘條,蓋補王元之內相《五代史闕文》未備者。其書梁事,中有鄭準,性諒直,長於箋奏。成汭鎮荆南,辟爲推官。汭嘗殺人亡命,改姓郭氏,既貴,令準草表,乞歸本姓,其略曰:“臣門非冠蓋,家本軍戎。親朋之內,盱睢爲人報怨;昆弟之間,點染無處求生。背故國以狐疑,望鄰封而鼠竄。名非伯越,乘舟難效於陶朱;志切投秦,入境遂稱於張祿。”如此,則前已有此聯,特文正公拈出尤爲切當云。

(宋)周煇:《清波雜志》卷一二

楊彥伯,廬陵新淦人也,童子及第,天復辛酉歲,赴選,至華陰,舍於逆旅。時京國多難,朝無親識,選事不能如期,意甚憂悶。會豫章邸吏姓楊,鄉里舊知,同宿於是,因教己云:“凡行旅至此,未嘗不禱金天,必獲夢寐之報。縱無夢,則此店之嫗亦能知方來事。苟獲一言,亦可矣。”彥伯因留一日,精意以祠之,爾夕竟無夢。既曙,店嫗方迎送他客,又無所言。彥伯愈怏怏,將行,復失其所着鞋,詰責童僕甚喧。既即路,嫗乃從而呼之曰:“少年何其喧耶?”彥伯因具道其事。

嫗曰："嘻，此即神告也。夫將行而失其鞋，是事皆不諧矣，非徒如此而已也。京國將有亂，當不可復振，君當百艱備歷，然無憂也。子之爵祿皆在江淮，官當至門下侍郎。"彥伯因思之，江淮安得有門下侍郎。遂行至長安，適會大駕西幸，隨至岐隴。梁寇圍城三年，彥伯辛苦備至。駕既出城，彥伯逃還吉州。刺史彭珍厚遇之，累攝縣邑。僞吳平江西，復見選用，登朝至户部侍郎，會臨軒策命齊王，彥伯攝門下侍郎行事。既受命，思店嫗之言，大不悦，數月遂卒。

（宋）李昉：《太平廣記》卷八五《華陰店嫗》

蜀秀才楊錚，自言楊錚不均，馴馬奔鄭，是以字奔鄭。行惡思，或故作落韻，或醜穢語，取人笑玩。裝修卷軸，投謁王侯門，到者無不逢迎。雄藩火幕，爭馳車馬迎之。錚每行，僕馬甚盛，平頭騎從騾，携書袋。偏郡小邑，尤更精意承事之，慮其謗讟。

黔南節度使王茂權，聰明，有文武才，四方負藝之士，罔不集其門。召錚至，飫東閣，盡禮待之。時令貢惡詩，以爲歡笑，諸客請召，有不得次者，以爲怏怏。茂權一日忽屏從謂之曰："秀才客子，當州必欲諸留，相伴至罷鎮同歸，可乎？如可，則當奉爲卜娶，所居奉留。"錚欣然從之。權令媒氏與問名某氏之屬。至於成迎，筵宴爲備焉。仍邀諸從事赴會，錚親見女容質異常端麗。及成禮，遽遭毆辱，左右婢僕，皆是扶同共相毁詈，不勝其苦。乃是茂權詐飭無鬚少年數輩，皆穠裝豔服以給之。然後茂權自赴會大笑。

此後復就茂權，屢自乞一邑。初有難色，賓從其諮，方許之。遂命給簡署。及期治行李，擇良日辭謝。本邑迎候人力，自衙門外至通衢。忽有二健步，手執一牒，當街趨拽下馬，奪去中帶，云："有府斷，攝官送獄，荷校滅耳！"茂權遂詐作計，贈遺二夫，令脱逃而遁。潛藏旬日，方召出之。軍州大以爲笑。

（宋）李昉：《太平廣記》卷二六二《楊錚》

《九國志》：張馴，景福元年，從行密歸江都，路經毘陵，行密顧左右:"毗陵大城也,馴一劍下之,不亦壯乎!"即授温州刺史。

(宋)孫逢吉:《職官分紀》卷四〇

于濤者,宰相琮之侄,授泗州防禦使、歙州刺史,佐淮南楊行密爲副使。

(宋)羅願:《新安志》卷九

陶雅,字國華,廬州合淝人。楊行密逐廬州刺史郎幼,復以雅爲左衝山將,討定鄉盜。田頵既破歙州,雅自池州團練使來爲刺史,田頵爲寧國軍節度使。天復二年,頵既平昇州,求池歙爲屬,行密不許,頵遂絶。三年十二月,行密破宣州,殺頵。順義軍使汪武與頵連和,雅攻鍾傳,兵過武所,迎謁縛武於軍。天祐元年八月,前衢州刺史陳璋、睦州刺史陳詢,皆叛錢鏐,附於行密。明年,鏐圍詢於睦州,行密遣雅救之,軍中夜驚,士卒多逾壘亡。左右及裨將韓球奔告之,雅安卧不應。須臾自定,亡者皆還。鏐遣從弟鎰及指揮使顧全武、王球拒雅,爲雅所敗,虜鎰及球以歸。六月,雅會衢睦兵攻婺州,拔之,執刺史沈夏。行密以雅爲江南都招討使、歙婺衢睦四州都團練觀察處置等使。陳詢不能守睦州,奔於廣陵,雅入據其城。十一月庚辰,行密卒,子渥嗣爲節度,王茂章代渥爲宣州觀察使,與渥不協。三年正月壬戌,茂章以宣歙二州叛附於錢鏐。雅急引兵還歙。六月,衢婺睦皆復爲錢鏐所破。開平一年,雅使其子敬昭及指揮使徐章將兵襲饒,信州刺史危仔昌請降,饒州刺史唐寶弃城走。是歲,楊氏又得撫、袁、吉、虔四州,於是江西之地盡入於楊氏。雅在郡,凡二十年。

(宋)羅願:《新安志》卷九

五代趙康凝、楊偓方宴,食青梅。凝顧偓曰:"勿多食,小兒食。"諸將以爲慢偓,遷康凝梅陵。

(宋)陳景沂:《全芳備祖》後集卷五

五代楊偓方宴，食青梅。趙康凝顧偓曰："勿多食，發小兒熱。"諸將以爲慢，仍貶康凝於海陵。

（明）彭大翼：《山堂肆考》卷二○四

《九國志》：吳陶雅，典黔州二十餘年，民感其化，生男女以陶爲字。

（宋）孫逢吉：《職官分紀》卷四一

歐遆者，吳順義七年知歙州，官金紫光禄大卿、檢校司徒兼御史大憲、上柱國。楊氏以梁龍德元年二月改元順義，此云七年，當後唐天成二年。

（宋）羅願：《新安志》卷九

《九國志》：吳秦裴，行密據廣陵，以裴知揚子縣。有虎入縣，裴親殺以獻行密，詔褒之。裴曰："此衆共殺，非能獨制也。"行密嘆曰："勇而能謙，必享富貴。"歷高郵、無錫令，有能名。

（宋）孫逢吉：《職官分紀》卷四二

董思恭，吳人。初爲右史、知貢舉事泄，流嶺表死。所題篇咏甚多。

（明）張昶：《吳中人物志》卷七

僞吳毛貞輔，累爲邑宰。應選之廣陵，夢吞日。既寤，腹猶熱，以問侍御史楊廷式。楊曰："此夢至大，非君所能當。若以君而言，當得赤烏場官也。"果如其言。

（宋）李昉：《太平廣記》卷二七八《毛貞輔》

宰相
宋齊丘、王令謀、張延翰、李建勳、嚴球、張居永、孫晟。

（明）陶宗儀：《説郛》卷五八《江表志》

宰相

宋齊丘、李建勛、馮延巳、徐游、孫晟、嚴續。

（明）陶宗儀：《説郛》卷五八《江表志》

宰相

嚴續、徐游、游簡言、湯悦。

（明）陶宗儀：《説郛》卷五八《江表志》

二朝父子爲相者嚴可求、嚴續父子。爲將者，劉信、劉彦真，王綰、王崇文，周本、周業，陳誨、陳德誠，皇甫暉、皇甫繼勛。兄弟與彦真，侄存忠亦爲將。兄弟承恩遇者，馮延巳、馮延魯。兄弟有大名者，徐鉉、徐鍇，二人連呼。文筆則韓熙載、伍喬。正直則蕭儼、常夢錫。權勢則鍾謨、李德明。

（明）陶宗儀：《説郛》卷五八《江表志》

使相

趙王李德誠、張崇、張宗、周本、李簡、王輿、劉威、劉信、王綰、柴載用、劉金、徐玠、馬仁裕。

（明）陶宗儀：《説郛》卷五八《江表志》

使相

趙王李德誠、王崇文、郭宗、柴克宏、謝匡、朱鄴、孫漢威、皇甫暉、劉彦真、劉仁贍。

（明）陶宗儀：《説郛》卷五八《江表志》

使相

林仁肇、王崇文、何洙、湯悦、朱業、陳誨、黄廷謙、嚴續、柴克貞、鄭彦華、皇甫繼真。

（明）陶宗儀：《説郛》卷五八《江表志》

樞密使

杜光鄴、陳襃。

（明）陶宗儀：《説郛》卷五八《江表志》

樞密院

嚴續、湯悦、李徵古、陳覺、唐鎬、陳處堯、魏岑。

（明）陶宗儀：《説郛》卷五八《江表志》

樞密使

嚴續、朱鞏、陳喬。

（明）陶宗儀：《説郛》卷五八《江表志》

文臣

楊彥伯、高弼、孫晟、李正明、龔凜、蕭儼、成幼文、賈潭。

（明）陶宗儀：《説郛》卷五八《江表志》

文臣

江文蔚、王仲連、李貽業、游簡言、湯悦、常夢錫、朱鞏、陳玄藻、馮延魯、潘承祐、高遠、田霖、張義方、高越、覃潭、張緯、鍾謨、李克明、張易、趙宣、陳繼善。

（明）陶宗儀：《説郛》卷五八《江表志》

文臣

徐鉉、徐鍇、韓熙載、王克貢、張洎、龔穎、張佖、湯静、朱銑、喬舜、潘佑、湯潎、湯滂、郭昭慶、孫犖、伍喬、孟拱辰、高遠、高越、馮謐、李平、張詔、賈彬、田霖、顧彝、趙宣輔。

（明）陶宗儀：《説郛》卷五八《江表志》

許仲宣，青社人。三爲隨軍轉運使，心計精敏，無絲髮遺曠。征江南,軍中之須,當不備之際,曹武惠公固欲試之,凡所索則隨應給師。王師將夜攻城,仲宣陰計之曰:"永夕運鍤,寧不食耶! 既膳無器,可乎?"預科陶器數十萬,夜半爨成食,兵將就食,果索其器,如數給之,他率類此。征交州,爲廣西漕,士死於瘴者十七八,大將孫全興失律,仲宣奏乞罷兵,不待報,以分屯湖南諸州,開帑賞給,縱其醫餌,謂人曰:"吾奪瘴嶺客魂數萬,生還中國,已恨後時,若更俟報,將積尸於廣野矣。誅一族,活萬夫,吾何恨哉?"又飛檄諭交人以禍福,交人因送款,乞內附。遣使修貢,仲宣上表待罪。太宗褒詔,大嘉之。以秘書監致仕於家,八十三終,謚仁惠公。

(宋)文瑩:《玉壺清話》卷二

和地皮掠來

魏王知訓帥宣州,入覲侍宴,伶人戲作緣布人,大面若鬼狀,或問何爲,答曰:"吾宣州土地神,王入覲,和地皮掠來,因至於此。"知訓苛政斂下故也。

(宋)曾慥:《類説》卷二一《南唐近事》

掠地皮

魏王知訓爲宣州帥,苛政斂下,百姓苦之。因入覲侍宴,伶人戲作綠衣大面胡人,若鬼狀,一人問曰:"何爲者?"綠衣人對曰:"吾宣州土地神,王入覲,和地皮掠來,因至於此。"

(明)陶宗儀:《説郛》卷二〇《南唐近事》

魏王知訓爲宣州帥,苛暴斂下,百姓苦之。因入覲侍宴,伶人戲作綠衣大面胡人,若鬼神狀。旁一人問曰:"何著綠衣?"對曰:"吾宣州土地神,今入覲,和地皮掠來,因至於此。"

(明)陶宗儀:《説郛》卷五八《江表志》

皇甫暉,少帝開運末爲密州刺史。戎虜犯闕,因掠其部民以奔。

至江南，江南即遣使具舟楫以迓之。行及秦淮，暉心不自安，因自投於水，沿流百餘步而不没，舟人拯之而免。後人或訊之，云："初落水，如履一大石，欲求溺而不得，故獲免焉。"及至金陵，禮遇甚厚，僞署爲歙州刺史，後遷僞奉化軍節度使。

（宋）王欽若等編纂：《册府元龜》卷四三八《將帥部》

　　前進士韓熙載行止狀云："熙載本貫齊州，隱居嵩岳。雖叨科第，且晦姓名。今則慕義來朝，假身爲賈。既及疆境，合貢行藏。某聞釣巨鰲者不投取魚之餌，斷長鯨者非用割雞之刀。是故有經邦治亂之才，可以踐股肱輔弼之位。得之則佐時成績，救萬姓之焦熬；失之則遁世藏名，卧一山之蒼翠。某爰思幼稚，便異諸童。竹馬蓬弧，固岡親於好弄；杏壇槐里，寧不倦於修身。但勵志以爲文，每栖身而學武。得麟經於泗水，寧怯義圖；受韜略於邳圮，方酣勇戰。占惟奇骨，夢以生松。敢期墜印之文，尚愧擔簦之路。於是攖龍鱗編虎，鬚繢獻捷之師，徒修受降之城壘。爭雄筆陣，決勝詞鋒。運陳平之六奇，飛魯連之一箭。場中勍敵，不攻而自立降旗；天下鴻儒，遥望而盡摧堅壘。横行四海，高步出群。姓名遽列於烟霄，行止遂離於塵俗。且口有舌而手有筆，腰有劍而袖有錘。時方亂離，迹猶飄泛。徒以術探韜略，氣激雲霓。嗔目張而陰電摇，怒呼發而驚雷動。神區鬼甸，天蓋地車。鬥霹靂於雲中，未爲蹻捷；呼樗蒲於筵上，不是酋豪。蘊機謀而自有英雄，仗勁節而豈甘貧賤。攘袂叱咤，拔劍長嗟。不偶良時，孰能言志。既逢昭代，合展壯圖。伏聞大吳肇基，聿修文教。聯顯懿於中土，布明恩於外夷。萬邦咸貞，四海如砥。燮和天地，岩廊有禹、稷、皋陶；灑掃烟塵，藩漢有韓、彭、衛、霍。豈獨漢稱三傑，周舉十人。凝王氣於神都，吐祥光於丹闕。急賢共理，倬漢氏之懸科；待旦旁求，類周人之設學。而又鄰邦作畛，敵境連封。一條之雞犬相聞，兩岸之馬牛相望。彼則恃之以力，數年而頻見傾亡；此則理之以賢，一生而更無騷動。由是興衰之勢，審吉凶之機。得不上順天心，次量人事。且向明背暗，舍短從長。聖賢所同，古今一致。然而出青山而裹足，渡長淮而弃繻。派遥終赴於天池，星遠須環於帝座。是携長策來詣大朝。伏惟司空楚劍倚天，秦松發地。言雄武則平窺絳灌，語兵機則高掩孫吳。經授素王，書傳玄女。莫不鞭撻宇宙，驅役風霆。牢愁積而髀肉生，順氣激而腕臂扼。一怒而豺狼竄匿，再呼而神鬼愁驚，槌蠻鼓而簸朱旗。雷奔電走，掉燕錘而擲白刃；月落星飛，命將拉龍，使兵擒虎。可以力平鯨海，可以拳擊鰲山。破堅每事於先登，敵無不克；策馬常居於後殿，功乃非矜。國家付以肺肝，用爲保障。勛藏盟府，名鏤景鐘。今則政舉六條，地方千里。示之以寬猛，化之以温恭。繕甲兵而耀武威，綏户口而恤農事。謾灑隨車之雨，沾沐嘉田；輕摇逐扇之風，吹消珍氣。可謂仁而有斷，謙而愈光。賢豪向義以歸心，奸宄望風而屏迹。行見秉旄仗鉞，列土分茅。修職貢以勤王，控臨四海；率諸侯以定霸，彈壓八方。遐邇具瞻，威名洽著。況復設廣庭以待士，開玄宮以禮賢。前席請論其韜鈐，危坐願聞於謨典。古今英傑，孰可比方。某干越通津，已觀至化。及來上謁，罔弃諛才。是敢輒述行藏，盡鋪毫幅。況聞鳥有鳳，魚有龍，草有芝，泉有醴，斯皆佳瑞出應昌期。某幸處士倫，謬知人理。足以副明君之獎善，忉聖代之樂賢。昔婁敬布衣，上言於漢祖；曹劌草澤，陳謀於魯公。失范增而項氏不興，得吕望而周朝遂霸。使遠人之來格，寔至德之克昭。謹具行止如前，伏請准式。順義六年七月，歸明進士韓熙載狀。”

（明）陶宗儀：《説郛》卷五八《江表志》

卷軸何多艾氣

韓熙載初知貢舉，人皆以爲巨題，熙載自賦詩五首，且示諸生，皆有可觀。及著格言五十餘篇，時輩罕及，誘掖後進，號“韓夫子”。性好謔浪，有投贄荒惡者，使妓炷艾熏之，俟來嗔曰：“子之卷軸何多艾氣也。”晚年奉貢入梁京，絶知舊題壁云：“未到故鄉時，將謂故鄉好。及至親得歸，爭如身不到。”“目前相識無一人，出入空傷我懷抱。風雨蕭蕭旅館秋，歸來窗下和衣倒。夢中忽到江南路，尋得京中舊居處。桃臉蛾眉笑出門，爭向門前擁將去。"又云："僕本江北人，今作江南客。再去江北游，舉目無相識。金風吹我寒，秋月爲誰白。不如歸去來，江南有人憶。"或問江南何不食剝皮羊，熙載曰："江南地産羅綺故耳。"時皆不喻，熙載去，乃悟，追之不及。

（宋）曾慥：《類説》卷一八《江南野録》

不敢阻興韓熙載

自高密奔江淮，先主大加進擢。後主即位，頗疑北人，往往賜死。熙載懼禍，肆情坦率破財貨，售樂妓以百數，月俸至散與妓女，一無所有。既而不能給，遂衣敝縷，作瞽者持獨弦琴，俾門生舒雅執板，隨房歌舞求丐，以足日膳。且暮不禁其出入，竊與諸生淫雜，熙載過之笑曰："不敢阻興而已。"及夜奔客寢，其客有詩云："最是五更留不住，向人頭畔着衣裳。"時謂北齊徐之才無以過之，月入不供，遂表後主曰："家無盈日之儲，野乏百金之産，仲尼蔬食，平仲肫肩，亦未之如也。今商飈已至，寒色漸加，挾纊授衣未知，何以？"後主批云："熙載咄咄意要出錢，支分破除，廣引妓路，如去臨川，一使幣帛輕快，措大無失也。且日俸五十餘千，謂之不足，則竭國家之産，不過養得百十個，措大爾。"乃賜内庫綿絹充時服，自是多不赴朝，爲左右所彈。分司南都上表，乞住曰："諸佛慈悲，常容悔過。宣尼聖哲，亦許自新。臣無橫草之功，有滔天之罪，羸形雖在，壯節全消，滿船稚子嬰兒，盡室行啼坐哭。勁風孤燭，病身那得長存。萬水千山，回首不堪永訣。"後主又批云："既無遷善之心，遂掇自貽之咎。表陳悔過，覽之愴然，可得許本職在闕下。"

（宋）曾慥：《類説》卷一八《江南野録》

韓熙載，本高密人。後主即位，頗疑北人，有鴆死者。而熙載且懼，愈肆情坦率，不遵禮法，破其財貨，售集妓樂，殆數百人，日與荒樂，蔑家人之法。所受月俸，至即散，爲妓女所有，而熙載不能制之，反以爲喜。然日不能給，遂敝衣屢作瞽者，持獨弦琴，俾舒雅執板挽之，隨房歌鼓，求丐以足日膳。旦暮亦不禁其出入，或竊與諸生糅雜而淫。熙載見趨，過而笑曰：“不敢阻興而已。”及（有）夜奔客寢者。其客詩曰：“最是五更留不住，向人枕畔着衣裳。”時人謂北齊徐之才豁達，無以過之。

（宋）祝穆：《古今事文類聚》後集卷一六

避入相

韓熙載，本青社人，五代之亂渡江，投先主，累官中書侍郎，多置女僕，晝夜歌舞，客至雜坐。熙載謁僧德明，曰：“吾爲此行，正欲避國家入相之命。”僧曰：“何故避之。”曰：“中原常虎視於此，一旦真主出，弃甲不暇，吾不能爲千古笑端。”

（宋）曾慥：《類説》卷一九《見聞録》

服術忌桃李

韓熙載後遷中書侍郎，赴宴見園子裏紅抹額，引數十宮奴，皆名色，乃嘆曰：“此職也好以中書侍郎兼之。”熙載少嘗服術，忌桃李。後主内宴俱賜侍臣，熙載不得已遂食數顆，至是夕，瀉出十數術，人長寸餘而卒。

（宋）曾慥：《類説》卷一八《江南野録》

南唐魏明好吟詩，動即數百言，而氣格卑下。嘗袖以謁韓熙載，熙載佯辭以目暗，且置几上。明日曰：“然則某自誦之可乎？”曰：“適耳忽瞶明。”慚而去。

（明）陶宗儀：《説郛》卷六五《善謔集》

柳宣爲監察御史，居韓熙載門下。韓以帷簿不修，責授太子右庶子，分司南都。議者疑柳宣上言，宣無以自明，乃上章雪熙載事。後主叱曰：“爾不是魏徵，頻好直言。”宣曰：“臣非魏徵，陛下亦非太宗。”韓熙載上表，其略云：“無積草之功可裨於國，有滔天之罪自累其身。又老妻伏枕以呻吟，稚子環床而號泣。三千里外送孤客以何之，一葉舟中泛病身而前去。"遂免南行。後卧疾，終於城南戚家山。後主贈衾被以殮，賜同平章事。所司以爲無贈宰相之故事，後主曰："當自我始。"徐鉉祭文所謂"黔婁之衾，賜從御府；季子之印，佩入泉扃"。

（明）陶宗儀：《説郛》卷五八《江表志》

唐主以勤政殿學士承旨、兵部尚書、修國史韓熙載爲中書侍郎、百勝節度使、兼中書令。熙載上疏論刑政之要，古今之勢，灾異之變，及獻所撰格言。唐主手詔褒答，而有是命。

（宋）李燾：《續資治通鑑長編》卷九，太祖開寶元年（968）

丙寅，唐中書侍郎韓熙載卒。初，唐主以熙載盡忠，能直言，欲用爲相，而熙載任情弃禮，後房妓妾數十人，多出外舍私侍賓客，唐主以此難之。俄被劾奏，左遷右庶子，分司南都，熙載盡斥諸妓，單車即路，且上表求哀，唐主喜，留之，尋復其位。已而諸妓稍稍復還，唐主曰："吾無如之何矣。"及卒，唐主嘆曰："吾終不得熙載爲相也。"欲贈以平章事，問前世有此比否，近臣對曰："昔劉穆之贈開府儀同三司。"乃手書贈熙載平章事。熙載家無餘財，棺椁衣衾，皆唐主賜之。據《徐鉉集》，熙載卒於此年七月二十七日丙寅也。《江南野録》載熙載事迹尤詳，然極不雅馴，今止用《五代史》《九國志》，稍增飾之。

（宋）李燾：《續資治通鑑長編》卷一一，太祖開寶三年（970）

韓熙載字叔言，事江南三主，時謂之神仙中人。風彩照物，每縱轡春城秋苑，人皆隨觀。談笑則聽者忘倦，審音能舞，善八分及畫筆皆冠絶，簡介不屈，舉朝未嘗拜一人。每獻替，多嘉納，吉凶儀制不如式者，隨事稽正，制誥典雅，有元和之風。屢欲相之，爲宋齊丘深忌，終不進用。陳覺以福州之敗，齊丘庇之，特赦不誅。熙載上疏廷爭，必請置法。齊丘益怒，誣以縱酒少檢，貶和州司馬。其實平生不飲，璟覺其譖,非久召還,年六十九,拜中書侍郎,卒。煜嘗恨不得熙載爲相,贈平章事,諡文靖。嚴僕射續以位高寡學,爲時所鄙。又江文蔚嘗作《蟹賦》譏續,略曰:“外視多足,中無寸腸。”又有“口裏雌黃,每失途於相沫;胸中戈甲,嘗聚衆以橫行”之句。續深衒之,强自激昂。以熙載有才名,固請撰其父神道碑,欲苟稱譽取信於人。以珍貨幾萬緡,仍輅未勝衣一歌鬟質冠洞房者,爲濡毫之贈,意其獲盼,必可深諷。熙載納贈受姬,遂納其請,文既成,但叙譜裔品秩及薨葬褒贈之典而已,無點墨道及續之事業者。續嫌之,封還,尚冀其改竄。熙載亟以向所贈之歌姬悉還之,臨登車,止寫一関於泥金雙帶,曰:“風柳搖搖無定枝,陽臺雲雨夢中歸。他年蓬島音塵斷,留取樽前舊舞衣。”

(宋)文瑩:《湘山野録》卷下

韓熙載拜中書侍郎,卒,煜頗嘆惜,謂近臣曰:“吾訖不得熙載爲相,今將贈以平章,前代有此比乎?”或對曰:“劉穆之嘗贈開府儀同三司,即其比也。”乃手書贈之。

(宋)孫逢吉:《職官分紀》卷三

韓熙載才名遠聞,四方載金帛,求爲文章碑表如李邕焉,俸入賞賚,倍於他等。畜聲樂四十餘人,閑檢無制,往往時出外齋,與賓客生徒雜處。後主屢欲相之,但患其疏簡。既卒,愈痛之,謂近臣曰:“吾訖不得相熙載,今將贈以平章事,有此典故否?”或對曰:“昔劉穆之贈開府儀同三司。”乃援此制,諡文靖。主遣人選葬隴,曰:“惟須山峰秀絶,靈仙勝境,或與古賢丘表相近,使爲泉臺雅游。”果選得梅鼎崗謝安墓側。命集賢殿學士徐鍇集遺文,藏之書殿。

(宋)文瑩:《玉壺清話》卷一〇

江南紫微郎熙載酷好鰻鰲,庖人私語曰:“韓中書一命二鰻鰲。”

(宋)陶穀:《清異録》卷上

韓熙載家故縱姬侍，第側建横窗，絡以絲繩，爲觀覘之地。初惟市物，後或調戲，贈與所欲如意，時人目爲自在窗。

（宋）陶穀：《清異録》卷下

舒雅才韻不在人下，以戲狎得韓熙載之心。一日，得海螺甚奇，宜用滑紙，以簡獻於熙載，云：“海中有無心斑道人，往詣門下。若書材糙逆意，可使道人訓之，即證發光地菩薩。”熙載喜受之。發光地，十地之一也，出華嚴書。

（宋）陶穀：《清異録》卷下

韓熙載留心翰墨，四方膠煤，多不合意。延歙匠朱逢於書館傍燒墨供用，命其所曰化松堂。墨又曰玄中子，又自名麝香月，匣而寶之。熙載死，妓妾携去，了無存者。

（宋）陶穀：《清異録》卷下

李相穀密貽韓熙載書曰：“吾之名從五柳公，驕而喜奉，宜善待之。”至果爾，容色凛然，崖岸高峻，燕席談笑，未嘗啓齒。熙載謂所親曰：“觀秀實公非端介正人，其守可隳也。諸君請觀。”因令留俟寫六朝書畢，館泊半年。熙載遣歌人秦弱蘭詐爲驛卒女以紿之，弊衣竹釵，旦暮擁帚，灑掃驛庭。蘭之容止，宫掖殆無。五柳乘隙因詢其迹，蘭曰：“妾不幸，夫亡無歸。托身父母，即守驛翁嫗是也。”情既瀆，失慎獨之戒。將行，翌日又以一闋贈之。後數日，宴於澄心堂，李主命玻璃巨鍾滿酌之，穀毅然不顧，威不稍霽。出蘭於席，歌前闋以侑之。穀慚笑捧腹，簪珥幾墮，不敢不釂。釂罷，復灌，幾類漏巵，倒載吐茵，尚未許罷。後大爲主禮所薄。還朝日，只遣數小吏，携壺漿薄餞於郊。迨歸京，鸞膠之曲已喧，陶因是竟不大用。其詞《春光好》云：“好因緣，惡因緣，奈何天，祇得郵亭一夜眠。别神仙，琵琶撥盡相思調，知音少，待得鸞膠續斷弦，是何年？”

周勛初主編：《宋人軼事彙編》卷四

陶穀奉使江南，韓熙載遣家妓奉盤匜。及旦以書謝，有云：“巫山之麗質初來，霞飛鳥道；洛浦之妖姬自至，月滿鴻溝。”舉朝不能會其詞，召家妓問之，云：“是夕適當浣濯。”

周勛初主編：《宋人軼事彙編》卷四

陶尚書奉使江南，韓熙載遣家妓以奉盥匜，及旦，以書謝，有云：“巫山之麗質初臨，霞侵鳥道；洛浦之妖姿自至，月滿鴻溝。”舉朝不能會其辭，熙載因召家妓詢之，云：“是夕忽當浣濯。”

（清）潘永因：《宋稗類鈔》卷二五

李丞相穀與韓熙載少同硯席，分携結約於河梁曰：“各以才命選其主。”廣順中，穀仕周爲中書侍郎、平章事；熙載事江南李先主爲光政殿學士承旨。二公書問不絶，熙載戲貽穀書曰：“江南果相我，長驅以定中原。”穀答熙載云：“中原苟相我，下江南如探囊中物爾。”後果作相，親征江南，賴熙載卒已數歲。先是，朝廷遣陶穀使江南，以假書爲名，實使覘之。李相密遣熙載書曰：“吾之名從五柳公，驕而喜奉，宜善待之。”至，果爾容色凜然，崖岸高峻，燕席談笑，未嘗啓齒。熙載謂所親曰：“吾輩綿歷久矣，豈煩至是耶？觀秀實公，字也。非端介正人，其守可隳，諸君請觀。”因令留宿，俟寫《六朝書》畢，館泊半年。熙載遣歌人秦弱蘭者，詐爲驛卒之女以中之。弊衣竹釵，旦暮擁帚灑掃驛庭，蘭之容止，宫掖殆無。五柳乘隙因詢其迹，蘭曰：“妾不幸夫亡無歸，托身父母，即守驛翁嫗是也。”情既瀆，失“慎獨”之戒，將行翌日，又以一闋贈之。後數日，宴於澄心堂，李中主命玻璃巨鍾滿酌之，穀毅然不顧，威不少霽。出蘭於席，歌前闋以侑之，穀慚笑捧腹，簪珥幾委，不敢不釂，釂罷復灌，幾類漏卮，倒載吐茵，尚未許罷。後大爲主禮所薄，還朝日，止遣數小吏携壺漿薄饌於郊。迨歸京，鸞膠之曲已喧，陶因是竟不大用。其詞《春光好》云：“好因緣，惡因緣，奈何天，祇得郵亭一夜眠？別神仙，瑟琶撥盡相思調，知音少，待得鸞膠續斷弦，是何年？”

（宋）文瑩：《玉壺清話》卷四

史虛白《釣磯立談》：韓熙載謂宋齊丘曰：“今旦出郊，見群兒爲飛鳶之戲。夫飛鳶之初逝也，其絲發於綸，緩急在掌握之間，或上或下，唯群兒所欲；及空回風迅，綫尾端端直時，或激昂動搖，群兒相語曰：‘此名索綫也。’慎不可縱，縱則斷綫而去矣。執綫輪者，心知其如此，而力不能加，既縱之後，怦怦如鼓危弦，其聲琮琮，忽一得勢，則大挽裂以往，或盤珊太虛之上，或投於滄洲浩渺之外，或冒於積莽翳薈之間。群兒躡斷緒，窮荒徑，盡日力而不可得，踵穿衣決而返。”

（清）陳元龍：《格致鏡原》卷六〇

《九國志》：南唐宋齊丘拜左司員外郎，累遷左諫議大夫、兵部侍郎，参議機密，甚叶民望。

（宋）孫逢吉：《職官分紀》卷五

宋齊丘爲儒日，循啓投姚洞，其大略云：“城上之鳴鳴曉角吹入愁腸，樹頭之颯颯秋風結成離緒。”又曰：“其如千懇萬端，無奈飢寒兩字。”時有識者云：“當須殍死。”果如其言。

（明）陶宗儀：《說郛》卷五八《江表志》

江南宋齊丘，智謀之士也。自以謂江南有精兵三十萬：士卒十萬，大江當十萬，而已當十萬。江南初主本徐温養子，及僭號，遷徐氏於海陵。中主繼統，用齊丘謀，徐氏無男女少長皆殺之。其後，齊丘嘗有一小兒病，閉閤謝客，中主置燕召之，亦不出。有老樂工，且雙瞽，作一詩書紙鳶上，放入齊丘第中，詩曰：“化家爲國實良圖，總是先生畫計謨。一個小兒抛不得，上皇當日合何如？”海陵州宅之東，至今有小兒墳數十，皆當時所殺徐氏之族也。

（宋）沈括：《夢溪筆談》卷二三

千懇萬端飢寒二字

宋齊丘説先主以虛懷待士，立延賓亭，招納賢豪。孫忌、韓熙載等皆爲之用。嗣主左右侍從，皆東宫白面少年，熙載等多肆排毁，以先朝老臣，終不爲少主所用。齊丘乞歸九華舊居，賜號九華先生。齊丘天才縱逸，凡建碑碣，皆自爲文，命韓熙載八分書之，熙載常以紙塞其鼻，曰："其詞穢且臭。"齊丘昔嘗著啓云："至於千懇萬端，只爲飢寒二字。"

(宋)曾慥：《類説》卷一八《江南野録》

宋齊丘鎮鐘陵，有布衣李匡堯累贄謁於宋。宋知其忤物，托以他故終不與之見。一日宋公喪子，匡堯隨吊客造謁，賓司復贄之，乃就賓次，大署二十八字："安排唐祚挫强吴，盡是先生設廟謨。今日喪雛猶自哭，讓王宫眷合何如？"

(明)陶宗儀：《説郛》卷五八《江表志》

宋齊丘相江南李先主昇及事中主璟二世，皆爲右僕射。璟愛其才而知其不正。一日，選景於華林廣園，以明妝列侍，召齊丘共宴，試小妓羯鼓，齊丘即席獻《羯鼓詩》曰："巧斸牙床鏤紫金，最宜平穩玉槽深。因逢淑景開佳宴，爲出花奴奏雅音。掌底輕慴孤鵲噪，杖頭乾快亂蟬吟。開元天子曾如此，今日將軍好用心。"又嘗獻《鳳凰臺詩》，中有"我欲烹長鯨，四海爲鼎鑊。我欲羅鳳凰，天地爲矰繳"之句。皆欲諷其跋扈也，而主終不聽。不得意，上表乞歸九華，其略云："千秋載籍，願爲知足之人；九朵峰巒，永作乞骸之客。"主知其詐也，一表許之，賜號九華先生，以青陽一縣興賦給之。怨毁萬狀，後放歸田里鎖之，穴其墙以給膳，遂自經，年七十三。初，上元縣一民時疾暴死，心氣尚暖，凡三日復蘇，乃誤勾也。自言至一殿庭間，忽見先主被五木縲械甚嚴，民大駭，竊問曰："主何至於斯耶？"主曰："吾爲宋齊丘所誤，殺和州降者千餘人，以冤訴因此。"主問其民曰："汝何至斯耶？"其民具道誤勾之事。主聞其民却得生還，喜且泣曰："吾仗汝歸語嗣君，凡寺觀鳴鐘當延之令永，吾受苦惟聞鐘則暫休，或能爲吾造一鐘尤善。"民曰："我下民爾，無緣得見，設見之，胡以爲驗？"主沉慮曰："吾在位嘗與于闐國交聘，遺吾一瑞玉天王，吾愛之，嘗置於髻，受百官朝。一日，如厠忘取之，因感頭痛，夢神謂吾曰：'玉天王置於佛塔或佛體中則當愈。'吾因獨引一匠携於瓦棺寺，鑿佛左膝以藏之，香泥自封，無一人知者。汝以此事可驗。"又云："語嗣君，勿信用宋齊丘。"民既還家，輒不敢已，遂乞見主，具白之，果曰："冥寞何憑?"民具以玉天王之事陳之。主親詣瓦棺剖佛膝，果得之，感泣慟躃，遂立造一鐘於清凉寺，鐫其上云："薦烈祖孝高皇帝脱幽出厄。"以玉像建塔葬於蔣山。齊丘寵待愈解。

（宋）文瑩：《湘山野録》卷下

宋齊丘，豫章人。天下喪亂，經籍道息。齊丘忿然力學，根古明道，宗經著書。鍾氏既亡，洪州兵亂，隨衆東下。先主爲昇州刺史，往依焉，大禮之。齊丘本字超回，歙人。汪台符貽書侮之曰："聞足下齊大聖以爲名，超亞聖以爲字。"齊丘慚，改字子嵩。先主深欲進用，爲義父徐温所惡，凡十年，温卒，方用爲平章事。遂樹朋黨，陰自封殖，狡險貪愎，古今無之。不知命，無遠識，事三朝，惟延卜祝占相者數十輩置門下。傳云齊丘少夢乘龍上天，至垂老猶抱狂妄，及國家發難，尚欲因其釁以窺覬，時已年七十三矣。事敗，囚於家，鑿土頓穿竇以給食，因而縊焉。平生無正娶，止以倡人爲偶。亦封國，無子，以從子摩詰爲嗣。

（宋）文瑩：《玉壺清話》卷一〇

五代南唐宋齊丘，爲洪州節度。不得志，上表乞罷鎮，歸九華舊隱。嗣主知其詐，一表即許，賜號九華先生、青陽公，食本縣租税。齊丘治大第於青陽，服御將吏皆如王公，而忿郁尤甚。未幾，復爲洪州節度。

（宋）馬永易：《實賓録》卷二

宋齊丘不以徐誥受禪，爲是當諫再三，諫而不從，則當去，豈得爲異又相之乎。其有愧於荀文、劉穆之遠矣。二公之死，蓋不已，齊丘之生，無羞惡也。徐諧所以處齊丘以三十年交舊，曲意包容，蓋終長者，而齊丘情僞，悻悻多變，真小人也。是故爲義而有利心，爲利而求義名，二者不可得兼，使小人每視前事，而要其歸，亦必惟義之從不爲爾矣。

（宋）胡寅：《讀史管見》卷二九

後世取名字，唯恐不至，宋齊丘乃字超回，其不自量如此。

（宋）彭乘：《續墨客揮犀》卷八

宋齊丘，乃字超回，不自量如此。孟軻、莊周，其字不傳，或云軻字子輿，周字子休，皆後人以意取之耳。

（宋）李石：《續博物志》卷四

宋齊丘微時，日者相之曰："君貴不可説，然亞夫下獄之相，君實有之，位極之日，當早引退，庶幾保生。"齊丘登相位數載致仕，復以大司徒就徵。保大末，陳覺謀干紀事，乃餓死於青陽。

（宋）佚名：《分門古今類事》卷一〇

宋齊丘，洪并人。多機智，極才辨，事徐知誥，甚見狎密。先請廣里壙，以塼甃之，時人爲之塼壙里大。齊丘乃説知誥曰："公累世相楊氏，有大功，民間皆知公非徐氏之嫡，其實李也。今有塼壙里大之兆，又讖曰密密，作楊行密開托之初也。唐唐得非公而誰？天命定矣，願公速副民望。"知誥大悦。乃篡楊氏，僭帝位，國號大唐。遂以齊丘爲相，後璟立，以他事誅之，無遺類。於戲！矯天命，亂人倫，鮮有不及禍者，得不爲賊子亂臣之鑒誡乎！

（宋）佚名：《分門古今類事》卷二〇

宋齊丘仕江南李景，僞官至太傅中書令。性倜儻不羈，輕財好施，頗爲其國人所重。及世宗南征，吳人大懼，時陳覺與李徵古皆齊丘門人，因進説於景，請退居後苑，委國事於齊丘，景繇是銜之。初，吳人遣鍾謨、李德明奉表上世宗，尋遣德明復命於金陵。德明因説李景，請割江北之地，求和於我。而陳覺、李徵古等以德明爲賣國，請戮之，景遂殺德明。及江南内附世宗，放鍾謨南歸。謨本德明黨也，思與復讎，因言於景云：“齊丘當國危之際，遣門人獻議，欲因便以奪主位，無人臣之禮。”景於是下僞制，放齊丘歸九華山，尋而幽死之。陳覺、李徵古並賜自盡。

（宋）王欽若等編纂：《册府元龜》卷九二〇《總録部》

宋齊邱之死，僧文瑩《玉壺清話》云：“齊邱少夢乘龍上天，至垂老猶存狂望，當國家發難，尚欲因釁以窺覦，時年七十三矣。事敗，囚於家，鑿土坎穿竇以給食，因而縊焉。”鄭工部《南唐近事》云：“齊邱登相位數歲，致仕，復以大司徒就徵，保大末，坐陳覺謀叛，餓死青陽。”二書不同如此，未知孰是也。

（宋）袁文：《甕牖閒評》卷八

薛史《僭僞傳》但略載僞主事，其臣多無傳，不如歐史稍詳備。如《南唐主李景世家》叙陳覺等矯命發兵攻閩，潰歸，覺與馮延巳、馮延魯、魏岑、查文徽號五鬼。時景怒，而延巳方爲宰相，宋齊丘自九華召爲太傅，爲稍解之，乃流覺蘄州，延魯舒州，韓熙載上書切諫，請誅覺等，齊丘惡之，貶熙載和州司馬。御史中丞江文蔚劾奏延巳、岑亂政，與覺等同罪而不見貶黜，景怒，貶文蔚江州司士參軍。考鈔本徐鉉《騎省文集》宋天禧中胡克順編。第十六卷《熙載墓志銘》載此事，但云“爲權要所嫉罷職”。丞相宋公，朝之元老，勢逼地高，公廷奏黨與，貶和州司事參軍。不明言其事，亦不備列其人。鉉與諸人同朝，故稍諱之。《唐六典》諸州司馬與司士參軍各自一官，則當以墓志爲是。其第十五卷《文蔚墓志銘》，但言“拜御史中丞，矯枉時事，無所顧憚，坐廷劾宰相，貶江州司士參軍”，並宋公亦没而不言。歐史又載契丹遣使來聘，以兵部尚書賈潭報聘；周世宗來伐，泰州刺史方訥弃城走。此二人者，俱見《騎省集》十五卷，《潭墓志》載出使事，《訥墓志》云："拜泰州刺史，強敵深侵，東京失守，州兵盡出，人心大摇，士庶老幼，盡室南渡，公自歸闕下，坐是除名。"亦回護語。

（清）王鳴盛：《十七史商榷》卷九七

《秘笈續函》鄭文寶《南唐近事》云："宋齊丘坐黨陳覺，餓死於青陽。"《説海》陳彭年《江南別録》云："馮延魯欲以功名圖重位，乃興建州之役，陳覺爲招討使，既下建州，矯制進圍福州，元宗令王崇文爲統帥，馮延魯亦往，諸將争功，自相違貳，錢唐以兵來救，我師不戰而潰。"歐史無齊丘餓死事，又興伐閩之役者乃查文徽，非延魯，招討使乃王崇文，而延魯、魏岑、陳覺則監軍使也。與文寶、彭年二書小異，恐當從歐。

（清）王鳴盛：《十七史商榷》卷九七

李徵古，宜春人。少貧賤，嘗宿司郡潘張史家。潘妻夢門前衙儀甚盛，云"太守在此"。既見，乃寓宿秀才也。覺而言於潘，遂厚待之。李至京既及第，不二十年，自樞密副使除本州刺史。離闕日，元宗賜内酒二百瓶，既入宜春界，遍賜耆舊親知，爲政公嚴，壁立千仞。惟馳車迎潘嫗，延留數月，以銀五百兩贈報。亦一代之奇異也。

（宋）佚名：《分門古今類事》卷六

常夢錫，鳳翔人。岐王李茂貞臨鎮，惟喜狗馬博塞，馳逐聲伎。夢錫抱學有才，雖爲鄉里所重，以茂貞不禮儒術，故束書渡淮至廣陵，謁先主，辟置門下，洎受禪，遷侍御史。詞氣方毅，深識典故，擢爲給事中，悉委機事。歷言宋、陳、馮、魏輩奸佞險詐，不宜置左右。主深然之，事垂舉而主狙，遂爲群黨排擊，黜池州判官。起爲禮部尚書，不復言事。自割地之後，公卿在坐，有言及大朝者，夢錫大笑曰："君輩嘗言致君如堯、舜，何忽一旦自以大國爲小朝，得無愧乎？"衆皆默散。

夢錫文章詩筆精贍合體，然懶於編收，故無文集。方與客坐，奄然而卒。前數日，謂所知曰："齊丘、陳覺輩敗在朝夕，但恨不能延數日之命，俾吾目見，然先在泉下，俟數子之誅。"果卒不久，齊丘雉經於青陽，陳覺、李徵古殺於鄱陽道中。

（宋）文瑩：《玉壺清話》卷一〇

江南翰林學士常夢錫，屢言馮延巳等虛誕。唐主不聽，夢錫曰："奸言似忠，陛下若不悟，亡國必矣。"及臣服於周，馮延巳之黨相與言，有謂周爲大朝者。夢錫大笑曰："諸公嘗欲致君堯、舜，何意今日爲小朝邪！"

（宋）孔平仲：《續世說》卷六

垂幃痛飲

常夢錫爲翰林，剛直不附貴近，或曰："公罷置私門，何以爲樂。"常曰："垂幃痛飲而已。"

（宋）曾慥：《類說》卷二一《南唐近事》

唐末進士沈彬未第時，嘗夢著錦衣貼月飛，識者謂身不入月宮，必不第。果然，後仕南唐爲吏部郎。

（明）彭大翼：《山堂肆考》卷八五

沈彬，保大中，以尚書致仕，居江西高安。手植一木於平野，戒諸子曰："必葬我此地。"子孫伐木掘土，深丈餘，得一石椁，上刊八字，云"開成二年，壽椁一所"，即葬之。

（宋）李石：《續博物志》卷八

丘旭，江南人，進士登第，累任州縣。後秘監李至奏，舉爲秘閣官，辭之，乃得臨淮令。嘗見吳淑有徒勞之嘆，吳曰："向李秘閣舉君，君何不欲？"旭曰："誠悔之，然亦有定分。"旭在江東，夢至一處，滿目是山，指一山問人云："此何山？"曰："雲臺山"。及歸朝，除閬州蒼溪

令,群山滿目,指其一大山,問縣人,乃云是"雲臺山"。又嘗夢爲淮泗
官,上木杪看水,比至臨淮,果大水,乘舟從木杪過,豈非前定乎? 由
是言之,非人事明矣。

(宋)佚名:《分門古今類事》卷六

南唐鍾謨、李德明,寵遇日深,勢望輝赫。嘗二人同出,傍有老叟
竊指之,謂人曰:"此二人,一人無頭,一人項上有繩。"未幾,德明弃
市,謨自經而死。

(宋)佚名:《分門古今類事》卷一八

《九國志》:南唐張延翰,字德華。元宗輔政大臣唯重延翰,嘗謂
左右曰:"張君凡所議論,必盡公平,咸有條理,至於簿領,無不明白,
吾將傾心以信之。"由是六司總領殆遍,遷中書侍郎平章事。人以爲
遲,未幾病,不許免相。

(宋)孫逢吉:《職官分紀》卷三

廬山布衣江夢孫,潯陽人,博綜經史,孝弟介潔,不妄語,不隱己
過。李主召置門下,爲國子司業,一旦面陳曰:"迂儒無所補,平生讀
書,意在惠民,空言無益,願求一官以自效。"主曰:"胡爲卑飛自喪其
節耶?"固不許,固求之,補天長縣令,以官誥示之曰:"授告罷,與君無
賓友之容。"指其庭曰:"此地即君斂板趨伏之所也,君寧甘乎?"夢孫
曰:"苟遂素願,無憚其他。"乃授之。至治所,其吏白曰:"正廳凶惡,
自來邑令居之,怪異不得其終,已陳設使廳矣。"江因呵曰:"長民不踞
正廳,非禮也。"既上事,久之,果有妖物嘯梁仆瓦,喧號萬狀。群吏伏
匿,江整衣焚香奠酒,語鬼曰:"僕爲令,合距此廳,君等有祠堂林墓,
安得居此耶? 吾行己不欺闇室,無懼君輩,此處必有祀典尊神,吾當告
之。"語訖,移榻就寢,高枕而臥,寂無見聞。後視事,率以簡易仁恕爲
理,民士愛之。甫及滿任,解秩歸田,縣人緣河泣涕,挽舟酷留,凡不絕
者三日。主聞之,嘉嘆不已,手批委曲,以美爵誘之,惇勸再任,堅然不

起。耕田侍母氏，暇則以經術課諸生及子直木，後爲員外郎。

（宋）文瑩：《玉壺清話》卷一〇

（江）夢孫事繼母，旦則冠帶入門，溫清親饋，欲饌退更常服。力操耒耘，暮而歸，易衣侍膳畢，然後就庠序。

（唐）白居易、（宋）孔傳：《白孔六帖》卷二五

五代江夢孫，頗蘊藝學，旁貫諸經，遠近宗仰。事繼母盡禮，諸生訪問經旨，敦遜謙下，時號“搢紳先生”。一門百口，敦睦如一，子孫學業，各受一經。

（宋）馬永易：《實賓錄》卷一一

五代吳俶，字正儀，潤州人，章恭皇后之弟。爲金吾將軍，循循有禮遜，無倨氣矜色，見重於朝廷。韓熙載、潘佑稱爲中林蘭蕙。

（明）彭大翼：《山堂肆考》卷六五

《孔帖》：江南李嗣主，於殿庭忽見殘麏一脚，視之乃獸食之餘。詢宿衛，莫知所以，使人詢陳陶。陶曰：“昨暮乃狼星直日，故耳！”嗣主嘆曰：“真鴻儒矣！”

（明）彭大翼：《山堂肆考》卷一二五

南唐高越爲博士。淮上兵起，召賜金紫，俾專掌戎府檄書。

（明）彭大翼：《山堂肆考》卷五一

後唐江文蔚，字君章，長興二年進士。後歸南唐，與高越俱以能賦，擅名江表，人稱江高。

（明）彭大翼：《山堂肆考》卷一〇三

南唐江文蔚，累官至御史中丞。性鯁直，不附權要。每將上奏

疏,必不問家事。先市小船,爲左遷之計。竟以對仗彈馮延巳、魏岑忤旨,左遷九江幕職。范堯夫上章言事,未報。有見之者曰:"聞相公上章後,已備遠行,非他人所能及。"堯夫曰:"不然,純仁所言,幸主上聽而行之,豈敢爲難行之説,以要譽焉。"人臣用心,要當以堯夫爲法。如文蔚之市小船,直淺丈夫哉,豈吾孔子以微罪行之意歟?

(宋)吴曾:《能改齋漫録》卷一〇

南唐主宫中起百尺樓,命群臣視之。蕭儼曰:"恨下無井。"唐主問其故,對曰:"所以不及景陽樓。"唐主怒貶儼舒州。

(明)彭大翼:《山堂肆考》卷一七一

是月,唐司空、平章事嚴續出爲潤州節度使。時機務多歸樞密院,宰相備位而已。中書舍人、樞密副使豫章陳喬柔懦畏怯,吏潛結權幸,多爲非法,皆不能制。喬累遷門下侍郎、樞密使。

(宋)李燾:《續資治通鑒長編》卷六,太祖乾德三年(965)

《南唐近事》:宰相嚴續多歌姬,給事中唐鎬有通天犀帶,皆一代尤物。唐有慕姬之色,嚴有欲帶之心,因兩夜相第,有呼盧之會,唐適預焉。嚴命出妓解帶,較負於一擲,舉座屏氣,觀其得失。六骰數巡,唐彩大勝,乃酌酒命美人歌一闋而別,嚴悵然遣之。

(清)褚人獲:《堅瓠集》三集卷一

銀葉護井

高郁爲武穆王謀臣,貪而僭,常患所居三井不甚清徹,乃用銀葉護井,四面内外皆遍拓裹,其奉過差皆此之類也。

(宋)曾慥:《類説》卷二六《五代史補》

《五代史補》:高郁用銀葉護井,其四方内外皆然,謂之拓裹。

(清)陳元龍:《格致鏡原》卷九

《南唐近事》：韓寅亮，偓之子，常言偓亡之日，溫陵帥聞其家藏箱篋頗多，使親信發覷，惟得燒殘龍鳳燭、金縷紅巾百餘條。

（清）陳元龍：《格致鏡原》卷五〇

漁陽摻

徐諧仕江左，至中書舍人、校秘書。時吳淑爲校理古樂府，中有摻字，淑多改爲操，蓋章草之變。諧曰：“非可以一例，若《漁陽摻》者，音七鑒反，三撾鼓也，禰衡作《漁陽摻撾鼓歌》云：‘邊城晏開漁陽摻，黃塵蕭蕭白日暗。’”淑笑伏之。又嘗至清暑閣，閣前地經雨，草生磚縫中，薙去復生，諧曰：“《吕氏春秋》：‘桂枝之下無雜木，味辛螫故也。’”後主令取桂屑數斗，勻布縫中，經宿，草盡死，其博識如此。

（宋）曾慥：《類説》卷五三《談苑》

徐鉉字鼎臣，揚州廣陵人也。十歲能屬文，與韓熙載齊名，江南謂之“韓徐”。仕吳爲秘書郎，又事南唐，爲知制誥，與宋齊丘不協，坐泄機事，貶泰州司户。召歸故官，又坐專殺流舒州。周世宗南征，李景徙饒州，召爲太子右諭德，復知制誥，遷中書舍人。景死，事其子煜，爲禮部侍郎、通知中書省事，歷尚書左丞、兵部侍郎、翰林學士、御史大夫、吏部尚書。

王師圍金陵，煜遣鉉朝京師，求緩兵，語在《李煜傳》。太祖以禮遣之。後隨煜至京師，太祖責之，鉉對曰：“臣仕江南，國亡不能死，臣之罪也。”太祖嘆曰：“忠臣也。”以爲太子率更令。

（宋）王稱：《東都事略》卷三八

徐鉉，字鼎臣，廣陵人也。十歲能屬文，與韓熙載齊名，江南謂之“韓徐”。仕南唐爲翰林學士、御史大夫、吏部尚書。今攝山栖霞寺西來賢亭，即其居也。王師圍金陵，煜遣鉉朝京師，求緩兵，太祖以禮遣之。後隨煜至京師，太祖責之，鉉對曰：“臣仕江南，國亡不能死，臣之罪也。"太祖嘆曰："忠臣也。"以爲太子率更令。太平興國初，直學士院，從征太原，加給事中，出爲左散騎常侍。坐事貶黜，卒年七十六。李穆嘗使江南，見鉉及其弟鍇，嘆曰："二陸不能及也。"鍇仕江南，爲内史舍人而卒。鉉好李斯小篆，尤得其妙。鉉書亦工尺牘，爲士大夫所得，皆珍藏之。有集三十卷，又有《質疑論》《稽神録》行於世。

（宋）周應合：《景定建康志》卷四九

五代南唐徐鉉，禀性真純，顧視差近。釋褐之初，嘗與弟鍇謁宰相孫晟，晟曰："徐氏二龍，信爲名士，然厥兄頗似倨傲。"以此少之，久而方知其端謹，大加器重。

（宋）馬永易：《實賓録》卷八

忠臣。徐鉉十歲能屬文，與韓熙載齊名，江南謂之"韓徐"。仕吳爲秘書郎，南唐爲吏部尚書。王師圍金陵，煜遣鉉朝京師，求緩兵，太祖以禮遣之。後隨煜至京師，太祖責之，鉉對曰："臣仕江南，國亡不能死，臣之罪也。"太祖嘆曰："忠臣也。"以爲太子率更令。從征太原，加給事中，出爲左散騎常侍。

（宋）佚名：《錦綉萬花谷》續集卷一六

徐鉉好鬼神

徐鉉不信佛，酷好鬼神之説。江南中主以《楞嚴經》令觀，可見精理。旬餘，曰："臣讀之數過，見其談空之説，似一器中傾出復入一器中，都不曉其義。"鉉專搜其神怪，爲《稽神録》。嘗典選，選人詭言神怪，因以私禱。布衣蒯亮，好爲大言，鉉館於門下。《稽神録》中多亮所言，亮嘗忤鉉，甚怒不與語，亮一日忽云："有異人肉翅，自廳飛出，升堂而去。"鉉即喜，命記之。或謂鉉曰："公鄙斥浮屠之教，瞿曇豈不得作黄面神人乎。"鉉笑而不答。

（宋）曾慥：《類説》卷五三《談苑》

徐鉉曰:江南處士朱真,每語人曰:"世皆云不欺神明,此非天地百神,但不欺心,即不欺神明也。"

(宋)釋惠洪:《冷齋夜話》卷九

徐騎省鉉在江南日,著書已多,亂離散失,十不收一二,傳者止文集二十卷。方成童,鉉於水濱,忽一狂道士醉叱之,曰:"吾戒汝只在金魚廟,何得竊走至此!"以杖將怒擊,父母亟援之,仍回目怒視曰:"金魚將遷廟於邠,他日撻於廟亦未晚。"因不見。後果謫官於邠,遂薨,無子。

(宋)文瑩:《湘山野録》卷中

八戒

江南徐鉉,保成八戒:一曰知富貴之矯傲,故屈己而自卑;二曰知名利之敗身,故隨時而任運;三曰知嗜欲之促壽,故觀德而不爲;四曰知思慮之消意,故暢道而守一;五曰知語煩之傷氣,故終日而忘言;六曰知喜怒之傷神,故省己而自理;七曰知戲樂之虛僞,故存神而自怡;八曰知酒食之害人,故量味而節儉。

(宋)曾慥:《類説》卷五〇《摭紳脞説》

周世宗南征,李景徙饒州,召徐鉉爲太子右諭德。鉉字鼎臣,揚州廣陵人。

(清)徐松輯:《宋會要輯稿》食貨一一之四

太祖皇帝出兵平江南,李煜遣其臣徐鉉來,將以口舌勝。趙普屢言擇館伴鉉,及又請,乃中批差三班院下名使臣以往。鉉反覆問之,其人聲喏,言不識字而已。鉉無如之何也。

(明)陶宗儀:《説郛》卷九《步里客談》

徐鉉見太祖

江南徐鉉有學問，善談吐，古儒之流也。李氏未歸順時，奉王命至中朝。便殿見藝祖，升殿端笏，緩頰而言曰："江南李煜無罪，陛下師出無名。"久之，藝祖再令敷奏，乃曰："李煜如地，陛下如天；李煜如子，陛下如父。天乃能蓋地，父乃能庇子。"藝祖應答曰："既是父子，安得兩處喫飯。"鉉無以對，識者無不服藝祖神聖矣。

（明）陶宗儀：《説郛》卷三四《談淵》

江南二徐，大儒也。鉉爲吏部尚書，鍇爲中書舍人。後主政王六歲時，戲佛像前，有大琉璃瓶爲貓所觸，判然墜地，因驚得疾，薨。詔鍇爲王墓志，兩日矣，鉉曰："受命撰文，當早爲之。"鍇曰："文意雖不引貓兒事，此故實，兄頗記否？"鉉因取紙筆疏之，不過二十事。鍇曰："都未也，適己憶七十餘事。"鉉曰："弟今大能記明旦。"又云："夜來復得數事。"兄撫掌而已。

（明）陶宗儀：《説郛》卷四○《野説》

王師圍金陵，唐使徐鉉來，鉉伐其能，欲以口舌解圍。謂太祖不文盛稱，其主博學多藝，有聖人之能，使誦其詩曰："《秋月》之篇天下傳。"誦之其句，云云。太祖大笑曰："寒士語爾，吾不道也。"鉉内不服，謂大言無實，可窮也，己請上殿，驚懼相目，太祖曰："微時自秦中歸道華下，醉卧田間，覺而月出有句曰'未離海底千山黑，纔到天中萬國明'。"鉉大驚，殿上稱壽。

（明）陶宗儀：《説郛》卷八三《後山詩話》

王師平江南，徐鉉從李煜入朝，太祖讓之，以其不早勸李煜降也。鉉曰："臣在江南，備位大臣，國亡不能止，罪當死，尚何所言！"上悅，撫之曰："卿誠忠臣，事我當如事李氏也。"

（宋）司馬光：《涑水記聞》卷一

徐騎省鉉事江南後主爲文館學士，隨煜納圖，太宗苛責以不能諷煜早獻圖貢，鉉對曰：“臣聞四郊多壘，卿大夫之辱也。爲人謀國，當百世不傾，諷主納疆，得爲忠乎？”太宗神威方霽，曰：“今後事我，亦當如是。”鉉不幸，爲學士，坐請求尹京張去華以一親故注重辟，諷去華上言，貫索星見，請曲赦畿獄，坐是削官，爲靜難行軍司馬。後端居不出，銘其齋以自箴，曰：“爰有愚叟，栖此陋室。風雨可蔽，庭户不出。知足爲富，娛老以佚。貂冠蟬冕，虎皮羊質。處之恬然，永終爾吉。”竟卒於邠。鉉晚年於詩愈工，《游木蘭亭》云：“蘭舟破浪城陰直，玉勒穿花苑樹深。”《觀水戰》云：“千帆日助陰山勢，萬里風馳下瀨聲。”《病中》云：“向空咄咄頻書字，與世滔滔莫問津。”《謫居》云：“野日蒼茫悲鵬舍，水風陰濕敝貂裘。”《陳秘監歸泉州》云：“三朝恩澤馮唐老，萬里江關賀監歸。”《宿山寺》云：“落月依樓角，歸雲擁殿廊。”弟鍇詞藻尤瞻，年十歲，群從燕集，令賦《秋聲》詩，頃刻而就，略云：“井梧分墮砌，塞雁遠橫空。雨滴苔莓紫，風歸薜荔紅。”盡見秋聲之意。

（宋）文瑩：《玉壺清話》卷八

太宗克復江南，得文臣徐鉉，博通今古，擢居秘閣。一日，後苑象斃，上令取膽，剖腹不獲。上異之，以問鉉，鉉奏曰：“請於前左足求之。”須臾，果得以進。亟召鉉問，對曰：“象膽隨四時在足，今方二月，故臣知在前左足也。”朝士皆嘆其博識也。

（宋）文瑩：《續湘山野録》

徐騎省方成童，戲於水濱，忽一狂醉道士叱之曰：“吾戒汝，只在金魚廟，何得竊走至此？”將杖亂擊，父母亟援之，仍回目怒視曰：“金魚將遷廟於邠，他日撻於廟未晚。”因不見，後果謫官於邠，遂卒。

周勛初主編：《宋人軼事彙編》卷四

徐鉉初自南唐入京，市宅以居。歲餘，見故宅主貧甚，鉉召之曰：

"得非售宅虧價而致是也,餘近撰碑,獲潤筆二百千,可償爾矣。"其主堅辭不獲,亟命左右輦以付之。

(宋)祝穆:《古今事文類聚》續集卷六

　　太祖皇帝出兵平江南。李煜遣其臣徐鉉來,以口舌勝趙普。屢言擇館伴,及又請,乃中批差三班院下名使臣以往。鉉反覆問之,其人聲喏,言不識字而已,鉉無如之何也。

(宋)陳長方:《步里客談》卷上

　　國初三徐,名著江左,皆以博洽聞中朝,而騎省鉉,又其白眉者也。會修述職之貢,騎省寔來,及境,例差官押伴。朝臣皆以辭令不及爲憚,宰相亦艱其選,請於藝祖。玉音曰:"姑退朝,朕自擇之。"有頃,左當傳宣殿前司,具殿侍中不識字者十人,以名入。宸筆點其中一人,曰:"此人可。"在廷皆驚,中書不敢請,趣使行,殿侍者慌不知所繇,薄弗獲己,竟往渡江。始燕,騎省詞鋒如雲,旁觀駭愕。其人不能答,徒唯唯;騎省叵測,强聒而與之言。居數日,既無與之醻復者,亦倦且默矣。餘按當時陶、竇諸名儒,端委在朝,若使角辯騁詞,庸詎不若鉉?藝祖正以大國之體,不當如此耳,其亦不戰屈人,兵之上策歟!其後,王師征包茅于煜,騎省復將命請緩師,其言累數千言,上諭之曰:"不須多言,江南亦何罪?但天下一家,卧榻之側,豈容他人鼾睡耶!"大哉聖言,其視騎省之辯,正猶螢爝之擬羲舒也。騎省名甚著,三徐者,近世或概爲昆弟。余嘉定辛未在故府,樓宣獻鑰嘗出手編《辨鸞岡三墓》,余謝不前考。後讀周文忠必大《游山録》,有衛尉卿延休、騎省鉉、內史鍇,蓋父子甚明。而余已去國,不復得請益云。

(宋)岳珂:《桯史》卷一

　　太祖、太宗下諸國,其僞命臣僚忠於所事者,無不面加獎激,以至弃瑕録用,故徐鉉、潘慎修輩皆承眷禮。至如衛融、張洎應答不遜,猶優假之，故雖疏遠寇讎，無不盡其忠力。太平興國中，吳王李煜薨，太宗詔侍臣撰吳王神道碑。時有與徐鉉爭名而欲中傷之者，面奏曰："知吳王事迹，莫若徐鉉爲詳。"太宗未悟，遂詔鉉撰碑，鉉遽請對而泣曰："臣舊侍李煜，陛下容臣存故主之義，乃敢奉詔。"太宗始悟讓者之意，許之。故鉉之爲碑，但推言曆數有盡，天命有歸而已。其警句云："東鄰遭禍，南箕扇疑。投杼致慈親之惑，乞火無里婦之談。始勞固壘之師，終後塗山之會。"又有偃王仁義之比，太宗覽讀稱嘆。異日復得鉉所撰《吳王挽詞》三首，尤加嘆賞，每對宰臣，稱鉉之忠義。《吳王挽詞》，今記者二首，曰："倏忽千齡盡，冥茫萬事空。青松洛陽陌，荒草建康宫。道德遺文在，興衰自古同。受恩無補報，反袂泣途窮。"又曰："土德承餘烈，江南廣舊恩。一朝人事變，千古信書存。哀挽周原道，銘旌鄭國門。此生雖未死，寂寞已消魂。"李王葬北邙，《江南錄》乃鉉與湯悦奉詔撰，故有鄭國信書之句。東鄰謂錢俶也。

（宋）魏泰：《東軒筆錄》卷一

徐鉉隨後主歸朝，見士大夫寒日多披毛衫，大笑之。語人曰："中朝自兵亂之後，其風未改，荷氊被毳，實繁有徒，深可駭也。"一日入朝，遥見其子婿吳淑亦被毛裘，歸，召而責之曰："吳郎士流，安得效此？"淑對曰："晨興霜重，苦寒，然朝中服之者甚衆。"鉉曰："士君子之有操執者，亦未嘗服。"蓋自謂也。新平之行，隴土寒冽，門人鄭文寶適掌轉運，迎鉉於途，解所被褐裘以獻鉉，終却之，遂爲寒氣所傷，下痢卒。楊文公記其事，鉉之志可悲矣。然鉉仕中朝，而中朝之士咸服之矣。張文潛云："鉉之爲此言，是不甘爲亡國之俘，爲醜言以薄中朝士大夫耳。不然，豈不讀《毛詩》也？《豳》詩曰：'無衣無褐。'鄭玄注：'褐，毛布也。'非今段子乎？則其來自三代也。古人衣裘，并皮衣之爲裘，取毛織之爲褐，理何爽乎。"文潛如此言之，想同時中州人士不平於鉉尤甚矣。近惟程泰之尚書斷之曰："古固以狐羔麑爲裘，聖人服之矣。若謂古人不以織毛之衣襲朝服者，則令貂蟬亦古乎？若謂古人堅毅，死且不易，如是人多矣。"即其論厚於文潛，而鉉之志可悲已夫。

（宋）葉寘：《愛日齋叢抄》卷五

　　江南徐鉉歸朝，儒筆履素，爲中朝士大夫所重。王溥、王祐與之交款，李至、蘇易簡咸師資之。李穆尚書有清識，嘗語人曰："吾觀江表冠蓋，若中立有道之士，惟徐公近之耳。"平居自奉寡儉，食無重肉，人或問其故，鉉曰："亡國之大夫，已多矣。"時王師已圍建業，李後主欲命使於交兵之間，左右咸有難色。鉉乃請行，後主撫之泣下，曰："時危見臣節，汝有之矣。"後太宗詔鉉撰《江南録》，末乃云："天命歸於有宋，非人謀之所及。"太宗頗不悦。又其國潘佑以直諫被誅，鉉深毀短之。知者謂其隱惡太過，非直筆也。

（宋）田況：《儒林公議》卷下

　　徐鉉兄弟工翰染，崇飾書具，嘗出一月團墨，曰：此價值三萬。

（宋）陶穀：《清異録》卷下

　　盧郢姊爲徐鉉婦，鉉嘗受後主命撰文，累日未就。郢曰："當試爲君抒思。"適庭下有石，千夫不得舉，郢戲取弄之，有頃，索酒頓飲數升，復弄如初。忽顧筆吏，口占使書，不易一字，鉉服其工。

（明）顧起元：《客座贅語》卷五

　　徐鉉或遇月夜，露坐中庭，但爇佳香一炷。其所親私別號"伴月香"。

（宋）陶穀：《清異録》卷下

　　龔慎儀，字世則，邵武人。仕南唐爲禮部郎中。建隆元年七月，李氏命爲進奉使，來貢乘輿服御物。違命侯時出知歙州，王師收金陵，諸城皆下，宣州節度使盧絳無所歸，欲據福建，以叛領所部過歙州，儀閉門不納。絳怒曰："儀乃吾故人，何故見拒？"使馬雄攻之。城陷，朝服以出，爲絳所殺。會先鋒曹翰賚鐵券至，絳乃與馬雄等數人棄其衆來歸。後因陛見待於外，未入，儀兄子穎先自江南歸朝，爲侍御史，詬罵絳等，以手版擊之。遂闌入殿門，訴言臣叔無罪，爲絳所殺，因俯伏請罪，極言絳狼子野心，不可留，太祖下令誅絳。《青箱雜記》言，絳陛見舞蹈次，穎遽前以笏擊蹈之。恐未可據。

（宋）羅願：《新安志》卷九

龔穎，邵武人，先仕江南，歸朝爲侍御史。嘗憤叛臣盧絳殺其叔慎儀，又害其家。後絳來陛見，舞蹈次，穎遽前以笏擊而蹈之。太祖驚問其故，穎曰：“臣爲叔父復讎，非有他也。”因俯伏頓首請罪，極言絳狼子野心，不可畜。太祖即下令誅絳，義穎而赦之。

（宋）江少虞：《宋朝事實類苑》卷五四

劉吉，江左人，有膂力，尚氣。事後主爲傳詔承旨，忠於所奉，歸，補供奉官，以習知河渠利害，委以八作之務。

（宋）江少虞：《宋朝事實類苑》卷五五

江南陳彭年，博學書史，於禮文尤所詳練，歸朝，列於侍從。朝廷郊廟禮儀，多委彭年裁定，援引故事，頗爲詳洽。

（宋）江少虞：《宋朝事實類苑》卷七三

時來天地皆同力

劉彥真壽陽既敗，我師屢北，元宗臨軒問朱匡業守禦之方，匡業對曰：“時來天地皆同力，運去英雄不自由。”以忤旨流撫州。

（宋）曾慥：《類説》卷二一《南唐近事》

柴載用按家樂於後園，有左右人竊於其門隙觀之。柴知，乃召至後園，使觀其按習，曰：“隙風恐傷爾眸子。”

（明）陶宗儀：《説郛》卷五八《江表志》

（陳靖）爲江南轉運使，自李氏橫賦於民者，凡十七事，號曰"沿納"。國朝因之，而民困不能輸，靖極論其弊，詔爲罷其尤甚者。

（宋）王稱：《東都事略》卷一一二

聲鼓吃飯腦後接筆

鄧亞丈拜青陽令，自謂尊顯，語兒輩："當思爲學，自致烟霄。吾爲百里之長，聲鼓吃飯，腦後接筆，此吾稽古之力也。"

（宋）曾慥：《類説》卷二一《南唐近事》

鄭文寶字仲賢。始仕南唐爲校書郎，以文知名。

（宋）王稱：《東都事略》卷一一五

吳俶字正儀，潤州人也。幼有俊才，韓熙載、潘佑皆以文章著名江左，一見俶，深加器重，曰："吳正儀，中林之蘭蕙也。"因問以唐太宗、杜淹論樂異同，俶曰："志氣未動，則聲能致和；哀樂既形，則樂乃思變。"熙載、佑嘆曰："足以探禮樂之情矣。"俶在江南舉進士，擢高第，補丹陽尉，久之，直内史。

（宋）王稱：《東都事略》卷一一五

吳淑未冠時，其先人爲潤州書記。時嚴續相公作鎮，書記宅在子城西門。一夜，夢兩過門外，有頃，嚴相策杖躡履，淑隨之，忽顧謂曰："與汝丹陽尉。"寤而志之。明年，東海徐鉉解淑，淑登第，因以女妻之。淑欲求都下一官，徐鉉時在中書，謂曰："已選得一縣，可二百里内。"淑思之曰："得非丹陽乎？"及領官，果如所夢云。

（宋）佚名：《分門古今類事》卷六

樂史字子正，撫州宜春人也。母夢異人，令吞五色珠而生史。史有文辭，初仕江南爲秘書郎。

（宋）王稱：《東都事略》卷一一五

何敬洙帥武昌,時司倉彭湘傑習知膳味,就中脯臘尤殊,敬洙檄掌公厨,郡中號爲脯掾。

(宋)陶穀:《清異録》卷上

何敬洙善彈,微時爲鄂帥李簡家僮。李性嚴毅,果於殺戮,嘗薄暮有蒼頭取李公所愛硯,擎於手曰:"誰敢破此?"何應曰:"死生有命,吾敢碎之。"遂擲硯階下,群僕迸散。翌日,李責碎硯之由,怒甚,命擒之。李之夫人素賢,明知何有奇相,乃匿之後堂。句餘,李獨坐小廳,有一鳥申喙向李,而噪聲甚厲,李惡之,拂衣起避,鳥隨其所之叫噪不已,命家人驅逐,終不去。李怒顧左右曰:"何敬洙善彈,亟召來,能斃此鳥,當釋其罪。"何挾彈,一發斃之。李嘉賞,擢爲小校,累功至建節鉞。建隆初,移鎮鄂渚,下車之日,見一鳥顧何而鳴。何曰:"昔日由爾以興,吾之祥也。"乃取食物置掌,鳥翻然而下食何手中。其後位至中書令、太師致仕,功業崇極,時莫與比。靈禽之應,豈徒然哉。

(宋)佚名:《分門古今類事》卷一五

(歐陽修)曾祖諱郴,南唐武昌令,贈太師、中書令,妣劉氏,追封楚國太夫人。祖諱偃,南唐南京衛院判官,贈太師、中書令,兼尚書令,妣李氏,追封吳國太夫人。考諱觀,秦州軍事推官,贈太師、中書令,兼尚書令,封鄭國公,妣鄭氏,追封韓國太夫人。

(宋)蘇轍:《欒城後集》卷二三

焦湖百里一任作獺

張崇帥盧,不法,嘗入覲,盧人曰:"渠伊必不復來矣。"崇歸,計口徵"渠伊錢"。明年,再入覲,盛傳其罷,不敢明言,相見皆捋鬚爲慶。崇歸,又徵"捋鬚錢"。有伶人假爲人死,有譴當作水族者,陰府判曰:"焦湖百里,一任作獺。"

(宋)曾慥:《類説》卷二一《南唐近事》

捋髮錢

張崇帥廬州,好爲不法,士庶苦之。嘗入覲江都,廬人幸其改任,皆相謂曰:“渠伊必不復來矣。”崇來,計口徵“渠伊錢”。明年,再入覲,盛有罷府之議,不敢指實,道路相見,皆捋鬚爲慶,崇歸又徵“捋鬚錢”。嘗爲伶人所戲,一伶假爲死人,有譴當作水族者,陰府判曰:“焦湖百里,一任作獺。”崇大慚。

(明)陶宗儀:《說郛》卷二〇《南唐近事》

張崇帥廬江,好爲不法,士庶苦之。嘗入覲江都,廬人幸其改任,皆相謂曰:“渠伊必不復來矣。”崇歸聞之,計口徵“渠伊錢”。明年,再入覲,盛有罷府之耗,人不敢指實,皆道路相目,捋鬚相慶。崇歸又輒徵“捋鬚錢”。嘗爲伶人所戲,使一伶假爲人死,有譴當作水族者,陰府判曰:“焦湖百里,一任作獺。”崇亦不慚。

(明)陶宗儀:《說郛》卷五八《江表志》

廬州營田吏施汴,嘗恃勢奪民田數十頃,其主退爲其耕夫,不能自理。數年,汴卒。其田主家生一牛,腹下有白毛,方數寸,既長,稍斑駁,不逾年,成“施汴”字,點畫無缺。道士邵修默,親見之。

(宋)李昉:《太平廣記》卷一三四《施汴》

使酒

朱業爲宣州刺史,好酒凌人,性復威厲。飲後恣意斬決,無復見者,惟其妻鍾氏能制之,搴幃一呼,懾栗而止。張易令通倅之職,至府數日,業爲啓宴。酒舉未及三爵,易乘宿酲,擲觥排席,訴讓蜂起。業怡聲屏幛之間,謂左右曰:“張公使酒,未可當也。”命扶易而出。此後府公無復使酒焉。

(明)陶宗儀:《說郛》卷二〇《南唐近事》

王惹閙:南唐王建討求中書政事,嗣主曰:“汝無惹閙。”自是人謂

之“王惹鬧”。《江南野録》

（明）陶宗儀:《説郛》卷三《實賓録》

打草驚蛇

《南唐近事》:王魯爲當塗宰,日以資産爲務,會部中連訴狀主簿賄干魯,魯乃判曰:“汝雖打草,吾已驚蛇。”

（明）陶宗儀:《説郛》卷三五《續釋常談》

玉茸金鹵

僞唐徐履掌建陽茶局。弟復,治海陵鹽政,監檢烹煉之亭,榜曰“金鹵”。履聞之,潔敞焙舍,命曰“玉茸”。

（明）陶宗儀:《説郛》卷六一《清異録》

人間第一黄

僞唐贓臣褚仁規,竊禄秦州刺史,惡政不可縷舉。有智民請吻儒爲二詩,皆隱語,凡寫數千幅,詣金陵粘貼,事乃上聞。詩曰:“多求囊白昧蒼蒼,兼取人間第一黄”云云。“白”“黄”隱金銀字。

（明）陶宗儀:《説郛》卷六一《清異録》

口吃人

韓非,司馬相如,楊雄,周昌,魯恭王,魏明帝,鄧艾,宋孔顗,後周盧柔、鄭偉,隋盧楚,唐李固言,南唐孫盛。

（明）陶宗儀:《説郛》卷六九《續雞肋》

史虚白,字畏名,南游九江,至落星灣家焉。往來廬山,絶意世事。保大初,元宗南遷,至蠡澤,虚白迎謁道傍,元宗勞問,令誦近詩,曰:“風雨掇却屋,全家醉不知。”元宗變魚賜粟帛,上樽酒。徐鉉、高越謂之曰:“先生高不可屈,盍使二子仕乎?”虚白曰:“野人有子賢,則立功業,以道事明主。愚則負薪捕鹿,以養其母。僕未嘗介意也,不敢以累公。"鉉、越愧嘆。

（明）陳耀文：《天中記》卷四〇

何溥，越州人，識雲氣，善地理。爲南唐僕射、大夫，貶休寧尉，未幾，嗣亡。溥大哭嘔血，即挂冠隱芙容山，剪髮爲頭陀，假迹禪門而不談内典，喜讀《道德》。繼每嘆曰："老子真聖人也，猶龍之稱。仲尼寧虛借哉，其有所譽，必有所誠矣。"居恒專煉火化，後果以火得解脱。

（明）徐象梅：《兩浙名賢録》卷四三

謝銓，會稽人。仕南唐，歷官銀青光禄大夫、金吾大將軍。李氏以國歸宋，銓守義不辱，挈家遁居祁門，士論高之。

（明）徐象梅：《兩浙名賢録》卷四三

嚴永，永嘉人。初仕南唐，歷顯官，一旦避地，藏衣冠於平陽前倉青華山岩穴間，爲市人傭作以自給。後朝使以詔命物色得之，永不得已，於岩穴間取所藏衣冠以行。未幾，復遁去，竟不知所之。邑人名其處曰"嚴公岩"。

（明）徐象梅：《兩浙名賢録》卷四四

裴長史，新羅國人，忘其名。後主朝行建州長史。開寶八年，王師攻金陵未下，建州守查元方知長史善伎術，進赴金陵。五月，路由歙州，長史托疾不行，密告刺史龔慎儀、監軍輅鎬曰："有狀托以附奏，言金陵事者五：一、金陵立春節後出灾，謐寧無事；二、潤州不過九月當陷；三、朱令贇舟師氣候不過池州；四、江州血氣覆城，明年春末夏初，血塗原野；五、大朝明年十月有大喪。"後皆如其言。

（宋）周應合：《景定建康志》卷五〇

古今忠臣義士，其名載於史策者，萬世不朽，然有不幸而泯没無傳者。南唐後主，淫於浮圖氏，二人繼踵而諫，一獲徒，一獲流。歙人汪焕爲第三諫，極言請死，云：“梁武事佛，刺血寫佛經，散髮與僧踐，捨身爲佛奴，屈膝禮和尚，及其終也，餓死於臺城。今陛下事佛，未見刺血、踐髮、捨身、屈膝，臣恐他日猶不得如梁武之事。”後主覽書，赦而官之。又有淮人李雄，當王師吊伐，出守西偏，不遇其敵。雄以國城重圍，不忍端坐，遂東下以救之，陣於溧陽，與王師遇，父子俱没，諸子不從行者亦死他所，死者凡八人。李氏訖亡，不沾褒贈，其事僅見於《吴唐拾遺録》。頃嘗有旨合九朝國史爲一書，他日史官爲列之於《李煜傳》，庶足以慰二人於泉下。歐陽公作《吴某墓志》云：“李煜時，爲彭澤主簿，曹彬破池陽，遣使者招降郡縣，其令欲以城降，某曰：‘吾能爲李氏死爾。’乃殺使者，爲煜守。煜已降，某爲游兵執送軍中，主將責以殺使者，曰：‘固當如是。’主將義而釋之。”其事雖粗見，而集中只云“諱某”，爲可惜也。如靖康之難，朱昭等數人死於震武城之類，予得朱并所作《忠義録》於其子杕，乃爲作傳於《四朝史》中，蓋惜其無傳也。

（宋）洪邁：《容齋續筆》卷一六

馮謐朝堂待漏，因話及“明皇賜賀監三百里鏡湖。今不敢過望，但得恩賜玄武湖三十里亦足當矣”。徐鉉曰：“國家不惜玄武湖，所乏者賀知章耳。”

（明）陶宗儀：《説郛》卷五八《江表志》

南唐馮謐嘗對諸閣老，言及元宗賜賀知章鏡湖事，因曰：“他日賜後湖足矣。”鉉答曰：“主上尊賢下士，豈愛一湖。所乏者，賀知章爾。”謐大慚。

（明）陶宗儀：《説郛》卷六五《善謔集》

江南馮謐嘗於待漏堂謂諸閣老曰：“玄宗賜賀監鑒湖三百里，信爲盛事。他日賜歸，止得後湖足矣。”徐鉉答曰：“主上賢賢下士，常若不及,豈惜一後湖? 所乏者,知章耳。"謐大有慚色。

(宋)文瑩:《續湘山野録》

江南周則,少賤,以造雨傘爲業。其後戚連椒闥,後主戲問之,言:"臣急於米鹽,日造二傘貨之,惟霪雨連月,則道大亨。後生理微温,至於遭遇盛明,遂舍舊業。"後主曰:"非我用卿而富貴,乃高密侯提携而起家也。"明年當封,特以爲高密侯。實誚之耳。

(宋)陶穀:《清異録》卷下

杜文正鎬,江南集賢校理澄心堂,歸朝直秘閣。

(宋)文瑩:《玉壺清話》卷八

湯悦,貴池人。幼穎悟,嘗見飛星墜水盤中,掬吞之,自是文思日奇。仕南唐爲宰相,凡書檄詔誥,皆出於悦。後隨其主歸宋,爲光禄卿。

(明)陳耀文:《天中記》卷二

湯悦父殷鶚,唐末有才名。悦本名崇義,仕江南爲宰相,建隆初,宣祖諱,改姓湯。初在吴爲舍人,受詔撰《揚州孝先寺碑》,世宗親往,駐蹕此寺,讀其文賞嘆。畫江後,中主遣悦入貢,世宗爲之加禮,自淮上用兵,凡書詔多悦之作,特爲典贍,切於事情。世宗每覽江南文字,形於嗟重,當時朝臣沈遇、馬士元皆以不稱職,改授他官。復用陶穀、李昉爲舍人,其後擢用扈載,率由此也。

(宋)楊億:《楊文公談苑》

戊申,唐主以樞密使、右僕射湯悦爲左僕射、兼門下侍郎、平章事。悦素奬待清輝殿學士張洎。洎能伺人主顔色,善構同列短長,以悦四子布列三省、樞密院,密表云"親切之地,魚貫其間",又言"悦非經綸才,不宜居相位"。國主以悦文學舊臣,罷洎學士,俄復故。

(宋)李燾:《續資治通鑒長編》卷九,太祖開寶元年(968)

唐樞密使、左僕射、平章事湯悦罷爲鎮海節度使。悦不樂居藩，上章求解，於是改授太子太傅、監修國史，仍領鎮海節度使。悦初罷政，授鎮海節度，其年月不可知。按《李後主集》載悦所爲《北苑侍宴賦詩序》，乃乙巳歲，開寶二年二月也。其衘位稱新授太子太傅，必二月初正月末矣。故附見於此。《悦傳》云旋拜司空，復秉政。按《後主集》，三年秋送鄧王牧宣城，悦猶以太子太傅、監修國史作詩序。《傳》云旋拜司空，太速，今不取。

（宋）李燾：《續資治通鑒長編》卷一〇，太祖開寶二年（969）

江南國主以太子太傅、監修國史湯悦爲司空、判三司、尚書都省。

（宋）李燾：《續資治通鑒長編》卷一二，太祖開寶四年（971）

江南國主以司空、判三司尚書都省湯悦知左右内史事。悦以身老國危固辭，不許。湯悦事，據《十國紀年》在此夏，今附見。

（宋）李燾：《續資治通鑒長編》卷一四，太祖開寶六年（973）

湯悦逢士人於驛舍，士人揖食，其中一物是爐餅，各五事，細味之，餡料互不同。以問士人，嘆曰：“此五福餅也。”

（宋）陶穀：《清異録》卷下

王克正仕江南，歷貴官。歸本朝，直舍人院。及死，無子。

（宋）江少虞：《宋朝事實類苑》卷四八

劉丞相名景弘，南唐時爲吉州牙將，刺史彭玕以吉州叛，攻陷郡縣，殺略吏民，脅景弘以從。景弘度勢不敵，乃佯許之，隨之往來，故吉之城邑獨不被殘毀。玕既敗，景弘以兵歸南唐，遂家吉之永新縣。嘗謂人曰：“我僞從彭玕之脅，可活萬人。吾雖不偶於時，後必有興者。”因號所居後山曰後隆。景弘既没，越三世而生丞相沆。沆之子孫皆榮顯，至今世禄不絕。

（宋）曾敏行：《獨醒雜志》卷一

因讀陸放翁《南唐書》，李王小國耳，自有陶穀、徐鉉；錢王尚有羅隱。不意堂堂中國，不能得一士如小國之陶徐，兩浙之羅隱者，良可嘆也。

（宋）張端義：《貴耳集》卷上

《南唐遺事》：陳繼善拜少傅致仕，富於資産，自荷鋤，理一小圃成畦，以真珍千餘顆種之，若種蔬狀。土壤之間，記顆俯拾。

（明）彭大翼：《山堂肆考》卷一八六

《南唐近事》：陳繼善自江寧尹，拜少傅致仕。繼善素秉性鄙屑，別墅林池，未嘗暫適，既嗜酒，杜絕賓客。一旦荷一鋤，理水圃成畦，布以真珠百餘顆，若種蔬狀布土間，記顆俯拾，周復始，以此爲樂。

（宋）孫逢吉：《職官分紀》卷四九

陳喬，廬陵人。徙居錫山，仕南唐。開寶間，王師平金陵，喬痛國亡，殞命。太祖皇帝以其忠於所事，詔以禮改葬。

（明）朱昱：(咸淳)《重修毗陵志》卷一七

陳喬，仕江南爲門下侍郎，掌機密。後主之稱疾不朝，喬預其謀。及王師問罪，誓以固守。時張洎爲喬之副，嘗言於後主，苟社稷失守，二臣死之。城陷，喬將死，後主執其手曰："當與我同北歸。"喬曰："臣死之，即陛下保無恙，但歸咎於臣爲陛下建不朝之謀，斯計之上也。"掣其手，去入視事廳內，語二僕曰："共縊殺我。"二僕不忍，解所服金帶與之，遂自經。後主求喬不得，或謂張洎曰："此詣北軍矣。"喬既死，從吏撤扉而瘞之。明年朝廷嘉其忠，詔改葬。後見其尸，如生而不僵，髭髮鬱然。初求尸不得，人或見一丈夫，衣黃半臂舉手影，自南廊而過。掘得尸，以右手加額上，如所睹者。

（宋）周應合：《景定建康志》卷五〇

陳喬仕江南，爲門下侍郎，掌機密。後主之稱疾不朝，喬預其謀。及王師問罪，誓以固守，時張洎爲喬之副，常言於後主，苟社稷失守，二臣死之。城陷，喬將死，後主執其手曰：“當與我同北歸。”喬曰：“臣死之，即陛下保無恙。但歸咎於臣，爲陛下建不朝之謀，斯計之上也。”掣其手去，入視事廳内，語二親僕曰：“共縊殺我。”二僕不忍，解所服金帶與之，遂雉經。後主求喬不得，或謂張洎，曰：“此詣北軍矣。”喬既死，從吏撤扉而瘞之。

（宋）江少虞：《宋朝事實類苑》卷五三

僞唐陳喬食蒸肫，曰：“此糟糠氏，面目殊乖，而風味不淺也。”

（宋）陶穀：《清異録》卷上

臨川上饒之民，以新智創作醒骨紗，用純絲蕉骨相兼撚織，夏月衣之，輕凉適體。陳鳳閣喬始以爲外衫，號太清氅。又爲四襪肉衫子，呼小太清。

（宋）陶穀：《清異録》卷下

張洎，滁州全椒人也。江南李景開貢舉，登進士第，爲上元尉，擢監察御史。景徙豫章，留洎掌李煜記室。李煜襲位，擢知制誥，遷中書舍人、清輝殿學士，參預機密。洎舊字師黯，煜令字偕仁。

王師圍金陵，與樞密使陳喬引符命勸煜勿降，又云：“苟有不利，當先死社稷。”及城陷，喬死之，洎不能死，語煜曰：“所以不死，將有報也。”

（宋）王稱：《東都事略》卷三七

（張洎）舊事李煜，及煜歸朝甚貧，洎猶丐索之。煜以銀頮面器與洎，洎怒不得金者。時潘慎修掌煜記室，洎疑慎修教煜，素與慎修善，自是亦稍疏之。

（宋）錢若水：《太宗皇帝實録》卷八〇

　　張洎在圍城中,作蠟丸帛書,間道求北戎之援,爲邊候所得。洎
歸朝,太祖召洎詰責,以書示之。洎神色自若,徐曰:"此臣在國所
作。"太祖厲聲曰:"汝國稱蕃事大,何乃反覆如此? 汝實爲之,誰之過
也?"洎曰:"當危難之際,望延歲月之命,亦何計之不爲? 臣所作帛書
甚多,此特其一耳。"上喜之曰:"忠臣也。"召坐,慰勞之。

(宋)江少虞:《宋朝事實類苑》卷一一

　　張洎爲舉人時,張佖在江南,已通貴。洎每奉謁求見,稱從表侄
孫。既及第,稱弟。及秉政不復稱表,以庶僚遇之。

周勛初主編:《宋人軼事彙編》卷四

　　張洎與陳喬皆爲江南相,金陵破,二人約效死於李煜之前。喬既
死,洎白煜曰:"若俱死,中朝責陛下久不歸命之罪,誰與陛下辨之?
臣請從陛下入朝。"遂不死。

(宋)司馬光:《涑水記聞》卷三

　　張洎文章清贍,博學多聞,在江南已要近曾將命入貢。及還,作
詩十篇,多訾詆京師風物有一灰堆之句,以悅其主,蘇易簡得其親
書本。

(宋)江少虞:《宋朝事實類苑》卷七四

　　初,寇準知吏部選事,洎掌考功,考功爲吏部官屬。準年少,新進
氣銳,思欲老儒附己。洎夙夜坐曹視事,每冠帶候準出入於省門,揖
而退,不交一談。準益重焉,因延與語。洎捷給,善持論,多爲準心
伏,乃兄事之,極口薦洎於上。上亦欲用洎,又知其在江表日多讒毀
良善,李煜殺潘佑,洎嘗預謀,心疑焉。翰林待詔尹熙古等皆江表人,
洎嘗善待之。上一夕召熙古等侍書禁中,《記聞》作琴棋待詔,今從《國
史》。因從容問以佑得罪之故。熙古言:"李煜忿佑諫説太直爾,非洎
謀也。"自是遂洗然,而準又數薦洎不已。既同執政,洎奉準愈謹,事

一決於準，無所預，專修時政記，甘言善柔而已。

　　　　　（宋）李燾：《續資治通鑑長編》卷三七，太宗至道元年(995)

　　佑初與張洎爲忘形之交，其後俱爲中書舍人，不雙立，稍相持。佑嘗答洎書云："堂堂乎張也，難與並爲仁矣。"佑之死，洎頗有力焉。洎時爲清輝殿學士，參預機密，恩寵莫二。清輝殿在後苑中，國主不欲洎遠離左右，故授以此職。洎與太子太傅臨汝郡公徐遼、太子太保文安郡公徐游別居澄心堂，密畫中旨，多自澄心堂出，游從子元㯋等出入宣行之。中書、密院，乃同散地。

　　　　　（宋）李燾：《續資治通鑑長編》卷一四，太祖開寶六年(973)

　　劉承勛者，江南人，爲德昌宮使。李氏承吳王基緒，保有江左，籠山澤之利，國帑甚富，德昌宮，其外府也，金帛多在焉。簿籍淆亂，鈎考不明，承勛專掌宮事，盜用之無算，家畜妓樂數十百人，朱門甲第，窮極富貴。嘗指妓樂中一青衣云："此女妓教其優劇，止學師巫持刀敕水一藝，凡費二千緡，他可知也。"後主母喪，衛士嘗給服無布，賦以錢。後德昌宮中屋壞，得布四十間，皆義祖時所貯也，殆數千萬端。太祖平荆湖，畫計以困江左，詔假舟運湖中米百萬石，承勛求董其事，亦有奸心，便自結納，既而運米二百萬石至迎鑾。金陵平，承勛見太祖，首述其事，太祖曰："此李煜平昔契分，非汝之功也。"止以爲鎮將，後貧困，街中求乞，帷薄不整，凍餓死。

　　　　　（宋）江少虞：《宋朝事實類苑》卷七四

　　僞德昌宮使劉承勛嗜蟹，但取圓殼而已。親友中有言："古重二螯。"承勛曰："十萬白八，敵一個黄大不得。"謂蟹有八足，故云。

　　　　　（宋）陶穀：《清異錄》卷上

　　鍾山相李建勛，少好學，風調閑粹。徐温以女妻之，盦槖之外，復賜田沐邑,歲入巨萬。雖極富盛,不喜華靡,屏斥世務,喜從方外之游。遍覽經史,資禀純儒,所以常居重地,寡斷不振。其爲詩,少猶浮靡,晚年方造平淡。嘗別墅於蔣山,泉石佳勝。再罷相,逼疾求退,以司徒致仕,賜號鍾山公。或謂曰:"公未老無疾,求此命,無乃復爲九華先生耶?"九華即宋齊丘,常乞骸,屢矯國主。公曰:"余嘗笑宋公輕以出處,敢違素心,吾必非壽考之物,勞生紛擾,耗真蠧魂,求數年閒適爾。"嘗畜一玉磬,尺餘,以沈香節安柄,叩之,聲極清越,客有談及猥俗之語者,則擊玉磬數聲於耳。客或問之,對曰:"聊代洗耳。"一軒,榜曰"四友軒"。以琴爲嶧陽友,以磬爲泗濱友,《南華經》爲心友,湘竹簟爲夢友。果遂閒曠五年而卒,江南之佳士也。

(宋)文瑩:《玉壺清話》卷一〇

五代江南林仁肇,建陽人。兄仁翰,爲福州王延羲內兒,謂之南廊承旨。

(宋)馬永易:《實賓録》卷一

五代江南陳濬尚書,自言其父在鄉里好爲詩,里人謂之"陳白舍人",比之白樂天也。

(宋)馬永易:《實賓録》卷二

江南陳濬尚書,自言其諸父在鄉里好爲詩,里人謂之"陳白舍人",比之樂天也。性疏簡,喜賓客。嘗有二道士,一黃衣,一白衣,詣其家求舍。舍之廳事。夜分聞二客床壞,訇然有聲。久之,若無人者,秉燭視之,見白衣人臥於壁,乃銀人也;黃衣人不復見矣。自是豐富。

(宋)徐鉉:《稽神録》卷五

五代江南陳濬尚書,性疏簡,喜賓客。嘗有二道士,一黃衣,一白衣，詣其家求假宿舍之廳事。夜分聞二客床壞，訇然有聲，久之寂然。秉燭視之，見白衣人臥於壁下，乃銀人也；黄衣人不復見矣。家由是富。

（宋）馬永易：《實賓録》卷九

五代南唐保大中，有翰林學士八員，游間言、陽悦、江文蔚、李夷業、朱鞏、常夢錫、王仲連、張義方，謂之八仙。

（宋）馬永易：《實賓録》卷五

夢通舌生毛

馮延巳鎮臨川，聞已除代，夜夢通舌生毛。有僧解曰：“毛生舌間，不可剃也。相公其未替乎。”已而果然。

（宋）曾慥：《類説》卷二一《南唐近事》

馮延巳鎮臨川，聞朝議已有除替。一夕，夢通舌生毛。翊日，有僧解之曰：“毛生舌間，不可替也，相君其未替乎！”旬日之間，果已寢命。

（宋）文瑩：《續湘山野録》

馮延巳拜諫議大夫、充翰林學士，復結魏岑侵損時政，與其弟延魯及陳覺、查文徽等，更相推唱，時人謂之“五鬼”。保大四年，遷中書侍郎、平章事。延巳好大言，自以己之智略可以經營天下，璟乃悉以庶政委之。

（宋）孫逢吉：《職官分紀》卷三

五代南唐馮延巳，好論兵事，嘗笑其主昇戢兵，以爲齷齪無大略，曰：“田舍翁，安能成大事。”

（宋）馬永易：《實賓録》卷六

金碗盛溲。

五代孫忌與馮延巳俱作相，忌輕延巳，曰金碗玉杯，而盛溲溺可乎？

（宋）佚名：《錦繡萬花谷》前集卷一〇

孫忌、馮延巳俱作相，忌輕延巳，嘗謂人曰："金碗玉杯而盛溲溺，可乎？"數年而罷。

（宋）孫逢吉：《職官分紀》卷三

庚申，復遣其子蔣國公從鎰、户部尚書新安馮延魯延魯，延巳弟，初見天福二年。來買宴，上屬色謂延魯曰："汝國主何故與我叛臣交通？"延魯曰："陛下徒知其交通，不知預其反謀也。"上詰其故，延魯曰："重進使者館於臣家，國主令臣語之曰：'男子不得志，固有反者，但時有可、不可。陛下初立，人心未安，交兵上黨，當是時不反，今人心已定，方隅無事，乃欲以殘破揚州，數千弊卒，抗萬乘之師，借使韓、白復生，必無成理，雖有兵食，不敢相資。'重進卒以失援而敗。"曰："雖然，諸將皆勸吾乘勝濟江，何如？"延魯曰："陛下神武，御六師以臨小國，蕞爾江南，安敢抗天威？然國主有侍衛數萬，皆先主親兵，誓同生死，陛下能弃數萬之衆與之血戰，則可矣。且大江風濤，苟進未克城，退乏糧道，亦大國之憂也。"上笑曰："聊戲卿耳，豈聽卿游説耶。"龍袞《江南野録》載馮延魯對上語，乃真以爲如此拒重進，不知蓋飾詞耳。今從《十國紀年》。

（宋）李燾：《續資治通鑒長編》卷一，太祖建隆元年（960）

竊惟南唐舊臣如公之比蓋無一二，方陳覺、馮延魯愚弄其主，擅興甲兵，喪師蹙國，時無一人敢非之者，公獨與韓熙載力陳其奸，卒致其罪。及王師南討，李氏危在朝夕，公受命兵間，不爲身計，義動中國，至今稱之。蓋公之大節落落如此，雖使千載之後，猶當推求遺迹以勸後來。今没未百年，弃而不録。仁人君子豈其然哉？……如徐

公輩人,譬之草木,臭味不遠。儻蒙矜念,使孤墳遺魄不至侵暴,祭祀
稍存,樵采不犯,不惟南方士人拭目傾心,將天下義士知有所勸。

(宋)蘇轍:《欒城集》卷二二

五代江南朱弼,世籍爲儒,精究《三傳》,旁貫數經,爲國子助教,
知廬山學。弼性嚴重,動執禮法,言語應答,皆適經術,曉析詳明,無
所滯泥,然短一足,時諺謂之"跛足先生"。

(宋)馬永易:《實賓録》卷七

五代江南劉鄂好學,博貫群籍,體貌瘠黑,號爲"劉黑獺"。或被
襴襦,又謂之"白雲抱幽石"。

(宋)馬永易:《實賓録》卷八

菰蘆中偉人:南唐查文徽,休寧人。以策干李主,與語奇之,曰:
"菰蘆中偉人。"《十國紀年》

(明)陶宗儀:《説郛》卷三《實賓録》

南唐查文徽,歙州休寧人。好學,善談兵,任俠尚義。初以策干
李主,與語奇之,謂宋齊邱曰:"菰蘆中偉人也。"命事知諤於潤州。知
諤有玉杯,直百萬,行酒至文徽前,墮地而毀,衆皆駭愕,文徽容色
如故。

(宋)馬永易:《實賓録》卷一〇

查氏顯於文徽,爲南唐樞密使。至國朝秘監陶、待制道,皆其
孫也。

(宋)羅願:《新安志》卷一

查秘監陶,字大鈞,休寧人。世仕南唐,祖文徽,工部尚書。陶明
習法令,仕爲常州録事參軍。歸朝,太祖命大理試以律學,除本寺丞,

累轉侍御史,權判大理寺。

(宋)羅願:《新安志》卷六

查賢良道,字湛然,與陶同祖。父元方,以蔭歷殿中侍御史。太祖平江表,元方隨李煜納款,爲滑州掌書記。

(宋)羅願:《新安志》卷六

五代廖居素仕南唐,以驟諫不聽,服朝衣冠,立死井中。

(宋)潘自牧:《記纂淵海》卷一〇

(南唐中主)惟陳覺、查文徽得奏事,群臣非召見不得入。賈崇詣閤求見景曰:"陛下新即位,所信用者何人,奈何頓與臣下隔絶。臣老即死,恐無復一見顏色。"因泣下嗚咽,景爲之動容。引與坐賜食而慰之。

(唐)白居易、(宋)孔傳:《白孔六帖》卷一六

君諱舉,字大冲,姓吳氏,興國軍永興人也。曾祖諱瑗,祖諱章,父諱思迥。五代之際,自江以南爲南唐,吳氏亦微不顯,君當李煜時,以明經爲彭澤主簿。太祖皇帝召煜來朝,煜不奉詔,遣曹彬討之。前鋒兵破池陽,遣使招降郡縣,使者至彭澤,其令欲以城降,君以大義責之,且曰:"吾能爲李氏死爾。"乃共殺使者,爲煜守。煜已降,君爲游兵執送,軍中主將責以殺使者,君曰:"固當如是爾。"主將義而釋之。當是時,嘗仕煜者,皆隨煜至京師,得復補吏,君獨弃去不顧。

(宋)歐陽修:《文忠集》卷三五

丁晉公在中書日,因私第會賓客,忽顧衆而言曰:"某嘗聞江南李國主鍾愛一女,早有封邑,聰慧姿質,特無與比。年及笄降,國主謂執政曰:'吾止一女,才色頗異,今將選尚,卿等爲擇佳婿,須得少年奇表,負殊才而有門地者。'執政遍詢搢紳,須外府將相之家,莫得全美。或有詣執政言曰:'嘗聞洪州劉生者,爲本郡參謀,歲甲未冠,儀形秀

美,大門曾列二卿,兼富辭藝,可以塞選。'執政遽以上言。嘔令召之,及至,皆如其說,國主大喜,於是成禮。授少列,拜駙馬都尉,鳴珂鏘玉,出入中禁。良田甲第,奇珍異寶,荼奕崇盛,雄視當時。未周歲,而公主告卒。國主傷悼悲泣曰:'吾不欲再睹劉生之面。'敕執政削其官籍,一簪不與,却送還洪州。生恍若夢覺,觸類如舊。"丁語罷,因笑曰:"某他日亦不失作劉參謀也。"席上聞之,莫不失色。後半載,果有朱崖之行,資貨田宅在京者,悉皆籍没,孑然南行,匹馬數僕,宛如未第之日。諒先兆不覺出於口吻。李公防時在丁坐,親聆其説。

(宋)文瑩:《續湘山野録》

丁朱崖當政日,置宴私第,忽語於衆曰:"嘗聞江南國主鍾愛一女。一日,諭大臣曰:'吾止一女,姿儀性識特異於人,卿等爲擇佳婿,須年少美風儀,有才學,門第高者。'或曰:'洪州劉生爲郡參謀,年方弱冠,風骨秀美,大門嘗任貳卿,博學有文,可以充選。'國主嘔令召至,見之大喜,尋尚主,拜駙馬都尉。鳴珂鏘玉,出入禁闥,良田甲第,珍寶奇玩,豪華富貴,冠於一時。未幾,主告殂,國主悲悼不勝,曰:'吾將不復見劉生。'削其官,一物不與,遣還洪州。生恍疑夢覺,觸目如失。"丁笑曰:"某他日不失作劉參謀也。"未幾,有海上之行,籍其家,孑然南去。何先兆之著也。

(宋)王闢之:《澠水燕談録》卷六

汪臺符上書陳民間九患,爲宋齊丘所沮。後齊丘使人夜縛其口,沈石城下。先主聞而嘆之。

(宋)張敦頤:《六朝事迹編類》卷上

汪處士臺符,歙州人。博學能爲文,好王霸大略。唐末見天下方亂,乃力耕不出,南唐先主輔政,移鎮金陵,往上書陳民間九患,先主覽之,且加條問,爲宋齊丘所抑。齊丘,始字超回,臺符貽書譙之曰:"聞足下齊先聖以立名,超亞聖而爲字。"齊丘慚,改字子嵩。後使人誘與飲酒,夜縛其口,沈石城下。先主聞而惜之。及昇元中,更檢校民田物產,以三等定賦,又使民輸粟請鹽,罷其科借,商旅賣鬻則征之,過者則否。舟行無力勝之稅,郡縣吏胥降而有限,凡數十年,民得以小康,皆自台符發之。台符所爲碑,或以管驛巡官、九江巡使等冠銜,此一時禄仕之賤者,故依《江南野史》稱處士。

(宋)羅願:《新安志》卷六

舒狀元雅,歙縣人。幼好學,才辭敏贍。南唐時,以貢入金陵,吏部侍郎韓熙載好接誘後進,苟有才藝,必延致之。雅以文贄,一見如舊,與爲忘年交。在門者凡數十人,推雅爲首。雅輕點敏給,熙載狎之。後主立,頗疑北人,熙載懼,愈肆情坦,率家伎百餘人,時操獨弦琴,使雅執板,隨房歌鼓,以爲笑樂。會熙載知貢,雅以狀元登第,然內外亦無異辭。歸朝,歷將作監丞,太宗於禁中造閣,取四庫書數萬卷藏之,時秘書監李至因薦雅及杜鎬等入充校理。自太平興國中,編纂《文苑英華》。淳化中,校《史記》、前後《漢書》。至道中,修《續通典》,校定《周禮》《禮記》《公羊》《穀梁》傳疏,及別纂《孝經》《論語》正義。咸平中,校七經疏義,雅必預焉。累遷職方員外郎。咸平末,出守舒州,以守職勤恪爲稱。樂其風土,有終焉之志,秩滿,乞致仕,就掌靈仙觀。雅嘗慰薦王欽若,後欽若爲言,大中祥符三年,直昭文館。卒年七十餘,弟雄登端拱中進士第,官至尚書郎。

(宋)羅願:《新安志》卷六

吕侍郎文仲,字子臧,新安人。南唐時,第進士,爲大理評事。歸朝,累遷少府監丞,預修《太平御覽》《廣記》《文苑英華》,轉著作佐郎。

(宋)羅願:《新安志》卷六

大魏太尉羽,字垂天,婺源人。唐鄭公之後。《真宗名臣傳》云:羽自言鄭公十四世孫。按陳無已作《魏嘉州銘》稱司徒謨之子,別居歙之婺源,其後四世而至羽,然則羽乃鄭公十世孫耳。初仕江南,爲昭文館校書郎,出爲雄遠軍判官，今太平州是也。王師渡江，道出城下，羽歸款轅門，太祖聞而嘉之，特拜太子中舍。

（宋）羅願：《新安志》卷六

張度支諤，字昌言，歙縣人。能詩有吏才，仕江南爲秘書丞，通判鄂州。王師南下，與州將許昌裔叶謀，歸款。太祖召見，勞問賜賚甚厚，授右贊善大夫。

（宋）羅願：《新安志》卷六

孫忌，高密人。孤貧好學，喜縱橫奇詭。時李先主輔政，忌謁之。口吃，與人初接，不能道寒温，坐頃之際，詞辨鋒起，不拘名理。主憐其才，辟置門下，後過江與徐玠同贊禪代之事，擢拜學士，爲中書舍人，宋齊丘排出舒州觀察使。州多黥隸凶人，曰“歸化軍”。忌因撫視不均，忽二卒白晝持刃求害於忌。賊由西門而入，忌坐東門，先見之，屏左右，厲聲揚袂招之曰：“吾在此。”賊已錯愕，謂賊曰：“爾輩殺吾未晚，大丈夫視死若歸，無名而死，然亦可惜。吾死，汝輩必不免，豈不少念所親負爾何罪，例殃其族乎？”因諭之禍福，賊漸留聽，又與之約曰：“吾解金帶助汝急奔，有追汝者，指天地神明爲殛。”賊感其言，還帶而遁。其辨畫率類此。忌後擢拜，與馮延巳俱相。延巳丑其正，謂人曰：“可惜金盞玉杯盛狗屎。”後使北，周世宗不道甘言取悦於忌，問以江南虛實，兵甲糧廩。忌正色抗辭曰：“臣爲陪臣，代主以覲天王，反以此鈎臣，臣肯背心賣國以苟富貴乎？惟死以謝陛下爾！”世宗命斬之。將誅，南望再拜，遥辭其主，顧左右曰：“吾此一死，可羞千古佞臣賊子之顔，復何恨哉？”引頸迎刃。璟聞之，北面素服招魂，舉哀至慟，其痛幾絶。

（宋）文瑩：《玉壺清話》卷一〇

南唐孫晟口吃，不能道寒暄，已而坐定，談辯風生，聽者忘倦。

（宋）祝穆：《古今事文類聚》後集卷一九

　　江南孫晟、鍾謨使於周世宗，待之甚厚。時召見飲以醇酒，問以唐事。晟但言：“唐主畏陛下神武，事陛下無二心。”及得唐主蠟書誘邊將李重進，皆謗毀反間之詞。帝大怒，召晟責以所對不實，晟正色抗辭請死而已。問唐虛實，默然不對。送軍巡院，更使曹翰與之飲酒，從容問之，終不言。翰乃曰：“有敕賜相公死。”晟神色怡然，索袍笏整衣冠南向拜曰：“臣謹以死報。”乃就刑，并從者百餘人皆殺之。貶鍾謨擢州司馬。既而，帝憐晟忠節，悔殺之，召謨拜少卿。

　　　　　　　　　　　　　　　　　　（宋）孔平仲：《續世說》卷七

　　收（孫）晟下獄，及其從者二百餘人，皆殺之。殺行人已非，況其從者二百餘人乎。宜乎世宗之不永也。

　　　　　　　　　　　　　　　　　　（清）何焯：《義門讀書記》卷二九

　　孫晟仕江南二十年間，貨財邸第頗適其意，以家妓甚衆，每食不設食几，令衆妓各執一食器，周侍於其側，謂之“肉臺盤”，其自奉養如此。

　　　　　　　　　　　　　　　　　　（宋）孔平仲：《續世說》卷九

　　五代孫晟天成中奔吳，李昇喜其文辭，使爲教令，由是知名。晟爲人口吃，遇人不能道寒暄，已而坐定，談辯鋒生，聽者無倦。爲右僕射，家益富驕，每食不設几案，使衆妓各執一器，環立而侍，號“肉臺盤”。時人多效之。

　　　　　　　　　　　　　（宋）謝維新：《古今合璧事類備要》續集卷七

　　孫晟，初名鳳，又名忌，密州人也。好學有文辭，尤長於詩。少爲道士，居廬山簡寂宮，嘗畫唐詩人賈島像置於屋壁，道士惡晟，以爲妖，驅出之。乃儒服北之趙魏，謁莊宗於鎮州，莊宗以晟爲著作佐郎。

　　　　　　　　　　　　　（宋）謝維新：《古今合璧事類備要》續集卷七

五代孫晟，初名鳳，又名忌，好學，尤長於詩。爲道士，居廬山簡寂宮。嘗畫賈島像置屋壁，晨夕事之，人以爲妖。

（宋）周密：《齊東野語》卷一六

五代孫晟，初名鳳，又名忌，好學，尤長於詩。爲道士，居廬山蘭寂宮，常畫賈島像置屋壁，晨夕事之，人以爲妖。蓋酸醎之嗜，固有異世而同者，長江簿何以得此於人哉！凡人著書立言，正不必合於一時。後世有揚子雲，當自知之。黃魯直晚年懸東坡像於室中，每晨衣冠薦香，肅揖甚敬。或以同時聲名相上下爲問，則離席驚避曰：“庭堅望蘇公門弟子耳，安敢失其序！”

（清）潘永因：《宋稗類鈔》卷二四

江南李氏取湖南，百官皆賀。起居郎高遠曰：“我乘楚亂取之甚易，觀諸將之才，但恐守之甚難爾。”以邊鎬守之，後果失之。

（宋）孔平仲：《續世說》卷四

《九國志》：南唐徐玠好貨殖，雖居相位，不預政事，尤好神仙服餌，常以賤價市人丹砂以充用。士流以此鄙之。

（宋）孫逢吉：《職官分紀》卷三

李彥真爲楚、海州刺史，吏事精敏，聲譽日益。後移壽春，惟務聚斂，不知紀極，列肆百業，盡收其利。古安豐塘溉田萬頃，壽陽賴之。彥貞托濬濠爲名，決塘以漲濠，濠滿塘竭，遂不復築，民田皆涸，無以供輿賦，盡賣之而去。彥貞選上腴賤價以市之，買足，再壅塘以畜水，歲積巨億。一旦酷暑，彥貞曉涼坐安輿行田，霆震暴起，黑霧入輿，卷彥貞入杳冥中，食頃擲下，爛碎於地。俄又飛火環其舍，帑庚廐庫，净無子遺，被焚者十餘人，大爲兼并之戒。後主督縣吏取版籍，招舊主，復還之，以警天鑒。後子孫亦以禍敗。

（宋）文瑩：《玉壺清話》卷一〇

唐句容尉廣陵張佖上書陳十事，其一舉簡要，二略繁小，三明賞罰，四重名器，五擇賢良，六均賦役，七納諫諍，八究毀譽，九節用，十屈己。唐主嘉納，擢爲監察御史。佖因劾奏德昌宮使傅宏妄毀都城，所創樓堞率多隳壞；禮賓使孟駢建議於星子造大艦以禦敵，累年不能成，蠹國害民，皆請置法。唐主不聽，手詔開諭之。拜御史從《國史》。十事之目，據鄭文寶《江表志》。又載佖上書日乃七月二十八日己丑也，故附見於此。

（宋）李燾：《續資治通鑒長編》卷二，太祖建隆二年（961）

予一日道過毗陵，舍於張郎中巷，見張之第宅雄偉，園亭臺榭之勝，古木參天，因愛而訪之。問其世家，則知國初時有張佖者，隨李煜入朝。太宗時，佖在史館，家常多食客。一日，上問：“卿何賓客之多，每日聚說何事？”佖曰：“臣之親舊，多客都下，貧乏絕糧，臣累輕而俸有餘，故常過臣，飯止菜羹而已。臣愧菲薄，而彼更以爲甘美，故其來也，不得而拒之。”七日，上遣快行家一人，伺其食時，直入其家，佖方對客飯，於是即其座上，取一客之食以進，果止糲飯菜羹，仍皆粗豐陶器。上喜其不隱，時號“菜羹張家”。佖三子益之、昷之、沓之，皆嘗爲郎官，至今彼人呼其所居曰“張郎中巷”。

（宋）佚名：《道山清話》

金陵之陷，後主以藏中黃金分賜近臣辦裝，張佖得二百兩，詣曹彬，自陳不受，願奏其事，彬以金輸官而不以聞。

（宋）楊億：《楊文公談苑》

初，議賞王韶以節鉞，王安石曰：“優與轉官職可也，節鉞宜待後功。”韶奏乞與黃察換武官，令知岷州，上曰：“岷州當付高遵裕，用察非所宜。”王安石曰：“誠當如此。”乃使守約代遵裕。上又欲令遵裕帶沿邊安撫使，曰：“王韶嫌景思立事權重，若復以此命遵裕，則足以抗思立事權。”安石曰：“甚善。”翌日，又言：“陛下欲經略四夷，則須明軍中紀律。太祖遣兵伐江南，諭曹彬，但能斬次將，即能爲大將，蓋知'長子帥師，弟子輿尸'之義故也。今王韶爲大帥，高遵裕則陵慢於東，景思立則陵慢於西。昨與思立分路，乃令思立自擇要去處，其後約與思立會合，思立乃不肯來，即止令苗授以下來，不得已而來，然亦不至所期處而止。臣聞如此，問之李元凱，果然。若將佐乖戾不相承稟如此，則大將威名不立於境内，如何欲加敵國？今韶幸有功，臣謂陛下宜稍別異，令高遵裕、景思立輩知所忌憚，則韶威名宣著邊境。大將威名宣著，即勝之半也，如其不然，恐緩急有大舉動，必誤事耳。"

（宋）李燾：《續資治通鑒長編》卷二四七，神宗熙寧六年（1073）

徐鉉父延休博物多學，嘗事徐温爲義興縣令，縣有後漢太尉許馘廟，廟碑即許劭記，歲久字多磨滅，至開元中，許氏諸孫重刻之，碑陰有八字云："談馬礪畢王田數七。"時人不能曉，延休一見，爲解之曰："談馬即言午，言午許字。礪畢必石卑，石卑碑字。王田乃千里，千里重字。數七是六一，六一立字。"此亦楊修辨䨞臼之比也。

（宋）吴處厚：《青箱雜記》卷七

是月，唐主以吏部尚書建安游簡言知尚書省事，尋遷右僕射。此據《大定録》及《江南録》。

（宋）李燾：《續資治通鑒長編》卷四，太祖乾德元年（963）

唐右僕射、判省事游簡言躬親簿領，督責稽緩，僚吏畏之。然暗於大體，不爲士大夫所重，人有請托者，必故違戾，不復顧其是否。數以疾辭位，唐主不許。是月，命簡言兼門下侍郎、平章事。

（宋）李燾：《續資治通鑒長編》卷一〇，太祖開寶二年（969）

是月，唐右僕射、兼門下侍郎、平章事游簡言卒。

（宋）李燾：《續資治通鑒長編》卷一〇，太祖開寶二年（969）

　　癸巳，以江南進奉使李從善爲泰寧節度使，賜第京師。時國主雖外示畏服，修藩臣之禮，而内實繕甲募兵，陰爲戰守計。上使從善致書風國主入朝，國主不從，但增歲貢而已。

　　南都留守、兼侍中林仁肇有威名，朝廷忌之，賂其侍者竊取仁肇畫像，縣之别室，引江南使者觀之，問何人，使者曰：“林仁肇也。”曰：“仁肇將來降，先持此爲信。”又指空館曰：“將以此賜仁肇。”國主不知其間，鴆殺仁肇。仁肇事，據《江南野録》及《十國紀年》。

　　（宋）李燾：《續資治通鑑長編》卷一三，太祖開寶五年（972）

　　江南國主天性孝友。初，李從善與鍾謨親狎，嘗有奪宗之謀，及元宗殂於豫章，獨從善與諸弟扈從，因懷非望，就宰相徐游求遺詔，游正色不與，至建業，具以聞，國主不問，待之愈厚。從善既被留，國主悲戀不已。歲時宴會皆罷，爲《却登高文》以見意。於是遣常州刺史陸昭符昭符有傳，不著里邑。入貢，奉手疏求從善歸國，上不許，出其疏示從善，慰撫之。六月甲申，以從善掌書記江直木直木，未見。爲司門員外郎、同判兗州，僚佐悉推恩。尋又封從善母凌氏爲吴國太夫人。十一月庚辰，始封凌氏，今并書之。

　　昭符在江南與張洎有隙，上雅知之，因從容謂昭符曰：“爾國弄權者結喉小兒張洎，何不入使？爾歸，可諭令一來，朕欲觀之。”昭符懼，遂不敢歸。陸昭符入貢月日，《實録》《本紀》並不載。《江表志》云：“從善除兗帥，昭符入謝，上語及張洎，昭符遂留。”按昭符本傳，開寶七年復入貢，則除從善爲兗帥時，未嘗留也。除兗帥在二年閏二月，《江表志》必誤。今因李煜奉手疏求從善歸國，附見其事。其後，煜遣徐鉉入貢，手書云：“陸昭符既未回下國，在骨肉則亦難具陳。”疑昭符復入貢，亦必以求從善歸國故也。當考。

　　（宋）李燾：《續資治通鑑長編》卷一五，太祖開寶七年（974）

　　樊若水，江南人。貧甚游索，鄉人不爲禮。後北游，建策置浮橋采石，以渡天兵。江南平，擢爲本路轉運使。所仇之家，方開酒場。樊乃於歲除日，賣酒衆多之次，案其所入以爲額。其家坐是輸納不逮，家遂破焉。

（宋）吳曾：《能改齋漫録》卷一二

太祖用樊若冰策，造浮橋平江南，擢侍御。以若冰類弱兵，改名知古。

（宋）俞文豹：《吹劍録全編·四録》

（樊）知古，江南人，無鄉里之愛，舉於鄉，不獲第，因謀北歸，獻伐於朝。以釣竿漁於采石江凡數年，橫長緪量江水之廣深，緪或中沈，陰有物波低助起，心知其國之亡，遂仗策謁太祖，奏曰："可造舟爲梁，以濟王師，如履坦途。"送學士院，本科及第，遣湖南督匠造黄黑龍船於荆南，破竹爲索，數千艦由荆南而下。舟既集，就采石磯試焉，密若胼脅，不差尺寸。知古舊名若冰，太祖以其聲近"弱兵"之厭，故改之。江南平，爲侍御史，邦人怨之，累世丘木悉斬焉。

（宋）文瑩：《玉壺清話》卷八

樊若冰貧甚游索，鄉人不爲禮。後北游，建策置浮橋采石，以渡王師。江南平，擢爲本路轉運使。所仇之家，方開酒場。樊乃於歲除日賣酒最多，按其所入以爲額，其家坐是輸納不逮，家遂破焉。

周勛初主編：《宋人軼事彙編》卷四

初，江南人樊若冰案：《宋史》及薛應旂《續通鑒》皆作樊若水。舉進士不中第，上書言事，不報，遂謀北歸。先釣魚采石江上，以小舫載絲繩其中，維南岸而疾棹抵北岸，以度江之廣狹，凡數十往反，而得其丈尺之數，遂詣闕自言有策可取江南。上令學士院試，賜及第，授舒州團練推官。若冰告上以母及親屬皆在江南，恐爲李煜所害，願迎至治所。上即詔國主護送，國主聽命。戊辰，召若冰爲贊善大夫，且遣使詣荆湖，如若冰之策，造大艦及黄黑龍船數千艘，將浮江以濟師也。《若冰傳》云若冰以開寶三年上書，《會要》亦云三年十一月。《大定録》乃云在六年十一月,《登科記》云七年不貢舉,賜上書人樊若冰及第。疑若冰以去年冬來歸,今年冬授官,《大定錄》與《登科記》皆得其實也。今並書於此。

(宋)李燾:《續資治通鑑長編》卷一五,太祖開寶七年(974)

江南內史舍人潘佑與戶部侍郎李平平,見乾祐元年。最相親善。佑好神仙事。平頗知修煉導養之術,言多妖妄,佑特信之。平自言與仙人通接,佑父處常今已爲仙官,甚貴重,而己及佑亦仙官也。各於其家置淨室,圖像神怪,披髮裸袒而祭,人莫得窺。平語佑曰:“六朝大臣家中,多寶劍及寶鑒,得而佩之,可以辟鬼,去人仙矣。”佑求之甚切,不能得。會張洎亦好方士之説,乃共買雞籠山前古冢地數十頃,以爲別墅,遇休沐,則相與聯騎,率僕夫,具畚鍤而往。破一冢,得古器,必傳玩良久,吟嘯自若,曰:“未知此生發得幾冢?”其怪誕類此。

佑嘗言於國主曰:“富國之本,在厚農桑。”因請復井田之法,深抑兼併,有買貧者田,皆令歸之。又依《周禮》造民籍,復造牛籍,使盡闢曠土以種桑,薦平判司農寺以督之。符命行下,急於星火,百姓大擾,國主遽遣罷之。佑疑執政沮己,乃歷詆大臣與握兵者兩兩爲朋,旦夕將謀竊發,且言國將亡,非己爲相不可救。江南政事,多在尚書省,因薦平可知省事,司天監楊熙澄可任樞密,軍校侯英可典禁衛。國主不納,佑益忿,抗疏請誅宰相湯悅等數十人。國主手書教誡之,佑遂不復朝謁,居家上表言:“陛下既不能强,又不能弱,不如以兵十萬助收河東,因率官吏朝覲,此亦保國之良策也。”國主始恨之,不復答。佑復請致仕,入山避難,國主以爲狂,悉置不問。

冬十月壬午,佑上第七表曰:“臣聞三軍可奪帥也,匹夫不可奪志也。臣近者連貢封章,指陳奸宄,畫一其罪,將數萬言,皎若丹青,坦然明白,詞窮理當,忠邪洞分。皆陛下黨蔽奸回,曲容諂僞,受賊臣之佞媚,保賊臣如骨肉,使國家惛惛,如日將暮。不顧億兆之患,不憂宗社之覆,以古觀之,則陛下之爲君,無道深矣。古有桀、紂、孫皓,破國亡家,自己而作,尚爲千古所笑。今陛下取則奸回,以敗亂其國家,是陛下爲君,不及桀、紂、孫皓遠矣。臣必退之心,有死而已,終不能與

奸臣雜處，而事亡國之主，使一旦爲天下笑。陛下若以臣爲罪，願賜
誅戮，以謝中外。"國主大怒，推其狂悖謗訕，始由李平，乃先收平下
大理獄，後始收佑。佑即自殺，母及妻子徙饒州。平亦縊死獄中。
佑所上書，史臣并改"陛下"爲"殿下"，今從《九國志》本文。國主尋謂左右
曰："吾誅佑，思之逾旬不決，蓋不獲已也。"明年，皆宥其家，廪
給之。

（宋）李燾：《續資治通鑒長編》卷一四，太祖開寶六年（973）

乙亥，以李煜爲右千牛衛上將軍，封違命侯。其子弟皆授諸衛大
將軍，宗屬皆授諸衛將軍。

丙子，以煜司空、知左右內史事湯悦爲太子少詹事，太子太保徐
游、左內史侍郎徐鉉爲太子率更令，右內史舍人張洎、王克貞爲太子
中允。克貞，新塗人，在江南守道中立，國人稱其長者。

鉉性質直，無矯飾。有盧氏簿謝岳者，鉉之故人也。凡銓選之
制，年七十即罷去。岳與虢州刺史有隙，奏岳年過，不堪其任。時江
南人士爵齒，有司疑者，必質於鉉。岳求哀曰："犬馬之齒，公實知之。
岳家貧，親屬多，仰俸禄以給，今罷去，即填溝壑，願公言不知。"鉉曰：
"我實知而言不知，是欺天也。"卒以實對，吏部遂罷岳官。然故人子
弟及親族之孤貧者來依鉉，鉉必分俸開館以納之。

以兩浙都鈐轄使沈承禮爲威武節度使。初圍潤州，城中兵夜出
焚栅，或請往救之。承禮曰："兵法所謂擊東南而備西北者此也。"命
士擐甲不動。既而焚栅兵去攻他壁，諸將不設備者悉驚擾，獨承禮所
部，敵人不敢窺焉。

（宋）李燾：《續資治通鑒長編》卷一七，太祖開寶九年（976）

衍，昇州人也。初仕李煜，直清輝殿，閱中外章疏，甚被親昵。歸
朝，授太祝。稱疾，假滿落籍，屏居輦下者數歲。李昉、扈蒙在翰林，
勉其出仕，因獻《聖德頌》，乃復故官。出宰桐廬，凡七年不遷，搢紳服
其純澹夷雅，多推尊之。去年秋，詔百官言事，衍疏必因此而上，不知的在何

時,附見丁酉詔後,恐此詔實因刁衍也。

（宋）李燾:《續資治通鑒長編》卷二三,太宗太平興國七年(982)

潁州團練使範再遇請老,授左金吾衛大將軍致仕,別降璽書勞問之。再遇,故唐將,以泗州降者也。再遇,見顯德四年。

（宋）李燾:《續資治通鑒長編》卷二,太祖建隆二年(961)

虔化縣令王瞻罷任歸建業,泊舟秦淮,病甚,夢朱衣吏執牒至曰:"君命已,詔奉召君。"瞻曰:"命不敢辭,但舟中隘狹,欲寬假之,使得登岸卜居,無所憚也。"吏許諾,以五日爲期,曰:"至期平旦當來也。"既寤,便能下床,自出僦舍,營辦凶具,教其子哭踊之節,召六親爲別。至期,登榻安臥,向曙乃卒。

（宋）徐鉉:《稽神録》卷一

侍御史盧樞言:其昔爲建州刺史,嘗暑夜獨居寢室,望月於中庭。既出户,忽聞堂西階下若有人語笑聲,躡足窺之,見七八白衣人,長不盈尺,男女雜坐飲酒。几席什器皆具而微。獻酬久之,席中一人曰:"今夕甚樂,但白老將至,奈何?"因嘆叱,須臾,坐中皆突,入陰溝中,遂不見。後數日,罷郡,新政家有貓,名白老,既至,白老自堂西階地獲鼠七八,皆殺之。

（宋）徐鉉:《稽神録》卷二

江南内臣張瑗日暮過建康新橋,忽見一美婦人,袒衣猖獗而走。瑗甚訝,諦視之,婦人忽爾回顧,化爲旋風撲瑗。瑗馬倒傷面,月餘乃復。初,馬既起,乃提一足,跛行而歸。自是每過此橋,輒提一足而行,竟亦無他怪禍。

（宋）徐鉉:《稽神録》卷二

旻初自淮南歸朝,上謂曰:"江、淮之間,輦運相繼,實我倉廩,卿之功也。"旻曰:"唐貞元中,淮南歲輸米才十萬石,今每歲輦運倍於貞元。"上曰:"知爾勸績。"將用爲翰林學士,盧多遜言杭州初復,非旻不可治。上乃謂旻曰:"卿且爲朕行,即當召卿矣。"錢氏據兩浙逾八十年,外厚貢獻,内事奢僭,地狹民衆,賦斂苛暴,雞魚卵菜,纖悉收取,斗升之逋,罪至鞭背。每笞一人,則諸案吏人各持其簿列於庭,先唱一簿,以所負多少量爲笞數,笞已,次吏復唱而笞之,盡諸簿乃止,少者猶笞數十,多者至五百餘。訖於國除,民苦其政。旻既至,悉條奏,請蠲除之,詔從其請。

　　(宋)李燾:《續資治通鑑長編》卷一九,太宗太平興國三年(978)

　　許司封逖,字景山,歙州人。《題名碑》言,許逖,祁門人。而安定先生爲許俞作傳,言黟縣人。今從歐陽公所作《行狀》,言歙州。唐睢陽太守遠五世孫,曾祖儒,不義朱梁,自雍州入於江南,終身不出。祖稠,仕江南,參德化主軍事。父規,嘗羈旅宣歙間。歐陽公言,逖世家歙州,而《許氏家譜》乃云,規嘗羈旅宣歙間。豈是時僑居之日尚淺,故云爾耶。聞旁舍呻呼,就之曰:"我某郡人也,察君長者,且死願以骸骨屬君。因指橐中黄金十斤,曰:'以是交長者,規許諾敬。'"負其骨千里,并黄金置死者家,大驚愧之,因請獻金如亡兒言,以爲許君壽。規不顧,竟去,聞者益以爲長者。以子故,贈大理評事。逖少仕江南,爲監察御史。李氏國除,以族北遷,獻其文,得召試爲汲縣尉、冠氏主簿。

　　　　　　　　　　　　　　　　　　　　(宋)羅願:《新安志》卷六

　　許承旨迴,字光遠,逖之弟。南唐時,士以權利輿服相夸,迴獨好擊劍,負氣,以貧事母,不少屈。王師伐金陵,逖爲光慶殿使,分護北城。迴以光慶殿承旨從攻益急,矢集如雨,逖被重傷。戒迴曰:"我將死主矣,汝歸慰吾親。"迴以身蔽逖,逖罵曰:"君親忠孝,我與汝均,有不可乎!"迴乃去。及逖歸朝,爲冠氏令。

　　　　　　　　　　　　　　　　　　　　(宋)羅願:《新安志》卷六

　　張鋌者，累任邑宰，以廉直稱，後爲彭澤令，使至縣宅。堂後有神祠，祠前巨木成林，烏鳶野禽，群巢其上，糞穢積於堂中。人畏其神，故莫敢犯。鋌大惡之，使巫祈於神曰："所爲土地之神。當潔清縣署，以奉居人，奈何使腥穢如是邪？爾三日中，當盡逐衆禽。不然，吾將焚廟而伐樹矣！"居二日，有數大鶚，奮擊而至，盡壞群巢，又一日大雨，糞穢皆净。自此宅居清潔矣。

　　　　　　　　　　　（宋）李昉：《太平廣記》卷三一四《張鋌》

　　江南有國日，有縣令鍾離君與鄰縣令許君結姻。鍾離女將出適，買一婢以從嫁。一日，婢執箕箒治地，至堂前，熟視地之宨處，惻然泣下。鍾離君適見，怪問之。婢泣曰："幼時我父於此穴地爲毬窩，道我戲劇。歲久矣，而宨處未改也。"鍾離驚曰："而父何人？"婢曰："我父乃兩政前縣令也，身死家破，我遂落民間，而更賣爲婢。"鍾離君遽呼牙儈問之，復質於老吏，具得其實。是時，許令子納采有日，鍾離君遽以書抵許氏，曰："吾買婢，得前令之女。吾特憐而悲之，義不可久辱，當輟吾女之奩笥先求婿，以嫁前令之女也。更俟一年別爲吾女營辦嫁資，以歸君子，可乎？"許君答書曰："蘧伯玉恥獨爲君子，君何自專仁義，願以前令之女配吾子，然後君別求良配以嫁君女。"於是，前令之女卒歸許氏。此等事前輩之所常行，今則不復見矣。出魏泰《東軒筆錄》。

　　　　　　　　　　　（明）陶宗儀：《説郛》卷九四《厚德録》

　　江南僞中書舍人徐善，幼孤，家於豫章。楊吳之克豫章，善之妹爲一軍校所虜。既定，軍校得善，請以禮聘之。善自以舊族，不當與戎士爲婚，固不許，乃强納幣焉，悉擲弃之。臨以白刃，亦不懼，然竟虜之而去。善即詣楊都，求見吳楊渥而訴。時渥初嗣藩服，府廷甚嚴，僭擬王者。布衣游士，旬歲不得一見。而善始至白沙，渥夜夢人來言曰："江西有秀才徐善，將來見公。今在白沙逆旅矣，其人良士也。且有情事，公可厚遇之。"旦即遣騎迎之。既至，禮遇甚厚，且問所欲言，善具白其妹事。即命贖歸於徐氏。時歙州刺史陶雅聞而異之,因辟爲從事。

(宋)李昉:《太平廣記》卷二七七《徐善》

江南司農少卿崔萬安,分務廣陵。常病苦脾泄,困甚,其家人禱於后土祠。是夕,萬安夢一婦人,珠珥珠履,衣五重,皆編貝珠爲之,謂萬安曰:"此疾可治。今以一方相與,可取青木香肉荳蔻等分,裹肉爲丸,米飲下二十丸。"又云:"此藥太熱,疾平即止。"如其言服之,遂愈。

(宋)李昉:《太平廣記》卷二七八《崔萬安》

江南有李令者,累任大邑,假秩至評事。世亂年老,無復宦情,築室於廣陵法雲寺之西,爲終焉之計。嘗夢束草加首,口銜一刀,兩手各持一刀,入水而行。意甚異之。俄而孫儒陷廣陵,儒部將李瓊屯兵於法雲寺。恒止李令家,父事令。及儒死,宣城裨將馬殷、劉建封輩,率衆南走。瓊因强令俱行。及殷據湖南,瓊爲桂管觀察使,用令爲荔浦令。則前夢之驗也。

(宋)李昉:《太平廣記》卷二七八《江南李令》

江南陸泊爲常州刺史,不克之任,爲淮南副使。性和雅重厚,時輩推仰之,副使李承嗣尤與之善。乙丑歲九月,承嗣與諸客訪之。泊從容曰:"某明年此月,當與諸客別矣。"承嗣問其故,答曰:"吾向夢人以一騎召去,止大明寺西,可數里,至一大府,署曰'陽明府'。入門西序,復有東向大門,下馬入一室,久之,吏引立階下。門中有二綠衣吏,捧一案。案上有書,有一紫衣秉笏,取書宣云:'泊三世爲人,皆行慈孝,功成業就,宜授此官,可封陽明府侍郎,判九州都監事。來年九月十七日,本府上事。'復以騎送歸,奄然遂寤。靈命已定,不可改矣。"諸客皆嘻然。至明年九月,日使候其起居。及十六日,承嗣復與向候之客詣之,謂曰:"君明日當上事,今何無恙也?"泊曰:"府中已辦,明當行也。"承嗣曰:"吾常以長者重君,今無乃近妖乎?"泊曰:

“唯君與我有緣，他日必當卜鄰。”承嗣默然而去。明日遂卒，葬於茱萸灣。承嗣後爲楚州刺史卒，葬於洎墓之北云。

（宋）李昉：《太平廣記》卷二七九《陸洎》

　　江南大理司直邢陶，癸卯歲，夢人告云：“君當爲涇州刺史，既而爲宣州涇縣令。”考滿，復夢其人告云：“宣州諸縣官人，來春皆替，而君官誥不到。”邢甚惡之。至明年春，罷歸，有薦邢爲水部員外郎。牒下而所司失去，復請二十餘日，竟未拜而卒。

（宋）李昉：《太平廣記》卷二七九《邢陶》

　　江南太子校書周延翰，性好道，頗修服餌之事。嘗夢神人以一卷書授之，若道家之經，其文皆七字爲句，唯記其末句云：“紫髯之畔有丹砂。”延翰寤而自喜，以爲必得丹砂之效。從事建業卒，葬於吳大帝陵側。無妻子，唯一婢名丹砂。

（宋）李昉：《太平廣記》卷二七九《周延翰》

　　江南通事舍人王慎辭，有別墅在廣陵城西，慎辭常與親友游其上。一日，忽自愛其岡阜之勢，嘆曰：“我死必葬於此。”是夜，村中間犬吠，或起視之，見慎辭獨騎徘徊於此。逼之，遂不見。自是夜夜恒至。月餘，慎辭卒，竟葬其地。

（宋）李昉：《太平廣記》卷一四五《王慎辭》

　　江南大理評事鍾遵，南平王傅之孫也，歷任貪濁，水部員外郎孫岳，素知其事，密縱於權要，竟坐下獄。會赦除名，遵既以事在赦前，又其祖嘗賜鐵券，恕子孫二死，因復詣闕自理。事下所司，大理奏贓狀明白，遂弃市。臨刑，或與之酒，遵不飲，曰：“吾當訟於地下，不可令醉也。”遵死月餘，岳方與客坐，有小青蛇出於棟間。岳視之，驚起曰：“鍾評事，鍾評事。”變色而入，遂病，翌日死。

（宋）李昉：《太平廣記》卷一二四《鍾遵》

李宗爲楚州刺史，郡中有尼方行於市，忽據地而坐，不可推挽，不食不語者累日。所由司以告宗，命武士扶起，掘其地，得大龜長數尺，送之水中，其尼乃愈。

（宋）李昉：《太平廣記》卷四七二《李宗》

江左有支戩者，餘干人。世爲小吏，至戩，獨好學爲文，竊自稱秀才。會正月望夜，時俗取飯箕，衣之衣服，插箸爲嘴，使畫盤粉以卜。戩見家人爲之，即戲祝曰："請卜支秀才他日至何官？"乃畫粉宛成司空字。又戩嘗夢至地府，盡閱名簿，至己籍云："至司空，年五十餘。"他人籍不可記，唯記其友人鄭元樞云："貧賤無官，年四十八。"元樞後居浙西，廉使徐知諫賓禮之，將薦於執政，行有日矣，暴疾而卒。實年四十八。戩後爲金陵觀察判官，檢校司空。恒以此事話於親友。竟卒於任，年五十一。

（宋）李昉：《太平廣記》卷一五八《支戩》

江南軍使蘇建雄，有別墅，在毗陵，恒使傔人李誠來往檢視。乙卯歲六月，誠自墅中回，至句容縣西。時盛暑赫日，持傘自覆。忽值大風，飛石扗木，卷其傘蓋而去，唯持傘柄。行數十步，雲雨大至。方憂濡濕，忽有飄席至其所，因取覆之。俄而雷震地，道傍數家之中。卷一家屋室，向東北而去。頃之遂霽，其居蕩然，無復遺者。老幼十餘，皆聚桑林中，一無所傷。舍前有足迹，長三尺。誠又西行數里，遇一人，求買所覆席，即與之。又里餘，復遇一人，求買所持傘柄。誠乃異之，曰："此物無用，爾何爲者而買之。"其人但求乞甚切，終不言其故。隨行數百步，與之乃去。

（宋）李昉：《太平廣記》卷三九五《李誠》

金陵之陷，有盧絳者，圖興復李氏。朝廷以節鎮招之，絳遂自歸，後以事乃被誅。初，絳舉事日，夢一白衣婦人，酌酒歌《菩薩蠻》以送之，詞曰："玉京人去秋蕭索，畫檐鵲起梧桐落。欹枕悄無言，月和殘夢圓。孤衾惟暗泣，何處砧聲急。獨自憑欄杆，芭蕉生暮寒。"歌已，謂絳曰："他日於固子坡相見。"後果伏法，於固子坡行刑者姓白。噫！禍福由於天道，吉凶灼乎鬼神，數之前定，固可畏也。

（宋）佚名：《分門古今類事》卷七

　　盧絳承詔赴闕，方引對，時龔慎儀之兄子穎爲右贊善大夫，遇絳於朝，詰之曰："反賊，汝專殺我叔父，我伺爾久矣，今乃在此耶。"遂執絳訴冤。上以絳屬吏，樞密使曹彬言絳驍勇，願宥其死。上曰："絳狀貌酷類侯霸榮，安可留也？"乙亥，斬首西市。盧絳被誅，《舊》無其事，此據《新錄》，《本紀》乃云斬絳於西京，不知何故。按絳死於固子陂，葬於夷門山，似不在西京也，且車駕時已還大梁矣，何用於西京斬之，此必字誤。《江南野錄》載絳歸朝，實曹翰部送之。太祖詰絳不即降，絳言李煜未受王爵，故不即降，太祖嘉其忠，因授冀州團練使。及龔穎訴冤，曹翰復言絳不可留，乃殺之。又言鐵券、氈褥等事，皆與《國史》異，今不取。然《國史·絳傳》蓋與《九國志》同，當更考之。

（宋）李燾：《續資治通鑒長編》卷一七，太祖開寶九年（976）

　　（咸平五年）七月十七日，賜西頭供奉官李正言絹百匹、錢二百萬。正言，故左千牛衛上將軍煜之孫也。時正言女將出嫁，故命給之。李氏有田在常州，官爲檢校。帝聞其宗族有不濟者，詔鬻其田之半，令各置資産以供贍之。

（清）徐松輯：《宋會要輯稿》選舉三二之一二

　　（太平興國九年正月癸酉）左諫議大夫、參知政事李穆卒。……時太祖方圖取江南，已部分諸將，而未有發兵之端，求所以使江南，召李煜入朝者，以爲履不則之險，難其人。由是太祖謂多遜曰："若如爾言，無以易穆。"遂遣之。穆至金陵，諭以朝旨，煜辭以疾，且言"上事大朝者，以其望全濟之恩，今若此有死而已。"穆曰："朝與否，惟國主自處之，然大朝兵甲精銳，萬物繁富，恐不易當其鋒，宜孰思之，無使後悔。"及還,具言其狀,太祖以謂所諭要切,而江南亦謂所言誠實。後煜歸朝,獲全宥者,亦穆之力也。

(宋)錢若水:《太宗皇帝實錄》卷二九

(端拱元年九月庚子)時江南李景以淮右用兵不利,遣禮部尚書潘承祐使福建,募驍果以備濠、泗。承祐以林仁肇及陳誨子德成暨彥華應詔,後皆至節鎮。彥華率兵與周師相持淮上,大小百餘戰,身被五十餘創,累遷至節度使、同平章事。王師征金陵,既自采石渡江,李煜遣彥華督水軍萬人,又遣別將杜真率步軍萬人逆戰。誨之曰:"水陸兩軍,相爲表裏,則師克濟矣。"既行,真乃率兵先往,彥華擁兵不救,真於是敗散。自是城中喪氣,閉壘不議戰矣。江南平,授左千牛衛將軍。上親征河東,以彥華爲京城左廂巡檢,從曹彬北征,以彥華督糧運,累遷至左屯衛將軍,改左千牛衛大將軍,至是卒,年七十三。

(宋)錢若水:《太宗皇帝實錄》卷四五

後梁開平中,楊行密圍姑蘇。錢鏐命其弟鍖、鏢帥江海游奕都虞候何逢內外夾攻,生擒淮將何朗、閭丘真等三千餘人,獲兵甲、生口三十萬,戰船二百餘艘。鏐遂親巡姑蘇。淮人圍姑蘇城,中軍將孫琰,號孫百計,專製守禦之具。淮人以洞屋攻城,琰設高竿,竿上著大輪盤,載大鐵渴烏,引半繩運出城外,而反其洞屋,鼓噪而揭去之,賊兵盡露,因加矢石。淮人退舍。尋復縱巨石擊城,聲如雷,城中大懼。琰乃盡取公私繩結網,用巨木張之,蔽於城屋,石之墜者,悉著網中。賊計遂沮。

(宋)范成大:《紹定吳郡志》卷五〇

顧全武於越中,廣搜梗楠,建宅甚宏壯。畢工之際,梁棟皆出水,户牖漬濕,竟不得入斯屋而卒。人謂之宅泣。

(明)陳耀文:《天中記》卷一四

五代吳越錢仁傑，忠懿王之從兄也。酷好種花，人號花精云。

（宋）馬永易：《實賓錄》卷九

錢昱，忠獻王宏佐長子也。讀書强記，在故國，與贊寧僧錄迭舉竹數束，得一事，抽一條，昱得百餘條，寧倍之。昱著《竹譜》三卷，寧著《笋譜》十卷。昱輕便美秀，太祖受禪，伯父俶遣持貢入闕，賜後苑宴射，時江南使者已先中的，令昱解之，應弦而中，賜玉帶旌賞之。歸朝，願以刺史求試，乞換臺閣，送學士院，試制誥三篇，格在優等，改秘書監。尤善翰牘，太宗取閱，深愛之，謂左右曰：“諸錢筆札多學浙僧亞栖書，體格浮軟，其失仍俗，獨此兒不類。以御書金花扇，及行草寫《急就章》賜之。”後南郊當增秩，上曰：“丞郎德應星象，昱，王孫也，檢操無守，不宜膺之。”授郢團，蓋慎惜名器也。

（宋）文瑩：《玉壺清話》卷一

孫載，字積中，其曾祖漢英仕錢氏，嘗爲蘇州崑山鎮防遏使，故爲崑山人。

（宋）龔明之：《中吳紀聞》卷四

睦州刺史薛溫

薛溫，錢唐人。有勇力，善騎射，吳越王弘佐時爲都頭。統軍使胡進思恃迎立功，干預政事，弘倧惡之，有所謀議，輒面折之，進思恨怒不自安。弘倧與指揮使何承訓謀逐之，又謀於內都監使水丘昭券，昭券以進思黨盛難制，不如容之，而承訓反以謀告進思。進思作亂，帥親兵戎裝入見，弘倧叱之不退，猝愕趨入義和院，進思鎖其門，矯稱王命，告中外云猝得風疾，傳位於弘俶。於是殺昭券，而遷弘倧於衣錦軍。弘俶遣溫將親兵衛之，潛戒之曰：“若有非常處分，皆非吾意，爾以死拒之可也。”進思請殺廢王弘倧，弘俶不許，進思詐以三分令溫害之，溫曰：“僕受命衛王，不聞殺王，無已必請而後可。”進思意溫乃復令二人挾刃逾垣而入，弘倧闔戶大呼，溫聞之，急率衆入，立斃之庭中。入告弘佐，弘佐大驚曰："全吾兄者，汝之力也。"進思内憂懼，疽發背死，弘倧由是獲全。温累官睦州刺史，卒，諡正獻。

（明）徐象梅：《兩浙名賢録》卷七

内都監使水丘昭券

水丘昭券，臨安人。性沉厚，知書能文章，事吳越王佐爲内都監使。佐欲誅程昭悦，令昭券夕率甲士千人圍其第。昭券曰："昭悦家臣也，有罪當顯戮，不宜夜興兵。"未幾，佐卒，倧嗣，與何承訓謀逐胡進思，昭券諫不從。謀泄難作，昭券聞變入衛，遂被害。進思之妻曰："他人猶可殺，昭券君子也，奈何害之？"進思後亦悔懼，曰："我不幸獨害君子。"

（明）徐象梅：《兩浙名賢録》卷七

丞相林鼎

林鼎，慈溪人。夜讀書，每達曙，善屬文，工書，得歐陽率更虞永興筆法，所聚圖書，悉由手録。仕吳越自鎮海軍節度判官，累遷至丞相。性忠讜，政事有不逮者，必反覆極言之，必聽而後已，雖屢觸忌諱，不恤也。卒，諡貞獻。所著詩文雜稿百餘卷，藏於家。

（明）徐象梅：《兩浙名賢録》卷二一

吳程，字正臣，山陰人。父蜕，大順中登進士，累官禮部尚書。程初以父蔭不事苦學，或謂程曰："觀子骨法，與群儒類，但恨他日登將相，不長談論耳。"程遂勤學。錢鏐選婚於士俗，以女妻之。元瓘襲國，命程知睦州，深達治禮，與民休息。時雖重斂，而程結以恩信，民皆樂輸無怨言。尋拜丞相，授威神節度使，軍政嚴肅。卒，諡忠烈。

（明）徐象梅：《兩浙名賢録》卷二六

沈韜文，吳興人，父攸，常州刺史。韜文性介潔，好學能屬文。吳越時，爲元帥府典謁，參畫軍務，有所裨益。出牧鄉郡，以爲湖州刺史,以清白自勵,雖時當擾攘,不爲習俗所移,親戚閭里皆帖然,服其不私。

(明)徐象梅:《兩浙名賢録》卷二六

黄晟,鄞人。時盜賊蜂起,授晟爲散騎常侍、明州刺史,討平鄰寇,保護鄉井,境内以安。晟尤能禮士,江東儒彦多依之,築其居號曰"措大營"。

(明)徐象梅:《兩浙名賢録》卷二六

章魯風,桐廬人。能詩,與餘杭羅隱齊名。錢武肅崛起,以魯風善筆札,召爲表奏孔目官,不就執之,沉於沄德。以隱爲錢塘令,懼而從命,因宴獻詩云:"一個禰衡容不得,思量黄祖漫英雄。"自是鏐始厚遇之。

(明)徐象梅:《兩浙名賢録》卷四三

錢尚父始殺董昌,奄有兩浙,得行其志,士人耻之。吴侍郎,越州蕭山縣人,舉進士,場中甚有聲采。屢遭維縶,不遂觀光,乃脱身西上。將及蘇臺界,回顧有紫綬者二人追之,吴謂必遭籠罩。須臾,紫綬者殊不相顧,促遽前去,至一津渡,唤船命吴共濟,比達岸,杳然失之。由是獲免。爾後策名升朝。是知分定者,必有神明助之。

(五代)孫光憲:《北夢瑣言》卷五

皮日休,歷太常博士,後從巢寇遇禍。子光業爲吴越丞相。子文璨任元帥判官,入京爲太僕少卿卒。子子澈,澈子仲卿,祥符八年御前進士。

(宋)錢易:《南部新書》癸

《該聞録》言:"皮日休陷黄巢爲翰林學士,巢敗被誅。"今《唐書》取其事。按尹師魯作《大理寺丞皮子良墓志》,稱:"曾祖日休,避廣明之難，徙籍會稽，依錢氏，官太常博士，贈禮部尚書。祖光業，爲吳越丞相。父璨，爲元帥府判官。三世皆以文雄江東。"據此，則日休未嘗陷賊爲其翰林學士被誅也。光業見《吳越備史》頗詳。孫仲容在仁廟時，仕亦通顯，乃知小説謬妄，無所不有。

（宋）陸游：《老學庵筆記》卷一〇

黃夷簡閑雅有詩名，在錢忠懿王俶幕中陪尊俎二十年。開寶初，太祖賜俶"開吳鎮越崇文耀武功臣"，遣夷簡謝於朝。將歸，上謂夷簡曰："歸語元帥，朕已於薰風門外建離宮，規模華壯，不減江浙，兼賜名'禮賢宅'，以待李煜與元帥，先朝者即賜之。今煜崛强不朝，吾將討之，元帥助我乎？無爲他謀所惑，果然，則將以精兵堅甲奉賜。向克常州，元帥有大功，俟江南平，可暫來相見否？無他，但一慰延想爾，固不久留，朕執圭幣三見於天矣，豈敢自誣？即當遣還也。"夷簡受天語，俛首而歸，私自籌曰："兹事大難，王或果以去就之計見決於我，胡以爲對？"殆歸見俶，因不匿，盡以天訓授之，遂稱疾於安溪別墅，保身潛遁。夷簡《山居詩》有"宿雨一番蔬甲嫩，春山幾焙茗旗香"之句。雅喜治釋。咸平中，歸朝爲光禄少卿，後以壽終焉。

（宋）文瑩：《玉壺清話》卷一

世以浙人屛懦，每指錢氏爲戲。云：俶時有宰相姓沈者，倚爲謀臣，號沈念二相公，方中朝加兵江湖，俶大恐，盡集群臣問計，云："若移兵此來，誰可爲禦？"三問無敢應者。久之，沈相出班奏事。皆傾耳以爲必有奇謀。乃云："臣是第一個不敢去底！"

（宋）莊綽：《雞肋編》卷下

羅昭諫投身武肅，特加殊遇。復命簡書辟之，曰："仲宣遠托婁荆州，都緣亂世；夫子辟爲魯司寇，只爲故鄉。"以劉爲婁，避武肅嫌名也。

（宋）袁褧：《楓窗小牘》卷上

邛州天慶觀石刻希夷詩："我謂浮榮真是幻，醉來捨彎謁高公，因聆元論冥冥理，轉覺塵寰一夢空。"末書太歲丁酉，蓋蜀孟昶時也。文與可跋云："高公者，此觀都威儀何昌一也。"希夷從之學鎖鼻術。

周勛初主編：《宋人軼事彙編》卷五

羅隱，字昭，諫郡之新城人。有能詩名，唐僖宗光啓三年，吳越王錢氏表請爲錢塘令，事具金部郎中沈崧所撰《羅隱墓志》。

（宋）潛説友：《咸淳臨安志》卷五一

羅隱，新城人。唐光啓三年，吳越王表薦爲錢塘令，遷著作郎，辟掌書記。天祐三年，充判官。梁開平二年，授給事中。三年，遷發運使。是年卒，葬於定山，金部郎中沈崧銘其墓。原注：《白孔六帖》云，墓在撫州樂安縣羅家潭。案《十國春秋》，隱，新城人。《吳越備史》作新登人，《全唐詩話》作餘杭人。蓋新城，本三國吳置，後梁時吳越改新登，宋乃復爲新城也。稱餘杭者，唐大業中，改杭州爲餘杭郡，故新城亦屬餘杭。今《杭州府志》以隱爲餘杭縣人，誤矣。又《太平寰宇記》，定山突出浙江數百丈。萬曆《杭州府志》，在錢唐縣南四十里。則隱墓在越可知，且《詩話》謂隱年八十，終餘杭，是隱之生卒，皆在故鄉，不應遠葬撫州。原注引《孔帖》謂隱墓在撫州樂安縣，亦誤矣。

（宋）韓淲：《澗泉日記》卷下

唐羅隱，詩名當世，仕吳越爲司勛郎中。梁祖以諫議大夫召之，不行，自號"江東生"。

（宋）馬永易：《實賓録》卷二

《龍鬚志》曰：羅隱喜筆工萇鳳，語之曰："筆，文章貨也，吾以一物助子取高價。"即贈布頭箋百幅，士大夫聞之，懷金買之，或以彩羅大組換之。

（五代）馮贄：《雲仙散録》

吳越杜建徽位宰相，其孫昭達爲内都監使。盛治第宅，建徽曰："乳臭兒不諳事，其能久乎？"後昭達果以罪誅。

（宋）馬永易：《實賓錄》卷六

士之不幸，生亂世之末流，依於非所據之地，以保其身，直道不可伸也，而固有不可屈者存。不可伸者，出而謀人之得失也；必不可屈者，退而自循其所守也。於唐之亡，得三士焉。羅隱之於錢鏐，梁震之於高季昌，馮涓之於王建，皆幾於道矣。胥唐士也，則皆唐之愛養而矜重者也。故國舊君燼滅而無可致其忠孝，乃置身於割據之雄，亦惡能不小屈哉？意其俯仰從容於幕帝者，色笑語言，必有爲修士所不屑者矣！以此全身安土，求不食賊粟而踐其穢朝已耳。至於爲唐士以閔唐亡，則幽貞之志無不可伸者，鏐、建、季昌亦且愧服而不以爲侮，士苟有志，亦孰能奪之哉？

（清）王夫之：《讀通鑒論》卷二八

乾寧三年丙辰，蜀州刺史節度參謀李思恭埋弟於成都錦浦里北門内西回第一宅，西與李冰祠鄰。距宅之北，地形漸高，岡走西南，與祠相接。於其堂北，鑿地五六尺，得大冢，磚甓甚固。於磚外得金錢數十枚，各重十七八銖，徑寸七八分，圓而無孔。去緣二分，有隱起規，規内兩面，各有書二十一字，其緣甚薄，有刃焉。督役者馳其二以白思恭，命使者入青城雲溪山居以示道士杜光庭，云："此錢得有石餘。"思恭命并金錢復瘞之，但不知誰氏之墓也。其地北百步所，有石笋，知石笋即此墓之闕矣。自此甚靈，人不敢犯。其後蜀主改置祠堂享之。

（宋）李昉：《太平廣記》卷三九零《李思恭》

西川衛前軍將李思益者，所著衣服，莫非華焕纖麗，蜀先主左右羨而怪之。先主曰："李思益一副衣裳，大有所費。是要爲我光揚軍府，仰與江貨場勾當，俾其作衣裝也。"先主又於作院，見匠人裹小朵帽子,前如鷹嘴,後露腦枕,怪而截其嘴也。又登樓見行人戴襤褸席帽,云破頭爛額,是何好事?然自務儉素,愛净潔,皆此類也。蜀朝有小朝士裴璨,俸薄且閑,或勸求宰一邑,裴曰:“今之畿縣,非有仙骨何以得?”見其愛羨,即可知也。每云:“黄寇之後,所失已多。唯襆頭褲穿靴,不傳舊時也。”僕同院司空監云:“木圍裹頭,於事最便。何必油拭火熨,日日勞煩?此一事不請師古。”又嫌以銀棱瓷器,托裹碗碟,徒費功夫。又曰:“揣大暮年,方婚少女,一生之事,遺醜可知。自非鐵石爲心,未有不貽他説。戒之慎之!”因述柳氏襆頭,引起數事,豈資談笑,亦足小懲也。

(五代)孫光憲:《北夢瑣言》卷一二

《王氏見聞録》:僞蜀王承協,幼承蔭,有文武才,通於章律門下,常養一術士,授其戰陣之法,人莫知也。蜀主講武於星宿山下,承協呈一鐵鎗,重三十餘斤,請試,許之。由是介馬盤槍,星飛電轉,萬人觀之,咸服神異。及入城,又請盤城門下鐵關,五十餘斤,用兩人舁致馬上,當街馳之,疾如電閃。主大悦,擢爲龍捷指揮使。承協於諸家兵法,三令五申,懸之口吻,主以其年幼,終不柄用焉。

(明)曹學佺:《蜀中廣記》卷六九

秦婦吟秀才:五代蜀相韋莊也。

(明)陶宗儀:《説郛》卷三《寶賓録》

永平元年十一月,周德權卒。德權,汝南人,建之妻弟。從建入蜀,以戰功累遷眉州刺史。梁祖既篡,德權上表曰:“按讖文,‘李祐西王逢吉昌,土德兑興丹莫當’。李祐者,唐亡也;西王者,王氏興於西方也;逢吉昌者,逢字如殿下之名也。土德,坤維也。兑興,亦西方也。丹莫當者,丹,朱也,言朱梁不敢與殿下抗也。願稽合天命,仰膺寶籙,使天地有主,人神有依。”建大悦,曰:“成我者,叔舅也。”建即位,累遷太保、中書令。卒,贈太師。

(明)陶宗儀:《説郛》卷四五《蜀檮杌》

　　舒溥者，萬州人，粗解書記，事前恩州刺史李希玄，往廣州謁嗣薛王，歸裝甚豐。於時蜀兵部毛文晏侍郎，宣徽宋光葆開府，前陵州王洪使君，皆未宦達，舒子竊資而奉之。爾後三人繼登顯秩，而恃此階緣，多行無禮於恩牧，因笞而遣之。始依陵州王洪，奏授井研令，尋爲王公所鄙。次依宋開府，亦以不恭見弃，轉薦於嘉牧顧珣。珣承奉貴近，誤奏爲團練判官，賜緋，轉員外郎。未久失意，復疏之，俾其入貢，仍假一表，希除畿邑，實要斥遠之。邸吏知意，表竟不行，淹留經年，乃詣堂陳狀，只望本分入貢之恩澤。朝廷以其北面因依，莫測本末，優與擬議，轉檢校工部郎中。所謂三斥三遇也。愚嘗覽吳武陵爲李吉甫相所誤致及第，因類而附之。

　　　　　　　　　（五代）孫光憲：《北夢瑣言》卷二〇

　　輕薄鑒

　　前蜀馮大夫涓，恃其學富，所爲輕薄，然於清苦直諫，比諷箴規，章奏悉合教化。所著文章，迥超群品，諸儒稱之爲大手筆矣。王太祖問：“擊毬之戲創自誰人？”大夫對曰：“丘八所置。”上爲大笑。又與相座王司空鍇等小酌，巡“故”字令，鍇舉一字三呼，兩物相似。鍇令曰：“樂樂樂，冷淘似餺飥。”涓曰：“已巳巳，驢糞似馬屎。”合座大咍。涓獨不笑，但仰視長嘯而已。凡所舉措譏誚多如此焉。太祖爲蜀王時，方構大業，莫不賦役增益，轉運煩苛。百姓困窮，無敢言者。因太祖生辰，大夫獨獻一歌，先紀王功，後陳生聚。太祖曰：“如卿忠讜，寡人王業何憂？”遂賜黃金十斤，以旌諷諫。於是徭役稍減矣。議者以君臣道合，黎庶泰來，苟非明王，何以采納。《生日歌》略云：“百姓富，軍食足。百姓足，軍民歡。爭那生靈飢且寒，吾王有術應不難。但令一斛徵一斛，自然百姓富於官。”大夫又著《檄龍文》《大蟲榜》《險竿歌》，無非比諷，爲世所稱。文字繁云，不復盡録。《險竿歌》云：“山險驚摧車，水險怕覆舟。奈何平地不肯立，沿上百尺高竿頭。我不知爾是人耶猿耶復猱耶，教我見爾爲爾長嘆嗟。我聞孝子不許國，我聞忠臣不憂家。爾即輕命重黃金，忠孝全虧徒爾誇。常將險藝悦君

目,終日貪心媚君祿。百尺高竿百度沿,一足參差一家哭。險竿兒,聽
我語,更有險竿險於汝。解從上處失君恩,落向天涯海邊去。險竿兒,
爾須知,險處欲往宜爾思。上得欲下下不得,我謂此輩險於險竿兒。”

(後蜀)何光遠:《鑒誡錄》卷四

　　唐末鳳翔判官王超,推奉李茂貞,挾曹馬之勢,箋奏文檄,恣意翱
翔。王蜀先主初下成都,馮涓節制判掌其奏箋。歲久轉廳,以掌記辟
韋莊郎中,於權變之間,未甚愜旨。閬州人王保晦有文才而無體式,
然其切露直致,易爲曉悟。加以鳳翔用王超箋奏,超以一本舊族,思
偶風雲,每遇飛章,言偽而辯,蜀先主愛之,以二王書題表藁示長樂
公。公乃致書遜謝,倍加贊賞,其要曰:“有眼未見,有耳未聞。”蓋譏
其阻兵恃強,失事君去就。王超後爲興元留後,遇害。有《鳳鳴集》三
十卷行於世。

　　後又有名石欽若者,體效其筆,爲劉知俊判官,隨軒降蜀,不能謙
退遠害,賓主爭露鋒穎,竟同誅之。閱其緘題表章行行然,宜其見忌
而取禍也。

　　許存初背荊州成中令降蜀,先主有意殺之,親吏柳修業勸其謙
靜。每立大功而皆托疾,由是獲免於先主之世。即彭城之舊僚,不若
高陽之小吏矣。

　　王超全集三十卷,今只見三卷,聞於盧卿宏也。

(五代)孫光憲:《北夢瑣言》卷七

　　僞蜀韓昭仕王氏爲禮部尚書,麗文殿大學士。粗有文章,至於琴
棋書算射法,悉皆涉獵,以此承恩於後主。朝士李台瑕曰:“韓八座之
藝,如拆襪綫,無一條長。”時人韙之。

(宋)李昉:《太平廣記》卷二五七《李台瑕》

　　僞蜀韓昭,仕王氏,爲禮部尚書、麗文殿大學士。粗有文章,至於
琴棋書算射法,悉皆涉獵,以此承恩於後主。朝士李台瑕曰:“韓八座

事藝,如拆襪綫,無一條長。"時人韙之。

(宋)錢易:《南部新書》癸

僧剃髮

韓昭,凡事如僧剃髮,無有寸長。

(宋)曾慥:《類説》卷二七《外史檮杌》

韓昭仕王蜀,至禮部尚書、文思殿大學士。粗有文章,至於琴棋書算射法,悉皆涉獵,以此承恩於後主。有朝士李台叚曰:"韓八座事藝,如拆襪綫,無一條長。"

(明)陳耀文:《天中記》卷二九

《僞蜀韓昭傳》:李台叚言:"韓八座事業,如拆襪綫,無一條長者。"

(宋)祝穆:《古今事文類聚》續集卷二〇

乾德中,僞蜀御史李龜禎久居憲職,嘗一日出至三井橋,忽睹十餘人,摧頭及被髮者,叫屈稱冤,漸來相逼。龜禎懾懼,回馬徑歸,説與妻子,仍誡其子曰:"爾等成長筮仕,慎勿爲刑獄官,以吾清慎畏懼,猶有冤枉,今欲悔之何及。"自此得疾而亡。

(宋)李昉:《太平廣記》卷一二六《李龜禎》

射洪簿朱顯,頃欲婚郪縣令杜集女。甄定後,值前蜀選入宫中。後咸康歸命,顯作掾彭州,散求婚媾,得王氏之孫,亦宫中舊人。朱因與話,昔欲婚杜氏,嘗記得有通婚回書云。但慚南阮之貧,曷稱東床之美。王氏孫乃長嘆曰:"某即杜氏,王氏冒稱。自宫中出後,無所托,遂得王氏收某。"朱顯悲喜,夫妻情義轉重也。

(宋)李昉:《太平廣記》卷一六〇《朱顯》

戲判作

王蜀宋開府光嗣僥忝樞衡，紊亂時政，所爲妖媚，下筆縱橫。凡斷國章，多爲戲判，用三軍爲兒戲，將萬機爲詭隨。取笑四方，結怨上下，以至一身受戮，後主遭誅，良由君子退身，閹人執政者也。《判行營將士申請裹糧》云：“纔請冬賜，又給行裝。漢州咫尺，要甚裹糧。綿州物賤，直到益昌。”又《判内庭求事人》云：“覓事撮巓坳，勾當須教了。儻若有闕遺，禁君直到老。”又《判導江縣申狀，封皮上著狀上門府衙》：“敕加開府，不是門府。典押雙眇，令佐單瞽。量事書罰，勝打十五。令佐盤庚，典押歲取。事了速歸，用修廨宇。”又《判小朝官郭延鈞進識字女子》云：“進來便是宮人，狀内猶言女子。應見容止可觀，遂令始制文字。更遣阿母教招，恨不太真相似。且圖親近官家，直向内廷求事。”又《判神奇軍背軍官健李紹妻阿鄧乞判改嫁》：“淡紅衫子赤輝輝，不抹燕脂不畫眉。夫婿背軍緣甚事，女人別嫁欲何爲。孤兒携去君爭忍，抵子歸來我不知。若有支持且須守，口中爭著兩張匙。”又《判簡州刺史安太尉申院狀希酒場》云：“係州收權，安胡安胡，空有髭鬚。所見不遠，智解全愚。酒場是太后教令，問你還有耳孔也無。”又《判内門捉得御厨雜使衙官偷肉》云：“斤斤肉是官家物，飽祭喉嚨更將出。不能爲食斬君頭，領送右巡枷見骨。”

（後蜀）何光遠：《鑒誡録》卷六

王蜀有僞相周庠者，初在邛南幕中，留司府事。時臨邛縣送失火人黄崇嘏，纔下獄，便貢詩一章曰：“偶離幽隱住臨邛，行止堅貞比澗松。何事政清如水鏡，絆他野鶴向深籠。”周覽詩，遂召見。稱鄉貢進士，年三十許，祇對詳敏。即命釋放。後數日，獻歌。周極奇之，召於學院與諸生侄相伴。善棋琴，妙書畫。翌日，薦攝府司户參軍。頗有三語之稱，胥吏畏伏，案牘麗明。周既重其英聰，又美其風采。在任將逾一載，遂欲以女妻之。崇嘏又袖封狀謝，仍貢詩一篇曰：“一辭拾翠碧江涯，貧守蓬茅但賦詩。自服藍衫居扳椽，永抛鸞鏡畫蛾眉。立身卓爾青松操，挺志鏗然白璧姿。幕府若容爲坦腹，願天速變作男兒。"周覽詩，驚駭不已，遂召見詰問。乃黄使君之女，幼失覆蔭，唯與老奶同居，元未從人。周益仰貞潔，郡内咸皆嘆異。旋乞罷，歸臨邛之舊隱，竟莫知存亡焉。

（宋）李昉：《太平廣記》卷三六七《黄崇嘏》

黄門户：五代王蜀僞相周庠，初在邛南幕中留司府時，臨邛縣失火人黄崇嘏縲下獄，貢詩一章，周遂召見。稱鄉貢進士，年三十許，祗對詳敏，即命釋之，薦攝司府户參軍，胥吏畏服。周既重英聰，又美其風采，欲以女妻之。崇嘏乃袖封狀謝，仍貢詩一篇，落句有曰："幕府若容爲坦腹，願天速變作男兒。"周覽詩驚愕，遂召見詰問，乃黄史君之女，未從人。周益仰其貞潔，旋乞罷歸臨邛。後不知所終。《玉漏篇》

（明）陶宗儀：《説郛》卷三《實賓録》

韋巽，太尉昭度之子也。尪懦蒙鈍，率由婢嫗。仕蜀，先主以其事舊，優容之，以至卿監。或爲同列所譏云："三公門前出死狗。"巽曰："死狗門前出三公。"又能酬酢也。

周仁矩者，即蜀相庠之子，爲駙馬都尉，有才藻而庸劣。國亡後，與貧丐爲伍，俾一人先道爵里於市肆酒坊之間，人有哀者，日獲三二百錢，與其徒飲噉而已。成都人皆嗟嘆之。

（五代）孫光憲：《北夢瑣言》卷二〇

王蜀刑部侍郎李仁表，將入貢春官，時薛能尚書爲鎮。先繕所業詩五十篇以爲贄，濡翰成軸，於小亭憑几閱之。未三五首，有戴勝自檐飛入，立於案几之上，馴狎良久，伸頸鼙翼而舞，向人若將語。久之又轉又舞，如是者三，超然飛去。翼日投詩，薛大加禮待，以其子妻之。

（明）曹學佺：《蜀中廣記》卷五九

王蜀刑部侍郎李仁表，寓居許州，將入貢於春官。時薛能尚書爲鎮，先繕所業詩五十篇以爲贄，濡翰成軸，於小亭憑几閱之。未三五首,有戴勝自檐飛入,立於案几之上,馴狎良久,伸頸彈翼而舞,向人若將語。久之又轉又舞,向人若如是者三,超然飛去。心異之,不以告人。翌日投詩,薛大加禮待。居數日,以其子妻之。

(宋)錢易:《南部新書》庚

楊玢靖夫,虞卿之曾孫也。仕僞蜀王建,至顯官。隨王衍歸後唐,以老,得工部尚書致仕。歸長安,舊居多爲鄰里侵占,子弟欲詣府訴其事,以狀白玢,玢批紙尾云:"四鄰侵我我從伊,畢竟須思未有時。試上含元殿基望,秋風禾黍正離離。"子弟不復敢言。

(宋)楊億:《楊文公談苑》

楊玢仕蜀至顯官,隨王衍歸後唐,以老致仕。歸長安,舊居多爲鄰里侵占,子弟欲詣府訴,玢批狀尾:"四鄰侵我我從伊,畢竟須思未有時。試上含元殿基望,秋風吹草正離離。"子弟不敢言。

(宋)祝穆:《古今事文類聚》續集卷七

楊玢仕蜀至顯官,隨王衍歸後唐,以老致仕。歸長安,舊居多爲鄰里侵占,子弟欲詣府訴其事。玢批狀尾云:"四鄰侵我我從伊,畢竟須思未有時。試上含元殿基望,秋風衰草正離離。"子弟不敢復言。

(明)陳耀文:《天中記》卷一四

《九國志》:前蜀王鍇,天復中,朝廷遣裴贄使蜀,册建爲蜀王。贄舉鍇爲判官,建一見重之,辟爲觀察推官。建圖霸之始,軍書填委,削藁立就,詞理精當。

(宋)孫逢吉:《職官分紀》卷三九

朱温初兼四鎮,蜀先主遣潘炕持聘。炕飲一斗,每宴飲,禮容益莊。温飲酣,謂曰:"押衙能飲一盤器物呼?"炕曰:"不敢。"乃簇在席器皿,次第注酌,炕并飲之,炕愈温克。温謂其歸館,多應傾瀉困臥,遺人偵之。炕簪笋簿冠子，秤所得酒器，令下人收之。

(明)陳耀文：《天中記》卷四四

偽蜀潘炕，累遷宣徽南院使、内樞密使，出爲黔南節度。而從弟峭代掌樞機，自黔召還。值元膺亂，復爲内樞密使。兄弟同掌機衡，號爲"大樞、小樞"。

(宋)馬永易：《實賓録》卷三

潘炕與弟峭，同爲蜀王建掌機衡，號大樞、小樞。炕嬖於美妾解愁，遂風恙成疾。解愁姓趙氏，母夢吞海棠花蕊而生，頗有國色，善爲新聲及工小詩。建至炕第，見之曰："朕宫中無如此人。"意欲取之。炕曰："臣下賤之人，不敢以薦於君。"其實靳之。弟峭曰："緑珠之禍，可不戒耶！"炕曰："人生貴於適意，豈能畏死，而自不足於心耶！"

(明)陳耀文：《天中記》卷一九

馮涓，舊唐名士，雄才奧學。登進士第，履歷已高。唐帝幸梁洋，涓扈蹕焉。至漢中，詔除眉州刺史。赴任，至蜀阻兵，王氏强麋於幕中。性耿樂不屈，恃才傲物，甚不洽於偽蜀主。知王氏有異圖，輒不相許。或贈繒帛，必鎖櫃中，題云"賊物"。蜀主雖知，憐其文藝，每强容之。時或不可，數摀出院，欲摫殺之，略無懼色。後朱梁遣使致書於蜀，命諸從事韋莊輩，具草呈之，皆不愜意。左右曰："何妨命前察判爲之？"蜀主又有慚色。梁使將復命，不獲已，遂請復職，便亟修回復。涓一筆而成，大稱旨。於是却復前歡。因召諸廳同宴，飲次，涓斂衽曰："偶記一話，欲對大王説，可乎？"主許之。曰："涓少年，多游謁諸侯，每行，即必廣賫書策，驢亦馱之，馬亦馱之。初戒途，驢咆哮跳躑，與馬爭路而先，莫之能制。行半日後，抵一坡，力疲足憊，遍體汗流，回顧馬曰："馬兄馬兄，吾去不得也，可爲弟搭取書。"馬兄諾之，遂并在馬上。馬却回顧謂驢曰："驢弟，我爲你有多少伎倆，畢竟還搭在老兄身上？"蜀主大笑。同幕皆遭凌虐。及偽蜀開國，終不肯居宰輔。

（宋）李昉：《太平廣記》卷二五七《馮涓》

　　五代前蜀馮涓大夫，恃其學富，所爲輕薄。然清苦直諫，比風箴規，章奏悉寓教化，所著文章迴超群品，諸儒稱之爲“大手筆”。

（宋）馬永易：《實賓録》卷五

　　吳興沈徽，乃温庭筠諸甥也。嘗言其舅善鼓琴吹笛，亦云有弦即彈，有孔即吹，不獨柯亭、爨桐也。制《曲江吟》十調，善雜畫，每理髮則思來，輒罷櫛而綴文也。有温顗者，乃飛卿之孫，憲之子。仕蜀，官至常侍，無它能，唯以隱僻繪事爲克紹也。中間出官，旋游臨邛，欲以此獻於州牧，爲謁者拒之。然温氏之先貌陋，時號“鍾馗”，顗之子郢，魁形克肖其祖，亦以奸穢而流之。

（五代）孫光憲：《北夢瑣言》卷二〇

　　王蜀時，有朱少卿者，不記其名，貧賤客於成都。因寢於旅舍，夢中有人扣扉覓朱少卿，其聲甚厲，驚覺訪之，寂無影響。復睡，夢中又連呼之。俄見一人，手中執一卷云：“少卿果在此？”朱曰：“吾姓即同，少卿即不是。”其人遂卷文書兩頭，只留一行，以手遮上下，果有“朱少卿”三字。續有一人自外牽馬一匹直入，云：“少卿領取。”朱視之，其馬無前足，步步側蹶，匍匐而前，其狀異常苦楚。朱大驚而覺，常自惡之。後蜀王開國，有親知引薦，累至司農少卿。無何，膝上患瘡，雙足自膝下俱落，痛苦經旬，五月五日殂，乃馬夢之徵也。

（宋）李昉：《太平廣記》卷二七九《朱少卿》

　　蜀有朱少卿者，不記其名。寢旅舍中，夢有人叩扉覓朱少卿，聲甚厲。覺，訪之無影響，復睡，夢中又連呼之。俄見一人，手中執卷云：“少卿果在此。”朱曰：“吾姓即同，少卿即不是。”其人遂卷文書兩頭,只留一行,以手遮上下,果有"朱少卿"三字。續有一人自外牽馬一匹直入,云"少卿領取"。朱視之,其馬無前足,步步側蹶,匍匐而前,其狀非常苦楚。朱大驚,覺,常自惡之。後蜀主開國,有親知引薦,累至司農少卿。無何,膝上患瘡,雙足自膝下俱落,痛苦經旬,五月五日殂,乃夢馬之兆也。

(宋)佚名:《分門古今類事》卷七

《王氏見聞録》:王蜀時,有朱少卿者,不記其名,貧賤,客於成都。因寢旅舍,夢中有人扣扉覓朱少卿,其聲甚厲,驚覺訪之,寂無影響。復睡,夢中又進,呼之。俄見一人,手中執卷,云"少卿果在此"。朱曰:"吾姓則同,少卿則不是。"其人遂卷文書兩頭,只留一行,以手遮上下,果有"朱少卿"三字。續有人自外牽馬直入,云"少卿領取"。朱視馬,無前足,步步側蹶,匍匐而前,其狀異常苦楚。大驚,覺,惡之。後蜀主開國,以親知引薦,累至司農少卿。無何,膝上患瘡,雙足自膝下俱落,痛苦經旬,至五月五日殂,乃馬夢之徵也。

(明)曹學佺:《蜀中廣記》卷七九

扶風馬處謙,鬻筮自給。有一人謁筮,謂曰:"我有秘法,能從我學乎?"乃隨往至陶仙觀,受星算之訣,因戒之曰:"子有官禄至五十二歲,幸勿道我行止於王侯之門。"馬得訣甚驗。趙巨明入蜀,因隨至成都,王先主嘗令杜光庭問享壽幾何? 對曰:"王受元陽之氣四斤八兩,果七十二而薨。"四斤八兩即七十二兩也。馬官至中郎,果五十二而卒云。

(宋)佚名:《分門古今類事》卷一一

王蜀時,有趙雄武者,號"趙大餅",出典名郡,爲一時富豪。嚴潔奉身,精於飲饌,居常不使膳夫,六局之中各有二婢執役,當厨者十餘輩,皆水窄袖鮮潔衣妝。事一食,邀一客,必水陸俱備,雖王侯之家不得相仿。能造大餅,每三年,麵擀一所,大如數間屋。或大内宴聚,或豪家有廣筵，多於獨盛內獻一所，裁割用之，皆有餘矣。雖懿親密分，莫知辦造之法，以此得名。

（明）曹學佺：《蜀中廣記》卷六四

王蜀員外郎劉檀，本名審義，忽夢一孝子，引令上檀香樹，而謂曰："君速登。"劉乃登。遂向懷內出緋衣，令服之。覺，因改名檀。未及一年，蜀郡牧請一杜評事充倅職，奏授殿中侍御史、內供奉，賜緋。敕下，杜丁憂不行。杜遂舉劉於郡侯。郡侯乃奏檀，而所授官與杜先奏擬無別。是時劉方閑居力困，杜因遺劉新緋公服一領，果徵夢焉。

（宋）李昉：《太平廣記》卷二七八《劉檀》

蜀員外郎劉檀，本名審義，忽夢一縗服人，引令上檀香株，謂之曰："君速登。"劉乃登，遂向懷中出緋衣，令服之。覺，因改名檀。未及一年，會郡牧請杜評事充倅職，奏授殿中侍御史，賜緋。敕下，杜丁憂不行，杜遂舉劉，乃奏檀，與杜所奏擬無別。劉方閑居，力困，杜乃遺劉以新緋公服一領，果符其夢焉。

（宋）佚名：《分門古今類事》卷七

蜀御史中丞牛希濟，文學豪贍，超於時輩，自云早年未出學院，以詞科可以俯拾。或夢一人介金曰："郎君分無科名，四十五方有官祿。"覺而異之，旋遇喪亂，流寓於蜀，依季父給事中牛嶠，仍以直氣嗜酒，爲季父所責，暫寄巴南旅寓。開國不預勸進，又以時輩所排，十年不調。爲先主一日所知，召對，除起居郎，累加御史大夫，向者之夢，何其驗歟。

（宋）佚名：《分門古今類事》卷七

蜀御史中丞牛希濟，文學繁贍，超於時輩。自云：早年未出學院，以詞科可以俯拾。或夢一人介金曰："郎君分無科名，四十五已上，方有官祿。"覺而異之。旋遇喪亂，流寓於蜀，依季父也，大阮即給事中嶠也。仍以氣直嗜酒，爲季父所責。旅寄巴南，旋聆開國，不預勸進。又以時輩所排，十年不調。爲先主所知，召對，除起居郎，累加至憲長。是知向者之夢，何其神也。

（宋）李昉：《太平廣記》卷一五八《牛希濟》

蜀相許寂相王衍。衍終秦川，寂至洛，以尚書致政。茸園館，引水爲溪，架巨竹爲橋，號會龍橋，謂竹可以化龍耳。

（宋）陶穀：《清異録》卷下

舊蜀嘉王召一經業孝廉仲庭預，令教授諸子。庭預雖通墳典，常厄飢寒。至門下，亦未甚禮。時方凝寒，正以舊火爐送學院。庭預方獨坐太息，以箸撥灰。俄灰中得一雙金火箸，遽求謁見王。王曰："貧窮之士見吾，必有所求。"命告庭預曰："見爲製衣。"庭預白曰："非斯意。"嘉王素樂神仙，多采方術，恐其別有所長，勉强而見。庭預遽出金火箸，陳其本末。王曰："吾家失此物已十年，吾子得之，還以相示，真有古人之風。"贈錢十萬，衣一襲，米麥三十石。竟以賓介相遇，禮待甚厚，薦授榮州録事參軍。

（宋）李昉：《太平廣記》卷一六五《仲庭預》

僞蜀寧江節度使王宗黯生日，部下屬縣，皆率釀財貨，以爲賀禮。巫山令裴垣以編户羈貧，獨無慶獻。宗黯大怒，召裴至，誣以他事，生沈灔澦堆水中，三日尸不流。宗黯遣人命挽而下，經宿逆水復上，卓立波面，正視衙門。宗黯頗不自安，神識煩撓，竟得疾暴卒。

（宋）李昉：《太平廣記》卷一二四《裴垣》

僞蜀王宗信，鎮鳳州。有角抵人蘇鐸者，委之巡警，嘗與宗信左右孫延膺不協。宗信因暇日登樓，望見蘇鐸，錦袍束帶，似遠行人之狀，宗信訝之。鐸本岐人也，延膺因譖曰："蘇鐸雖受公蓄養，其如苞藏禍心，久欲逃去。"宗信大怒，立命擒至，先斷舌臠肉，然後斬之。及延膺作逆，其被法之狀，一如鐸焉。

（宋）李昉：《太平廣記》卷一二四《蘇鐸》

風月主人：蜀歐陽彬也。《檮杌》

（明）陶宗儀：《説郛》卷三《賓賓録》

九州歌

歐陽彬謁湖南馬氏，不得通。有妓瑞卿慕其才，延之於家。時湖南舊管七州，後加武陵、岳陽爲九州，瑞卿歌之，武穆竟不問，彬遂入蜀。

（宋）曾慥：《類説》卷二六《五代史補》

僞蜀歐陽彬爲嘉州刺史，喜曰："青山緑水中爲二千石，作詩飲酒爲風月主人，豈不佳哉！"

（宋）馬永易：《賓賓録》卷六

《海録碎事》載：僞蜀歐陽彬得嘉州，曰："青山緑水中爲二千石，作詩飲酒爲風月主人，豈不佳哉！"其後，太守吕昌朝以宋復古所畫《八景圖》，皆天下名勝，懸於州治，與相映發。蘇子瞻有八咏，繼東吴之贈也。

（明）曹學佺：《蜀中廣記》卷一一

蜀進士蘇協，字表微，鹽泉縣人。幼寒素力學，爲文典贍正雅。僞廣政十九年，賈珪下及第。入試前一日，宿聖壽寺僧房，夜夢入一官廨中，屏上有大書一"愁"字。於廳後復見置一秘器，甚高大。既覺，惡之。術士周世明占之曰："此吉兆也。蓋愁者不樂之祥，有秘器而高大，君之子孫當有至大官者。"是年，協果登第，掾於閬中。又夢入一大府伏謁，上官儀衛甚盛，唱言與協官，授廣都曹。遂覺，乃志之於書册。蜀有廣都縣，又終不在此邑。既歸朝，掾於懷、汝、洛三任，及太平興國五年，其子易簡，狀元及第，踐歷清要，特旨授協開亡曹，仍賜朱紱。易簡頗懷喜懼。歲餘，而協遂卒。易簡後參大政，子孫世爲顯宦。其兆皆已先於三紀之前矣。語曰：死生有命，富貴在天，士大夫不知命者，觀此可以抑浮躁之志。

（宋）佚名：《分門古今類事》卷七

孟蜀禮部侍郎范禹偁，彭門人。少不檢，以飛走爲事。忽有一道士訪之，曰：“子國家名器也，何不讀書以取禄位，須是改易姓名，必及第矣。候至戌年後，歸本姓，善自保愛。”問其名，曰：“我安法尚也。”既出門，失所在，范感其異，因入丹景山讀書，乃改姓張，舊名鍔改禹偁。是時，蜀無科場，遂吏書入洛。長興二年，於考功盧華下及第。歸蜀，授監察御史，果於戌年復歸舊姓。上蜀丞相狀云：“昔遇至人，令易本姓，往年金榜誤題張禄之名，今日玉除原是范增之裔。”禹偁後終於翰林學士。

（宋）佚名：《分門古今類事》卷一〇

世修降表李家：蜀李昊四爲降表，蜀人憤之，有潛書其門者，云：“世修降表李家。”《九國志》

（明）陶宗儀：《説郛》卷三《實賓録》

孟蜀時，兵部尚書李昊，每將牡丹花數枝分遺朋友，以興平酥同贈，且曰：“俟花凋卸，即以酥煎食之，無弃穠艷也。”《東坡詩話》明日春陰花未老，故應未忍著酥煎。

（明）陳耀文：《天中記》卷五三

李昊事前後蜀五十年，資貨巨萬，奢侈逾度，妓妾百數。嘗讀王愷、石崇傳，笑曰：“窮儉乞兒，以此爲富，可笑，可笑！”

（明）陳耀文：《天中記》卷三九

五代蜀李昊,仕前蜀爲翰林學士,仕後蜀位宰相。前蜀王衍降於莊宗,昊草其表;後蜀孟昶之降,其表亦昊所爲。蜀人憤之,有潛題其門者,云"世修降表李家",見者哂之。

(宋)馬永易:《實賓録》卷三

李昊仕於蜀,王衍之亡,爲草降表,及孟昶降又草焉。蜀人夜表其門曰:"世修降表李家。"當時傳以爲笑。余記晉謝淡少歷顯位,桓玄之篡,以淡兼太尉,與王謐俱賷册到姑孰。元熙中爲光禄大夫,復兼太保,持節奉册禪宋。正堪作對。

(宋)趙與時:《賓退録》卷三

蜀主以李昊領武信節度使。右補闕李起上言:"故事,宰相無領方鎮者。"蜀主曰:"昊家多冗費,以厚禄優之爾。"起性悻直。李昊嘗語之曰:"以子之才,苟能謹默,當爲翰林學士。"起曰:"俟無舌,乃不言爾。"

(宋)孔平仲:《續世説》卷三

徽宗御跋云:"恭讀《太祖皇帝實録》,載僞蜀李昊自言紳之後,仕孟昶至司空、趙國公。方昶與江南通好時,遣其臣趙季札使景。季札回,得李紳唐武宗朝自淮南節度使入相告以遺昊。昊欲誇詫其事,結綵爲樓,置告於中,朝服前導,盡呼聲妓雜奏歌樂迎歸私第。即召將相大臣宴飲,仍以帛二千匹謝季札。詳閱告文,正昊所詫之告也。然自武宗逮今三百年,苟人以忠諒功業聞於時,有不必金石而堅者,可不勉哉!因節文以載其實。"

(元)王惲:《玉堂嘉話》卷一

孟蜀翰林學士辛寅遜,頃年在青城山居。其居則古道院,在一峰之頂,内塑像皇姑,則唐玄宗之子也。一夕,夢見皇姑召之,謂曰:"汝可食杏仁,令汝聰利,老而彌壯,心力不倦,亦資於年壽矣。汝有道性,不久住此,須出佐理當代。"寅遜夢中拜請法制,則與申天師怡神論中者同。夤遜遂日日食之,令老而輕健,年逾從心,猶多著述。又夢掌中草不絕,後來内制草數年。復掌選,心力不倦。因知申天師怡神論中仙方,盡可驗矣。

(宋)李昉:《太平廣記》卷二七八《辛夤遜》

辛寅遜,仕僞蜀孟昶爲學士。王師將致討之前歲除,昶令學士作詩兩句,寫桃符上。寅遜題曰:"新年納餘慶,佳節契長春。"明年蜀亡。

(宋)江少虞:《宋朝事實類苑》卷四七

僞蜀辛夤遜夢掌中抽筆,占者曰:"君必遷翰林學士。"未幾果然。

(元)富大用:《古今事文類聚新集》卷二〇

孟蜀工部侍郎劉義度,判雲安日。有押衙覃驚,夢與友人胡鍼同在一官署廳前,見有數人,引入劉公,則五木備體,孑然音旨,説理分解,似有三五人執對。久而方退,於行廊下坐,見進食者,皆是鮮血。覃因問,旁人答曰:"公爲斷刑錯誤所致,追來亦數日矣。"遂覺。及早,見胡鍼話之,鍼曰:"余昨夜所夢,一與君葉,豈非同夢乎?"因共秘之。劉公其日果吟《感懷詩》十韻。其一首曰:"昨日方鬒鬒,如今滿頷䰄。紫閣無心戀,青山有意潛。"今其詩皆刊於石上,人皆訝其詩意。不數日而卒,豈非斷刑之有錯誤乎?

(宋)李昉:《太平廣記》卷二七九《覃驚》

僞蜀韋嘏,唐相貽範之子。仕孟昶時,歷御史中丞。性多依違,時號爲"軟餅中丞"。

(宋)馬永易:《實賓録》卷一

軟餅中丞:蜀韋嘏,唐相貽範之子。仕孟昶時歷御史中丞,性多依違,時號"軟餅中丞"。《檮杌》

(明)陶宗儀:《説郛》卷三《實賓録》

何光遠作《廣政錄》,記孟氏有蜀時,翰林學士徐光溥、劉侍郎羲叟分直,忽睹庭中筍迸出,徐因題之,劉詩多譏,誚徐托土,本是蜀人。詩成,二學士從此不睦。

(宋)祝穆:《古今事文類聚》後集卷二四

孟蜀尚食掌《食典》一百卷,有賜緋羊,其法以紅麴煮肉,緊卷石鎮,深入酒骨淹透,切如紙薄,乃進。注云酒骨糟也。

(宋)陶穀:《清異錄》卷下

孟蜀時,潘在廷以財結權要,或戒之,乃曰:"非是求援,不欲其以冷語冰人耳。"

(宋)祝穆:《古今事文類聚》別集卷一九

蜀范禹中爲翰林學士,性吝嗇,好聚財,令輪錢數千緡。三掌貢舉,賄厚者登高科,面評其值,無有愧色。與馮贊堯爲布衣交,家貧無資,終不放登第。後從昶歸宋,爲鴻臚卿,有門生自陽城至,相見甚歡,延話終日,乃曰:"吾近鑿一井水甚甘,乃各飲一杯。"竟不設席,其人鄙嗇如此。

(明)陳耀文:《天中記》卷二八

孟昶時,舍人劉光祚獻蟠桃核酒杯,云得之華山陳摶。

周勛初主編:《宋人軼事彙編》卷五

四明人胡抱章,作《擬白氏諷諫》五十首,亦行於東南,然其辭甚平。後孟蜀末,楊士達亦撰五十篇,頗諷時事。士達子舉正,端拱二年進士,終職方員外郎。

(宋)錢易:《南部新書》癸

左琳,孟蜀時爲昭化令。縣瀕江,當驛路之冲,橫江有浮橋壞。

則計其工役之大小,調橋闈鋪兵不足,則補之以民夫。時橋爲水所斷,發兵民修護,雖有專其職者,以後大同部使者復委琳共治之。琳每晨往役,所自董役者及卒徒指使之,未嘗不以禮,至於役終,未嘗解冠帶。臨事皆自稱其名,佐貳或勸之,琳曰:"聖人有云,使民如承大祭,安有大祭而不具衣冠者邪?"

(金)王朋壽:《類林雜説》卷五

僞蜀徐光溥事孟昶,至中書侍郎、平章事。昶好度僧,而光溥以爲無益,遇事便發,毋昭裔、李昊嫉之。後有議論,但熟睡而已,時號"睡相"。

(宋)馬永易:《實賓録》卷七

睡相

徐光溥爲相,喜論事,大爲李旻等所嫉。光溥後不言,每聚議但假寐而已,時號"睡相"。

(宋)曾慥:《類説》卷二七《外史檮杌》

後蜀徐光溥拜中書侍郎、兼禮部尚書、平章事。昶好度僧尼,光溥以爲無益,請罷之,頗爲同列毋昭裔、李昊所嫉。自是每與毋、李同議公事,光溥但熟睡而已。

(宋)孫逢吉:《職官分紀》卷三

《九國志》:後蜀劉保義遷户部郎中,充諸王侍讀,賜金紫。孟昶問以經義,稱旨,轉給事中。保義魯質,性復嚴急,每捶昶諸子,必極楚痛號泣而後止,諸乳母密遣人語保義曰:"王侯家子弟,何過撻辱之?"保義怒曰:"膏粱之不訓則豚犬爾,汝婦人何知耶。"俄罷侍讀而卒。

(宋)孫逢吉:《職官分紀》卷三二

後蜀申貴,歷昌、渝、文、眉四州刺史,貪鄙殘虐,所在聚斂販貨,民不勝其弊。典眉州,受財鬻獄,恣其暴横,嘗指獄門,謂左右曰:“此我家錢爐。”其暴如此。

(宋)孫逢吉:《職官分紀》卷四〇

五代後蜀趙崇祚,以門第爲列卿,而儉素好士。大理少卿劉曧、國子司業王昭圖,年德俱長,時號宿儒,崇友之爲忘年友。

(宋)馬永易:《實賓録》卷六

僞蜀楊昭儉,仕孟昶爲御史中丞,擊搏權貴,正色當官,時號“楊雕”。

(宋)馬永易:《實賓録》卷八

後蜀李匡遠,同光中,董璋召爲鹽亭令,歷通泉、射洪等令。時西川連衡,群盜尤盛,匡遠悉爲擒捕,當時號爲“健令”。

(宋)孫逢吉:《職官分紀》卷四二

後蜀李匡遠,同光中爲鹽亭令,歷通泉、時洪等令。時兩川連衡,賊盗尤甚,匡遠所在擒捕,當時號爲“健令”。

(宋)佚名:《翰苑新書》前集卷五八

蜀宗正少卿孟德崇,燕王貽鄴之子也。自恃貴族,脱略傲誕。嘗太廟行香,携妓而往。一夕,夢一老人責之,且取案上筆,叱令開手,大書‘九十字’而覺。翌日,與賓客話及此事,自言:“老人責我,是惜我也。書‘九十’字。賜我壽至九十也。”客有封璉戲之曰:“‘九十’字,乃是行書卒字。亞卿其非吉徵乎?”不旬日,果卒。

(宋)李昉:《太平廣記》卷二七九《孟德崇》

五代孫降衷，眉州人。博學慷慨，有識量。孟蜀時，以事至洛陽，見宋太祖於潛邸，知其非常人，傾心事之。及太祖即位，授眉州別駕，賜田遣歸，於眉市書萬卷而還。

（明）彭大翼：《山堂肆考》卷一二五

鐵漢

李尊懿仕僞蜀，談論研媚，有婦人女子之態。蜀平，太祖見曰："有此態耶。"以鈚頭箭射之，正中其腹。尊懿巋然不動，太祖曰："外柔内勁。"授供奉官，握兵江淮，多獲强盗，人號"鐵漢"。

（宋）曾慥：《類説》卷一九《見聞録》

進士楊鼎夫富於詞學，爲時所稱。頃歳，會游青城山，過皂江，同舟者約五十餘人。至於中流，遇暴風漂蕩，其船抵巨石，傾覆於洪濤間。同濟之流，盡沉没底。獨鼎夫似有物扶助，既達岸，亦困頓矣。遽有老人以杖接引，且笑云："元是鹽里人，本非水中物。"鼎夫未及致謝，旋失老人所之。因作詩以記。後歸成都，話與知己，終莫究"鹽里人"之義。

後爲權臣安思謙幕吏，判權鹽院事，遇疾暴亡。男文則，以屬分料鹽百餘斤裏束，將上蜀郊營葬。至是鹽裏之詞方驗。鼎夫舊記詩曰："青城山峭皂江寒，欲度當時作等閑。棹逆狂風趨近岸，舟逢怪石碎前灣。手携弱杖倉皇處，命出洪濤頃刻間。今日深恩無以報，令人羞記雀銜環。"

（宋）李昉：《太平廣記》卷一五八《楊鼎夫》

僞蜀彭州刺史安思謙，男守範，嘗與賓客游天台禪院，作聯句詩，守範云："偶到天台院，因逢物外僧。"定戎軍推官楊鼎夫云："忘機同一祖，出語離三乘。"前懷遠軍巡官周述云："樹老中庭寂，窗虛外境澄。"前眉州判官李仁肇云："片時松柏下，聯續百千燈。"因紀於僧壁而去。翌日，有貧子乞食見之，朗言曰："人道有初無尾，此則有尾無初。却後五年，首額俱碎，洎不如尾句者。"撫掌大笑。院僧驅邁之。貧子走且告曰："此後主人，不遠千里，即欲到來。"衆以爲狂，莫測其由。後數年，守範伏法，鼎夫暴亡，此首額俱碎之義。周與李，累授官資，此不如尾句之義也。院主僧尋亦卒。相承住持者，來自興元，則主不遠千里也。貧子之説，一無謬焉。

（宋）李昉：《太平廣記》卷一四五《安守範》

僞蜀有尋事團，亦曰中團，小院使蕭懷武主之，蓋軍巡之職也。懷武自所團捕捉賊盜多年，官位甚隆，積金巨萬，第宅亞於王侯，聲色妓樂，爲一時之冠。所管中團百餘人，每人各養私名十餘輩，或聚或散，人莫能别，呼之曰狗。至於深坊僻巷，馬醫酒保，乞丐傭作，及販賣童兒輩，并是其狗。民間有偶語者，官中罔不知。又有散在州郡及勛貴家，當庖看厩，御車執樂者，皆是其狗。公私動静，無不立達於懷武，是以人懷恐懼，常疑其肘臂腹心，皆是其狗也。懷武殺人不知其數，蜀破之初，有與己不相協，及積金藏鏹之夫，日夜捕逐入院，盡殺之。冤枉之聲，聞於街巷。後郭崇韜入蜀，人有告懷武欲謀變者，一家百餘口，無少長戮於市。

（宋）李昉：《太平廣記》卷一二六《蕭懷武》

僞蜀御史陳潔，性惨毒，讞刑定獄，嘗以深刻爲務，十年内，斷死千人。因避暑行亭，見蟢子懸絲面前，公引手接之，成大蜘蛛，銜中指，拂落階下，化爲厲鬼，云來索命。驚訝不已，指漸成瘡，痛苦十日而死。

（宋）李昉：《太平廣記》卷一二六《陳潔》

僞蜀給事中王允光性嚴刻，吏民有犯，無貸者。及判刑院，本院杖直官張進，因與宅内小奴子誦火井縣令蔣貽恭《咏王給事絶句》云："厥父元非道郡奴，允光何事太侏儒。可中與個皮裩著，擎得天王左脚無。"奴子記得兩句，時念誦之。允光問誰人教汝，對云："杖直官張進。"允光大怒，尋奏進受罪人錢物，遂置極法。後允光病寒熱，但見張進執火炬燒四體,高聲唱“索命”。允光連叱不去,痛楚備極,數日而終。

(宋)李昉:《太平廣記》卷一二四《張進》

《玉堂閑話》:西蜀將王暉,嘗任集州刺史。城中無水泉,民皆汲於野外。值岐兵攻集,絕其水路,城内焦渴,旬日之間,頗有死者。王公乃中夜,祈告神祇,及寐夢一老父曰:“州獄之下,當有美泉。”言訖而去。王亦驚寤,遲明命畚鍤於所指處,掘數丈,乃有泉流,居人得飲,蒙活甚衆。岐兵初知城中無水,意將坐俟其斃,公命汲泉水數十罌於城上,揚而示之,乃去。去日,神泉亦竭,疏勒拜井之事,固不虛耳。王后致仕,家於雍州,嘗言之。

(明)曹學佺:《蜀中廣記》卷七九

西蜀將王暉嘗任集州刺史。集州城中無水泉,民皆汲於野外。值岐兵急攻州城,且絕其水路。城内焦渴,旬日之間,頗有死者。王公乃中夜有所祈請,哀告神祇。及寐,夢一老父告曰:“州獄之下,當有美泉。”言訖而去,王亦驚寤。遲明,且命畚鍤,於所指之處掘數丈,乃有泉流。居人飲之,蒙活甚衆。岐兵比知城中無水,意將坐俟其斃。王公命汲泉水數十罌,於城上揚而示之,其寇乃去。是日神泉亦竭。豈王公精誠之所感耶? 疏勒拜井之事,固不虛耳。王后致仕,家於雍州,嘗言之,故記耳。

(宋)李昉:《太平廣記》卷一六二《王暉》

蜀有姜太師者,失其名,許田人也,幼年爲黄巾所掠,亡失父母。從先主征伐,屢立功勛。後繼領數鎮節鉞,官至極品。有掌厩夫姜老者,事芻秣數十年。姜每入厩,見其小過,必笞之。如是積年,計其數,將及數百。後老不任鞭棰,因泣告夫人,乞放歸鄉里。夫人曰:“汝何許人?”對曰:“許田人。”“復有何骨肉?”對曰:“當被掠之時,一妻一男,迄今不知去處。”又問其兒小字,及妻姓氏行第,并房眷近親,

皆言之。及姜歸宅，夫人具言，姜老欲乞假歸鄉，因問得所失男女親
屬姓名。姜大驚，疑其父也，使人細問之："其男身有何記驗？"曰：
"我兒腳心上有一黑子，餘不記之。"姜大哭，密遣人送出劍門之外。
奏先主曰："臣父近自關東來。"遂將金帛車馬迎入宅，父子如初。姜
報撻父之過，齋僧數萬，終身不撻從者。

（宋）李昉：《太平廣記》卷五〇〇《姜太師》

五代蜀龍州軍事判官王延鎬，頎然而長，書札飲博，觸事不能，時
號"王駱駝"。

（宋）馬永易：《實賓錄》卷八

偽蜀羅城使程彥賓，臨淄人也。攻取遂寧，躬率百夫，直冒矢石。
城破，獲處女三人，蔚有姿容，彥賓以別室處之。浹旬間，父母持金請
贖，公還金歸女，告以全人，父母泣而謝曰："願公早建旄節。"彥賓笑
而答曰："吾所願壽終時無病耳。"後年逾耳順，果無疾而終。

（宋）李昉：《太平廣記》卷一一七《程彥賓》

偽蜀華陽縣吏郝溥日追欠稅戶，街判司勾禮遣婢子阿宜赴縣，且
囑溥云："不用留禁，殘稅請延期輸納。"郝溥不允，決阿宜五下，仍納
稅了放出。明年，縣司分擘百姓張瓊家物業，郝溥取錢二萬。張瓊具
狀論訴，街司追勘，勾禮見溥，大笑曰："你今日來也，莫望活，千萬一
死。"令司吏汝勛構成罪，遂殺之。不數日，汝勛見郝溥來索命，翌日
暴卒。勾禮晨興，忽見郝溥升堂，羅拽毆擊，因患背瘡而死。

（宋）李昉：《太平廣記》卷一二四《郝溥》

蜀綿州刺史李，忘其名，時號"嗑咀"。以軍功致郡符，好賓客，有
酒徒李堅白者，粗有文筆，李侯謂曰："足下何以名爲堅白？"對曰：
"莫要改爲士元，亮君雄是權耶？"

又有蔣貽恭者，好嘲咏，頻以此痛遭榷楚，竟不能改。蜀中士子

好著襪頭褲,蔣謂之曰:"仁賢既裹將仕郎頭,爲何作散子將脚?"他皆類此。蔣生雖嗜嘲咏,然談笑儒雅,凡遭譏刺皆輕薄之徒,以此縉紳中少惡之。近聞官至令佐而卒,斯亦幸矣。

（五代）孫光憲:《北夢瑣言》卷一〇

蔣貽恭,吳人,流落入蜀。有詩才,性特耿直,每一吟咏,率多諷刺。時蜀主季年,臣僚多尚權勢,侈傲無節,因爲詩以諷之。蜀主知其不遜,曰:"敢言之士也。"特授雅州名山令,仍賜銀緋。

（明）張昶:《吳中人物志》卷七

蔣貽恭者好嘲咏,頻以此痛遭榾楚,竟不能改。蜀中士子好着襪頭褲,蔣謂之曰:"仁賢既裹將仕郎頭,何爲作散子將脚也。"皆類此。蔣生雖嗜嘲咏,然談笑儒雅,凡被譏刺,皆輕薄之徒,以此縉紳中惡之。官至令佐而卒。

（宋）李昉:《太平廣記》卷二六六《蔣貽恭》

《景煥門話》云:僞蜀度支員外郎何昭翰,常從知於黔南。暇日,因門步野徑,於水際見釣者,謂翰曰:"子何判官乎?"曰:"然。"曰:"我則野人張涉也,餘與子交知久矣,子今忘我耶?"翰懵然不醒,因借草坐,謂翰曰:"子有數任官,然終於青城縣令,我則住青城山也,待君官滿,與君同歸山,今不及到君公署中。"遂辭而去,翰深志之,後累歷官。及出爲青城縣令,有憂色釣者,亦常來往,何甚重之。一旦大軍到城,草賊四起,釣者與翰相携入山,何之骨肉盡歸城内,賊衆入縣,言已殺令,臠而食之。賊首之子,自號小將軍,其日尋覓不見,細視縣宰之首,即小將軍之首也。賊於是自相殘害,莫知縣令所之。後有人入山,見何與張同行,何因寄語,謂妻子曰:"吾本不死,却歸舊山,爾等善爲住計,無相追憶也。"自此莫知所之。

（明）曹學佺:《蜀中廣記》卷七三

五代蜀程賁，隱居西蜀，自號丘園子。立身介潔，言動必循禮則，尤嗜酒，復喜藏書，簡册鉛槧，未嘗離手。

（宋）馬永易：《實賓錄》卷二

五代蜀任知玄，以太傅致仕，琴酒自娱。常駕三輪車，凡城中園林、宫寺、幽景之所，日夕游覽，烏巾鶴氅，逍遥曠達，自號“東宫居士”。

（宋）馬永易：《實賓錄》卷二

於何博士，相國駙馬悰之子。仕蜀至五轉，無它才俊，止以貴公子享俸禄而已。耻其官卑，詣執政陳啓，自述門閥，其末云：“昔年入貢，仕在花樹韋吏部先德之前；即韋莊相也。今日通班，在新津馮長官小男之後。即少常鋭也。”執政愍而慰之。

（五代）孫光憲：《北夢瑣言》卷二〇

蜀朝東川節度許存太師，有功勳臣也。其子承傑，即故黔使君禧實之子，隨母嫁許，然其驕貴僭越，少有倫比。作都頭，軍籍只一百二十有七人，是音聲伎術，出即同節使行李，凡從行之物，一切奢大，騎碧暖座，垂魚紛錯。每修書題，印章微有浸漬，即必改换，書吏苦之。流輩以爲話端，皆推茂刺顧夐爲首。許公他日有會，乃謂顧曰：“閣下何太談謗？”顧乃分疏。因指同席數人爲證。顧無以對，逡巡乃曰：“三哥不用草草，碧暖座爲衆所知，至於魚袋上鑄蓬萊山，非我唱揚。”席上愈笑，方知魚袋更僭也。刺茂州，入蕃落，爲蕃酋害之。

（五代）孫光憲：《北夢瑣言》卷一二

家述、常聿修仕僞蜀爲太子左贊善大夫。西人皆滑稽，聿修伺述酒瓮將竭，叩門求飲，未通大道，已見疊耻，濡筆書壁曰：“酒客干喉去，唯存呷大夫。”

（宋）陶穀：《清異錄》卷上

先是，蜀山南節度使判官張廷偉廷偉，未見。說通奏使、知樞密院事王昭遠曰："公素無勛業，一旦位至樞近，不自建立大功，何以塞時論？莫若遣使通好并門，令其發兵南下，我即自黃花、子午谷出兵應之，使中原表裏受敵，則關右之地，可撫而有也。"昭遠然其言，勸蜀主遣樞密院大程官孫遇、興州軍校趙彥韜及楊蠲等以蠟彈帛書間行遺北漢主，言已於褒、漢増兵，約北漢濟河同舉。遇等至都下，彥韜潛取其書以獻。有穆昭嗣昭嗣，未見。者，初以方伎事高氏，於是爲翰林醫官，上數召見，問蜀中地理，昭嗣曰："荆南即西川、江南、廣南都會也。今已克此，則水陸皆可趨蜀。"上大悦。後數日，上得彥韜所獻書，覽之笑曰："吾西討有名矣。"乃并赦遇、蠲，使指陳山川形勢、戍守處所、道里遠近，畫以爲圖。《五代史》《實錄》皆言孫遇爲邊吏所獲，蓋因詔書也，其實不然。

（宋）李燾：《續資治通鑒長編》卷五，太祖乾德二年（964）

費鐵嘴

故老能道蜀時事，云："天兵伐蜀，蜀主大懼，召廷臣募所以拒天兵者。費鐵嘴越班而出對，衆謂鐵嘴不獨有口才，兼有膽勇，諦聽之，乃云：'是臣則斷定不敢。'於是衆笑而退。"

（宋）曾慥：《類説》卷二二《東齋記事》

故老能道蜀時事，云："天兵伐蜀，蜀主大懼，合廷臣謀所以拒天兵者，費鐵嘴越班而對，衆謂鐵嘴不獨有口才，兼有膽勇，諦聽之，乃云：'是臣則斷定不敢。'於是衆笑而退。"

（宋）范鎮：《東齋記事》補遺

予舉進士時，故老猶能道蜀時事，且言天兵伐蜀，蜀主大懼，合廷臣所以拒天兵者。費鐵嘴越班而對，衆謂鐵嘴不獨有口材，兼有膽勇，諦聽之，乃云："是臣則斷定不敢。"於是衆笑而退。

（宋）江少虞：《宋朝事實類苑》卷六六

閩王審知初入晉安，開府多事，經費不給。孔目吏陳峴獻計，請
以富人補和市官，恣所徵取，薄酬其直，富人苦之，峴由是寵，遷爲支
計官。數年，有二吏執文書詣峴里中，問陳支計家所在。人問其故，
對曰："渠獻計置和市官，坐此破家者衆，凡破家者祖考，皆訴於水西大
王，王使來追爾。"峴方有勢，人懼不敢言。翌日，峴自府馳歸，急召家人，
設齋置祭，意色憧惶。是日，里中復見二吏入峴家，遂暴卒。初審知之起
事，其兄潮首倡，及審知據閩中，爲潮立廟於水西，故俗謂之水西大王云。

（宋）李昉：《太平廣記》卷一二六《陳峴》

閩主王延鈞，好鬼神。巫盛韜有寵，薛文傑惡樞密使吳昂。昂有
疾，文傑省之曰："主上以公久疾，欲罷公。"近密僕言："公但小苦頭
痛爾，將愈矣。主上或遣使來問，慎勿以它疾對也。"昂許諾。明日，
文傑使韜言於閩主，以告文傑曰："未可信也。"遣使問之，果以頭痛
對，即收下獄。遣文傑及獄吏雜治之，昂自誣服，并妻子誅。

（宋）孔平仲：《續世説》卷一二

閩主王昶，以師傅之禮待葉翹，翹多所裨益，宮中謂之"國翁"。

（宋）孔平仲：《續世説》卷五

《九國志》：閩潘承祐爲大理少卿，王延政鎮建州，辟爲節度判官。
延政與福州構怨，日尋干戈，承祐上書諫曰："兄弟天倫也，古稱外御，
今以一朝之忿，而忘大義，滅孔懷之性，傷人倫之本，欲邦國之化，不
可得也。"延政不納。嘗因福州使至，延政大閱兵甲，以誇示之，其言
益悖。承祐長跪固諫，延政怒，顧謂衛士曰："判官之肉，其足食乎？"
承祐聲氣益厲，久之乃解，及延政建號，以爲吏書。

（宋）孫逢吉：《職官分紀》卷三九

潘承裕，建安人，有才識，名重於州里。王延政建國，欲以爲相，
承裕力諫其僭號，不受僞署，延政將殺之，慮失人心，囚於私第。江南

平建州，其禮重之，以爲禮部侍郎、判福建道。凡一道之徵租、獄刑、選舉人物，皆取決焉。告老，以尚書致仕，歸洪州西山。子慎修亦爲要官，臺城危蹙，入都爲置宴使，館懷信驛，時後主弟從鎰先入貢，亦留驛中。每王師克捷，外庭入賀，邸使督金帛之獻，慎修獨有禮，立遣易供帳物，加賜牢醴，深嘆重之。

（宋）楊億：《楊文公談苑》

民安俗阜

王延彬，弱冠爲泉州刺史。在治三十餘年，民安俗阜，歲無災沴，人以爲淳厚所致。

（宋）孫逢吉：《職官分紀》卷四〇

王延彬，獨據建州，稱僞號。一旦大設，爲伶官作戲辭云：“只聞有泗州和尚，不見有五縣天子。”

（宋）錢易：《南部新書》癸

《九國志》：閩賈郁性峭直，不容人吏文過，時爲仙游令。王氏初霸閩越，郡邑之政皆苟且，郁獨守正奉法，吏頗畏之。及受代，有一吏醉，郁怒曰：“吾當再典此邑，以懲汝輩。”吏揚言：“公欲再作令，須造鐵船渡海也。”郁聞之。是歲選集，延鈞建號，聞郁有治稱，乃擢授贊善大夫，復典舊邑。時醉吏爲庫史，不數月，盜官錢數萬，下獄具伏，批前牘尾曰：“竊銅鑭以潤家，非因鼓鑄造鐵船而渡海，不假爐因。”因決杖徒之。胥皆懾伏，未幾，移治福清，考滿，召爲御史中丞。

（宋）孫逢吉：《職官分紀》卷四二

五代賈郁補仙游令，性峭直，不容人吏文過。及受代，一吏酣酒，郁怒曰：“當再典此縣，必懲之。”吏揚言：“公若再來，猶鐵船渡海。”後郁果再典舊邑，時醉吏盜庫錢數萬，下獄具狀，郁批榜尾曰：“竊銅鏹以潤家,非因鼓鑄造鐵船而渡海,不假爐槌。"

(明)胡我琨:《錢通》卷一八

五代賈郁補仙游令,性峭直,不容人吏文過。及受代,一吏酤酒,郁怒曰:"當再典此縣,必懲之。"吏揚言:"公若再來,猶鐵船渡海。"後郁果再典舊邑,時醉吏盜庫錢數萬,下獄具狀,郁批榜尾曰:"竊銅鏹以潤家,非因鼓鑄造鐵船而渡海,不假爐槌。"

(明)彭大翼:《山堂肆考》卷七七

《五代史》:閩人黃碣,有假其筆者,碣曰:"是筆當斷大事,不許假也。"

(明)彭大翼:《山堂肆考》卷一七七

福建崔從事,忘其名,正直檢身,幕府所重。奉使湖湘,復命,在道遇賊。同行皆死,唯崔倉皇中,忽有人引路獲免。中途復患痁疾,求藥無所。途次延平津廟,夢爲廟神賜藥三丸,服之,驚覺頓愈。彭城劉山甫自云,外祖李敬彝爲郎中,宅在東都毓財坊,土地最靈。家人張行周,事之有應。未大水前,預夢告張,求飲食。至其日,率其類遏水頭,並不衝圮李宅。

(宋)李昉:《太平廣記》卷三一三《崔從事》

楊剥皮:楊思恭以善聚斂,人謂之"楊剥皮"。《九國志》

(明)陶宗儀:《説郛》卷三《實賓録》

陳昭遇者,嶺南人。善醫,隨劉鋹歸朝,後爲翰林醫官,所治疾多愈,世以爲神醫。

(宋)江少虞:《宋朝事實類苑》卷四八

初,王師克郴州,獲南漢内品十餘人,有余延業者,人質幺麼,上見之,問曰:"爾在嶺南爲何官?"對曰:"爲扈駕弓官。"乃授以弓矢,延業極力控弦不開,上笑,因問其國政事,延業具言累世奢侈殘酷之狀,上驚駭曰:"吾當救此一方之民。"於是,道州刺史王繼勳言劉鋹肆爲昏暴,民被其毒,又數出寇邊,請王師南伐。上猶未欲亟加以兵,乃命唐主諭意,令南漢主先以湖南舊地來獻,唐主遣使致書,南漢不從。

（宋）李燾:《續資治通鑑長編》卷九,太祖開寶元年（968）

南漢謝傑爲高州刺史,境多虎,夜入郭中爲暴,人不安居。傑一日沐浴,謁城隍神,舉酒祝曰:"愚民何辜,而虎暴之,蓋刺史無德化,願虎只食刺史,無傷愚民。"因屛去左右,獨宿殿庭中,是夜三鼓,廟東南隅忽有物哮吼,其聲如雷,良久乃止,及遲明視之,數虎悉斃。

（宋）孫逢吉:《職官分紀》卷四〇

梁嵩,廣西潯州府平南縣人。南漢時,舉進士第一,仕至翰林學士。嘗獻《倚門望子賦》,特命歸奉母,錫賚皆不受,請蠲一郡丁賦。從之。郡人德之,立祠祀焉。

（明）彭大翼:《山堂肆考》卷五六

虔州布衣賴仙芝言:連州有黃損僕射者,五代時人。僕射蓋仕南漢官也,未老退歸,一日忽遁去,莫知其存亡。子孫畫像事之,凡三十二年。復歸,坐阼階上,呼家人。其子適不在,孫出見之。索筆書壁云:"一別人間歲月多,歸來人事已消磨。惟有門前鑒池水,春風不改舊時波。"投筆竟去,不可留。子歸,問其狀貌,孫云:"甚似影堂老人也。"連人相傳如此。其後頗有祿仕者。

（宋）蘇軾:《東坡志林》卷二

黃損,字益之,連州人。少慷慨,有大志,築室於靜福山,扁之曰"天衢"。讀書吟嘯其中,罕與浮俗接,以積學績文聞於時。尤善爲詩,每遇山水會意處,操筆留題殆遍,自謂所學未廣,乃扁舟遨游洞庭、匡廬諸名勝，納交天下士。都官員外郎宜春鄭谷，爲湖海騷人所宗，一見亟稱揚之，舉其詩數聯，謂曰：君殆奪真宰所有也。嘗相與定近體詩格，世多傳之。又嘗著書三篇，類陰符鬼谷。論修治之術，具有宏識，議者每期以公輔器。爲有司所薦，登梁龍德二年進士第，歸自京師，適廣州與梁絶，乃仕南漢主龑。龑納損謀國事，多所咨詢，稍親任之，累遷至尚書左僕射。取湖南數州，皆其策也。會龑建南薰殿，雕沉香爲龍柱，務極工巧，少不如意，輒誅匠者，前後十餘人。損進諫曰："陛下之國，東抵閩越，西盡荆楚，北阻彭蠡之波，南負滄溟之險，蓋舉五嶺而有之。犀玉珠貝果布之富，甲於天下，所謂金城湯池，用武之地也。今民庶窮落，而工役繁興，天災人怨，兵家所忌，苟或不虞，其何所恃以爲戰？且汴洛未平，荆吳獷狡，正宜務農息民，以宏聖基，庶過强敵。乃縱耳目之好，盡生民之膏，興土木之工，傷樸素之化，供一己逸欲，而失天下心，臣竊爲陛下不取也。"龑不説。會宰相缺，群下多推損者，龑謂左右曰："我殊不喜此老狂。"久之病卒，所撰述有《桂香集》行於世。損爲人該博多能，性輕利重義，嘗捐資築高良之邪陂，灌田疇，多所收，鄉邦賴之。其在匡廬也，與桑維翰、宋齊邱相友善，每執手論天下事，二人自以爲不及，損亦自負。嘗游五老峰，憩小盤石，有叟長嘯而至，謂維翰曰："子異日當位宰相，然而狡，狡則不得其死。"謂齊邱曰："亦至宰相，然而忍，忍則不得其死。"獨異損，曰："此子乃有道氣，當善終，然才大位晦，不過一州從事耳。"損猥曰："有才何患無位，下僚曾足稽黃損邪？"叟笑曰："非所知也。"其後維翰相晉，齊邱相南唐，皆見殺，損雖位僕射，實州從事禄也，世以爲前定云。同郡有吳藹、邵安石者，亦知名，藹字廷俊，唐光化三年進士，黃巢之亂，爲寇兵所獲，朱全忠深器之，置之幕府，官至大記。安石亦唐乾符三年進士，後仕全忠。全忠督兵河上，對壘晉人，遣使匭金幣通好，僞云永和重寶也，須人主莊肅發之。安石請以重囚啓鑰，機發矢，貫胸臆。全忠嘉歡，擢右諫議大夫。皆先損時，然學行不及損也。嗚呼！五季之世，天意晦盲，賢人退隱，其得位者，大都椎埋攻剽之徒耳。損之學雖曰未純，使有所施，未必無可觀者，惜也！鬼神實司之，賫志以没，罔攸用。

（明）黃佐：《廣州人物傳》卷四

　　鍾允章，番禺人。博學能文辭，南漢劉龑之據廣也，設科取士，允章以進士及第，累遷至中書舍人，尤見知於晟。晟喜其文思敏捷，營建離宫碑記暨誥敕，多命允章爲之，運筆斯須，華藻眩目，由是名聞於諸國。晟游羅浮山，應製爲詩文多稱旨，每曰：“允章倚馬才也。”拜工部郎中、知制誥。乾和六年，使允章聘楚以求婚，楚不許，允章還，晟曰：“馬公復能經略南土乎？”是時，馬希廣新立，希萼起兵武陵，湖南大亂。允章具言楚可攻之狀，晟遣巨象指揮使吴珣等伐之，克賀、桂、連、宜、嚴、梧、蒙七州。晟以允章與其功，賞賚不可勝紀。有司奏允章名儒，宜爲儲君輔道。晟命教長子衛王繼興。晟卒，繼興即位，更名鋹，以藩府舊僚，稍敬重之，擢尚書左丞、參政事。時鋹淫戲無度，委政宦侍陳延壽、龔澄樞等，女巫樊胡子，宫婢盧瓊仙，朋妖亂政，宫禁爲之污褻。允章深嫉之，抗疏請誅亂法者數人，以正綱紀，鋹不能從，群小皆仄目。大寶二年，鋹祀天南郊，前三日，允章與禮官登壇，四顧指麾，宦者許彦真望見之，曰：“此謀反耳。”乃拔劍升壇，允章迎叱之，彦真馳走，告允章反。鋹下允章獄，遣禮部尚書薛用丕治之。允章與用丕有舊，因泣下曰：“吾今無罪，自誣以死，固無恨，然吾二子皆幼，不知父冤，俟其長，公可告之。”彦真聞之，罵曰：“反賊欲使而子報仇耶。”復入白鋹，并捕二子繫獄，遂族誅之。是日，天色慘黷，道路以允章素忠鯁，皆爲之掩涕。彦真誅後，始收葬焉。允章弟有章，亦有文學，累官翰林學士、中書舍人，先允章卒。嗚呼，危行言孫，處亂世之大律也。允章一犯其禁，凶於厥家，雖然脂韋浮沉，萬世猶有腥焉。當鋹時，蓋有自宫以求進者，其於允章，賢不肖何如也。

（明）黃佐：《廣州人物傳》卷四

　　南漢静海節度使丁璉聞嶺南悉平，遣使朝貢，表稱其父部領之命。戊寅,以璉爲静海節度使。除璉節度使制,其略曰:"虔遵父命,耻事僞邦。"則知必璉表云爾也。

（宋）李燾:《續資治通鑑長編》卷一四,太祖開寶六年（973）

朝廷以丁璉遠修職貢,本其父部領之意,始議崇寵之。丙午,封部領爲交趾郡王,遣鴻臚少卿高保緒、右監門衛率王彦符往使。保緒,繼冲從父也。

（宋）李燾:《續資治通鑑長編》卷一六,太祖開寶八年（974）

骰子分兒女

戴偓能詩,自稱玄黄子。馬氏有國,至文昭尤好奢侈,偓著《漁父》百篇以諷,由是不遇。凍餓日侵,謂妻曰:"與汝結髮,生一男一女,今恐擠於溝壑,宜分兒女遁去。"於是舉骰子與妻約曰:"采多者得兒。"偓擲采少,乃携女慟别。

（宋）曾慥:《類説》卷二六《五代史補》

何致雍者,賈人之子也,幼而爽俊好學。嘗從其叔父,泊舟皖口。其叔夜夢一人若官吏,乘馬從數僕,來往岸側,遍閲舟船人物之數,復一人自後呼曰:"何僕射在此,勿驚之。"對曰:"諾,不敢驚。"既寤,遍訪鄰舟之人,皆無姓何者。乃移舟入深浦中。翌日,大風濤,所泊之舟皆没,唯何氏存。叔父乃謂致雍曰:"我家世貧賤,吾復老矣,何僕射必汝也! 善自愛。"致雍後從知於湖南,爲節度判官。會楚王殷自稱尊號,以致雍爲户部侍郎、翰林學士。致雍自謂當作相,而居師長之任。後楚王希範嗣立,復去帝號,以致雍爲節度判官,檢校僕射。竟卒於任。

（宋）李昉:《太平廣記》卷二七八《何致雍》

楚李瓊,爲桂州刺史。魁岸多力,每食肉十餘斤,據按大嚼,耽耽然。軍中號曰"李大蟲"。先是桂州兒童聚戲衢路,忽相驚走,曰:

"大蟲來。"至是果應。

(宋)孫逢吉:《職官分紀》卷四〇

五代楚徐仲雅,馬希範命爲學士。希範創會春園及嘉宴堂,仲雅作詩以紀之,詞調清越,當世士流無不傳誦。性簡傲,好嘲謔,遇事輒無所畏避。嘗退處郊園,自號"東野先生"。

(宋)馬永易:《實賓錄》卷二

袁居道不求聞達,馬希範間延入府。希範病酒,厭膏膩。居道曰:"大王今日使得貧家纏齒羊。"詢其故,則蔬茹。

(宋)陶穀:《清異錄》卷上

侯元亮,馬氏時湖湘宰。退居長沙,門常有客,宴會無虛日。人目爲鬧侯。

(宋)陶穀:《清異錄》卷上

鄧恂美,連州人,有敏才,工詩賦。時湖南朱昂博學,號"朱萬卷",士類無當意者,獨推遜恂美。天祐中,與孟賓于并爲李若虛薦,入洛陽,擢進士登第。後還家,爲湖南節度使周行逢所留,辟爲館驛巡官,置幕下。恂美背傴,時謂之"鄧駞子",性頗迂僻,如其形,衆多不悅之者。行逢因此禮待日薄,故雖處府僚,而食不暇給。同年王溥爲相,聞恂美不得志,乃寄詩曰:"彩衣我已登黃閣,白社君猶窘故廬。"自是行逢稍優給之。未幾,翰林學士李昉至,亦恂美同年也,召至傳舍,相見話舊,不覺號慟,因倡和款談竟日。行逢疑其泄己陰事,呵責之,黜爲易俗場官。須臾,又使人詐爲山賊,突入官署殺之,聞者無不慟惜。行逢猜忌鷙酷,群下多以譖死。其妻嚴氏遁於郊以避害,至是又殺恂美,士流益不附。後李昉再銜命祠南岳,知恂美墳在近,徒步百里,爲詩哭之,古人布衣交,未有若昉者也。嗚呼,余讀五代史,嘆夫朝爲宰相,暮膏斧礩者,往往而是,悲當時之人何不幸也,及録鄧恂美事益悲。是時无妄而嬰戮者，不特將相大臣也，禍遍章逢，逮及甿黎可知矣。此所以爲亂世也歟。且恂美特一迂僻士耳，行逢殺之，猶失士心，然則得一士而可王，豈虚語哉。

五代時，湖湘號多詩人，譚用之、廖光圖爲之冠。連郡名士，又不特恂美，有黄匡躬者，先恂美時；陳用拙、胡君昉者，後恂美時。匡躬，連山人也，負詩名，有"志大惟憂國，恩深豈顧身"之句。登唐光啓三年進士，先在江西鍾傳幕掌奏記。楚王馬殷傾慕之，值匡躬使事至殷，大喜，盡蠲其門户租税。用拙，天祐元年進士，君昉隱居，嘗遇羽客，得吐納長年術，二人皆有集傳于時，而君昉集號《蘗川》，其句有曰："水邊閑咏處，雲島日斜明。"人以爲得詩家三昧云。

（明）黄佐：《廣州人物傳》卷四

五代湖南進士鄧洵美，少嗜學，爲文典麗，而貌陋背傴，時人謂之"鄧駝子"，言其狀如駝子負物也。

（宋）馬永易：《實賓録》卷八

劉昭禹，金華人。博學，爲詩刻苦，嘗自云"句向夜深得，心從天外歸"。後任湖南，爲天策府學士、嚴州刺史。有詩三百篇。

（明）徐象梅：《兩浙名賢録》卷四六

石文德，連州人。少志學，一覽輒不忘。弱冠讀范曄《漢書》，摘其瑕纇數百條爲辨駁，先達見之曰："公羊墨守不能過也。"素不善草隷、詩律，得晉帖數紙於破箱中，及閱殷璠詩選，模仿久之，遂出儕輩上。遨游湘漢間，無所知名，僦屋長沙，遇天策府學士桂陽劉昭禹，與語，大見稱許，會端午共飲。文德賦艾虎長句，演迤奇拔，昭禹驚曰："子文苑之雄也。"言諸楚王馬希範，得隷詞學。秦夫人卒，王命中外有文學者爲挽歌，文德詩有云："月沉湘浦冷，花謝漢宮秋。"王大異之，曰："石文德乃有此作。"評以爲同列第一。未幾，授水部員外郎，改其鄉爲儒林鄉，甚親重之。會宴常春堂，希範出玉杯爲賦詩者賞，李皋詩先成,得之,文德繼進,乃更盡美,王復賚以玉蟾滴。由是諸學士多嫉其能者,尋出爲融州副使,蓋入譖者之言也。希範性汰侈,營建征討無虛日,稅諸州梗木皮鎧,動至數千,文德上書切諫曰:"殿下承父兄之業,撫有南土,儲給國用,愛恤黔黎,惟日不足。近聞土木日興,兵戈日尋,非所以保國交鄰之道也。夫農爲民本,食乃民天,今廣取皮革,牛囷户空,耕氓逃竄,轉爲寇盗,臣不謂可一也。外帑之儲,費於淫巧,養兵之食,耗於工匠,或有變虞,將何所賴,臣不謂可二也。諸侯五廟,古今所同,七廟并營,恐非猷典,臣不謂可三也。巨木售於異邦,使者恣爲奸利,陸轉水運,顧募尤難,一木之費,至逾百萬,道路嗷嗷,恐藏不測,臣不謂可四也。武穆王之世,四鄰不聳,九府流通,猶且節用服食,以贍軍國,今沉檀以雕柱棟,文綉以衣垣宇,倉廩無復紅腐,閭閻盡夫赤仄,廣孝繼先,似不如是,臣不謂可五也。虒祁宫成,諸侯叛之,桓宫刻楹,春秋刺焉。今荆粤闚我籬藩,吴會偵我西北,費用疲民,何以禦敵,臣不謂可六也。臣受殿下厚渥,出蓽門登廣厦,脱布褐而篷青紫,捐軀報德,自料無繇,昧死盡言,惟大王思至計,以惠社稷。"希範得書怨怒,昭禹營救之,乃免譴。會文德亦卒。文德性剛介,不苟合,或尤之曰:"君剛愎方確,真與姓同。"文德廣曰:"寧方爲我,不圓爲卿。且子不見石上可補天,次足攻玉邪?"世以爲善謔。所著有《唐朝新纂》三卷,行于世。

(明)黄佐:《廣州人物傳》卷四

改名達

梁震先輩,蜀川人也,地名儡。僖宗在蜀日,方修舉業。時劉象先輩隨駕在蜀,震以所業贄於劉。劉略吟味震詩曰:"據郎君少年,才思清秀。儻隨鄉賦,成器非遥。若不改名,無因顯達。何以?緣'儡'字'雨'下從'謁',雨下謁人,因甚得見?此後請改爲'震'。'震'字'雨'下從'辰'。辰者,龍也。龍遇水雨變化,燒尾之事,不亦宜乎!"震後果得上第,名聞諸侯。高令公季昌召赴荆南,以筆硯籌畫見托,終身不就賓席,慮因玷污前名。至今南楚之間,獨步而已。

（後蜀）何光遠：《鑒誡録》卷九

後唐莊宗平蜀。高季興方食，聞之失箸。梁震曰："不足憂也，唐主得蜀益驕，亡無日矣，安知不爲吾福？"及莊宗遇弑，季興益重震焉。

（宋）孔平仲：《續世説》卷四

梁震，唐末登第，歸蜀，過江陵，高季昌愛其才識，留之。欲奏爲判官，震耻之，不受辟署，終身止稱前進士。《大定録》云：震，開平元年侍郎于競下及第。李肇《國史補》："得第，謂之前進士。"《摭言》又注："韓中丞儀詩：今日便稱前進士，如留春色與明年。"按：此唐以來初擢第者，通稱前進士。《韓文公墓碑》云："孤，前進士昶。"蓋文公長慶四年卒，昶方於是年李宗閔下擢進士第。後唐李龍少以文章知名，既貴，刻牙板，金字曰"前鄉貢進士"，雖表其榮名，亦唐制之餘也。

（宋）葉寘：《愛日齋叢抄》卷二

孫光憲從事江陵日，寄住蕃客穆思密，嘗遺水仙花數本，植之水器中，經年不萎。

（宋）錢易：《南部新書》癸

進士鄭起謁荆州節度高從誨，館於空宅。其夕，夢一人告訴曰："孔目官嚴光楚無禮。"意甚不平。比夕又夢。起異其事，召嚴而説之。嚴命巫祝祈謝，靡所不至，莫知其由。明年。鄭生隨計，嚴光楚愛其宅有少竹徑，多方而致之。才遷居，不日以罪笞而停職，竟不知其故。

（宋）李昉：《太平廣記》卷二八一《鄭起》

復州防禦使梁延嗣入朝，上慰撫之，曰："使高氏不失富貴，爾之力也。"戊子,改濠州防禦。

(宋)李燾:《續資治通鑑長編》卷一二,太祖開寶四年(971)

北漢户部侍郎、平章事滎陽趙華罷爲左僕射。華,初見廣順元年。

(宋)李燾:《續資治通鑑長編》卷一,太祖建隆元年(960)

辛丑,以洺州團練使博野郭進爲本州防禦使兼西山巡檢,備北漢也。

(宋)李燾:《續資治通鑑長編》卷一,太祖建隆元年(960)

初,衛融之被執也,上詰融曰:"汝教劉鈞舉兵助李筠反,何也?"融從容對曰:"犬各吠非其主,臣四十口衣食劉氏,誠不忍負之。陛下宜速殺臣,臣必不爲陛下用,縱不殺,終當間道走河東耳。"上怒,命左右以鐵撾擊其首,流血被面。融呼曰:"臣得死所矣。"上顧左右曰:"此忠臣也,釋之。"命以良藥傅其瘡,因使融致書北漢主,求周光遜等,約亦歸融太原,北漢主不報。辛亥,以融爲太府卿。

(宋)李燾:《續資治通鑑長編》卷一,太祖建隆元年(960)

是歲,北漢主以抱腹山人郭無爲爲諫議大夫,參議中書事。無爲,安樂人。方顙烏喙,好學多聞,善談辯。嘗衣褐爲道士,居武當山。周太祖討李守貞河中,無爲詣軍門上謁,詢以當世之務,甚奇之。或謂周祖曰:"公爲漢大臣,握重兵居外,而延縱橫之士,非所以防微慮遠之道也。"無爲去,隱抱腹山。樞密使段恒恒,初見顯德四年,無邑里。識之,薦其才,北漢主召與語,大悦,因授以政,復命恒及侍衛親軍使太原蔚進進,初見天福十二年。皆同平章事。

(宋)李燾:《續資治通鑑長編》卷一,太祖建隆元年(960)

是月,上遣使齎詔至太原,諭北漢主繼元令降,約以平盧節度使授之。又別賜郭無爲、馬峰等詔四十餘道,許授無爲安國節度使,馬峰而下，並與藩鎮。無爲得詔色動，但出繼元一詔，餘皆匿之，自是始有二志，勸繼元納款，繼元不從。

初，上遣諜者惠璘僞稱殿前散指揮使負罪奔北漢，無爲使爲供奉官。及王師入境，璘即來奔，至嵐谷，候吏獲之，械送太原，無爲知其諜也，釋不問。有招收將李超者，嘗爲上黨廐卒，頗知璘奸狀，因告馬峰請以璘屬吏，無爲怒，並超斬之以滅口。

（宋）李燾：《續資治通鑑長編》卷九，太祖開寶元年（968）

北漢主以禮部侍郎李惲爲司空、同平章事，鴻臚卿劉繼顒爲太師、兼中書令、領成德節度，三司使高仲曦仲曦，未見。爲樞密使，閹人衛德貴爲大內都點檢，孌人范超爲侍衛親軍都虞候。超及德貴實分掌機務，惲等備位而已。惲，陽武人，遭亂，與其母隔絕，居常戚戚，但以弈棋飲酒爲務，政事多廢，北漢主頗以爲言，惲不聽。一日，惲方與僧對弈，北漢主知之，命近侍直抵惲前，取局焚之，惲怡然詣北漢主謝。明日，別造新局，弈棋如故。北漢主多內寵，繼顒造簪珥數百副以獻，北漢主彌重信之。

（宋）李燾：《續資治通鑑長編》卷一一，太祖開寶三年（970）

北漢成德節度使、太師、兼中書令劉繼顒自以沙門位兼將相，頗爲時論所薄，數上表求罷，不許。是歲，繼顒卒，追封定王。前大內都點檢劉繼欽、殿前都虞候張重訓、侍衛步軍都指揮使鄭進、前嵐州刺史張昭敏、遼州刺史衛儔、都引進使李隱等皆被殺。

初，北漢主爲大內都點檢，孝和帝以其幼弱，命繼欽副之，委以禁衛。北漢主立，親舊多所誅放，繼欽遂謝病請罷。北漢主曰：“繼欽但事先帝，豈肯爲我盡力耶？”乃黜居交城，俾奉園寢，尋遣人殺之。進與宣徽使馬峰不協，峰怒，奪其兵柄，進不堪其辱，訴峰於朝，北漢主怒，翌日，送定襄安置，遣人殺之於路。昭敏嘗爲禮部尚書，參議中書事，性廉直，權勢請托不行，多仇少與，旋出知嵐州，俄召還，勒歸私第，以出怨言，縊殺之。儔數從征伐，專掌吐渾軍，閹人衛德貴嫉其

功,使出爲遼州,吐渾數千人遮道乞留,北漢主不許,吐渾失帥,由是
一軍不可復用。儔少長蕃部,不樂爲州,頗出怨言,北漢主慮其爲變,
潛遣人殺之。隱惜儔忠勇,爲嬖侍所誣,憤惋形於辭色,德貴聞而惡
之,白北漢主,即送嵐州安置,未幾殺之。張昭敏爲禮部尚書參議中書事,
此但據《九國志》,不知的在何時。《志》又云昭敏與郭無爲議事不協,繼元立,出
知嵐州。按趙文度以嵐州降時,繼元立才逾年也。文度先在嵐州,昭敏安得復
出,然則昭敏出知嵐州,當在文度來降後。文度來降時,王師猶在城下,尋即被
殺,豈容復出昭敏乎? 昭敏之出,固當是別與嬖幸者不協耳。今云"多仇少與",
不書與郭無爲不協,庶無牴牾,更當細檢詳定。劉繼欽、鄭進、張昭敏、衛儔、李
隱等五人事,皆據《九國志》本傳,獨張重訓無傳,不知其事也。繼欽等六人被
殺,亦未必專在一年,既無可推尋,故從本志,並繫之年末,其日月都不可知矣。

　　(宋)李燾:《續資治通鑑長編》卷一四,太祖開寶六年(973)

　　雞刀斬狗

　　張雲爲補闕,立朝謇諤自比朱雲,或曰:"昔朱雲請斬馬劍斬張
禹,今尚方只有殺雞刀,卿欲用乎?"雲曰:"雞刀雖小,亦可斬群狗。"

　　　　　　　　(宋)曾慥:《類説》卷二七《外史檮杌》

　　蒙州立山縣丞晁覺民,自中原避兵南來,因仕霸朝,食料衣服,皆
市於鄰邑,一吏專主之。既回,物多毫末,皆置諸獄,當其役者曰:"又
管抱冰公事也。"

　　　　　　　　　　　　(宋)陶穀:《清異録》卷上

　　《五代史》曰:鄭韜以户部尚書致仕,自襁褓迄於懸車,事真僞十
一君,凡七十載,所任無官謗,無私過,三持使節,不辱君命。士無賢
不肖皆恭已接納。晚年背傴,時人咸曰鄭傴不迂。平生交友之中無
隙怨,親族之間無愛憎,恬和自如,性尚閑簡。及致政歸洛,甚愜終焉
之旨。

　　　　　　　　(宋)李昉:《太平御覽》卷二四三《職官部四一》

　　有胡翽者,佐幕大藩,有文學稱,善草軍書,動皆中意。時大駕西幸,中原宿兵,岐秦二藩,最爲巨屏。其飛書走檄,交騁諸夏,莫不伏其筆舌也。時大帥年幼,生殺之柄,斷在貳軍張筠。其宣辭假荆州任,在張同。張同爲察巡。翽常少其帥,蔑視同輩不爲禮。帥因藉其才,不甚加責,但令諭之而已,其輕薄自如也。常因公宴,翽被酒呼張筠曰“張十六”。張十六者,筠第行也。數以語言詆筠,因帥故但銜之。他日往荆州詣張同,同僕不識,問從者,曰:“胡大夫翽。”至廳,已脫衫矣。同聞翽來,欲厚之,因命家人精意具饌,同遽出迎見,忽報曰:“大夫已去矣。”同復步至廳,但見雙椅間遺不潔而去,卒不留一辭,同亦笑而銜之,張無能加害。時帥請翽聘於大梁,翽門下客陳評事者從行。筠密賂陳,令伺其不法。入梁果恣虛誕,或以所見密聞梁王,皆爲陳疏記之。洎歸,帥知其狂率,亦優容之。陳於是受教,構成其惡,具以乖僻草槁,袖而白帥。帥方被酒,聞之大怒,遂盡室擁出,坑於平戎谷口,更無噍類。帥醒知之,大驚,痛惜者久之。沉思移時曰:“殺汝者副使,非我爲之。”後草軍書不稱旨,則泣而思之。此過亦非在筠,蓋翽自掇爾。王仁裕嘗過平戎谷,有詩吊之曰:“立馬荒郊滿目愁,伊人何罪死林丘。風號古木悲長在,雨濕寒莎泪暗流。莫道文章爲衆嫉,只應輕薄是身讎。不緣魂寄孤山下,此地堪名鸚鵡洲。”

　　　　　　　　　　　(宋)李昉:《太平廣記》卷二六六《胡翽》

　　群玉峰叟:五代江南孟賓于自號。《野録》

　　　　　　　　　　(明)陶宗儀:《説郛》卷三《實賓録》

　　五代孟賓于,未第時於華山神卜珓,祝曰:“有如一年乞一珓,凡六擲卜,上上大吉。”後果六舉,始與李昉同及第。

　　　　　　　　　　　(明)彭大翼:《山堂肆考》卷八四

　　孟賓于,字國儀,連州人。少聰穎,游鄉校,力學不息。父以家貧,且賓于無他兄弟,力止之,賓于進曰:“衆星不如孤月明,牛羊滿山畏獨虎。"父奇其志。晉天福九年登進士第，仕湖南、江南，歷縣令、水部員外郎，終郎中。賓于能詩，有盛唐風致，工部侍郎李若虛廉察沅湘日，賓于以詩數百篇，號《金鰲集》獻之，大爲稱賞。因采集中尤異者數聯，馳書朝廷，聲譽藹然。李昉者，同年進士也，與之友善。後昉仕宋，官翰林，而賓于猶爲南唐郎官，寄賓于詩曰："初携寶劍別湘潭，金榜標名第十三。昔日聲名喧洛下，只今詩句滿江南。"蓋惜其不顯融也。後歸老於鄉，號"群玉峰叟"，年八十卒。賓于以詩鳴，爲世所重，性好獎拔後進。新塗令李有中者，詩有"乾坤一夕雨，草木萬方春"之句，賓于稱爲方干、賈島之徒，有中由是知名。宋陳堯佐序其《金鰲集》有云：如百丈懸流，轟轟灑落蒼翠間，清雄奔放，望之竪人毛骨。自五代詩人以來，未有過賓于者也。今其集不存，愚嘗於類書中得賓于所爲《公子行》焉，其詩曰："錦衣紅奪彩霞明，侵曉春游向野庭。不識農夫辛苦力，驕驄馳處麥青青。"亦佳句也。

（明）黄佐：《廣州人物傳》卷四

殿中少監袁繼謙，爲兗州推官，東鄰即牢城都校吕君之第。吕以其第卑湫，命卒削子城下土以培之。削之既多，遂及城身，稍薄矣。袁忽夢乘馬，自子城東門樓上。有人達意，請推官登樓，自稱子城使也。與袁揖讓，乃謂袁曰："吕君修私第，而削子城之土，此極不可。推官盍言之乎？"袁曰："某雖忝賓僚，不相統攝。"又曰："推官既不言，某自處置。"不一年，吕公被軍寨中追之，有過禁繫，久而停職。其宅今屬袁氏，張沇嘗借居之。

（宋）李昉：《太平廣記》卷二八一《袁繼謙》

趙奉爲太子太保，奉性豁達，輕財重義。凡親友以窮厄告者，必傾其資而餉之，人士以此多之。

（宋）王欽若等編纂：《册府元龜》卷八〇四《總録部》

尖頭盧家：五代盧膺祖父仕唐俱至顯官，子孫生而頭鋭，時人號

"尖頭盧家"。《九國志》

（明）陶宗儀：《説郛》卷三《賓賓録》

軍使吳宗嗣者,嘗有某府吏,從之貸錢二十萬,月計利息。一年後,不復肯還,求索不可得。宗嗣怒,召而責之曰:"我前世負爾錢,我今還矣。爾負我,當作驢馬還我。"因焚券而遣之。逾年,宗嗣獨坐廳事,忽見吏白衣而入,曰:"某來還債。"宗嗣曰:"已焚券,何用復償。"吏不答,徑入厩中。俄而,厩人報馬生白駒,使詣吏舍詰之,云:"死已翌日矣。"駒長,賣之,正得所負錢數。

（宋）徐鉉：《稽神録》卷二

吕季重,河東人,蕭宗相諲之兄子。歙縣東南十二里有車輪灘,湍悍善覆舟,季重以俸募工鑿之,成安流,因名。

（宋）羅願：《新安志》卷九

戊申,贈韓通中書令,以禮葬之,嘉其臨難不苟也。初,周鄭王幼弱,通與上同掌宿衛,軍政多決於通。通性剛愎,頗肆威虐,衆情不附,目爲韓瞠眼。其子微有智略,幼病傴,時號"韓橐駝",見上得人望,每勸通早爲之所,通不聽,卒死於難。王彥昇之弃命專殺也,上怒甚,將斬以徇,已而釋之,然亦終身不授節鉞。其後,上幸開寶寺,見壁上有橐駝及通畫像,遽令掃去之。《記聞》云:上初欲斬王彥昇,以初授命,故不忍。然終身廢之不用,蓋誤也,但不授節鉞耳。

（宋）李燾：《續資治通鑒長編》卷一,太祖建隆元年（960）

先是,鎮安節度使、侍衛馬步軍都虞候武安韓令坤令坤,初見顯德二年。領兵巡北邊,慕容延釗復率前軍至真定。上既受禪,遣使諭延釗與令坤各以便宜從事,兩人皆聽命。己未,加延釗殿前都點檢、昭化節度使、同中書門下二品,令坤侍衛馬步軍都指揮使、天平節度使、同平章事。

（宋）李燾：《續資治通鑒長編》卷一,太祖建隆元年（960）

樞密直學士、司門郎中安平杜韡,美風儀,工尺牘,仕周世宗居近職,上章言事,頗中時病,然恃酒不遜。上時典禁衛,每優容之,於是罷爲駕部郎中,宰相擬授韡諫議大夫,上不許。

(宋)李燾:《續資治通鑒長編》卷三,太祖建隆三年(962)

庚子,以華州團練使大城張暉爲鳳州團練使、兼西面行營巡檢壕寨使。暉前在華州,治有善狀。上既誅李筠,將事河東,召暉入覲,問以計策。暉曰:"澤、潞瘡痍未瘳,軍務涔興,恐不堪命。不若戢兵育民,俟富庶而後圖之。"上慰勞遣還。於是始謀伐蜀,乃徙暉鳳州。暉盡得其山川險易,因密疏進取之計。上覽之,甚悦。

(宋)李燾:《續資治通鑒長編》卷四,太祖乾德元年(963)

十二月庚辰,殿前散祇候李璘殺員僚陳友於市。璘自言復父仇,有司鞫實。開運末,友乘敵侵邊殺璘父及其家四人,上壯而釋之。

(宋)李燾:《續資治通鑒長編》卷四,太祖乾德元年(963)

己丑,内殿起居無宰相,太子太師侯章爲班首。章,榆次人,累任方鎮,所至貪暴,既罷節鉞,常怏怏不樂。一日,於朝堂縱言及晉、漢間事,坐有輕章者,章厲聲曰:"當北主疾作,將議北歸,乃有上書請避暑嵩山者,此豈忠信之人乎? 我雖粗人,以戰鬥取富貴,如此諛佞,未嘗爲也。"坐有慚色。章,初見天福元年。

(宋)李燾:《續資治通鑒長編》卷五,太祖乾德二年(964)

以儀鑾使、知易州賀惟忠爲易州刺史,兼易、定、祁等州巡檢使。惟忠捍邊數有功,故遷其秩而不易其任。惟忠,未見。

(宋)李燾:《續資治通鑒長編》卷一〇,太祖開寶二年(969)

4. 隱士

朱梁趙凝，氣貌甚偉，好自修檢，每整衣冠，必使人持巨鑒前後照之。對客之際，烏巾上微覺有塵，即令侍妓持紅拂以去之。

（宋）孔平仲：《續世說》卷五

朱梁趙凝，氣貌甚偉，每整衣冠，使人持巨鑒前後照之。烏巾上微覺有塵，即令侍妓持紅巾拂去之。

（宋）祝穆：《古今事文類聚》續集卷二八

《後唐書》曰：李溪者，博學多通，文章秀絶，家有奇書，時號"季書樓"。

（宋）李昉：《太平御覽》卷六一八《學部十二》

後唐李敬義，德裕之孫，居於平泉。昭宗之都洛也，徵爲司勛郎中，特爲河南尹張全義所知，給遺頗厚。俄而朱温篡位，誓心不事僞室。及温徵命，拒而不應，退居衛州。

（宋）王欽若等編纂：《册府元龜》卷七八一《總録部》

晉高祖天福四年四月庚辰，徵前左拾遺鄭雲叟爲右諫議大夫，玉笥山道士羅隱之賜號希夷先生。雲叟始隱尚少，累年之後，西入華岳，與之朝夕游處，隱之以藥術取利，雲叟以山田自給，俱好酒能詩及長嘯。有大瓠，云可辟寒暑，置竿所酒，經時其味不壞。日携酒就花木水石之間，一酌一咏。嘗酒酣聯句，鄭雲叟曰："一壺天上有名物，兩個世間無事人。"羅隱之曰："醉却隱之雲叟外，不知何處是天真。"上聞其名，故遣劉珣、趙處玭等賫鵠書致禮徵召。其後雲叟稱疾不起，上表曰："臣聞君子有應敵之方，因時俯仰；介士有不移之操，與性逍遥。康堯佐舜者，洽道於君臣；洗渭巢箕者，寄形於天壤。惟聖人之效業，左庶物以由庚。微臣學圃無成，文場不調，頃屬兵交四海，怨暴三場。梁室亂離，走蘭成於荒谷；江都淪覆，遁庾衮於天山。而又蔡順少孤，虞丘三失，倉野之女，遠國飄零，王祥之男，一時雕落，喪家室而有鰥在下，悲身世而無處求生。因投迹玄元，委心虛靜，長揖當途之客，群居在野之人。幽蘭以備於重襟，灌木用成於虛室。或臨窗嘯傲，或植杖耕耘，樂在其中，老而將至。西山采藥，已有咏歌，北闕彈冠，曾無夢想。安期綸綍，下及烟蘿，日月方耀於太清，世胄適躋於高祖。任賢勿貳，莅事惟能，衡門不傑之才，由來有愧；詔局殊常之命，未敢以聞。夫功大者其任尊，職充者其責重，任必安於所據，責不致於非才。方今內服百工，外拜五長，百爾黎獻，一存至公，載惟清朝，奚急百士，誠由陛下天綱地絡，容無所遺，夏雨春風，恩無不及，青陽振其沉穎，旭旦起乎幽栖，將令匹微，罔不率俾，固宜勇別環堵，言隨輯車，拜丹地之明廷，奉竊囊之清職，東望心踊，其如病何？賦分隱淪，滅思聞見。九徵而往，雖有語於莊周，三召不行，獨無求於殷浩。仰祈皇鑒，俯宥愚衷。"上覽表嘉之，賜近臣傳觀。

(宋)王欽若等編纂：《册府元龜》卷九八《帝王部》

梁鄭雲叟隱居於華山，與梁朝近臣李振善，振欲禄之，拒而不諾。及振南遷，千里省之，識者高焉。華州連帥劉遂凝嘗以貨貝遺之，一無留者。

(宋)王欽若等編纂：《册府元龜》卷八〇五《總録部》

鄭雲叟隱居華山，好棋塞之戲。遇同侶，則以晝繼夜，雖朔風大雪，亦臨檐對局，手足皸裂，亦無倦焉。天成中，徵右拾遺，不起。

(宋)王欽若等編纂：《册府元龜》卷八六九《總録部》

五粒松脂。五代鄭遨聞華山有五粒松脂，淪入地千歲，化爲藥，能去三尸，因徙居華陰，欲求之。

(宋)佚名：《錦綉萬花谷》後集卷三八

　　五代晉鄭遨,字雲叟,避唐明宗祖廟諱,以二字行。少好學,敏於文辭,唐末見天下已亂,有拂衣遠去之意,遂隱居少室山。晉以諫議大夫召之,不起,上表陳謝,高祖嘉之,尋賜號爲逍遥先生。

　　　　　　　　　　　　　　　　(宋)馬永易:《實賓録》卷一一

　　晉鄭雲叟,白馬人也。少好學,耿介不屈,爲文敏速遒麗。昭宗朝,嘗應進士,不第。拂衣嘆曰:“天命之謂性,率性之謂道。性與道在乎己而不能取,焉用浮名之攖我心,使鬱鬱然若是耶?”因欲携妻子隱於林壑。其妻非而不行,雲叟乃薄游諸郡,獲數百緡以贍其家,辭訣而去。尋入少室山,著《擬峰詩》三十六章,以道其趣,人多傳之。後妻以書達意,勸其還家。雲叟未嘗一覽,悉投於火,其絶累如此。俄聞西岳有五鬣松,淪脂千年,能去三尸,因居於華陰,與李道殷、羅隱之友善,時人目爲“三高士”。道殷有釣魚之術,鈎而不餌,又能化易金石,無所不至。雲叟嘗目觀其事,信而不求。雲叟與梁室權臣李振善,振欲禄之,拒而不諾。及振南遷,雲叟千里徒步以省之。識者高焉。後妻兒繼謝世,每聞凶訃,一哭而止。特唯青衿二童,一琴一鶴從其游處。好棋塞之戲,遇同侶,則以晝繼夜,雖寒風大雪,臨檐對局,手足皸裂,亦無倦焉。唐天成中,召拜左拾遺,不起。嘗與羅隱之朝夕游處,隱之以藥術取利,雲叟以山田自給。俱好酒吟詩,善長嘯。有大瓠,云可辟寒,置酒於其中,經時味不壞。日携就花木水石之間,一酌一咏。嘗因酒酣聯詩,鄭曰:“一壺天上有名物,兩個世間無事人。”羅曰:“醉却隱之雲叟外,不知何處是天真。”高祖即位,聞其名,遣賷書致禮,徵爲右諫議大夫。雲叟稱疾不赴,上表陳謝。高祖覽表嘉之,賜近臣傳觀,尋賜號“逍遥先生”,以諫議大夫致仕,月給俸禄。雲叟好酒,嘗爲《咏酒詩》千二百言,海内好名者書於縑緗以爲贈祝。復有越千里之外,使畫工潜寫其形容,列於屏障者焉。其爲世重也如此。天福末,以壽終,時年七十四。

　　　　　　　　(宋)王欽若等編纂:《册府元龜》卷八一〇《總録部》

晉鄭雲叟，南燕人。家本東郡，隱居華山。妻兒繼已凋謝，每聞
凶訃，一哭而已。

（宋）王欽若等編纂：《冊府元龜》卷八五五《總錄部》

鄭雲叟隱居嵩山，一旦臥病，俾弟子召友人羅隱之與李道殷曰：
"吾將訣矣。"弟子曰："先生嘗無疾，何若此也。"雲叟曰："屈伸形兆，
四時之常道也。風蒸燥濕，四時之常德也。陰陽流轉，四時之常氣
也。井營經合，四時之常主也。木之爲疾也瘁，火之爲疾也溫癉，土
之爲疾也痁疥，金之爲疾也滑，水之爲疾也急。大化無私弱者，罷之
居身，無身之事，庶幾乎免矣。非神仙而處也，得斯而由，謂之考終，
命箕子以爲福，復何恨也？"言終而卒，年七十四。

（宋）王欽若等編纂：《冊府元龜》卷八九五《總錄部》

晉崔棆，梲之兄也。有隱德，好釋氏，閑居滑州，嘗欲訪人於白馬
津，比及臨岸，嘆曰："波勢洶涌如此，安可濟乎？"乃止。後徵授左拾
遺，辭疾不赴。

（宋）王欽若等編纂：《冊府元龜》卷七七九《總錄部》

劉昫，涿州人。文學優贍，隱居上谷太寧山，與呂夢奇、張麟結庵
其處。定州連帥王處直以其子都爲易州刺史，署昫爲軍事衙推。及
都去任，假五回令都招昫至中山，會其兄昫爲節度衙推，不逾歲，命爲
觀察推官。

（宋）王欽若等編纂：《冊府元龜》卷七二九《幕府部》

晉劉昫初隱居上谷大寧山，與呂夢奇、張麟結庵共處，以吟誦
自娛。

（宋）王欽若等編纂：《冊府元龜》卷八八二《總錄部》

劉昫，涿州人。唐天祐中，契丹陷其郡，昫被俘。至新州，逃而獲

免,隱居上谷大寧山。會定州王處直以其子都爲易州刺史,署昫爲軍事衙推。及都去任,招昫至中山,會其兄晅自本郡至,都薦於其父,累署爲觀察推官。及都代位,都有客和少微,素嫉晅,構而殺之。昫越境而去,寓居浮陽。後至司空、平章事。

(宋)王欽若等編纂:《册府元龜》卷九四九《總録部》

　　進士謝諤,家於南康,舍前有溪,常游戲之所也。諤爲兒時,嘗夢浴溪中,有人以珠一器遺之曰:"郎吞此,則明悟矣。"諤度其大者不可吞,即吞細者六十餘顆。及長,善爲詩。進士裴説爲選其善者六十餘篇,行於世。

(宋)李昉:《太平廣記》卷二七八《謝諤》

　　王贊,中朝名士。有弘農楊蘧者,曾至嶺外,見楊朔荔浦山水,心常愛之,談不容口。蘧嘗出入贊門下,稍接從容,不覺形於言曰:"侍郎曾見楊朔荔浦山水乎?"贊曰:"未曾打人唇綻齒落,安得見耶?"因大笑。此言嶺外之地,非貶不去。

(宋)李昉:《太平廣記》卷五〇〇《楊蘧》

　　追號江南處士史虛白爲冲静先生。虛白有高節,善屬辭,五代亂離,隱居岩谷,李氏累聘不起。至是,其孫虞部員外郎温己以虛白文集來上,特追旌之。

(宋)李燾:《續資治通鑒長編》卷一〇六,仁宗天聖六年(1028)

　　仁宗天聖六年三月十六日,虞部員外郎史温之祖虛白追賜"冲静先生"。虛白有高節,善爲文。五代亂離,隱居山岩。江南李氏累以禄秩誘之,介然不屈。至是,以家集來上,特有追褒。

(清)徐松輯:《宋會要輯稿》崇儒六之三三

　　國初楊汀自言:天祐初,在彭城避暑於佛寺。雨雹方甚,忽聞大

聲震地。走視門下，乃下一大雹於街中，其高廣與寺樓等，入地可丈
餘。頃之，雨止則炎風赫日，經月，雹乃消盡。

（宋）徐鉉：《稽神録》卷一

山長：五代蔣維東好遏舉，能屬文，隱居衡岳，從而受業者號爲
"山長"。《荆湘近事》

（明）陶宗儀：《説郛》卷三《實賓録》

五代零陵蔣維東好學，能屬文。乾祐中，常隱居衡岳，從而受業
五十餘人，號維東爲山長云。《荆湘近事》

（宋）馬永易：《實賓録》卷一一

李成，字咸熙，系出長安唐之後裔。五代避地，徙家營丘。弱而
聰敏，長而高邁。性嗜杯酒，善琴弈，妙畫山水，好爲歌詩，瑣屑細務
未嘗經意。周世宗時，樞密使王朴與之友善，特器重之，嘗召赴輦下。
會朴之亡，因放誕酣飲，慷慨悲歌，遨游搢紳間。大府卿衛融守淮陽，
遣幣延請，客家於陳。日肆觴咏，病酒而卒，壽四十九。子覺，仕太
宗，兩歷國子博士。其後以覺贈至光禄寺丞云。此宋白撰志文大略
如此。王著書，徐鉉篆。覺字仲明，列《三朝國史儒學傳》，叙其世家
又同。覺子宥，仕至諫議大夫，知制誥，有傳載《兩朝史》。傳云："祖
成，五代末以詩酒游公卿間，善謨寫山水，至得意處，殆非筆墨所成。
人欲求者，先爲置酒。酒酣落筆，烟雲萬狀，世傳以爲寶。"歐陽文忠
公《歸田録》乃云："李成仕本朝尚書郎"，固已誤矣；而米元章《畫史》
復云"贈銀青光禄大夫"，又甚誤也。

（宋）王明清：《揮麈前録》卷三

宋榮，義烏人。隱居縣西覆釜山下，通《尚書》《春秋》。廣順中，
累徵不就，學者私謚曰"文通先生"。其後有名柏者，遷金華之潛溪，
柏五世孫濂，以大儒翊運，洪武初放還，嘗於巖下建書院，以誨宗族子

姓,名曰"釜山書院"。

(明)徐象梅:《兩浙名賢録》卷四四

　　柳開,字仲塗,大名人。父承翰,仕至監察御史。開幼警悟豪勇。父顯德末爲南樂令,有盜入其家,衆不敢動,開十三歲,亟取劍逐之,盜逾垣,開揮刃斷其足二指。及就學講説能究旨。……五代學者少尚義理,有趙生者,得韓愈文數十篇,未達,乃携以示開。開一見,遂知爲文之趣。自是屬辭必法韓、柳。初名肩愈,蓋慕之也。著書號"東郊野夫",又號"補亡先生",作二傳以見意。時范杲好古學,開與齊名,謂之"柳范"。開垂絶,語門人張景曰:"吾十年著一書,可行於世。"景爲名之曰"默書"。辭義稍隱,讀難遽曉。開尚氣自任,不顧小節,所與交者,必時之豪俊。

(宋)曾鞏:《隆平集》卷一八

　　五代方干爲人缺唇,嘗應舉,有司議以干雖有才而缺唇,奏不第。後歸鑒湖十餘年,遇醫者補之,年已老矣,遂不復出,時號"補唇先生"。

(宋)馬永易:《實賓録》卷七

　　有高諷者,自云太尉詣孫,羈旅三川,而多忤物。每嘆求官不遂,遍告人曰:"何不還我羅城來?"蓋以掌武所築,蜀人安之。其疏闊皆如此也。

(五代)孫光憲:《北夢瑣言》卷二〇

　　吳仁璧,字廷寶,長洲人。蜀主大順中及第,善屬文,尤善星學及黃白术。吳越王錢鏐待以客禮,訪求天文,固辭非所知,欲辟入幕,又辭去。鏐母薨,具幣請爲志文,不從。鏐怒,沉之江中。有詩集行世。

(明)張昶:《吳中人物志》卷七

潘佑曰："齊人王達靈者,高士也。精核九經,該博諸子,肥遯邁俗,目無全人。"予早聞達靈之名,常恨未得見其所長。佑忠直人也,其語固不謬。後予守青社,訪其著述,訖未能得。而達靈去方百年,其知名者尚少,況著述乎。乃知姓名有道之士,汩没者何可紀哉。

(宋)龔鼎臣:《東原録》

江南龍君章野史列傳,曾氏有諱崇範者,廬陵人,獻書李唐,遂家金陵。李氏歸朝,而其子乃以喪歸。則知曾氏自金陵歸廬陵,初非自金陵徙廬陵也。

(宋)曾敏行:《獨醒雜志》卷七

君諱冶,字良範,姓錢氏,世爲彭城人,後徙吳興。自君之七世祖寶,又徙常州之武進,曾祖諱某,祖諱某,父諱某,當唐末五代,錢氏起餘杭,據浙東、西爲吳越王。於是時,常州或屬江南,或屬吳越,而武進錢氏獨不顯,方以儒學廉讓行於鄉里,連三世不仕。

(宋)歐陽修:《文忠集》卷二五

褚雅,字玄道,錢唐人。梁末隱居於茅山,樂施輕財,拯物無厭,管田既獲,以與貧者,與人共居,常旦起灑掃取水,遍以周給,覓薪之人,夏月移瓜,恣人來取。當時行暑,道無喝者,人或以爲難,而玄道行之,終身如一日也。

(明)徐象梅:《兩浙名賢録》卷九

石延翰,新昌人。父渝,兄延俸,皆仕吳越錢氏。翰獨耻之,隱居沃洲山白雲谷,以書史自娛。後贈白雲先生。

(明)徐象梅:《兩浙名賢録》卷四三

陳氏有兩高士,曰郢,曰之奇。郢不聞其字,范文正公以先生稱之。錢氏歸朝也,郢有兄七人皆仕宦,而獨隱居里中,以琴書自樂。

好佛老,晚不茹葷者十五載。

(宋)朱長文:《吳郡圖經續記》卷下

　　五代前蜀許寂,博通經史。時江淮多盜,寂自會稽因之南岳,以茹芝絶粒自適,漢南謂之"徵君"焉。

(宋)馬永易:《實賓録》卷一三

　　蜀人景焕,博雅士也。志尚静隱,卜築玉壘山,茅堂花榭,足以自娱。嘗得墨材甚精,止造五十團,曰:"以此終身。"墨印文曰"香璧",陰篆曰"副墨子"。

(宋)陶穀:《清異録》卷下

　　五代後蜀蜀州隱者張立,召之不至,賜錢十萬。立博學能吟,詩數百篇,號《皂江漁翁集》。

(宋)馬永易:《實賓録》卷二

5. 婦女

(1) 后妃(公主)

　　梁太祖元貞皇后張氏,單州碭山人。太祖少聘之,生末帝。太祖貴,封魏國夫人。天祐元年卒。太祖即位,追册爲賢妃。末帝立,追諡后。

　　昭儀陳氏,宋州人,少以色進,後專寵。開平三年,度爲尼。

　　昭容李氏,亦以色進,拜昭容。後不知所終。

　　末帝德妃張氏,父歸霸,事太祖,爲梁功臣。帝爲王時,以婦聘之。帝即位,將册德妃,立爲后,未及而卒。

　　末帝次妃郭氏,父登州刺史歸厚。少以色進,梁亡爲尼。

(元)馬端臨:《文獻通考》卷二五六《帝系考七》

梁祖魏國夫人張氏，碭山富室女，父蕤，曾爲宋州刺史。溫時聞張有姿色，私心傾慕，有麗華之嘆。及溫在同州，得張於兵間，因以婦禮納之。溫以其宿款，深加敬異。張賢明有禮，溫雖虎狼其心，亦所景伏。每謀軍國計，必先延訪，或已出師，中途有所不可，張氏一介請旋，如期而至，其信重如此。初收兗、鄆，得朱瑾妻，溫告之云：“彼既無依，寓於輜車。”張氏遣人召之，瑾妻再拜，張氏答拜泣下，謂之曰：“兗、鄆與司空，同姓之國，昆仲之間，以小故尋干戈，致吾姒如此。設不幸汴州失守，妾亦似吾姒之今日也。”又泣下，乃度爲尼，張恒給其費。張既卒，繼寵者非人，及僭號後，大縱朋淫，骨肉聚麀，帷薄荒穢，以致友珪之禍，起於婦人。始能以柔婉之德，制豺虎之心，如張氏者，不亦賢乎！

（五代）孫光憲：《北夢瑣言》卷一七

晉王李克用妻劉夫人，常隨軍行，至於軍機，多所弘益。先是，汴州上源驛有變，晉王憤恨，欲回軍攻之，夫人曰：“公爲國討賊，而以杯酒私忿，必若攻城，即曲在於我，不如回師，自有朝廷可以論列。”於是班退。天復中，周德威爲汴軍所敗，三軍潰散，汴軍乘我，晉王危懼，與周德威議，欲出保雲州。劉夫人曰：“妾聞王欲弃城而入外藩，誰爲此畫？”曰：“存信輩所言。”夫人曰：“存信本北方牧羊兒也，焉顧成敗？王常笑王行瑜弃城失勢，被人屠割，今復欲效之何也？王頃歲避難達靼，幾遭陷害，賴遇朝廷多事，方得復歸。今一旦出城，便有不測之變，焉能遠及北藩？”此晉王止行，居數日，亡散之士復集，軍城安定，夫人之力也。

（五代）孫光憲：《北夢瑣言》卷一七

莊宗劉皇后，魏州成安人，家世寒微。太祖攻魏州，取成安，得後，時年五六歲，歸晉陽宮，爲太后侍者，教吹笙。及笄，姿色絶衆，聲伎亦所長。太后賜莊宗，爲韓國夫人侍者，後誕皇子繼岌，寵待日隆。它日，成安人劉叟詣鄴宮見上，稱夫人之父，有内臣劉建豐認之，即昔日黄須丈人，后之父也。劉氏方與嫡夫人爭寵，皆以門族誇尚。劉氏恥爲寒家，白莊宗曰："妾去鄉之時，妾父死於亂兵，是時環尸而哭，妾固無父，是何田舍翁，詐僞及此！"乃於宮門笞之。其實后即叟之長女也。莊宗好俳優，宮中暇日，自負蓍囊藥篋，令繼岌破帽相隨，似后父劉叟以醫卜爲業也。后方晝眠，岌造其臥内，自稱劉衙推訪女。后大恚，笞繼岌。然爲太后不禮，復以韓夫人居正，無以發明。大臣希旨，請册劉氏爲皇后。議者以后出於寒賤，好興利聚財，初在鄴都，令人設法秤販，所鬻樵蘇果茹，亦以皇后爲名。正位之後，凡貢奉先入後宮，唯寫佛經施尼師，它無所賜。闕下諸軍困乏，以至妻子餓殍，宰相請出内庫俵給，后將出妝具銀盆兩口，皇子滿喜等三人，令鬻以贍軍。一旦作亂，亡國滅族，與夫褒姒、妲己無異也。先是，莊宗自爲俳優，名曰"李天下"，雜於塗粉優雜之間，時爲諸優朴扶摑搭，竟爲嫠婦恩伶之傾玷，有國者得不以爲前鑒！劉后以囊盛金合犀帶四，欲於太原造寺爲尼，沿路復通皇弟存渥，同簀而寢，明宗聞其穢，即令自殺。

（五代）孫光憲：《北夢瑣言》卷一八

後唐莊宗劉后生皇子繼岌。後父劉叟以醫爲業，詣鄴宮自陳。后方與諸夫人爭寵，恥爲寒族，笞劉叟於宮門。莊宗好俳優，宮中暇日自負藥笈，令繼岌携敝蓋相隨，自稱劉山人來訪。后大怒，笞繼岌。

（宋）孔平仲：《續世説》卷六

莊宗皇帝嫡夫人韓氏，後爲淑妃，伊氏爲德妃。契丹入中原，石氏乞降，宰相馮道尊册契丹主，大張宴席。其國母后妃列坐同宴，王嬙、蔡姬之比也。

夫人夏氏最承恩寵，後嫁契丹突欲，名李贊華，所謂東丹王，即阿保機長子。先歸朝，後除滑州節度使。性酷毒，侍婢微過，即以刀刲火灼。夏氏少長宮掖，不忍其凶，求離婚，歸河陽節度夏魯奇家，今爲尼也。

（五代）孫光憲：《北夢瑣言》卷一八

後唐莊宗天祐五年五月,破夾寨於潞州,得符道昭妻侯氏,有才色,時稱"夾寨夫人"。

(宋)李上交:《近事會元》卷五

夾寨夫人。五代後唐莊宗攻梁軍於夾城,得符道昭妻侯氏,宮中謂之"夾寨夫人"。《劉后傳》

(明)陶宗儀:《説郛》卷三《實賓録》

五代唐莊宗,先時攻梁軍於夾城,得符道昭妻侯氏,寵冠諸宮,宮中謂"夾寨夫人"。

(唐)白居易、(宋)孔傳:《白孔六帖》卷一七

後唐莊宗即位,尊母曹氏曰皇太后,又册武皇夫人劉氏爲太妃。同光中,詔曰:"皇太后母儀天下,子視群生,當別建宮闈,顯標名號,冀因稱謂,益表尊嚴。宜以長壽宮爲名。"

(宋)王欽若等編纂:《册府元龜》卷三八《帝王部》

後唐太祖正室劉氏,代北人。太祖爲晉王時,封秦國夫人。莊宗即位,尊爲皇太妃。

次妃曹氏,太原人,先封晉國夫人,生莊宗。莊宗即位,尊爲皇太后。薨,葬坤陵,謚貞簡。

莊宗神閔敬皇后劉氏,魏州成安人。晉王攻魏,裨將袁建豐掠得之,納之晉宮。莊宗嗣位,太后以賜之。有寵,生子繼岌。帝即位,將立后,而衛國夫人韓氏正室也,燕國夫人伊氏次妃,位在劉氏上,故難其事。宰相豆盧革、樞使郭崇韜等希旨,請立劉氏爲皇后,上從之,乃封韓氏爲淑妃,伊氏爲德妃。莊宗遇弑,后出奔。明宗即位,遣人賜后死。韓淑妃、伊德妃皆居太原,晉高祖反時,爲契丹所虜。

自唐末喪亂,后妃之制不備。至莊宗時,後宮之數尤多,有昭容、昭儀、昭媛、出使、御正、傅真、懿才、咸一、瑶芳、懿德、宣一等,其餘名

號，不可勝紀。明帝已後，又有司寶、司贊、司膳、司醖、司飾、司衣、司藥、梳篦、衣服、知客、寶省、書省、弟子院使等名，皆封國夫人或郡夫人，少者縣君。前代內職無封君之禮，此一時之制。

明宗和武憲皇后曹氏，不知所出。天成元年，封淑妃，後立為皇后。愍帝即位，尊為皇太后。

明宗昭懿皇后夏氏，不知其所出，生秦王從榮及愍帝。帝未即位前卒，天成時，追册為皇后。

明宗淑妃王氏，邠州餅家子。初為梁將劉鄩侍兒，鄩卒，帝納之。即位，封為淑妃。愍帝即位，尊為皇太妃。

愍帝哀皇后孔氏，父循。愍帝即位，將立為皇后，未及而難作。帝出奔，廢帝入，與所生四子皆見殺。晉高祖立，追謚曰“哀”。

廢帝皇后劉氏，父茂威，應州渾元人。初封沛國夫人，帝即位，為皇后。石敬瑭犯京師，與帝俱自焚死。

　　　　　　（元）馬端臨：《文獻通考》卷二五六《帝系考七》

後唐莊宗既即位，册尊母曹氏為皇太后，而以嫡母劉氏為皇太妃。往謝太后，太后有慚色，太妃曰：“願吾兒享國無窮，使吾獲没於地，以從先君，幸矣，復何言哉？”帝既滅梁，使人迎太后歸洛，居長壽宮，而太妃獨留晉陽。同光三年五月，太妃薨。七月，太后薨，謚曰貞簡，葬坤陵，而太妃無謚，葬魏縣。太妃與太后甚相愛，其送太后於洛也，涕泣而別。太妃既卒，太后悲哀不飲食，月餘亦崩。

愍帝即位，册尊明宗后曹氏為皇太后，淑妃王氏為皇太妃。而敬瑭兵犯京師，廢帝與太后俱自燔死。晉高祖立，遷太妃於至德宮。高祖后事妃如母，乃封其所養子許王從益為郇國公，以奉唐祀。契丹犯京師，召從益與妃。德光北歸，留蕭翰守汴州。漢高祖起太原，翰欲北去，乃使人召從益，迫以來，令權知南朝事。漢高祖擁兵而南，妃及從益遣人迎之，既而俱遇害。

　　　　　　（元）馬端臨：《文獻通考》卷二五二《帝系考三》

後唐太祖至州上源驛之變，太祖憤恨，欲回軍攻之，劉皇后時隨軍行，謂太祖曰：“公爲國討賊，而以杯酒私忿。若攻城，即曲在於我，不如回師，自有朝廷可以論列。”於是班師。天復中，周德威爲汴軍所敗，三軍潰散，汴軍乘我，太祖危懼，與德威議出保雲州。劉皇后曰：“妾聞王欲弃城而入外藩，誰爲此畫？”曰：“存信輩所言。”劉后曰：“存信本北蕃牧羊兒也，焉顧成敗？王常笑王行瑜弃城失勢，被人屠割，今復欲效之也？王頃歲避難達靼，幾遭陷害。賴遇朝廷多事，方得復歸。今一旦出城，便有不測之變，焉能遠及北蕃？”遂止。居數日，亡散之士復集，軍城安堵，劉后之力也。

（宋）李昉：《太平廣記》卷二七一《劉皇后》

閔帝即位，尊明宗皇后曹氏曰皇太后，又册王氏爲皇太妃。

（宋）王欽若等編纂：《册府元龜》卷三八《帝王部》

歐史《史匡翰傳》：尚晉高祖女，是爲魯國長公主。薛史則云：長公主，高祖之妹。予得《匡翰神道碑》拓本，朝議郎、尚書吏部員外郎、知制誥陶穀撰，待詔、朝散大夫、太府卿、賜紫金魚袋閭光遠書，碑云：“尚魯國大長公主。”二史皆省“大”字，然據碑，則惟其爲帝之妹，故加“大”字以别之，若帝女，則但稱“長公主”矣。《五代會要》第二卷載諸帝女，晉高祖長女降楊承祚，非匡翰，封秦國公主，又封梁國長公主，非魯國，故知薛史是也。歐史書其官略，薛史則詳，終於檢校司徒、義成軍節度、滑濮等州觀察處置、管内河堤等使，丁母憂，起復本鎮，卒，皆與碑合。惟碑有起復冠軍大將軍、右金吾衛大將軍、員外置同正員并兼御史大夫、駙馬都尉及贈太保，則薛史亦省。

（清）王鳴盛：《十七史商榷》卷九五

晉高祖皇后李氏，唐明宗女。初號永寧公主，天福二年，有司請立皇后，帝以宗廟未立，謙抑未遑。帝崩，出帝即位，乃尊爲皇太后。

安太妃，代北人，不知其世家。生出帝，帝立，尊爲皇太妃。

出帝皇后馮氏，定州人，父蒙。初適高祖弟重胤，重胤卒，出帝納之，立爲皇后。契丹入京師，從帝北遷，不知所終。

　　　　　　　（元）馬端臨：《文獻通考》卷二五六《帝系考七》

晉出帝即位，尊高祖后李氏爲皇太后。契丹入汴，北遷殁於虜地建州。安太妃，出帝母，即位册爲太妃，北遷，殁於虜地。

　　　　　　　（元）馬端臨：《文獻通考》卷二五二《帝系考三》

晉少帝嗣位，册高祖皇后李氏爲皇太后，尊母王氏爲皇太妃。

　　　　　　　（宋）王欽若等編纂：《册府元龜》卷三八《帝王部》

開運既私寵馮夫人，其事猶秘。會高祖御器用有玉平脱，雙蒲萄鏡，乃高祖所愛，帝初即位，舉以賜馮，人咸訝之。未久，册爲皇后。

　　　　　　　　　　　　（宋）陶穀：《清異録》卷下

歐叙出帝后馮氏本重胤妻，既不言姓，似是宗室，而絶不言重胤何人，重胤死而出帝娶之，其下突言“契丹責帝納叔母”，讀者疑重胤與重貴同行，何以稱叔？及讀至下文，别一篇叙高祖之叔父兄弟子孫，方知重胤本高祖弟，養以爲子，故與其諸子之名排行。叙事如此，太求省筆，殊眩人目，應於前先揭明。

　　　　　　　　　（清）王鳴盛：《十七史商榷》卷九五

漢高祖皇后李氏，晉陽人，本農家女。高祖少爲軍卒，入其家劫取之。高祖貴，封魏國夫人，生隱帝。高祖即位，立爲皇后。隱帝即位，爲皇太后。

　　　　　　　（元）馬端臨：《文獻通考》卷二五六《帝系考七》

漢愍帝即位，尊高祖后李氏爲皇太后。周太祖入京師，舉事皆稱太后誥。已而議立湘陰公贇爲天子，未至，請太后臨朝。已而太祖出征,軍士擁之以還。太祖請事太后如母,於是遷於太平宫,上尊號曰昭聖皇太后。顯德元年春崩。

(元)馬端臨:《文獻通考》卷二五二《帝系考三》

漢隱帝即位,尊高祖皇后李氏爲皇太后。

(宋)王欽若等編纂:《册府元龜》卷三八《帝王部》

周太祖聖穆皇后柴氏,邢州堯山人。太祖少娶之。太祖即位,已卒,追册爲皇后。

太祖淑妃楊氏,鎮州真定人。初爲趙王鎔妾,鎔死,嫁石光輔。光輔卒,太祖聘爲繼室。天福中卒,即位,追册爲妃。

貴妃張氏,鎮州真定人。初爲武氏婦,武卒,太祖納之。太祖兵入京,妃爲劉銖所殺,即位,追册。

德妃董氏,鎮州靈壽人。初爲劉進超妻,進超歿,太祖聘之。即位,册爲德妃。

世宗貞惠皇后劉氏,不知所出。帝微時所娶,封縣君。太祖舉兵,留京師,爲漢人所殺。太祖即位,追封彭城郡夫人,世宗即位,追册爲皇后。

宣懿皇后符氏,彦卿之女。初適李崇訓,崇訓反誅,帝納爲夫人,即位,立爲皇后。顯德時崩。

皇后符氏,宣懿后之妹。宣懿后崩,帝納之,恭帝立,尊爲皇太后。

(元)馬端臨:《文獻通考》卷二五六《帝系考七》

周高祖柴后,魏成安人,父曰柴三禮,本後唐莊宗之嬪御也。莊宗没,明宗遣歸其家,行至河上,父母迓之。會大風雨,止於逆旅。數日,有一丈夫冒雨走過其門,衣弊破裂,不能自庇。后見之驚曰:“此何人耶?”逆旅主人曰:“此馬鋪卒吏郭雀兒者也。”后召與語,異之,謂父母曰:“此貴人,我當嫁之。”父母恚曰:“汝帝左右人,歸當嫁節度使，奈何嫁此乞人？"后曰："我久在宮中，頗識貴人，此人貴不可言，不可失也。橐中裝分半與父母，我取其半。"父母知不可奪，遂成婚於逆旅中。所謂郭雀兒，則周祖也。后每資以金帛，使事漢祖，卒爲漢佐命。后父柴三禮既老，夜寐輒不覺，晝起常寡言笑。其家問之，不答。其妻醉之以酒，乃曰："昨見郭雀兒已作天子。"初，周祖兵征淮南，過宋州。宋州使人勞之於葛驛。先有一男子、一女子，不知所從來，轉客於市，傭力以食。父老憐其願也，釀酒食、衣服，使相配爲夫婦。及周祖至，市人聚觀，女子於衆中呼曰："此吾父也。"市人驅之去。周祖聞之，使前，問之，信其女也，相持而泣，將携之以行。女曰："我已嫁人矣。"復呼其夫視之，曰："此亦貴人也。"乃俱挈之軍中，奏補供奉官，即張永德也。及周祖入汴，漢末帝以兵圍其第，今皇建院是也，盡誅其家。惟永德與其妻在河陽爲監押，末帝亦命河陽誅之。河陽守呼永德，以敕視之。永德曰："丈人爲德不成，死未晚也。"河陽守見其神色不少變，以爲然，雖執之於獄，所以饋之甚厚，親問之曰："君視丈人事得成否？"永德曰："殆必然。"以柴三禮夢所見爲驗。未幾而捷報至。周祖親戚盡誅，惟永德夫婦遂極富貴。

（宋）蘇轍：《龍川別志》卷上

魏人柴公以經義教授里中，有女子備後唐莊宗掖庭，明宗入洛，遣出宮，父母往迎之。至洛，遇雨，逾旬不能進。其女悉以奩具計直十萬，分其半與父母，令歸大名，曰："兒見溝旁郵舍隊長，黝色花項爲雀形者，極貴人也，願事之。"父母大愧之，知不可奪，問之，即郭某，乃周祖也。因事之，執箕帚之禮。一日，謂其夫曰："君極貴不可言，然時不可失，妾有五萬，願奉君以發其身。"周祖因其資得爲軍司。其父柴公，平生爲獨寢之人，傳司冥間事，一日晨起，忽大笑，妻問之，不對，但笑不已。公惟喜飲，妻逼極醉，因漏泄其事，曰："花項漢將爲天子。"後果然。

（宋）文瑩：《玉壺清話》卷六

歐陽《五代史·周家人傳》：柴后，邢州龍岡人。《世宗紀》爲堯山人。拓跋思恭、思敬，兄弟也，而誤作一人。

（宋）陳師道：《後山談叢》卷三

魏人柴翁之女，初備唐莊宗掖庭，明宗入雒，遣出，父母往迎之，至鴻溝，遇雨甚，逾旬不進，其女曰：“兒見溝旁郵舍隊長，黝色花項者，乃極貴人，願事之。”即郭威，蓋周祖也。亦竟爲皇后。夫二婦人之命，初亦榮矣，既而皆遇禍變，幾不免其身，然未幾卒貴如此，亦可謂異人也。

（宋）袁文：《甕牖閒評》卷二

太祖聖穆皇后柴氏，邢州堯山人也。《談叢》云：《家人傳》，后，邢州龍岡人。《世宗紀》爲堯山人。則此作堯山者。其後人所改耶。

（清）何焯：《義門讀書記》卷二九

郭祖受命討守真，駐師河中城下。逾年，望氣者言：“守真必破，城下有三天子氣。”謂郭祖、柴世宗、太祖也。守真猶豫不決，使術者視家人，至子婦符氏，術者大咤曰：“母后相也。”守真曰：“吾婦乃爾，吾可知矣。”遂決，既嬰城，無炮材，頗患之，居一日，河水自上浮木千百，皆炮材也。守真大喜，以爲受命之符。其後既破，郭祖以符氏納世宗，是爲符后。

（宋）張舜民：《畫墁録》

周世宗兩立皇后皆符氏。《舊五代史·后妃傳》止有宣懿皇后符氏，而於後符后則闕之。按《文獻通考》云：“世宗後符后，宋初號周太后。太平興國中入道，號玉清仙師。未幾爲尼，賜名悟真。”此可補薛、歐二史之闕。

（清）錢大昕：《十駕齋養新録》卷六

周恭帝即位，尊世宗皇后符氏爲皇太后。宋太祖既受禪，遷居西宮，號周太后。太平興國初，入道爲尼。淳化四年殂。

（元）馬端臨：《文獻通考》卷二五二《帝系考三》

梁太祖女：安陽公主適羅廷規、長樂公主適趙岩、普寧公主適王昭祚、金華公主、真寧公主。

少帝女：壽春公主、壽昌公主。

後唐武帝女：瓊華長公主適孟知祥、瑶英公主適張延釗。

明宗女：永寧公主適晉高祖、興平公主適趙延壽、壽安公主、永樂公主。

晉高祖女：長安公主適楊承祚。

漢高祖女：永寧公主適宋延渥。

周太祖女：樂安公主、壽安公主適張永德、永寧公主。

（元）馬端臨：《文獻通考》卷二五八《帝系考九》

南唐李煜之妃，閩人王某女。煜降宋，妃入宮，太祖嬖之，號爲小花蕊。一日游苑中，使奉晉王酒，晉王故不飲，曰：“必得夫人手摘一花來，乃飲。”太祖命之，甫至樹下，晉王從後射殺之。太祖歡飲如故。《菽園雜記》云，小花蕊，南唐宮人，墓在閩之崇安，但既入宋，死後未必發葬閩地，恐崇安之墓，陸公或訛傳耳。

（清）褚人獲：《堅瓠集》廣集卷二

李後主手書金字《心經》一卷，賜其宮人喬氏。喬氏後入太宗禁中，聞後主薨，自内廷出其經，捨在相國寺西塔以資薦，且自書於後曰：“故李氏國主宮人喬氏，伏遇國主百日，謹捨昔時賜妾所書《般若心經》一卷在相國寺西塔院。伏願彌勒尊前，持一花而見佛”云云。其後，江南僧持歸故國，置之天禧寺塔相輪中。寺後失火，相輪自火中墮落，而經不損，爲金陵守王君玉所得。君玉卒，子孫不能保之，以歸寧鳳子儀家。喬氏所書在經後，字極整潔，而詞甚凄惋，所記止此。

《徐鍇集》南唐制誥,有宮人喬氏出家誥,豈斯人也?

(宋)王銍:《默記》卷中

李芳儀,江南國主李景女也。納土後住京師,初嫁供奉官孫某,爲武疆都監妻,生女,皆爲遼中聖宗所獲,封芳儀,生公主一人。趙至忠虞部自北虜歸朝,嘗仕遼爲翰林學士,修國史,著《虜庭雜記》,載其事。時晁補之爲北都教官,覽其書而悲之,與顏復長道作《芳儀曲》云:"金陵宮殿春霏微,江南花發鷓鴣飛。風流國主家千口,十五年來粉黛稀。滿堂詩酒皆詞客,奪錦揮毫在瑤席。後庭一曲風景致,收泪臨江悲故國。令公獻籍朝未央,敕書築第優降王。魏俘曾不輸織室,供奉一官奔武疆。秦淮瀚水鍾山樹,塞北江南易懷土。雙燕清秋夢柏梁,吹落天涯猶并羽。相隨未是斷腸悲,黃河應有却還時。寧知翻手明朝事,咫尺山河不可期。倉皇三鼓滹沱岸,良人白馬人誰見? 國亡家破一身存,薄命如雲信流轉。芳儀如我名字新,教歌遣舞不由人。采珠拾翠衣裳好,深紅暗盡警胡塵。陰山射虎邊風急,嘈雜琵琶酒闌泣。無言數遍天河星,只有南箕近鄉邑。當年千指渡江來,千指不知身獨哀。中原骨肉又零落,黃鵠寄意何當回。生男自有四方志,女子那知出門事? 君不見李陵椎髻泣窮年,丈夫漂泊猶堪憐。"江州廬山真風觀,李主有國日施財修之,刊姓名於石,有太寧公主、永嘉公主,皆李景女,不知芳儀者孰是也?

(宋)陸游:《避暑漫抄》

余嘗游廬山,見李主有國時修真風觀,皆宮人施財,刊姓氏于碑。有太寧公主、永嘉公主二人,皆景女,不知芳儀者孰是也。

(宋)王銍:《默記》卷下

後主大周後創爲高髻纖裳,及首翹鬢朵之妝,人皆效之。

(明)顧起元:《客座贅語》卷五

後主大周后，元宗嘗因其上壽，賜以燒槽琵琶，后將卒，以此并玉臂釧留別後主。後主以后生平所愛金屑檀槽琵琶附葬。

（明）顧起元：《客座贅語》卷五

太祖開寶九年正月，違命侯李煜妻周氏封鄭國夫人。

（清）徐松輯：《宋會要輯稿》一〇之二三

龍袞《江南録》有一本删潤稍有倫貫者云：李國主小周后隨後主歸朝，封鄭國夫人，例隨命婦入宫。每一入輒數日而出，必大泣罵後主，聲聞於外，多宛轉避之。又韓玉汝家有李國主歸朝後與金陵舊宫人書云："此中日夕，只以眼泪洗面。"

（宋）王銍：《默記》卷下

吴越國太夫人吴氏

太夫人姓吴氏，名漢月，錢唐人。中直指揮使珂之女，幼以婉淑，奉文穆王元瓘，而生俶。天性慈惠節儉，居常布練而已，每聞王決重刑，常矉感以仁恕爲言，外家每有遷授，皆峻阻之。及入見多加訓勵，有過失必面責之，故諸吴終夫人之世，不甚驕恣。敕封吴越國順德太夫人，薨謚恭懿。

（明）徐象梅：《兩浙名賢録》卷五〇

忠懿王妃孫氏

妃姓孫氏，名太真，錢塘人。性端重而聰慧，每延接姻親洎諸宗屬，皆盡恩禮。好學讀書，通《毛詩》《魯論》之義。尚儉約，非受參謁宴會，未嘗爲盛飾。俶之征毗陵也，孫居國城内，時時遣内侍撫問諸將及從征將帥之家。外稟畏如奉王旨漢，制拜夫人，周敕封吴越國賢德夫人，宋進封賢德順睦夫人。後隨俶入覲，敕封吴越國王妃。

（明）徐象梅：《兩浙名賢録》卷五〇

花蕊夫人

偽蜀主孟昶，徐匡璋納女於昶，拜貴妃，別號花蕊夫人，意花不足
擬其色，似花蕊翩輕也。又升號慧妃，以號如其性也。王師下蜀，太
祖聞其名，命別護送。途中作辭自解曰："初離蜀道心將碎，離恨綿
綿。春日如年，馬上時時聞杜鵑。三千宮女皆畫貌，妾最嬋娟。此去
朝天，只恐君王寵愛偏。"陳無已以夫人姓費，誤也。

　　　　　　　　　　　　（明）陶宗儀：《説郛》卷三五《能改齋漫録》

花蕊夫人，蜀王建妾也，後號"小徐妃"者。大徐妃生王衍，而小
徐妃其女弟。在王衍時，二徐坐游燕淫亂亡其國。莊宗平蜀後，二徐
隨王衍歸中國，半途遭害焉。及孟氏再有蜀，傳至其子昶，則又有一
花蕊夫人，作宮詞者是也。國朝降下西蜀，而花蕊夫人又隨昶歸中
國。昶至且十日，則召花蕊夫人入宮中，而昶遂死。昌陵後亦惑之。
嘗進毒，屢爲患，不能禁。太宗在晉邸時，數數諫昌陵，而未果去。一
日兄弟相與獵苑中，花蕊夫人在側，晉邸方調弓矢引滿，政擬射走獸，
忽回射花蕊夫人，一箭而死。始所傳多偽，不知蜀有兩花蕊夫人，皆
亡國，且殺其身。

　　　　　　　　　　　　　　（宋）蔡絛：《鐵圍山叢談》卷六

蜀主孟昶納徐匡璋女，拜貴妃，別號花蕊夫人，意花不足擬其色，
似花蕊之翩輕也。或以爲姓費氏，則誤矣。

　　　　　　　　　　　　　　（明）陶宗儀：《南村輟耕録》卷一七

孟蜀王時，花蕊夫人能詩而世不傳，王平甫於館中得七言三十餘
篇，大約似王建。詩云："廚船進食簇時新，列座無非侍從臣。日午殿
頭宣索繪，隔花催喚打魚人。"又，"月頭分給買花錢，滿殿宮娥盡十
千。遇着唱名多不語，含羞急過御床前。"

　　　　　　　　　　　　　　（宋）阮閲：《詩話總龜》卷一三

《後山詩話》：青城人費氏女，五代時，以才色入蜀宮，李後主嬖之，號花蕊夫人，效王建作《宮詞》百首。後國亡，入宋備後宮。

（明）彭大翼：《山堂肆考》卷四〇

費氏，蜀之青城人。以才色入蜀宮，後主嬖之，號花蕊夫人，效王建作《宮詞》百首。國亡，入備後宮，太祖聞之，召使陳詩，誦其國亡詩云："君王城上竪降旗，妾在深宮那得知。十四萬人齊解甲，寧無一個是男兒。"太祖悦，蓋蜀兵十四萬，而王師才數萬爾。

（宋）阮閱：《詩話總龜後集》卷四七

大家：五代南漢王劉襲才人蘇氏通經史，宮中呼爲"大家"。《九國志》

（明）陶宗儀：《説郛》卷三《實賓錄》

西堂夫人：五代楚馬希範，少愛娼妓徐降真，及嗣位，號"西堂夫人"。《十國紀年》

（明）陶宗儀：《説郛》卷三《實賓錄》

五代楚馬希範，少愛娼妓徐降真，及嗣立，號"西堂夫人"。

（明）陳耀文：《天中記》卷二〇

閩王鏻妻早卒，繼室金氏賢而不見答，有婢金鳳，姓陳，鏻嬖之，遂立爲后。

（明）彭大翼：《山堂肆考》卷二三〇

閩王延翰妻崔氏。延翰多選良家子爲妾。崔氏性妒，良家子之美者，輒幽之別室，繫以大械，刻木爲人，以手擊其頰。又以鐵錐刺之，死者八十四人。

（唐）白居易、（宋）孔傳：《白孔六帖》卷一七閩主王曦納金吾使尚保疑之女，立爲賢妃，有殊色，曦嬖之。醉中，妃所欲殺則殺之，所欲宥則宥之。

（宋）孔平仲：《續世説》卷九

太祖之自陳橋還也，太夫人杜氏、夫人王氏方設齋於定力院。聞變，王夫人懼，杜太夫人曰：“吾兒平生奇異，人皆言當極貴，何憂也。”言笑自若。太祖即位，是月，契丹、北漢兵皆自退。

（宋）司馬光：《涑水記聞》卷一

太祖皇帝在周朝，受命北討，至陳橋，爲三軍推戴。時杜太后眷屬以下，盡在定力院，有司將搜捕，主僧悉令登閣而固其扃鐍。俄而，大搜索，主僧紿云：“皆散走，不知所之矣。”甲士入寺，升梯，且發鐍，見蟲網絲布滿其上，而塵埃凝積，若累年不曾開者，乃相告曰：“是安得有人？”遂皆返去。有頃，太祖已踐祚矣。

（宋）朱弁：《曲洧舊聞》卷二

（太祖）后賀氏，父景思，右千牛衛率府率，晉開運初來歸。周顯德中，封會稽郡夫人。生燕王德昭，魏國、魯國二大長公主。顯德五年正月三日崩。建隆三年，追册爲皇后。乾德二年，謚孝惠，陪葬安陵，祔祭后廟。王氏，父饒，彰德軍節度使，周顯德五年來歸。六年賜冠帔，封琅邪郡夫人。建隆元年八月，册爲皇后。生皇子、皇女二人，皆早世。乾德元年十二月七日崩。謚孝明，陪葬安陵，祔祭后廟。太平興國二年，升祔太祖室。宋氏，父偓，左衛上將軍、邢國公。乾德六年，入宮爲皇后。太宗即位，號開寶皇后。太平興國二年，居西宮。雍熙四年，移東宮。至道元年四月二十八日崩。翰林學士宋白議：慈愛忘勞曰孝，温克令儀曰章。升祔太祖廟。

（宋）李攸：《宋朝事實》卷一

（太宗）后尹氏，父廷勛，滁州刺史。太平興國元年，追尊爲皇后，

謚淑德。太常少卿馮永錫議:言行不回曰淑,富貴好禮曰德。符氏,
父彦卿,魏王,周顯德中來歸。國初封汝南郡夫人,進楚國、越國,開
寶八年十二月十九日薨。太平興國元年,追册爲皇后,謚懿德。太常
卿張永錫議:溫柔聖善曰懿,富貴好禮曰德。陪葬安陵。升祔太廟太
宗室。李氏,父處耘,淄州刺史,開寶末,納幣。太平興國二年七月,
入宫。雍熙元年十二月十七日,立爲皇后。至道三年四月八日,尊爲
皇太后。景德元年三月十五日崩,升明德。吏部侍郎郭贄議:無幽不
察曰明,中和純備曰德。升祔太宗廟庭。李氏,父英,乾州防禦使,贈
安國軍節度使、常山郡王,開寶初來歸,封隴西縣君。太平興國初,封
隴西郡夫人。二年三月十二日崩。至道三年,追封賢妃。十二月,追
尊爲皇太后。咸平元年,謚元德。都官員外郎秘閣校理舒雅議:茂德
丕績曰元,中和淳淑曰德。大中祥符六年,去太字。子真宗。

(宋)李攸:《宋朝事實》卷一

　　章懿皇后李氏,杭州人。曾祖應已,祖延嗣,錢氏時爲婺州金華
主簿,父仁德左班殿直。

(宋)潛説友:《咸淳臨安志》卷六八

(2) 其他

　　昭宗爲梁主劫遷之後,岐鳳諸州,各蓄甲兵甚衆,恣其劫掠以自
給。成州有僻遠村墅,巨有積貨。主將遣二十餘騎夜掠之。既倉卒
至,罔敢支吾。其丈夫并囚縛之,罄搜其貨,囊而貯之。然後烹豕犬,
遣其婦女羞饌,恣其飲噉,其家嘗收莨菪子,其婦女多取之熬搗,一如
辣末。置於食味中,然後飲以濁醪。於時藥作,竟於腰下拔劍掘地
曰:"馬入地下去也。"或欲入火投淵,顚而後仆。於是婦女解去良人
執縛,徐取騎士劍,一一斷其頸而瘞之。其馬使人逐官路,棰而遣之,
罔有知者。後地土改易,方泄其事。

(宋)李昉:《太平廣記》卷一九〇《村婦》

太子少師李公諱肅，國史有傳。唐末西京留守齊王張全義貴盛，兼鎮河陽。李公自雍之梁，齊王見之，愛其俊異，以女妻之，賢懿夫人所生，王之適女也。數歲而亡。又以他姬所生之女妻之。雖非賢懿所出，以其聰敏多伎藝，王與賢懿憐惜之過於其娣，音樂女工無不臻妙，知書美容止，殆神仙中人也。性賢明有禮節，自幼至老無惰容。夫貴封清河郡夫人，治家甚嚴。大富姬僕且衆，與夫別院。李公院姬妾數十人，夫人亦數十人，潛令伺夫院中，姬妾稍失夫指，則召而撻之，擇美少者代之。每夫生日，必先畜童女曉音律者，盛飾珠翠綺綉，因捧觴祝壽，并服玩物同獻之。夫或辭以婢妾衆多，即復擇其平常者歸已院。執事稍久者嫁之。夫入朝將歸，具裙帔候之於中堂之前側，令小蒼頭探之，既接見如賓禮。夫若困倦，一見便退歸；如相見稍從容，令動樂迎引歸。夫入院備酒果時新物，多語及前代事。夫愛而憚之，未嘗敢失色於前。李公嘗將命置安邑、解縣兩池鹽利。既至，值戍卒竊發爲亂，公乘機許以正庫錢十萬貫爲賞，罪其元惡者，亂兵由是散去，戮其同惡者數十人，人心頓安。當時用事者一人素與公通家，求洛中一櫻桃園，不與，因而有隙，常欲中傷之。因是密上言曰：“李某擅自盜用官庫物以買名，欲求不次之賞。”於是乃命臺官就鞫之獄，且急垂餌虎口爾。時夫人聞之，乘步輦直詣朝門，俟執權者出，趨拜於路側。須臾，叩馬聲甚厲，且訴且泣，援引今古寵辱禍福成敗可驗者數事，哀怨悽苦，左右聞者感動，時當路者慚悔甚，即回馬入朝，非時請對，曲爲諭雪之。且言：“有妻張氏即齊王之女，詣臣馬前號訴。”時主聞之駭愕，曰：“如是賢婦人乎！”即命馳驛出之，李公由是免禍。至晉朝，北戎降王東丹王非命而死，虜已知之，李公受命護東丹喪柩歸北虜。既歸私第，憂沮不知其計，止於外廳獨坐。久之，夫人訝夫如是，命侍人請之。既入，夫人謂李公曰：“有不稱意差使乎。”夫默然泣下曰：“某已老男女。”又小涕泣哽噎，未及再言。夫人曰：“得無使絶域乎，若然不當效兒女輩啼泣也。”李公收涕曰：“今奉命北使送東丹喪，東丹朝廷密害之，北虜已知矣，某不憚遠役，念此去必不還矣。”夫人曰：“不然。爲君計者，戎虜貪利，某房内珠金等可得數十萬，盡以送行，厚賂其戎主左右及獻虜主，萬全必歸。非惟速歸，兼恐厚得回禮。”李公如其言，到蕃國賂其左右，盡其所有爲私禮者，戎虜君王果大喜，命速遣公回，賜名馬百餘匹，別賜駝馬百餘頭，衣服器皿稱是。復命不敢留，悉進之，由是遷官賜資甚厚，夫人之力也。先是趙思綰在永興時，使主赴闕。思綰主藍田，副鎮有罪，已發。李公時爲環衛兼雍耀三白渠使、雍耀莊宅使、節度副使、權軍府事，護而脫之。來謝李公，公歸宅。夫人詰之曰：“趙思綰庸賤人，公何與免其過。既來謝，又何必見之乎？”曰：“某比不言，夫人問須言之。思綰者雖賤類，審觀其狀貌，真亂臣賊子，恨位下未有朕迹，不然除去之故也。”夫人曰：“既不能除去，何妨以小惠唊之，無使銜怨。”自後，夫人密遣人令思綰之妻來參，夫人厚以衣物賜之，前後與錢物甚多。及漢朝，公以上將軍告老。歸雍未久，思綰過雍，遂閉門據雍城叛，衣冠之族遭塗炭者衆，公全家免禍。終以計勸思綰納款，遂拔雍城。周祖素知公名，與之歸闕，旋改官，致仕於洛，亦夫人之力也。且婦人之吝財與妒忌悉常態也，無妒忌疏財者皆難，況非治世。叩馬面數權貴，推陳古昔傾陷害良善，禍不旋踵報應之驗，雖大丈夫負膽氣輕生者亦憚爲之，況婦人女子者與。不獨雪夫罪而能免全家之禍，則昔之舉案齊眉如賓者何人哉，不其賢乎！與夫飾妝黛、弄眉首，蠱惑其金，夫竊魚軒之貴者，豈同日而道哉。夫人事迹可爲女訓、母儀者甚多，予聊舉其殊尤者紀之於篇，俾其令名千載之後不磨耳。

（明）陶宗儀：《説郛》卷五一《洛陽搢紳舊聞記》

　　五代王凝妻李氏。凝家青齊之間，時任虢州司户參軍。以疾卒於官，凝家素貧，一子尚幼。李氏携其子，負其遺骸以歸，東過開封，止旅舍。旅舍主人見其婦人獨携一子而疑之，不許其宿。李氏顧天已暮，不肯去，主人牽其臂而出之。李氏仰天長慟曰：“我爲婦人，不能守節，而此手爲人執邪！不可以一手并污吾身。”即引斧自斷其臂。路人見者環聚而嗟之，或爲之彈指，或爲之泣下。開封尹聞之，白其事於朝，官爲賜藥封瘡，厚恤李氏而笞其主人。嗚呼！士不自愛其身，而辱恥以愉生者，聞李氏之風，宜少知愧哉！

（唐）白居易、（宋）孔傳：《白孔六帖》卷一八

五代王凝爲虢州司户參軍，卒於官。凝家貧，一子尚幼，妻李氏攜其子歸。過開封府，逆旅主人見婦人獨携一子，疑之，不許其宿。李氏見天色已暮，不肯去，主人牽其臂而出之。李氏仰天長慟曰："我爲婦人，不能守節，而此手爲人執耶，不可以手并污吾身。"即引斧自斷其臂，見者環聚而嗟之。開封府尹聞之，白其事於朝，官賜藥封瘡，厚恤李氏，而笞其主人。

（明）彭大翼：《山堂肆考》卷九四

梁祖攻圍岐隴之年，引兵至於鳳翔。秦師李茂貞，遣戎校李繼朗統衆救之，至則大捷，生降七千餘人。及旋軍，於河池縣掠獲一少婦，甚有顏色。繼朗悦之，寢處於兵幕之下。西邁十五餘程，每欲逼之，即云："我姑嚴夫妒，請以死代之。"戎師怒，脅之以威，終莫能屈。師笑而憫之，竟不能犯。使人送還其家。

（宋）李昉：《太平廣記》卷二七一《河池婦人》

朱梁朱延年，守壽州爲楊行密所破。妻王氏聞之，乃部分家僕悉授兵器。遽闔中州之扉，而捕騎已至。遂集家屬，出私帑發百僚，合州一廨焚之。既而稽首上告曰："妾誓不以皎然之軀爲仇者所辱。"乃投火而死。

（宋）孔平仲：《續世説》卷八

宣州田頵、壽州朱延壽將舉軍以背楊行密，請杜荀鶴持箋詣淮都。俄而事泄，行密悉兵攻宛陵，延壽飛騎以赴，俱爲淮軍所殺。延壽之將行也，其室王氏勉延壽曰："願日致一介，以寧所懷。"一日，介不至，王氏曰："事可知矣。"乃部分家僮，悉授兵器，遽闔州中之扉。而捕騎已至，不得入。遂集家僮、私帛帑，發百燎，廬舍州廨焚之。既

而稽首上告曰:"妾誓不以皎然之軀,爲仇者所辱。"乃投火而死。古之烈女,無以過也。

（五代）孫光憲:《北夢瑣言》卷一六

豢龍劉氏:五代梁劉崇,徐州人。梁祖微時嘗傭力崇家,及即位,召崇,仕至商州刺史。崇之母撫梁祖有恩,號爲"國婆",徐宋之民謂崇爲"豢龍劉氏"。《舊傳》

（明）陶宗儀:《説郛》卷三《實賓錄》

劉崇,太祖微時嘗傭力崇家,及即位,召崇用之,歷殿中監、商州刺史。崇之母,撫梁祖有恩,梁氏號爲國婆。徐、宋之民謂崇家爲豢龍。劉家子鼎起家爲大理評事。

（宋）王欽若等編纂:《册府元龜》卷二一一《閏位部》

梁末龍德壬午歲,襄州都軍務鄒景溫移職於徐,亦縮都軍之務。有勁僕失其姓名自恃拳勇,獨與妻策驢以路。至宋州東芒碭澤,素多賊盜,行旅或孤,則鮮有獲免者。其日與妻偕憩於坡陂之半雙柳樹下,大咤曰:"聞此素多豪客,豈無一人與吾曹決勝負乎!"言粗畢,有五六盜自叢變薄間躍出,一夫自後雙手交抱,搏而仆之,其徒遽扼其喉,抽短刃以斷之。斯僕隨身兵刃,略無所施,蓋掩其不備也。唯妻在側,殊無惶駭,但矯而大呼曰:"快哉! 今日方雪吾之恥也。吾比良家之子,遭其俘掠,以致於此。孰謂無神明也!"賊謂誠至而不殺,與行李并二驢驅以南邁。近五六十里,至亳之北界,達孤莊南而息焉。莊之門有器甲,蓋近戍巡警之卒也。其婦遂徑入村人之中堂,盜亦謂其謀食,不疑也。乃泣拜其總首,且告其夫適遭屠戮之狀。總首聞之,潛召其徒,俱時執縛,唯一盜得逸。械送亳城,咸弃於市。其婦則返襄陽,還削爲尼,誓終焉之志。

（宋）李昉:《太平廣記》卷二七〇《鄒僕妻》

　　契丹犯闕之初,所在群盜蜂起,戎人患之。陳州有一婦人,爲賊帥,號曰"白項鴉"。年可四十許,形質粗短,髮黃體黑。來詣戎王,襲男子姓名,衣巾拜跪,皆爲男子狀。戎王召見,賜錦袍銀帶鞍馬,署爲懷化將軍。委之招輯山東諸盜,賜與甚厚。僞燕王趙延壽,召問之。婦人自云能左右馳射,被雙鞬,日可行二百里,盤矛擊劍,皆所善也。其屬數千男子,皆役服之。人問有夫否,云:"前後有夫數十人,少不如意,皆手刃之矣。"聞者無不嗟憤。旬日在都下,乘馬出入,又有一男子,亦乘馬從之,此人妖也。北戎亂中夏,婦人稱雄,皆陰盛之應。婦人後爲兗州節度使符彥卿戮之。

（宋）李昉:《太平廣記》卷三六七《白項鴉》

　　白頸鴉:五代契丹入寇之初,所在群盜蜂起,戎人患之。陳州有一婦人爲賊帥,號"白頸鴉",形質粗短、髮黃體黑。來詣戎王,稱男子姓名,衣服、跪拜皆男子,戎以爲懷化將軍,委之招輯山東諸盜。其屬數千男子,皆服役之。前後有夫數十人,少不如意,皆手刃之。僞燕王趙廷壽問之,自云能左右馳射,被雙鞬日可行三百里,盤茅擊劍皆所善也。後爲兗州節度使馬彥卿戮之。《玉堂閑話》

（明）陶宗儀:《說郛》卷三《實賓録》

　　有沈尚書失其名,常爲秦帥親吏。其妻狼戾而不謹,又妒忌,沈常如在犴牢之中。後因閑退,挈其妻孥,寄於鳳州,自往東川游索,意是與怨偶永絶矣。華洪鎮東蜀,與沈有布衣之舊,呼爲兄。既至郊迎,執手叙其契闊,待之如親兄。遂特創一第,僕馬金帛器玩,無有闕者,送姬僕十餘輩,斷不令歸北。沈亦微訴其事,無心還家。及經年,家信至,其妻已離鳳州,自至東蜀。沈聞之大懼,遂白於主人,及遣人却之。其妻致書,重設盟誓,云:"自此必改從前之性,願以偕老。"不日而至。其初至,頗亦柔和;涉旬之後,前行復作。諸姬婢僕悉鞭棰星散,良人頭面,皆拏攫破損。華洪聞之,召沈謂之曰:"欲爲兄殺之,如何?"沈不可。如是旬日後又作,沈因入衙,精神沮喪。洪知之,密遣二人提劍,牽出幃房,刃於階下,弃尸於潼江,然後報沈。沈聞之,不勝驚悸,遂至失神。其尸住急流中不去,遂使人以竹竿撥之,便隨流。來日,復在舊湍之上,如是者三。洪使繫石縋之,沈亦不逾旬,失魂而逝。得非怨偶爲仇也!悲哉!沈之宿有仇乎?

(宋)李昉:《太平廣記》卷五〇〇《沈尚書妻》

唐莊宗臨斬劉守光,守光悲泣哀祈不已,其二妻李氏、祝氏譙之曰:"事已如此,生復何益!妾請先死。"即伸頸就戮。

劉仁贍守壽春,幼子崇諫夜泛舟渡淮北,仁贍命斬之。監軍使求救於夫人,夫人曰:"妾於崇諫,非不愛也,然軍法不可私,若貸之,則劉氏爲不忠之門矣。"趣命斬之,然後成喪。

王師圍金陵,李後主以劉澄爲潤州節度使,澄開門降越。後主誅其家,澄女許嫁未適,欲活之。女曰:"叛逆之餘,義不求生。"遂就死。

此十餘人者,義風英氣,尚凛凛有生意也。雖載於史策,聊表出之。

(宋)洪邁:《容齋續筆》卷一二

後唐明宗皇帝微時,隨蕃將李存信巡邊,宿於雁門逆旅。逆旅媼方娠,帝至,媼慢不得具食。腹中兒語謂母曰:"天子至,宜速具食。"聲聞於外,媼異之,遽起親奉庖爨,敬事尤謹。帝以媼前倨後恭詰之,曰:"公貴不可言也。"問其故,具道娠子腹語事。帝曰:"老媼遜言,懼吾辱耳。"後果如其言。

(五代)孫光憲:《北夢瑣言》卷一八

《五代史·晉史》曰:鎮州節度使安重榮妻彭城郡夫人劉氏,封魯國夫人;南陽郡夫人韓氏,封陳國夫人。重榮立二嫡妻,非禮也。朝廷并命之,亦非制也。

(宋)李昉:《太平御覽》卷二〇二《夫人》

石晉李從溫,在兗州多創乘輿器服。爲宗族切戒,從溫弗聽。其妻關氏素耿介。一日,厲聲於牙門曰:"李從溫欲爲亂,擅造天子法物。"從溫驚謝,悉命焚之,家無禍敗,關氏之力也。

(宋)孔平仲:《續世説》卷八

周太祖廣順二年九月癸未,制:"敦叙九族,紀綏六親,生者錫其寵臨,没者優其追贈,哲王茂典,歷代芳規。故南陽郡韓氏,婉淑居貞,賢明垂範,奉嬪率禮,興家道於仁孝之基,諸母推恩,撫朕躬於幼冲之歲。朝露溘先而奚速,慶雲華陰以彌高,宜洽明恩,追崇大國,式是載揚之美,寧攄欲報之情,庶俾後昆,永覃清懿,噫嘻貞魄,享此儀章。可追封楚國太夫人。"太祖孩幼而孤,楚國撫視教道有恩,故有是命。

(宋)王欽若等編纂:《册府元龜》卷三八《帝王部》

藝祖從世祖征淮南,有徐氏,世以酒坊爲業。上每訪其家,必進美酒,無小大,奉事甚謹。徐氏知人望已歸,即從容屬異日計。上曰:"汝輩來,吾何以驗之?"徐氏曰:"某全家人手指節不全,不過存中節。世謂'徐雞爪'。"迨上登極,諸徐來,皆願得酒坊,許之。今西樞曾布,其母朱氏,即徐氏外甥,亦無中指節。故西樞亦然。世以其異故貴,不知其氣所傳自外氏諸徐也。

(宋)孫昇:《孫公談圃》卷上

張相諱從恩,有繼室,訪其姓氏未獲,河東人,有容色,兼多伎藝。十四五時,失身於軍校,爲側室。洎軍校替歸洛下,與之偕來,至上黨得病,因昇之而進。至北小紀地名,病且甚,湯飲不能下,自辰至酉,痢百餘度,形骸骨立,臭穢狼藉不可向。軍校厭之,遂弃之道周而去,不食者數日,行路爲之傷嗟。道傍有一土龕,可容數人,蓋樵童牧竪避風雨之處也。過客閔之衆,爲昇至于土龕中。又數日,痢漸愈。衣服悉爲暴客所褫,但以敗席亂草蔽形而已。漸行至店,日求丐飲食,夜即宿逆旅檐下。一日，有老嫗謂曰："觀爾非求乞者也，我住處非遠，可三百許步。"即携之而往。姥爲洗滌，衣以故衣，日啜粥飲蔬飯而已，不數月，平復如故。顔狀艷麗，殆神仙中人也。忽有士子過小紀，知之。求見，贈嫗彩絹五十疋，載之而去，偕往襄陽僦居。會襄帥安大王從進叛，左右殺士子，納其妻。從進敗，爲亂兵所得，送至都監張相寨，張即從恩也。張相共獲婦女凡十餘人，獨寵待士子之妻深厚。數歲，張之正室亡，遂以爲繼室，後封郡夫人。及爲主饋也，善治家，尤嚴整，動有禮法。及張加使相，進封大國夫人，壽終於洛陽第中。吁！婦人女子，何先困而後亨。險阻艱難備嘗之矣，前有失身求丐之厄，後享富貴大國之封，則古之賢人君子當未遇也。冒風塵、蒙菜色，有呼天求死而不能。一旦建功業、會雲龍，爵位通顯，恩寵稠叠。功業書之史册，令名播之不朽者，何可勝數哉。書之者有以見婦人微賤者，豈可輕易之乎。況有文武才幹，困布衣及下位者歟。

（明）陶宗儀：《説郛》卷五一《洛陽搢紳舊聞記》

　　唐末有李氏者，夫妻孤老無子，藏鏹十萬，嗇不忍用。一日，自言曰："吾夫婦辛勤，治生至此，今老矣，盍少自奉。"乃出錢市酒肉。其夕，夫妻俱見金甲神人怒顔而責之曰："此蜀王錢也，天使汝守之，奈何盜用？"至王建入成都，用度方窘，李老獻其鏹，建曰："欲復讎乎？欲得官乎？"李曰："俱無之。"乃具述所見，建大喜曰："吾王蜀矣，當令汝名傳後世。"乃命以李什名其巷，李以見其姓而什，以見其鏹也。嗚呼！李氏辛勤藏鏹，乃爲蜀王守錢，世之臭徒，區區多積，不惟嗇，不忍用，而朝夕惶惶，貪求不足，以至自執牙籌，傾身障籠，誠可鄙笑。亦若有物使之者，見此當少悟矣。

（宋）佚名：《分門古今類事》卷四

　　王蜀吴宗文，以功勛繼領名郡，少年富貴，其家姬僕樂妓十餘輩，皆其精選也。其妻妒，每怏怏不愜其志。忽一日，鼓動趨朝，已行數坊,忽報云"放朝"。遂密戒從者,潛入,遍幸之。至十數輩,遂據腹而卒。

(宋)李昉:《太平廣記》卷二七二《吳宗文》

王蜀時,杜判官妻張氏,士流之子,與杜齊休數十年,誕育一子,壽過六旬而殂歿。泊殯於家,累旬後,卜穸於外,啓墳之際,覺秘器搖動,謂其還魂,剖而視之,化作大蛇蟠蜿其中。骨肉舍散,俄頃徐,奔林莽而去。又,興元静明寺尼曰:"王三姑亦於棺中化爲大蛇。"其杜妻至晚年,不敬其夫,夫老,病視聽步履,皆不任持,凍餒而卒。人以爲化蛇其應也。

(明)曹學佺:《蜀中廣記》卷九〇

又女郎張窈窕,少年居蜀,下筆成章,當時詩人雅相推重。有《上成都從事》詩曰:"昨日賣衣裳,今朝賣衣裳。衣裳渾賣盡,羞見嫁時箱。有賣愁仍緩,無時心轉傷。故園胡虜隔,何處事蠶桑。"又悲光寺近有尼海印,才思清峻,不讓名流。有《舟夜》一章頗佳,詩曰:"水色連天色,風聲益浪聲。旅人歸思苦,魚叟夢魂驚。舉棹雲先到,移舟月逐行。旋吟詩句罷,猶見遠山横。"

(後蜀)何光遠:《鑒誡録》卷一〇

討蜀

曹彬討蜀,初克成都,有獲婦女者,彬悉於一第竅以度食,曰:"是將進御,當密衛之。"泊事寧,咸訪其親以還之,無者嫁之。

(宋)曾慥:《類説》卷四五《聖宋掇遺》

蜀有功臣忘其名,其妻妒忌,家畜妓樂甚多,居常即隔絕之。或宴飲,即使隔簾幕奏樂,某未嘗見也。其妻左右,常令老醜者侍之。某嘗獨處,更無侍者,而居第器服盛甚。後妻病甚,語其夫曰:"我死,若近婢妾,立當取之。"及屬壙,某乃召諸姬,日夜酣飲爲樂。有掌衣婢,尤屬意,即幸之。方寢息,忽有聲如霹靂,帷帳皆裂,某因驚成疾而死。

(宋)李昉:《太平廣記》卷二七二《蜀功臣》

蜀青石鎮陳洪裕妻丁氏,因妒忌,打殺婢金厄,潛於本家埋瘞,仍榜通衢云:"婢金厄逃走。"經年,遷居夾江,因夏潦飄壞舊居渠岸,見死婢容質不變。鎮將具狀報州,追勘款伏。其婢尸一夕壞爛,遂置丁氏於法。

(宋)李昉:《太平廣記》卷一三〇《金厄》

成都妓單氏《贈陳希夷》詩云:"帝王師不得,日月老應難。"名士多稱之。

(宋)阮閱:《詩話總龜》卷一二

僕七歲時,見眉州老尼,姓宋,忘其名。年九十餘,自言嘗隨其師入蜀主孟昶宮中,一日,大熱,蜀主與花蕊夫人夜起,避暑摩訶池上,作一詞,宋具能記之。今四十年來,已死矣,人無知此詞者,獨記其首兩句云:"冰肌玉骨自清涼,無汗暇日尋味。"豈《洞仙歌令》乎,乃爲足之云。苕溪漁隱曰:"《漫叟詩話》所載《本事曲》云:'錢塘一老尼,能誦後主詩,首章兩句,與東坡洞仙歌序,全然不同,當以序爲正也。'"

(宋)阮閱:《詩話總龜後集》卷四七

女易男飾後返初服者,南齊時有東陽婁逞,五代時有臨卭黃崇嘏。

(明)黃瑜:《雙槐歲鈔》卷一〇

五代西蜀女子黃崇嘏。亦詐爲男入仕宦。

(清)趙翼:《陔餘叢考》卷四二

五代女子黃崇嘏，易男服，作司户參軍，治事明敏，胥吏畏服，惟與老姆同居。

（清）褚人獲：《堅瓠集》餘集卷四

宇文氏，僞蜀之富家也。媾居國之東門，嘗聞寢室上有人行，命僕子升屋視之，獲得野狸三頭并狸母。宇文氏殺狸母而存其子焉。未期歲，宇文氏適護戎王承丕，丕殺判官郭延鈞一家，宇文氏并前夫一男二女，下獄定罪，赦男女，斬宇文氏。吁！得非殺狸母之所報也。

（明）曹學佺：《蜀中廣記》卷九〇

秦騎將石某者，甚有戰功。其妻悍且妒，石常患之。後其妻獨處，乃夜遣人刺之。妻手接其刃，號救叫喊。婢妾共擊賊，遂折鐔而去，竟不能害，婦十指皆傷。後數年，秦亡入蜀，蜀遣石將兵，屯於褒梁，復於軍中募俠士，就家刺之。褒蜀相去數千里，俠士於是挾刃，懷家書，至其門曰：“褒中信至，令面見夫人。”夫人喜出見，俠拜而授其書，捧接之際，揮刃斫之。妻有一女躍出，舉手接刃，相持久之，竟不能害。外人聞而救之，女十指并傷。後十年，蜀亡，歸秦邦，竟與其夫偕老，死於牖下。

（宋）李昉：《太平廣記》卷二七二《秦騎將》

衡陽周令，失其名，蜀川人。喪妻再娶，亦蜀川人。後妻携三女俱長矣，周撫之如己女。後妻凶妒，周舊畜數婢，内二人妊娠，後妻加以他事鞭撻之，無虛日。二婢各爲懷妊，常以背或臂腿受其梃，妻多方用杖，觸其腹，欲其不全，二婢竟以鞭棰墮胎而死。時予任衡州通倅，間常不平之。及予罷歸，周氏之家久無所聞。後有士人與周舊，話及之。周之後妻既殺二婢，其後三女相次適人，因權寓衡陽。不四五年，其三女俱臨産而死。每一女死，妻必飯僧悔過，爲先鞭撻墮胎死者二婢看經，自禮梁武懺。三女俱以産死，未死間必旬日號呼痛楚,宛轉而後終。妻涕泣憂惱而得疾,女亡後歲餘,亦死。吁!書所謂天網恢恢,疏而不漏。佛經報應,何昭昭之若是乎。俾妒悍不令之婦,聞之增懼,亦勸誡之道也,有益於世教云。

(明)陶宗儀:《説郛》卷五一《洛陽搢紳舊聞記》

甲午歲五月,天兵克益郡。至八月,賊支進猶據嘉州,宿崇儀翰領兵討之。軍次洪雅,有卒掠獲一夷人婦,頗有姿色,置於兵幕之下,每欲逼之。云自有伉儷,則交臂疊膝,俯地而坐。軍人怒,許其斷頸剖心,終而不能屈,堅肆強暴,拒之轉甚,三日不飲食,以死繼之,竟不能犯以非禮。主帥聞而憫之,使送還本家。嗟乎!雖蠻夷而能堅貞,強暴者不能侵侮之,華夏無廉潔者,得無愧乎?

(宋)黃休復:《茅亭客話》卷六

杜業妻悍妒

兵部尚書杜業任樞密,有權變,足機會,兵賦民籍指之掌中。其妻張氏,妒悍尤急,室絶婢妾,業憚之如事嚴親。烈祖嘗命元皇后召張至内庭,誡之曰:"業位已望通顯,得置妾媵,何拘忌如此,豈婦道所宜耶?"張垂涕而言曰:"業本狂生,遭逢始運,多壘之初,陛下所借者,駑馬未竭耳。而又早衰多病,縱之恐貽患,將誤任使耳。"烈祖聞之,大加獎嘆,以銀盆、彩段賞之。

又陳覺微時爲宋齊丘之客,及爲兵部侍郎也,其妻李氏妒悍,親執庖爨,不置妾媵。齊丘選面首之婢三人與之,李亦無難色,奉侍三婢若舅姑禮。人問其故,李曰:"此令公寵倖之人,見之若面令公,何敢倨慢。"三婢既不自安,求還,宋笑而許之。

(明)陶宗儀:《説郛》卷二〇《南唐近事》

妻妒悍

杜業任福密山,妻張氏妒悍,室無婢妾。烈祖命元皇后召張至内中,戒曰:"業位望通顯,得置妾媵,何忌如此,豈婦道所宜耶?"張曰:

"業本狂生,遭遇始運,陛下所藉者,駑力未竭耳。早衰多病,縱之必誤任使。"烈祖大加獎嘆。

（宋）曾慥:《類説》卷二一《南唐近事》

出妓解帶較勝一擲

嚴續相公歌姬,唐鎬給事通犀帶,皆一代尤物。唐有慕姬之色,嚴有欲帶之心,因有呼盧之會出妓解帶較勝於一擲,舉坐屏氣,六骰數巡,唐彩大勝。唐乃酌酒,命美人歌一曲以別,相公悵然遣之。

（宋）曾慥:《類説》卷二一《南唐近事》

仲時光者,樂部中之官妓也。有寵於永陵,生衛王景逷。烈祖矜嚴峻整,有難犯之色。常作怒數聲,金鋪振動,種夫人左手擎飯,右手捧匙,安詳而進之,雷電爲少霽,後封越國太妃。

（明）陶宗儀:《説郛》卷五八《江表志》

大平縣聶氏女方十三歲,隨母采薪。母爲暴虎搏去,蹲之將食。女持刀自後跳上虎背,用手交抱,連割其頸。奮擲不脱,遂自困死。女捨,歸告鄉人,共收母尸。

（明）陶宗儀:《説郛》卷五八《江表志》

越中有胡氏,性妒忌婢妾,將熨鬥烙其面,皮焦爛猶未快意。及其病,遍身瘡痍,兼當三伏中卧,欲展轉,肌膚旋粘床席,體血臭穢,骨頭露方卒。

（明）陶宗儀:《説郛》卷二〇《葆光録》

南中有大帥,世襲爵位,然頗恣橫。有善歌者,與其夫自北而至,頗有容色。帥聞而召之。每入,輒與其夫偕至,更唱迭和,曲有餘態。帥欲私之,婦拒而不許。帥密遣人害其夫而置婦於別室,多其珠翠,以悦其意。逾年往詣之,婦亦欣然接待,情甚婉變。及就榻,婦忽出白刃於袖中，擒帥而欲刺之。帥掣肘而逸，婦逐之。適有二奴居前闔其扉，由是獲免。旋遣人執之，已自斷其頸矣。

（宋）李昉：《太平廣記》卷二七〇《歌者婦》

江淮間，有徐月英者，名娟也，其送人詩云："惆悵人間萬事違，兩人同去一人歸。生憎平望亭中水。忍照鴛鴦相背飛。"又云："枕前泪與階前雨，隔個窗兒滴到明。"亦有詩集。金陵徐氏諸公子，寵一營妓，卒乃焚之，月英送葬，謂徐公曰："此娘平生風流，没亦帶焰。"時號美戲也。

（宋）李昉：《太平廣記》卷二七三《徐月英》

江南李氏樂人王感化，建州人，隸光山樂籍。建州平，入金陵教坊。少聰敏，未曾執卷而多識，善爲詞，口諧捷急，滑稽無窮。時本鄉節帥更代餞別，感化前獻詩曰："旌斾赴天臺。溪山曉色開。萬家悲更喜。迎佛送如來。"至金陵宴，苑中有白野鵲，李璟令賦詩，應聲曰："碧岩深洞恣游遨，天與蘆花作羽毛。要識此來栖宿處，上林瓊樹一枝高。"又題怪石九八句，皆用故事，但記其一聯云："草中誤認將軍虎，山上曾爲道士羊。"

（宋）楊億：《楊文公談苑》

韓香，南徐娟也，色藝冠一時，與大將葉氏子交，閉門謝客，將終身焉。葉父怒，投牒有司，集官軍於射圃，中者妻之。一老卒中，香欣然同歸，謂曰："夫婦有禮爾，買羊沽酒，召親故以成禮。"賓至，酒三行，香出所賣金帛，高下獻之。入更衣，久不出，自刎矣。嗚呼！白刃可蹈也，不爲非義屈。歐陽公作《雜傳》録遍事五代之臣，香雖不入《雜傳》，節亦可尚矣。

（明）陳耀文：《天中記》卷二〇

《道山新聞》云："李後主宮嬪窅娘，纖麗善舞。後主作金蓮，高六尺,飾以寶物,組帶纓絡,蓮中作五色瑞雲,令窅娘以帛繞脚,令纖小屈上作新月狀,素襪,舞雲中麴,有凌雲之態。"唐鎬詩曰:"蓮中花更好,雲裏月長新。"是後人皆效之,以弓纖爲妙,蓋亦有所自也。又有《金蓮步》詩云:"金陵佳麗不虛傳,浦浦荷花水上仙。未會與民同樂意,却於宮裏看金蓮。"

(宋)周密:《浩然齋雅談》卷中

《道山新聞》:李後主宮嬪窅娘,纖麗善舞。後主作金蓮,高六尺,飾以寶物,令窅娘以帛纏足,纖小屈上,如新月狀,着素襪,舞金蓮之上。體勢回旋,有凌雲之態。唐鎬詩曰:"蓮中花更好,雲裏月常新。"因窅娘作也。由是後人效之,婦人之足以弓小爲好。以此知婦人纏足,自五代以來乃爲之。

(明)彭大翼:《山堂肆考》卷四〇

張邦基《墨莊漫録》云:"婦人之纏足,起於近世,前世書傳,皆無所自。"《南史》:齊東昏侯爲潘貴妃鑿金爲蓮花以帖地,令妃行其上,曰:"此步步生蓮花。"然亦不言其弓小也。如《古樂府》《玉臺新咏》,皆六朝詞人纖豔之言,類多體狀美人容色之姝麗,及言妝飾之華,眉目脣口腰肢手指之類,無一言稱纏足者。如唐之杜牧之、李白、李商隱之輩,作詩多言閨幃之事,亦無及之者。韓偓《香奩集》有咏屧子詩云:"六寸膚圓光致致。"唐尺短,以今校之,亦自小也,而不言其弓。惟《道山新聞》云:"李後主宮嬪窅娘,纖麗善舞,後主作金蓮,高六尺,飾以寶物細帶纓絡,蓮中作品色瑞蓮,令窅娘以帛繞脚,令纖小,屈上作新月狀,素襪舞雲中,回旋有凌雲之態。"唐鎬詩曰:"蓮中花更好,雲裏月長新。"

(明)陶宗儀:《南村輟耕録》卷一〇

湖南馬希範,以廖匡戰死。遣吊,其母不哭,謂使者曰:"廖氏三百口受王溫飽之賜,舉族效死未足以報,況一子乎願王無以爲念。"王以母爲賢，厚恤之。

（宋）孔平仲：《續世説》卷八

初，南漢人取昭州，僞政酷暴，民不聊生。周渭率鄉人六百逾嶺，避地零陵。未至，賊起，斷道絶糧，復還恭城，則廬舍煨燼，遂奔道州，又爲賊所襲，渭倉皇北走，不暇與其妻莫荃訣。二子年幼，留荃所。荃少，父母欲嫁之，荃涕泣誓志曰：“渭非久困者，今違難遠適，必能自奮。”乃親績碓舂，以給朝夕，二子皆畢婚嫁，凡二十六年。於是，渭爲廣南諸州轉運副使，使人訪求得之。渭時已改娶，欲復迎荃，荃曰：“君既有室，我不可復往，且吾與婦孫居此久矣，不宜舍去。”時人嘉嘆，爲著《莫節婦傳》，渭亦具奏，詔特爵命之，并其二子皆賜以官。南漢取昭州，乃周廣運元年。

（宋）李燾：《續資治通鑑長編》卷一八，太宗太平興國二年（977）

《八閩志》：莘七娘，五代人，從夫征討，夫没於明溪鄉，七娘即居明溪。死後合葬於驛左。一夕，客假館驛，中夜聞吟詩甚悲。達旦，客語鄰，并書其詞壁間，鄉人構室墓前祀之，禱祀響應。寇至鄉，人懇禱，即殄渠魁。

（清）褚人獲：《堅瓠集》三集卷四

章郇公高祖母練氏，其夫均，爲王審知偏將，領軍守西巖。一日，盜至，不能敵，遣二親校請兵於審知，後期不至，將斬之。練氏爲請不得，即密取奩中金遣二校，急使逃去，二校奔南唐。會王氏國亂，李景即遣兵攻福州，時均已卒矣。二校聞練氏在，亟遣人賫金帛招之使出，曰：“吾翌日且屠此城，若不出，即并及矣。”練氏返金帛不納，曰：“爲我謝將軍，誠不忘前日之意，幸退兵，使吾城降，吾與此城人可俱全；不然，願與皆屠，不忍獨生也。”再三請不已。二將感其言，遂許城降。均十五子，五爲練氏出，郇公與申公皆其後也。

（宋）葉夢得：《石林燕語》卷一〇

6. 庶民

滕唐,户部侍郎潔之子也。廣明喪亂,客於北諸侯,爲定州節度使王處存所辟,去載領貢獻至闕。未幾,其師稱兵,遂縶之。至是,帝念賓介之來,又已出境,特命縱而歸焉。

(宋)王欽若等編纂:《册府元龜》卷二〇九《閏位部》

唐昭宗劫遷,百官蕩析,名娼伎兒,皆爲强諸侯有之。供奉彈琵琶樂工號"關别駕",小紅者,小名也。梁太祖求之,既至,謂曰:"爾解彈《羊不采桑》乎?"關伶俛而奏之。及出,又爲親近者俾其彈而送酒。由是失意,不久而殂。

復有琵琶石潨者,號"石司馬"。自言早爲相國令狐公見賞,俾與諸子涣、渢連水邊作名也。亂後入蜀,不隸樂籍。多游諸大官家,皆以賓客待之。一日,會軍校數員飲酒作歡,石潨以胡琴擅場,在坐非知音者,誼謹語笑,殊不傾聽。潨乃撲槽而訴曰:"某曾爲中朝宰相供奉,今日與健兒彈而不蒙我聽,何其苦哉!"於時識者亦嘆訝之。喪亂以來,冠履顛倒,不幸之事,何可勝道,豈獨賤伶云乎哉!

(五代)孫光憲:《北夢瑣言》卷六

梁龍德年,有貧衣冠張咸光,游丐無度。於梁宋之間,復有劉月明者,與咸光相類。常懷匕箸,每游貴門,即遭虐戲。方飧則奪其匕箸,則袖中出而用之。梁駙馬温積諫議,權判開封府事。咸光忽遍詣豪門告别,問其所詣,則曰:"往投温諫議也。"問有何紹介而往,答曰:"頃年大承記録,此行必厚遇也。大諫嘗制《碣山潛龍宫上梁文》云:'饅頭似碗,胡餅如篩。暢殺劉月明主簿,喜殺張咸光秀才。'以此知必承顧盼。"聞者絶倒。

(宋)李昉:《太平廣記》卷二六二《張咸光》

梁王去奢,趙州軍人,有疾漸篤。其子三人纘、繼、繹,各争行己肉以供其父。纘割左乳左股，繼割右股，繹割左右股。去奢食之，病遂驟愈。太祖嘉其孝行，令本道給醫藥，賜以谷帛。

（宋）王欽若等編纂：《册府元龜》卷七五七《總錄部》

劉唐，鄴都妖人。莊宗同光三年八月，鄴都張憲奏，唐爲河漲上龍興寺幡竿，請捨身。時鄴都御河溢岸，高四尺，傾都功役。夾河爲堤，以防水注。激灩將溢，人心危恐。初有書生陳襄水法，請於上流爲紙屋、人物、馬牛五萬，投於河流，殺牲以祀。府尹訊之此法何從出，對曰："出子新意。"命答之。既而妖人復登幡竿，聚衆數千，云："予若不以軀命救衆生，今夜其爲魚乎？"居民咸恐駭悲涕。軍虞候孫岳聞之，令人圍佛竿，謂之曰："爾必能捨身救人，即投於竿下。"妖人既見衆散徘徊，祈哀命下之。鞭背，投於河流。翌日，水減三尺。

（宋）王欽若等編纂：《册府元龜》卷九二二《總錄部》

楊千郎，魏州賤民。自言傳墨子術於婦翁，能役使陰物帽下，召食物果實之類。又蒲必勝人，有掌握之物，以法必取。又說鍊丹乾汞，易人形，破肩鑷。或云可驗。初在鄴都，貴要間皆神奇之，白於莊宗，甚蒙待遇。官至檢校尚書郎，賜紫。其妻出入宮掖，頗承恩寵。人士有憑之而仕官者，及在洛陽輕薄少年，累與之游。皇弟存乂、存渥、元行欽嘗朋淫於家。同光四年，存乂伏誅，千郎亦被其禍。

（宋）王欽若等編纂：《册府元龜》卷九二二《總錄部》

韓德，潞州屯留人，同光中母死，割乳以祭，廬於墓側。

（宋）王欽若等編纂：《册府元龜》卷七五六《總錄部》

後唐韓德，潞州屯留人。兄弟累世同居，母死，割乳以祭。廬於墓側，累年種瓜，合歡同蒂。詔旌表之。史無官

（宋）王欽若等編纂：《册府元龜》卷七五七《總錄部》

楚彥安，宋州人，同光中遷葬父母，廬於墓隧。

（宋）王欽若等編纂：《冊府元龜》卷七五六《總錄部》

景贇，東川普安縣人。守墳有芝草生，明宗天成二年十一月本道上言。史無官

（宋）王欽若等編纂：《冊府元龜》卷七五七《總錄部》

後唐陳延嗣，魏人也。末帝清泰二年，知鄴都留守劉延晧言汴州部送殺人賊陳延嗣至，推劾伏罪，與妹夫李漢唐及妹妻並弃市。初，延嗣自稱父任石州刺史，僞稱長史司馬，與漢唐俱鮮潔車服，以飲博爲務。所至州府，視有資裝可圖者，與之交游，漸誘至居第，陰斃之。去年冬，僦居於魏州，有月傭同其事。偶一日，繼殺二人，不時而死。延嗣狼狽，懼聲聞於外，使月傭往諸處，延嗣乃移家於汴。所使張進者，使酒訴舍主，遽言延嗣殺人。無幾舍主懼，白坊正，執訊，乃稱今年四月事，陳延嗣同三人取其資財。所司掘尸於其室，獲尸數十。往汴捕獲延嗣、漢唐，言自居魏州，所殺四十餘人，并與妻妹、漢唐同謀害之。又於石州捕延嗣母，母至，叱延嗣曰：“爾父殺數百人，死於牖下。不肖子所殺才過百人而累家。”唾面詬之。

（宋）王欽若等編纂：《冊府元龜》卷九四一《總錄部》

紀生者，爲右丞史圭食客。圭長興中出爲貝州刺史，罷免歸常山。會清泰末，常山有秘瓊之亂，史圭家財一夕盡焉。生白刃中負圭以行，獲免其害。

（宋）王欽若等編纂：《冊府元龜》卷八〇四《總錄部》

李自綸，鎮州下博人。天福二年，本州奏自綸五世義居。

（宋）王欽若等編纂：《冊府元龜》卷八〇四《總錄部》

石晉袁正辭善治生，雖承父舊基，亦自能營構，故家益富。嘗於

積鏹之室有吼聲聞於外，人勸其散施以禳災。正辭曰："此必喝其同輩，宜更增之。"其庸暗多此類也。

（宋）孔平仲：《續世説》卷一一

石晉陳保，性極鄙吝，所得利禄，未嘗奉身，但蔬食而已。每與人奕棋，敗則手亂其局，蓋懼所賭金錢不欲償也。及卒，室無妻兒，唯貯白金十錠，爲它人所有。

（宋）孔平仲：《續世説》卷一一

晉張籛，家雖厚積，性實鄙吝，未嘗與士大夫游處。及令市馬，利在私門，不省咎以輸其直，鬱鬱將至死，愚之甚邪。

（宋）王欽若等編纂：《册府元龜》卷九三六《總録部》

皇建僧舍旁有糕坊，主人由此入貲爲員外官，蓋顯德中也。都人呼花糕員外。因取糕目録箋之。

滿天星金米糝拌夾棗豆金糕糜員外糝外有花花截肚内有花

大小虹橋暈子木密金毛麨棗獅子也

（宋）陶穀：《清異録》卷下

侯贊者，密州民也。顯德三年十二月，稱草澤臣冒闕獻策，詞理甚鄙，且兼乞召對。帝因問之，語多不遜，復有自薦之意。帝怒，令引出杖脊配役。

（宋）王欽若等編纂：《册府元龜》卷九三六《總録部》

于釗，元城人也，以强勇稱於河朔間。

（宋）王欽若等編纂：《册府元龜》卷八四七《總録部》

張建立，滄州乾符人，割股以治母病，母卒，割心瀝血祭，辮髮跣足,廬於墓所三十年。

（宋）王欽若等編纂:《册府元龜》卷七五六《總録部》

朱殼,許州人,天福初,父死,廬於墓次。

（宋）王欽若等編纂:《册府元龜》卷七五六《總録部》

王會,濮州人,居父母喪,相次廬墓。

（宋）王欽若等編纂:《册府元龜》卷七五六《總録部》

李澤,濮州人,刻木爲父,割股乳奠祭,廬墓持服。

（宋）王欽若等編纂:《册府元龜》卷七五六《總録部》

張福,曹州冤句人,居親喪,廬於墓次。

（宋）王欽若等編纂:《册府元龜》卷七五六《總録部》

史仁詡,陳州項城人,爲母守墳三年。父贇終,復結廬持服。

（宋）王欽若等編纂:《册府元龜》卷七五六《總録部》

常貞,陳州項城人。葬父母後,廬於墓側,披髮跣足一十三年。

（宋）王欽若等編纂:《册府元龜》卷七五六《總録部》

宗修己,濟州金鄉人。父母亡,葬送後,辮髮跣足,一夕截指祭奠,廬於墓所,立碣書佛經。

（宋）王欽若等編纂:《册府元龜》卷七五六《總録部》

南漢貴當趙純節,性惟喜芭蕉,凡軒窗館宇咸種之,時稱純節爲蕉迷。

（宋）陶穀:《清異録》卷上

趙玉，幽薊人，滄帥劉守文以其弟守光囚父於幽州，乃舉兵以伐之，尋爲守光所敗。滄之吏民共立守文之子延祚爲帥，以節度判官吕袞爲謀主，以拒守光。及守光攻陷滄州，袞被擒，族之。袞子琦時年十五，爲吏追攝，將就戮焉。玉久游於袞之門下，見琦臨危，乃紿謂監者曰："此子某之同氣也，幸無濫焉。"監者信之，即列之俱去。行未數舍，琦困於徒步，以足病告。玉負之而行逾數百里，因變姓名，乞食於路，乃免其禍。

（宋）王欽若等編纂：《册府元龜》卷八〇四《總録部》

曹顒，鎮州元氏縣人。七世義居，鄉黨稱其和義。

（宋）王欽若等編纂：《册府元龜》卷八〇四《總録部》

麴温，潁州汝陰縣人。六世同居，親屬一百六十口，和孝稱於鄉里。

（宋）王欽若等編纂：《册府元龜》卷八〇四《總録部》

李罕通，冀州阜縣人，五世義居。

（宋）王欽若等編纂：《册府元龜》卷八〇四《總録部》

曹敏，蔡州汝陽縣荆河鄉蘇村人，數世義居，鄉人耿温等五十五人論奏，請加旌表。敕旨荆河鄉宜改爲孝義鄉，費鄭里改爲仁和里。

（宋）王欽若等編纂：《册府元龜》卷一四〇《帝王部》

李應之，定州人。節度使王處直信應之，閲白丁於管内，別置新軍，起第於博陵坊。面開一門，動皆鬼道。處直信重日隆，將校相慮，變在朝夕，言即先罹其禍。會燕師假道伏甲於外城，以備不虞。昧旦入郭，諸校因引軍以圍其第，應之死於亂兵。咸云不見其尸。

（宋）王欽若等編纂：《册府元龜》卷九二二《總録部》

張德温，陝州百姓也。德温詐稱官，付河南府處死。

（宋）王欽若等編纂：《册府元龜》卷九二四《總録部》

張景陽,同州郃陽州民也。景陽詣闕,訟節度薛懷讓不公。

(宋)王欽若等編纂:《冊府元龜》卷九三四《總録部》

隴右水門村有店人曰劉鑰匙者,不記其名,以舉債爲家,業累千金,能於規求,善聚難得之貨,取民間資財,如秉鑰匙,開人箱篋帑藏,盜其珠珍不異也,故有"鑰匙"之號。鄰家有殷富者,爲鑰匙所餌,放債與之,積年不問。忽一日,執券而算之,即倍數極廣。既償之未畢,即以年繫利,略無期限,遂至資財物產,俱歸"鑰匙",負債者怨之不已。後"鑰匙"死,彼家生一犢,有"鑰匙"姓名,在臁肋之間,如毫墨書出,乃爲債家鞭棰使役,無完膚。"鑰匙"妻男廣,以重貨購贖之,置於堂室之內,事之如生。及斃,則棺斂葬之於野,蓋與劉自然之事仿佛矣。此則報應之道,其不誣矣。

(宋)李昉:《太平廣記》卷一三四《劉鑰匙》

武一谷

武行德以采樵爲業,而甚有力,自謂一谷之薪可以盡負,鄉里號"武一谷"。

(宋)曾慥:《類説》卷二六《五代史補》

蜀孟熙,販果實養父母。承顏順旨,温清定省,出告反面,不憚苦辛。父常云:"我雖貧,養得一曾參。"及父亡,絶漿哀號,幾至滅性。布苫於地,寢處其上,三年不食鹽酪。遠近嘆服。因見鼠掘地,得黃金數千兩,自此巨富焉。

(宋)李昉:《太平廣記》卷一六二《孟熙》

丁丑歲,蜀師戍於固鎮。有巨師曰費鐵嘴者,本於綠林部下將卒。其人也,多使人行劫而納其貨。一日,遣都將領人攻河池縣。有王宰者失其名少壯而勇,只與僕隸十數輩止於公署。群盜夜至,宰啟扉而俟之,格鬥數刻,宰中鏃甚困,賊將逾其閾。小僕持短槍,靠扉而立,連中三四魁首,皆應刃而仆,腸胃在地焉。群盜於是昇尸而遁。

他日，鐵嘴又劫村莊，才合夜，群盜至村。或排闥而入者，或四面壞壁而入，民家燈火尚熒煌。丈夫悉遁去，唯一婦人以杓揮釜湯潑之，一二十輩無措手，爲害者皆狼狽而奔散。婦人但秉杓據釜，略無所損護。旬月後，鐵嘴部内數人，有面如瘡癩者，費終身恥之。

　　　　　　　　（宋）李昉：《太平廣記》卷一九二《王宰》

　　蜀金雁橋，有韓立善者，作釣鈎，積有年矣。因食魚，鯁喉成瘡，頷脱而死。

　　　　　　　　（宋）李昉：《太平廣記》卷一三三《韓立善》

　　蜀郭景章，豪民也。因醉，以酒注子打貧民趙安，注子嘴入腦而死。安有男，景章厚與金帛，隨隱其事，人莫知之。後景章腦上忽生瘡，可深三四分，見骨，膿血不絶，或時睹趙安，瘡透喉，遂死。

　　　　　　　　（宋）李昉：《太平廣記》卷一二四《趙安》

　　宇文氏，僞蜀之富家也，孀居國之東門，嘗聞寢室上有人行，命僕隷升屋視之，獲得野狸三頭并狸母，宇文氏殺狸母而存其子焉。未期歲，宇文氏適護戎王承丕。丕殺判官郭延鈞一家，宇文氏并前夫一男二女，下獄定罪，赦男女，斬宇文氏。吁，得非殺狸母之所報也。

　　　　　　　　（宋）李昉：《太平廣記》卷一三三《宇文氏》

　　蜀錦浦坊民李貞家，養狗名黑兒，貞因醉，持斧擊殺之。李貞臨老，與鄰舍惡少白昌祚爭競，昌祚承醉，以斧擊貞死焉。時昌祚年十九歲，與殺狗年正同，昌祚小字黑兒。冤報顯然，不差絲髮。

　　　　　　　　（宋）李昉：《太平廣記》卷一三三《李貞》

　　蜀民李紹好食犬，前後殺犬數百千頭。嘗得一黑犬，紹憐之，蓄養頗厚。紹因醉夜歸，犬迎門號吠，紹怒，取斧擊犬。有兒子自内走出，斧正中其首，立死。一家惶駭，且捕犬，犬走，不知所之。紹後得病,作狗嘷而死。

(宋)李昉:《太平廣記》卷一三三《李紹》

偽蜀建武四五年間,有百姓譙本者,兜率人也。不孝不義,鄰里
衆皆惡之。少無父,常毀罵母,母每含忍。一旦,歸自晚,其母倚門而
迎。本遙見,便罵。母曰:"我只有汝一人,憂汝歸夜,汝反罵我也。"
遂撫膺大哭,且嘆且怨。本在城巷住,此時便出門,近城沿路上坐。
忽大叫一聲,脱其衣,變爲一赤虎,直上城去。至來日,猶在城上。蜀
主命趙庭隱射之,一發正中其口,衆分而食之。蜀主初霸一方,天雨
毛,人變虎,地震者耳。

(宋)李昉:《太平廣記》卷四三〇《譙本》

偽蜀拔山軍卒李夢旗經敵擒歸岐陽,老母悲泣,因瞽雙目。夢旗
在岐陽,虔祈切至,願見慈母,三載方還。夢旗刺股血點母眼,即時如
故。乃知孝道感通,其昭然耳。

(宋)李昉:《太平廣記》卷一六二《李夢旗》

偽蜀廣都縣百姓陳弘泰者,家富於財,嘗有人假貸錢一萬,弘泰
徵之甚急,人曰:"請無慮,吾先養蝦蟆萬餘頭,貨之,足以奉償。"泰聞
之惻然,已其債,仍別與錢十千,令悉放蝦蟆於江中。經月餘,泰因夜
歸,馬驚不進,前有物光明,視之,乃金蝦蟆也。

(宋)李昉:《太平廣記》卷一一八《陳弘泰》

偽蜀廣都縣百姓陳宏泰者,家富於財。嘗有假貨錢一萬,宏泰徵
之甚急,人曰:"請無慮,吾先養蝦蟆萬餘頭,貸之足奉償。"泰聞之惻
然,已其債,仍別與錢十千,令悉放蝦蟆於江中。經月餘,泰因夜歸,
馬驚不進,前有物光明,視之乃金蝦蟆也。

(明)曹學佺:《蜀中廣記》卷九〇

偽蜀渠陽鄰山有富民王行魁，嘗養一馬，甚愛之，芻粟餵飼倍於他馬。一日，因乘往本郡，遇夏潦暴漲，舟子先渡馬，回舟以迎王氏。至中流風起船覆，其馬自岸奔入駭浪，接其主蒼茫之間，遂免沈溺。

（明）曹學佺：《蜀中廣記》卷九〇

冷語冰人

潘柱迎，孟蜀時以財結權要，或戒之，乃曰："非是求願，不欲以冷語冰人耳。"

（宋）曾慥：《類說》卷二七《外史檮杌》

孟蜀時，軍校張敵得一古鏡，模闊尺餘，光照室寢處，不施燈燭。將求磨滌之，有貧士見而嘆，禮曰："久知寶在蜀中，一見足矣。然此鏡不久當亦歸耳。"敵益珍藏，自得鏡無疾病。

（明）陳耀文：《天中記》卷四九

大器不可力致

陳度兩策科名皆非正榜，嘗曰："吾必使子孫雪之耳。"及其子九思舉進士，亦以老榜。君子曰："大器不可以力致，盛名不可以強取。"

（宋）曾慥：《類說》卷一八《江南野錄》

廖黯子

江南李氏，凡人欲見，先畫像觀其妍醜。廖克順面青，江南謂之廖黯子，由是惡之，不可入見。

（宋）曾慥：《類說》卷一九《見聞錄》

譏嘲

李堯，廣陵布衣，常以喉舌捭闔為己任。宋齊丘罷鎮江西，堯裹足來謁，齊丘問："客素習何業。"堯曰："修相業。於今十年矣。"宋曰："君修相福乎？"堯不能答。他日復求見，宋屬子卒左右不復通知，乃題一絕而去，詞曰："中興唐祚滅强胡，總是先生設遠謨。今日喪雛猶解哭，讓皇宮眷合何如。"

（明）陶宗儀：《説郛》卷二〇《南唐近事》

廬山賣油者，養其母甚孝謹，爲暴雷震死。其母自以無罪，日號泣於九天使者之祠，願知其故。一夕，夢朱衣人告曰："汝子恒以魚膏雜油中，以圖厚利。且廟中齋醮，恒用此油。腥氣薰蒸，靈仙不降，震死宜矣。"母知其事，遂止。

（宋）李昉：《太平廣記》卷三九五《廬山賣油者》

李禪，楚州刺史承嗣少子也，居廣陵宣平里大第。畫日寢庭前，忽有白蝙蝠，繞庭而飛。家僮輩竟以帚帚撲，皆不能中，久之，飛去院門，撲之亦不中。又飛出門，至外門之外，遂不見。其年，禪妻卒，輀車出入之路，即白蝙蝠飛翔之所也。

（宋）李昉：《太平廣記》卷四七九《李禪》

虔州妖賊張遇賢，循州縣小吏也。縣村有神降於民，與人交語，不見其形，言禍福輒中，民競依之。遇賢因置香果於神，神謂衆曰："張遇賢是第十八尊羅漢，可留事我。"遇賢親聞之，遂留其家，奉事甚謹。既而群盜大起，無所統一，乃禱於神，求當爲主者，曰："張遇賢當爲汝主。"衆因推爲中天八國王，改年爲長樂，辟置百官。神曰："汝輩可度嶺取虔。"群賊奉遇賢襲南康，虔州節度使賈浩始甚輕之，殊不設備，賊衆蟻聚，遂至十萬。遇賢自擇岩際，據白雲洞造宮室。群劫四出，攻掠無度。李主璟遣都虞候嚴思討之，邊鎬監軍，璟諭鎬曰："蜂蟻空恃妖幻，中無英雄，至則可擒。"果至，連敗其衆。遇賢日窘，告神，神曰："吾力謝福衰，庇汝不及，善自爲處。"遂執之，斬於建康市。

（宋）文瑩：《玉壺清話》卷一〇

五代南唐虔州妖賊張遇賢作亂，皆絳衣，時謂之"赤軍子"。嗣主璟遣將討平之。

（宋）馬永易：《實賓録》卷一三

不幸生三子

張雲性多大言，常曰：“吾不幸生三子，一學孫吳用兵，一學韓愈爲小文，一學杜甫吟小詩，誠家門不幸所致。”

（宋）曾慥：《類説》卷二七《外史檮杌》

7. 宦官

唐左軍容使嚴遵美，於閹宦中仁人也。自言北司爲供奉官，褲衫給事，無秉簡入侍之儀。又云樞密使廨署，三間屋書櫃而已，亦無視事廳堂。狀後貼黄，指揮公事，乃是楊復恭奪宰相權也。自是常思退休，一旦發狂，手足舞蹈，家人咸訝。傍有一貓一犬，貓謂犬曰：“軍容改常也，顛發也。”犬曰：“莫管他，從他。”俄而舞定，自驚自笑，且異貓犬之言。遇昭宗播遷鳳翔，乃求致仕梁州。蜀軍收降興元，因徙於劍南，依王先主，優待甚異，於青城山下，卜别墅以居之，年過八十而終。其忠正謙約，與西門季玄爲季孟也。於時誅宦官，唯西川不奉詔，由是脱禍。家有《北司治亂記》八卷，備載閹宦忠佞好惡。嘗聞此傳，偶未得見。即巷伯之流，未必俱邪，良由南班輕忌太過，以致參商，蓋邦國之不幸也。

（五代）孫光憲：《北夢瑣言》卷一〇

至昭宗天復二年誅宦官，其爲監軍者，詔方鎮誅之，宦官盡死，惟河東監軍張承業、幽州監軍張居翰、清海監軍程匡柔、西川監軍魚全禋及致仕嚴遵美，爲李克用、劉仁恭、楊行密、王建所匿得全，斬他囚以應詔。後唐莊宗既取蜀，以孟知祥爲西川節度使。明帝既立，安重誨以知祥據險要，擁强兵，恐久而難制，省留使李嚴自請爲西川監軍，必能制知祥，詔從之。嚴既至，知祥謂之曰：“公前奉使王衍，歸而請兵伐蜀。莊宗用公言，遂至兩國俱亡。今公復來，蜀人懼矣。且天下皆廢監軍，公獨來監吾軍，何也？"嚴惶恐求哀，知祥曰："衆怒不可遏也。"遂攝下，斬之。

（元）馬端臨：《文獻通考》卷五九《職官考十三》

楊愃内侍，字道濟，僖皇末，權樞密，出爲浙西監軍，朱梁篡後，竄身投武肅，居越中。長八尺，有黄白法，善壬課，事饌至精，四季皆榜厨。手寫九經三史百家，用蒲薄紙，字如蠅頭。年九十餘卒。

（宋）錢易：《南部新書》癸

張承業，字繼元，唐僖宗時宦者也，本姓康。幼閹爲内常侍張泰養子。晉王兵擊王行瑜，承業數往來兵間，晉王喜其爲人，及昭宗爲李茂貞所迫，將出奔太原，乃先遣承業使晉以道意，因以爲河東監軍。其後崔胤誅宦官，宦官在外者悉詔所在殺之，晉王憐承業不忍殺，匿之斛律寺。昭宗崩，乃出承業，復爲監軍。晉王病且革，以莊宗屬承業，曰"以亞子累公等"。莊宗常兄事承業，歲時升堂拜母，甚親重之。莊宗在魏，與梁戰河上十餘年，軍國之事皆委承業，承業亦盡心不懈，凡所以畜積金粟，收市兵馬，勸課農桑，而成莊宗之業者，承業之功爲多。自貞簡太后、韓德妃、伊淑妃、及諸公子在晉陽者，承業一切以法繩之，權貴皆斂手，畏承業。莊宗歲時自魏歸省親，須錢蒲博，賞賜伶人，而承業主藏，錢不可得。莊宗乃置酒庫中，酒酣使子繼岌爲承業起舞，舞罷，承業出寶帶幣馬爲贈。莊宗指錢積呼繼岌小字以語承業，曰："和哥乏錢，可與錢一積，何用帶馬爲也？"承業謝曰："國家錢非臣所得私也。"莊宗以語侵之，承業怒曰："老臣敕使，非爲子孫計，惜此庫錢，佐王成霸業爾。若欲用之，何必問臣。財盡兵散，豈獨臣受禍也！"莊宗顧元行欽曰："取劍來。"承業起，持莊宗衣而泣曰："臣受先王顧托之命，誓雪家國之讎，今日爲王惜庫物而死，死不愧於先王矣。"閻寶從旁解承業手，令去，承業奮拳歐寶踣，罵曰："閻寶，朱温之賊，蒙晉厚恩，不能有一言之忠，而反諂諛自容邪！"太后聞之，使召莊宗，莊宗性至孝，聞太后召，甚懼，乃酌兩卮，謝承業曰："吾杯酒之

失,且得罪太后,願公飲此,爲吾分過。"承業不肯飲,莊宗入內,太后
使人謝承業曰:"小兒忤公,已笞之矣。"明日,太后與莊宗俱過承業
第,慰勞之。盧質嗜酒傲忽,自莊宗及諸公子多見侮慢,莊宗深嫉之,
承業乘間請曰:"盧質嗜酒無禮,臣請爲王殺之。"壯宗曰:"吾方招納
賢才,以就功業,公何言之過也。"承業起賀曰:"王能如此,天下不足
平也。"質因以獲免。天祐十八年,莊宗已諾諸將,即皇帝位,承業方
臥病,聞之,自太原肩輿至魏,諫曰:"大王父子與梁血戰三十年,本欲
雪家國之讎,而復唐之社稷,今元凶未滅,而遽以尊名自居,非王父子
之初心,且失天下望,不可。"莊宗謝曰:"此諸將之所欲也。"承業曰:
"不然,梁,唐晉之讎賊,而天下所共惡也,今王誠能爲天下去大惡,復
列聖之深讎,然後求唐後而立之,使唐之子孫在,孰敢當之。使唐無
子孫,天下之士誰可與王爭者。臣唐家一老奴耳,誠願見大王之成
功,然後退身田里,使百官送出洛東門,而令路人指而嘆曰:'此本朝
敕使,先王時監軍也,豈不臣主俱榮哉。'"莊宗不聽,承業知不可諫,
乃仰天大哭曰:"吾主自取之,誤老奴矣。"肩輿歸太原,不食而卒,年
七十七。同光元年,贈左武衛上將軍,謚曰正憲。

(明)毛一公:《歷代內侍考》卷九

張承業請李存勖遣使賀劉守光之稱帝以驕之,唐高祖驕李密之
故智也。密終降而授首,守光終虜而伏誅,所謂獸之搏也必蹲其足,
禽之擊也必戢其翼,權謀之險術,王者所弗尚也。

(清)王夫之:《讀通鑒論》卷二八

蜀與吳勸晉王稱帝者,欲分惡也。將佐藩鎮勸進不已者,望功賞
也。張承業之策,則子房孔明之餘意也。

(宋)胡寅:《讀史管見》卷二七

五代後唐張承業,爲太原監軍。武皇屬以後事,曰:"吾兒孤弱,
群庶縱橫,後事公善籌之。"承業奉遺詔,以立嗣王,平內艱,策略居

多。莊宗感其意，兄事之，親幸承業私第。時韓德妃、伊淑妃、諸宅王之貴介弟，在晉陽宮，或不以其道，承業悉不聽，逾法禁者必懲。由是貴戚斂手，民俗丕變，或有中傷承業於莊宗者，言專弄威柄，廣納賂遺。莊宗歲時還晉陽宮，省太后，須錢蒲博。給伶人嘗置酒於泉府，莊宗酒酣，命興聖宮使繼岌，爲承業起舞，承業出寶幣馬奉之。莊宗指錢積，謂承業曰："和哥無錢使，七哥與此一積，寶馬非殊惠也。"承業謝曰："郎君歌舞，承業自出已俸錢，此錢是大王庫物，准擬支贍三軍，不敢以公物爲私禮也。"

（宋）孫逢吉：《職官分紀》卷四六

　　張承業爲太原監軍，常從征討。王師既退汴營，大將周德威慮其奔衝，堅請退舍，帝怒垂帳而寢，諸將咸詣監軍詣白，承業遽至牙門，褰帳而入，撫帝曰："此非安寢時，周德威老將，洞識兵勢，姑務萬全，言不可忽。"帝蹶然而興，曰："予方思之。"其夕遂收軍。帝初獲玉璽，諸將勸帝復唐正朔。承業自太原急趨謁帝，從容言曰："今元凶未殄，軍賊不克，願大王受人推大，凡舉事量力而行，悠悠之談，無益實事。"因泣下沾襟，帝曰："予非所願，奈諸將何！"承業自是多病，日加危篤，卒於營。凶問至，帝悲慟，連日輟食，言曰："天奪孤之子布也。"

（宋）孫逢吉：《職官分紀》卷四六

　　後唐張承業，初仕昭宗爲內常侍。光啓三年，昭宗將幸太原，以承業與武皇善，乃除爲河東監軍，密令迎駕。既而昭宗幸華州，就加左監門衛將軍。駕在鳳翔，承業累請出師晉、絳，以爲岐人掎角。崔魏公之誅宦官也，武皇僞戮罪人首級以奉詔，匿承業於斛律寺。昭宗遇弒，乃復請爲監軍。莊宗嗣立，兄事之，親幸承業私第，升堂拜母，賜遺優厚。天祐十九年十一月二日，以疾卒於晉陽之第，時年七十七。貞簡太后聞喪，遽至其第盡哀，爲之行服，如兒侄禮。同光初，贈左武衛上將軍，謚曰貞憲。

（宋）王欽若等編纂：《冊府元龜》卷六六五《內臣部》

　　後唐張承業爲太原監軍。天祐中，幽州劉守光敗，其府掾馮道歸太原，承業辟爲本院巡官。承業重其文章履行，甚見待遇。時有周玄豹者，善人倫鑒，與道不洽，謂承業曰：“馮生無前程，公不可過用。”管記盧質聞之曰：“我曾見杜黃裳司空寫真圖，道之狀貌酷類焉，將來必副大用。玄豹之言，不足信也。”承業薦爲霸府從事焉。

　　　　　　（宋）王欽若等編纂：《册府元龜》卷六六六《内臣部》

　　後唐張承業，天祐中爲太原監軍。時盧質在莊宗幕下，嗜酒輕傲，嘗呼莊宗諸弟爲豚犬，莊宗深銜之。承業恐盧質被禍，因乘間謂莊宗曰：“盧質多行無禮，臣請爲大王殺之，可乎？”莊宗曰：“予方招禮賢士，以開霸業，七哥何言之過也？”承業因聳立而言曰：“大王若能如此，何憂不得天下？”其後，盧質雖或縱誕，莊宗終能容之，蓋承業爲之藻籍也。及莊宗初行墨制，凡除拜之命，皆成於盧汝弼之手。汝弼既自爲户部侍郎，乃請與承業改官及開國邑，承業拒而不受。其後，終身但稱本朝舊官而已。

　　　　　　（宋）王欽若等編纂：《册府元龜》卷六六六《内臣部》

　　後唐張承業，初爲太原監軍。莊宗在位，太原事一委承業。而積聚庚帑，收兵市馬，招懷流散，勸課農桑，咸盡力焉。

　　　　　　（宋）王欽若等編纂：《册府元龜》卷六六七《内臣部》

　　後唐張承業，初爲太原監軍。後事莊宗，常從征討。柏鄉之役，王師既迫汴營，大將周德威慮其奔沖，堅請退舍。帝怒其懦，不聽，垂帳而寢，諸將不敢言事，咸詣監軍請白。承業遽至牙門，褰帳而入，撫帝曰：“此非王安寢時，周德威老將，洞識兵勢，姑務萬全，言不可忽。”帝蹶然而興曰：“予方思之。”其夕，收軍保高邑。帝初獲玉璽，諸將勸帝復唐正朔，承業自太原急趣謁帝，從容言曰：“老奴受先王顧命，謹事郎君，利害否臧，盡合忠言。殿下父子血戰三十餘年，蓋緣報國復讎，爲唐宗社。今元凶未殄，軍賦不充，河朔數州，弊於供億，日望殿下掃除梁汴，休戰息民。今元惡未平，遽先大號，費養兵之事力，困凋弊之生靈，臣以此爲一未可也。臣由咸通中便在宫掖，每見國家册命大禮，儀仗法物，百司庶務，經年草定，臨事猶闕。今殿下既化家爲國，新創廟朝，典禮制度，須取太常準約。方今禮院未見其人，倘失舊章，爲人輕笑，二未可也。老臣愚懇未願殿下受人推戴者此也。大凡舉事量力而行，悠悠之譚，無益實事。”因泣下沾衿。帝曰：“予非所願，奈諸將何？”承業自是多病，日加危篤，卒於官。凶問至，帝悲慟，連日輟食，因言曰：“天奪孤之子布也。”按《五代史》，承業天祐十九年十一月卒。明年四月，莊宗始即帝位。

　　　　　　（宋）王欽若等編纂：《册府元龜》卷六六八《内臣部》

　　後唐張承業爲太原監軍。武皇屬以後事，曰：“吾兒孤弱，群庶縱橫，後事公善籌之。”承業奉遺顧，援立嗣主，平内難，策略居多。莊宗深感其意，兄事之，親幸承業私第。時貞簡太后、韓德妃、伊淑妃、諸宅王之貴介弟在晉陽宫，或不以其道干於承業，悉不聽，逾法禁者必懲。由是貴戚斂手，民俗丕變。或有中傷承業於莊宗者，言專弄威柄，廣納賂遺。莊宗歲時還晉陽宫省太后，須錢蒱博，給伶官，嘗置酒於泉府，莊宗酣飲，命興聖宫使李繼岌爲承業起舞，既竟，承業出寶帶幣馬奉之。莊宗指錢積謂承業曰：“和哥繼岌小字和哥無錢使，七哥七哥謂承業也與此一積，寶馬非殊惠也。”承業謝曰：“郎君歌舞，承業自出己俸錢。此錢是大王庫物，准擬支贍三軍，不敢以公物爲私禮也。”莊宗不悦，使酒侵承業。承業曰：“臣老敕使，非爲子孫之謀，惜錢爲大王基業，王若自要散施，何訪老夫，不過財盡兵散，一事無成。”莊宗怒，顧元行欽曰：“取劍來！”承業引莊宗衣，泣而言曰：“僕荷先王遺顧，誓爲本朝誅汴賊。王爲惜庫物，斬張承業首，死亦無愧於先王。今日請死！”閻寶解承業手，令退。承業詬寶曰：“黨朱温逆賊，未嘗有一言效忠，而敢依阿諂附。”揮拳蹋之。太后聞莊宗酒失，急召入。莊宗性至孝，聞太后召，叩頭謝承業曰：“吾杯酒之間，忤於七哥，太后必怪吾。七哥爲吾痛飲兩卮，分謗可乎？”莊宗連飲四鍾，勸承業，竟不飲。莊宗歸宮，太后使人謂承業曰：“小兒忤特進，已筈矣，可歸第。”
翌日，太后與莊宗俱幸其第慰勞之。

（宋）王欽若等編纂：《册府元龜》卷六六六《内臣部》

後唐張承業，唐光啓中爲内供奉。武皇之討王行瑜，承業累奉使
渭北，因留監武皇軍。昭宗將幸太原，以承業與武皇善，乃除爲河東
監軍。

（宋）王欽若等編纂：《册府元龜》卷六六七《内臣部》

後唐張承業，昭宗時，以寺人監河東軍。及誅内官，太祖雖奉詔
命，實保憐之，匿於斛律佛寺。其後，復以爲監軍，待遇益至，承業每
歔欷感德。後太祖病篤，啓手之夕，召承業屬之曰：“吾兒孤弱，群庶
縱橫，後事公善籌之。”承業奉遺顧，爰立莊宗。初入聽大事，時季父
振武節度使克寧爲管内蕃漢馬步都知兵馬使，典握兵柄，莊宗以軍府
事讓之，曰：“兒年幼稚，未通庶政，雖承遺命，恐未能彈壓。季父勛德
俱高，衆情推伏，請當制置，以鎮群心。”克寧曰：“亡兄遺命，屬在我
兒，孰敢異議？但嗣世中外之事，何憂不辦？”因率先拜賀。初，太祖
獎勵戎功，多畜庶孽，衣服禮秩，如嫡者六七，比之嗣王，年齒又長，各
有部下之兵，朝夕聚議，欲謀爲亂。及莊宗紹統，或强項不拜，鬱鬱憤
惋，托疾廢事，命李存顥以陰計干克寧曰：“兄亡弟及，古今舊事。季
父拜侄，理所未安。”克寧妻素剛很，因激怒克寧，陰圖禍亂。存顥、存
實欲以克寧之弟謀害承業及李存璋等，欲以并、汾九州，歸附於梁，送
貞簡太后爲質。克寧意將激發，乃擅殺大將軍李存質，請授已雲州節
度，轄附朔、應州爲屬郡。莊宗悉俞允，然知其陰禍有日。克寧候莊
宗過其第，則圖竊發，倖臣史敬鎔者，亦爲克寧所任，盡得其情，來告
莊宗。莊宗謂承業曰：“季父所爲如此，無猶子之情，予當避路，則禍
亂不作矣。”承業曰：“臣受命先帝，言猶在耳，存顥輩欲以太原降賊，
公欲何路求生？不即誅除，亡無日矣。”因召吳珙、李存璋、李存敬、朱
守殷説其謀，衆咸憤怒。三月壬戌，命存璋伏甲攻之，遂平其難。及

莊宗平定河朔，連歲出征，軍國大事，一以委承業。夙夜在公，以身犯難，不畏强御，苟官行法，督賦征租，廩藏盈衍，帝所倚賴，以兄事之。從周德威討劉守光，令承業往視賊勢，因請莊宗自行，果成大捷。承業感武皇厚遇，自莊宗在魏州垂十年，太原軍國政事，一委承業，而積聚庾帑，收兵市馬，招懷流散，勤課農桑，成是霸基者，承業之忠力也。

（宋）王欽若等編纂：《册府元龜》卷六六八《内臣部》

《後唐書》曰：監軍張承業，本朝舊人，權貴任事，人士脅肩低首候之，惟馬鬱以猾稽侮狎。每賓僚宴集，承業出異方珍果陳列於前，客無敢先常者，當鬱前者，食必盡。承業私戒主膳者曰：“他日馬監至，惟以干蓮子置前而已！”鬱至，窺之，知其不可啖。異日，靴中置鐵鎚，出以擊之。承業大笑，曰：“爲公易饌，勿敗予案！”

（宋）李昉：《太平御覽》卷九七五《果部一二·蓮》

張居翰，字德卿，故唐掖廷令張從玖之養子。昭宗時爲范陽軍監軍，與節度使劉仁恭相善，天復中，大誅宦者，仁恭匿居翰大安山之北谿以免。其後，梁兵攻仁恭，仁恭遣居翰從晉王攻梁潞州，以牽其兵，晉遂取潞州，以居翰爲昭義監軍。莊宗即位，與郭崇韜并爲樞密使。莊宗滅梁而驕，宦官因以用事，郭崇韜又專任政，居翰默默苟免而已。魏王破蜀，王衍朝京師，行至秦川，而明宗軍變於魏。莊宗東征，慮衍有變，遣人馳詔魏王殺之。詔書已印畫，而居翰發視之，詔書言誅衍一行，居翰以謂殺降不祥，乃以詔傅柱，揩去“行”字，改爲一家。時蜀降人與衍俱東者千餘人皆獲免。莊宗遇弒，居翰見明宗於至德宮，求歸田里。天成三年，卒於長安，年七十一。

（明）毛一公：《歷代内侍考》卷九

張居翰，唐末爲樞密承旨。昭宗在華下，超授内常侍，出監幽州軍事。

（宋）王欽若等編纂：《册府元龜》卷六六七《内臣部》

　　張居翰,莊宗末爲樞密使。官至驃騎大將軍,賜號謁誠保運致理功臣。明宗入洛,居翰謁見於至德宮,雪泣待罪,乞歸田里,詔許之,乃辭歸長安。詔其子爲西京職事,以供侍養。

　　　　　　　　(宋)王欽若等編纂:《册府元龜》卷六六五《内臣部》

　　張居翰,同光中爲樞密使。時内職干政,邦家之務皆出於郭崇韜。居翰自以羈旅乘時,擢居重地,每於宣授,不敢有所是非,承顏免過而已。僞蜀王衍既降,詔還其族於洛陽,行及秦川,時關東已亂,莊宗慮衍爲變,遣中官向延嗣馳騎賫詔殺之。詔云:"王衍一行,并宜殺戮。"其詔已經印畫,時居翰在密地,覆視其詔,即就殿柱楷去"行"字,改書"家"字。及衍就戮於秦川驛,止族其近屬而已。其僞官及從行者尚千餘人,皆免其枉濫,居翰之力也。居翰性和而静,諳悉舊事。在潞州累年,每春課人育蔬種樹,敦本惠農,有仁者之心焉。及明宗入洛陽,居翰謁見於至德宮,待罪雪涕,乞歸田里,遂還長安焉。

　　　　　　　　(宋)王欽若等編纂:《册府元龜》卷六六六《内臣部》

　　張居翰爲樞密使,時蕭希甫知制誥,有詔定内宴,樞密使坐宴否,希甫以爲不可坐。居翰聞之怒,召希甫責曰:"據子所言,有何按據?老夫事過三朝天子,逮内宴數百,子本田舍兒,憑何所見,有此横議?如有按據,即具奏聞。"希甫無以對。由是居翰及李紹宏等切齒怒之,宰相豆盧革等亦希旨排斥,乃以希甫爲駕部郎中。

　　　　　　　　(宋)王欽若等編纂:《册府元龜》卷六六九《内臣部》

　　唐莊宗詔魏王殺蜀王衍一行人,宦人張居翰謂殺降不祥。以詔傅殿柱,揩改"行"爲"家",於是隨衍千餘人皆獲免。漢高祖以李崧第賜宰蘇逢吉,并取其西京之田宅。崧子弟有怨言,逢吉誘人告崧與家僮二十人謀反,改"二"爲"五",遂族其家。周太祖梟逢吉,適當崧被刑之所。一字活千人,族一家,宜六一公有取於居翰也。

　　　　　　　　　　　　　　(宋)陳世崇:《隨隱漫録》卷五

宦者李從襲,莊宗供奉官也。同光三年,莊宗封長子繼岌魏王,與郭崇韜將兵六萬伐蜀。自出師,至王衍降,凡七十五日,兵不血刃。然繼岌雖爲都統,而軍政號令一出崇韜。初,莊宗遣從襲監中軍,高品李廷安、吕知柔爲典謁,從襲等素惡崇韜,又見崇韜專任軍事,益不平之。及破蜀,蜀之貴臣大將,自王宗弼以下,皆争以蜀寶貨妓樂奉崇韜父子,而魏王所得匹馬束帛唾壺塵柄而已。崇韜日決軍事,將吏賓客趨走盈庭,而都統府唯大將晨謁,衙門闃然,由是從襲等不勝其憤。崇韜亦素嫉宦官,嘗謂繼岌曰:“王有破蜀功,師旋必爲太子,俟主上千秋萬歲後,當盡去宦官。至於扇馬亦不可騎。”從襲等聞此言,皆切齒。已而宗弼率蜀人見繼岌,請留崇韜鎮蜀,從襲等因言崇韜有異志,勸繼岌爲備。繼岌謂崇韜曰:“陛下倚侍中如衡華,尊之廟堂之上,期以一天下而制四夷,必不弃元老於蠻夷之地,此事非予敢知也。”莊宗聞崇韜欲留蜀,亦不悦,遣宦者向延嗣趣繼岌班師。延嗣至成都,崇韜不出迎,及見禮益慢,延嗣怒。從襲等因告延嗣:“崇韜有異志,恐危魏王。”延嗣還,具言之。劉皇后涕泣,請保全繼岌。莊宗遣宦官馬彦珪往視崇韜去就。是時,兩川新定,孟知祥未至,所在盜賊亡聚山林,崇韜方遣任圜等,分出招集,恐後生變,故師未即還。而彦珪將行,見劉皇后曰:“臣見延嗣,言蜀中事勢已不可,禍機之作,間不容髮,安能三千里往復禀命乎!”劉皇后以彦珪語告莊宗,莊宗曰:“傳言未審,豈可便令果決。”皇后不得請,因自爲教與繼岌,使殺崇韜。明年正月,崇韜留任圜守蜀,以待知祥之至。崇韜期班師有日,彦珪至蜀,出皇后教示繼岌,繼岌曰:“今大軍將發,未有釁端,豈可作此負心事。”從襲等泣曰:“今有密敕,王苟不行,使崇韜知之,則吾等無類矣。”繼岌曰:“上無詔書,徒以皇后手教,安能殺招討使。”從襲等力争,繼岌不得已而從之。詰旦,從襲以都統命召崇韜,繼岌登樓以避之,崇韜入升階,繼岌從者李環撾碎其首。繼岌遂班師,至興平,聞明宗反,兵入京師,繼岌欲退保鳳翔。至武功,從襲勸繼岌馳趨京師,以救内難,行至渭河,西都留守張篯斷浮橋,繼岌不得渡,乃循河而東,至渭南,左右皆潰。從襲謂繼岌曰:“大事已去,福不可再,王宜自圖。"繼岌徘徊泣下,久之面榻而卧,令李環縊殺之。

(明)毛一公:《歷代内侍考》卷九

宦者馬紹宏,嘗與郭崇韜俱爲中門使,而紹宏位在上。及莊宗即位,二人當爲樞密使,而崇韜不欲紹宏在己上,乃以張居翰爲樞密使,紹宏爲宣徽使。紹宏失職怨望,崇韜因置内勾使,以紹宏領之,天下錢穀出於租庸者,皆經内勾。既而文簿繁多,州縣爲弊,遽罷其事,紹宏尤側目。崇韜因請立寵妃劉氏爲皇后,以自固,劉皇后卒殺崇韜。明宗自鎮州入覲,奉朝請於京師,莊宗頗疑其有異志,陰遣紹宏伺其動静,紹宏反以情告明宗。明宗之反,紹宏啓之也。

(明)毛一公:《歷代内侍考》卷九

李紹宏爲宣徽南院使,判内侍省,兼内外特進、左監門衛將軍同正、上柱國。同光二年四月,加紹宏右領軍衛上將軍,封隴西縣開國男,食邑三百户,仍賜推忠翊佐功臣。紹宏爲帝龍潛時與孟知祥同爲中門使,及周德威薨,帝兼領幽州,令紹宏權知州事。即位之初,郭崇韜勛望高,舊在紹宏之下,時徵潞州監軍張居翰與崇韜並爲樞密使,紹宏失望,乃爲宣徽使。以己合當樞任,志常鬱鬱,側目於崇韜。崇韜知其慊也,乃置内勾之目,令天下錢穀簿書,悉委裁遣。

(宋)王欽若等編纂:《册府元龜》卷六六五《内臣部》

宋唐玉,莊宗時爲樞密副使、通議大夫,行内侍省内侍,賜紫。同光二年四月,加唐玉金紫光禄大夫、左監門衛將軍同正,仍賜推忠翊佐功臣,依前充樞密副使。

(宋)王欽若等編纂:《册府元龜》卷六六五《内臣部》

楊希朗,莊宗時爲内客省使、通議大夫、行内侍省内侍、上柱國,與宋唐玉同日加金紫光禄大夫,右監門衛將軍同正,仍賜推忠翊佐功臣,依前内客省使。

(宋)王欽若等編纂:《册府元龜》卷六六五《内臣部》

楊希望,莊宗平盧監軍也。節度使符習以鎮兵討趙在禮,習未至魏,而明宗兵變,習不敢進。明宗遣人招之,習見明宗於胙縣,希望聞習爲明宗所召,乃以兵圍習家屬,將殺之。指揮使王公儼素爲希望所信,紿希望曰:"内侍盡忠朝廷,誅反者家族,孰敢不效命。宜分兵守城,以虞外變,習家不足慮也。"希望信之,乃悉分其兵守城,公儼因擒希望斬之,習家屬由是獲免。而公儼因自求爲節度使,明宗以房知温代習鎮平盧,拜公儼登州刺史。公儼不時承命,知温擒而殺之,習復鎮天平。

(明)毛一公:《歷代内侍考》卷九

後唐楊希朗,復恭,其叔祖也。莊宗時,爲學士使,怙寵用事。先是,條制爲朱氏時,權豪强占人田宅,或陷害籍没,顯有屈塞者,許人自理。希朗自復恭獲罪,伯仲竄迹太原。武宗、莊宗時,皆中涓任事。至是,宦官方盛,人皆畏避。希朗治復恭之舊業田宅,宰相趙光裔留敕不行,言:"復恭謀亂山南,顯當國法。本朝未經昭洗,安得治認田園? 尤不可與僞朝枉害爲比。"希朗聞之,泣訴於帝,因令自見光裔言之。希朗陳訴十餘紙,言:"吾祖雖獲罪於前朝,當時蓋强臣掣肘,國命不由天子。及行瑜梟首,天子顯降德音昭雪,今制書尚在。公博通故事,安得謂之未雪? 予叔祖彦博洎伯仲,連爲監護者數人,何也?"漸至聲色極抗,光裔方恃名望,忽爲所折,悒悒不樂。又以希朗倖臣,慮摭他事危己,心不自安,病疽而薨。

(宋)王欽若等編纂:《册府元龜》卷六六九《内臣部》

孟漢瓊,明宗宣徽使也。明宗晚而多病,王淑妃與漢瓊出納左右,遂專用事,朱弘昭、馮贇并掌機務,於中大事皆決此四人。初安重誨討關西,漢瓊自行營還,因言重誨過惡,遂罷重誨,重誨旋見殺。長興四年十一月,明宗幸士和亭得疾,秦王從榮入問起居,帝疾甚,不能知人,既出而聞哭聲,以謂帝崩矣,乃謀以兵入宫。弘昭、贇等方圖其事,議未決,漢瓊入見明宗,言秦王反,即以兵誅之。明宗聞秦王已死,悲咽幾墮於榻,越六日而崩。弘昭、贇遣漢瓊至魏,召宋王從厚入立,是爲愍帝,而留漢瓊權知後事。明年正月,漢瓊請入朝,弘昭、贇乃議徙成德范延光代漢瓊,北京留守石敬瑭代延光,鳳翔潞王從珂代敬瑭。三人者,皆唐大臣,以漢瓊故輕易其地,又不降制書,第遣使者監其上道。從珂由此遂反,兵已東,愍帝大懼,急召弘昭計事,弘昭乃自投於井。安從進亦殺贇於家,愍帝奔於衛州,漢瓊西迎廢帝於潞,廢帝惡而殺之。廢帝即潞王從珂也。

（明）毛一公：《歷代內侍考》卷九

孟漢瓊,明宗時爲右衛大將軍、知內侍省事、宣徽北院使。長興末,召閔帝於鄴。閔帝即位,尤恃恩寵。應順元年閏正月,加開府儀同三司,賜忠貞扶運保泰功臣。漢瓊時權知魏博軍府,既聞命,表讓馳驛,詔受宮牒。

（宋）王欽若等編纂：《冊府元龜》卷六六五《內臣部》

末帝自鳳翔問君側之罪,至乾壕南院。宣徽使孟漢瓊以帝河中失守,在清化第時明宗王淑妃常令傳教,往來錫賜,謂於己厚,見帝大哭,欲有所陳。帝曰:"事不言可知,仍自預從臣之列。"即命斬之路隅。漢瓊者,鎮州王鎔之小豎也。明宗在真定時入侍,性通黠能,交構朋黨,初見秦王權重,乃挾妃子勢援,傾心事之。及朱弘昭、馮贇謀去秦王,又與之締結,長興之季,氣焰熏灼,開府驃騎之資,期月遍歷,西軍既叛人主,拱手待斃。鄂王急召漢瓊,欲先令入鄴。漢瓊匿不奉召,知帝及陝,乃單馬趨陝,至澠池西,斬於路左。

（宋）王欽若等編纂：《冊府元龜》卷一五四《帝王部》

後唐安希倫爲內官,長興二年夏,被誅。以其受樞密使安重誨密旨,令於內中伺帝起居故也。

（宋）王欽若等編纂：《冊府元龜》卷六六九《內臣部》

後唐李廷安、李從襲、呂知柔，皆供奉中官也。莊宗同光三年伐蜀，魏王繼岌爲都統，郭崇韜爲副。十月十九日，下鳳州，拔固鎮，敗賊三泉，收劍、利、興元、梓州，望風納款，勢如破竹。其招懷制置、官吏補署、師行籌畫、軍書告喻，皆出招討府，繼岌承命而已。時莊宗令廷安、從襲、知柔爲都統府綱紀，見崇韜行府職事殷繁，將吏請謁輻湊，降人爭爲賂遺，其都統府惟大將省謁，牙門索然，繇是大爲詬耻。及軍至偽蜀，六軍使王宗弼歸款，行賂先招討府。洎王衍以成都降崇韜，居王宗弼之府。先是，宗弼徙王衍於西宮，衍之珍玩妓妾，宗弼擇其善者，邀留以奉崇韜，求爲蜀帥。崇韜子廷誨令蜀人列狀見魏王，請奏崇韜爲蜀帥。繼岌覽狀，召崇韜謂曰：“主上倚侍中如衡、華，尊於廟堂之上，以制四夷，必不置元老於蠻夷之地，況予不敢議此。請諸公詣闕自陳。”李從襲等謂繼岌曰：“郭公收蜀部人情，意在難測，王宜自備。”由是陰相猜察。帝令中官向延嗣賫詔喻蜀，促令班師。詔使至，崇韜不郊迎，於禮稍倨。延嗣情憤，告從襲曰：“乃公何者？魏王，貴太子也，主上萬福，郭公專弄威柄，旁若無人。昨令蜀賊請己爲帥，令郭廷誨擁徒出入，貴擬王者，所與游狎，無非軍中驍果，蜀士凶豪，晝夜妓樂相歡，指天畫地。近聞廷誨白父請表以爲蜀帥，又曰：‘兩川數百萬户珍玩貨泉，靡所不有，地形阻固，自是一秦。大人何不善自爲謀？’此語流聞遠近。父子如此，可見其心。今諸軍將校，無非郭氏之黨，魏王懸軍孤弱，一朝班師，事恐紛擾，吾屬莫知暴骨之所矣！”因相向垂涕。向延嗣回，具以事奏。劉皇后泣告於帝，請保全繼岌。帝復閱蜀簿，且曰：“人言蜀中珠玉金銀，不知其數，何如是之微也！”延嗣奏曰：“臣聞到西川見招討府吏，言蜀川珍貨皆積崇韜之門。言崇韜自入蜀所得金萬兩，銀四十萬兩，錢百萬，名馬千匹，王衍愛妓六十，樂工百，犀玉奇帶百。郭廷誨有金銀十萬兩，犀玉帶五十，藝色絕妓七十，樂工七十，佗財物稱是。臣見魏王所居，除公府外，蜀人賂遺，不過匹馬束帶，唾壺塵柄而已。蜀府空竭，無足爲怪。”帝初聞蜀人留崇韜，已不平之，又聞所得妓樂寶馬，怒見顏色。即日，命中官馬彥珪馳往蜀川，視崇韜去就。如恭命班師則已，若別有遲留跋扈之狀,則與繼岌圖之。彥珪請見劉皇后,遽曰:“臣見向延嗣說蜀中事勢,今已不可。主上遣臣偵視,凡禍機之發,間不容髮,何能於三千里外緩急資決?”皇后再言之,帝曰:“傳言未知事實,吾以關外兵柄付之,無故行事,否則患生,詎可便令果決?”皇后不得請,因自爲教與繼岌,令殺崇韜。是時,成都雖定,諸州山林,群盜結聚,崇韜令任圜、張筠分道招撫。孟知祥未至,慮發軍之後,別生變故,稍緩班師之期。正月六日,馬彥珪至。時大軍定取十二日發離成都,令任圜權知蜀事,以俟知祥,諸軍部署已定。彥珪出皇后教示繼岌,曰:“大軍將發,他無釁端,安得爲此負心之事。公輩勿復言。”從襲等泣白曰:“聖上既有密敕,王若不行,使彼沿路訪知,則中途有變,爲患轉深。”繼岌曰:“帝無詔書,徒以皇后文字,安得殺招討使?”從襲巧造事端以間,繼岌既無英斷,即僶俛從之。詰旦,從襲傳繼岌命召崇韜計事,繼岌登樓以避之,崇韜方昇階,魏王爪牙奮摑以碎其首。其子廷信從父請死,即殺之。李從襲率兵圍招討府以攻廷誨,擒而殺之,收其妓樂寶馬。崇韜有子五人,廷誨、廷信從父死於蜀。第三子廷說爲尚書郎在洛陽,及馬彥珪報殺崇韜,令楊彥珞誅於其家。第四子廷讓誅於鄴。第五子廷議誅於太原,家產籍没。明宗即位,詔令歸葬,所有郭氏田宅,皆賜崇韜妻周氏。廷誨有男奴哥,廷讓有男行奴,皆稚齒,姻族保之獲免,令周氏鞠養於晉陽之故第。崇韜服勤盡節,左右王家,草昧艱難,功無與比,西平巴蜀,宣暢皇威,誣構而誅,其禍已酷,身死之日,夷夏冤之。

(宋)王欽若等編纂:《册府元龜》卷六七〇《内臣部》

後唐主使宦者祭廬山。還,勞之曰:“卿此行甚精潔。”對曰:“自奉詔素食自今。”主曰:“汝某處市魚爲羹,某處市肉爲䏑。”宦者慚服。

(宋)俞文豹:《吹劍録全編·吹劍録》

(天福二年七月)是月,又以東頭供奉官王思勛前齎詔撫諭河陽,爲張從賓所害,制曰:“思勛早承家蔭,久列内廷,奉王命而不辭,顧賊衆而無懼,宣揚朝旨,勸諭兵師,遂被凶徒橫加殺害。而聞厥父抱疾,

其家甚貧,不有旌酬,何彰忠烈? 可贈左武衛大將軍,仍以思勖舊請俸
祿終王元正一世。思勖男候有長成者,量才叙録,兼令所司厚給賵贈。
噫! 以子之俸,終父之年,足表渥恩,以慰存殁,布告中外,咸使聞知。"

(宋)王欽若等編纂:《册府元龜》卷一四〇《帝王部》

晉祖時,寺宦者廖習之,體質魁梧,食量寬,博食物,勇捷有若豽
虎。晉祖嘗云:"卿腹中不是脾胃,乃五百斤肉磨。"

(宋)陶穀:《清異録》卷下

趙王王鎔,驕於富貴,又好左道,錬丹藥求長生,與道士王若訥留
游西山,每出逾月忘歸,任其政於宦者,宦者石希蒙與鎔同卧起。天
祐十八年冬,鎔自西山宿鶻營莊,將還府,希蒙止之,宦者李弘規諫
曰:"今晉王身自暴露,以親矢石,而大王竭軍國之用,爲游畋之資,開
城空宮,逾月不還,使一夫閉門不納從者,大王欲何歸乎?"鎔懼,促
駕,希蒙固止之,弘規怒,遣親事軍將蘇漢衡率兵擐甲,露刃於帳前
曰:"軍士勞矣,願從王歸國。"弘規繼而進曰:"惑王者希蒙也,請殺
之以謝軍士。"鎔不答,弘規呼甲士斬希蒙首,擲於鎔前,鎔懼,遽歸,
使其子昭祚與大將張文禮族弘規,漢衡收其偏將下獄,窮究反狀,親
軍皆懼。文禮誘以爲亂,夜半,親軍千餘人逾垣而入,鎔方與道士焚
香受籙,軍士斬鎔首,袖之而出,因縱火焚其宮室,遂滅王氏之族。

(明)毛一公:《歷代內侍考》卷九

蜀王王建,晚多內寵,賢妃徐氏與妹淑妃皆以色進,專房用事,交
結宦者唐文扆等,干與外政。建年老昏耄,文扆判六軍,事無大小皆
決文扆。初,建以豳王宗輅貌類己,信王宗傑於諸子最材賢,欲於兩
人擇立爲太子,而鄭王宗衍最幼,其母徐賢妃與文扆,教相士言衍相
最貴。又諷宰相張格贊成之,衍由是得立。及建疾,文扆以兵入宿
衛,謀盡去建故將,故將大臣問建疾,皆不得入見。久之,王宗弼等排
闥入言文扆欲爲變,乃殺之。建因以謂老將、大臣,多許昌故人,必不

爲太子用，思擇人未得而疾急，乃以宦者宋光嗣爲樞密使、判六軍。而建卒，太子立，去宗名衍。衍年少荒淫，委其政於光嗣、光葆、景潤澄、王承休、歐陽晃、田魯儔等，而以韓昭、潘在迎、顧在珣、嚴旭等爲狎客。起宣華苑，苑有重光、太清、延昌、會真之殿，清和、迎仙之宮，降真、蓬萊、丹霞之亭，飛鸞之閣，瑞獸之門，又作怡神亭，與諸狎客婦人日夜醋飲。其中嘗與太后、太妃游青城山，宮人衣服皆畫雲霞，飄然望之若仙。乾德六年，以王承休爲天雄軍節度使，天雄軍，秦州也。承休以宦者得幸爲宣徽使，承休妻嚴氏有絶色，衍通之。安重霸狡詭多智，善事人，是時深結承休，因勸承休求鎮秦州，衍遂以承休爲節度使，重霸爲其副使。承休多取秦州花木獻衍，請衍東游，衍亦心承休妻嚴氏故，十月幸秦州，群臣切諫不聽。衍至綿谷，而唐師入其境，衍懼，遽還，留王宗弼守綿谷，遣王宗勛、宗儼、宗昱率兵以拒唐師。宗勛等至三泉，望風退走，衍詔宗弼誅宗勛等，宗弼反與宗勛等合謀，送款於唐師。衍自綿谷還至成都，百官及後宮迎謁七里亭，衍雜宮人作回鶻隊以入。明日，御文明殿，與其群臣相對涕泣。而宗弼亦自綿谷馳歸，登大玄門，收成都尹韓昭、宦者宋光嗣、景潤澄、歐陽見等殺之，函首送於繼岌。安重霸亦以計逐承休，而以秦、成、階三州降於唐，蜀遂亡。太后、太妃即徐賢妃、淑妃。

（明）毛一公：《歷代內侍考》卷九

蜀後主王衍宦官王承休，後主以優笑狎暱見寵。有美色，恒侍少主寢息，久而專房。承休多以邪僻奸穢之事媚其主，主愈寵之，與韓昭爲刎頸之交，所謀皆互相表裏。承休一日請從諸軍揀選官健，得驍勇數千，號龍武軍。承休自爲統帥，并特加衣糧，日有優給。因乞秦州節度使，且云：“願與陛下於秦州采掇美麗。”且説秦州之風土，多出國色，仍請幸天水。少主甚悦，即遣仗節赴鎮。應所選龍武精鋭，并充衙隊從行。到方鎮下車，當日毀拆衙庭，發丁夫采取材石，創立公署使宅，一如宮殿之制。兼以嚴刑峻法，婦女不免土木之役。又密令强取民間子弟，使教歌舞伎樂。被獲者，令畫工圖真及録名氏，急遞中送韓昭。昭又密呈少主,少主睹之,不覺心狂。遂決幸秦之計,因下制曰:"朕聞前王巡狩,觀土地之慘舒,歷代省方,慰黎元之倈望。西秦封域,遠在邊隅。先皇帝畫此山河,歷年征討,雖歸王化,未浹惠風。今耕稼既屬有年,軍民頗聞望幸,用安疆場。聊議省巡,朕選取今年十月三日幸秦州。布告中外,咸使聞知。"由是中外切諫不從。母后泣而止之,以至絕食。

前秦州節度使判官蒲禹卿叩馬泣血,上表諫曰:"臣聞堯有敢諫之鼓,舜有誹謗之木,湯有司過之士,周有誡慎之韜。蓋古者明君,克全帝道,欲知己過,要納讜言。將引咎而責躬,庶理人而修德。陛下自承桃秉錄,正位當天,愛聞逆耳之忠言,每犯顏而直諫。且先皇帝許昌發迹,閬苑起身,歷艱辛於草昧之中,受危險於虎爭之際。胼胝戈甲,寢窹風霜,申武力而拘諸原,立戰功而平多壘。亡軀致命,事主勤王,方得成家,至於開國。今日鴻基霸盛,大業雄崇。地及雍涼,界連南北。德通吳越,威定蠻陬。郡府頗多,關河漸廣。人物秀麗,土地繁華。當四海輻裂之秋,成萬代龍興之業。陛下生居富貴,坐得乾坤。但好歡娛,不思機變。臣欲望陛下,以名教而自節,以禮樂而自防。循道德之規,受師傅之訓。知社稷之不易,想稼穡之最難。惜高祖之基局,似太宗之臨御。賢賢易色,孜孜為心。無稽之言勿聽,弗詢之謀勿用。聽五音而受諫,以三鏡而照懷。少止息於諸處林亭,多觀覽於前王經史。別修上德,用卜遠圖。莫遣色荒,毋令酒惑。常親政事,勿恣閑游。臣竊聞陛下欲出成都,往巡邊壘。且天水地遠,峻惡難行。險棧歊雲,危峰插漢。微雨則吹摧閣道,稍泥則沮滑山程。豈可鳴鑾,那堪叱馭。又復敵京咫尺,塞邑荒涼。民雜蕃戎,地多嵐瘴。別無華風異景,不可選勝尋幽。隴水聲悲,胡笳韻咽。營中止帶甲之士,城上宿枕戈之人。看探虜於孤峰,朝朝疑慮。睹望旗於峻嶺,日日堤防。是多山足水之鄉,即易動難安之地。麥積崖無可瞻戀,米谷峽何亞連知?路遇嵯山,程通怨水。秦穆圉馬之地,隗囂僭位之邦。是以一人出行,百司參從,千群霧擁,萬衆星馳。當路州縣摧殘,所在館驛隘少,止宿尚猶不易,供須固是為難。縱若就中指揮,

自破屬省錢物，未免因依擾踐，觸處凌遲。以此商論，不合輕動。其
類蒼龍出海，雲行雨施。豈教浪靜風恬，必見傷苗損稼。所以鑾輿須
止，天步難移。況頃年大駕，只到山南，猶不關進發兵士。此時直至
天水，未審如何制宜？自當初打破梁原城池，擄掠義寧戶口，截腕者
非一，斬首者甚多。匪惟生彼人心，抑亦損茲聖德。今去洛京不遠，
復聞大駕重來。若彼預有計謀，此則便須征討。況鳳翔久爲進敵，必
貯奸謀。切慮妄構妖詞，致生釁隙。又陛下與唐主始申歡好，信幣交
馳。但慮聞道聖駕親行，別懷疑忌，其必特差使命，請陛下境上會盟。
未審聖躬去與不去？若去則相似秦趙爭強，彼此難屈；若不去，即便
同魯衛不睦，戰伐尋興，酌彼未萌，料其先見。願陛下思忖。臣伏聞
自古帝王，省方巡狩，吊民伐罪，展義觀風，然後便歸九重，別安萬姓。
今陛下累曾游歷，未聞一件教條。止於跋涉山川，驅馳人馬。秦苑則
舟船幾溺，青城則嬪采將沈。自取驚憂，爲何切事？却還京輦，不悦
軍民，但鬱眾情，莫彰帝德。憶昔先皇在日，未嘗無故巡游。陛下纂
承已來，率意頻離宮闕，勞心費力，有何所爲？此際依前整蹕，又擬遠
別宸居。昔秦皇之鑾駕不回，煬帝之龍舟不返。陛下聖逾秦帝，明甚
隋皇。且無北築之虞，焉有南游之弊？寬仁大度，篤孝深慈。知稼穡
之艱難，識古今之成敗。自防得失，不縱襟懷。忍教致却宗言將道
斷，使烝民以何托，令慈母以何辜。若何慮以危亡，但恐乖於仁孝。
況玉京金闕，寶殿珠樓，内苑上林，瓊池環匝，香風滿檻，瑞露盈盤。
鈞天之樂奏九韶，回雪之舞呈八佾。簇神仙於清虛之境，列歌舞於閬
苑之中。人間勝致，天下所無，時或賞游，足觀奇趣。何必須於遠塞，
看彼荒山。不惜聖軀，有何裨益，方今岐陽不順，梁園已亡。中原有
人，大事未了。且當國生靈受弊，盜賊橫行，縱邊廷無烽火之危，而内
地有腹心之患。陛下千年膺運，一國稱尊。文德武功，經天緯地。孝
逾於舜，仁甚於湯。百行皆全，萬機不擾。聰明博達，識量變通。深
負智謀，獨懷英傑。方居大寶，正是少年。既承社稷之基，復把山河
之險。但不遠聽深察，居安慮危。辟四門以求賢，總萬邦而行事。咸
有一德，端坐九重。使恩威並行，賞罰必當。平分雨露，遍及瘡痍。

令表裏以寬舒，使子孫以昌盛。布臨人之惠化，立濟衆之玄功。選揀雄師，思量大計。振彼鴟張之勢，壯兹虎視之威。秣馬訓兵，豐糧利器。彼若稍有微釁，此即直下平吞。正取時機，大行王道。自然百靈垂祐，四海歸仁。衆心成城，天下治理。即目蜀都強盛，諸國不如。賢士滿朝，聖人當極。臣願百姓樂於貞觀，萬乘明於太宗。采藥石之言，聽芻蕘之説。愛惜社稷，醫療軍民。似周武諤諤而昌，知辛紂唯唯而滅。無飾非拒諫之事，有面折廷爭之人。因我睿朝，益我皇化。陛下莫見居人稠疊，謂言京輦繁華。蓋是外處凌殘，住止不得。所以競來臻湊，貴且偷安。今諸州虐理處多，百姓失業欲盡。荒田不少，盜賊成群。乞陛下廣布腹心，特令聞見。且蜀國從來創業，多乏永謀。或德不及於兩朝，或祚不延於七代。劉禪俄降於鄧艾，李勢遽歸於桓温。皆爲不取直言，不恤政事。不行王道，不念生靈。以至國人之心，無一可保。山河之險，不足可憑。陛下至聖至明，如堯如舜。豈後主之相匹，豈子仁之比倫。有寬慈至孝之名，有遠見長謀之策。不信諂媚，不恣耽荒。出入而有所可徵，動静而無非經久。必致萬年之業，終爲四海之君。臣願陛下且住鑾輿，莫離京國。候中原無事，八表來王。天下人心，咸歸我主。若群流赴海，衆蟻慕膻。有道自彰，無思不服。匪惟要看天水，直可便坐長安。是微臣之至懇，舉國之深願。臣聞天子有諍臣七人，雖無道，不失其天下。是以輒傾丹懇，仰諫聖明。不借官榮，不沽名譽。情非訕上，理直憂君。雖無折檻之能，但有觸鱗之罪。不避誅殛，輒扣天庭。臣死如萬類之中，去一螻蟻。陛下或全無忖度，須向邊陲。遺聖母以憂心，令庶僚以懷慮。全迷得失，自取疲勞。事有不虞，悔將何在。臣願陛下，稍開諫路，微納臣言。勿違聖後之情，且允國人之望。俯存大計，勿出遠邊。”後主竟不從之。

韓昭謂禹卿曰：“我取汝表章，候秦州回日，下獄逐節勘之，勿悔！”至十月三日，發離成都，四日到漢州。鳳州王承捷飛驛騎到秦云：“東朝差興聖令公，統軍十餘萬，取九月到鳳州。”少主猶謂臣下設計，要沮其東行，曰：“朕恰要親看相殺，又何患乎？”不顧而進。上梓潼山，少主有詩云：“喬岩簇冷烟，幽逕上寒天。下瞰峨嵋嶺，上窺華

岳巔。驅馳非取樂，按幸爲憂邊。此去將登陟，歌樓路幾千。"宣令從
官繼和。中書舍人王仁裕和曰："彩杖拂寒烟，鳴騶在半天。黃雲生
馬足，白日下松巔。盛德安疲俗，仁風扇極邊。前程問成紀，此去尚
三千。"成都尹韓昭、翰林學士李浩弼、徐光浦并繼和，亡其本。至劍
州西二十里已來，夜過一磧山，忽聞前後數十里，軍人行旅，振革鳴
金，連山叫噪，聲動溪谷。問人云："將過稅人場，懼有鷥獸搏人，是以
噪之。"其乘馬亦咆哮恐懼，棰之不肯前進。衆中有人言曰："適有大
駕前，鷥獸自路左叢林間躍出，於萬人中攫將一夫而去。其人銜到溪
洞間，尚聞唱救命之聲。況天色未曉，無人敢捕逐者。"路人罔不流
汗。遲明，有軍人尋之，草上委其餘骸矣。少主至行宮，顧問臣僚，皆
陳恐懼之事。尋命從臣令各賦詩。王仁裕詩曰："劍牙釘舌血毛腥，
窺算勞心豈暫停。不與大朝除患難，惟於當路食生靈。從將戶口資
嚵口，未委三丁稅幾丁。今日帝王親出狩，白雲岩下好藏形。"翰林學
士李浩弼進詩曰："岩下年年自寢訛，生靈飡餐盡意如何。爪牙衆後
民隨減，溪壑深來骨已多。天子紀綱猶被弄，客人窮獨固難過。長途
莫怪無人迹，盡被山王稅殺他。"少王覽此二篇，大笑曰："此二臣之
詩，各有旨也。朕亦於馬上構思，三十餘里，終不就。"於是命各官從
臣。翰林學士徐光浦、水部員外王巽亦進詩。

　　至劍門，少主乃題曰："緩轡逾雙劍，行行躡石棱。作千尋壁壘，
爲萬祀依憑。道德雖無取，江山粗可矜。回看成闕路，雲叠樹層層。"
後侍臣繼，成都尹韓昭和曰："閉關防外寇，孰敢振威棱。險固疑天
設，山河自古憑。三川奚所賴，雙劍最堪矜。鳥道微通處，烟霞鏁百
層。"王仁裕和曰："孟陽曾有語，刊在白雲棱。李杜常挨托，孫劉亦恃
憑。庸才安可守，上德始堪矜。暗指長天路，濃巒蔽幾層。"又命制
《秦中父老望幸賦》一首進之，今亡其本。

　　過白衞嶺，大尹韓昭進詩曰："吾王巡狩爲安邊，此去秦亭尚數
千。夜照路歧山店火，曉通消息戍瓶烟。爲雲巫峽雖神女，跨鳳秦樓
是謫仙。八駿似龍人似虎，何愁飛過大漫天。"少主和曰："先朝神武
力開邊，畫斷封疆四五千。前望隴山屯劍戟，後憑巫峽鏁烽烟。軒皇

尚自親平寇，嬴政徒勞愛學仙。想到隈宮尋勝處，正應鶯語暮春天。”
王仁裕和曰：“龍旆飄摇指極邊，到時猶更二三千。登高曉蹋巉巗石，
冒冷朝充斷續烟。自學漢皇開土字，不同周穆好神仙。秦民莫遣無
恩及，大散關東別有天。”洎至利州，已聞東師下固鎮矣。旬日内，又
聞金牛敗卒，塞硤而至。其時蜀師十餘萬，自綿漢至於深渡千餘里，
首尾相繼，皆無心鬥敵。遣使臣逼促，則回槍刺之曰：“請喚取龍武軍
相戰。不惟勇敢，況且偏請衣糧。我等揀退不堪，何能相殺。”實無奈
何，十月二十九日狼狽而歸。於棧閣懸險溪岩壑之中，連夜繼畫，却
入成都。康延孝與魏王繼踵而入，少主於是樹降。

東軍未入前，王宗弼殺韓昭、樞密使宋光嗣、景潤澄、宣徽州使李
周輅、歐陽冕等。王承休握銳兵於天水，兵刃不舉。既知東軍入蜀，
遂擁麾下之師及婦女孩幼萬餘口，金銀繒帛，於西蕃買路歸蜀。沿路
爲左衽擄奪，并經溪山，凍餓相踐而死。迨至蜀，存者百餘人，唯與田
宗汭等脱身而至。魏王使人詰之曰：“親握銳兵，何得不戰？”曰：“憚
大王神武，不敢當其鋒。”曰：“何不早降？”曰：“蓋緣王師不入封部，
無門輸款。”曰：“其初入蕃部，幾許人同行？”曰：“萬餘口。”“今存者
幾何？”曰：“纔及百數。”魏王曰：“汝可償此萬人之命。”遂盡斬之。
蜀師不戰，坐取亡滅者，蓋承休、韓昭之所致也。人多不知之。

（宋）李昉：《太平廣記》卷二四一《王承休》

甲子，南漢宦者莫少璘等七人來降。

（宋）李燾：《續資治通鑒長編》卷六，太祖乾德三年（965）

南漢主晟，初名洪熙，性剛忌不能任臣下，而獨任其嬖倖，宦官林
延遇、宮婢盧瓊仙，内外專恣爲殺戮，晟不復省。晟卒，子鋹立。鋹尤
愚，以謂群臣皆自有家室，顧子孫，不能盡忠，惟宦者親近可任，遂委
其政於宦者龔澄樞、陳延壽等，至其群臣有欲用者，皆閹然後用。澄
樞等既專政，鋹乃與宮婢波斯女等淫戲後宮，不復出省事。延壽又引
女巫樊胡子，自言玉皇降胡子身，鋹於内殿設帳幄，陳寶貝，胡子冠遠

游冠,衣紫霞裾,坐帳中,宣禍福,呼銀爲太子皇帝,國事皆決於胡子。盧瓊仙、龔澄樞等爭附之,胡子乃爲銀言,澄樞等皆上天使來輔太子,有罪不可問。尚書左丞鍾允章參政事,深嫉之,數請誅宦官,宦官皆歹目。大寶二年,銀祀天南郊。前三日,允章與禮官祭壇四顧,指麾宦者,許彥真望見之曰:"此謀反耳。"乃拔劍升壇,允章迎叱之,彥真馳走告允章反,銀下允章獄,遣禮部尚書薛用丕治之。允章與用丕有舊,因泣下曰:"吾今無罪,自誣以死,固無恨,然吾二子皆幼,不知父冤,俟其長,公可告之。"彥真聞之,罵曰:"反賊,欲使而子報仇邪!"復入白銀,并捕二子繫獄,遂族誅之。陳延壽謂銀曰:"先帝所以得傳陛下者,由盡殺群弟也。"勸銀稍誅諸王,銀以爲然,殺其弟桂王璇興。是歲,建隆元年也。銀將邵廷琄言於銀曰:"漢乘唐亂,居此五十年,幸中國有故,干戈不及,而漢益驕於無事,今兵不識旗鼓,而人主不知存亡,夫天下亂矣,亂久而治,自然之勢也。今聞真主已出,必將盡有海内,其勢非一天下不能已。"勸銀修兵爲備,不然悉珍寶奉中國,遣使以通好。銀懵然莫以爲慮,惡廷琄言直,深恨之。四年,芝菌生宮中,野獸觸寢門,苑中羊吐珠,井旁石自立,行百餘步而仆。樊胡子皆以爲符瑞,諷群臣入賀。五年,銀以宦者李托養女爲貴妃專寵,托爲内太師,居中專政。許彥真既殺鍾允章,惡龔澄樞等居已上,謀殺之。澄樞使人告彥真反,族誅之。七年,宋師南伐,克郴州,暨彥寶、陸光圖皆戰死,餘衆退保韶州。銀始思廷琄言,遣廷琄以舟兵出洸口抗宋師。會師退,廷琄訓士卒,修戰備,嶺人倚以爲良將。有譖者投無名書,言廷琄反,銀遣使者賜死。九年,宋太祖詔李煜諭銀,使稱臣,銀怒,囚煜使者龔慎儀。十三年,宋遣潭州防禦使潘美出師。師次白霞,銀遣龔澄樞守賀州,郭崇岳守桂州,李托守韶州以備。是歲秋,潘美平賀州。十月,平韶州,又平桂州。十一月,平連州。銀喜曰:"韶、桂、連、賀本屬湖南,今北師取之足矣,其不復南也。"其愚如此。開寶四年正月,平英、雄兩州,銀將内侍潘崇徹先降。師次瀧頭,銀遣使和求緩師。二月,師度馬徑,銀遣其石僕射蕭漼奉表降。漼行,銀惶迫,復令整兵拒命。美等進節,銀遣其弟祥王保興率文武詣美軍降,不納。龔澄樞、李托等謀曰："北師之來，利吾國寶貨爾，焚爲空城，師不能駐，當自還也。"乃盡焚其府庫宮殿。鋹以海舶十餘，悉載珍寶嬪御，將入海。宦官樂範竊其舟以逃歸。師次白田，鋹素衣白馬以降。鋹初名絶興。

（明）毛一公：《歷代内侍考》卷九

閩闈人林延遇者，閩主娶南漢（女），置國信所於漢，使延遇主之。南漢主數問以閩事，終不對。退謂人曰："去閩語閩，去粵語粵，處人宮禁，當如是乎！"聞閩主死，求歸，不許，素服向其國哭者三日。

（明）毛一公：《歷代内侍考》卷九

8. 僧道方士

（1）僧侶

搜朱

後主於宮中作珠簾，乃敕京師市内外之家收索將盡，計無可得者，後於相國寺僧中收之。猶有隱者，爲鄰僧所告，繫於陛牢，逐院而搜之。僧寺晝閉，有人於寺中請僧齋，閽者曰："敕家正搜珠急，孰敢入者。"至來年，莊宗入汴，盡滅朱氏，後遠近搜之，寺僧曰："今日是端的搜朱也。"

（明）陶宗儀：《説郛》卷二〇《洛中記異録》

後唐廣微者，華州僧也，知術數。末帝在河中，廣微嘗密謂房屬曰："相公極貴，然明年有大厄極危，如得濟此厄，事不可言。"明年果有楊彦温之變。

（宋）王欽若等編纂：《册府元龜》卷八七六《總録部》

五臺山僧誠慧，其徒號爲"降龍大師"。鎮州大水，壞其南城，誠慧曰："彼無信心，吾使一小龍警之。"自言能役使毒龍故也。同光初到闕，權貴皆拜之，唯郭崇韜知其爲人，終不設拜。京師旱，迎至洛下祈雨,數旬無徵應。或以焚燎爲聞,懼而潛去,至寺慚恚而終。建塔號"法雨大師",何其謬也。

(五代)孫光憲:《北夢瑣言》卷一九

僧誠惠,不知何時人。幼於五臺山出家,能修戒律稱會,皮骨三命,人初歸向,聲名漸遠。四方供饋,不遠千里而至者,衆矣。自云能役使毒龍,可致風雨,其徒號曰"降龍大師"。天祐十八年,鎮州大水,壞其南城。誠惠謂人曰:"彼無信心,吾使一小龍驚之耳。"由是氣焰彌盛,人多畏之。同光初,鄴下權貴皆拜之。樞密郭崇韜初欲不拜,即慮其謗己,乃因御前見之,故得免私禮。三年,京師旱,莊宗迎至洛下,親拜之。六宮參禮,士庶瞻仰,謂朝夕可致甘澤。禱祝數句,略無徵應。或謂誠惠曰:"官以師祈雨無徵,將加焚燎焉。"誠惠聞之,懼,遂潛去。至其寺,慚恚而終。天成中,其徒弟遷果等建塔,乞請名謚於朝,賜號"法雨大師慈雲之塔"。

(宋)王欽若等編纂:《冊府元龜》卷九二二《總録部》

後唐誠惠,五臺山僧也。自云能役使毒龍,可致風雨,其徒號曰"降龍大師"。同光三年,京師旱,莊宗迎至洛下。士庶瞻仰,謂朝夕可致甘澤。禱之數旬,無徵應。或以焚燎爲聞,懼之潛去。至其寺,慚恚而終。

(宋)王欽若等編纂:《冊府元龜》卷九二六《總録部》

《後唐史》曰:莊宗時,五臺僧誠惠自號"降龍師"。帝雅重之,每屈膝施敬,諸王嬪御皆爲之拜,誠惠悉倨坐而受之。初,自臺山謂帝,鎮州王鎔不爲之禮,誠惠恚怒曰:"吾有毒龍五百,豈勞於命一龍揭片石,常山其爲沼乎!"逾年,而滹川大溢,敗鎮之郛。或聞其言,益以爲神。繇是帝敬之愈篤。

(宋)李昉:《太平御覽》卷九二九《鱗介部一》

晉天福中,考功員外趙洙言:近日有僧自相州來。云:"貧道於襄州禪院内與一僧名法本同過夏,朝昏共處,心地相洽。法本常言曰:'貧道於相州西山中住持竹林寺,寺前有石柱。他日有暇,請必相訪。'"其僧追念此言,因往彼尋訪。洎至山下村中,投一蘭若寄宿,問其村僧曰,此去竹林寺近遠。僧乃遥指孤峰之側曰:"彼處是也,古老相傳,昔聖賢所居之地。今則但有名存焉,故無院舍。"僧疑之,詰朝而往。既至竹林叢中,果有石柱,罔然不知其涯涘。當法本臨别云:"但扣其柱,即見其人。"其僧乃以小杖扣柱數聲。乃風雨四起,咫尺莫窺。俄然耳目豁開,樓台對峙,身在山門之下。逡巡,法本自内而出,見之甚喜,問南中之舊事。乃引其僧,度重門,升秘殿,參其尊宿。尊宿問其故,法本云:"早年相州同過夏,期此相訪,故及山門也。"尊宿曰:"可飯後請出,在此無座位。"食畢,法本送至山門相别。既而天地昏暗,不知所進。頃之,宛在竹叢中石柱之側,餘并莫睹。即知聖賢之在世,隱顯難涯,豈金粟如來獨能化見者乎。

(宋)李昉:《太平廣記》卷九八《法本》

睿陵之側,有貧僧居之,草衣芒履,不接人事,嘗燔木取灰貯之,亦有施其資鏹者,得即藏於灰中,無所使用。出入必挽一拖車,謂人曰:"此是馹馬車,汝知之乎? 他日,必有龍輿鳳輦,萃於此地。"居人罔測其由。及漢高祖皇帝,因山於此,陵寢陶器,所用須灰。僧貯灰甚多,至於畢功,資用不闕,又於灰積中頗獲資鏹。輦輅之應,不差毫釐。因山既畢,僧亦化滅。睿陵行禮官僚,靡不知者。

(宋)李昉:《太平廣記》卷一四〇《睿陵僧》

麻衣和尚

周太祖時有麻衣和尚,望氣。李守正叛河中,周祖親征,麻衣語趙韓王曰:"李侍中安得久居城下,有三天子氣。"未幾,城陷。時周世宗與太祖、太宗同行。

(宋)曾慥:《類説》卷二七《唐宋遺史》

　　五代周太祖時,有麻衣和尚,善望氣。李守正叛河中,周祖親征,麻衣語趙韓王曰:"李侍中安得久,其城下有三天子氣。"未幾城陷,時周世宗與本朝太祖、太宗從行。

(宋)佚名:《分門古今類事》卷二

　　世宗南征,得六合僧,善知人言。世宗數事,若合符契。又曰:"陛下得三十年。"帝大悦,賜紫袍、師號,又賜皇建院居之,即太祖龍潛之舊宅也。及世宗即世,人咸以爲謬,後幼主遜位,方驗三十年者,乃三主十年也。帝王世數非前定乎。

(宋)佚名:《分門古今類事》卷二

　　周沙門遇堯,浙東人也。世宗酷好點化之術,遇堯爲帝面致其事。及覽其所爲,則瑩澤可愛,帝大嗟賞之。故令攻而爲器,以賜近臣焉。既而賜遇堯紫方袍,號"悟真廣濟大師"。

(宋)王欽若等編纂:《册府元龜》卷八七六《總録部》

　　太祖陳橋時,太后方飯僧於寺,懼不測。寺主僧誓以身蔽。上受禪,賜"的乳三神仙"。

(宋)陶穀:《清異録》卷上

的乳三神仙

　　太祖陳橋時,太后方飯僧於寺,懼不測,寺主僧誓以身蔽。上受禪,賜"的乳三神仙"。

(明)陶宗儀:《説郛》卷六一《清異録》

掃地和尚

　　王建僭立後,有一僧常持大帚,不論官府、人家、寺觀,遇即汎掃,人以"掃地和尚"目之。建末年,於諸處寫六字云:"水行仙,怕秦川。"后王衍秦川之禍,方悟"水行仙"即"衍"字耳。

(明)陶宗儀:《説郛》卷六一《清異録》

　　王蜀將王宗儔帥南梁日,聚糧屯師。日興工役,鑿山刊木,略不暫停。運粟泛舟,軍人告倦。岷峨之人,酷好釋氏。軍中皆右執凶器,左秉佛書。誦習之聲,混於刁鬥。時有健卒李延召,繼年役於三泉黑水以來,采斫材木,力竭形枯,不任其事。遂設詐陳狀云:"近者得見諸佛如來,乘輿跨象,出入巖崖之中,飛升松柏之上。"如是之報甚頻,"某雖在戎門,早歸釋教,以其課誦至誠,是有如此感應。今乞蠲兵籍,截足事佛。俾將來希證無上之果。"宗儔判曰:"雖居兵籍,心在佛門。修心於行伍之間,達理於幻泡之外。歸心而依佛氏,截足以事空王。壯哉貔貅,何太猛利!大願難阻,真誠可嘉。準狀付本軍,除落名氏。仍差虞候,監截一足訖,送真元寺收管灑掃。"延召比欲矯妄免其役,及臨斷足時,則怖懼益切。於是遷延十餘日,哀號宛轉,避其鋒鋩。宗儔聞之,大笑而不罪焉。

(宋)李昉:《太平廣記》卷二三八《李延召》

　　王蜀時,有僧居成都大慈寺,恒誦《法華經》。嘗入青城大面山采藥,沿溪越險,忽然雲霧四起,不知所適。有頃,見一翁揖之,序寒暄,翁曰:"莊舍不遠,略迁神足,得否?"僧曰:"甚願。"少頃雲散,見一宅宇陰森,既近,翁曰:"且先報莊主人。"僧入門,睹事皆非凡調,問曰:"還齋否?"曰:"未遂。"焚香且覺非常鬱浮,請念所業經,此僧朗聲誦經。翁令誦徹部,所饋齋饌,皆大慈寺前食物。齋畢,青衣負竹器,以香草薦之,乃施錢五貫,爲師市胡餅之費。翁合掌送出。問人,或云:"孫思邈先生。"此僧到寺,已經月餘矣。其錢將入寺,則黃金貨泉也。王主聞之,收金錢,別給錢五百貫,其僧散施之。後嘉州羅目縣復有人遇孫山人,賃驢不償,直訴縣,乞追攝。縣令驚怪,出錢代償。其人居山下,及出縣,路見思邈先生取錢二百以授之,曰:"吾元伺汝於此,何遽怪乎!"

(明)曹學佺:《蜀中廣記》卷七四

僧處弘習禪於武當山，王建微時販鹺於均房間，仍行小竊，號曰“賊王八”。處弘見而勉之曰：“子他日位極人臣，何不從戎。別圖功業，而夜游晝伏，沾賊之號乎？”建感之，投忠武軍。後建在蜀，弘擁門徒入蜀。爲構精舍以安之，即弘覺禪院也。江西鍾傅微時亦以販鹺爲事，遇上藍和尚教其作賊而克洪井。自是加敬，至於軍府大事，此僧皆得參之也。

（宋）李昉：《太平廣記》卷二二四《僧處弘》

得得和尚

僧貫休入蜀，上建詩曰：“一瓶一鉢垂垂老，千水千山得得來。”建大悦，賜號禪月，因名爲得得和尚。

（宋）曾慥：《類説》卷二六《五代史補》

蒿餅子

貫休真率，嘗有僧許蒿脯未得，乃拍手謂曰：“你蒿餅子何在。”

（宋）曾慥：《類説》卷四三《北夢瑣言》

回避一抄夏供

貫休戒行精嚴，求化養衆，徐簡夫曰：“所在長老有似蜣蜋見爇糞，盡即翾然而飛。衆僧依長老相聚而食，僧亡即索然而去。”休怒拂袖而出。簡夫曰：“又回避得一抄夏供也。”

（宋）曾慥：《類説》卷四三《北夢瑣言》

王處厚，字元美，華陽人也。舉進士於孟氏。黄（廣）政丁卯歲下第，無聊，乃出西郊净衆佛刹，見一僧老而癯，揖與語曰：“吾本太中時人，姓王，名緘，字固。言及進士第，至今合得五百九十四甲子，一千一百八十八浹辰，時壯室有二，今計齒一百三十年矣。遭亂爲僧，游蕩至此。”會語久之別去。又曰：“秀才成在明年。”處厚歸，復訪之，已絶迹矣。是歲冬，忽聞叩門，乃其僧也，曰：“吾欲游峨眉，思一會。”

別乃引處厚游寺北社圖公廟。俄有數吏,由廟出降階列,僧曰:"新官在此,便可公參。"吏再拜。處厚悸悚,因問來春之事,僧爲一札以授之,曰:"春試畢,開之。"有十六字曰:"周士同,成二王,殊名主居一焉百日爲程。"及放榜,處厚果第一,王慎言爲榜眼,八人謂周之八士也。處厚心惡百日之語,日出西郊,游古陌,吟曰:"誰言今古事難窮,大抵榮枯總是空。算得生前隨夢蝶,爭如雲外指冥鴻。暗添雪色眉根白,旋落花光臉上紅。惆悵花原懶回首,暮林蕭瑟起悲風。"及暮還家,暴卒。同年,見處厚藍袍槐簡,投刺云:"新授司命主簿。"自登第至死,正百日,此不謂之前定可乎。

(宋)佚名:《分門古今類事》卷四

韋承皋者,僞蜀時將校也。有待詔僧名行真,居蜀州長平山,嘗於本州龍興寺構木塔,凡十三級,費錢銀萬計,尋爲天火所焚。第三次營構,方能就,人謂其有黃白之術也。及承皋典眉州,召行真至郡。郡有盧敬芝司馬者,以殖貨爲業,承皋嘗謂之曰:"某頃軍中,與行真同火幕,遇一韋處士,授以作金術。適來鄙夫老矣,故召行真,同修舊藥,藥成,當得分惠,謂吾子罷商賈之業可乎?"盧敬諾。藥垂成,韋牧坐罪貶茂州參軍。臨行,盧送至蟆頤津,韋牧沈藥鼎於江中,謂盧生曰:"吾罪矣!先是授術韋處士者,吾害之而滅口。今日之事,藥成而禍及,其有神理乎!"蜀國更變,以拒魏王之師,誅死。

(宋)李昉:《太平廣記》卷一二四《韋處士》

蜀郡金華寺法師秀榮,院内多松柏,生毛蟲,色黃,長三二寸。莫知紀極,秀榮使人掃除埋瘞,或弃於柴積内,僧仁秀取柴煮料,於烈日中曬干,蟲死者無數。經月餘,秀榮暴卒。金華寺有僧入冥,見秀榮荷鐵枷,坐空地烈日中,有萬萬蟲唖噬。僧還魂,備説與仁秀,仁秀大駭。遂患背瘡,數日而卒。

(宋)李昉:《太平廣記》卷一三三《僧秀榮》

　　蜀人母乾昭有莊在射洪縣,因往莊收刈,有鹿遭射逐之,驚忙走投乾昭。昭閉於空房中,說與鄰僧法惠,法惠笑曰:"天送食物,豈宜輕舍。"乃殺之,沽酒炙鹿,共僧飲啖。僧食一塊,忽大叫云:"刀割我心。"嘔血,至夕而死。

(宋)李昉:《太平廣記》卷一三三《母乾昭》

　　利州廣福禪院,則故戎帥張處釗所創,因請長老靈貴主掌,以安僧衆,經數年矣。靈貴好燒煉,忽一日,取衆僧小便以大鑊煉而成霜,穢惡之氣,充滿衢路。堂有一僧,元自嘉州來,似不得意,咄咄焉。靈貴覺之,遂請收買衆僧食米,冀其少在院内。不旬日,其僧盡將簿歷錢物,就方丈納之,云:"緣有小事,暫出近地。"遂欲辭去。其夜,於堂内本位跏趺,奄然而逝。衆僧皆訝其無疾,告行常儀。堂内有僧遷化,即例破柴五十束,必普請衆僧,人擎一枝,送至郊外,壘而爲棚,焚燒訖。即歸院集衆,以其所有衣鉢,盡歸衆用,以爲常例。其日坐亡僧於柴棚之上,維那十念訖。將欲下火。其僧忽然驚起,謂維那曰:"有米錢二貫文,在監行者處。"又合掌謂衆僧曰:"來去是常,謝諸人遠來相送。"瞑目斂手,端然不動。右脅火燃,即成灰燼。衆咸驚駭,是知圓明真往,死而不亡,或來或去,得火自在者,信有之矣。

(宋)李昉:《太平廣記》卷九六《嘉州僧》

　　建州老僧卓岩明,戒檢清潔,精持無怠,徒衆甚盛。其目右重瞳,垂手過膝,岩明自厭之,謂其徒曰:"此吾宿世冤業,有此異相,必爲身累,出家兒安用此爲?"及江南收建州,以上將祖全思、查文徽率衆襲建,□師夜出,隔水而戰,陣酣,文徽潛師以出,繼之以輕鋭,腹背夾擊,建人大敗,逾城而遁,保建安。及歸,無主,内臣李弘義者,以岩明有重瞳之異,可立爲主,遂推戴爲建安主。岩明笑謂衆曰:"檀越何誤耶? 吾修真斷妄,觀身如夢,君雖推我,奈無統御之術。"果爲李弘義所殺,弘義自稱留後。

(宋)文瑩:《玉壺清話》卷一〇

　　建州有僧，不知其名，常如狂人，其所言動，多有徵驗。邵武縣前臨溪，有大磐石，去水猶百步。一日忽以墨畫其石之半，因坐石上，持竿爲釣魚之狀。明日山水大發，適至其墨畫而退。癸卯歲，盡斫去臨路樹枝之向南者。人問之，曰：“免礙旗幡。”又曰：“要歸一邊。”及吳師之入，皆行其下。又城外僧寺，大署其壁，某等若干人處書之。及軍至城下，分據僧寺，以爲栅所，安置人數，一無所差。其僧竟爲軍士所殺。初王氏之季，閩建多難，民不聊生。或問狂僧曰：“時世何時當安？”答曰：“儂去即安矣。”及其既死，閩嶺克平，皆如其言。

　　　　　　　　（宋）李昉：《太平廣記》卷八六《建州狂僧》

　　張武者，始爲廬江道中一鎮副將，頗以拯濟行旅爲事。嘗有老僧過其所，武謂之曰：“師年老，前店尚遠，今夕止吾廬中可乎？”僧忻然。其鎮將聞之怒曰：“今南北交戰，間諜如林，知此僧爲何人，而敢留之也。”僧乃求去。武曰：“吾業已留師，行又益晚，但宿無苦也。”武室中唯有一床，即以奉其僧，已即席地而寝。盥濯之備，皆自具焉，夜數起視之，至五更，僧乃起而嘆息，謂武曰：“少年乃能如是耶。吾有藥，贈子十丸，每正旦吞一丸，可延十年之壽，善自愛。”珍重而去，出門忽不見。武今爲常州團練副使，有識者計其年已百歲，常自稱七十，輕健如故。

　　　　　　　　（宋）李昉：《太平廣記》卷八五《張武》

　　宜春郡東安仁鎮有齊覺寺，寺有一老僧，年九十餘，門人弟子有一二世者，彼俗皆只呼爲“上公”，不記其法名也。其寺常住莊田，孳畜甚多。上公偶一夜，夢見一老姥，衣青布之衣，拜辭而去，云：“只欠寺內錢八百。”上公覺而異之，遂自取筆書於寝壁，同住僧徒亦無有知之者。不三五日後，常住有老牸牛一頭，無故而死，主事僧於街市鬻之，只酬錢八百，如是數處，不移前價。主事僧具白上公云：“常住牛死，欲貨之，屠者數輩，皆酬價八百。”上公嘆曰：“償債足矣。”遂令主事僧入寝所，讀壁上所題處，無不嗟嘆。

　　　　　　　　（宋）李昉：《太平廣記》卷一三四《上公》

酒禿,姓高氏,駢族子。弃家祝髮,博極群書,善講説而脱略跌宕,無日不醉。後主召講《華嚴》,梵行一品,賚金帛甚厚。即日盡送酒家,日夜劇飲,醉則從小兒數十,浩歌道中,歌曰:"酒禿酒禿,何榮何辱,但見衣冠成古丘,不見江河變陵谷。"一日醉死石子岡。

(元)張鉉:《至正金陵新志》卷一三下

唐廣南節度下元隨軍將鍾大夫,忘其名,晚年流落,旅寓陵州,多止佛寺。仁壽縣主簿歐陽衎愍其衰老,常延待之,三伏間患腹疾,卧於歐陽舍,逾月不食。慮其旦夕溘然,欲陳牒州衙,希取鍾公一狀,以明行止。鍾曰:"病即病矣,死即未也。既此奉煩,何妨申報。"於是聞官。爾後疾愈,孫光憲時爲郡倅,鍾惠然來訪,因問所苦之由,乃曰:"曾在湘潭,遇干戈不進,與同行商人數輩就岳麓寺設齋,寺僧有新合知命丹者,且曰:'服此藥後,要退,即飲海藻湯,或大期將至,即肋下微痛,此丹自下,便須指揮家事,以俟終矣。'遂各與一緡,吞一丸。他日入蜀,至樂溫縣,遇同服丹者商人,寄寓樂温,得與話舊,且説所服之效。無何,此公來報肋下痛,不日其藥果下。急區分家事,後凡二十日卒。某方神其藥,用海藻湯下之,香水洗沐,却吞之。昨來所苦,藥且未下,所以知未死。"兼出藥相示。然鍾公面色紅潤,强飲啗,似得藥力也,他日不知其所終,以其知命有驗,故記之焉。

(宋)李昉:《太平廣記》卷八〇《岳麓僧》

竹枝畫牛背
僧齊已,長沙人,七歲穎悟,爲大潙山寺司牧。往往抒思,以竹枝畫牛背爲篇什,衆僧奇之,遂令出家。

(宋)曾慥:《類説》卷二六《五代史補》

南中有僧院,院內有九子母像,裝塑甚奇。嘗有一行者,年少,給事諸僧。不數年,其人漸甚羸瘠,神思恍惚,諸僧頗怪之。有一僧見此行者至夜入九子母堂寢宿,徐見一美婦人至,晚引同寢,已近一年矣。僧知塑像爲怪,即壞之。自是不復更見,行者亦愈,即落髮爲沙門。

(宋)李昉:《太平廣記》卷三六八《南中行者》

鵝生四脚鱉生兩裙

僧謙光有才辨,而飲酒食肉,嘗云:"老僧無他願,但願鵝生四脚,鱉生兩裙足矣。"

(宋)曾慥:《類説》卷二六《五代史補》

金龍夜夢

五代時有僧某,築庵道邊,藝蔬丐錢。一日晝寢,夢一金色黃龍食所藝萵苣數畦,僧寤驚,且曰:"必有異人至。"已而見一偉丈夫,於所夢之所取萵苣食之。僧視其狀貌凛然,遂攝衣延之,餽食甚勤,頃刻告去。僧囑之曰:"富貴無相忘。"因以所夢告之,且曰:"公他日得志,願爲老僧只於此地建一大寺。"偉丈夫乃藝祖也。既即位,求其僧,尚存。遂命建寺,賜名普安,都人稱爲道者院。則壽聖皇帝王封之名已兆於此。

(明)陶宗儀:《説郛》卷二二《清波雜志》

(2) 道士

天復中,有李太元者,蜀人也。慕道游靈山,至一處田種紫芝,遂摘餌之。行至一門,有青童出曰:"彼何人而至此丈人洞府?"乃入報,引至階前,禮丈人,遂令坐之階下,飲以玉杯。俄有道士至,其狀類王先主。丈人與執手上堂,坐定,道士泣曰:"余之子孫,不久受禍,後唐將霸,昨告上帝,帝云:'已定不可免矣。'"又有大將軍十餘人,引一少年衣黃衣,太元視之,乃後主也。又一女子年五十許,拜訖,道士訶責,令送天獄。丈人曰:"算猶未盡。"乃止。既去,命玉女送太元泛舟去,太元拜辭,問玉女前老道士與後主何事?玉女曰:"道士爲蜀先主,今見子孫不久國破,頓追魂爽,歸洞子到世間,當自細知後一年。"乃咸康乙酉,興聖太子入蜀,後主遂降唐。乃知國主非凡人所爲,國祚興亡,必由天數。《王命論》謂:"神器有命,不可以智力求。"其斯之謂歟。

(宋)佚名:《分門古今類事》卷二

貞明中有漁者,於太湖上見一舡子,光彩射人,内有道士三人飲酒,各長鬚眉,目生於額上。見漁者,俱舉袖掩面,其舟無人撑,隨風行,甚疾,望洞庭而去。

(明)陶宗儀:《説郛》卷二〇《葆光録》

解元龜,道士。以明宗天成三年三月自西川至,見於便殿,稱年一百一歲,進詩以歌王化。元龜上表,乞西都留守兼四川制置使,要修西京宮闕。帝謂侍臣曰:"此人老耄,自遠來此朝,別有異見,反爲身名,甚堪笑也。"賜號"知白先生",賜放西歸。又四年正月,有僧於相國寺,示幻惑衆,云頭上出舍利,康義誠按其僞狀,命戮於寺前。

(宋)王欽若等編纂:《册府元龜》卷九二二《總録部》

歸皓,錢塘人也。天成四年,泛海來貢,忽值風濤,船悉破溺。皓抱一木,隨波三日,抵一島,乃捨木登岸。見二道士手談,就拜禮之。道士曰:"得非歸皓乎?"又拜。忽一人自水出,曰"海龍王請二尊師齋。"乃與皓同往,既出,命朱衣吏送皓還。吏引入一院,謂皓曰:"侍郎元無名字,除進奉外,人數姓名,并已收付逐司。"皓請見其子,吏曰:"亦係人數,固難得回。"乃速召吳越溺人,歸侍郎一行暫來。俄見一行二百餘人俱至廳前,見皓咸拜,爲之流涕。又令取溺水簿示皓,果皓一人不在其數。朱衣令取進奉物,列於庭,印封如故,即令十餘輩送皓出。既出,食頃,則見身乘小舸并進奉物及表函等,皆泊於岸上。小舸雖漏而不溺。訪其處曰:"此萊州界也。"旋有巡海人軍,輦運於岸上,小舸尋自焚滅。皓後謝病隱居,年八十卒。侍郎蓋承制所授兵部郎中耳。

(宋)佚名:《分門古今類事》卷四

開運中，術士曹盈道來謁，自陳能肉竈燒丹，借廳修養。詢其說，肉竈者，未生朱砂飼羊羔腊，乃供厨；借廳者，素女容成閉陽采陰之意。

（宋）陶穀：《清異録》卷上

周世宗顯德三年十月，以華山隱者陳摶有道術徵之，赴闕月餘，放還舊隱。

（宋）王欽若等編纂：《册府元龜》卷九八《帝王部》

顯德中，齊州有人病狂，每唱歌曰："踏陽春，人間二月雨和塵。陽春踏，盡秋風起，腸斷人間白髮人。"又歌曰："五雲華蓋曉玲瓏，天時由來汝腑中。惆悵此情言不盡，一丸蘿蔔火吾宮。"後遇一道士，作法治之。云："每見一紅衣小女引入宮殿，皆紅，多不知名小姑令歌。"道士曰："此正犯大夢毒，女即心神，小者脾神也。"按《醫經》，紅蘿蔔治面毒，故曰"火吾宮"。即以藥兼蘿蔔食，其疾遂愈。

（明）陶宗儀：《說郛》卷七五《洞微志》

太祖征太原還，至真定，幸龍興觀。道士蘇澄隱迎鑾駕，霜簡星冠，年九十許，氣貌翹竦，上因延問甚久。自言頃與亳州道士丁少微、華山陳摶，結游於關洛，嘗遇孫君房、麘皮處士。上問曰："得何術？"對曰："臣得長嘯引和之法。"遂令長嘯，其聲清入杳冥，移時不絕，上嘿久，低迷假寐，殆食頃，方欠伸，其聲略不中斷。上大奇之，因問引導之法，養生之要。隱對曰："王者養生，異於是。老子曰：'我無爲而民自化，我無欲而民自正。無爲無欲，凝神太和，黄帝、唐堯所以享國永圖，得此道也。'"遂賜號頤素先生。

（宋）文瑩：《玉壺清話》卷一

僞蜀王先主時，有軍校黄承真就糧於廣漢綿竹縣，遇一叟曰鄭山古，謂黄曰："此國於五行中少金氣，有剥金之號，曰金煬鬼。此年蜀宮大火，至甲申、乙酉，則殺人無數，我授汝秘術，詣朝堂陳之。儻行吾教以禳鎮,庶幾減於殺伐。救活之功,道家所重,延生試於我而取之。然三陳此術,如不允行,則止亦不免。蓋泄於陰機也,子能從我乎?"黃亦好奇,乃曰:"苟稟至言,死生以之。"乃賷秘文詣蜀,三上不達,乃嘔血而死。其大火與乙酉亡國殺戮之事果驗。孫光憲與承真相識,竊得窺其秘緯,題云《黃帝陰符》,與今《陰符》不同,凡五六千言。黃云受於鄭叟,一畫一點,皆以五行屬配,通暢亹亹。實奇書也。然漢代數賢生於綿竹,妙於讖記之學,所云鄭叟,豈黃扶之流乎。

(宋)李昉:《太平廣記》卷八〇《鄭山古》

偽王蜀時,巫山高唐觀道士黃萬戶,本巴東萬戶村民,學白虎七變術,又云學六丁法於道士張君。常持一鐵鞭療疾,不以財物介懷,然好與鄉人爭訟,州縣不之重也。戎州刺史文思輅亦有戲術,曾剪紙魚投於盆內而活,萬戶投符化獺而食之。其鐵鞭爲文思輅收之,歸至涪州亡其鞭,而却歸黃矣。有楊希古,欲傳其術,坐未安,忽云:"子家中已有喪穢,不果傳。"俄得家訃母亡。又蜀先主召入宮,列示諸子,俾認儲后,萬戶乃指後主,其術他皆仿此。唯一女爲巫山民妻,有男傳授秘訣,將卒,戒家人勿殮,經七八日再活,不久却殞也。青城縣舊有馬和尚,宴坐三十五年,道德甚高。萬戶將卒,謂家人曰:"青城馬和尚來,我遂長逝也。"是年,馬師亦遷化。

(宋)李昉:《太平廣記》卷八〇《黃萬戶》

王蜀先主時,有道士李畧,亦唐之宗室,生於徐州,而游於三蜀,詞辯敏捷,粗有文章。因栖陽平觀,爲妖人扶持,上有紫氣,乃聚衆舉事。將舉而敗,妖輩星散,而畧獨罹其禍焉。其適長裕者,臨邛之大儒也,與畧相善,不信畧之造妖,良由軀幹國姓,爲群凶所憑。所以多事之秋,滅迹匿端,無爲緑林之嚆矢也。先是,李畧有書,召玉局觀楊德輝赴齋。有老道崔無歝,自言患聾,有道而托算術,往往預知吉凶。德輝問曰:"將欲北行何如?"崔令畫地作字,弘農乃書"北千"兩字。

崔公以千插北成"乖"字,曰:"去即乖耳。"楊生不果去,而李暠齋日
就擒,道士多罹其禍。楊之幸免,由崔之力也。

(五代)孫光憲:《北夢瑣言》卷一二

道士唱感庭秋詞

蜀有狂道士,詣紫極宮謁杜光庭。先生求安泊,朝夕飲醉,謳歌
《感庭秋詞》。一夕,燈燭熒煌,列席甚盛,道士正坐,二青衣童侍立。
光庭窺户曰:"識度凡淺,不料上仙降監。"匍匐門下,冀拜光靈。道士
曰:"何辱先生勤學如此。"乃令二童收拾筵具,折摵之,隨手而小,如
符子狀。又將二童合爲一木偶,可寸許,悉納冠中。乃啓户,光庭欣
然而入,已無見矣,但四壁焉。

(宋)曾慥:《類説》卷八《乘異記》

王侍中處回常於私第延接布素之士。一旦有道士,龐眉大鼻,布
衣襤縷,山童從後,擎拄杖藥囊而已,造詣王公,於竹葉上大書"道士
王挑杖奉謁"。王公素重士,得以相見,因從容致酒,觀其談論,清風
颯然。處回曰:"弟子有志清閑,願於青城山下致小道院,以適閑性。"
道士曰:"未也。"因從山童處取劍,細點階前土廣尺餘,囊中取花子二
粒種子,令以盆覆於上。逡巡去盆,花已生矣,漸漸長大,頗長五尺已
來,層層有花,爛然可愛者兩苗。尊師曰:"聊以寓目適性,此則仙家
旌節花也。"命食不餐,唯飲數杯而退,曰:"珍重,善爲保愛。"言訖而
去,出門不知所之。后王公果除二節鎮,方致仕。自後往往有人收得
其花種。

(宋)李昉:《太平廣記》卷八六《王處回》

旌節花

王侍中處回,嘗於私第延接布素之士,蓋亦尋藥術神仙之道,從
蜀王之好也。一旦,有道士龐眉大鼻,布衣襤縷,山童從後,造謁王
公,於竹葉上大書:"道士王桃枝奉謁。"王公從容置酒,觀其談論,清

風颯然,甚仰之。因曰:"弟子有志清閑,思於青城山下致小道院居住。"道士曰:"未也。"因之山童處取劍細點階前土,廣尺餘。囊中取花子,種之。令以盆覆於上,逡巡去,盆花已生矣。漸隨日長大,形長五尺以來,層層有花,爛然可愛者兩苗。道士曰:"聊以寓目適性,此仙家旌節花也。"王公命食不飡,唯飲數杯而退,曰:"珍重,善爲保愛。"出門旋失所之。后王公果除二節鎮方致仕。自後往往有人收得其花種。

(明)陶宗儀:《說郛》卷一七《野人閑話》

食杏仁

翰林辛學士頃年在青城山居。其居則古先道院,在一峰之頂,内有塑像皇姑,則唐六代玄宗之子也。一夕,夢見召龕遜謂曰:"汝可食杏仁,令汝聰明,老而彌壯,心力不倦,亦資於年壽矣。汝有道性,又不久在此,須出山佐理當代。"龕遜夢中拜請其法,則與《怡神論》中者同。玄宗朝申天師元有《怡神論》兩卷,下卷中有《神仙秘方》三十首,則甘草丸爲首,食杏仁法次之:杏仁七個,去皮尖,早晨興嗽了,内於口中;久之則盡去其皮,又於口中暖之,逡巡爛嚼,和津液如乳汁頓嚥。但日日如法,食之一年,必換血,令人輕健安泰。龕遜遂日日食之,至今老而輕健,年逾從心,猶多著述。

(明)陶宗儀:《說郛》卷一七《野人閑話》

有處子姓文,不記其名,居漢中。常游兩蜀侯伯之門,以燒煉爲業。但留意於爐火者,咸爲所欺。有富商李十五郎者,積貨甚多,爲文所惑,三年之内,家財罄空。復爲識者所誚,追而耻之,以至自經。又有蜀中大將,屯兵漢中者,亦爲所惑。華陽坊有成太尉新造一第未居,言其空静。遂求主者,賃以燒藥。因火發焚其第,延及一坊,掃地而静。文遂夜遁,欲向西取桑林路,東趨斜谷,以脱其身。出門便爲猛虎所逐,不得西去,遂北入王子山谿谷之中。其虎隨之,不離跬步。既窘迫,遂攀枝上一樹,以帶自縛於喬柯之上。其虎繞樹咆哮,及曉,官司捕逐者及樹下，虎乃徐去。遂就樹擒之，斬於燒藥之所。

（宋）李昉：《太平廣記》卷二三八《文處子》

灌口白沙有太山府君廟，每至春三月，蜀人多往設齋，乃至諸州醫卜之人，亦嘗集會。時有一人，鶉衣百結，顏貌憔悴，亦往廟所，眾人輕之。行次江際，眾人憩於樹陰，貧士亦坐石上。逡巡謂人曰：“此水中有一龍睡。”眾不之應。旁有一叟曰：“何得見？”貧士曰：“我則見。”眾曰：“我等要見如何？”貧士曰：“亦不難。”遂解衣入水，抱一睡龍出，腥穢頗甚，深閉兩目，而爪牙鱗角悉備。雲霧旋合，風起水涌。眾皆驚走遙禮，謂之聖人。遂却沉龍於水底，自挂鶉衣而行，謂眾人曰：“諸人皆以醫卜爲業，救人疾急，知人吉凶，亦近於道也。切不得見貧素之士便輕侮之。”眾人慚謝而已。復同行十里，瞥然不見。

（宋）李昉：《太平廣記》卷八六《抱龍道士》

利州南門外，乃商賈交易之所。一旦有道士，羽衣襤縷，來於稠人中，賣葫蘆子種，云：“一二年間，甚有用處。每一苗只生一顆，盤地而成。”兼以白土畫樣於地以示人，其模甚大。逾時竟無買者，皆云：“狂人不足可聽。”道士又以兩手掩耳急走，言：“風水之聲何太甚耶？”巷陌孩童，競相隨而笑侮之，時呼爲“掩耳道士”。至來年秋，嘉陵江水，一夕泛漲，漂數百家。水方渺彌，眾人遙見道士在水上，坐一大瓢，出手掩耳，大叫：“水聲風聲何太甚耶？”泛泛而去，莫知所之。

（宋）李昉：《太平廣記》卷八六《掩耳道士》

萬州白太保，名廷誨，即致仕中令諱文珂之長子也。任莊宅使時，權五司兼水北巡檢五司者，莊宅、皇城、内園、洛苑、宮苑也。平蜀有功，就除萬州刺史。受代，歸家於荆南。廷誨性好重道士之術。從兄廷讓爲親事都將，不履行檢，屢游行於廓市中，忽有客謂廷讓曰：“劍客嘗聞之乎？”曰：“未聞。”“見之乎？”曰：“未見。”客曰：“見在通利坊

逆旅中,呼爲處士,即劍客也,可同往見之。"廷讓如其言。明日同至
逆旅中,見五六人席地環坐,中有一人深目豐眉,紫黑色,黃鬚。廷讓
拜,黃鬚據受,徐曰:"誰引子至此?"客曰:"白令公佺與某同來,專候
起居處士。"黃鬚笑曰:"爾同來,可坐共飲。"須臾,將一木盆至,取酒
數瓶,滿其盆,各置一磁碗在面前。昇一桉驢肉置其側,中一人鼓刀
切肉,作爲大臠。用杓酌酒於碗中,每人前設一器肉。廷讓視之有難
色。黃鬚者一吸而盡,數輩亦然,俱引手取肉啖之。顧廷讓,揚眉攝
目若怒色。廷讓强飲半碗許,咀嚼少肉而已。酒食罷散去,廷讓熟
視,皆狗屠角抵輩。廷讓與同來客獨款曲,客語黃鬚者曰:"白公志士
也,處士幸弗形迹。"黃鬚於床上席下取一短劍,引出匣以手簌弄訖,
以指彈劍,錚然有聲。廷讓視之,意謂劍客爾。復起,再三拜之曰:
"幸睹處士,終願乞爲弟子。"黃鬚曰:"此劍凡殺五七十人,皆吝財輕
侮人者,取首級煮食之,味美如猪羊頭爾。"廷讓聞之,若芒刺滿身,恐
悚而退。歸以其事咨於弟,廷誨貴家子,聞異人奇士,素所好尚,且
曰:"某如何得一見之。""可謀於客。"遂告之,客曰:"但備酒饌俟
之。"明日,辰巳間,客果與俱來。白兄弟迎接之,延入,俱設拜,黃鬚
據受之。飲食訖,謂白曰:"君家有好劍否?"對曰:"有。"因取數十口
置於前,黃鬚一一閱之,曰:"皆凡鐵也。"廷讓曰:"某房中有兩口劍,
試取觀之。"黃鬚置一於地,亦曰:"凡鐵爾。"再取一觀之,曰:"此
可。"令取火箸至,引劍斷之,無傷缺,以手揮擲若舞劍狀。久之告去,
廷誨奇而留之。黃鬚大率少語,但應唯而已。一日,謂廷讓曰:"於爾
弟處借銀十錠,皮篋一,好馬一匹,健僕二人,暫至華陽,回日銀馬即
奉還。"白兄潛思之,欲不與,聞其多殺貪財者;欲與,慮其不返。黃鬚
果怒告去,不可留。白昆弟遜謝之曰:"銀馬小事爾,却是人力恐不稱
處士指顧。"悉依借與之,不辭上馬而去。數日,一僕至曰:"處士至土
壕,怒行遲遣回。"又旬日,一僕至曰:"到陝州處士怒遣回。"白之兄
弟謂是劍客,不敢竊議,恐知而及禍。逾年不至,有賈客乘所借馬過,
問之曰:"於華州買之。"契券分明,賣馬姓名易之矣,方知其詐。數年
後,有入陝者見之,蓋素善鍛者也。大凡人平常厚貌深情,未易輕信。

黃鬚假劍術以威人，宜乎白之可欺也。書之者亦鑄鼎備物之象，使人入山林逢之不逢不若爾，斯亦自古欺詐之尤者也。君子志之，抑鑄劍之類也，戒之。

（明）陶宗儀：《説郛》卷五一《洛陽搢紳舊聞記》

偽吳春坊吏郭仁表居冶城北。甲寅歲，因得疾沉痼，忽夢道士衣金花紫帔，從一小童，自門入，坐其堂上。仁表初不甚敬，因問疾何時可愈。道士色厲曰：“甚則有之。”既寤，疾甚。數夜，復夢前道士至，因叩頭遜謝。久之，道士色解，索紙筆。仁表以爲將疏方，即跪奉之。道士書而授之，其辭曰：“飄風暴雨可思惟，鶴望巢門斂翅飛。吾道之宗正可依，萬物之先數在兹，不能行此欲何爲？”夢中不曉其義，將問之，童子搖手曰：“不可。”拜謝，道士自西北而去。因爾疾愈。

（宋）李昉：《太平廣記》卷二七八《郭仁表》

北大先生

耿先生妻有姿色，明道術，拘制鬼魅。保大中，上召入宮，嘗被碧霞帔，手如鳥爪，自稱“北大先生”。能以雪爲銀，取雪實之，削爲銀鋌，投熾炭中，及冷爛然爲鋌銀。先生後有孕，一日謂上曰：“此夕當產。”中夜風雷。明旦，腹已消，曰：“昨夜生子，已爲神物持去。”後以疾終。

（宋）曾慥：《類説》卷一二《異人録》

楊大年祖父文逸，爲南唐玉山令。大年將生，一道士袖刺來謁，自稱懷王山人，冠褐秀爽，斯須遽失，公遂生。後三十七年，學士晝寢於玉堂，忽夢道士來謁，稱懷玉山人，故出一牒閱之，寫三十七字。大年驚曰：“得非數乎，許添乎？”道士命筆一點，爲四十七字，其數果卒。

（明）陳耀文：《天中記》卷三九

害肉先生

廬山有道士，體貌魁偉，飲唱酒肉，忽有雙鶴因風飄憩道館，若自天下，皆斃。陳沆爲詩曰："害肉先生欲上升，黃雲踏綻紫雲崩。龍腰鶴背無多力，傳與麻姑借大鵬。"

（宋）曾慥：《類説》卷二一《南唐近事》

乘鶴冲舉

廬山九仙使者廟有道士，忘其姓名，體貌魁偉，飲啗酒肉，有兼人之量，晚節服餌丹砂，躁於衝舉。魏王之鎮潯陽也，郡齋有雙鶴，因風所飄，憩於道野，回翔嘹唳，若自天降。道士且驚且喜，焚香端簡，前瞻雲霓，自謂當赴上天之召。命山童控而乘之，羽儀清弱，莫勝其載，毛傷背折，血灑庭除，抑按久之，是夕皆斃。翌日，馴養者詰知其狀，訴於公府，王不之罪。處士陳沆聞之，爲絶句以諷云："啗肉先生欲上升，黃雲踏破紫雲崩，龍腰鶴背無多力，傳語麻姑借大鵬。"

（明）陶宗儀：《説郛》卷二〇《南唐近事》

吳含靈，江西人也，爲道士，居南岳六七年，俗呼爲吳猱。好睡，經旬不飲食。常言曰："人若要閑即須懶，如勤即不閑也。"素不攻文，偶作上升歌甚奇絶，云："玉皇有詔登仙職，龍吐雲兮鳳着力。眼前驀地見樓台，異草奇花不可識。我向大羅觀世界，世界只如指掌大。當時不爲上升忙，一時提向瀛洲賣。"清泰年羽化，後有客人於乾祐中在嵩山見之。

（宋）阮閲：《詩話總龜》卷四四

吳猱

吳合靈爲道士，居南岳，俗呼爲吳猱。好睡，經旬不飲食，常曰："人若要閑即懶，如勤謹即不閑。"

（宋）曾慥：《類説》卷二七《南唐野史》

金鄉徐明府者，隱而有道術，人莫能測。河南劉崇遠，崇龜從弟也,有妹爲尼,居楚州。常有一客尼寓宿,忽病勞,瘦甚且死,其姊省之,衆共見病者身中有氣如飛蟲,入其姊衣中,遂不見。病者死,姊亦病。俄而劉氏舉院皆病,病者輒死。劉氏既函崇遠求於明府。徐曰:"爾有別業在金陵,可致金陵絹一匹,吾爲爾療之。"如言送絹訖。翌日,劉氏夢一道士執簡而至,以簡遍撫其身,身中白氣騰上如炊。既寤,遂輕爽能食,異於常日。頃之,徐封絹而至,曰:"置絹席下,寢其上即差矣。"如其言遂愈。已而視其絹,乃畫一持簡道士,如所夢者。

(宋)李昉:《太平廣記》卷八五《徐明府》

丹竈神物

張義方命道士合還丹,數年未就,遇疾將卒,不成九轉之功。一旦,命子弟發丹竈,竈下有巨虺,火吻錦鱗,蜿蜒其間,若爲神工護持。乃取丹餌一粒,瘄瘟而卒。識者以爲陰氣未盡,不可服也。

(宋)曾慥:《類説》卷二一《南唐近事》

浮石成仙

爾朱先生功行甚,至遇異人,與藥一丸,若見浮石而後服之,則仙道成矣。先生如教,每遇一石必投諸水。後峽上渡江,有叟艤舟相待,問其姓曰:"石氏。"問地所屬,曰:"涪州。"先生豁然而悟,遂服藥,即時輕舉。

(宋)曾慥:《類説》卷二六《五代史補》

(3) 方士及其他

張易在洛陽,遇處士劉某,頗有奇術,易恒與之游。劉嘗賣銀與市中人,欠其直。劉從易往索之,市人既不酬直,且大罵劉。劉歸,謂易曰:"彼愚人不識理於是,吾當小懲之。不爾,必將爲土地神靈之所重譴也。"既夜,滅燭就寢。劉床前熾炭燒藥,易寐未熟。暗中見一人,就爐吹火。火光中識其面,乃向之市人也,迨曙不復見。易後求之,問市人。云:"一夕夢人召去,逼使吹火,氣殆不續,既寤,脣腫氣乏，旬日乃愈。劉恒爲河南尹張全義所禮，會與梁太祖食，思魚鱠。全義曰：“吾有客，能立致之。”即召劉。劉使掘小坎，汲水滿之，垂釣良久，即獲魚數頭。梁祖大怒曰：“妖妄之甚者也。”即杖背二十，械繫於獄，翌日將殺之，其夕亡去。劉友人爲登封令，其日至縣，謂令曰：“吾有難，從此逝矣。”遂去，不知所之。

（宋）李昉：《太平廣記》卷八五《劉處士》

大梁逆旅中有客，不知所從來，恒賣皂莢百莖於市，其莢豐大，有異於常。日獲百錢，輒飲而去。有好事者知其非常人，乃與同店而宿。及夜，穴壁窺之。方見鉏治床前數尺之地甚熟，既而出皂莢實數枚種之。少頃即生，時窺之，轉復滋長，向曙則已垂實矣。即自采掇，伐去其樹，銼而焚之。及明携之而去。自是遂出，莫知所之。

（宋）李昉：《太平廣記》卷八五《逆旅客》

周玄豹，本燕人，有袁許之術，莊宗署玄豹北京巡官。

（宋）王欽若等編纂：《册府元龜》卷七二九《幕府部》

後唐周玄豹本燕人，初爲僧，後歸俗。天祐中馮道自劉守光府掾歸太原，監軍使張承業重其文章履行，甚見待遇。時玄豹善人倫之鑒，與道不洽，謂承業曰：“馮生無前程，公不可過用。”管記盧質聞之，曰：“我屢見《杜黄裳司空寫真圖》，道之狀貌酷類焉，將來必副大用，玄豹之言不足信也。”承業尋薦爲霸府從事。

（宋）王欽若等編纂：《册府元龜》卷九五二《總録部》

後唐周玄豹，燕人，世爲從事。玄豹少爲僧，其師有知人之鑒。從游十餘年，盡悴無憚。師知其可教，遂傳其秘旨。既長，還鄉歸俗。盧程、寄褐嘗游於燕，與同志數人謁焉。玄豹退，謂鄉人張殷衮曰：“適二君子，明年花發，俱爲故人。唯彼道士，他年甚貴。”來歲，二子果零落於趙魏間。又二十年，盧程登庸於鄴下，後晉陽張承業信重之，言事數中。

明宗時，爲内銜都指揮使。承業俾帝易衣列於諸校之下，以他人詐之曰："此非也。"玄豹指帝於末綴曰："骨法非常，此爲内銜太保歟？"咸服其異。或問帝之前程，惟云末後爲鎮州帥。時懿皇后夏氏方事巾櫛，時有誤旨大犯櫺楚。玄豹偶見之，曰："此人有藩侯夫人之位，當生貴子。"赫怒因解，其言竟驗。太原察判司馬揆不同舍，留其居，忽謂揆曰："公五日之内，奉使萬里，未見回期。"揆數日後，酒酣，坐爲衣領扼之而卒。

（宋）王欽若等編纂：《册府元龜》卷八六〇《總録部》

後唐周玄豹，燕人，少爲僧，其師有知人之鑒，從游十年，不憚辛苦，遂傳其秘，還鄉歸俗。盧程爲道士，與同志三人謁之。玄豹退謂人曰："適二君子，明年花發，俱爲故人。唯彼道士，他年甚貴。"來歲，二人果卒，盧果登庸，後歸晉陽。張承業俾明宗易服，列於諸校之下。以他人請之，曰："此非也。"玄豹指明宗於末綴曰："骨法非常，此爲内銜太保乎。"或問前程，唯云末後爲鎮帥。明宗夏皇后方事巾櫛，有時忤旨，大犯櫺楚。玄豹曰："此人有藩侯夫人之位，當生貴子。"其言果驗。凡言吉凶，莫不神中，事多不載。明宗自鎮帥入，謂侍臣曰："周玄豹昔曾言朕事，頗有徵，可詔北京津置赴闕。"趙鳳曰："袁許之事，玄豹所長。若詔至輦下，即爭問吉凶，恐近妖惑。"乃合就賜金帛，官至光禄卿，年至八十而終。

（宋）李昉：《太平廣記》卷二二三《周玄豹》

後唐周玄豹，自言善相術。太原監軍特進張承業，嘗延之，歷視諸僚佐。時巡官馮道初自燕來，性不事華潔，灰土滿面，而以文行見知。承業命典書奏，承業問玄豹曰："馮巡官何如？"曰："巡官漪蓮泛水，幸遇特進，禮士之秋，官不逾宰百里。"承業笑曰："他已爲起居郎，公何忽耶？"

（宋）王欽若等編纂：《册府元龜》卷九二九《總録部》

王都者，本姓劉，小字雲郎，中山陘邑人也。初有幻人李應之得於村落間,養爲己子。應之以左道醫定州,帥王處直不久病,間處直,神之,待爲羽人。處直時未有子,應之遺都於處直,曰:"此子生而有異。"因爲處直之子。

(宋)王欽若等編纂:《册府元龜》卷八六三《總録部》

王都爲定州節度,臨戎數年,惟以慘虐爲務,不敢並語。周玄豹見之曰:"形若鯉魚,難免刀幾。"

(宋)王欽若等編纂:《册府元龜》卷八六〇《總録部》

王安節少善賈,得相術於奇士,因事見末帝於私邸,退謂人曰:"真北天王相也,位當至天子,終則莫我知也。"

(宋)王欽若等編纂:《册府元龜》卷八六〇《總録部》

邵伯温言,洛陽有老人曰:"黨翁者,賣藥洛水北南,行走甚快,自言五代清太中,嘗爲兵,經事柴太宗,有《放停公帖》可驗。"其衣服猶唐裝也,有妻無子,有問以前事者,皆不答。元豐中,不知所在。黨翁在清太中已爲兵,則已不下二三十矣,計其壽當一百七八十餘。

(明)陳耀文:《天中記》卷三九

李漢雄者,嘗爲欽州刺史,罷郡,居池州,善風角推步之奇術,自言當以兵死。天祐丙子歲,游浙西,始入府而嘆曰:"府中氣候甚惡,當有兵亂,期不遠矣,吾必速回。"既見,府公厚待之,留旬日,未得遽去。一日晚出逆旅,四顧而嘆曰:"禍在明日,吾不可留。"翌日晨,入府辭,坐客位中,良久曰:"禍即今至,速出猶或可。"遂出至府門,遇軍將周交作亂,遂遇殺害於門下。

(宋)李昉:《太平廣記》卷八〇《李漢雄》

天復末,薛珏,蜀人也。性好善而不貪,嘗於南斗、北斗堂燒奏。後泛南海,遇風吹抵一山,遂登之。見一宫殿,有一赤衣使者,曰"非薛珏乎?"珏曰"然"。使者引入宮,見一人升堂而坐,使者曰:"拜真君。"真君曰:"子來何遲?"命使者引入學士院,遂至一苑,題云"選真國學士院"。珏曰:"何爲選真?"使者曰:"子居大唐一國耳。"珏見一案,有報命童子檢之,童子取報狀云:"大唐所生,益州有幾,復何姓名,命追益州,護皇杜克。"克曰:"所生計百,居蜀者有十人,五人爲宰相,二人直翰林,三人充諫臣。"既去,珏求真君,取生禄簿注珏一百歲。送珏登舟,順風至姚州,後歸蜀。珏後果得一百歲而害貧,蓋不於真君前乞富貴爾。

(宋)佚名:《分門古今類事》卷五

唐鳳州東谷有山人強紳,妙於三戒,尤精雲氣。屬王氏初并秦鳳,張黄於通衢,強公指而謂孫光憲曰:"更十年,天子數員。"又曰:"并汾而來悠悠,梁蜀後何爲哉。"於時蜀兵初攻岐山,謂其旦夕屠之。強曰:"秦王久思妄動,非四海之主,雖然,死於牖下,乃其分也。蜀人終不能克秦,而秦川亦成丘墟矣。"爾後大鹵與王鳳翔不羈,秦王令終,王氏絶祚,果葉強生言。有鹿盧蹻術,自云老夫耄矣,無人可傳,其書藏在深隱處古杉樹中,因與孫光憲偕詣,開樹皮,發蠟緘,取出一通絹書,選吉辰以授,爲強嫗止之。謂孫少年矣,慮致發狂,俾服膺三年,方議可否。

(宋)李昉:《太平廣記》卷八〇《強紳》

黄萬祐修道於黔南無人之境,累世常在,每三、二十年一出成都賣藥,言人灾禍,無不神驗。蜀王建迎入宮,盡禮事之,問其服食,皆秘而不言,曰:"吾非神仙,亦非服餌之士。但虚心養氣,仁其行,勔其過而已。"問其齒,則曰:"吾只記夜郎侯王蜀之歲、鼈叢氏都郫之年,時被請出,爾後烏兔交馳,花開木落,竟不記其甲子矣。"忽一日,南望嘉州曰:"犍爲之地,何其炎炎,請遣人赴之。"如其言,使至嘉州,市肆已爲瓦礫矣。後堅辭歸山,建泣留不住,問其後事,皆不言之。既去,於所居壁間見題處曰:"莫交牽動青猪足,動即炎炎不可撲。鷙獸不欲

兩頭黃,黃即其年天下哭。"智者不能詳之。至乙亥年,起師東取秦鳳諸
州,報捷之際,宮內延火,應是珍寶帑藏,并爲煨燼矣。乃知太歲乙亥,
是爲青豬,爲焚熱之期也。後三年,歲在戊寅土而建殂。方知寅爲鷟
獸,干與納音俱是土,土黃色,是以言鷟獸兩頭黃。此言不差毫髮。

　　　　　　　　　　　　（宋）李昉:《太平廣記》卷八六《黃萬祐》

　　刀子判官右僕射尹璩,永平三年寢疾。初患下痢,晝夜五六十
行,久之,即成心風狂熱,言詞無度,忽忽多忘,常欲顛沛馳走,一家扃
鐍守護之。既而手足不遂,肢體沈重,每一起止,即四五人扶持,方能
憑於几案。又歷數月,家人看視,晝夜勞倦。忽見一老人,髭鬢白,着
白衣,來謂璩曰:"病已效矣,何不速起。"即以手抬其頭,便能起坐,逡
巡自起,添油注燈,下就前床,取鞋著之。四顧,見僕使皆困卧,不欲
驚之,自持燭出門,巡行一宅,然後乃復其處。一家驚異,自此都愈。

　　　　　　　　　　　　　（前蜀）杜光庭:《錄異記》卷三

　　僞王蜀葉逢,少明悟,以詞筆求知,常與孫光憲偕詣術士馬處謙。
問命通塞。馬曰:"四十已後,方可圖之,未間,苟或先得,於壽不永。"
于時州府交辟,以多故參差,不成其事。後充湖南通判官,未除官之
前,夢見乘船赴任,江上候吏,旁午而至,迎入石窟。覺後,話於廣成
先生杜光庭次,忽報敕下,授檢校水部員外郎。廣成曰:"昨宵之夢,
豈小川之謂乎?"自是解維,覆舟於犍爲郡青衣灘而死,即處謙之生
知。葉逢之凶夢,何其效哉?光憲自蜀沿流,一夕,夢葉生云:"子於
青衣亦不得免。"覺而異之,泊發嘉州,取陽山路,乘小舟以避青衣之
險。無何篙折,爲泛流吸入青衣,幸而獲濟。豈鬼神尚能相戲哉。

　　　　　　　　　　　　（宋）李昉:《太平廣記》卷八〇《馬處謙》

　　僞王蜀時,閬州人何奎,不知何術,而言事甚效,既非卜相人,號
"何見鬼"。蜀之近貴咸神之。鬻銀肆有患白癩者,傳於兩世矣。何
見之,謂曰:"爾所苦,我知之也,我爲嫁聘,少鐶釧釵篦之屬,爾能爲

致,即立愈矣。"欣然許之,因教之曰:"爾家必有他人舊功德,或供養之具在焉,亡者之魂所依,故遣爲此祟。但去之,必瘳也。"患者歸視,功德堂內,本無他物,忖思久之。老母曰:"佛前紗窗,乃重圍時他人之物,得非此乎?"遽撤去,仍修齋懺,疾遂痊。何生末年,自布衣除興元少尹、金紫,妻兼邑號,子亦賜緋,不之任,便歸閬州而卒。蓋預知死期也。

(明)曹學佺:《蜀中廣記》卷七八

王蜀時,閬州人何奎,不知何術,而言事甚效,既非卜相,人號"何見鬼"。蜀之近貴咸神之。鬻銀之肆有患白癩者,傳於兩世矣。何見之謂曰:"爾所苦,我知之矣。我爲嫁娉,少環釧釵篦之屬,爾能致之乎? 即所苦立愈矣。"白癩者欣然許之。因謂曰:"爾家必有他人舊功德,或供養之具存焉,亡者之魂無依,故遣爲此祟,但去之,必瘳也。"患者歸視,功德堂內本無他物,忖思久之。老母曰:"佛前紗窗,乃重圍時他人之物,曾取而置之,得非此乎?"遽令撤去,仍修齋懺,其疾遂痊。竟受其鐶釧之贈。何生未遇,不汲汲於官宦。末年祈於大官,自布衣除興元少尹,金紫,妻兼邑號,子亦賜緋。不之任,便歸閬州而卒,預知死期也。雖術數通神,而名器逾分,識者知後主之政,悉此類也。

(五代)孫光憲:《北夢瑣言》卷二〇

僞王蜀時,閬州人何奎,不知何術,而言事甚效,既非卜相,人號"何見鬼",蜀之近貴咸神之。鬻銀肆有患白癩者,傳於兩世矣,何見之謂曰:"爾所苦,我知之矣,我爲嫁聘,少鐶釧釵篦之屬,爾能致之乎,即所苦立愈矣。"癩者欣然許之,因謂曰:"爾家必有他人舊功德,或供養之具在焉,亡者之魂所依,故遣爲此祟,但去之必瘳也。"患者歸視功德堂內,本無他物,忖思久之,老母曰:"佛前紗窗,乃重圍時他人之物,曾取而置之,得非此乎?"遽徹去,仍修齋懺,疾遂痊,竟受其鐶釧之贈。何生未遇,不汲汲於官宦,末年祈於大官,自布衣除興元小尹,金紫,兼妻邑號,子亦賜緋,不之任,便歸閬州而卒,顯知死期也。雖術數通神，而名器逾分，識者知後主政悉此類也。

（宋）李昉：《太平廣記》卷八〇《何奎》

　　僞王蜀有王氏子承協，幼承廕，有文武才，性聰明，通於音律。門下常養一術士，潛授戰陣之法，人莫知之。術士襤縷弊衣，亦不受承協之資鏹。承協後因蜀主講武於星宿山下，忽於主前呈一鐵鎗，重三十餘斤，請試之。由是介馬盤鎗，星飛電轉。萬人觀之，咸服其神異。及入城，又請盤城門下鐵關，五十餘斤，兩人舁致馬上，當街馳之，亦如電閃。大賞之，擢爲龍捷指揮使。其諸家兵法，三令五甲，懸之口吻。以其年幼，終不付大兵柄。奇異之術，信而有之。

（宋）李昉：《太平廣記》卷八〇《蜀士》

　　前蜀嘉王頃爲親王鎮使，理廨署得一鐵鏡，下有篆書十二字，人莫能識。命工磨拭，光可鑒物，挂於臺上。百里之內并見，復照見市內有一人弄刀槍賣藥，遂喚問此人，云：“只賣藥，元不弄刀槍。”嘉王曰：“吾有鐵鏡，照見爾。”賣藥者遂不諱，仍請鏡看。以手劈破肚，內鏡於肚中，足不著地，冉冉升空而去。竟不知何所人。其篆列之如左。

（宋）李昉：《太平廣記》卷八五《蜀城賣藥人》

　　楊勛者，前蜀後主乾德中世號楊僕射，不知何處人。變化無常，爲後主召群仙於薰風殿，刑部侍郎潘嬌奏其妖怪，帝命武士於西市戮之，隨刃化爲草人，未至行法處。僕射吟詩曰：“聖主何曾識仲都，可憐社稷在須臾。市西便是神仙窟，何必乘楂泛五湖。”其年冬，後主失國，果如其言。此亦可以知興廢之有前定也。

（宋）佚名：《分門古今類事》卷二

　　嘉州夾江縣人孫雄，號卯齋，其言事亦何奎之流。僞蜀主歸命赴洛，時內官宋愈昭等當從行，舊與孫相善，咸問將來升沉，孫俛首曰：

“諸官此去無灾禍,但行及野狐泉,已來税駕。”又曰:“孫雄非聖人
耶,此際新舊使頭皆不見矣。”諸官咸疑之爾。後量其行邁,合在咸京
左右,後主罷僞詔之禍,莊宗遇鄴都之變,所謂新舊使頭皆不見也。

(明)曹學佺:《蜀中廣記》卷七八

嘉州夾江縣人孫雄,號孫卯齋,其言事亦何奎之流。僞蜀主歸命
時,内官宋愈昭將軍數員。舊與孫相善,亦神其術。將赴洛都,咸問
將來升沈。孫俛首曰:“諸官記之,此去無灾無福,但行及野狐泉已來
税駕處,曰孫雄非聖人耶,此際新舊使頭皆不見矣。”諸官咸疑之。爾
後量其行邁,合在咸京左右,後主罷僞詔之禍,莊宗遇鄴都之變,所謂
新舊使頭皆不得見之驗也。

(宋)李昉:《太平廣記》卷八〇《孫雄》

嘉州夾江縣人孫雄,人號“孫卯齋”,其言事亦何奎之流。僞蜀主
歸命時,内官宋愈昭將軍數員,舊與孫相善,亦神其術,將赴洛都,咸
問其將來升沈。孫俛首曰:“諸官記之,此去無灾無福。但行及野狐
泉已來税駕處,曰孫雄非聖人耶,此際新舊使頭皆不見矣。”諸官皆疑
之。爾後量其行邁,合在咸京左右,後主罷僞詔之禍,莊宗遇鄴都之
變。所謂新舊使頭皆不得見之驗也。愚同席備見説,故記之。

(五代)孫光憲:《北夢瑣言》卷二〇

蜀孟氏朝,有章翁謩者也,妙於易筮。時方詔下,有進士文谷、田
淳、謝彦秀等訪之章,消息既久,謂谷曰:“得非求名乎?”曰“然。”翁
曰:“使子藝出古人之上,其如命何,水中之月,了不可取。”謂彦秀曰:
“櫃實有寶,牢守扃鐍,子欲得之,非五年不可。”謂淳曰:“良金在冶,
即當成器,然用而必傾慎之,可也。”淳果是年及第,負文學,性剛介,
不畏强禦。自犀浦簿,改授龍游令,排斥權貴,屢遭傾覆,後但縱酒,
狂吟免禍而已。嘗有詩云:“閑行閑坐復閑吟,一片澄然太古心。拾
得好詩清似玉,練來虚府静如琴。已將蛇足師陳軫,懶把龍頭愛華

歆。必也長磨到如此,退身何更羨雲岑。"文谷,字太虛,聲迹甚著,入場屋中,衆謂俯拾,及榜出不利,上書訟,主文許以來年狀元。谷憤然致書謝曰:"輕則輕矣,何須更挂於平衡;醜則醜焉,不必重窺於定鑒。"遂不復應舉。謝彥秀果五年方成名,悉如章生之言,妙哉。

(宋)佚名:《分門古今類事》卷一二

　　周世明,成都人。僞廣政中,有一縣令謁問休咎,周見其形露骨薄,乃曰:"官人骨相可到升朝,但多屯灾耳,切宜將息。"後注劍州録事參軍,復見周,周曰:"善保三年,一任平善,乃幸也。"其人聞之,殊不足。後數日又來,周曰:"骨氣如是,無可增飾,且人之心法,不可算。相如裴晉公密修陰德,德及於人,後貴爲台輔。前往惟修德濟物之外,餘無禱矣。"其人既至任,山郡寂,寥公事簡少,盡日閱書而已。旬日後,每夜夢驚不得睡,睡則見軍人無數,亦有百姓相雜逼近,似有所訴神,魂驚悸而魘。遂修轉公宇,亦復如是。尋於山寺借佛經看讀,蔬食以禳灾運,仍頻夢衆人告乞判憑。乃詢訪耆宿及老僧,僧云:"所夢恐是陣亡兵士,且當時石郎來寇關,在當州殺戮不少,皆埋瘞於此,必是乞公憑名歸鄉耳。"遂然之,便買紙爲錢,及自寫過關牒,云應四方士庶、五姓軍人、陣亡客死於當州者,仰執此公文,各還本土,所在關津鋪戍,不得欄勒。開州印因以印之。至夜燎紙錢及茶酒澆酹,并牒燒之。是夜夢數百人以次序拜謝,告辭而去。後又延僧念誦作功德疏,每日分燒遣一度,或三兩日一度燒紙,一一夢拜,謝辭去。經半年,至無人入夢,告辭乃止。後訪尋掘得遺骸三千人,輟俸錢盡燒葬,直至解官,歸川復謁周,世明一見,驚異曰:"別後不知作何,利濟形氣,骨格盡變改,不同往日。"其人曰:"守懼供職而已,別無施爲。"又曰:"作何修禳利濟,而得如是耶?"再三詰之,乃言俸薄家貧,固無可爲,周終不信。遂談及前事,周曰:"此乃陰德變形氣,敢賀明年升朝官必矣。"既而磨勘改京秩,至明年遷太子中舍焉。

(宋)佚名:《分門古今類事》卷一九

虞少卿洮，蜀之上醫也。長興初，佐蜀董太尉，璋久患渴疾，遣求醫，孟蜀遣虞卿而往。董公曰："璋之所患，經百名醫而無微差，何也？"虞卿對曰："君之疾，非惟渴漿，而似渴士，得其多士，不勞藥石而自愈矣。"董公大悅。時董公有面南之志，虞卿故以譏之。又曰："洮聞天有六氣，降爲六淫，淫生六疾，攻於六腑。六氣者，陰陽風雨晦明也，是以六陰隨焉。六疾者，寒熱末腹惑心也，是以六腑隨焉。故脾爲離宮，腎爲水藏，晦明勞役，百疾生焉。大此視聽至煩，皆有所損，心煩則亂，事煩則變，機煩則失，兵煩則反，五音煩則損耳，五色煩則損目，滋味煩則生疾，男女煩則減壽。古者男子莫不戒之。君今日有萬思，時有萬機，樂淫於外，女淫於內，渴之難療，其由此乎！"董公疾既平復，於是厚禮歸之。

（明）陳耀文：《天中記》卷四〇

周仲明，僞蜀時人。趙季良常密問孟先主壽，仲明曰："上合爲真主，食蜀中二十年祿，既登九五於壽無益。"季良曰："可爲金藤乎？"曰："天數也，非人力可爲。"季良又問子孫運數如何？曰："二紀外有真人出，天下一統矣。"季良默然。後二十六日，先主薨。初有丐者自號醋頭，手携一燈，檠無足，所至處呼曰："不得登，登便倒。"至是人始知其應。

（宋）佚名：《分門古今類事》卷二

趙温珪，判司天監延乂之父也。温珪臨終，謂延乂曰："技術雖是世業，吾仕蜀已來，幾由技術而死。爾輩能以他途致身，良圖也。"

（宋）王欽若等編纂：《册府元龜》卷八九八《總録部》

僞蜀有趙温圭，善袁許術，占人灾祥，無不神中，蜀謂之趙聖人。武將王暉事蜀先主，累有軍功。爲性凶悍，至後主時，爲一二貴人擠抑，久沈下位，王深銜之。嘗一日，於朝門逢趙公，見之驚愕，乃屏人告之曰："今日見君面有殺氣，懷兵刃，欲行陰謀。但君將來當爲三任

郡守，一任節制，自是晚達，不宜害人，以取殃禍。"王大駭，乃於懷中
探一匕首擲於地，泣而言曰："今日比欲刺殺此子，便自引決，不期逢
君爲開釋，請從此而止。"勤勤拜謝而退。王尋爲郡，遷秦州節度。蜀
亡，老於咸陽。宰相范質親見王，話其事。

（宋）李昉：《太平廣記》卷八十《趙聖人》

　　侯弘實，本蒲坂人也，幼而家貧，長爲軍外子弟，年方十三四，常
寐於檐下，天將大雨，有虹自河飲水，俄貫於弘實之口。其母見，不敢
驚焉。良久，虹自天没於弘實之口，不復出焉。及覺，母問有夢否，對
曰："適夢入河飲水，飽足而歸。"母聞之默喜，知其必貴矣。後數月，
忽有蜀僧詣門求食。臨去，謂侯母曰："女弟子當有後福，合得兒子
力。"侯母呼弘實出，請僧相之。僧視之曰："此蜆龍也。但離去鄉井，
近江海客宦，方有顯榮。"又曰："此子性識慘毒，必有生靈之患。儻敬
信三寶，即得善終。"言訖而去。弘實後果自行伍出身，至於將領。同
光三年，從興聖太子收蜀。蜀平之後，無何，與陝府節度使康延孝等
作叛。及延孝誅滅，弘實得赦，尋爲眉州刺史，節度夔州。復自寧江，
遷於黔府，一州二鎮，皆近大江，官業崇高。敬奉三寶，信心無怠。然
於臨戎理務，持法御下，傷於嚴酷，是知蜀僧所云不謬矣。

（宋）李昉：《太平廣記》卷一三八《侯弘實》

　　偽蜀度支員外郎何昭翰，嘗從知於黔南。暇日，因閑步野徑，於
水際見釣者，謂翰曰："子何判官乎？"曰："然。"曰："我則野人張涉
也。余比與子交知久矣，子今忘我也。"翰懵然不醒，因籍草坐，謂翰
曰："子有數任官，然終於青城縣令。我則住青城山也，待君官滿，與
君同歸山中，今不及到君公署也。"遂辭而去。翰深志之。後累歷官，
及出爲青城縣令，有憂色。釣者亦常來往，何甚重之。一旦大軍到
城，劫賊四起，釣者與翰相携入山，何之骨肉盡在城内。賊衆入縣，言
殺縣令，臠而食之。賊首之子自號小將軍，其日尋覓不見。細視縣宰
之首，即小將軍之首也。賊於是自相殘害，莫知縣令所之。後有人入

山，見何與張同行。何因寄語妻子曰：“吾本不死，却歸舊山。爾等善爲生計，無相追憶也。”自此人不復見，莫知所之。

（宋）李昉：《太平廣記》卷八六《何昭翰》

天祐中，饒州有柳翁常乘小舟釣鄱陽江中，不知其居處妻子，亦不見其飲食。凡水族之類，與山川之深遠者，無不周知之。鄱陽人漁釣者，咸咨訪而後行。吕師造爲刺史，修城掘濠，至城北則雨，止後則晴。或問柳翁，翁曰：“此下龍穴也，震動其上，則龍不安而出穴，龍出則雨矣。掘之不已，必得其穴，則霖雨方將爲患矣。”既深數丈，果得方木長數十尺，交構叠之，累積數十重，其下霧氣冲人，不可入而止。其木皆腥涎縈之，刻削平正，非人力所及。自是果霖雨爲患。吕氏諸子將網魚於鄱陽江，召問柳翁。翁指南岸一處：“今日唯此處有魚，然有一小龍在焉。”諸子不信，網之，果大獲。舟中以巨盆貯之。中有一鱓魚長一二尺，雙目精明，有二長鬚，繞盆而行。群魚皆翼從之，將至北岸。遂失所在。柳翁竟不知所終。

（宋）李昉：《太平廣記》卷四二三《柳翁》

吕師造爲池州刺史，頗聚斂。常嫁女於揚都，資送甚厚。使家人送之，晚泊竹筱江岸上。忽有一道士，狀若狂人，來去奔走。忽躍入舟，直穿舟中過。隨其所經，火即大發。復登後船，火亦隨之。凡所載之物，皆爲煨燼，一老婢髮亦盡。餘人與船，了無所損。火滅，道士亦不復見。

（宋）李昉：《太平廣記》卷三六七《吕師造》

熊皦《補闕》説：頃年，有伊用昌者，不知何許人也，其妻甚少，有殊色，音律女工之事，皆曲盡其妙。夫雖飢寒丐食，終無愧意。或有豪富子弟，以言笑戲調，常有不可犯之色。其夫能飲，多狂逸，時人皆呼爲“伊風子”。多游江左廬陵宜春等諸郡，出語輕忽，多爲衆所毆擊。愛作《望江南詞》，夫妻唱和。或宿於古寺廢廟間，遇物即有所咏,其詞皆有旨。熊只記得《咏鼓詞》云:"江南鼓,梭肚兩頭欒。釘着不知侵骨髓,打來只是没心肝。空腹被人漫。"餘多不記。江南有芒草,貧民采之織屨。緣地土卑濕,此草耐水,而貧民多着之。伊風子至茶陵縣門,大題云:"茶陵一道好長街,兩畔栽柳不栽槐。夜後不聞更漏鼓,只聽錘芒織草鞋。"時縣官及胥吏大爲不可,遭衆人亂毆,逐出界。江南人呼輕薄之詞爲覆窠,其妻告曰:"常言小處不要覆窠,而君須要覆窠之。譬如騎惡馬,落馬足穿鐙,非理傷墮一等。君不用苦之。"如是夫妻俱有輕薄之態。天祐癸酉年,夫妻至撫州南城縣所,有村民斃一犢。夫妻丐得牛肉一二十斤,於鄉校内烹炙,一夕俱食盡。至明,夫妻爲肉所脹,俱死於鄉校内。縣鎮吏民,以蘆蓆裹尸,於縣南路左百餘步而瘞之。其鎮將姓丁,是江西廉使劉公親隨,一年後得替歸府,劉公已薨。忽一旦於北市棚下,見伊風子夫妻,唱《望江南詞》乞錢。既相見甚喜,便叙舊事,執丁手上酒樓,三人共飲數斝。丁大醉而睡,伊風子遂索筆題酒樓壁云:"此生生在此生先,何事從玄不復玄。已在淮南雞犬後,而今便到玉皇前。"題畢,夫妻連臂高唱而出城,遂渡江至游帷觀,題真君殿後,其御云:"定憶萬兆恒沙軍國主南方赤龍神王伊用昌。"詞云:"日日祥雲瑞氣連,應儂家作大神仙。筆頭灑起風雷力,劍下驅馳造化權。更與戎夷添禮樂,永教胡虜絶烽烟。列仙功業只如此,直上三清第一天。"題罷,連臂入西山。時人皆見躡虚而行,自此更不復出。其丁將於酒樓上醉醒,懷内得紫金一十兩,其金並送在淮海南城縣。後人開其墓,只見蘆蓆兩領,裹爛牛肉十餘斤,臭不可近,餘更無别物。熊言六七歲時,猶記識伊風子。或着道服,稱伊尊師。熊嘗於頂上患一癃癤,疼痛不可忍。伊尊師含三口水,噀其癃便潰,並不爲患。至今尚有痕在,熊言親睹其事,非謬説也。

（宋）李昉：《太平廣記》卷五五《伊用昌》

　　唐天復中,成汭鎮江陵,監軍使張特進元隨温克修司藥庫,在坊郭稅舍止焉。張之門人向隱北鄰,隱攻曆算,仍精射覆,無不中也。一日白張曰:"特進副監小判官已下,皆帶灾色,何也?"張曰:"人之年運不同，豈有一時受灾，吾不信矣。"於時城中多犬吠，隱謂克修曰："司馬元戎，某年失守，此地化爲丘墟，子其志之。"他日復謂克修曰："此地更變，且無定主。五年後，東北上有人，依稀國親，一鎮此邦，二十年不動，子志之。"他日又曰："東北來者二十年後，更有一人五行不管，此程更遠，但請記之。"溫以爲憑虛，殊不介意，復謂溫曰："子他時婚娶無男，但生一隊女也。到老却作醫人。"後果密敕誅北司，張特進與副監小判官同日就戮，方驗其事。成汭鄂渚失律不還，江陵爲朗人雷滿所據，襄州舉軍奪之，以趙匡明爲留後。大梁伐襄州。匡明弃城自固，爲梁將賀瓌所據。而威望不著，朗蠻侵凌。不敢出城，自固而已。梁主署武信王高季昌自潁州刺史爲荆南兵馬留後。下車日，擁數騎至沙頭，朗軍懾懼，稍稍而退。先是武信王賜姓朱，後復本姓。果符國親之説，克修失主，流落渚宮，收得名方，仍善修合，賣藥自給，亦便行醫。娶婦後，唯生數女，盡如向言。唐明宗天成二年丁亥，天軍圍江陵，軍府懷憂，溫克修上城白文獻王，具道此，文獻未之全信。溫以前事累驗，必不我欺。俄而朝廷抽軍，來年，武信薨，凡二十一年。而文獻嗣位，亦二十一年，迨至南平王。即此程更遠，果在兹乎。

（宋）李昉：《太平廣記》卷七九《向隱》

遂寧有馮見鬼，忘其名。似有所睹，知人吉凶。潁川陳絢爲武信軍留後，而劉令公知俊交替，摭其舊事，叠有奏論。馮生謂潁川曰："府主雖號元戎，前無旌節所引，殆不久乎？幸勿憂也。"未逾歲而彭城伏誅。有官人林泳者，本閩人也，嘗謂僚友曰："安有生人而終日見鬼乎！無聽其妖。"馮聞之甚不平。或一日，對衆謂之曰："閣下爲官，多不克終，蓋曾殺一女人爲祟，以公禄壽未盡，莫致其便。我能言其姓名，公信之乎？"於是慚懼，言誠於馮生，許爲解其冤也。它皆類此。

（五代）孫光憲：《北夢瑣言》卷二〇